Die Funktionsfähigkeit des Wettbewerbs
auf Märkten des Fährverkehrs

Europäische Hochschulschriften
Publications Universitaires Européennes
European University Studies

Reihe V
Volks- und Betriebswirtschaft

Série V Series V
Sciences économiques, gestion d'entreprise
Economics and Management

Bd./Vol. 2855

PETER LANG
Frankfurt am Main · Berlin · Bern · Bruxelles · New York · Oxford · Wien

Gernot Tesch

Die Funktionsfähigkeit des Wettbewerbs auf Märkten des Fährverkehrs

Eine Untersuchung auf Basis des Koordinationsmängel-Diagnose-Konzeptes
Dargestellt am Beispiel des Güterfährverkehrs der Kiel-Swinemünde-Range mit Schweden

PETER LANG
Europäischer Verlag der Wissenschaften

Die Deutsche Bibliothek - CIP-Einheitsaufnahme

Tesch, Gernot :

Die Funktionsfähigkeit des Wettbewerbs auf Märkten des Fährverkehrs : eine Untersuchung auf Basis des Koordinationsmängel-Diagnose-Konzeptes ; dargestellt am Beispiel des Güterfährverkehrs der Kiel-Swinemünde-Range mit Schweden / Gernot Tesch. - Frankfurt am Main ; Berlin ; Bern ; Bruxelles ; New York ; Oxford ; Wien : Lang, 2002
(Europäische Hochschulschriften : Reihe 5, Volks- und Betriebswirtschaft ; Bd. 2855)
Zugl.: Rostock, Univ., Diss., 2001
ISBN 3-631-38865-9

Diese Arbeit wurde von der Alfried Krupp von Bohlen und Halbach-Stiftung zur Förderung von Doktoranden auf dem Gebiet der Verkehrswissenschaften gefördert.

28
ISSN 0531-7339
ISBN 3-631-38865-9

www.peterlang.de

Vorwort und Danksagung

Die vorliegende Untersuchung gliedert sich ein in Forschungsprojekte des Instituts für Seeverkehr und Logistik der Universität Rostock zu Fragen und Problemen des Ostseeraumes, insbesondere des Ostseeverkehrs. Auf der Ostsee hat sich im Gegensatz zur weltweiten Linienschifffahrt nicht die Containertechnologie, sondern die Fähr- und Ro/Ro-Schifffahrt als geeignet zum Transport hochwertiger Stückgutladung erwiesen. Dieser Gegensatz wird von vielen, auf die weltweite Schifffahrt orientierte Seeverkehrsspezialisten oft nicht gebührend gewürdigt und als eine nur temporäre Erscheinung betrachtet. Die Fähr- und Ro/Ro-Technologie stellt aber keineswegs eine primitive Unter- oder Vorform des Containerverkehrs dar,[1] sondern ist eine eigenständige, an die spezifischen Bedingungen der Kurzstrecke angepasste und daher sehr leistungsfähige Form des Seeverkehrs.

Aus diesen Gründen war die Struktur von Fährschifffahrtsmärkten bisher auch kaum Gegenstand wissenschaftlich fundierter Untersuchungen. Die Arbeit hat es sich daher zum Ziel gesetzt, die die Fährschifffahrt prägenden Eigenheiten und Strukturmerkmale zu identifizieren.

Während der Promotion wurde ich von der Alfried Krupp von Bohlen und Halbach-Stiftung finanziell großzügig unterstützt. Die Quistorp-Stiftung ermöglichte mir dankenswerter Weise eine Verbesserung meiner schwedischen Sprachkenntnisse, Studienaufenthalte in Finnland und Schweden und damit die Berücksichtigung auch der schwedischsprachigen Literatur.

Das Hauptproblem der Arbeit bestand insbesondere in der Datenproblematik. Die Bildung geeigneter Indikatoren verlangte die Berücksichtigung eines sehr langen Zeitraumes, war aber auch an die Herausbildung eigener Marktkenntnis gebunden. Es wurden Daten verarbeitet, die bis Anfang 2000 zur Verfügung standen. Die danach eingetretenen Marktänderungen konnten nicht mehr vollständig berücksichtigt werden.

Besonders verbunden bin ich meinem Doktorvater, Herrn Prof. Karl-Heinz Breitzmann, der mir die Erstellung dieser Dissertation ermöglichte und gleichzeitig für dessen Anregung, den Ostseefähr- und Ro/Ro-Verkehr als Untersuchungsgegenstand für meine Promotion zu wählen. Gleiches gilt für die kompetente Betreuung der Arbeit und für die kritische Durchsicht vieler Entwürfe. Herrn Prof. Rolf W. Stuchtey danke ich nicht nur für die Bereitschaft zur Übernahme des Korreferats. Er hat mich auch beruflich in vielfältiger Weise unterstützt.

Für viele wertvolle Hinweise und Kommentare bin ich insbesondere Herrn Prof. Jürgen Lüsch (Rostock) sowie Herrn Ingo Kock (Kiel) verbunden. Ohne sie wäre die Datenproblematik sicher kaum befriedigend zu lösen gewesen. Dank gebührt ebenfalls Herrn Dr. Hans H. Killinger (Hamburg). Herr Reno Rudek (Rostock) unterstützte mich sehr bei der Gestaltung der Arbeit.

Meinen Eltern danke ich dafür, dass sie mir meine Ausbildung ermöglichten sowie für die Unterstützung in vielfältiger Form während der Promotion. Ein besonderer Dank gilt auch meiner Lebensgefährtin Sandra Wagner für die kritische Durchsicht der Arbeit auf Rechtschreibung und Grammatik unter Berücksichtigung der neuen Rechtschreibregeln, aber auch die Geduld und Rücksichtnahme während der besonders arbeitsintensiven Phasen.

Rostock, im Oktober 2001 Gernot Tesch

[1] Vgl. Breitzmann, Karl-Heinz (1998a), S. 39

INHALTSVERZEICHNIS **Seite**

TABELLENVERZEICHNIS **Seite**

ABBILDUNGSVERZEICHNIS **Seite**

ABKÜRZUNGSVERZEICHNIS

Allgemeine Abkürzungen

A	=	Autobahn
AB	=	Aktiebolag (Schweden)
Abl.	=	Amtsblatt der Europäischen Gemeinschaften
ADAC	=	Allgemeiner Deutscher Automobil-Club
AETR	=	Europäisches Übereinkommen über die Arbeit der im internationalen Straßenverkehr beschäftigten Fahrzeugbesatzungen (in französisch)
AG	=	Aktiengesellschaft (Deutschland)
Anl.	=	Anlage
AS bzw. A/S	=	Aktieselskab (Dänemark, Norwegen)
ASG	=	AB Svenska Godscentraler
ASG-T	=	ASG-Transportförvaltning
ausl.	=	ausländisch
BC	=	British Columbia
BDF	=	Bundesverband des Deutschen Güterfernverkehrs
BGB	=	Bürgerliches Gesetzbuch
BIP	=	Bruttoinlandsprodukt
B&N	=	Bylock & Nordsjöfrakt
BRT	=	Bruttoregistertonne
BRZ	=	Bruttoraumzahl
BSP	=	Bruttosozialprodukt
BTF	=	Bilspeditions Transportförening
BTFAB	=	Bilspedition Transportörer Förvaltnings AB
BTL	=	Bilspedition Transport & Logistics
BV	=	Aktiengesellschaft (Niederlande)
BVL	=	Bundesvereinigung Logistik
CEMT	=	Conférence Européenne des Ministres des Transports
CFI	=	Cruise & Ferry Info
CIF	=	Cost Insurance Freight (Incoterms)
Co.	=	Company
CTH	=	Chalmers Tekniska Högskolan
dar.	=	darunter
DFDS	=	De Forenede Dampskips Selskaber
DFO	=	Deutsche Fährgesellschaft Ostsee
dir.	=	direkt/direkte
DSB	=	Danske Stadsbane
DSR	=	Deutfracht Seereederei Rostock (später Deutsche Seereederei Rostock)
DSØ	=	Damskibsselkabet Øresund A/S
DSV	=	De Sammensluttede Vognmænd
DVWG	=	Deutsche Verkehrswissenschaftliche Gesellschaft
DVZ	=	Deutsche Verkehrs-Zeitung
DWT	=	dead weight

EC	=	European Community
ECR	=	efficient consumer response
ed.	=	edited/editor
EffJohn	=	EFFOA/Johnson
EFFOA	=	Finnish Steamship Company (in Finnisch)
EMEA	=	Elling Ellingsen/Mats Arnhög
ERT	=	European Road Transport
ESCO	=	Estonian Shipping Company
EG	=	Europäische Gemeinschaft
EU	=	Europäische Union
EWG	=	Europäische Wirtschaftsgemeinschaft
EWGV	=	Vertrag der Europäischen Wirtschaftsgemeinschaft
f.	=	folgende (Seite)
ff.	=	folgende (Seiten)
FOB	=	Free On Board (Incoterms)
FuE	=	Forschung und Entwicklung
GFL	=	Göteborg-Frederikshavn-Linjen
GKR	=	Gesamtkapitalrendite
GmbH	=	Gesellschaft mit beschränkter Haftung
GT	=	gross tons bzw. Gedser-Travemünde(-Link)
GWB	=	Gesetz gegen Wettbewerbsbeschränkungen
H.	=	Heft
HDW	=	Howaldtswerke Deutsche Werft AG
HGB	=	Handelsgesetzbuch
HH	=	Helsingborg-Helsingør(-Ferries)
IAME	=	International Association of Maritime Economists
ICF	=	Intercontainer-Interfrigo
IF	=	Inter Forward
IFO	=	Injection Fuel Oil
IHK	=	Industrie- und Handelskammer
IMO	=	International Maritime Organisation
Incoterms	=	International Commercial Terms
Inc.	=	Incorporation
Int.	=	International(e)
ISL	=	Institut für Seeverkehrswirtschaft und Logistik
ITZ	=	Internationale Transport-Zeitschrift
JIT	=	just-in-time
K-Line	=	Kawasaki Kisen Kaisha
Kap.	=	Kapazität bzw. Kapitel
KEP	=	Kurier-, Express- und Paket (-Dienste)
KFB	=	Kommunikations Forsknings Beredningen
KG	=	Kommanditgesellschaft
KLV	=	Kombinierter Ladungsverkehr
KMD	=	Koordinationsmängel-Diagnose-Konzept
KMK	=	Koordinationsmängel-Konzept
kn	=	Knoten (nautische Meilen pro Stunde)

KTG	=	Krajowe Towarzystwo Gospodarcze
KTH	=	Kungliga Tekniska Högskolan
LDK	=	Langfristige Durchschnittskosten-Kurve
LISCO	=	Lithuanian Shipping Company
LK	=	Langeland-Kiel(-Linie)
lm	=	lanemeter
Lo/Lo	=	lift-on/lift-off
Ltd.	=	Limited Company
Mass.	=	Massachusetts
MGA	=	Mats Göran Arnhög
MD	=	Maryland
MDO	=	Marine Diesel Oil
mdst.	=	mindestens
MIT	=	Massachusetts Institute of Technology
MKR	=	Maschinen-Kontroll-Raum
MoDo	=	Mo och Domsjö
MOS	=	Mindestoptimale Betriebsgröße
M/S	=	Motorschiff bzw. motor ship
M.Sc.	=	Master of Science
MTO	=	Multimodal Transport Operator
NJ	=	New Jersey
NL	=	Niederlassung
nm	=	nautische Meilen
NO	=	Näringsfrihetsombudsman
no.	=	number
N&T	=	Nordström & Thulin
NTS	=	Nordisk Transport & Spedition
NVO	=	Non Vessel Operating
NYK	=	Nippon Yusen Kaisha
OECD	=	Organization for Economic Cooperation and Development
OHG	=	Offene Handelsgesellschaft
o.V.	=	ohne Verfasser
Oy	=	Aktiengesellschaft (finnisch)
Pass.	=	Passagier(e)
PCU	=	Private Car Unit
Plc.	=	Public limited company
PLK	=	Preis-Leistungs-Kombination
P&O Co.	=	Peninsular and Oriental Steam Navigation Company
POL	=	Polish Ocean Lines (Polskie Linie Oceaniczne)
PZB	=	Polska Zegluga Baltycka (Polish Baltic Shipping Company)
PZM	=	Polska Zegluga Morska (Polish Steamship Company)
resp.	=	respektive
RGW	=	Rat für gegenseitige Wirtschaftshilfe
ROCE	=	return on capital employed
RoPax	=	Ro/Ro-Passagierschiff
Ro/Ro	=	roll-on/roll-off

S.A.	=	Aktiengesellschaft (Polen)
SAB	=	Scandlines AB
SAG	=	Scandlines AG
SCA	=	Svenska Cellulosa AB
SE/SEB	=	Skandinaviska Enskilda (Banken)
SECU	=	Stora Enso Cargo Unit
SFL	=	Scandinavian Ferry Lines
SJ	=	Statens Järnvägar
SLF	=	Svenska lastbilägare förbundet
SNCF	=	Societé Nationale de Chemins de Fer Français
Sped.	=	Spedition
SPK	=	Statens Pris- och Kartellnämnd
SRØ	=	Svenska Rederi AB Øresund
Stena	=	Sten Allan (Olsson)
Sto/Ro	=	stowable roll-on/roll-off
Svelast	=	Svenska Lastbil AB
Tab.	=	Tabelle
TEU	=	Twenty Feet Equivalent Unit
TH	=	Transport & Hantering
TK	=	Transportkompaniet
Tor	=	Trans-Oil/Rex
TR	=	Trelleborg-Rostock(-Linie)
TS	=	Trelleborg-Saßnitz(-Linie)
TT	=	Trelleborg-Travemünde(-Linie)
TU	=	Technische Universität
u.a.O.	=	und andere Orte
UECC	=	United European Car Carrier
UN	=	United Nations
UNCTAD	=	United Nations Conference on Trade and Development
UPM	=	United Paper Mills
uppl.	=	upplaga
UPS	=	United Parcel Service
VDI	=	Verein Deutscher Ingenieure
VO	=	Verordnung
vol.	=	volume
vs.	=	Versus
wiss.	=	wissenschaftlich/wissenschaftliche
ZEW	=	Zentrum für Europäische Wirtschaftsforschung
zgl.	=	zugleich

Länder- bzw. geographische Bezeichnungen

A	=	Österreich
B	=	Belgien
CH	=	Schweiz
CZ	=	Tschechien
D	=	Deutschland
DK	=	Dänemark
E	=	Spanien
Est	=	Estland
F	=	Frankreich
GB	=	Großbritannien
Gre	=	Griechenland
Hun	=	Ungarn
Irl	=	Irland
I/Ita	=	Italien
Nl	=	Niederlande
N/Nor	=	Norwegen
Pl/Pol	=	Polen
Por	=	Portugal
SF	=	Finnland
Swe	=	Schweden
UK	=	United Kingdom
USA	=	United States of America
Ki/Swi-Range	=	Kiel-Swinemünde-Range

Währungsbezeichnungen

$	=	US-Dollar
£	=	Britisches Pfund
€	=	Euro
DM	=	Deutsche Mark
FIM	=	Finnische Mark
SEK	=	Schwedische Krone

Sonderzeichen

§	=	Paragraph
∑	=	Summe
%	=	Prozent
Ø	=	Durchschnitt
&	=	und
Δ	=	Änderung

Weitere Abkürzungen (insbesondere Firmenkürzel) konnten nicht immer in ihrer Bedeutung geklärt werden bzw. waren für das Verständnis der Untersuchung nicht von Belang.

I Problemstellung und Gang der Untersuchung

Wettbewerbsprozesse sollen durch die Koordination wirtschaftlicher Aktivitäten bzw. die Übernahme von Funktionen bezüglich der Einkommensverteilung, der Angebotszusammensetzung sowie der Einsatzsteuerung von Produktionsfaktoren Effizienz bezüglich Produktion und Verteilung ebenso sicherstellen wie die wirtschaftliche Freiheit der Marktteilnehmer gewährleisten. Gleiches gilt für die Innovations- sowie Motivationsfunktion des Wettbewerbs.[1]

Ein funktionierender Wettbewerb ist Voraussetzung für gute Marktergebnisse. Insofern bestehen begründbare Ansprüche der Gesellschaft an die Ordnungspolitik, einen funktionierenden Wettbewerbsprozess sicherzustellen. Es ist Aufgabe der Ordnungspolitik, die bestmögliche Erfüllung wettbewerblicher Funktionen anzustreben. Markt- und Wettbewerbsprozesse sind daher ständig auf ihre Funktionserfüllung zu kontrollieren.[2]

Die Problemfälle des natürlichen Monopols, der ruinösen Konkurrenz, der externen Effekte und der öffentlichen Güter begründen aus wohlfahrtstheoretischer Sicht unter gewissen Voraussetzungen staatliche Eingriffe in den freien Wettbewerb. In den genannten Fällen kann ein unregulierter Wettbewerb durchaus zu gesamtwirtschaftlich ineffizienten Ergebnissen führen.[3]

Staatliche Eingriffe in Märkte werden typischerweise mit Marktversagen bzw. mit der Behauptung gerechtfertigt, dass Märkte bestimmte Funktionen nicht erfüllen können. So werden Regulierungen von Verkehrsmärkten damit begründet, dass die Anpassung der Kapazitäten nicht funktioniere bzw. Verkehrsmärkte zu Monopolen tendieren.

Ein Marktversagen kann jedoch nicht immer für Fachleute ausreichend nachvollziehbar nachgewiesen werden. Ein solcher Fall liegt nur dann vor, wenn der marktwirtschaftliche Koordinationsprozess nachhaltig gestört ist und damit das Anreizsystem zu innovativem Handeln nicht funktioniert. Dem Staat sollte daher vor jeder Marktintervention mittels eines Prüfverfahrens bzw. eines Nachweises eine Rechtfertigung abverlangt werden, dass nur staatliches Eingreifen zur Behebung der marktinternen Mängel geeignet und zudem verhältnismäßig ist.

Die Verkehrswirtschaft stellt, trotz vielfältiger Deregulierungstendenzen, traditionell einen der bedeutendsten wettbewerbspolitischen Ausnahmebereiche und damit einen der am stärksten regulierten Sektoren der Volkswirtschaft dar. Eine Regulierung wird insbesondere durch die so genannte Lehre von den Besonderheiten des Verkehrswesens gerechtfertigt, aber auch durch spezielle staatliche Interessen.[4]

Die Vielzahl unterschiedlicher Besonderheiten des Verkehrsbereiches führt in der Tat zu Planungs- und Anpassungserschwernissen für Unternehmen bestimmter Verkehrsbereiche, ist aber kein Beleg für die generelle Nichtfunktionsfähigkeit des Wettbewerbs im Verkehr.[5] Viele der dem Verkehrsbereich zugeschriebenen Besonderheiten bestehen nicht nur in diesem Sektor. So können die meisten Dienstleistungen nicht auf Vorrat produziert werden. Hohe Fixkostenanteile und der Zwang zur unbedingten Kapazitätsauslastung wirken ebenfalls in anderen Bereichen, etwa in Netzwerkindustrien. Auch der hohe Anteil von *sunk costs* im Falle von Marktaustritten ist keine exklusive Besonderheit des Verkehrssektors. Viele kapitalinten-

---

[1] Kantzenbach, Erich (1967), S. 16 ff.; Grossekettler, Heinz (1994), S. 2.
[2] Stackelberg, Friedrich von (1974), S. 6.
[3] Laaser, Claus-Friedrich (1991), S. 52-55.
[4] Vgl. Aberle, Gerd (1992), S. 112.
[5] Willeke, Rainer (1977), S. 156.

sive Anlagegüter sind zwischen verschiedenen Märkten räumlich oder funktional nicht austauschbar. Außerdem ist anzunehmen, dass einige dieser „Besonderheiten" Folge von bestehenden Regulierungen und Staatseingriffen sind.

Auch die Seeschifffahrt ist Gegenstand staatlicher Einflussnahme oder finanzieller Unterstützung in verschiedenster Form. Dabei wird auch von den Schifffahrts- oder Linienschifffahrtsmärkten eine Erfüllung der dem Wettbewerb zugeschriebenen Aufgaben erwartet. Insbesondere darüber, ob auf Linienschifffahrtsmärkten ein funktionsfähiger Wettbewerb möglich ist, herrschen in der wirtschaftswissenschaftlichen Diskussion aber sehr gegensätzliche Meinungen. Linienschifffahrtsmärkten wird oft eine nicht ausreichende Funktionsfähigkeit unterstellt. Die Funktionsuntüchtigkeitsbehauptung wird z.B. durch die ausgeprägte Neigung zu ruinöser Konkurrenz gestützt.[6] Aber auch die Anwendung von Monopolpraktiken dient zur Untermauerung dieser Aussage.[7]

Die Funktionsfähigkeit von Wettbewerb auf den Containerlinienschifffahrtsmärkten ist bereits 1990 anhand des Marktes für Containerlinienverkehre zwischen Deutschland und Fernost von *Geuther* untersucht worden. *Geuther* stellte bei seiner Untersuchung nur eine eingeschränkte Funktionsfähigkeit fest. Auch der Markt für Containerumschlagleistungen der Hamburg-Antwerpen-Range wurde in Hinsicht auf einen funktionierenden Wettbewerbsprozess untersucht. Beide Studien stellten so genannte Koordinationsmängel fest, die vorwiegend auf staatliche, d.h. externe Einflussnahme auf die Märkte zurückzuführen waren.[8] Staatliche Subventionen auf Grundlage wirtschafts- sowie im Falle der Häfen strukturpolitischer Überlegungen führen in der Regel zu einem Überangebot an Kapazitäten. Aber auch interne Besonderheiten der Märkte beeinträchtigen die Funktionsfähigkeit von Wettbewerb, etwa Überkapazitäten als Folge von Imbalancen zwischen den Verkehrsrichtungen. Störungen der Prozessdynamik ergaben sich auch aus dem hohen Wettbewerbsdruck sowie hohen Marktaustrittsbarrieren (sehr spezielle Sachkapitalverwendung des Umschlageequipments). Die Koordinationsmängel bewirkten sowohl Überkapazitätssituationen als auch unterdurchschnittliche Renditen.

Der Ostseeraum weist aber einige spezifische Merkmale der Verkehrsstruktur auf. Im internen Ostseeverkehr hat sich einerseits im Gegensatz zur weltweiten Linienschifffahrt nicht die Containertechnologie zum Transport hochwertiger Stückgutladung durchgesetzt, sondern die speziell an die kurzen Strecken über See angepasste Technologie des Fähr- und Ro/Ro-Verkehrs. Im Gegensatz zu vielen anderen Transport- und Schifffahrtsmärkten bietet der Ostseefährverkehr zudem auf verschiedenen Teilmärkten das Bild eines weitestgehend freien und funktionierenden Wettbewerbs. Der Übergang vom Eisenbahn- zum kombinierten Fährverkehr und der damit verbundene Markteintritt privater Reeder bewirkte das Aufbrechen der durch die Zusammenarbeit der staatlichen Eisenbahnen hochkartellisierten Märkte. Die Ursachen dafür sollen mittels einer Überprüfung des Marktes auf Funktionsfähigkeit des Wettbewerbs identifiziert und dadurch eventuell vorhandene strukturelle Unterschiede zu sonstigen Linienschifffahrtsmärkten herausgearbeitet werden.

Der Wettbewerb im Fährverkehr erscheint als weites Oligopol mit spürbarer Reaktionsverbundenheit. Ein Oligopol ist durch eine überschaubare Anzahl von Unternehmen auf der Anbieterseite gekennzeichnet. Es lässt verschiedene Verhaltensweisen, Markt- oder Wettbewerbssituationen zu. So sind in Oligopolen Fälle besonders intensiver Wettbewerbssituationen denkbar; aber auch Behinderungs- und Verdrängungswettbewerb sowie wettbewerbs-

---

[6] Vgl. z.B. Marx, D. jr. (1953); Sletmo, G.K./Williams, E.W. (1981); Pearson, Roy (1987); Sturmey, S.G. (1991).
[7] Vgl. Gilman, S. (1983), S. 3.
[8] Geuther, Ralf (1990); Lemper, Burkhard (1996).

friedliches Verhalten treten auf oligopolistischen Märkten auf. Insofern bildet gerade die Fährschifffahrt ein interessantes Untersuchungsfeld für einen funktionierenden Wettbewerbsprozess unter Oligopolbedingungen.

Insbesondere das Nebeneinander von regulierten sowie deregulierten Märkten macht den Reiz dieser Untersuchung aus. Diese Arbeit soll untersuchen, ob unregulierte Schifffahrtsmärkte funktionieren können oder aber gegenüber regulierten oder durch ein hohes Maß an staatlicher Einflussnahme gekennzeichneten Märkten verstärkt Koordinationsmängel zu beobachten sind. Dazu wird eine zu überprüfende Arbeitshypothese aufgestellt: Fährschifffahrtsmärkte sind ohne staatliche Eingriffe in der Lage, (im Verlaufe der Arbeit noch zu definierende) Marktfunktionen ausreichend zu erfüllen.

Damit wären Linienschifffahrtsmärkte, denen üblicherweise Koordinationsmängel nachgesagt werden, auch ohne staatliche Eingriffe befriedigend funktionsfähig. Von daher soll ebenfalls festgestellt werden, ob staatliche Einflussnahme auf die Linienschifffahrt gerechtfertigt ist oder aber eventuell unberechtigte Eingriffe abzuwehren sind. Dabei ist gedanklich zu berücksichtigen, dass die Fährschifffahrt eine spezielle Form der Linienschifffahrt darstellt.

Der Fährverkehr bietet heute das Bild eines auf der Anbieterseite stark oligopolisierten Marktes. Nichtsdestotrotz sind durch die Änderung externer Rahmenbedingungen in Zukunft weitere Fusionsprozesse zu erwarten. Darüber sind sich die meisten Experten einig. Insofern benötigen z.B. die zuständigen Kartellorgane Grundlagen für eine sachliche Entscheidungsfindung. Aber auch für die Marktteilnehmer sollten Aussagen über die Erfüllung der Wettbewerbsfunktionen von Interesse sein. Ziel ist es, mit theoretischen Erklärungsmodellen allen Marktteilnehmern ein analytisches Werkzeug zur Entscheidungsfindung anzubieten.

Die Arbeit hat es sich also zum Ziel gesetzt, die Wettbewerbsbeziehungen der Fährschifffahrt auf der Ostsee zu untersuchen und nach dem von *Grossekettler* entwickelten Koordinationsmängel-Diagnose-Konzept zu bewerten. Exemplarisch wurde dazu der Fährverkehr auf der südlichen Ostsee ausgewählt, d.h. der Fährverkehr der so genannten Kiel-Swinemünde-Range nach Schweden im Zeitraum 1990-1998. Es soll aufgezeigt werden, wie die Funktionsfähigkeit des Wettbewerbs mit Hilfe des Koordinationsmängelkonzeptes gemessen werden kann und gleichzeitig die Fehlentwicklungen des Wettbewerbs identifizierbar werden.

Die vorliegende Arbeit dient jedoch nicht ausschließlich der Prüfung auf Funktionsfähigkeit des Wettbewerbs in der Fährschifffahrt. Sie versucht gleichzeitig, die den Markt prägenden Eigenheiten und Strukturmerkmale zu identifizieren. Dazu wird eine detaillierte Marktbeschreibung auf verbal-analytische Weise durchgeführt.

Die Arbeit gliedert sich in insgesamt acht Hauptkapitel. Vor der eigentlichen Untersuchung ist es zweckmäßig, zum einen die theoretischen und methodischen Grundlagen der Marktuntersuchung vorzustellen, anderseits aber auch den Beispielmarkt näher zu beschreiben. In Kapitel I werden die Problemstellung sowie der Gang der Untersuchung erläutert, während Kapitel II den eigentlichen Untersuchungsgegenstand zum Inhalt hat. Kapitel III betrachtet den Fährverkehr als Teil einer Transportkette. Sinnvoll erschien es dem Verfasser, in Kapitel IV einige Besonderheiten in der Marktstruktur der Fähr- und Ro/Ro-Schifffahrt aufzuführen. Der konkrete Markt, gegliedert in Anbieter- und Nachfragerseite, ist Gegenstand des Kapitels V. Eingeleitet wird die Marktbeschreibung durch eine sachliche, zeitliche und räumliche Definition des relevanten Marktes. Dazu werden die wichtigsten Marktabgrenzungsmodelle erläutert.

Das bestehende traditionelle wettbewerbspolitische Instrumentarium wird in Kapitel VI.1 daraufhin überprüft, ob es zur Untersuchung von Wettbewerbsfunktionen herangezogen werden kann. Es soll ein Konzept ermittelt werden, das zur Funktionsfähigkeitsuntersuchung von Wettbewerbsprozessen geeignet erscheint. Anschließend wird in Kapitel VI.2 das Konzept vorgestellt, das am ehesten fundierte und nachvollziehbare Aussagen über die Funktionsfähigkeit von Wettbewerbsprozessen ermöglicht.

In Kapitel VII erfolgt die konkrete Überprüfung des Marktes mit Hilfe des gewählten Analysekonzeptes. Es wird versucht, die Ergebnisse der Marktanalyse zusammenzufassen, zu interpretieren und mit Hilfe der Wirtschaftstheorie Erklärungsmuster zu finden. Dies schließt die Bewertung der aufgestellten Arbeitshypothese ein. Im Schlusskapitel VIII sollen die Ergebnisse der Marktanalyse im Sinne eines verbleibenden Untersuchungsbedarfs noch einmal kurz zusammengefasst und das genutzte Analysekonzept einer kritischen Würdigung unterzogen werden.

II Der Untersuchungsgegenstand - die Ostseefähr- und Ro/Ro-Schifffahrt

1. Kennzeichnung der Fähr- und Ro/Ro-Schifffahrt

1.1 Begriffsdefinition

Eine Fährlinie dient im Prinzip als schwimmende Brücke zur Verbindung zweier durch ein Wasserhindernis getrennter Verkehrssysteme.[1] Der Fährverkehr ist weiterhin durch die Beförderung von Gütern und/oder Personen auf einer bestimmten Route nach einem festgelegten Fahrplan gekennzeichnet. Er wird weitestgehend mit an den Seeraum angepassten Schiffen durchgeführt, deren Einsatz in Seegebieten mit anderen geographischen und ökonomischen Merkmalen aus wirtschaftlicher und technologischer Sicht oft nicht mehr vertretbar ist.

Im Fährverkehr eingesetzte Schiffe dienen demzufolge dem Übersetzen von Binnenverkehrsmitteln wie Pkw, Lkw oder Eisenbahnwaggons über Meere bzw. Meerengen und schließen damit eine Lücke in Binnenverkehrsnetzen. Ein Fährschiff verfügt über spezielle Decks, die zur Aufnahme von Personen, Personenkraftwagen, Lastkraftwagen und Eisenbahnwaggons geeignet sind. Der Umschlag erfolgt dabei ausschließlich horizontal, d.h. rollend (selbstfahrend oder geschoben).[2] Die rollende Beladung ist ein derzeitiges, möglicherweise aber auch ein temporäres Merkmal des Fährverkehrs, das unter Umständen im Zuge der Weiterentwicklung von Transporttechnologie verschwinden kann. Richtiger erscheint die Aussage, dass die Be- und Entladung in gleicher Art und Weise erfolgt, wie die Transportmittel sich im Landbereich fortbewegen. Eine Fährschiffdefinition, die unter einem Fährschiff einen Schwimmkörper zum Übersetzen von Personen, Straßen- oder Schienenfahrzeugen über relativ kurze Wasserwege versteht, trifft die Realität besser. Der Umschlag ist durch die wechselseitige bauliche und technologische Abstimmung zwischen Schiff und Hafenanlagen geprägt.

Die Rationalisierung des Umschlagbetriebes eröffnet Möglichkeiten zur Automatisierung von Transportabläufen. Der rationalisierte Umschlag wird durch die horizontale Be- und Entladung von Ro/Ro-Schiffen erreicht bzw. durch Synchronisation der Bewegungsvorgänge an Land mit denen bei der Be- und Entladung. Ro/Ro ist eine Mischung aus weitestgehender Rationalisierung des Umschlags und einer hohen Flexibilität bezüglich der Aufnahmefähigkeit vieler unterschiedlicher Transportbehälter. Fähr- und Ro/Ro-Schifffahrt bedeutet eine starke Anpassung an den Seeraum und die Nachfragestruktur einerseits (also größenmäßige Spezialisierung) sowie eine hohe Flexibilität in Bezug auf die Aufnahmefähigkeit unterschiedlicher Transportobjekte und -behälter (also ladungsmäßige Universalität) andererseits.[3] In der Fährschifffahrt ist die Anpassung des Schiffes, aber auch der Umschlagelemente an die transporttechnischen Eigenschaften der Ladungsbehälter gerade durch die Flexibilität des Systems bezüglich der Aufnahmefähigkeit unterschiedlicher Ladungsbehälter sichergestellt. Ein weiteres Merkmal der Fährschifffahrt ist die technologische Abstimmung mit vor- und nachgelagerten Landverkehren. Grundlage der Fährtrajektion ist die so genannte Technologie des „beibehaltenen Transportgefäßes“,[4] d.h. das Transportgefäß bzw. der Ladungsträger des Landtransportes ist gleichzeitig der Ladungsträger während des Seetransports.[5]

---

[1] Bachmann, Henning (1968) , S. 16.
[2] Hader, Arnulf/Meier, Günther (1986), S. 9; Bachmann, Henning (1968), S. 11; Wegener, Kurt u.a. (1991), S. 7; Obenaus, Hans/Zaleski, Jerzy (1979), S. 127.
[3] Begriffe größenmäßige Spezialisierung und ladungsmäßige Universalität aus: Breitzmann, Karl-Heinz (1969).
[4] Vgl. Wegener, Kurt u.a. (1991), S. 7.
[5] Althof, Wolfgang (1976), S. 130.

Tab. 1: Phasenbeschreibung der Fährverkehrsentwicklung

Zeitraum	Merkmale
Vorläufer des Fährverkehrs 17. bis Ende des 19. Jahrhunderts	➢ regelmäßige Linienverbindungen durch Postsegler und -dampfer ➢ noch keine Abstimmung mit dem Landverkehr ➢ keine Beibehaltung des Transportgefäßes ➢ auf Grund technischer Restriktionen und Wetterabhängigkeit kein Betrieb nach Fahrplan möglich
Phase der nationalen und internationalen Eisenbahnfährverkehre 1872-1914	➢ Aufnahme von Eisenbahnfährverkehren über die offene See als Reaktion auf die Änderung der qualitativen und quantitativen Nachfrage, auf Reiseverkehre, den Industrialisierungsprozess in Mittel- und Nordeuropa sowie den Ausbau der Eisenbahninfrastruktur ➢ Verbindung von Güter- und Personenverkehr ➢ Übertragung des Trajektionsprinzips der Flussfähren auf die offene See ➢ Grundlage der Entwicklung waren technologische Neuerungen wie Dampfmaschine, Schiffsschraube, eiserne Schiffe ➢ dadurch höhere Fahrplantreue, Witterungsunabhängigkeit, Sicherheit, Tragfähigkeit
Zwischenkriegszeit	➢ Eröffnung neuer Fährlinien insbesondere auf Skagerrak und Kattegatt ➢ erstmals auch auf Kfz. ausgerichtet ➢ Ersatz einiger Kurzstreckenfährlinien durch Brücken (Kleiner Belt, Strelasund, Storstrøm)
Neuorientierungsphase nach dem II. Weltkrieg 1945-1960	➢ wirtschaftliche und politische Spaltung des Ostseeraumes ➢ Häfen werden von ihren angestammten Hinterländern abgeschnitten ➢ neue Fährlinien entstehen als Ersatz
Phase der Erschließung fast des gesamten Ostseeraumes für den Fährverkehr 1960-1980	➢ Tourismusverkehr größerer Dimension zwischen Nordeuropa und dem Kontinent ➢ Erschließung fast des gesamten Ostseeraumes für den Fährverkehr; Komplettierung des Liniennetzes ➢ internationaler Warenaustausch nimmt zu ➢ beginnende Dominanz des Lkw im Gütertransport ➢ Ro/Ro als neue Verladetechnik führt zur Verringerung der Umschlagkosten sowie zur Anpassung des Seeverkehrs an den Lkw ➢ Verbindung von Güter- und Passagierverkehren auf den neu geschaffenen Transportkapazitäten ➢ Beginn der Symbiose zwischen Nord- und Ostseehäfen ➢ Ersatz der konventionellen Stückgutschifffahrt
1980-1990	➢ neue Logistikstrategien der Wirtschaft (*just-in-time*) ➢ Schiffsgrößenwachstum und Linienkonzentrationen ➢ Ostseefährlinien übernehmen Containerfeederfunktionen ➢ Renaissance der Eisenbahnfähren durch technologische Verbesserungen und Ladungsgewinne von der konventionellen Schifffahrt ➢ vorweggenommene EU-Binnenmarkteffekte
seit 1990	➢ politische und wirtschaftliche Reformen in Osteuropa sowie die Deutsche Einheit ermöglichen die Einbeziehung Osteuropas in die internationale Arbeitsteilung ➢ veränderte verkehrsgeographische Ausrichtung des Fährverkehrs; verstärkter Fährhafenwettbewerb; Neuaufnahme von Fährlinien ➢ Investitionen in Landinfrastrukturen (neue Autobahnprojekte) ➢ Konkurrenz durch feste Querungen ➢ Wegfall des Zollfreiverkaufs innerhalb der EU ab 1999 ➢ schnelle unkonventionelle Schiffe einsetzbar

Ursprung der Ro/Ro-Technologie waren die Fähren, die im Binnenland Wasserhindernisse wie Flüsse und Seen für Landtransportmittel passierbar machten. Fähren und Ro/Ro-Schiffe übernahmen das bekannte Prinzip der Überführung des Ladungsträgers auf einer in Bewegung befindlichen Ebene und entwickelten dieses in Abhängigkeit von den technologischen Möglichkeiten des Schiffbaus sowie der Antriebs- und Energietechnik weiter. Das Ro/Ro-Grundprinzip wurde von der beweglichen Plattform der Flussfähren auf die Küstengewässer und später auf die offene See übertragen und erstmals in der Eisenbahntrajektierung angewandt. Neue technische und navigatorische Möglichkeiten wie z.B. die Einführung der Dampfmaschine waren Voraussetzung für diese Entwicklung. In den Aufbau von Fähr- und Ro/Ro-Verbindungen flossen neben dem Eisenbahnfährschifffahrts-*know-how* auch Erfahrungen aus maritimen militärischen Versorgungsketten und Landungsoperationen über Rampen ein.[6]

Veränderte Ansprüche der verladenden Wirtschaft führten im Zusammenwirken mit den technischen Möglichkeiten zu einer verstärkten Differenzierung im Fährverkehr sowie zu einer Übertragung des Ro/Ro-Prinzips auf die konventionelle Linienschifffahrt im Ostseeraum. Die Beförderung von Pkw und Lkw auf den Eisenbahndecks genügte in Zeiten steigenden Straßengüter- und -individualverkehrs bald nicht mehr, so dass spezielle Kombi- oder Güterfähren eingeführt bzw. die Eisenbahnfähren um Decks für den Straßenverkehr erweitert wurden. Aus den Mitnahmemöglichkeiten für die Fahrzeuge der Passagiere entwickelten sich später Stellplätze für Straßengüterverkehrseinheiten.[7]

Fähr- und Ro/Ro-Verkehre stimmen begrifflich größtenteils überein. Der Übergang vom Fähr-, besonders vom Güterfährverkehr zum Ro/Ro-Verkehr ist fließend. Trotzdem ist es erforderlich, neben Gemeinsamkeiten auch Unterschiede herauszuarbeiten und damit beide Begriffe voneinander abgrenzbar zu gestalten.

Der Vielzahl von Merkmalen (Tabelle 2) kommt eine unterschiedliche Bedeutung zu. Ein brauchbares Abgrenzungskriterium zwischen Fähr- und Ro/Ro-Schifffahrt ist ausschließlich der Passagiertransport. Da Ro/Ro-Schiffe teilweise auch Unterbringungsmöglichkeiten für mitfahrende Lkw-Fahrer vorhalten, kann eine Trennlinie zwischen Ro/Ro-Schiff und Fähre bei zwölf Personen gezogen werden. Ein Überschreiten dieser Grenze verlangt die Beachtung besonderer Sicherheitsvorschriften. Als Passagier-Ro/Ro-Schiff (und damit als Fähre) kann jedes Schiff bezeichnet werden, das mehr als zwölf Passagiere befördern und gleichzeitig Fahrzeuge oder rollende Einheiten über Rampen an Bord nehmen kann.[8]

Die Unterschiede zwischen Fähr- und Ro/Ro-Schifffahrt verloren auf der Ostsee durch die Markttrends der 90er Jahre weiter an Bedeutung. Während für reine Ro/Ro-Dienste, etwa auf längeren Strecken, eine Integration von Passagierbeförderungselementen zu beobachten war, stieg bei den traditionellen Fährdiensten die Frachtkapazität, teilweise zu Lasten der Passagierkapazität, stark an.

---

[6] Vgl. Muttilainen, Harri (1991), S. 20.
[7] Vgl. Schönknecht, Rolf/Laue, Uwe (1987/1988), Bd. 1, S. 109.
[8] Schönknecht, Rolf/Laue, Uwe (1987/1988), Bd. 2, S. 19.

Tab. 2: Kennzeichnung der Fähr- und Ro/Ro-Schifffahrt

GEMEINSAMKEITEN	
• Anwendung des Ro/Ro-Umschlagprinzips • Fahrplanbindung (wenn auch unterschiedlich stark ausgeprägt) • Fahrt auf festgelegter Route • Nutzung von speziell an den Seeraum bzw. die Ladungsstruktur angepassten Schiffen	
UNTERSCHIEDE	
Fährschifffahrt	**Ro/Ro-Schifffahrt**
• Transport von Gütern und Personen	• ausschließlicher Transport von Gütern (u.U. Mitnahme von Fahrern)
• Synergieeffekte aus gleichzeitigem Transport von Gütern und Personen	• Konzepte sind frachtorientiert
• höhere Abfahrtsfrequenz	• Abfahrtsfrequenz niedriger
• starke Anpassung zwischen Schiff und Hafen sowie des Schiffes an linienspezifische Ladungsstruktur	• flexible Einsetzbarkeit der Schiffe
• vorwiegende Ladung: Lkw/Trailer/Waggons/ Pkw/Passagiere	• vorwiegende Ladung: Trailer/Kassetten/ MAFI/Container
• Anpassung der Deckshöhen an Pkw/Lkw bzw. Waggons	• differenzierte Anpassung der Deckshöhen an verschiedenartige Ladung
• überwiegend selbstfahrend be- und entladen	• über verschiedene Rampen, Hubbrücken u.ä. mit Flurfördermitteln geschoben oder gezogen beladen
• Dominanz begleiteter Transporte bzw. Ladungsmischung aus begleitet und unbegleitet	• Dominanz unbegleiteter Transporte
• Wertschöpfung beim Umschlag gering	• höhere Wertschöpfung beim Umschlag
• Warteflächen notwendig; Trennung von Fracht und Passagier aus Sicherheitsgründen	• Warte- und Vorstellflächen zum Rangieren sowie Ro/Ro-Packhallen notwendig
• kurze Hafendurchlaufzeit; stoßweise und konzentrierte Belastung von Hafen- und Verkehrsinfrastruktur	• Hafendurchlaufzeit länger; Belastungen sind zeitlich stärker auseinander gezogen
• Schiffe vorwiegend auf kurzen Strecken eingesetzt	• Einsatz der Schiffe auch auf längeren Strecken

1.2 Betriebsform der Fähr- und Ro/Ro-Schifffahrt

Fährschifffahrt ist nach der Beschaffenheit der Tonnage Spezialschifffahrt, wenn ausschließlich die technologische Bauweise der Schiffe als Kriterium herangezogen wird. Technische und technologische Faktoren sind aber nicht allein entscheidend für die Identifizierung der Betriebsform, sondern sind nur indirekt mit dem Begriff der Betriebsform verknüpft.[9]

Fährschifffahrt ist keine Spezialschifffahrt nach der Beschäftigungsweise bzw. der Betriebsform. Als Betriebsform kann die ökonomisch-organisatorische Form des Betreibens der Schifffahrt bezeichnet werden.[10] Sie ist Ausdruck der durch die Nachfrage sowie die technisch-organisatorischen Produktionsbedingungen der Schifffahrt bestimmten Arbeitsteilung.[11] In der Betriebsform sind die Stellung der Seeschifffahrt zu den Verladern sowie die Organisationsformen des Transportes miteinander verbunden.[12]

---

[9] Breitzmann, Karl-Heinz (1969), S. 11.
[10] Vgl. Althof, Wolfgang (1976), S. 13.
[11] Vgl. Biebig, Peter/Althof, Wolfgang/Wagener, Norbert (1995), S. 42.
[12] Breitzmann, Karl-Heinz (1969), S. 10.

Breitzmann unterteilt die Betriebsformen anhand ökonomisch-organisatorischer Kriterien in Linien-, Tramp- sowie Spezialschifffahrt. Wichtige Kriterien sind dabei die Struktur der Nachfrage sowie die spezifischen Merkmale der Schifffahrt als Reaktion auf diese.

Tab. 3: Charakteristika der Betriebsformen des Seetransports

Charakteristik der Transportnachfrage	Partiegröße	kleine Partien	große Partien	
	Rhythmus des Auftretens des Bedarfs	zeitweise und/ oder regelmäßig	zeitweise	regelmäßig
Charakteristik der Betriebsformen	Beziehungen zu den Verladern	viele Verlader gleichzeitig	viele Verlader nacheinander	wenige oder ein Verlader
	Organisationsform	regelmäßig (Fahrplan)	unregelmäßig	regelmäßig
Betriebsformen		Linienschifffahrt	Trampschifffahrt	Spezialschifffahrt

Quelle: Breitzmann, Karl-Heinz (1969), S. 11

Eine weitere Unterteilungsmöglichkeit ist die in Linienfahrt, Charterfahrt sowie Werkschifffahrt, wobei die Charterfahrt Tramp- und Spezialschifffahrt als Teilbereiche beinhaltet.[13]

Die Ro/Ro- und Fährschifffahrt ist gekennzeichnet durch viele Verlader, die mit relativ kleinen Partien regelmäßig angebotene Abfahrten nutzen. Die Preise werden festgelegt, als Listenpreise veröffentlicht und in der Realität durch Rabattsysteme und Verhandlungen bestimmt. Fährschifffahrt wird fahrplanmäßig zu im Voraus festgelegten Abfahrtzeiten zwischen festgelegten Häfen ohne Rücksicht auf die Auslastung der einzelnen Abfahrt betrieben. Die Transportkunden akzeptieren bei Nutzung die Beförderungsbedingungen der Reeder. Die Fährschifffahrt kann daher eindeutig der Betriebsform der Linienschifffahrt zugeordnet werden. Im Fähr- und Ro/Ro-Verkehr ist diese Organisationsform aber mit speziellen Anforderungen an Betriebsführung und kommerzielle Organisation verbunden.[14]

Die Vielfalt in der Fähr- und Ro/Ro-Schifffahrt verhindert eine einheitliche Zuordnung zu einer Betriebsform. Eisenbahnunternehmen z.B. betreiben bzw. betrieben eigene Schiffe zur Deckung ihres Bedarfs an Seetransportleistungen für ihr Produkt: die Ortsveränderung von Transportobjekten (Waggons) zur Beförderung von Gütern und Personen. Beim ausschließlichen Transport von Güter- und Personenzügen über See für Bahnunternehmen handelt es sich also um Spezialschifffahrt.[15] Als Spezialschifffahrt wird eine Betriebsform der Seeschifffahrt mit nach Gutart und Beförderungsrelation festgelegten Transportleistungen für bestimmte Wirtschaftszweige in langfristiger Bindung bezeichnet.[16] Wichtige Formen sind die Werkschifffahrt sowie die Schifffahrt mit langfristigen Charterverträgen bzw. Mengenkontrakten. Die Eisenbahnfähren privater Unternehmen (Railship) sind ebenso der Werk- und damit der Spezialschifffahrt zuzuordnen. Auch einige Ro/Ro-Linien betreiben auf Grund enger Bindung an industrielle Verlader Spezialschifffahrt. So verfügen viele nordische Forstkonzerne über eine eigene Ro/Ro-Flotte bzw. binden diese durch Langzeitkontrakte an sich. Einige Autoren bezeichnen als Werkschifffahrt den Transport ganzer Schiffsladungen mit Fahrzeugen, die Eigentum des Transportnutzers sind und unterscheiden damit zwischen Werk- und Spezialschifffahrt.[17]

---

[13] Vgl. Biebig, Peter/Althof, Wolfgang/Wagener, Norbert (1995), S. 42.
[14] Biebig, Peter/Althof, Wolfgang/Wagener, Norbert (1995), S. 348.
[15] Althof, Wolfgang (1976), S. 131.
[16] Vgl. Schelzel, Manfred (1968), S. 252.
[17] Biebig, Peter/Althof, Wolfgang/Wagener, Norbert (1995), S. 43-44.

Werden auf den Eisenbahnfähren auch fremde Fahrzeuge befördert, geht ein Teil des Spezialschifffahrtscharakters verloren. Da der reine Transport von Eisenbahnwaggons auf der Ostsee ein Nischenprodukt geworden sowie auch auf den kombinierten Fähren eher ein komplettierendes als dominierendes Segment ist, verliert die Fähr- und Ro/Ro-Schifffahrt immer mehr ihren ursprünglichen Spezialschifffahrtscharakter. Auch die Spezialschiffe zum Transport von Forstprodukten bieten in der Regel anderen Gütersegmenten (Lkw, Trailer, sonstige Stückgutladung) eine Trajektierungsmöglichkeit.

Tab. 4: Merkmalsausprägungen der Fähr-, Ro/Ro- und Spezialschifffahrt

	Fährschifffahrt	**Ro/Ro-Schifffahrt**	**Spezialschifffahrt**
Bedarfsrhythmus	sehr regelmäßig	regelmäßig	regelmäßig
Befrachter	viele einzelne Spediteure	viele einzelne Spediteure, einige große Einzelverlader	ein oder wenige Verlader
Verantwortung für Vor- und Nachlauf	Spediteure	Spediteure	Verlader, Spediteure
Partiegröße	klein	klein, teilweise auch groß	sehr groß
Bindungen zwischen Reeder u. Befrachter	kurz- bis mittelfristig	kurz- bis mittelfristig, teilweise auch langfristig	langfristig, Kontakt zum Verlader
Verkehrsart	extrem regelmäßig und frequent	regelmäßig mit hoher Frequenz	regelmäßig mit geringer Frequenz
Schiffstyp	sehr speziell	speziell, in einigen Parametern aber flexibel	sehr speziell
Gutart	heterogen, homogen durch Transportbehälter	weitestgehend heterogen, homogen durch Transportbehälter	homogen
Organisationsaufwand	hoch	hoch	gering

2. Verkehrsgeographische Grundlagen der Fähr- und Ro/Ro-Schifffahrt

2.1 Die Fähr- und Ro/Ro-Schifffahrt als Bestandteil des Seeverkehrs auf der Ostsee

Die Ostsee stellte in der Wirtschaftsgeschichte der Region überwiegend ein verbindendes, kein trennendes Element dar und bildete durch die Verfügbarkeit des Wassers als nutzbare Infrastruktur stets das für den Transport von Gütern und Personen nötige Verkehrsmedium.[18]

Die Ostsee dient ihren Anrainerstaaten:

1. als Verbindungsweg zu den Linien des Weltseeverkehrs bzw. zu den anderen europäischen Randmeeren (Nordsee, Mittelmeer)
2. als Verbindungsweg für wirtschaftlichen und touristischen Austausch zwischen den Anrainerstaaten, wobei dieser auch Transitfunktionen für weit von der Ostsee entfernt liegende Regionen übernimmt.

Ein Ostseeverkehr von 340 Mio. t korrespondiert in etwa mit einem jährlichen Umschlag in den Ostseehäfen von 480 Mio. t.[19] Obwohl sie nur etwa 0,1 % der Weltseefläche einnimmt, entfallen zwischen 7 und 8 % des Weltseeverkehrs auf die Ostsee.[20] Die Konzentration großer Verkehrsmengen auf ein kleines Seegebiet bedingt eine im Vergleich zum Weltseeverkehrsdurchschnitt von 15 t/km^{-2} sehr hohe mittlere jahresbezogene Ladungsdichte von über 800

[18] Vgl. z.B. Karlemo, Rolf (1992), S. 12.
[19] Breitzmann, Karl-Heinz (1998b), S. 8.
[20] Breitzmann, Karl-Heinz (1998a), S. 35; Zachcial, Manfred (1991a), S. 11.

t/km^{-2}. Damit gehört die Ostsee zu den am dichtesten befahrenen Seegebieten der Welt, wozu auch der intensive Fahrgast-, Kreuzfahrt-, Fischerei-, Marine- sowie Sport- und Freizeitverkehr beiträgt.[21]

Tab. 5: Der Ostseeverkehr als Bestandteil des Weltseeverkehrs

Jahr	Ostseeverkehr (Mio. t)	Weltseeverkehr (Mio. t)	Anteil am Weltseeverkehr
1929	59	470	12,6 %
1937	78	490	16,0 %
1960	110	1.080	9,8 %
1989	300	3.891	7,7 %
1996	340	4.758	7,1 %

Quelle: Breitzmann, Karl-Heinz (1998a), S. 36; siehe auch dort angegebene Quellen

Andererseits ist erkennbar, dass der Ostseeverkehr seit Ende des Zweiten Weltkrieges wesentlich langsamer angestiegen ist als der Weltseeverkehr. Darin kommt einerseits der Aufstieg Asiens als Welthandelszentrum zum Ausdruck, andererseits aber auch die fehlende Integration Osteuropas in die Weltwirtschaft.[22] Nach den politischen und wirtschaftlichen Umwälzungen Anfang der 90er Jahre war ein beträchtlicher Verkehrsrückgang zu verzeichnen. Diese Rückgänge resultierten aus dem Wegfall vieler externer Massengutverkehre sowie der Einstellung bzw. Verlagerung der interkontinentalen Linien der DDR, Polens und der Sowjetunion. Erst seit Mitte der 90er Jahre konnte der Seetransport auf der Ostsee wieder Steigerungsraten aufweisen.

Tab. 6: Ökonomische Grunddaten der Ostseeländer 1995

Land	Bruttoinlandsprodukt (Mrd. US-$)	Bruttosozialprodukt pro Einwohner (US-$)	Export (Mio. US-$)	Import (Mio. US-$)
Deutschland	2.416	27.510	524	464
Schweden	229	23.750	80	64
Dänemark	172	29.890	49	43
Norwegen	146	31.250	42	33
Finnland	125	20.580	40	28
Russland	345	2.240	82	59
Polen	118	2.790	23	29
Belarus	20,6	2.070	4,6	5,1
Lettland	6,0	2.270	1,3	1,8
Litauen	7,1	1.900	2,7	3,1
Estland	4,0	2.860	1,8	2,5

Quelle: Weltbank Weltentwicklungsbericht 1997; zitiert bei: Breitzmann, Karl-Heinz (1998a), S. 36

Die Ostseeanrainer sind im westlichen und nördlichen Bereich hochentwickelte Industriestaaten. Zu den osteuropäischen Ländern bestehen dagegen deutliche Entwicklungsunterschiede. Die wirtschaftliche und politische Teilung des Ostseeraumes unterstützte ein jahrzehntelanges Nebeneinander völlig unterschiedlich entwickelter Verkehrsräume. Der marktwirtschaftlich dominierte Teil hatte sich zu einer leistungsstarken Wirtschaftsregion mit einem spezifisch entwickelten Transportmarkt herausgebildet. Verkehrliche Grundlage dieses Marktes war ein dicht gespanntes Fährnetz als Ersatz für die naturräumlich bedingte Unterbrechung von Straßen- und Eisenbahnverbindungen. Die Veränderungen in Ost- und Mitteleuropa seit 1989 schufen neue Grundlagen für wirtschaftliche Zusammenarbeit und Warenaustausch sowie die

[21] Laue, Uwe (1998), S. 10.
[22] Breitzmann, Karl-Heinz (1998a), S. 35.

Einbindung bisher davon ausgeschlossener Teile Europas in die internationale Arbeitsteilung. Diese Entwicklung gab dem Fährverkehr neue Impulse und schuf die Voraussetzung zur Ausweitung des Fährnetzes auf den gesamten Ostseeraum.

Der Seeverkehr auf der Ostsee ist als Reaktion auf die nach Stärke und Zusammensetzung differierenden Güter- und Personenströme mit einer Vielzahl von unterschiedlichen Betriebsformen und Beförderungstechnologien sehr vielgestaltig und komplex. Im Ostseeraum hat sich die Seeschifffahrt in Betriebsform und Transporttechnologie den Güter- und Personenströmen in ihrer jeweiligen Ausprägung angepasst.

Tab. 7: Zusammenhang zwischen Verkehrsrelation, Ladungsstruktur und Transporttechnologie im Ostseeverkehr

Verkehrsrelation	Transporttechnologien/Einsatzarten		
	Rohstoffe/Massengüter/ Massenstückgüter	verarbeitete Produkte/Stückgüter	Passagiere
ostseeexterner Verkehr	große Tanker/große Bulkcarrier	Containerfeederdienste/ Ro/Ro-Frachtlinien/ Spezialverkehre (Sto/Ro; Autotransporter)	Kreuzfahrtschifffahrt
ostseeinterner Verkehr	kleine und mittlere Tanker und Bulkcarrier	Fähr- und Ro/Ro-Verkehr/ Spezialverkehr (Sto/Ro)	Fährverkehr

Quelle: Breitzmann, Karl-Heinz (1998a), S. 39; geringe Änderungen

Interner Ostseeverkehr ist auf Grund der geographischen Besonderheiten des Ostseeraumes überwiegend Kurzstreckenverkehr. Die kurzen Seestrecken, insbesondere in Nord-Süd-Richtung, unterstützten die Einführung eines primär umschlagrationalisierenden Transportverfahrens und trugen damit entscheidend zu einer technologischen Besonderheit des ostseeinternen Seeverkehrs bei: der Dominanz der Ro/Ro-Technologie.[23] Das Fähr- und Ro/Ro-System hat sich durch die Minimierung der Hafen- und Umschlagzeiten als ideale Anpassung des Seeverkehrs an die spezielle Verkehrsgeographie sowie an die Struktur der Nachfrage erwiesen. Nicht unerwähnt bleiben sollte, dass ca. 35 % des internen Ostseeverkehrs inländische Küstenverkehre, insbesondere Schwedens, Finnlands und Dänemarks sind.[24]

Der internationale ostseeinterne Verkehr lässt sich folgenden Hauptachsen zuordnen:

1. Es existiert im südwestlichen Bereich der Ostsee ein stark befahrener, in Nord-Süd-Richtung verlaufender Korridor zur Anbindung Schwedens, Dänemarks sowie Norwegens an die Ballungszentren Mittel- und Westeuropas. Durch die Funktion dieser Schifffahrtslinien als Verbindung hochentwickelter, in gegenseitigen arbeitsteiligen Prozessen miteinander verwobener Volkswirtschaften wird der Verkehr technologisch größtenteils durch Fähr- und Ro/Ro-Verkehre bewältigt. Diese Technologie wird unterstützt durch starke Personenströme unterschiedlicher Reisemotivation. Fähr- und Ro/Ro-Verbindungen übernehmen dabei eine Rolle als verlängerte Binnenverkehrswege für Straße und Schiene. Ausgetauscht werden vor allem hochwertige Konsum- und Investitionsgüter, aber auch massengutartige Gütergruppen wie Papier, Zellulose, Holz oder Stahl. Ergänzt wird das Netz der Fähr- und Ro/Ro-Linien durch Spezialtransporter für den Transport von Waldprodukten unter Nutzung von Sonderformen der Ro/Ro-Technologie. Der Verkehr zwischen Deutschland und Dänemark bzw. Schweden, der Verkehr zwischen Schweden und Dänemark sowie zwischen Dänemark und Norwegen orientiert sich in der Regel an kurzen Seestrecken.

---

[23] Laue, Uwe (1998), S. 10.
[24] Böhme, Hans (1987), S. 17.

2. Von ähnlicher Natur ist der in Südwest-Nordost-Richtung verlaufende Verkehrsstrom zwischen Finnland und Mittel- bzw. Westeuropa, wobei die Seestrecke wesentlich länger ist und die Fährlinien güterorientiert sind. Die Wertigkeit des Passagierverkehrs ist geringer, aber keinesfalls unbedeutend.

3. Ein hochvolumiger und vor allem auf den Passagierbereich zugeschnittener Fährverkehr besteht zwischen Schweden und Finnland. Der Fährverkehr befindet sich hier qualitativ im Übergang zur Kreuzfahrtschifffahrt. Andererseits waren gerade diese kapital- und personalkostenintensiven Konzepte Mitte der 90er Jahre Ursache für wirtschaftliche Probleme der Reeder. In den letzten Jahren sind die überwiegend passagierorientierten Fährlinien durch Frachtfährlinien ergänzt worden (FinnLink, SeaRail).

4. Zwischen den baltischen und russischen Ostseehäfen sowie den Ostseehäfen Deutschlands, Dänemarks sowie Südschwedens entsteht derzeit ein neuer Ost-West-Verkehrskorridor. Die existierenden Fähr- und Ro/Ro-Linien befinden sich in der Markteinführungsphase und sind in ihrem Aufkommen noch sehr unstetig. Die Unterschiedlichkeit der Güterströme in Abhängigkeit von der Verkehrsrichtung (westwärts Massengüter, ostwärts Fertigerzeugnisse/Konsumgüter) führt dazu, dass die Ro/Ro-Technologie auf Grund ihrer Flexibilität hier ebenfalls zum Einsatz kommt, bestimmt aber auch die Konkurrenz von Fähr- und Ro/Ro-Systemen zur konventionellen Schifffahrt ebenso wie zu landgebundenen Transportsystemen.

5. Die Linien zwischen Finnland bzw. Mittelschweden sowie Estland bilden die am stärksten wachsenden Fährmärkte des Ostseeraumes und weisen beeindruckende Steigerungsraten auf, insbesondere im Passagiersegment. Estland ist Ziel kaufkräftiger Nachfrage aus Finnland. Dabei spielen auch die engen sprachlichen und kulturellen Verbindungen zwischen Esten und Finnen eine Rolle.

60 % des die Ostsee berührenden Verkehrs ist aber so genannter ostseeexterner Verkehr, d.h. Be- oder Entladehafen liegen außerhalb des Ostseeraumes.[25] Bei den externen Verkehren dominieren Massengüter wie Öl- und Kohleexporte Russlands (über Häfen der baltischen Staaten), Kohleexporte über polnische Häfen, aber auch Ölimporte der Ostseeanrainer, Eisenerzexporte Schwedens (über Luleå und Narvik), vor allem aber Holz- und Holzproduktenexporte Schwedens und Finnlands. Externen Charakter weist auch der Containerverkehr auf, der größtenteils Feederverkehr zu den *mainports* der Hamburg-Antwerpen-Range ist.

2.2 Der Fähr- und Ro/Ro-Verkehr als dominierende Transporttechnologie auf der Ostsee

Der Ostseeraum weist, wie dargestellt, einige spezifische Merkmale der Verkehrsstruktur auf. Für den Transport hochwertiger Stückgüter hat sich nicht wie im Weltseeverkehr die Containertechnologie durchgesetzt. Im internen Ostseeverkehr erfolgt der Transport von hochwertigen Gütern unter Verwendung der speziell an die kurzen Strecken über See angepassten Technologie des Fähr- und Ro/Ro-Verkehrs, in der die enge Verknüpfung von Land- und Seeverkehrselementen zum Ausdruck kommt.[26]

Der Leistungsstand der nordischen Volkswirtschaften beruht auf der Teilhabe an der internationalen Arbeitsteilung sowie der Spezialisierung auf bestimmte Teilbereiche der Fertigung, um trotz geringer Größe des Heimatmarktes Massenproduktionseffekte realisieren zu können.

[25] Zachcial, Manfred (1991a), S. 11.
[26] Vgl. z.B. Breitzmann, Karl-Heinz (1998a), S. 39.

Die Exportfirmen Nordeuropas weisen aber durch ihre periphere Lage zu den Hauptabsatzgebieten in Mitteleuropa Entfernungs- und damit Zeit- und Kostennachteile gegenüber ihren kontinentaleuropäischen Wettbewerbern auf.[27] Die geographische Lage sowie die klimatischen Verhältnisse (Eis) bedeuten zusätzliche Transportkostenfaktoren für die nordeuropäische Wirtschaft. Die totalen Transportkosten für Fertigproduktenexporte Schwedens, Finnlands und Norwegens betragen etwa 15 % des Warenwertes, während die Vergleichsziffer für die zentraleuropäischen Länder bei etwa 5 % angesiedelt ist.[28]

Für die nordische Exportindustrie spielt also eine effiziente Logistik die herausragende Rolle. Voraussetzung zur Partizipation an der Arbeitsteilung sind leistungsfähige Verkehrsverbindungen in Form hochfrequenter und -kapazitiver Fährlinien. Enge Wechselbeziehungen zwischen den wirtschaftlichen Wachstumsprozessen sowie eine verstärkte Arbeitsteilung waren Grundlagen für den Erfolg der Fähr- und Ro/Ro-Systeme. Andererseits ermöglichten die seewärtigen Transportsysteme erst die Intensität der arbeitsteiligen Prozesse. Die Entwicklung wurde ebenso durch die Dominanz des Straßenverkehrs für den Transport hochwertiger Güter und durch ein ausgebautes Autobahnnetz unterstützt. Ein weiterer entscheidender Punkt besteht darin, dass in den 60er Jahren die Technologie standardisierter Transportbehälter in Form des Trailers und des Eisenbahnwaggons bereits zur Verfügung stand. Auf der Ostsee war in den Zeiten der Containereinführung das Ro/Ro-System durch die Eisenbahnfähren gewissermaßen schon etabliert und erprobt.

Ein zusätzlicher Vorteil besteht in den sich überlappenden Integrationsmöglichkeiten von Passagier- und sowohl straßen- als auch schienengebundenen Güterverkehren in Ro/Ro-Systeme. Dies eröffnet den Reedern Bündelungsmöglichkeiten zwischen verschiedenen Nachfragesegmenten. Die Verbindung von Güter- und Passagiertransport ist ein kennzeichnendes Element des internen Ostseeverkehrs.

Die Verschiedenartigkeit der Transportbehälter im innereuropäischen Verkehr verschafft dem Ro/Ro- als dem flexibleren System einen entscheidenden Vorteil gegenüber der Containerschifffahrt. Ro/Ro ist technologisch für eine Vielzahl unterschiedlicher Ladungsarten interessant. Der Vorteil der hohen Ladungsflexibilität von Ro/Ro-Schiffen ist aber gleichzeitig mit einer schlechten Kapazitätsauslastung des Schiffsraumes erkauft. Der Hauptgrund liegt in der fehlenden Stapelbarkeit der Transportbehälter.[29] Auch die horizontalen Bewegungen der Ladeeinheiten sowie das Mitführen des Fahrgestells und der Antriebseinheit verhindern eine vertikale Stauung. Neben der schlechten vertikalen Raumauslastung ist die geringe horizontal gerichtete Auslastung der Deckstellfläche ein Merkmal des Ro/Ro-Schiffes. Die Straßenfahrzeuge benötigen Fahrspuren, die breiter als die Fahrzeuge selbst sind, um sicher bewegt werden zu können. Platzintensiv wirkt sich weiterhin die für Sicherung und Laschung bzw. für interne Rampen benötigte Fläche aus.[30] Bei begleiteten Verkehren verbrauchen die Fahrer zusätzlichen Schiffs- als Ruhe- und Aufenthaltsraum. Ro/Ro-Schiffe sind in der Regel durch eine höhere Geschwindigkeit sowie die größere Kapazität teurer als Containerschiffe. Hinzu kommen kostenintensive Bauformen als Folge der Konzentration von Sonderausrüstungen an Bord.[31] Sowohl Besatzungs- und Treibstoff- als auch Kapitalkosten eines Ro/Ro- oder Fährschiffes liegen damit über denen eines Containerschiffes einer vergleichbaren Kapazität.[32]

---

[27] Vgl. Ojala, Lauri (1993e), S. 194.
[28] Ojala, Lauri (1993e), S. 196.
[29] Vgl. Garratt, Michael G. (1980b), S. 223.
[30] Vgl. u.a. Igielska, J. (1995), S. 182.
[31] Vgl. Garratt, Michael G. (1980a), S. 55.
[32] Vgl. Garratt, Michael G. (1980a), S. 70.

Tab. 8: Vergleich zwischen Container- und Ro/Ro-Schiff gleicher Kapazität[33]

Kategorie	Containerschiff	Ro/Ro-Schiff
Kapitalkosten	niedriger	höher
Raumauslastung	besser	schlechter
Schiffsstabilität	höher	niedriger
Anteil Spezialausrüstung	niedriger	höher
Anpassung an Linie und Hafen	geringer ausgeprägte Anpassung, geographisch flexibler einsetzbar	stärkere Anpassung an Seegebiet sowie Hafenanlage; höherer Spezialisierungsgrad
güterseitige Flexibilität	niedriger	höher
Kapazitätsausgleich	durch Schiffsgröße	durch Frequenz und Schiffsgröße
Einbindung in logistische Kette	niedrigere Abfahrtsfrequenz bedingt geringere logistische Qualität im Kurzstreckenbereich	durch höhere Frequenz bessere Anpassung an logistische Bedürfnisse/ Verkehrsqualität
Hafenliegezeit	höher	geringer
Hafendurchlauf der Transportobjekte	längere Hafenverweildauer	schnellerer Hafendurchlauf
Kosten der Umschlaganlagen	teurer und aufwendiger	billiger und einfacher; aber sehr flächenintensiv; höherer Flächenbedarf durch fehlende Stapelbarkeit
Leistungsfähigkeit der Umschlaganlagen	geringere Leistungsfähigkeit der Umschlaganlagen	höhere Leistungsfähigkeit der Umschlaganlagen; wird teilweise durch schnellen Hafendurchlauf begleiteter Einheiten ausgeglichen
Beschädigungssicherheit beim Umschlag	hoch, aber niedriger im Vergleich zu Ro/Ro	höhere Schadenssicherheit der Transportobjekte, da keine eigentlichen Umschlagvorgänge stattfinden
technologisches System	primär auf den Seeverkehr zugeschnittenes System	keine zusätzlichen Investitionen in Containerequipment; Transporteinheiten bereits vorhanden; u.U. zusätzliches Ro/Ro-Equipment benötigt
geographische Ausrichtung	auf überseeische Verkehrsströme ausgerichtet	gut an innereuropäische Verkehrsverhältnisse angepasst

Die Wirtschaftlichkeit von Fähr- und Ro/Ro-Systemen beruht im Wesentlichen auf der Flexibilität des Systems sowie den schnellen Umläufen des Schiffes.[34] Ein weiterer Vorteil sind die niedrigen Kosten der Schnittstellenüberwindung zwischen Land und See, hervorgerufen durch die Kostendegression im Umschlag bei hochvolumigen Verkehrsströmen.[35] Rampen sind billiger als Containerkräne und weisen eine größere Durchsatzfähigkeit pro Zeiteinheit auf.[36] Das Ro/Ro-Prinzip setzt zudem die Zeiten für Be- und Entladeprozesse sowie die Hafenverweildauer der Transporteinheiten entscheidend herab. Durch die geringeren Hafenliegezeiten und die Vermeidung zeit- und kostenintensiver Umschlagvorgänge ist auf Kurzstrecken der Nachteil bezüglich der statischen Kapazität der einzelnen Kapazitätseinheit durch eine höhere dynamische Kapazität (mehr Rundläufe pro Zeiteinheit) ausgleichbar. Die höhere Produktivität im Umschlag sowie die höhere Absolutgeschwindigkeit sichert trotz höherer Baukosten

---

[33] Vgl. z.B. Zachcial, Manfred (1998b), S. 8-10.
[34] Vgl. Chowdhury, Khabirul Haque (1988), S. 193.
[35] Vgl. Garratt, Michael G. (1980b), S. 227.
[36] Vgl. Garratt, Michael G. (1980b), S. 224.

der Schiffe dem Ro/Ro- die Überlegenheit gegenüber dem Lo/Lo-System. Der Einfluss der Umschlagkosten wird aus dem folgenden Kostenvergleich deutlich.

Tab. 9: Kostenstrukturvergleich zwischen Ro/Ro- und Containerschiff[37]

	Ro/Ro-Schiff	**Containerschiff**
Länge	141 m	99,9 m
Breite	24,6 m	18,0 m
Tiefgang	7,7 m	6,0 m
deadweight	7500 t	5060 t
Kapazität	1200 lm	400 TEU
Crew	17	11
Kapitaldienst	35,1 %	5,9 %
Betriebskosten	23,8 % (Instandhaltung 7,0; Versicherung 9,3; Crew 7,5)	6,3 % (Instandhaltung 1,8; Versicherung 1,4; Crew 3,1)
Reisekosten	11,1 % (Brennstoff 6,1; Ladungsakquise 5,0)	6,7 % (Brennstoff 1,7; Ladungsakquise 5,0)
Umschlag	30 %	80,9 %
Kosten je Reise	**341,46 DM je TEU**	**580,90 DM je TEU**
Kosten je km	**0,68 DM je TEU**	**1,16 DM je TEU**

Kapitaldienst: 100 % Finanzierung über 20 Jahre bei einem durchschnittlichen Zinssatz von 6,5 %; Betriebskosten: Instandhaltung, Versicherung, Besatzung; Reisekosten: Brennstoff, Ladungsakquisition; 70-80 % Auslastung; Einsatzzeit 350 Tage im Jahr; Umschlagkosten 235 DM/TEU sowie 50 DM je (unbegleiteten) Trailer (Be- und Entladen, Laschen)

Dieser Kostenvergleich erklärt, warum sich auf der Ostsee im Gegensatz zu vielen anderen Seegebieten die Containertransporttechnologie gegenüber dem Ro/Ro-Verfahren nicht durchsetzen konnte.

2.3 Die seewärtige Linienstruktur des Fähr- und Ro/Ro-Verkehrs

2.3.1 Linienformen

2.3.1.1 Einteilung der Linienformen nach den Kriterien Zeit und Entfernung

In der Literatur erfolgt eine weitestgehend übereinstimmende Einteilung der Linienformen in Kurz-, Mittel- und Langstrecken.[38] Dabei wird überwiegend das Kriterium Zeit zur Abgrenzung der Linienformen untereinander herangezogen.

Eine Unterscheidungsmöglichkeit der Linienformen in Abhängigkeit von der Überfahrtzeit zeigt folgende Aufstellung:

	Überfahrtzeit Einzelreise (h)
Kurzstrecke	bis 2
Mittelstrecke	3-5
Langstrecke 1	6-10
Langstrecke 2	11-21
Langstrecke 3	22-36

Quelle: Nordisk Ministerrad (1987), S. 7

[37] Bezieht sich auf eine Korridoruntersuchung Lübeck-Göteborg; aus: Hoffmann, C. u.a. (1994), S. 46 ff.

[38] Vgl. z.B. Sjöström, Pär-Henrik (1995a), S. 62; Brogren, Klas/Hillberg, Esbjörn/Nordborg, Stig (1978), S. 86 ff.; United Nations (1970b), S. 73.

Nach dieser Einteilung ist auf Kurzstrecken eine Vielzahl von täglichen Überfahrten möglich. Mittellange Strecken erlauben zwischen vier und sechs Einzelreisen täglich und liegen damit im Grenzbereich von reinen Tagesfähren. Als Langstrecke der 1. Kategorie werden Linien bezeichnet, die unter Berücksichtigung realistischer Hafenzeiten zwei bis drei Einzelreisen durchführen können. Auf Langstrecken der 2. Kategorie ist pro Schiff dagegen nur eine Einzeltour möglich. Eine tägliche Doppeltour erfordert daher den Einsatz zweier Fähren. Linien, auf denen die Reisezeit für eine Einzeltour 24 Stunden übersteigt, werden der Langstreckenkategorie 3 zugeordnet.

Übersichtlicher ist jedoch folgende Aufstellung:[39]

Kurzstrecke:	Überfahrtzeit bis etwa 3 h
Mittelstrecke:	Überfahrtzeit von 3 bis 12 h
Langstrecke:	Überfahrtzeit von über 12 h.

Kurzstrecken orientieren sich an einer minimierten Seestrecke. Voraussetzung dafür ist ein entsprechender Anschluss an die Landverkehrsinfrastruktur. Die Kurzstrecke ist die Liniengrundform des Fährverkehrs. Einige Kurzstreckenlinien sind aber ständig von der Errichtung fester Querungen in Brücken- oder Tunnelform bedroht, soweit dies technisch oder ökonomisch sinnvoll ist.

Auf einer Mittelstrecke kann innerhalb von 24 Stunden mindestens eine Rundreise vollendet werden. Mittelstrecken sind ein Kompromiss zwischen der Minimierung der Seestrecke und dem optimalen Anschluss an die Verkehrsinfrastruktur unter Beachtung von Engpässen sowie sonstiger logistischer Vorgaben (Ruhezeiten). Auf Mittelstrecken lässt sich mit zwei Schiffen ein System aus Tag- und Nachtfahrt aufbauen. Dieses ist mit dem Problem verbunden, dass die Schiffe sowohl für eine Nacht- als auch für eine Tagesabfahrt ausgestattet sein müssen. Die Übernachtungseinrichtungen bleiben auf der Tagesabfahrt weitestgehend ungenutzt. Beispiele für solche Mittelstrecken sind Malmö-Travemünde, Trelleborg-Travemünde und Ystad/Malmö-Swinemünde. Der Übergang zwischen Mittel- und Kurzstrecke ist fließend, da einerseits auf Linien wie Rostock-Trelleborg die Nutzung einer Kabine für die Nacht notwendig ist, andererseits ein Schiff anderthalb bis zwei Rundreisen am Tag schafft. Die Einführung von Schnellfährentonnage verschiebt die Grenzen zwischen Kurz- und Mittelstrecken weiter. Mittelstrecken werden meist von kombinierten Fähren für Fracht und Passagiere befahren. Bisher hat sich der Mittelstreckenmarkt als nicht geeignet für reine Passagierfähren erwiesen.

Auf Langstrecken gestattet die Entfernung zwischen den Häfen keinen täglichen Rundlauf. Die Überfahrtzeit beträgt also mindestens zwölf Stunden.[40] Langstreckenverkehre haben sich dort entwickelt, wo sich die umständlichsten bzw. längsten Landwege sparen lassen oder keine Transportalternative besteht. Frequenz und Abfahrtszeiten sind nicht immer exakt auf die Kundenanforderungen einzustellen, da z.B. eine hohe Frequenz einen hohen Investitionsaufwand in Form einer adäquaten Schiffsanzahl erfordert. Langstreckenfähren sind überwiegend auf den Frachtverkehr orientiert. Beispiele für frachtorientierte Langstreckenfähren sind Travemünde-Göteborg bzw. die Finnland-Verbindungen ab Lübeck. Es existieren aber auch auf den Passagierverkehr zugeschnittene Systeme. Dabei erfolgt die Überfahrt über Nacht, während das Schiff den Tag über im Hafen liegt. Passagierorientierte Systeme verlangen ein hohes Niveau an Bord zur Unterhaltung und Beherbergung der Gäste. Beispiele sind Kiel-Oslo sowie Kiel-Göteborg (bis 1999), aber auch Stockholm-Helsinki bzw. der Finnjet-Dienst.

[39] Sjöström, Pär-Henrik (1997), S. 66-67.
[40] Vgl. Sjöström, Pär-Henrik (1997), S. 66-67.

Es wird deutlich, dass zum einen die Einordnung der Linien in gewisse Kategorien und unterschiedliche Linienformen von der Geschwindigkeit der Schiffe sowie der Umschlagprozesse beeinflusst wird, zum anderen aber auch, dass die Übergänge zwischen den einzelnen Kategorien fließend sind. Ein Erklärungsmuster, das allein auf dem Kriterium Zeit beruht, führt aber nicht zum Wesen der Linienstruktur, da die Zeitkomponente nicht die Ursachen der Routenführung beinhaltet. Eine Einteilung der Fähr- und Ro/Ro-Linienformen nach der Dauer der Überfahrt ist aus betriebsorientierter Sicht sinnvoll. Die Grundstruktur des Liniensystems kann sich aber nur aus dem optimierten Verhältnis von See- zu Landstrecke und der Erklärung des Gesamttransportkettenverlaufs ergeben.

2.3.1.2 Einteilung der Linienformen nach der geographischen Lage sowie der Verbindungslinie zwischen Abgangs- und Zielhafen[41]

A. Transversallinien

Transversallinien dienen der kürzestmöglichen Verbindung zweier Landpunkte und übernehmen damit eine Verbindungsfunktion für unterbrochene Landverkehrswege. Die Länge der Seestrecke spielt dabei keine Rolle; entscheidend ist die direkte und seestreckenminimierende Linienführung. Es kann sich dabei um Inselverkehre (Gotland), die Überbrückung schmaler Meeresarme (Øresund, Fehmarnbelt), aber auch um die Überquerung der offenen See mit teilweiser beträchtlicher Linienlänge handeln (Kattegatt, Skagerrak). Beispiele von Transversallinien sind Frederikshavn-Göteborg, Kristiansand-Hirtshals, Helsingborg-Helsingør, die Vogelfluglinie, Rostock/Warnemünde-Gedser, Saßnitz-Trelleborg, Kapellskär-Naantali sowie Tallinn-Helsinki. Transversallinien stimmen durch die spezielle Geographie des Ostseeraumes weitestgehend mit dem Kurzstreckenbegriff überein.

B. Longitutinallinien

Longitutinallinien verbinden Hafenstandorte durch parallel zu Landstrecken verlaufende Fährlinien und verfügen daher meist über nur marginale Entfernungsvorteile. Die Eröffnung solcher Fährlinien erfolgte oft aus politischen Gründen bzw. zur Umgehung von Landinfrastrukturengpässen oder Grenzübertritten, teilweise auch aus logistischen oder Kostengründen (unbegleitete Transporte). Durch die Änderung politischer und infrastruktureller Bedingungen können Longitutinallinien in ihrem Bestand bedroht werden. Beispiele sind Saßnitz-Klaipeda und alle Fähr- und Ro/Ro-Linien aus dem südwestlichen Bereich der Ostsee in das Baltikum oder nach Russland.

C. Hybridlinien

Hybridlinien sind eine Mischung aus Transversal- und Longitutinallinien. Es bestehen zwei Unterformen.

1. Die Fährlinien verfügen zwar über eine Landverkehrsalternative, deren Nutzung aber mit beträchtlichen Umwegfahrten verbunden ist (Verkehrsrouten nach Finnland). Diese Art von Fähr- und Ro/Ro-Linien ist weniger als integraler und ergänzender Bestandteil von Landverkehrssystemen aufzufassen, sondern eher als Fortsetzung des ehemals konventionellen Liniensystems auf der Ostsee mit einer veränderter Beförderungstechnologie (Ro/Ro).

[41] Eine vergleichbare Einteilung nimmt vor: Spalatin, G. (1986).

2. Grundlage dieser Linienform ist die koordinierte Optimierung von Land- und Seestrecke. Hybridlinien orientieren sich nicht ausschließlich an einer optimierten Seestrecke, sondern an der geographischen Ideallinie. Unterstützend für diese Linienform wirken sich die Ruhezeitregelungen für Fahrer und die Integrationsmöglichkeiten von Passagierverkehren auf Übernachtfähren sowie von unbegleiteten Verkehren aus.

Variante 1 ähnelt einer Lang-, Variante 2 einer Mittelstrecke.

Abb. 1: Linienformen

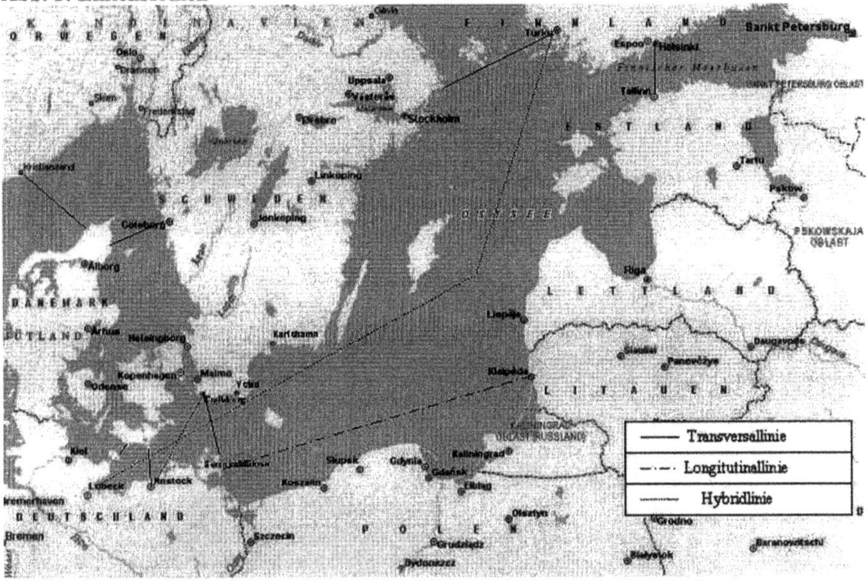

2.3.1.3 Einteilung der Linienformen nach der geographischen Lage der Quellen und Senken zueinander (unter Einschluss der Hafennutzung)[42]

A. nearest port (Nutzung des nächstgelegenen Hafens)

Das Prinzip beinhaltet die Verschiffung über den nächstgelegenen Hafen sowie die Entladung in dem Hafen, der sich am dichtesten am Zielpunkt befindet. Dieses System ist im Ostseefährverkehr nur noch teilweise auf schwedischer Seite (Göteborg) zu beobachten. Dagegen bestehen kaum noch Verschiffungsmöglichkeiten für rollende Ladung zum Kontinent über die schwedischen Ostküstenhäfen. Mit dem Übergang von der konventionellen Schifffahrt zum Ro/Ro-Verkehr im Ostseeraum hat dieses System auch auf kontinentaler Seite an Bedeutung verloren, weil Verschiffungsmöglichkeiten über die deutschen Nordseehäfen an Attraktivität einbüßten.

[42] In enger Anlehnung an: Willingale, M. C. (1981), S. 110.

B. *direct port alignement (Optimierung des Gesamttransportes durch die Nutzung der Häfen in der geographischen Optimallinie)*

Dieses Prinzip besteht bei den Verkehren auf den Linien Travemünde-Trelleborg/Malmö und, in abgeschwächter Form, auch Rostock-Trelleborg und ist eine Mischung aus optimierter Landstrecke und einer Seestrecke, die nur geringfügig von der seewärtigen Optimallinie abweicht.

C. *shortest sea-crossing (Linienführung in Ausrichtung auf die Nutzung der kürzesten Seestrecke)*

Es wird versucht, den Anteil der Seekomponente an der Gesamtstrecke zu minimieren. Dementsprechende Abweichungen von der Optimallinie des Gesamttransports werden dabei in Kauf genommen. Diesem Prinzip folgen z.B. alle klassischen Eisenbahnfährrouten wie Warnemünde-Gedser und Saßnitz-Trelleborg, aber auch Frederikshavn-Göteborg, Kapellskär-Naantali oder Hirtshals-Kristiansand.

2.3.2 Betriebswirtschaftliche Grundlagen des Liniensystems

Das Verkehrsnetz über die Ostsee ist entscheidend geprägt durch die Verkehrsbündelung in einer begrenzten Anzahl von Häfen sowie die Herausbildung hochfrequenter Verkehrsachsen über die Ostsee bis in die Zielhäfen, wo sich die Verkehre entflechten und weitläufig verteilen.[43] Die Konzentration auf wenige Hauptrouten ist eine Folge des Auslastungsdrucks auf große, kapitalintensive Schiffe und hochkapazitive Fährterminals, die nur unter Ausnutzung von Größeneffekten wirtschaftlich zu betreiben sind. Das Bestreben, zur Kostendegression möglichst viel Verkehr auf ein Terminal zu konzentrieren, führt in der Tendenz zur Bündelung von Ladung auf wenigen Strecken und zum Ersatz von See- durch Landstrecke.[44] Die Kurzstrecke ist in der Regel der beste Kompromiss für die Verkehre unterschiedlicher Aufkommens- und Zielgebiete und der geringsten Abweichung von der Transportideallinie.[45] Auch wenn in der heutigen Fährschifffahrt eine Optimierung der Gesamtroute im Vordergrund steht und nicht mehr allein der kürzeste Seeweg, ist die Symbiose von hohen Land- und geringen Seestreckenanteilen ein Wesensmerkmal der Hauptachsen. Das bedeutet aber keineswegs einen automatischen Vorteil für die kürzestmögliche, aber doch für kürzere Seestrecken.

Veranschaulicht werden kann der Vorteil kürzerer Seestrecken anhand einer Rechnung. Dabei wird unterstellt, dass das gesamte Aufkommen der Direktlinien zwischen Schweden und Deutschland (jährlich ca. 600.000 Einheiten) durch einen Reeder abgefahren werden kann, der das gesamte seeseitige System unter Kontrolle hat. 400.000 Einheiten haben dabei Quelle oder Ziel im westlichen Kontinentaleuropa (ø Entfernung 400 km nach Travemünde) sowie 200.000 Einheiten im mittleren oder östlichen Kontinentaleuropa (ø Entfernung 400 km nach Rostock). Schwedischer Zielhafen ist hierbei jeweils Trelleborg. Es wird dabei die gesamtkostenoptimale Variante gesucht. Um den Einfluss der Brennstoffpreise zu verdeutlichen, wird eine diesbezügliche Entwicklung dargestellt, die sich sowohl bei den Kilometerkosten der Spediteure als auch den Bunkerkosten der Reeder niederschlägt. Die Annahmen bezüglich der Kosten wurden zum größten Teil einer schwedischen Studie entnommen.[46] Die genaue Rechnung ist in den Anlagen 1 bis 4 enthalten.

---

[43] Vgl. Obenaus, Hans/Zaleski, Jerzy (1979), S. 127; Schirach-Szmigiel, Christopher von (1973), S. 81.
[44] Garratt, Michael G. (1980a), S. 164-165.
[45] Vgl. z.B. Garratt, Michael G. (1982), S. 150.
[46] Näreskog, Johan/Sjöbris, Anders/Rydbergh, Torbjörn (1997)

Tab. 10 und Abb. 2: Zusammenfassung der Routenführungsalternativen

	Kostenhöhe A	Kostenhöhe B	Kostenhöhe C	Kostenhöhe D
DM	1,30 je km/Land 130 je t Bunker	1,50 je km/Land 150 je t Bunker	1,80 je km/Land 180 je t Bunker	2,00 je km/Land 200 je t Bunker
ALTERNATIVE 1				
Gesamtkosten	830.447.376	880.957.391	956.721.326	1.007.230.626
Rangfolge	**4**	**4**	**4**	**4**
ALTERNATIVE 2				
Gesamtkosten	800.724.364	854.355.284	934.801.664	988.432.584
Rangfolge	**3**	**3**	**3**	**3**
ALTERNATIVE 3				
Gesamtkosten	782.683.388	841.426.788	929.541.888	988.285.288
Rangfolge	**2**	**2**	**2**	**2**
ALTERNATIVE 4				
Gesamtkosten	720.233.899	791.557.449	898.542.774	969.866.324
Rangfolge	**1**	**1**	**1**	**1**

Annahmen: Routenalternative 1 (Westverkehre über Travemünde - Ostverkehre über Rostock), Routenalternative 2 (Westverkehre über Travemünde - Ostverkehre über Saßnitz), Routenalternative 3 (West- und Ostverkehre über Rostock), Routenalternative 4 (West- und Ostverkehre über Saßnitz)

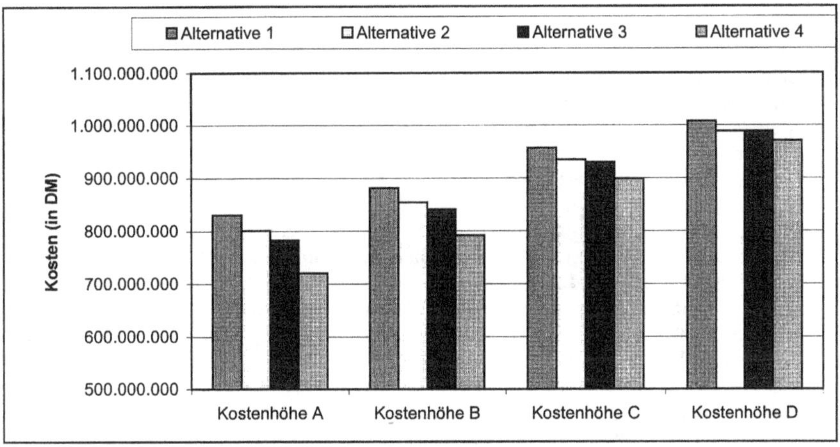

Es wird deutlich, dass selbst bei steigenden Treibstoffkosten die Bündelungsoption die optimale Variante aus Gesamtkostensicht darstellt. Je exponierter die Fährhafenlage, desto besser sind die Voraussetzungen, Verkehre verschiedener Vor- und Hinterländer auf ein Terminal konzentrieren zu können. *Garratt* weist nach, dass insbesondere der Ro/Ro-Verkehr auf die Realisierung von Größeneffekten angewiesen ist. Die Kosten pro beförderter Einheit sinken bei Erhöhung der Durchsatz- und Beförderungsmenge wesentlich stärker als beim Container- oder konventionellen Verkehr.[47] Durch die Reduktion der Seekomponente an der Gesamtstrecke ist eine wesentliche Erhöhung der Beförderungsleistung ohne Erhöhung der Schiffsanzahl, der Besatzungs- und Treibstoffkosten sowie ohne Investitionen in leistungsfähigere Maschinenanlagen möglich.[48] Eine höhere Produktivität durch niedrige Kapital-, Lohn- und Treibstoffkosten bei gleichzeitiger Erhöhung der Abfahrtsfrequenz verleiht Kurzstrecken einen Wettbewerbsvorteil gegenüber konkurrierenden, längeren Strecken. Voraussetzung dafür

[47] Vgl. Garratt, Michael G. (1980b), S. 229-230.
[48] Vgl. z.B. Wright, A. J. (1980), S. 79 ff.

ist, dass sich die Seestreckenminimierung in eine höhere Frequenz pro Schiffseinheit umwandeln lässt.[49]

Die *single-route*-Variante erlaubt dem Fährreeder in Abhängigkeit von der Seestreckenlänge die Bündelung größerer Ladungsmengen, u.U. den Einsatz größerer Schiffe sowie damit eine Kostendegression im Seetransport sowie im Terminalbereich. Das Prinzip der längeren Seestrecke beruht dagegen oft auf der Bedienung unterschiedlicher Hinterländer mit jeweils separaten Linien. Das Anlaufen verschiedener Häfen senkt aber gleichzeitig das Bündelungspotential.[50] Dies ist für den Reeder gleichbedeutend mit einem hohen Kapitaleinsatz. Die höheren Fixkosten beziehen sich auf die höhere Anzahl von Schiffen und Besatzungen sowie die höheren Terminalkosten pro Einheit bei einem geringeren Güterdurchsatz.

Die Linienstruktur mit langen Land- und kurzen Seewegen wird unterstützt durch das Bestreben der Reeder, zusätzliche Größeneffekte durch die kombinierte Beförderung von Gütern und Passagiersegmenten zu erzielen.[51] Auf Kurzstrecken bestehen Möglichkeiten der Integration verschiedener Nachfragesegmente (begleitete Fracht, Passagier, Eisenbahn) in ein Beförderungssystem. Daraus resultiert bei gegenseitiger Ergänzung eine bessere Kapazitätsauslastung. Bereits heute konzentrieren sich die Passagierströme auf die Kurzstrecken. Dieses Muster wird sich durch das Ende des zollfreien Verkaufes eher noch verstärken.

Hinzu kamen die verbesserten Transportwegeverhältnisse, beispielsweise durch den Bau von Autobahnen. Der Ausbau der landseitigen Infrastruktur führte zur Verbilligung von Transporten und ermöglichte damit das heutige Liniensystem. Qualitative Vorteile des Straßentransportes erhöhen die Attraktivität kurzer Fährstrecken mit hohen Frequenzen zusätzlich. Hohe Abfahrtshäufigkeit sorgt für Termintreue auch bei eventuellen Verzögerungen im Vorlauf und senkt die Verweildauer im Hafen und damit die Kapitalbindungszeit.

Ausdruck der minimierten Seestrecke ist auf schwedischer Seite die Konzentration der Fährlinien auf die südschwedischen Fährhäfen Trelleborg, Malmö und Ystad. Alle Ro/Ro-Linien zwischen Mittelschweden und dem Kontinent wurden bereits in den 70er Jahren eingestellt.[52] Verblieben ist einzig der Raum Göteborg mit Direktverbindungen zu deutschen Ostseehäfen. Diese Linien konnten darüber hinaus nicht in ähnlicher Weise wie die Linien über die südschwedischen Häfen an den Volumenzuwächsen der 90er Jahre teilhaben. Ähnliche Entwicklungen wurden auch in der Irischen See sowie im Kanalverkehr registriert.[53] Verdeutlicht wird dies durch die Konzentration der Verkehre auf die Häfen an der schmalsten Stelle des Ärmelkanals (Dover, Ramsgate, Folkestone sowie Calais). Andererseits sind derzeit in Ansätzen auch wieder gegenteilige Entwicklungen zu beobachten. Dazu zählen etwa die geplanten Superfast-Linien von Rostock nach Södertälje, von Schottland zum Kontinent oder die Verstärkung der Linien von Hull nach Rotterdam mit Neubauten.

---

[49] Killinger, Hans H. (1992), S. 100.
[50] Vgl. Larsson, Everth (1983), S. 63.
[51] Vgl. Garratt, Michael G. (1980a), S. 182.
[52] Stockholm-Kontinent (Nike-Line), Södertälje-Travemünde (Roto-Line, Tälje-Traveline); vgl. Larsson, Everth (1983), S. 74-75.
[53] Vgl. z.B. die Studie von Peeters, C./Verbeke, A./Declercq, E./Wijnolst, N. (1995).

Die Vorteile der Kurzstrecken werden zusammenfassend begründet durch:

- die Verkürzung der Seestrecke als langsamsten Abschnitt der Transportkette und eine damit verbundene Beschleunigung des Gesamtverkehrsablaufs
- Kapital- und Besatzungskostenreduktion durch limitierte Schiffsanzahl ohne Verringerung der Transportleistung
- eine bessere Bündelungsmöglichkeit von Verkehrsströmen unterschiedlicher Aufkommens- und Zielgebiete sowie Kombination mehrerer Nachfragesegmente und damit ausgelöste Kostendegressionen im Umschlag- und Transportbereich.

Aus ökonomischen Gründen müssen die teuren Schiffe ihren Rundlauf und damit ihre Verkehrsleistung optimieren, d.h. die Anzahl der Umläufe in einer Zeiteinheit maximieren. Die Produktivität eines Schiffes kommt in seiner Umlaufzeit, d.h. der Zeitspanne, in der es eine komplette Rundreise absolviert, zum Ausdruck. Das zentrale Element zur Erhöhung der Profitabilität ist die Erhöhung der Rundreisekapazität (-frequenz) pro Schiff. Die Erhöhung der Rundreisefrequenz erhöht das Einnahmepotential und verteilt die fixen Kosten auf eine größere Anzahl von Reisen.[54] Während auf Lang- und Mittelstrecken die Auslastung pro Abfahrt im Vordergrund steht, ist auf Kurzstrecken die Beförderungsleistung einer Kapazitätsgröße pro Zeiteinheit entscheidend. Dabei wird nicht die Auslastung jeder einzelnen Abfahrt optimiert, sondern die Beförderungsleistung jedes Stellplatzes pro Zeiteinheit. Dadurch kann das Ergebnispotential eines Stellplatzes pro Zeiteinheit besser ausgeschöpft und die Ergebniskapazität der beschäftigten Tonnage verbessert werden (*revenue earning capacity*).[55]

Tab. 11: Vergleich von Transportkapazität sowie Ergebnispotential in Abhängigkeit von der Seestreckenlänge

	Saßnitz-Trelleborg (S-T)	Rostock-Trelleborg	Travemünde-Trelleborg	Travemünde-Göteborg
Seestrecke (nm)	62	87	126	268
Abfahrten pro Tag und Schiff	5	3	2	1
Kosten pro Überfahrt (nur Bunker) (DM)	1.897,20	2.662,20	3.855,60	8.200,80
Bunkerkosten pro Tag (DM)	9.486	7.986,60	7.711,20	8.200,80
Gesamtkosten pro Tag (DM) (ohne Hafenkosten)	63.986	60.686,60	59.511,20	59.100,80
Kostenverhältnis (S-T = 100)	100	95	93	92
bereitgestellte Kapazität (lm)	10.000	6.000	4.000	2.000
Kosten pro lm (DM)	0,95	1,33	1,93	4,10
tägliche Transportkapazität Lkw (70 % Auslastung)	588	352	235	117
Kostendeckungsfaktor (70 % Auslastung)	2,25	1,85	1,80	1,21
aktuelles Durchschnittspreisverhältnis (S-T=100)	100	130	186	249
Ergebnispotential (Geldeinheiten)	58.800	45.760	43.710	29.133

Annahmen: Kapital- und Besatzungskosten 50.000 DM pro Tag; Lotskosten 900 DM pro An- und Ablauf; Durchschnittsgeschwindigkeit 18 kn; Bunkerverbrauch (IFO 380) 0,17 t/nm^{-1} bei 18 kn; Bunkerkosten 180 DM pro t; Kapazität 2.000 lm

Haben die Verkehre aber insgesamt eine Stärke erreicht, um mehreren Routen eine entsprechende Volumenbündelung zu ermöglichen, kann eine Aufteilung der Verkehre auf verschie-

---

[54] Vgl. z.B. Laine, Jouni T./Vepsäläinen, Ari P. J. (1994), S. 34.
[55] Vgl. Willingale, M. C. (1981), S. 114.

dene Verkehrskorridore erfolgen. Ein Kurzstreckensystem ist in hohem Maße abhängig von der Verfügbarkeit einer qualitativ hochwertigen Hinterlandanbindung sowie relativ geringen Landtransportkosten. Mit steigenden Treibstoffkosten werden die Kostenunterschiede zwischen den Varianten immer kleiner. Insgesamt ist daher bei steigenden Brennstoffkosten ein Mehrroutensystem sinnvoll. Zukünftig sind Erhöhungen der Landtransportkosten durch Verteuerung des Ressourcenverbrauchs über die Internalisierung externer Kosten, über steigende Wegekosten oder höhere Mineralölsteuern denkbar.

Problematisch sind die rechnerisch nur schwer erfassbaren Ruhezeitrestriktionen, aber auch die unterstellten Auslastungen. Kurzstrecken können erfahrungsgemäß keine mit Lang- und Mittelstrecken vergleichbaren Durchschnittsauslastungen erreichen. Die vorgestellten Rechnungen beziehen sich ebenso ausschließlich auf begleitete Einheiten. Für unbegleitete Verkehre kann die Nutzung längerer Seestrecken Kostenvorteile gegenüber den Kurzstrecken bedeuten. Niedrige Kosten für eine einzelne Transporteinheit pro Entfernungseinheit auf See gegenüber der Entfernungseinheit auf Land beruhen auf der hohen Durchschnittsauslastung eines hochkapazitiven Schiffes.[56] Insbesondere durch die Vergrößerung der Kapazitäten gelang es der Fähr- und Ro/Ro-Schifffahrt, auch Lang- und Mittelstrecken konkurrenzfähig gegenüber dem Landverkehr oder den Kurzstrecken zu gestalten. Auf diesen Strecken konzentrieren sich der unbegleitete Verkehr sowie diejenigen begleiteten Einheiten, die auf Grund der Fahrtzeitenregelungen die kurzen oder mittellangen Seestrecken nicht nutzen können. Langstrecken können wesentlich besser gegen eine kombinierte Land-Fähr-Nutzung konkurrieren als gegen ausschließlich landbasierende Transportketten. Konkurrenz zwischen direkten Fährlinien sowie Landbrückenverkehren mit eingeschlossener Fährnutzung besteht beispielsweise zwischen den direkten Schweden-Linien und dem Transit durch Dänemark sowie zwischen den Direktlinien nach Finnland und dem Transit durch Schweden.

2.4 Die Gesamtroutungsentscheidung

Fährlinien sind als Gliedstück eines sich aus Land- und Seekomponenten zusammensetzenden Netzwerkes anzusehen. Verkehrsachsen entstehen durch die transportkostengünstigste Verbindung zwischen Hauptaufkommens- und -zielgebieten. Die Gesamtroutungsentscheidung für jeden einzelnen Transportvorgang zwischen Quelle und Senke hängt ganz wesentlich von der relativen Lage der beiden Punkte zueinander ab.[57] Die möglichst direkte Verbindung von Hauptaufkommens- und Zielgebiet durch die Bündelung vieler kleiner Transportvorgänge ist verkehrsroutenbildend. Abseits der Hauptlinien liegende Verbindungen werden von ihrer eigentlichen Ideallinie abgelenkt und nutzen aus Kostengründen die Hauptrouten über die Ostsee. Die Verkehrskorridore mit dem höchsten Verkehrsaufkommen realisieren die größten *economy-of-scale*-Effekte und gewinnen so an Wettbewerbsfähigkeit.

Das heutige Liniennetz auf der Ostsee hat sich herausgebildet aus:

- Wechselspiel und Kompromiss zwischen Quelle-Senke-Relationen
- Verkehrsstromstärke
- Mindestanforderungen an die Bündelung von Verkehren
- natürlichen Bedingungen und
- wirtschaftlich vertretbaren Schiffsgeschwindigkeiten.[58]

---

[56] Schrewelius, Gunnar (1983), S. 199.
[57] Vgl. Hinricher, Martina (1990), S. 56.
[58] Lüsch, Jürgen (1994b), S. 4.

Die Reeder legen mit der Wahl der Anlaufhäfen die seewärtige Linienstruktur fest. Das Fährsystem wird durch die Elemente Fährschiff sowie Abgangs- und Endhafen gebildet.

Die im Fährsystem verbrachte Zeit lässt sich folgendermaßen gliedern:[59]

1. *cycle time* - ist die Zeit eines kompletten Rundlaufes einer Fähre
2. *sailing time* - ist die reine Überfahrtzeit einer Fähre vom Abgangs- zum Zielterminal
3. *terminal time* - ist die Zeit, die die Fähre im Hafen verbringt und damit ein Maß für unproduktiv verbrachte Zeit
4. *total time* - ist die tatsächlich von der Transporteinheit bzw. dem Passagier im Fährsystem verbrachte Zeit einschließlich Wartezeit im Terminal, Beladung, Zeit an Bord, Entladung und Verlassen des Terminalgeländes.

Die Überfahrtsdauer ist abhängig von der Entfernung beider Häfen voneinander, der Länge der Revierfahrt sowie der Geschwindigkeit der Schiffe (Dienstgeschwindigkeit). Diese wiederum ist ableitbar aus der maximal möglichen Geschwindigkeit in Abhängigkeit von den technischen Voraussetzungen der Schiffe, den nautischen Bedingungen (Tiefenverhältnisse etc.) sowie der Wirtschaftlichkeit des Einsatzes. Unter Beachtung dieser Kriterien sowie der Schnelligkeit der Umschlagprozesse ergibt sich eine optimale Geschwindigkeit für Schiff und Strecke, die sich im Fahrplan widerspiegelt.

Die Hafenzeit ist abhängig von der Umschlaggeschwindigkeit als Ausdruck der Leistungsfähigkeit der Umschlaganlagen sowie der umzuschlagenden Menge. Effizienz und Schnelligkeit des Umschlages bestimmen in entscheidendem Maße die Produktivität des gesamten Fährsystems.

Tab. 12: Hafenwahlgründe des Reeders im Fährverkehr

- das Ladungspotential (Aufkommen des Hinterlandes, Anbindung)
- die Konkurrenzsituation
- das vorhandene Schiffsmaterial
- die Umschlag- und Hafenkosten
- die nautischen Bedingungen, die verfügbaren Anleger sowie die sonstigen Kapazitätselemente der Häfen

Quelle: teilweise Brogren, Klas/Hillberg, Esbjørn/Nordborg, Stig (1978), S. 76 ff.

Vor allem die Linienführung entscheidet über Produktivität und Rentabilität von Schiff und Linie, weil Rundreisezeit und Anzahl der eingesetzten Schiffe entscheidend Verkehrsqualität und Kapitaleinsatz bestimmen. Es besteht ein enger Zusammenhang zwischen Linienführung und Höhe des erforderlichen Kapitaleinsatzes. Anzahl und Ausgestaltung der Schiffe beeinflussen damit hochgradig die Höhe der Fracht- und Passagepreise.[60]

Zu den operationellen Gesichtspunkten des Reeders gehört insbesondere die Rundreiseoptimierung der Schiffe sowie die Minimierung der eigenen See- einschließlich Hafenkosten. Das Fährsystem stellt aber nur eine Komponente des Gesamtsystems dar. Der schiffskostenoptimale Ansatz birgt die Gefahr, dass nicht das Gesamtsystem aus Sicht des Verladers oder Spediteurs optimiert wird und ist in der Regel durch den hohen Anteil der waren- und transportbehälterbezogenen Kosten mit einem Anstieg der Gesamtkosten verbunden. Die seestreckenbezogene Variante beinhaltet nur die Schiffskosten (Kapitalkosten, Betriebskosten) an sich,

[59] Anlehnung an: Hagman, Thore (1997), S. 10.
[60] Killinger, Hans H. (1992), S. 99-100.

während der Gesamtkostenansatz auch die Kapitalbindungskosten für die Ware, die Leasingkosten für die Trailereinheit und die Zugmaschine sowie die Fahrerkosten berücksichtigt.[61] Für die Lokalisierung von Fährverbindungen ist also die Minimierung der totalen Transportzeit sowie der Transportkosten zwischen Ursprungs- und Bestimmungsort ausschlaggebend.[62]

Abb. 3: Gesichtspunkte der Transportkettenbeteiligten bezüglich der Linienwahl

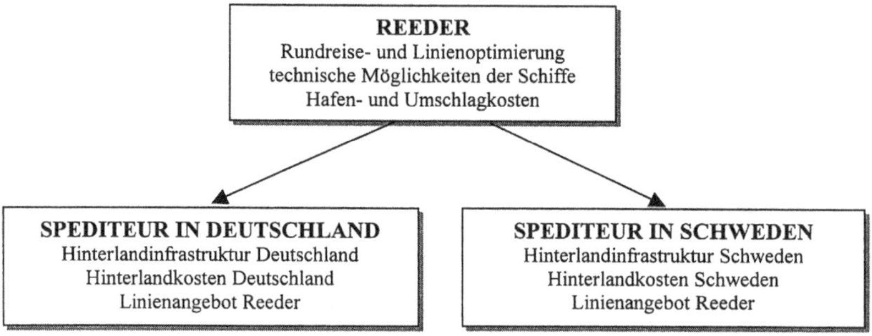

Die Routenführungsentscheidung wird im Wesentlichen bestimmt durch die Anforderungen der Kunden nach bezüglich Gesamtkostenkriterien optimierten Transportketten. Strategisches Hauptziel der Reeder ist die optimale Einfügung der Teilstrecke See in eine Vielzahl unterschiedlicher Transportketten. Dies ist gleichbedeutend mit der Anpassung an die logistischen Konzepte, Vorgaben und Bedürfnisse der Verlader und Spediteure. Die Einbindung der Fährlinien in logistische Ketten bestimmt die strategischen Entscheidungen der Fährreeder bezüglich Hafenwahl, Schiffseinsatz sowie Abfahrtsfrequenz und -zeiten. Die Hafen- und damit Routenwahl ist die räumliche Reaktion des Reeders auf sein operatives Umfeld, das aus den Routenpräferenzen seiner Kunden und seinen operativen und organisatorischen Möglichkeiten besteht.[63]

Eine zeitliche Optimierung des Systems Fähre ist also immer im Zusammenhang mit den vor- und nachgelagerten Teilstrecken zu sehen. Die Interaktion von Reeder und Spediteur bestimmt letztendlich das *routing* der Güter.[64] Vorgaben der Reeder im Angebot werden von den Spediteuren in Kauf genommen, solange die Abweichung von der Ideallinie des Gesamttransportes tolerierbar ist. Besetzt ein Reeder nicht die von den Spediteuren bevorzugte Optimalroute, riskiert er mit einem Markteintritt neue Konkurrenz.

Tab. 13: Hafen- und Transportroutenwahlgründe der Spediteure im Fährverkehr

- Frequenz und Anzahl der Linienverbindungen
- Möglichkeiten der Rückladung
- Preispolitik der Reeder
- die Hinterlandanbindungen und Entfernung zu Quell- bzw. Zielgebiet beider Häfen
- die logistischen Anforderungen an die Transportkette wie Termin, Schnelligkeit, Sicherheit
- die rechtlichen Vorschriften, z.B. die Ruhezeitregelungen

---

[61] Vgl. Näreskog, Johan/Rydbergh, Torbjörn/Sjöbris, Anders (1997), S. 11; Peeters, C./Verbeke, A./Declercq, E./Wijnolst, N. (1995), Kap. III, S. 11 ff.

[62] Vgl. Schirach-Szmigiel von (1973), S. 81.

[63] Vgl. Willingale, M. C. (1981), S. 109.

[64] Zachcial, Manfred/Kramer, Holger/Lemper, Burkhard (1995), S. 48.

Die Gesamttransportzeit ergibt sich neben der Addition der Zu- und Ablaufzeiten zu den Häfen, der Wartezeit in den Häfen, der Fährüberfahrt auch aus den zusätzlich einzulegenden Ruhepausen. Daraus resultiert das Bestreben der Spediteure bzw. Fuhrunternehmer, die Fährüberfahrt zur Einhaltung der vorgeschriebenen Ruhezeiten zu nutzen. Dabei sind diejenigen Linien bevorteilt, deren Anfangspunkt unter maximaler Ausnutzung der erlaubten Fahrperioden erreicht werden kann und deren Überfahrtdauer zeitlich deckungsgleich mit den vorgeschriebenen Ruhezeiten ist. Unproduktiv wird das System aber, wenn die Dauer der Überfahrt die vorgeschriebene Ruhezeit übersteigt.

Tab. 14: Lenk- und Ruhezeiten im Straßengüterverkehr

	Nationale Vorschriften Deutschlands Fahrpersonal-Verordnung, Arbeitszeitgesetz, Fahrzeuge zur Güterbeförderung über 2,8 t bis 3,5 t	**EG- und AETR-Regelung** VO (EWG) Nr. 3820/85 und 3821/85 „EG-Sozialvorschriften" sowie AETR-Abkommen; Fahrzeug zur Güterbeförderung mit oder ohne Anhänger/ Sattelanhänger (über 3,5 t)
Mindestalter Fahrer	18 Jahre	bis 7,5 t 18 Jahre über 7,5 t 21 Jahre
Lenkzeit • täglich • wöchentlich Doppelwoche	 9 h, 2 x wöchentlich 10 h Wochenruhezeit nach 6 Tagen bzw. Tageslenkzeiten 90 h	 9 h, 2 x wöchentlich 10 h Wochenruhezeit nach 6 Tagen bzw. Tageslenkzeiten 90 h
Unterbrechung der Lenkzeit	nach 4,5 h mdst. für 45 min, aufteilbar in Teilunterbrechungen von mdst. 15 min	nach 4,5 h mdst. für 45 min, aufteilbar in Teilunterbrechungen von mdst. 15 min
Tagesruhezeit • 1 Fahrer • 2 Fahrer	 11 h nach Ende der täglichen Arbeitszeit	 11 h mit Verkürzung auf 3 x wöchentlich 9 oder 12 h bei Aufteilung in 2 o. 3 Abschnitte, davon 1 mdst. 8 h jeweils innerhalb jedes Zeitraumes von 24 h 8 h, innerhalb jedes Zeitraumes von 30 h
wöchentliche Ruhezeit	45 h einschließlich einer Tagesruhezeit, Verkürzung auf 36 h am Standort bzw. 24 h unterwegs	45 h einschließlich einer Tagesruhezeit, Verkürzung auf 36 h am Standort bzw. 24 h unterwegs
Arbeitszeit • täglich • wöchentlich	 8, höchstens 10 h 48, höchstens 60 h	 8, höchstens 10 h 48, höchstens 60 h
Arbeitszeitnachweise	EU-Kontrollgerät oder Fahrtenschreiber oder persönliches Kontrollbuch	EU-Kontrollgerät

Quelle: Merkblatt Bundesverband des Deutschen Güterfernverkehrs (BDF) e.V.; Stand 1.1.1996

Bei der Routenwahl ist ebenfalls zu beachten, dass für das gewählte Verhältnis von Land- zu Seestrecke die unterschiedlichen Kalkulationskostensätze der verschiedenen Nationalitäten zum Tragen kommen. Bei geringen Kilometerkosten (etwa für osteuropäische Fahrer) besteht ein eindeutiger Trend zur Nutzung der kürzesten Seestrecke und der Minimierung der Fährfracht. Bei hohen Landtransportkosten, die etwa durch die Nutzung hochwertiger Spezialtonnage entstehen, ist die Tendenz, einen nahegelegenen Hafen anzufahren, wesentlich stärker ausgeprägt. Die Trajektierung unbegleiteter Einheiten orientiert sich ebenfalls stärker am Prinzip des dichtesten Fährhafens.[65]

[65] Vgl. Charlier, Jacques J. (1989), S. 238.

Neben den Preis- und Zeitkriterien wirken sich die logistischen Erfordernisse des Transportes auf die Hafen- und Linienwahl aus. Dazu zählen die Abfahrtszeiten sowie -frequenzen. Diese Voraussetzungen sind Grundlage für den Spediteur, die Vorgaben seiner Kunden bezüglich Pünktlichkeit und Zuverlässigkeit erfüllen zu können. Die Abfahrtshäufigkeit als wettbewerbsrelevanter Faktor spielt vor allem für hochwertige Güter eine routenbeeinflussende Rolle.

Abb. 4: Bestimmungsfaktoren einer Fährlinie

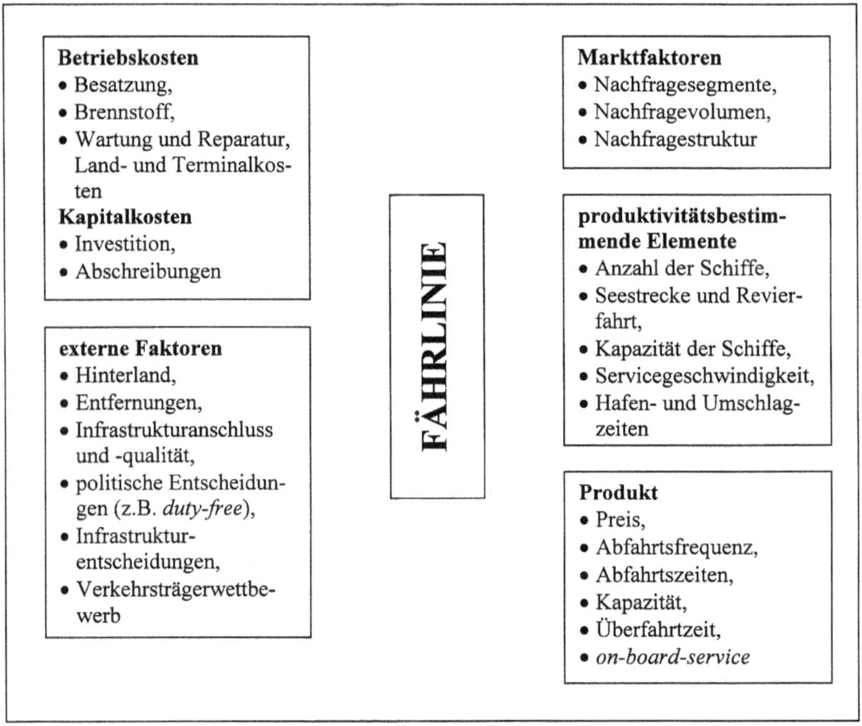

III Der Fährverkehr als Bestandteil einer Transportkette[1]

1. Fährverkehrsbezogene Transport- und Logistikketten

Das Modell des Wettbewerbs zwischen verschiedenen Verkehrsmitteln wurde vor dem Hintergrund der Entwicklung intermodaler Transportbehälter zunehmend vom systemorientierten Transportkettenmodell abgelöst.[2] Die Rationalisierung der Transportkette durch Behälterverkehre war Voraussetzung für den kosteneffizienten und sicheren Austausch hochwertiger Güter, um einerseits die Beförderungsdauer zwischen Produktions- und Verbrauchsort zu senken und andererseits den Umschlag- und Lageraufwand drastisch zu reduzieren.

Eine Transportkette ist die „Herstellung einer räumlich-zeitlichen Kopplung zwischen Verladern und Empfängern von Transportgütern unter Zwischenschaltung eines oder mehrerer Verkehrsmittel und der erforderlichen Verpackungs-, Be-, Ent-, Umlade- und Informationsprozesse."[3] Der Transportvorgang in der Fähr- und Ro/Ro-Schifffahrt ist Teil einer aus Land- und Seekomponenten zusammengesetzten Transportkette, die in Kooperation mit anderen Transportarten sowie -unternehmen gebildet wird.[4] Der Seetransport wird zu einem integralen Bestandteil der Transportkette von Versender zu Empfänger.

Der Transportvorgang ist durch drei Subsysteme gekennzeichnet:[5]

1. das technische Subsystem (Behälter, Lager, Umschlagsystem, Transportmittel)
2. das organisatorische Subsystem (beteiligte Verkehrsunternehmen, Lager- und Umschlaggesellschaften, Behörden)
3. das informatorische Subsystem (Informationsfluss).

Eine weitere Einteilungsmöglichkeit der Transportketten ist die Unterscheidung zwischen funktionaler und institutionaler Transportkette. Die funktionale Transportkette besteht aus einem räumlichen und zeitlichen Nacheinander von Beförderungs- und Umladevorgängen. Sie beschreibt deren produktionstechnische Eigenschaften. Die Charakterisierung der funktionalen Transportkette umfasst neben der technischen Ausgestaltung auch die qualitative Leistungsfähigkeit der Transportkettenglieder.[6] Als institutionale Transportkette wird die unternehmensseitige Verknüpfung entlang der Transportkette bezeichnet. Sie beinhaltet die an der funktionalen Transportkette beteiligten Unternehmen.[7]

---

[1] Vgl. zu diesem Abschnitt: Stuchtey, Rolf W./Tesch, Gernot (1997), S. 56-67, (1999), S. 107-120
[2] Vgl. Ewers, Hans-Jürgen (1973), S. 35 ff.
[3] Ewers, Hans-Jürgen (1973), S. 40.
[4] Vgl. Stuchtey, Rolf W./Tesch, Gernot (1997), S. 56-57; Ojala, Lauri (1993d), S. 242.
[5] Ewers, Jürgen (1973), S. 39.
[6] Mester, Bernd (1986), S. 20-21.
[7] Beplat, Klaus (1970), S. 19.

2. Die institutionelle Transportkette

2.1 Die Machtverteilung entlang der Transportkette

Eine gemeinsame Leistungserstellung durch mehrere Unternehmen führt zu einem Kooperations- und Abstimmungsbedarf über Kapazitäten, Abfahrtszeiten und technologische Standards. Betriebliche Teilbereiche werden für die Dauer eines Transportvorganges durch eine vertikale Kooperation entlang der Transportkette koordiniert.[8] Dabei bleiben unternehmerische Selbstständigkeit und Handlungsspielräume erhalten.

Die Ausschöpfung von Potentialen logistischer Ketten hängt aber entscheidend von einem ganzheitlichen Betrachtungsansatz ab, der in der Konzentration der Koordinierungsaufgaben bei einem so genannten Transportkettenintegrator mündet. Dieser erbringt gegenüber dem Verlader die volle Kosten- und Leistungsverantwortung für Steuerung, Koordination und Kontrolle des logistischen Systems und nutzt für Teilbereiche die Anbieter von Logistik-, Transport-, Lager- und Informationskomponenten.[9] Das Systemdenken vermeidet suboptimale Insellösungen im Logistikbereich. Die Durchführung des Transportvorganges unter Nutzung der Fähr- und Ro/Ro-Technologie führt zu einem integrierten Transportsystem, in dem alle Glieder der Transportkette durch einen gemeinsamen Transportgegenstand gekennzeichnet sind, sich dadurch auf technisch-technologischer Ebene gegenseitig abstimmen müssen und in eine einzige Ablauforganisation eingeordnet sind.

Der Transportkettenintegrator übernimmt:

- die Verkehrsträgerwahl
- die Routenwahl
- die Auswahl der Verkehrsübergänge
- die Organisation der Informationsflüsse sowie
- die Auswahl der Unternehmen für den physischen Transport.

Die Rolle des Integrators in fährrelevanten Transportketten wird von der Organisation übernommen, die dem Verlader eine optimale Lösung seiner Logistikprobleme anbieten kann.[10] Die Variantenvielfalt in der Auswahl der Transportkettenglieder spricht für die Übernahme der Organisatorfunktion durch eine weitestgehend verkehrsträgerneutrale Institution.

2.2 Die Rollen der Transportkettenglieder

2.2.1 Die Speditionen

Als Gesamtfrachtführer in fähr- oder Ro/Ro-gebundenen Transportketten treten in der Regel die Spediteure auf. Spediteure verfügen vom Grundsatz her nicht über eigene Transportkapazitäten, sondern kaufen diese bei Fuhrunternehmen, Eisenbahnen und Reedereien ein. Nur ein Teil der Transporte wird mit eigenen Kapazitäten bewältigt. Die verkehrsträgerneutrale Stellung des Spediteurs ermöglicht ihm die optimale Zusammenstellung der Transportkette und macht ihn somit zum natürlichen Mittler zwischen Verlader und Verkehrsgewerbe. Den Spediteuren bleibt es überlassen, die Transportkette derart zusammenzufassen, dass diese den Anforderungen der Verlader bezüglich Schnelligkeit, Sicherheit, Frequenz, Regelmäßigkeit und

[8] Vgl. Clasen, Bernward (1970), S. 42 f.
[9] Vollrath, Carsten (1997), S. 77.
[10] Vgl. Rich, Craig Anthony (1979), S. 296.

konkurrenzfähiger Preise bestmöglich entspricht.[11] Die klare Abgrenzung zur *carrier*- und Verladerseite sorgt für die zur Ausfüllung der Rolle nötige Neutralität, die aber bei einer verstärkten Nutzung des Selbsteintrittsrechts beeinträchtigt wird.

„Frachtführer ist, wer es gewerbsmäßig übernimmt, die Beförderung von Gütern zu Lande oder auf Flüssen oder sonstigen Binnengewässern auszuführen."[12] „Spediteur ist, wer es gewerbsmäßig übernimmt, Güterversendungen durch Frachtführer oder durch Verfrachter von Seeschiffen für Rechnung eines anderen (des Versenders) in eigenem Namen zu besorgen."[13] Damit zählt der Frachtführer zu den Anbietern logistischer Primärleistungen, während dem Spediteur organisierende, koordinierende, dispositive sowie kontrollierende Funktionen obliegen.

Entscheidend für die Machtverteilung in fähr- und Ro/Ro-gebundenen Transportketten war die Tatsache, dass im Gegensatz zum Containerverkehr kein neues Transport- oder Verpackungsmittel entwickelt, sondern die Umschlagsysteme technologisch auf vorhandene Einheiten ausgerichtet wurden. Der Ro/Ro-Umschlag bedeutete im Gegensatz zum Containerverkehr mit seiner seeorientierten Entwicklung praktisch die technologische Anpassung des Seeverkehrs an gegebene technologische Entwicklungen im Landverkehr.

Der Ro/Ro-Umschlag ermöglichte den Spediteuren die Ausweitung ihrer landgebundenen Transportketten über Wasserhindernisse hinweg. Entscheidend für die Kontrolle über die Transportkette ist die Verfügungs- bzw. Steuerungsgewalt über Transportbehälter und Informationsströme, vor allem aber der Kontakt zum Verlader. Die Speditionen profitieren dabei von ihrem Kompetenzvorsprung bei der Übernahme transportbegleitender Dienstleistungen. Der Zugriff auf logistisches *know-how*, Transportnetze, Informationstechnik, Umschlagpunkte und ggf. Fuhrparks ermöglicht den Spediteuren die durchgehende Organisation der logistischen Leistungserstellung.[14]

Die Organisation der Transportkette als klassische Koordinationsfunktion findet zunehmend Ergänzung durch logistische Zusatzleistungen. Hochwertige Transport- und Logistikleistungen gewinnen gegenüber der reinen Kostenkonkurrenz der Transportketten immer mehr an Bedeutung.

2.2.2 Die Fährreeder

Das Produkt von Schifffahrtsbetrieben besteht in der Erbringung von Transportleistungen, d.h. der physischen Ortsveränderung von Gütern und Personen über See. Für Reeder im Ostseeverkehr bestehen dazu vier Grundoptionen:

1. *the full service operator option*
2. *the feeder operator option in container trades*
3. *the ro-ro operator option*
4. *the ferry operator option.*[15]

[11] Vgl. Larsson, Everth (1983), S. 124.
[12] § 425 HGB.
[13] § 407 HGB.
[14] Vgl. z.B. Larsson, Everth (1983), S. 122-123; Simon, Ralf-Peter (1993), S. 4.
[15] Ojala, Lauri (1995b), S. 331, 336.

Abb. 5: Industrial constitution in international multimodal transport

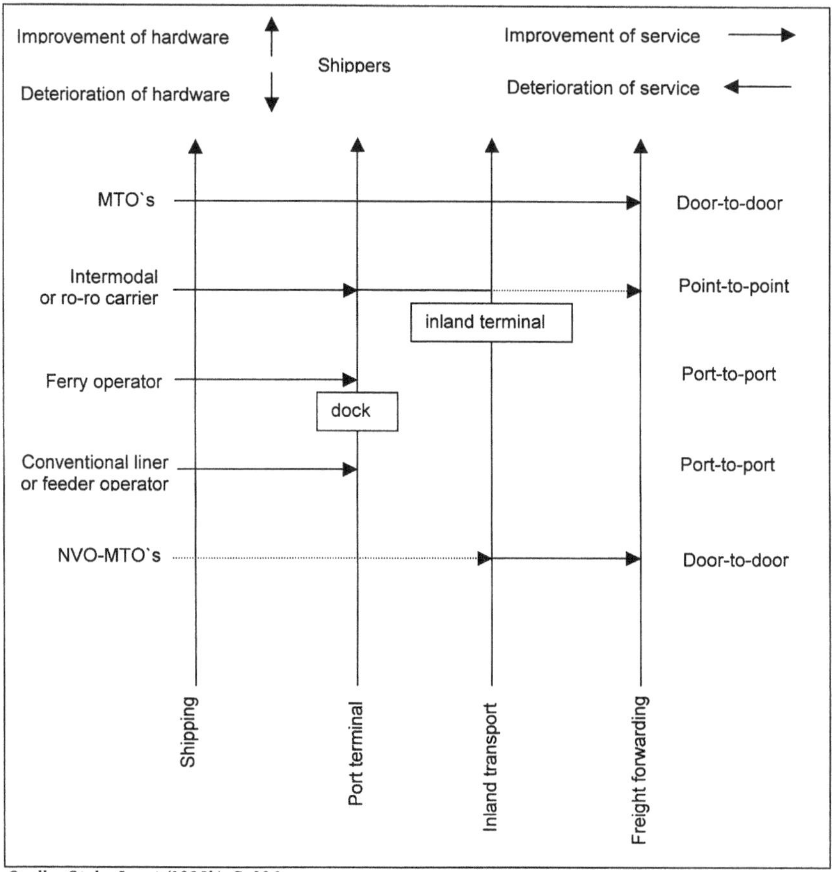

Quelle: Ojala, Lauri (1995b), S. 336

Während die Gesamtleistung in ostseequerenden Transportketten als Haus-zu-Haus-Verkehr erbracht wird, beschränken sich Fähr- und Ro/Ro-Reeder weitestgehend auf die Übernahme des Seetransportteils innerhalb einer Transportkette.[16] Die Schifffahrt hat paradoxerweise durch eine eigene Produktinnovation (Ro/Ro) relativ an Wertigkeit in der Transportkette verloren. War früher das Schiff Ort des Verantwortungsüberganges durch die CIF- und FOB-Klauseln im Außenhandelsvertrag, so ist heute eine Fähre oder ein Ro/Ro-Frachter nichts weiter als eine Brücke, ein Teilstück einer Transportkette, für deren Nutzung ein Entgelt zu zahlen ist.[17]

Die Einführung des Ro/Ro-Systems hat den innereuropäischen Straßenverkehr nicht in ähnlicher Weise beeinflusst wie die Einführung des Containers den Überseelinienverkehr, da mit dem Straßentrailer ein Behältersystem für den innereuropäischen Verkehr bereits vorhanden

[16] Vgl. Ojala, Lauri (1995b), S. 339.
[17] Vgl. Rich, Craig Anthony (1976), S. 1-13.

war. Zusätzliche Investitionen in Containerequipment waren daher nicht mehr notwendig. Das Argument der Reeder bezüglich Kontrolle und Optimierung des Containerrundlaufes entfällt im Kurzstrecken-Ro/Ro-Verkehr. Der Container wurde von Landtransportunternehmen (wie Sea-Land) eingeführt, die die landgebundene Transportkette bereits kontrollierten und ihre Aktivitäten auch auf den Seebereich ausweiteten. Die traditionellen Stückgutreeder vollzogen dabei den Übergang zur Containerschifffahrt nur als nachfolgende Wettbewerber.[18] Dagegen wurde die Ro/Ro-Technologie von den bereits im Seeverkehr (Stückgut) tätigen Reedern eingeführt. Im Containerverkehr erleichtern zudem die relativ unkomplizierten Organisationstätigkeiten bei der Akquisition von massenhaft auftretendem Aufkommen großer Verlader (Chemie, Nahrungs- und Genussmittel) den Reedern die Verdrängung der Spediteure aus diesem Marktsegment und den Aufbau eigenständig kontrollierter Transportketten.[19] Eine massenhaft auftretende, örtlich konzentrierte Nachfrage ist im Nordeuropa-Verkehr nur im Papier- und Automobilbereich vorhanden.

Der starke Kostenwettbewerb sowie das Homogenisierungspotential durch die Einführung von genormten Transportbehältern im Seeverkehr drängt die Reeder zwar auf den strategisch prekären Pfad der Massenproduktion von Seetransportdienstleistungen.[20] Fehlendes *know-how* im Landbereich, fehlende Netzwerke und Distributionszentren behindern jedoch eine Übernahme der Koordinatorrolle durch den Reeder. Die Integratorstrategie bindet darüber hinaus viele Ressourcen und erhöht die Fixkosten sowie Auslastungsprobleme der Reeder in Bereichen, in denen es ihnen an *know-how* mangelt. Die Übernahme von originären Speditеursaufgaben durch den Reeder verursacht in der Regel Konflikte mit den eigenen Kunden, den Spediteuren.[21] Eine solche Strategie erscheint in Gebieten, in denen Speditionen die Möglichkeit zu Abwehr- und Ausweichaktionen besitzen, relativ problematisch. Die Beschränkung auf den Seetransport verschafft den Reedern zudem eine gewisse Vertrauensposition. Schließlich verfügt ein Reeder durch Einblick in die Ladungspapiere über Wissen bezüglich der Kundenbeziehungen des Spediteurs. Direkte Kontakte des Reeders zu den Verladern und Aktivitäten auf dem Landtransportbereich würden diese Vertrauensposition untergraben. Enge Bindungen an Verlader oder Speditionen als vertikale Integrationsstrategie sind für die Reeder zwangsläufig mit einem Flexibilitätsverlust als unabhängiger *carrier* verbunden.

Reedern ist es ohne Gefährdung der eigenen Position nicht möglich, zusätzliche Aufgaben entlang der Transportkette zu übernehmen. Sie sind daher sehr stark abhängig z.B. von veränderten Transport- und Distributionsstrategien der Verlader, ohne diese selbst beeinflussen zu können. Der Reeder ist vom Erfolg der seine Linien nutzenden Spediteure abhängig und besitzt nur eingeschränkte Möglichkeiten, seinen Kunden verloren gegangene Ladung wieder an sich zu binden. Es erweist sich aber als vorteilhaft, mit den Distributionsstrukturen wichtiger Verlader vertraut zu sein, um z.B. nicht von verschiedenen Speditionen mit dem Ziel geringerer Fährfrachten gegeneinander ausgespielt zu werden.

Die Konzentration der Reeder auf ihre Kernkompetenzen birgt strategische Risiken in sich, verschafft ihnen andererseits aber auch Effizienzvorteile. Als Ausdruck eines defensiven strategischen Verhaltens erreicht der Reeder Effizienzvorteile durch die Optimierung seines Liniennetzes[22] und die Orientierung auf *economy-of-scale*-Effekte. Die Konzentration auf die

---

[18] Vgl. Detrez, Hans-Werner (1974), S. 121-127.

[19] Vgl. zum Aufbau von Containertransportketten z.B. Stuchtey, Rolf W. (1991a), S. 5 ff.

[20] Vgl. Bukold, Steffen/Deecke, Helmut/Läpple, Dieter (1993), S. 84 ff. und deren Aussagen zum Containerverkehr.

[21] Vgl. z.B. Larsson, Everth (1983), S. 123.

[22] Vgl. Wright, A. J. (1980), S. 79-84.

Seestrecke bildet für die Reeder eine Nischen- oder Spezialisierungsstrategie.[23] Der Fährreeder arbeitet als Spezialist auf Teilmärkten und konzentriert dort seine technologischen, unternehmerischen und organisatorischen Fähigkeiten. Durch seine Nischentätigkeit besitzt der Reeder einen größeren Schutz vor Markteintritten als beispielsweise ein Truckunternehmen oder Spediteur, weil seine Leistung schwerer zu kopieren ist.

Im Langstrecken-Ro/Ro-Verkehr, insbesondere nach Finnland, ist die Bindung der Reeder an einzelne Verlader aber teilweise bedeutend enger. Diese Bindung erfolgt entweder durch teilweisen bzw. ausschließlichen Besitz oder langfristige Transportkontrakte. Das Entstehen von starken, vertikal oder diagonal integrierten Schifffahrtskonsortien mit enger Bindung an große Verlader erklärt sich z.B. im Finnland-Verkehr aus der Existenz einer starken Hauptgruppe von Verladern mit einer im Vergleich zu anderen Transportkunden überlegenen Verhandlungsmacht.[24] Die Abhängigkeit bestimmter Transportmärkte von einigen wenigen großen Verladern kann dazu führen, dass diese Verlader durch die Übernahme von Land- und Seetransportunternehmen auch den Transportsektor kontrollieren. Dies führte zum Aufbau von regelmäßigen Linienverbindungen durch von den wichtigsten Exportunternehmen (hauptsächlich aus dem Forstproduktensegment) des Landes nach eigenen Vorstellungen gebildeten Reedereien (EFFOA, Finnlines).

Durch die Internationalisierung der Märkte besitzt für viele Verlader massenhafter Stückgüter (z.B. Papier) eine angepasste Logistik mittlerweile aber einen wesentlich höheren Stellenwert, als dass diese Anforderungen durch Minderheitsbeteiligungen an einer Linienreederei befriedigt werden könnten. Verlader mit großen, kontinuierlichen Exportströmen sehen die vertikale Integration ihrer gesamten Lieferkanäle als bedeutendes Element zur Verbesserung ihrer Wettbewerbsfähigkeit auf den internationalen Märkten an.[25] Verdeutlicht werden kann dies anhand des teilweisen Rückzugs der finnischen Forstindustrie aus Finnlines Oy und des verstärkten Engagements vieler Forstkonzerne in Systemtransporte, bedingt zumal durch die geringen Beeinflussungsmöglichkeiten der einzelnen Minderheitsteilhaber an den Unternehmensentscheidungen von Finnlines.[26] Die steigende Bedeutung der Logistik sowie der Informationstechnik gegenüber der reinen Transportkostenfixierung der 80er Jahre für Verlader auch hochvolumiger und massenhafter Produkte[27] zeigt sich auch in den Transportlösungen für StoraEnso (*baseport*-Konzept) oder MoDo.

Systemtransporte sind speziell auf die logistischen Bedürfnisse großer Verlader zugeschnittene Verkehre. Bei der massenhaften Abwicklung homogener Güterströme entwickeln Verlader bzw. Empfänger schnell das zur Abwicklung der Verkehrsströme nötige *know-how*, so dass die Abwicklung der Güterströme oft unter eigener Regie verbleibt. Bei einer großen Zahl von kontinuierlich und massenhaft anfallenden sowie routinemäßig abzuwickelnden Transportaufgaben kann dies in einen direkten Kontakt zwischen Verlader und Transportunternehmen münden.[28] Dagegen spielt die Integration von Transportunternehmen für die Verlader, die durch die geringen Sendungsgrößen (hauptsächlich hochwertige Stückgüter) auf diversifizierte Logistiklösungen angewiesen sind, zunehmend eine geringere Rolle. Je kleiner die Sendungsgröße sowie je diversifizierter die Distributionsstrukturen, desto ineffizienter und damit auch entbehrlicher wird auch für die nordeuropäischen Exporteure die Kontrolle der transportdurchführenden Unternehmen durch Eigentum. Dies führte auch in der finnischen Linien-

---

[23] Vgl. zu Nischen- und Spezialisierungsstrategien: Lochte, Heinrich (1988), S. 38.
[24] Vgl. Ojala, Lauri (1993d), S. 241.
[25] Ojala, Lauri (1995a), S. 154-157.
[26] Ojala, Lauri (1995a), S. 74.
[27] Vgl. Ojala, Lauri (1995a), S. 154 sowie (1993d), S. 233 ff.
[28] Vgl. z.B. Rehmann, Dietmar (1983), S. 123.

schifffahrt zum Abbau der für den Sektor bis dahin typischen hierarchischen Strukturen. Eine enge Verbindung zwischen Verlader und Transporteur in Form von Eigentum oder sonstiger Kontrolle der Unternehmensressourcen des Transportunternehmens wird tendenziell um so überflüssiger und ineffizienter, je diversifizierter die Transportströme und je kleiner und frequenter die einzelnen Sendungsgrößen des Verladers sind.[29]

Die Reeder könnten versuchen, ihre Position durch langfristige Verträge mit den Hauptverladern oder durch die Beeinflussung von Spediteuren über Besitz oder sonstige Kontrolle zu sichern.[30] Eine solche Strategie ist von Finnlines zeitweise verfolgt (Anteile an Transpoint, Huolintakeskus Oy sowie BTL), später aber zugunsten des Ausbaus der seewärtigen Positionen wieder aufgegeben worden (Tausch BTL-Anteile gegen Poseidon OHG).

Vertikale Integrationsbestrebungen des Reeders können sich auch auf die Übernahme von Umschlagtätigkeiten beziehen. In Finnland beispielsweise befinden sich die wichtigsten Umschlagunternehmen entweder im Besitz wichtiger Schifffahrts- (Finnlines) oder Exportunternehmen, hauptsächlich aus der Forst- bzw. Ölindustrie.[31]

Auch Speditionen oder Transportunternehmen können sich eigene Trajektionsmöglichkeiten übers Wasser schaffen, d.h. landseitig orientierte Unternehmen schließen Seetransporte mit in ihr Tätigkeitsfeld ein. Beispiele dafür sind Eisenbahnfährverkehre von staatlichen oder privaten Unternehmen bzw. von Speditionen betriebene Fährlinien (Krogius-Line).

Der Ro/Ro-Verkehr ist in zwei Kategorien einzuteilen. Einerseits werden reine Trajektionsdienste betrieben, andererseits Trailerdienste von Transportunternehmen angeboten, die Haus-zu-Haus-Verkehre inklusive der Land- und Seestrecke durchführen. Ro/Ro-Verkehre können innerhalb eines großen, horizontal und vertikal integrierten Transportunternehmens angeboten werden (P&O, DFDS, Norfolk Line [Mærsk]). Teil eines großen Logistikkonzerns ist auch die britische Dart-Line (Jacobs Plc.). Dabei werden konkurrierende Landtransportunternehmen diskriminierungsfrei behandelt, da der eigene Landtransportanteil oft nicht ausreicht, um die Fährkapazität zu füllen. Offenkundig sind derzeit Bestrebungen innerhalb des DFDS-Konzerns, die Landtransportsparte zugunsten des verstärkten Ausbaus der Reedereiaktivitäten zu verkaufen. Während z.B. P&O über P&O Stena bzw. P&O North Sea Ferries als neutraler *carrier* auf dem Kanal bzw. der Nordsee auftritt, werden durch die Tochterunternehmen Ferrymasters (auch als Ro/Ro-*carrier* z.B. auf der Nordsee zwischen Großbritannien und Schweden tätig) und European Transport Haus-zu-Haus-Verkehre durchgeführt. Zudem ist die Gruppe auch im weltweiten Containerverkehr tätig. Beispiele für Ro/Ro-Reeder, deren Auslastung zu einem großen Teil von der Ladung industrieller Großverlader abhängt, sind Finnlines, Cobelfret, Tor-Line, Fred. Olsen sowie DFDS Tor-Line. Die industriellen Großverlader kommen weitestgehend aus der Automobil-, Chemie-, Papier- und Stahlindustrie.

Reeder sind zusammenfassend auf Grund ihrer strategischen Position und Kompetenz oft nicht in der Lage, Planung, Organisation, Durchführung, Koordination und Kontrolle der gesamten fährgebundenen Transportkette zu übernehmen. Ihnen bleibt die Option der Übernahme der Integratorfunktion verwehrt, da außerhalb ihres angestammten Leistungsangebots die Fähigkeit zur Organisation logistischer Dienstleistungen ebenso fehlt wie der Zugang zu europaweiten Netzwerken. Andererseits ist die Übernahme von seeüberquerenden Transporten durch große Logistikkonzerne durchaus vorstellbar, aber nicht in jedem Falle als vorteilhaft anzusehen. Das Vorhandensein einer Vielzahl von Alternativverbindungen sowie von festen

---

[29] Ojala, Lauri (1995a), S. 152-154.
[30] Ojala, Lauri (1995a), S. 101.
[31] Vgl. dazu die Angaben aus der Zusammenstellung bei: Ojala, Lauri (1995a), S. 118.

Querungen wird die Übernahme auch der Seestrecke ins Leistungsangebot der Spediteure bzw. sonstiger Transportorganisationen (Bahn) ohnehin immer entbehrlicher gestalten.

2.2.3 Die Fährhäfen

Die übliche Transportmittelwechselfunktion des Hafens ist im Fährverkehr nur eingeschränkt vorhanden. Das Transportmittel des Landverkehrs wird durch den Übergang von Land auf das Schiff ohne weitere aktive Behandlung zum Transportbehälter des Seeverkehrs, um im Zielhafen eine Rücktransformation zu erfahren. Die Transformation von einem Transportmittel zu einem -behälter erfordert keine aktive Handlung des Hafens. Die Hafenanlagen übernehmen lediglich eine unterstützende Funktion, da der Umschlag selbstrollend oder gezogen bzw. geschoben erfolgt.

Die Einführung der Ro/Ro-Technik hatte primär die Kostenminimierung von seeübergreifenden Transportketten durch Rationalisierung und Reduzierung der Umschlagvorgänge zum Ziel. Die Hafenliegezeit wird insbesondere durch den Reeder mit einer für Schiff und Ware unproduktiv verbrachten Zeit gleichgesetzt. Daher unterliegen Transportketten immer dem Bestreben, die Häfen als Bruchstellen des Verkehrsflusses möglichst zügig und kostengünstig zu überwinden. Auf Gesamttransportketten orientierte logistische Strategien führen in der Tendenz zur Einebnung von Brüchen im physischen, organisatorischen und informatorischen Bereich der Logistikkette. Aus der Überbrückung dieser Brüche hatten viele hafengebundene Dienstleistungsunternehmen ihr Wertschöpfungspotential bezogen.[32]

Der Verlust der Häfen an Wertschöpfungs-, Koordinierungs- und Kontrollfunktion ist eine unmittelbare Folge der Rationalisierung des Hafendurchlaufs. Den Häfen ist die traditionelle Aufgabe der Zusammenfassung und Auflösung der Transportladungen verloren gegangen. Nennenswerte Handelsfunktionen wie Lagern, Sortieren und Packen werden vom Fährverkehr nur in geringem Maße ausgelöst. Dem Fährverkehr lassen sich auch keine Produktions- und Montagevorgänge im Hafenbereich zuordnen. Wertschöpfung und Güterbehandlung erfolgen meist außerhalb des Hafengebietes. Hafenfunktionen sind als Folge der Einführung von Behälterverkehren verstärkt ins Binnenland verlegt worden. Der Hafen ist nicht mehr Ziel- oder Quell- bzw. Zwischenlagerungsort von Waren, sondern eine Art Transportbehälterschleuse mit einem nur geringen Anteil begleitender Dienstleistungsmaßnahmen an der Ware. Dieser Prozess kann als Entfunktionalisierung des Hafens bezeichnet werden.[33]

Der Verlust an Wertschöpfungsmöglichkeiten wird von einem hohen Kapitalbedarf für angepasste Umschlaganlagen, für Infrastruktur und Seezufahrt sowie von einem hohen Flächenbedarf begleitet. Hafenanlagen und Anleger im Fährverkehr rentieren sich nur durch eine Verkehrsbündelung über die Anleger sowie einen Betrieb über einen längeren Zeitraum. Häfen legen sich mit ihren kapitalintensiven Anlagen technologisch langfristig fest. Die strategische Stellung des Hafens wird zudem durch die Immobilität der Anlagen geschwächt.[34] Aus diesem Grunde versuchen Hafenunternehmen verstärkt, ihre Standortgebundenheit durch Allianzen und logistische Zusatzleistungen zu verringern. Dies kann dazu führen, dass Häfen einen Teil ihrer Schnittstellenfunktion zu geeigneten Plätzen in das Binnenland verlagern, etwa in Güterverkehrszentren oder Binnenhäfen.

Der Zwang zur Verkürzung der Hafenliegezeit führt dazu, dass der Hafen seine Anlagen für eine stoßweise Abfertigung dimensioniert und im Endeffekt eine sehr schlechte durchschnitt-

---

[32] Bukold, Steffen (1995), S. 95-96.
[33] Vgl. für den Containerverkehr: Bukold, Steffen/Deecke, Helmut/Läpple, Dieter (1993), S. 84-101.
[34] Vgl. Stuchtey, Rolf W. (1991b), S. 3.

liche Auslastung erreicht. Damit ist speziell im Fährverkehr das Risiko der Kapazitätsvorhaltung und -auslastung der Hafeninfra- und -suprastruktur bei den Häfen angesiedelt. Eine erhöhte Flexibilität und Multifunktionalität der Anleger sowie die Kombination von hochfrequenten Fähr- und niederfrequenten Ro/Ro-Aktivitäten über gemeinsam genutzte Anlagen kann das Auslastungs- und Investitionsrisiko der Häfen entscheidend verringern.

Gefahren aus der Spezialisierung von Häfen ergeben sich nicht allein aus einseitigen güter- bzw. technologiespezifischen, sondern auch aus einer einseitigen geographischen Orientierung der Häfen. Eine sinnvolle Risikominimierungsstrategie beinhaltet sowohl eine geographische (Schweden, Finnland, Osteuropa, Norwegen) als auch technologische Diversifikation auf verschiedene Schwerpunkte (Eisenbahn, begleiteter und unbegleiteter Straßengüterverkehr, Forstproduktenverkehre).

Häfen befinden sich in einem dynamischen Wettbewerbsumfeld, das sie nur eingeschränkt selbst beeinflussen können. Änderungen ergeben sich als Folge technologischer, infrastruktureller und ordnungspolitischer Entwicklungen.[35] Die Leistungsfähigkeit und Organisation der Verkehrsmittel des Hinterland- bzw. Seetransportes sowie die Leistungsfähigkeit der Hinterland- und Seeanbindung sind vom Hafen nicht direkt beeinflussbar, obwohl seine Wettbewerbsfähigkeit entscheidend von der Qualität der see- und landseitigen Verbindung abhängt.[36] Durch hafenseitige Maßnahmen sind im Verhältnis zur geographischen Lage und verkehrlichen Anbindung nur marginale Wettbewerbsvorteile zu erreichen, da sie bei Vorhandensein finanzieller Mittel in jedem Hafen in ähnlicher Form durchführbar sind. Nur Häfen mit einem überragenden geographischen Lageelement sind in der Transportkette schwer auszutauschen.

Wirtschaftlichkeit im Fährverkehr ergibt sich für die Häfen ähnlich der Situation der Reeder nicht aus der Ausweitung der Wertschöpfungsaktivitäten entlang der Transportkette, sondern durch Kostendegressionseffekte bei der Nutzung der Fährhafenanlagen durch Volumenbündelungen. Die rasante Steigerung von Umschlagleistung und -volumen gleicht gewissermaßen den Rollenverlust der Häfen aus.

Der Verlust an Wertschöpfung gilt vorwiegend für den Kurzstreckenfährverkehr, während die Häfen in der Abfertigung von Systemtransporten und unbegleiteten Trailern neue Aufgabenbereiche für sich erschließen konnten. So sind Fährhäfen im Forstproduktenbereich Ausgangspunkt für verkehrsgeographisch weiträumige logistische Aktivitäten geworden. Auch die Ansiedlung der für die Behandlung unbegleiteter Einheiten nötigen Servicestrukturen schafft Wertschöpfung und Beschäftigung im Hafen. Durch den Übergang der Häfen zu logistischen Dienstleistungs- und Distributionszentren kompensieren die Häfen den beim Übergang von der konventionellen Stückgutbehandlung zum kombinierten Ladungsverkehr entstandenen Wertschöpfungsverlust.

---

[35] Vgl. Stuchtey, Rolf W. (1991b), S. 7 ff.; Ordemann, Frank (1996), S. 85.
[36] Vgl. Schulz-Hanßen, Elke (1965), S. 104.

Chancen zur Ansiedlung von logistischen Dienstleistungen auf Basis von Fähr- und Ro/Ro-Verkehren ergeben sich im Ostseeraum bei:[37]

- der Veredlung und logistischen Behandlung von Holz- und Papierprodukten bzw. anderer ostseespezifischer Gutarten
- der weiträumigen Verteilung dieser Gütergruppen
- Neuwagenim- und -exporten (Umschlag und Behandlung von Fahrzeugen)
- der Behandlung großer Mengen von unbegleiteten Trailereinheiten
- der Ladungskontrolle
- Unterbringung, Gastronomie und Verkaufsmöglichkeiten sowie Serviceeinrichtungen für Fahrer
- Informationssystemen für Transportkunden (Reisebüros, Agenturen, Reedereibüros, Spediteure)
- Reparatur und Depots für Trailer und Container
- der Schiffsausrüstung.

3. Die funktionale Transportkette

3.1 Das landgebundene System

3.1.1 Distributionsstrukturen

3.1.1.1 Verkehrsarten

Tab. 15: Segmentierungsansätze für Güterverkehrsleistungen

Kriterium	**Kategorien**	
Produkt-Merkmale	unempfindlich, geringer Wert	wert- u. behandlungsintensiv, Spezialequipment nötig
Partie-Merkmale	Ladung, Teilladung, Stück-/Sammelgut	
zeitliche Merkmale	regelmäßig, nicht besonders eilig	unregelmäßig, Schnellverkehre, Termingarantien
geographische Merkmale (Relationsdistanzen, Verteilstruktur)	Fern-, Achsen-, Knotenpunktverkehre (national o. international)	Nah-, Flächen-, Sammel-, Verteilverkehre
Grad der logistischen Integration (transportverbundene Nebenleistungen)	reiner Transport	umfassende Logistikpakete, *just-in-time*-Konzepte

Quelle: Thaler, Stefan Ph. (1990a), S. 73

Stellt man auf die Sendungsgröße ab, lässt sich der Verkehr in Komplett- und Teilladungsverkehre unterteilen. Geographische Merkmale führen zur Unterscheidung in Sammel- und Verteilverkehre einerseits sowie Direktverkehre andererseits, die entweder direkt zwischen Aufkommens- und Verbrauchsort oder bei Nutzung von Terminalsystemen zwischen den Knotenpunkten verlaufen. Die Termingebundenheit der Ladung führt zur Unterscheidung in Termin- und Normalverkehre.

Nach der zeitlichen Kontinuität ist der Verkehr zwischen Kontinentaleuropa und Nordeuropa in Form von Bedarfs- sowie Linienverkehren organisiert.[38] Linienverkehr wird zu festgelegten Abfahrts- und Ankunftszeiten regelmäßig zwischen zwei bestimmten Punkten betrieben.

[37] Vgl. Lüsch, Jürgen u.a. (1993), S. 37-38.
[38] Larsson, Everth (1983), S. 102.

Eine Form des Linienverkehrs ist der Sammelgutverkehr. Gegenstand ist die Bündelung von vorwiegend unstetig anfallenden Einzelsendungen mehrerer Verlader sowie das Zusammenstellen größerer Wagenladungen.[39] Die Ladungen werden entweder durch ein Fahrzeug entlang der Fahrtstrecke oder in einem Speditionsterminal gesammelt und konsolidiert. Sammelgutverkehr verschafft auch kleineren Verladern mit geringem Sendungsvolumen die Möglichkeit, kostengünstig und mit einer hohen Frequenz ihre Absatzmärkte zu bedienen. Er ist andererseits aber durch die Anpassung an die logistischen Abläufe mehrerer Kunden und die daraus folgenden Kompromisslösungen schlechter in *just-in-time*-Systeme integrierbar als der Direktverkehr.[40]

Der Gelegenheitsverkehr kann als Komplettladung über Direktverkehr oder als Teilladung über Sammelgutverkehr transportiert werden. Komplettladungen sind größtenteils Punkt-Punkt-Verkehre vom Verlader zum Empfänger ohne die Zwischenschaltung von Speditionsterminals. Sie können sowohl stetig als auch unstetig anfallen. Komplettladungen sind oft Auto- und Maschinenteile, Holz- oder Papierprodukte, Chemikalien, Glasprodukte, Fischprodukte, sonstige Lebensmittel und Möbelteile.

3.1.1.2 Räumliche Marktabdeckung

Tab. 16: Räumliche Marktmodelle

Angebot / Nachfrage	räumlich konzentriert	räumlich gestreut
räumlich konzentriert	I Punkt-Punkt-Verkehre	II Sammelverkehre
räumlich gestreut	III Verteilverkehre	IV Flächenverkehre

Quelle: Ihde, Gösta B. (1991), S. 140

Tab. 17: Grundsysteme zur Bildung flächenbedienender Netze[41]

1. Das Rastersystem, das mit Punkt-zu-Punkt-Verbindungen gleichgesetzt werden kann. Hierbei sind alle Terminals oder auch Lade- und Empfangsort durch direkte Verkehre miteinander verbunden.
2. Das *hub-and-spoke-* bzw. Nabe-Speiche- oder Sternsystem. Hierbei sind die Terminals am Ende der Speichen (Speichen-Terminals) mit einem zentral gelegenen Naben-Terminal verbunden. Es bestehen neben Ein- auch Mehr-Naben-Systeme. In diesen sind auch die Naben-Terminals miteinander verbunden.

Das Rastersystem stimmt mit den direkten Verbindungen überein, während das Nabe-Speiche-System alle Verkehre zur Flächenbedienung abdeckt. Diese Grundsysteme können auch in Misch- oder Kombinationsformen auftreten.

[39] Vgl. Simon, Ralf-Peter (1993), S. 54.
[40] Vgl. z.B. Drechsler, Wolfgang (1988), S. 84.
[41] Vgl. Thaler, Stephan Ph. (1990a), S. 188-189; Drechsler, Wolfgang (1988), S. 83.

A. Direkte Verbindungen

Die einfachste Möglichkeit der Verbindung zwischen Empfänger und Versender besteht durch direkte Punkt-zu-Punkt-Verkehre. Dabei werden alle Punkte des Raumes miteinander verbunden. Direkte Verbindungen sind lieferzeitoptimal, aber nur bei ausreichender Auslastung wirtschaftlich zu betreiben.[42]

Tab. 18: Kennzeichnung direkter Verbindungen

Vorteile	Nachteile
• direkte Verbindungen sind die schnellsten und kürzesten • Vermeidung von Umschlagvorgängen • keine Zeitverluste durch Wartezeiten in den Terminals • keine Terminalkosten	• meist unzureichende Gütermengen für direkte Transporte • entweder geringe Auslastung oder niedrige Frequenz • bewirken entweder hohe Transportkosten oder niedrigen Servicegrad • Leerfahrten, wenn keine direkte Rückladung

Quelle: teilweise Übernahme aus Bonfanti, Giovanni (1998), S. 10

B. Terminalsysteme

Direkte Verbindungen können durch vorgelagerte Terminals ersetzt werden. Diese dienen der Be- und Entladung, Zwischenlagerung und Neukonsolidierung von Ladungen. Lagersysteme üben eine Funktion als Puffer im Material- und Warenflusssystem sowie als Auflösungs- und Zusammenstellort für Lade- und Transporteinheiten aus.[43]

Lagersysteme treten in verschiedenen Ausprägungen auf:[44]

1. als Vielterminalsystem mit Direktverkehr zwischen allen Terminals
2. als ein System mit einem Zentralterminal als Drehscheibe für alle Verkehre
3. als ein hierarchisches Vielterminalsystem, wobei das zentrale Terminal mit Gütern aus untergeordneten Terminals gespeist wird.

Die vertikale Distributionsstruktur bzw. räumliche Marktabdeckung wird im Wesentlichen durch die Anzahl der Lagerstufen bestimmt. Dabei kann in Werks-, Zentral-, Regional- sowie Auslieferungslager unterschieden werden.

---

[42] Vgl. Simon, Ralf-Peter (1993), S. 222.
[43] Vgl. Piontek, Jochem (1994), S. 102.
[44] Vgl. Buskhe, Håkan/Lumsden, Kenth (1994), S. 85.

Abb. 6: Alternative Distributionsstrukturen

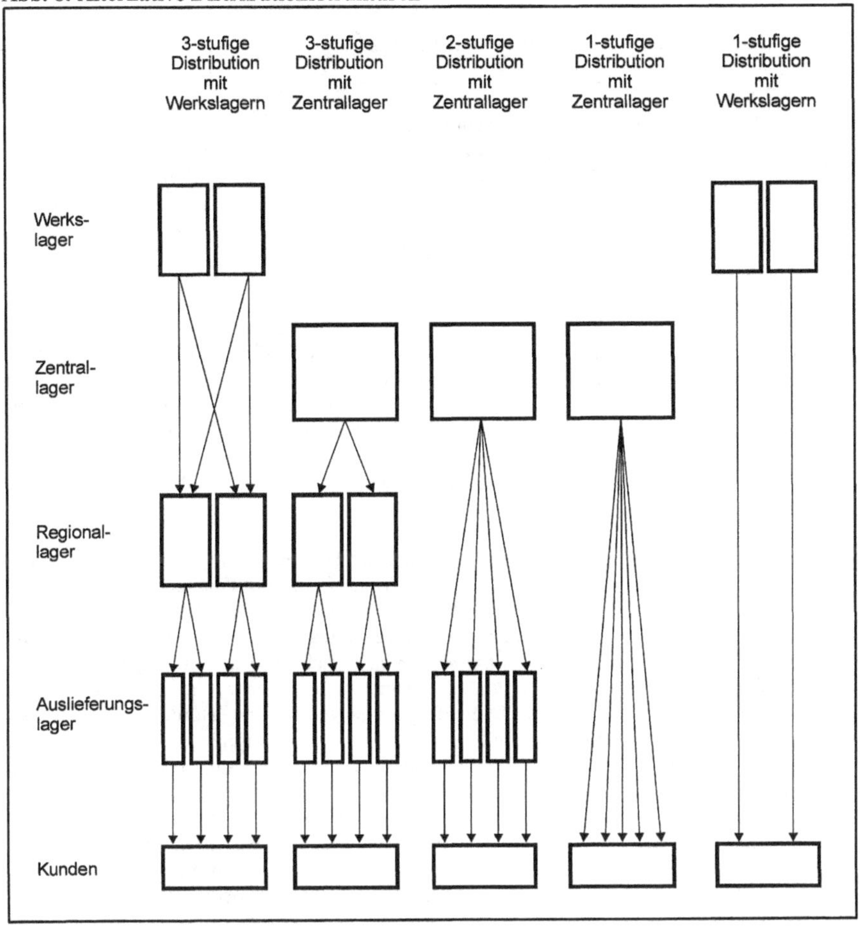

Quelle: Wildemann, H. (1998), S. 20

Vielterminalsysteme

Tab. 19: Kennzeichnung von Vielterminalsystemen[45]

Vorteile	Nachteile
• höhere Auslastungsgrade • höhere Frequenz möglich • Anzahl Leerfahrten wird verringert	• langsamere, weil nicht direkte Verbindung • Umwegfahrten notwendig • Beschädigungsgefahr durch Umschlagvorgänge • hohe Kapital- und Betriebskosten für das Terminal • Wartezeiten im Terminal, hervorgerufen durch komplettierende Ladung

Quelle: teilweise Übernahme aus Bonfanti, Giovanni (1998), S. 11-12

Einterminalsysteme

Im einstufigen *hub-and-spoke*-Konzept kann ein Terminal sowohl der Sammlung als auch der Verteilung der Güter dienen. *Hub-and-spoke*-Systeme suchen einen Kompromiss zwischen den Kostenvorteilen gebündelter Verkehre und einer dichten Flächenbedienung. In diesem System werden alle Verbindungen über ein zentrales Terminal geleitet, in dem die Güter sortiert, behandelt und je nach Verbindung neu zusammengestellt werden.[46] Dann wird der Hauptlauf zu den Speditionsterminals in der Empfängerregion durchgeführt. Von dort erfolgt die Verteilung zu den Empfängern.

Die Speditionsnetzwerke entwickeln sich im Zuge der Bildung eines gemeinsamen europäischen Marktes von einem überwiegend national hin zu einem großflächigen, europäisch ausgerichteten Netz. Die europaweite Ausrichtung der Distributionsaktivitäten führt tendenziell zu einer Zentralisierung der Lagerhaltung und Warenverteilung. Verbunden ist dies mit einer Reduktion von Knotenpunkten, d.h. Lagersystemen. Gleichzeitig ist eine engere geographische Anbindung der Lager- an die Produktionsorte zu beobachten, da die schrumpfenden Sendungsgrößen bei zugleich hohen Bedienfrequenzen diese Nähe erfordern. Die Verringerung der Anzahl der Knotenpunkte trägt zur Reduzierung der Umschlagvorgänge und Liegezeiten bei, verringert die Anzahl der Verbindungen und senkt die Kapital- und Betriebskosten des Terminals.[47] Zentralisierungstendenzen bei den Sammellagern erklären sich aus den Bündelungsmöglichkeiten kleiner Transportlose, die bei einer gleichbleibenden Sendungsfrequenz eine bessere Auslastung der Transportmittel und Umschlaganlagen ermöglichen.[48] Die Übertragung aller Distributionsaktivitäten großer internationaler Firmen auf externe Logistikanbieter macht die Konzentration auf wenige *hubs* möglich, da diese Logistikanbieter viele Kunden im Raum bedienen.

Tab. 20: Voraussetzungen für die Errichtung von Zentrallagern zur europaweiten Distribution

• zentrale geographische Lage in Europa in unmittelbarer Nähe zu den Produktions- bzw. Verbrauchsorten • ausgezeichnete verkehrsinfrastrukturelle Anbindung an verschiedene Verkehrsträger • Lage an der Schnittstelle verschiedener Verkehrsströme oder -korridore • Möglichkeiten zum Aufbau paariger Verkehre • mögliche Kombination von innereuropäischen mit interkontinentalen Verkehren

[45] Teilweise übernommen aus: Bonfanti, Giovanni (1998), S. 11-12.
[46] Teilweise übernommen aus: Bonfanti, Giovanni (1998), S. 6.
[47] Vgl. z.B. Cooper, James/Browne, Michael/Peters, Melvyn (1994), S. 57; Simon, Ralf-Peter (1993), S. 126-129; Drechsler, Wolfgang (1988), S. 57 ff.
[48] Drechsler, Wolfgang (1988), S. 62.

Bedingt durch die Überwindung von großen Entfernungen, ist die Bedienung Nordeuropas aus einem zentralen, in Mitteleuropa liegenden Terminal nur teilweise zu realisieren. Die Trennung Nordeuropas vom kontinentalen Europa durch die Ostsee lässt ein einstufiges *hub-and-spoke*-System nur in Ausnahmefällen zu. Einer produktionssynchronen Beschaffung und einer hohen Versorgungssicherheit in zeitlicher, qualitativer sowie quantitativer Hinsicht auch über längere Entfernungen sind ohne Puffer- und Lagersysteme gewisse Grenzen gesetzt. Im internationalen Verkehr zwischen Nord- und Kontinentaleuropa überwiegt daher ein Mehrterminalsystem.[49]

Die Liniendienste zwischen Deutschland und Schweden werden in der Regel mit Hilfe von zwischengeschalteten Terminals durchgeführt. Auf deutscher Seite sind viele dieser Terminals im Raum Hamburg angesiedelt, auf schwedischer Seite im Raum Helsingborg/Malmö oder Göteborg. Dort werden die Ladungen komplettiert oder zusammengefasst. ASG z.B. steuert die Kontinentverkehre vorrangig über die *hubs* in Helsingborg sowie Hamburg. Die deutsche ASG-Tochter handelte 1998 etwa 36.000 Sendungen von oder nach Skandinavien/Finnland. Ein weiteres Beispiel ist die österreichische Firma Fluckinger, die in Eskilstuna ein zentrales Auslieferungslager (insbesondere für Volvo) betreibt.

3.1.2 Ladeeinheiten in Fähr- und Ro/Ro-gebundenen Transportketten

Die Ladeeinheit ist die physische Zusammenfassung von homogenen oder heterogenen Gütern zu größeren Einheiten für die Dauer von Transportabläufen unter Zuhilfenahme geeigneter Lademittel.[50] Ladeeinheiten dienen der Aufnahme von Transportgütern und werden zur Ortsveränderung auf Fahrzeuge verladen. Dabei kann die Ladeeinheit identisch mit dem Transportmittel (Lkw, Waggon), aber auch vom Transportmittel trenn- und damit durch verschiedene Transportmittel beförderbar sein (Semitrailer, Wechselbrücke, Container).[51] Die Bildung von Ladeeinheiten wird durch Transporthilfsmittel wie Paletten, Lade- oder Rollpritschen erleichtert.[52]

Die Spezifität von Trailern oder Lkw-Ladeflächen lässt es zu, diese ebenfalls als Ladeeinheiten zu bezeichnen. Unterschiede zum Container bestehen in der Rollbarkeit sowie direkten Kopplungsmöglichkeit mit einer Antriebseinheit. Die Güterfahrzeuge des Straßenverkehrs werden im Allgemeinen in Kraftwagen und Anhänger unterschieden. Kombinationen zwischen beiden ergeben so genannte Züge. Kraftwagen gliedern sich in Lastkraftwagen (Vereinigung von Ladungsträger und Antriebseinheit in einem Fahrzeug; kombinierbar mit weiterem Anhänger) sowie Zugmaschinen (Antriebseinheit und Ladungsträger sind getrennt; nur in Verbindung mit Anhängern als Transportmittel einsetzbar). Anhänger wiederum werden unterteilt in den Sattelauflieger (bilden zusammen mit der einzelnen Zugmaschine einen Sattelzug) sowie den herkömmlichen Lkw-Anhänger (an Lkw gekoppelt und damit ein zusätzlicher Ladungsträger).[53]

---

[49] Buskhe, Håkan/Lumsden, Kenth (1994), S. 85.
[50] Ewers, Hans-Jürgen (1973), S. 43; vgl. auch Pfohl, Hans-Christian (1996), S. 148 ff.
[51] Vgl. Ewers, Hans-Jürgen (1973), S. 43.
[52] Vgl. Piontek, Jochem (1994), S. 97.
[53] Vgl. Schönknecht, Rolf/Lüsch, Jürgen/Biebig, Peter/Laue, Uwe (1985), S. 86-87.

Im Güterfähr- und Ro/Ro-Verkehr dominieren sechs Grundformen für die Bildung von Lade- und Transporteinheiten:[54]

- Eisenbahngüterwagen
- begleitete Straßenfahrzeuge (Lkw)
- unbegleitete Straßenfahrzeuge (Trailer)
- nicht selbstrollende, durchgehende Einheiten (Wechselbrücken und Container), die auf Schiffstrailern befördert werden
- spezielle Ro/Ro-Einheiten, die in den Häfen gebildet und aufgelöst werden (als technische Lösungen dominieren oft als MAFI bezeichnete Ro/Ro-Trailer und Kassetten)
- Neu- und Gebrauchtfahrzeuge.

Hinzu kommen die über die Sto/Ro-Technologie (rollende Be- und Entladung, aber Stauung der Güter für die Dauer des Seetransports) umgeschlagenen Einheiten.

Tab. 21: Vergleich der Lade- bzw. Transporteinheiten im Fähr- und Ro/Ro-Verkehr

	unbegleitete Einheit	**begleitete Einheit**	**Schiffstrailer**	**Kassette**	**Sto/Ro**	**Bahnwaggon**
Stauraumverlust	hoch	hoch	minimiert	minimiert	minimiert	hoch
Totlastanteil	hoch	hoch	gering	gering	gering	sehr hoch
Sicherungsaufwand	aufwendig	aufwendig	geringer	geringer	kein Laschen	aufwendig
Kapitalaufwand Transportbehälter	hoch	sehr hoch	gering	gering	gering	sehr hoch
Kapitalaufwand Schiff	hoch	hoch	hoch	hoch	hoch	sehr hoch
Umschlaggeschwindigkeit	schnell	sehr schnell	niedriger	niedriger	niedriger	schnell
Liegezeit	kurz	sehr kurz	länger	länger	länger	kurz
Beschädigungssicherheit des Umschlags	beschädigungssicher	beschädigungssicher	zweimaliges Anfassen der Ladung	zweimaliges Anfassen der Ladung	mehrmaliges Anfassen der Ladung	beschädigungssicher

Die im Fähr- und Ro/Ro-Verkehr gebräuchlichen Ladeeinheiten können auch als Binnentransportmittel bezeichnet werden. Nur speziell auf den Ro/Ro-Umschlag zugeschnittene Kassetten sowie Ro/Ro-Trailer dienen nicht als Binnentransportmittel. Im Fährverkehr bilden Lkw, Trailer bzw. Eisenbahnwaggons die gängigen Ladeeinheiten. Waggons werden entweder in durchgehenden Transportketten über See mit Hilfe von Eisenbahnfähren befördert oder dienen im gebrochenen Verkehr dazu, Trailer, Wechselbrücken und Container auf dem Landteil der Transportkette zu befördern. Sie sind dann nicht Transportbehälter im Seeverkehr.

Während die Trajektionszahlen begleiteter und unbegleiteter Einheiten des Straßengüterverkehrs kontinuierlich anwuchsen, verlor der Eisenbahngüterverkehr im Betrachtungszeitraum an Bedeutung. Die Verkehrszuwächse des letzten Jahrzehnts sind überwiegend vom Lkw aufgefangen worden. Vor allem der Lkw mit Sattelanhänger dominiert den Fährverkehr zwischen Deutschland und Schweden und weist weitere Steigerungsraten auf.

---

[54] Lüsch, Jürgen/Latki, Birger (1999), S. 166.

Abb. 7: Entwicklung des Lkw/Trailer- sowie Eisenbahngüteraufkommens im Fährverkehr der Kiel-Swinemünde-Range mit Schweden 1989-1999

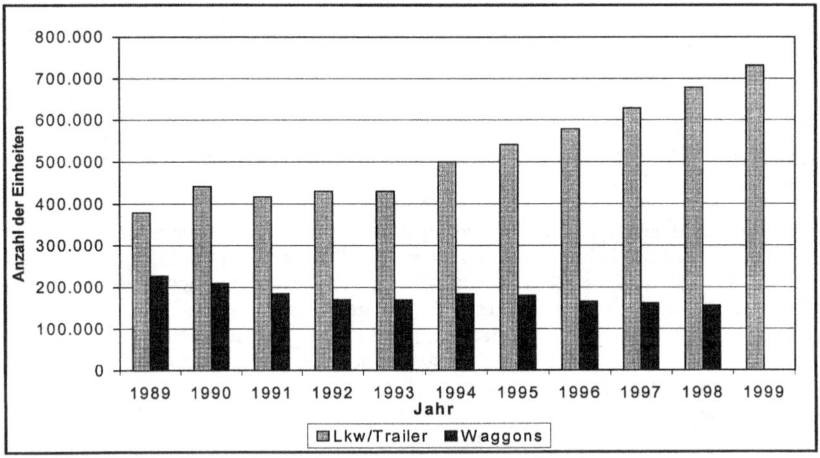

Quelle: Berechnungen auf Grundlage Cruise & Ferry Info (Halmstad)

Charakteristisch für die hochentwickelten Länder Mittel-, West- und Nordeuropas ist die große Anzahl von Verladestandorten, die zudem geographisch sehr weit verstreut liegen. Als Folge vertiefter Arbeitsteilung steigt die Anzahl der Quellen und Senken tendenziell an. Die Bedienung verstreut liegender Verladestandorte ist nur vom Lkw mit seinen guten Flächenbedienungseigenschaften sicherzustellen, während sich die Eisenbahn vorwiegend auf örtlich massenhaft auftretende Güter beschränken muss. Das Aufkommen an massenhaften Stückgütern sichert der Eisenbahn aber weiterhin einen beträchtlichen Marktanteil im Nordlandverkehr. Als eisenbahnaffine Güter sind vor allem Holz- und Papierprodukte, Stahl und Stahlprodukte sowie Düngemittel und Chemikalien zu nennen. Da die Produktion im Montanbereich und die Produktion massenhafter Stückgüter aber nur noch geringfügig zunehmen wird, kann dies nicht ohne Auswirkungen auf die Stellung der Bahn bleiben. Der Überschuss an eisenbahnaffinen Gütergruppen in südlicher Transportrichtung bedingt zudem einen hohen Leerwaggonanteil im nordgehenden Verkehr, während der Austausch hochwertiger, Lkw-affiner Güter relativ ausgeglichen erfolgt.

Der Lkw ist in der Lage, die Anforderungen der Industrie nach garantierten Qualitätsmerkmalen wie Schnelligkeit, Zuverlässigkeit, Beschädigungssicherheit und Flächenbedienung zu erfüllen und hat sich vor allem in solche Transportbereiche hinein entwickelt, die von Wachstum gekennzeichnet sind. Weiterhin passt er sich in seiner Transportbehältergröße optimal an tendenziell kleiner werdende Sendungsgrößen an. Flexibilitätsvorteile des Straßengüterverkehrs bestehen damit in räumlicher, kapazitiver, zeitlicher und produktspezifischer Hinsicht.[55]

[55] Engel, Michael (1996), S. 198.

Der Lkw wird begünstigt durch:

- den Güterstruktureffekt, d.h. die Verschiebung im Güteraufkommen von den geringwertigen und in großen Partien transportierten Massengütern zu den hochwertigen und in kleinen Partien anfallenden Fertig- und Halbfertigerzeugnissen
- den Logistikeffekt, d.h. der Umsetzung moderner logistischer Konzeptionen in Industrie und Handel, die auf der effizienten Ausgestaltung der logistischen Abläufe beruhen und dabei auf die Vorteile des Lkw angewiesen sind, da dieser in der Summe seiner Qualitätseigenschaften den Marktbedingungen und -anforderungen besser als andere Verkehrsträger entspricht.[56]

Die Bahn ist nur eingeschränkt in der Lage, zeitkritische Waren in geringer Einzelsendungsgröße flächendeckend in hoher Frequenz zu verteilen. Die Nachteile der Eisenbahn bestehen in hohen Verteilkosten, einer ungenügenden Flächenbedienung sowie einer niedrig ausgeprägten Flexibilität[57] und beruhen z.B. auf den personalkosten- und zeitintensiven Zugbildungs- und Zugauflösungsprozessen. Die Bahn verfügt, ableitbar aus ihrem Verkehrswertigkeitsprofil,[58] über Vorteile bei großen Gütermengen, die die Zusammenstellung von zielreinen Direktzügen über eine möglichst lange Distanz ermöglichen. Andererseits sind aber gerade die grenzüberschreitenden Verkehre mit Problemen behaftet. Die fehlende technische und organisatorische Kompatibilität der national organisierten europäischen Bahnen erweist sich als Haupthindernis für die Ausspielung der der Bahn innewohnenden Vorteile. Da im Eisenbahnfährverkehr nur die Lade- ohne die Antriebseinheit trajektiert wird, haben unterschiedliche Stromsysteme im grenzüberschreitenden Verkehr keinen Einfluss. Die Wettbewerbsfähigkeit des Systems Schiene wird jedoch durch Unterschiede in den Grundparametern Spurbreite, Kupplung, Bremsen, Lichtraumbegrenzungslinie oder Sicherungssysteme beeinträchtigt.[59] Diese Unterschiede erfordern kostenintensive technologische Speziallösungen wie Radspurwechsel oder die Doppelfunktionalität des Eisenbahnequipments. Feste Querungen werden zukünftig dafür sorgen, dass die Bedeutung der Eisenbahn für den Fährverkehr weiter abnehmen wird.

Intelligente Lösungen zur Verknüpfung der Qualitätsvorteile von Straße und Schienenverkehr sind z.B. Kombi- und Huckepackverkehre. Der Wechsel zwischen verschiedenen Transportmitteln erfolgt dabei ohne Auflösung der Ladeeinheit. Von Bedeutung für den Fährverkehr ist insbesondere der Kombinierte Verkehr zum Transport von Sattelanhängern (weniger von Wechselbrücken und Containern). Teilweise werden die Transporte im Fährhafen gebrochen, d.h. die Sattelanhänger werden im Fährhafen vom Zug entladen und an Bord der Fähre gezogen. Im Bestimmungshafen wird der Sattelanhänger oder Trailer mit einem Kombizug weiterbefördert bzw. erreicht sein Ziel auf der Straße. Damit können Fährhäfen eine Drehscheibenfunktion für unbegleitete Einheiten übernehmen. Die „Rollende Landstraße" zum Transport ganzer Lastzüge spielt für den Fährverkehr nur eine untergeordnete Rolle.

Die Nutzung des Kombinierten Verkehrs (KLV) setzt zeitlich und volumenmäßig relativ stetige Güterströme über eine gewisse Entfernung (> 600 km) voraus. Gegeben sind diese Voraussetzungen z.B. bei den Zulieferungen für den Automobilbau und die holzverarbeitende Industrie (Fertighausproduktion, Möbelindustrie). Für Sammelgutverkehr ist der KLV dagegen nicht geeignet. Auch Spezialverkehre weisen keine Affinität zum kombinierten Verkehr auf,

---

[56] Aberle, Gerd (1996), S. 83-85; vgl. auch Engel, Michael (1996), S. 195.
[57] Vgl. z.B. Engel, Michael (1996), S. 199 f.
[58] Voigt, Fritz (1973), Bd. 1, 1. Hälfte, S. 73 sowie 108-147, entwickelte das Verfahren des Vergleichs von Verkehrsaffinitäten (Anforderungen des Kunden) und Verkehrswertigkeiten (Merkmale des Transportangebotes).
[59] Vgl. Laeger, Joachim (1995), S. 54-56.

da Spezialfahrzeuge beschädigungsgefährdet bzw. nicht KLV-kompatibel sind. Bei Spezialverkehren wird versucht, das teure Equipment möglichst unter eigener Kontrolle zu halten.

Tab. 22: Systemeigenschaften der Verkehrsträger im Vergleich

Transportart	Vorteile	Nachteile
Straßengüterverkehr	• hohe zeitliche, güterbezogene und örtliche Flexibilität • weitgehende Anpassung an Produktions- und Verladerhythmen von Industrie und Handel • gute Flächenbedienung • Kosten- und Zeitvorteile im Nah- und Flächenverkehr • gute Einordnung in Haus-Haus- sowie *just-in-time*-Verkehre	• kapazitive Überlastung der Infrastruktur zu Spitzenzeiten • Sonntagsfahrverbote • geringe Massenleistungsfähigkeit
Schienengüterverkehr	• gute Zeitplanung durch Fahrpläne • Kostenvorteile im Langstrecken- und Direktverkehr • hohe Einzelladungsgewichte • hohe Massenleistungsfähigkeit • keine Sonntagsfahrverbote • relativ sichere Transportdurchführung	• technologische und organisatorische Hemmnisse im grenzüberschreitenden Verkehr • schlechte Flächenbedienung • an hohe Ladungsbündelung gebunden • Kapazitäten für Übernahme zusätzlicher Güter nicht vorhanden • geringere Schnelligkeit und Flexibilität • ohne zwischengeschaltete Lagersysteme keine Einbindung in *just-in-time*-Konzepte möglich • Kapazitätsengpässe auf Haupttrassen • schwerfällige Organisationsstruktur durch Großunternehmen und unzureichenden Marktzugang für Wettbewerber
Kombinierter Verkehr	• Verbindung von spezifischen Stärken unterschiedlicher Verkehrsträger • Überwindung von Teilstrecken mit dem geeignetsten Verkehrsträger	• zusätzliche Umschlagvorgänge • zusätzliche Investitionen in Umschlag- und Transportequipment • Wartezeiten durch Bindung an die Zugfahrpläne • nicht alle Transportbehälter sind kombifähig • Einbindung in *just-in-time*-Konzepte schwierig

Tab. 23: Anteil der Transporteinheiten am Kontinentaleuropaverkehr von Scansped (BTL) 1993

Transporteinheit	Anteil am Verkehr
Trailer (Sattelschlepper)	66,8 %
Gliederzug	31,2 %
Wechselbrücken	0,9 %
20`-Container	0,5 %
40`-Container	0,3 %
Eisenbahn, zweiachsig	0,1 %
Eisenbahn, vierachsig	0,2 %
Gesamt	100 %

Quelle: Buskhe, Håkan/Lumsden, Kenth (1994), Bilaga 2.6

Die Existenz vieler Transportbehältersysteme im innereuropäischen Verkehr begünstigt die dominante Rolle des Ro/Ro-Systems. Der Container bildet im innereuropäischen Verkehr keine ideale technologische und kostenmäßige Lösung. Trailer verdanken ihre Bedeutung in der Fähr- und Ro/Ro-Schifffahrt der Verbreitung im innereuropäischen Verkehr ebenso wie der Kompatibilität zum Ro/Ro-Umschlag und dem geringeren technischen Aufwand an den

Ladestellen.[60] Die Vielzahl unterschiedlicher Transportbehälter erschwert aber auch eine durchgreifende technologische Anpassung bezüglich Abmessungen zwischen Palette, Transportbehälter, Verpackungen, Häfen, Umschlaganlagen und Schiff.

3.2 Das seegebundene System

3.2.1 Schiffe

Die so genannte Roll-on/Roll-off-Technologie, d.h. das horizontale Umschlagverfahren, ist die gegenwärtige Grundlage des Fähr- und Ro/Ro-Verkehrs. Als Roll-on/Roll-off-Schiffe werden alle Seeschiffe bezeichnet, bei denen der Umschlag zwischen Kai und Schiff horizontal auf Rädern rollend erfolgt.[61] Die Transportmittel bzw. Ladeeinheiten erreichen die Schiffsdecks selbstfahrend bzw. gezogen/geschoben, wobei nicht rollbare Einheiten wie Container und Wechselbrücken bzw. Papierballen für den Vorgang der Be- und Entladung bzw. der gesamten Überfahrt mit Hilfe von Schiffstrailern oder Kassetten in einen rollbaren Zustand versetzt werden.[62] Höhenunterschiede zwischen der Aufstellfläche im Hafengelände und der Deckstellfläche werden durch Fährbrücke, Rampen oder Lifte überwunden. Mit diesem System sind maximale Umschlagleistungen ohne die Festlegung geometrisch streng normierter Ladungseinheiten möglich.[63]

Bachmann unterscheidet vier Grundtypen von Fähren:[64]

1. Kraftfahrzeugfähre
2. Güterfähre
3. Eisenbahnfähre
4. Personenfähre.

Auf diesen Grundtypen bauen alle existierenden Fährschiffarten auf. In der Fährschifffahrt werden Schiffe vor allem als Mischtypen eingesetzt, um Synergieeffekte zu erzielen, das Auslastungsrisiko zu minimieren und das ökonomische Interesse des Reeders nach zusätzlichen Nutzungsmöglichkeiten und Einnahmequellen zu befriedigen. Nach der praktischen Ausprägung lassen sich Fährsysteme u.a. einteilen in:

1. reine Eisenbahnfähren (früher DanLink, Railship sowie Mukran-Klaipeda)
2. Eisenbahn-/Kraftfahrzeugfähren (Hansa-Ferry: Saßnitz/Rostock-Trelleborg, Unity Line: Swinemünde-Ystad) in Kombination mit Passagieren
3. Fähren zur Beförderung von Pkw, Lkw und Trailern (TT: Travemünde/Rostock-Trelleborg; Stena: Kiel/Frederikshavn-Göteborg) in Kombination mit Passagieren
4. reine Lkw/Trailerfähren (Nordö: Travemünde-Malmö, Stena: Travemünde-Göteborg)
5. Ro/Ro-Güterfähren (Finnlines, Transfennica)
6. Ro/Ro-Güterfähren mit Passagieranteil (Finnlines: Lübeck-Helsinki)
7. Sonderformen von Ro/Ro-Güterfähren (reine Papiertransporter, Autotransporter)
8. Personenfähren für Pkw mit geringem Lkw-Anteil (Bornholm- sowie Gotland-Fähren)
9. reine Personenfähren (z.B. auf dem Øresund).

---

[60] Vgl. z.B. Buskhe, Håkan/Lumsden, Kenth (1994), S. 47.
[61] Schönknecht, Rolf/Laue, Uwe (1987/1988), Bd. 1, S. 107; Muttilainen, Harri (1991), S. 10.
[62] Schönknecht, Rolf/Laue, Uwe (1987/1988), Bd. 1, S. 115.
[63] Linde, Horst (1986), S. 98.
[64] Bachmann, Henning (1968), S. 11; die Gliederung überzeugt in ihrer Systematik nicht vollständig.

A. Kraftfahrzeugfähren

Kraftfahrzeugfähren dienen dem Übersetzen von Transportmitteln des Straßenverkehrs. Ursprünglich für den Eisenbahnverkehr (Fracht und Passagier) entstanden, wurden später der motorisierte Personenverkehr und erst dann das Frachtsegment in den Fährverkehr integriert. Diese Entwicklung führte zur Entstehung der so genannten Kombinationsfähren für den Transport von Fahrzeugen des Personen- sowie des Straßengüterverkehrs. Unterschiedliche Ausprägungen ergeben sich aus dem Grad der Güter- bzw. Passagierorientierung der Schiffe.

Fährschiffe für die kombinierte Beförderung von Fracht und Passagier werden vorwiegend im Kurz- oder Mittelstreckenbereich eingesetzt. Nur in Ausnahmefällen oder aus geographischen Besonderheiten heraus (Finnland) akzeptiert der (transportorientierte) Passagier eine längere Seestrecke.

B. Güterfähren

Über längere und mittlere Strecken werden die kombinierten Fähren teilweise durch reine Frachtdienste ergänzt, die z.B. optimal auf den unbegleiteten Verkehr sowie auf den Transport gefährlicher Güter ausgerichtet sind.[65] Hinzu kommen Frachtlinien, die aus der Umstellung der konventionellen Schifffahrt auf die Ro/Ro-Technologie entstanden sind. Die Ro/Ro- bzw. Güterfähren werden beispielsweise von *Schönknecht/Laue* folgendermaßen eingeteilt:[66]

1. Trailerschiffe für den Transport von Last- und Sattelzügen mit oder ohne Zugmaschinen
2. Ro/Ro-Frachtschiffe für alle Arten von Stückgütern einschließlich Fahrzeuge und Container
3. Autotransporter für die Verschiffung von Pkw, Bussen oder sonstigen Nutzfahrzeugen
4. kombinierte Ro/Ro-Frachtschiffe.

Der Unterschied zwischen den Ro/Ro- und den Trailerschiffen besteht in der Ladungsstruktur. Während Trailerschiffe Transporteinheiten des Straßengüterverkehrs befördern, sind Ro/Ro-Frachtschiffe auch zum Transport von Stückgütern und Ro/Ro-affiner Ladung aller Art geeignet. Sie unterscheiden sich v.a. in der Laderaumgestaltung und der Deckshöhe.[67] Konventionelle Stückgüter oder Container werden auf Rollplattformen gestapelt und durch Zugmaschinen an Bord gerollt.[68] Transportieren die Ro/Ro-Frachtschiffe gleichzeitig auch Trailer oder sonstige Straßenfahrzeuge, werden sie als kombinierte Ro/Ro-Frachtschiffe bezeichnet.

Für den Transport von speziellen Gütergruppen wie z.B. Papier bestehen weitere Beladetechnologien. Das so genannte Sto/Ro(*Stowable*-Ro/Ro)-System beinhaltet die rollende Beladung der Schiffe, wobei die Güter aber während der Überfahrt als Rollen abgestellt oder auf Paletten gestaut oder sogar gestapelt werden. Die Beladung erfolgt mit gabelstaplerähnlichen Terminalfahrzeugen bzw. Zugmitteln. Eine weitere Methode ist die Beladung über Seitenpforten und die anschließende Verteilung der Ladung mittels Liftsystemen und Gabelstaplern.[69] Ursprünglich für den ausschließlichen Transport von Papier gedacht und eingesetzt, werden diese Schiffe mittlerweile zur besseren Auslastung auch für den Transport von Straßentrailern konzipiert.

---

[65] Vgl. Charlier, Jacques J. (1989), S. 233-234.
[66] Vgl. Schönknecht, Rolf/Laue, Uwe (1987/1988), Bd. 1, S. 109.
[67] Vgl. Schönknecht, Rolf/Laue, Uwe (1987/1988), Bd. 1, S. 110.
[68] Vgl. Schönknecht, Rolf/Laue, Uwe (1987/1988), Bd. 1, S. 115 ff.
[69] Vgl. Muttilainen, Harri (1991), S. 20 ff.; Schönknecht, Rolf/Laue, Uwe (1987/1988), Bd. 1, S. 115.

Muttilainen teilt reine Gütersysteme in drei Gruppen ein:[70]

1. *pures Ro/Ro-System*: Die Verladung der grundsätzlich rollenden bzw. rollbar gemachten Transporteinheiten erfolgt selbstfahrend bzw. mit Hilfe von Zugmaschinen o.ä. Bei rollbar gemachten Einheiten verbleibt der rollbare Untersatz (Rolltrailer, Kassetten) während der Überfahrt an Bord.
2. *unit/block-Sto/Ro*: Die Beladung mit Containern, Kassetten, Rolltrailern erfolgt rollend, wobei die rollbaren Untersätze nur für die Beladung eingesetzt werden und während der Überfahrt nicht an Bord verbleiben.
3. *neobulk-Sto/Ro*: Neobulk-Produkte wie Papierrollen oder Stahlprodukte werden mit Hilfe von rollenden Hilfsmitteln verladen, ohne selbst rollbar zu sein oder auf rollenden Einheiten gepackt zu sein. Dazu dienen z.B. Seitlader und Gabelstapler.

C. Eisenbahnfähren

Eisenbahnfährschiffe befördern auf mit Gleisen ausgelegten Decks Personen- und/oder Güterwaggons zwischen zwei als Fährhäfen ausgelegten Eisenbahnendpunkten.[71] Der größte Unterschied zwischen einer Eisenbahnfähre sowie einem normalen Ro/Ro-Schiff besteht darin, dass die Zugangsrampe zum Schiffsdeck sich generell nicht schiffs-, sondern hafenseitig befindet. Der Grund liegt in der erforderlichen Dimension und Größe der Rampe, die eine schiffsseitige Anbringung nicht erlaubt bzw. ökonomisch nicht sinnvoll erscheinen lässt.[72]

Tab. 24: Klassifizierungsmöglichkeiten von Eisenbahnfähren

• Anzahl der Decks
• Anzahl der Gleise
• verfügbare Gleislänge
• Art und Richtung der Beladung
• Trajektierungsmöglichkeiten auch für alternative Transportobjekte

Quelle: vgl. Hader, Arnulf/Meier, Günther (1986), S. 88-89; Meier, Günther (1991), S. 159 ff.

Die Ladekapazität einer Eisenbahnfähre ist abhängig von der Anzahl und der Länge der Gleise. Die Entwicklung der Eisenbahnfähren ist gekennzeichnet durch das Wachstum der verfügbaren Gleislänge, die zunehmende Gleisanzahl sowie die Beförderung von Eisenbahnwaggons auf mehreren Decks. Auf Kurzstrecken erfolgt der Eisenbahntransport vorwiegend auf einem Deck, da die kurzen Hafenliegezeiten zur Aufrechterhaltung eines hochfrequenten Dienstes nicht für eine vertikale Verteilung der Waggons auf weitere Decks ausreichen.[73]

Eisenbahnfähren werden überwiegend als Fähren für den kombinierten Transport von Personen sowie Schienen- und Straßenfahrzeugen ausgelegt. Die Beförderung der Eisenbahnwaggons erfolgt im Hauptdeck, das über eine gerade Rampe eine Landverbindung erhält. Die Eisenbahndecks erfordern für die gleichzeitige Nutzung als Eisenbahn- und Trailerdeck gewisse bauliche Anpassungen. Dazu zählen vor allem ausgefluhrte Gleise. Erschwert wird eine alternative Nutzung der Eisenbahndecks durch die in der Regel nur einseitige Zugänglichkeit sowie fehlende Wendemöglichkeiten. Aus diesem Grunde werden nur Teilkapazitäten des Schienendecks mit Trailern beladen.

---

[70] Vgl. Muttilainen, Harri (1991), S. 26.
[71] Schönknecht, Rolf/Laue, Uwe (1987/1988), Bd. 2, S. 27.
[72] Vgl. Spalatin, G. (1986), S. 1.
[73] Vgl. Hader, Arnulf/Meier, Günther (1986), S. 88-89.

Neue Eisenbahngüterfährlinien, ermöglicht durch neue technologische Möglichkeiten der Schiffbauindustrie, entstanden in den 70er und 80er Jahren. Der Bau von Mehrdeckschiffen sowie effektivere Verlademöglichkeiten (Mehrdeckrampen, Lifte) führten zu einer Verbesserung der Wirtschaftlichkeit von Eisenbahnfährsystemen, einer Erhöhung der Beförderungskapazität und zur Einführung von eisenbahntragenden Fähren auch auf längeren Strecken (Railship, Mukran-Klaipeda).[74] Weitere Linien wurden 1986 zwischen Helsingborg und Kopenhagen zur Beschleunigung des Eisenbahntransits durch Dänemark (als gemeinsames Projekt der Bahnen Deutschlands, Schwedens und Dänemarks), zwischen Göteborg und Frederikshavn (Stena) sowie 1987 zwischen Malmö und Travemünde (Nordö) eröffnet. Gleichzeitig sorgten neue Schiffe für erweiterte Übersetzkapazitäten bei Railship, auf der Königslinie sowie zwischen Ystad und Swinemünde. Auch zwischen Schweden und Finnland wurde der Eisenbahnfährverkehr wieder aufgenommen. Ursächlich für diese Entwicklung war vor allem der Einbruch der Eisenbahn in bisher von der Küstenschifffahrt gehaltene Transportmarktsegmente.[75] Die Entwicklung zugunsten der Eisenbahnfähren ging also keineswegs zu Lasten der Kraftfahrzeugfähren, sondern traf vorrangig die konventionelle Schifffahrt. In den 90er Jahren hat sich dieser Trend aber wieder abgeschwächt. Dies führte zur Einstellung von Eisenbahnfährdiensten bzw. zur Umwandlung reiner Eisenbahntrajektionsdienste in kombinierte Dienste (Railship, Mukran-Klaipeda).

D. *Personenfähren*

Über Passagierbeförderungselemente verfügen fast alle Fähren. Fähren mit überwiegender Passagierbeförderungsfunktion sind z.B. die Bornholm-Fähren oder die „Finnjet". Diese Fähren sind aber auch zur Mitnahme von Pkw und Lkw ausgelegt. Überwiegend der Passagierbeförderung (inklusive Pkw) dienen die auf der Ostsee im Einsatz befindlichen Schnellfähren. Reine Passagierfähren ohne Ro/Ro-Funktion sind relativ selten, existieren aber beispielsweise auf dem Øresund.

Passagierschifffahrt ohne Nutzung des Ro/Ro-Verladeprinzips kann der Fährschifffahrt zugerechnet werden, wenn folgende Punkte erfüllt sind:

- die Fahrt erfolgt zum Übersetzen von Personen über ein Wasserhindernis
- die Verzahnung und Abstimmung mit anderen Verkehrsarten ist gegeben; es besteht Anschluss zu anderen Verkehrsträgern (Eisenbahn, Flugzeug, Bus); diese übernehmen eine Zubringer- bzw. Weiterbeförderungsfunktion
- das Übersetzen bleibt nicht einzige Ortsveränderung der Passagiere, sondern ist nur Voraussetzung zur Weiterbeförderung
- der Schiffseinsatz erfolgt in küstennahen Gewässern mit an den Seeraum angepassten Schiffen.

Nicht zum Fährverkehr zählen Ausflugs- und Kreuzfahrtverkehre, weil hier nicht die Überwindung eines Verkehrshindernisses auf einer Teilstrecke des Gesamttransportes im Vordergrund steht. Das schließt nicht aus, dass bestimmte Passagiersegmente die Fährüberfahrt als Ausflugsfahrt ansehen.

---

[74] Vgl. Hader, Arnulf/Meier, Günther (1986), S. 10.
[75] Vgl. Lorenzen, Uwe (1987), S. 33 ff.

3.2.2 Gestaltung der Schiffe

Die Wahl des richtigen Schiffsmaterials ist Grundlage für den Geschäftserfolg der Linie. Die Gestaltung des Schiffes beinhaltet die Verladetechnologie, die Geschwindigkeit, die Umschlageigenschaften, die Manövrierfähigkeit sowie die Kapazitätsaufteilung zwischen Fracht und Passagiersegmenten und beeinflusst damit wesentlich die Produktivität sowie die Servicequalität, aber auch die Kostenstruktur des Dienstes.

Die Kapazität eines Dienstes ist beschrieben als Kombination von schiffs- und streckenbezogenen Komponenten.[76] Die traditionelle Art zur Steigerung der Schiffsproduktivität und zur Kostensenkung pro transportierte Einheit stellt die Kapazitätsvergrößerung über ein Schiffsgrößenwachstum dar. Dies vermeidet die Notwendigkeit, zur Kapazitätsanpassung die Anzahl der Schiffe zu erhöhen. Fährreeder profitieren vom Einsatz größerer Schiffe auch dadurch, dass ein Teil der Anpassungsaufwendungen in den Häfen in Form von Stellflächen und Hafenzufahrten von der öffentlichen Hand getragen wird.

Grenzen sind dem Größenwachstum immer dann gesetzt, wenn die wirtschaftlichen Vorteile großer Einheiten die Anpassungsaufwendungen in den Häfen nicht rechtfertigen bzw. die Servicequalität der Linie in Bezug auf die Abfahrtsfrequenz nicht den Anforderungen der Kunden entspricht. Eine Erhöhung der Transportkapazität ohne adäquate Verbesserung der Umschlagtechnologie bedeutet eine Verlängerung der Ladungssammlungs- und Umschlagzeit. Besonders auf kurzen Strecken verursachen große Kapazitätseinheiten im Verhältnis zur Rundlaufzeit übermäßig lange Hafenliegezeiten und führen damit zu einer nicht optimalen Ausschöpfung der Schiffsproduktivitätspotentiale. Große Kapazitätseinheiten benötigen neben den seeseitigen Voraussetzungen flächen- und längenmäßig sehr große Aufstellflächen. Damit verschlechtern sich bei nicht adäquat verbesserter Umschlagtechnologie die Hafen-/Seezeiten-Verhältnisse ebenso wie die Flächenproduktivität des Terminalgeländes.

Weitere Möglichkeiten zur Kapazitätsvergrößerung bestehen einerseits in der Erhöhung der Schiffsgeschwindigkeit sowie in der Verringerung der Hafenliegezeit über eine Verbesserung der Umschlageigenschaften,[77] andererseits in der Verbesserung des Verhältnisses zwischen unproduktiver und produktiver Einsatzzeit, z.B. der Verringerung der Reparatur- und sonstiger Ausfallzeiten.

Eine Kapazitätsflexibilisierung kann erreicht werden durch die Vorhaltung von Reservefähren, die nur in Stoßzeiten oder bei Schiffsausfällen zum Einsatz kommen bzw. durch die Ausrichtung der Kapazitäten auf den Spitzenbedarf. Beide Möglichkeiten sind mit einem hohen Kapitaleinsatz verbunden. Eine weitere Option liegt in der Erhöhung der Abfahrtsfrequenz. Dies ist nur möglich bei einer entsprechenden Geschwindigkeitsreserve des Schiffes, die sich in eine Frequenzerhöhung umsetzen lässt und ist weiterhin abhängig von den Gegebenheiten der Linie, wie Seestreckenlänge und Aufkommensmix, aber auch Maschinenleistung und Umschlageigenschaften des Schiffes. Die Erhöhung der Schiffsgeschwindigkeit ist nicht nur durch den erhöhten Treibstoffverbrauch, sondern auch durch größere und damit teurere und platzverbrauchende Maschinenanlagen kostenintensiv. Die Verringerung der Hafenliegezeiten durch schnelleren Umschlag hat gegenüber der Erhöhung der Schiffsgeschwindigkeit zudem einen doppelten Effekt durch die Zeiteinsparungen in beiden Anlaufhäfen.

Die Parameter der Schiffe sind das Ergebnis zum Ersten der Bestrebungen des Reeders, aus Transportkostengründen möglichst große Schiffe einzusetzen, zum Zweiten der größenmäßi-

[76] Vgl. z.B. Näreskog, Johan/Rydbergh, Torbjörn/Sjöbris, Anders (1997), S. 26.
[77] Vgl. Laine, Jouni (1993), S. 250; Schirach-Szmigiel, Christopher von (1979), S. 183 ff.

gen Limitationen der Zufahrts- und Hafenbedingungen sowie zum Dritten der Kundenwünsche bezüglich der Abfahrtsfrequenz.[78] Die Linienoptimierung ist immer ein Kompromiss zwischen kundenorientierter Servicequalität, ausgedrückt in einer hohen Abfahrtsfrequenz und betriebsorientierter Kostenminimierung, ausgedrückt in niedrigen Kosten pro trajektierter Einheit.[79] Unter optimaler Linienkapazität kann laut *Schmitt* die wirtschaftliche Transportkapazität eines Schiffes, das entsprechend den speziellen Anforderungen und Gegebenheiten bezüglich solcher Komponenten wie Zusammensetzung der Nachfrage, Fahrtgebietsrestriktionen, Fahrplan, Flottengröße usw. der zu befahrenden Linie zugeschnitten ist, verstanden werden.[80]

Abb. 8: Bestimmungsfaktoren für die Kapazitätsoptimierung einer Fährlinie

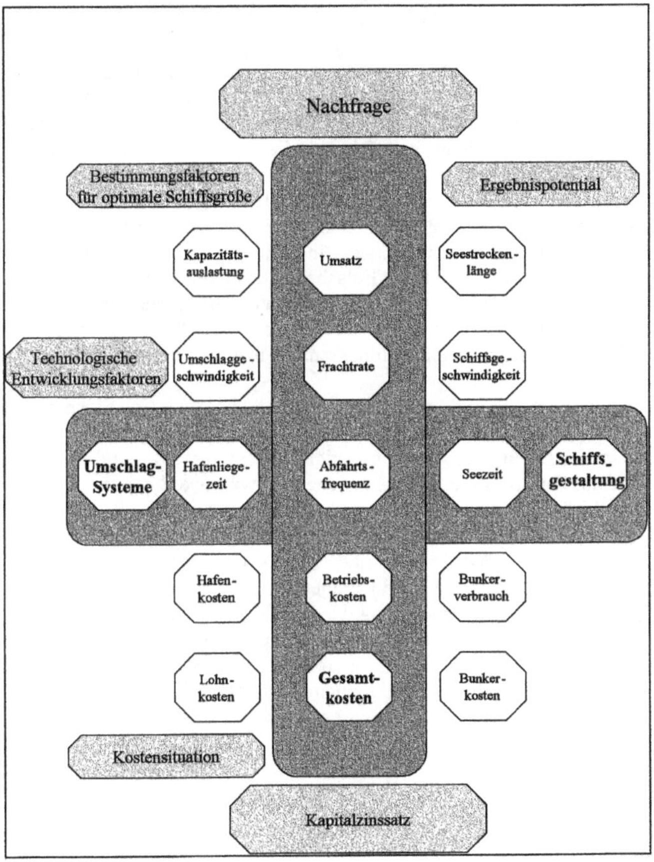

Quelle: Anlehnung an Laine, Jouni (1993), S. 262

[78] Lüsch, Jürgen (1993), S. 47-48.
[79] Vgl. z.B. Laine, Jouni (1993), S. 259.
[80] Schmitt, Wilhelm M. (1981), S. 50-51.

Die Besonderheiten des Leistungserstellungsprozesses im Fährverkehr stellen die Reeder vor komplexe Planungs- und Optimierungsaufgaben. Dies betrifft insbesondere den Fahrplan sowie die Kapazitätsdimensionierung und -einteilung. Bei einem Mittelstreckenfährsystem von Morgen- und Abendabfahrt mit zwei Schiffen besteht das Problem der unterschiedlichen Ansprüche an die Gestaltung des Schiffes in Abhängigkeit von der Abfahrtszeit. Beide Schiffe müssen in der Lage sein, die tageszeitlich unterschiedlich strukturierte Nachfrage abzudecken.[81] Ein Nachteil der Übernachtfähren ist, dass sich die Nachfragestruktur während der Tagesabfahrt wesentlich von der Nachfragestruktur der Abendabfahrt mit ihrem Bedarf an Kabinen unterscheidet, die Nachfrage aber mit einem identischen Produkt befriedigt werden soll. Bei frachtorientierten Konzepten ist dieses Problem weniger stark ausgeprägt. Gleichartige Schiffe sind für die Betriebsorganisation und den flexiblen Flotteneinsatz im Falle von Ausfällen vorteilhaft. Sie erleichtern die Kapazitätseinsatzplanung und die Vermarktung der Linie.

Besondere Anforderungen an das Schiffssystem ergeben sich aus der Fahrplangebundenheit. Die Schiffsgeschwindigkeit richtet sich in der Regel an den Fahrplanvorgaben des Systems aus. Aus den technischen und ökonomischen Restriktionen bezüglich der Geschwindigkeit auf See ergeben sich neben der Schiffsanzahl auch die Investitionen zur Festlegung der Umschlageigenschaften. Nach der Art der Beladung können Fährschiffe in heck-, bug- oder beidseitig beladbar eingeteilt werden. Eine derartige Beschreibung bezieht sich nur auf ein Deck, weil die Lokalisierung der Öffnungen von Deck zu Deck variiert. Ro/Ro-Schiffe besitzen in der Regel mindestens einen horizontalen, sich über die gesamte Schiffslänge erstreckenden und von Hindernissen freien Laderaum.[82] Entscheidend für die Beschreibung ist das Hauptdeck, während die übrigen Decks entweder über separate hafenseitige Zugänge verfügen oder ihr Zugang ebenfalls über das Hauptdeck sichergestellt ist. Die Übergänge zwischen den Decks werden über feste oder bewegliche Innenrampen bzw. Lifte ermöglicht.[83]

Besonders im hochvolumigen und -frequenten Fährverkehr sowie im Eisenbahnfährverkehr werden landseitige Anlagen bevorzugt. Die Spezialisierung und Anpassung zwischen Schiff und Landanlage ist um so ausgeprägter, je wichtiger extrem kurze Be- und Entladezeiten sind, also insbesondere auf Kurzstrecken. Die Umschlaggeschwindigkeit hängt in hohem Maße von der Anzahl der Schiffsöffnungen ab, wobei sich Einrampensysteme oft als Engpass für eine Erhöhung der Umschlaggeschwindigkeit erweisen. Der Zwang zur Verringerung der Liegezeiten ergibt einen Drang zur Maximierung der Schiffsöffnungen bzw. Anzahl der Ladespuren, um Be- und Entladungsprozesse beschleunigen zu können. Externe Rampen, insbesondere Doppelrampen für die separate Bedienung der einzelnen Decks, können die Be- und Entladeprozesse beschleunigen. Interne Schiffsrampen ermöglichen (langsamere) Umschlagprozesse mit geringerem Kapitaleinsatz und erhalten dem Schiff seine geographische Einsatzflexibilität. Sie sind aber auch gleichbedeutend mit einem Stellplatzverlust.

[81] Vgl. Brogren, Klas/Hillberg, Esbjörg/Nordborg, Stig (1978), S. 87-88.
[82] Vgl. Muttilainen, Harri (1991), S. 26.
[83] Vgl. Muttilainen, Harri (1991), S. 22.

Abb. 9: Horizontaler Umschlag unter räumlichen Aspekten

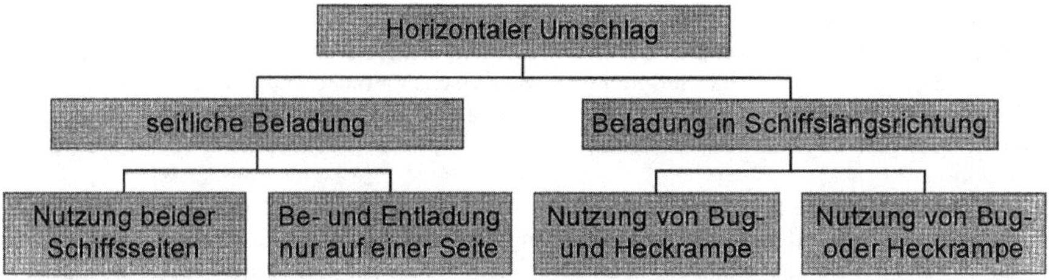

Quelle: Lüsch, Jürgen (1994b)

Die Anbringung der Schiffsöffnungen entscheidet über die Notwendigkeit von Richtungsänderungen vor oder nach den An- bzw. Ablegemanövern. Bei Bedarf nach schnellem Be- und Entladen, wie er in der Regel für hochfrequente Fährdienste besteht, erleichtert die Durchfahrbarkeit der Decks, also die beidseitige Beladbarkeit, die Einhaltung der Zeitlimits und reduziert aufwendige Fahrmanöver bzw. kapazitätsmindernde Wendemöglichkeiten an Bord. Die zweite Zufahrt kann auch aus seitlich angebrachten Öffnungen bestehen. Auf Kurzstrecken ist unter Umständen der Einsatz von so genannten Doppelendfähren vorteilhaft, die Wendemanöver völlig überflüssig machen.

Die Geschwindigkeitsreserve des Schiffes beeinflusst die Fähigkeit des Gesamtsystems, etwaige Störungen und Verspätungen während der Überfahrt kompensieren zu können. In Abhängigkeit von der Streckenlänge sowie der installierten Maschinenleistung ist im Vergleich zur betriebswirtschaftlichen Optimalgeschwindigkeit die Zeitreserve des Fahrplans einzuschätzen, d.h. die Fähigkeit der Schiffe, Störungen im Verkehrsablauf wieder auszugleichen.[84] Ein auf Maximalgeschwindigkeit aufbauendes Regelfährsystem erweist sich gegenüber Störungen, hervorgerufen z.B. durch Wettersituationen, als sehr empfindlich.

Eine Geschwindigkeitserhöhung lässt sich nur dann in ökonomische Gewinne umsetzen, wenn dadurch bei gleichbleibender Schiffsanzahl eine Frequenzerhöhung erreicht werden kann und dem verbesserten Angebot eine ausreichende Nachfrage gegenübersteht. Die Mehrerlöse müssen die höheren Betriebskosten für den Treibstoffverbrauch ebenso aufwiegen wie die höheren Kapitalkosten in Form leistungsfähigerer Maschinenanlagen. Daher sind Geschwindigkeitszuwächse nur in größeren Sprüngen mit Produktivitätszuwächsen verbunden. Nur in Grenzbereichen oder auf Kurzstrecken genügen auch geringe Geschwindigkeitserhöhungen für Produktivitätssteigerungen.

Die Kapazität eines Fährschiffes wird zudem durch die Überführungs- und Sortiervorschriften zum Transport gefährlicher Güter beeinflusst. Der Transport gefährlicher Güter schränkt die Beförderungskapazität für sonstige Beförderungssegmente stark ein. Die strengen Trennungsvorschriften sowie die Passagiertransportbeschränkungen haben zur kostenintensiven Einführung spezieller Gefahrgutabfahrten sowie zu Anpassungsmaßnahmen schiffbaulicher Art geführt. Aus Servicegründen ist aber für jeden Fährreeder die Vorhaltung ausreichender Gefahrgutstellplätze geboten, um den Spediteuren ein komplettes Leistungsangebot offerieren zu können.

Es bestehen bezüglich der Stellplatzkapazitäten Nutzungsrivalitäten zwischen Straßengüter-, Schienengüter- sowie Straßenpersonenfahrzeugen. Eine Erhöhung der Kapazitätsflexibilität

---

[84] Vgl. Laue, Uwe (1998), S. 12; Peeters, C./Verbeke, A./Declercq, E./Wijnolst, N. (1995), Kap. III, S. 11.

ergibt sich durch die Verfügbarkeit von Hängedecks, die die Aufnahmefähigkeit des Schiffes für Pkw erhöhen und gleichzeitig die Option der Lkw-Beförderung offen halten. Dagegen gehen die Aufenthalts- und Serviceflächen zu Lasten einer höheren Frachtkapazität. Das Problem beim Einsatz kombinierter Schiffe zur Bedienung mehrerer Nachfragesegmente besteht in der Festlegung der Kapazitätsaufteilung, etwa zwischen Fracht und Passagier, schon beim Bau des Schiffes. Diese Kapazitätsaufteilung ist später nur mit hohem baulichen und finanziellen Aufwand zu ändern.

Zusätzliche Probleme bestehen in der Festlegung der richtigen Schiffsgröße durch die Ungewissheit über zukünftige Verkehrsentwicklung einerseits sowie in den extremen zeitlichen Aufkommensschwankungen andererseits. Mit dem Bau eines Schiffes sind die Kapazitäten relativ starr festgelegt. Dabei übersteigt die Lebensdauer eines Schiffes den Zeitraum, für den gesicherte Prognosen verfügbar sind.

Tab. 25: Anforderungen an die Ausstattung von Fähren

Überfahrts-dauer	
0,5-3 h	• keine besonderen Anforderungen an die Schiffsausstattung, keine Schlafmöglichkeiten notwendig • für die Fahrer und Passagiere sind Sitz-, Ruhe- und Speisemöglichkeiten sowie Verkaufseinrichtungen vorzuhalten • die große Anzahl der An- und Ablegevorgänge erfordert vereinfachte oder sogar automatisierte Anlegemanöver • die Fahrzeuge sollten die Schiffe in Fahrtrichtung verlassen können und das Deck sollte daher durchfahrbar sein; teilweise als Doppelendfähren ausgeführt • der Anteil von unbegleiteten Einheiten ist als Folge kurzer Hafenzeiten in der Regel gering
3-8 h	• eine Mittelstreckenfähre benötigt hochwertigere Aufenthalts- und Restaurationsmöglichkeiten als Kurzstreckenfähren • das Problem der Mittelstreckenfähren besteht in der Notwendigkeit von Schlafgelegenheiten und Fahrerkabinen, für die während der Tagesabfahrten ein wesentlich geringerer Bedarf besteht • das Güteraufkommen besteht meist aus einem Mix von begleiteten und unbegleiteten Einheiten
8-20 h	• die Anforderungen an die Qualität der Schlaf- und Restaurationsmöglichkeiten sind wesentlich höher • während bei 8-Stunden-Trips die Nachtabfahrt vorwiegend zum Schlafen genutzt wird, besteht während der Tagesabfahrt sowie bei längeren Überfahrten ausreichend Zeit für Einkaufs- und Restaurationsaktivitäten; andererseits sind lange Überfahrtzeiten nur in Ausnahmefällen für Passagiere interessant • in der Regel überwiegt auf langen Strecken der Güterverkehr, der zudem vorwiegend unbegleitet ist; Langstreckenfährverkehr erfordert eine möglichst hohe Einsatzflexibilität der Schiffe

3.2.3 Hafenanlagen und Verbindungselemente[85]

Im Fährverkehr ergibt sich die Rationalisierung der Hafenumschlagsprozesse durch die Übereinstimmung zwischen dem Transportablauf an Land und dem Umschlag in Form der horizontalen Beladung bei Verzicht auf Veränderung der Lade- bzw. Transporteinheit.

Tab. 26: Untersysteme eines typischen Fährhafens

- seewärtige Zufahrt
- Kaianlage, Fährbrücke und Umschlagsystem
- Aufstell-, Warte- und Abfertigungsanlagen bzw. -flächen, ggf. Lagerflächen
- Anbindung an die Hinterlandinfrastruktur

Funktions- und Verbindungselemente eines Fähr- oder Ro/Ro-Terminals sind Liegeplätze, Fährrampen oder -brücken, Aufstell- und Verkehrsflächen, ggf. Pack- und Lagerhallen sowie eine entsprechende Flurfördertechnik. Eine Unterdimensionierung eines der Hafenfunktionselemente beeinflusst die Durchlassfähigkeit des Gesamtsystems Fährterminal.

Tab. 27: Logistische Gestaltung der Hafenanlagen

technologische Folge	Elemente des Verkehrsdurchlaufs für begleitete Einheiten	Zusatzelemente
1	Aufstellfläche vor dem Ticketing	Leiteinrichtungen
2	Ticketing und *check-in*	Verkaufs-, Abfertigungs- und Serviceeinrichtungen
3	Grenz- und Passkontrolle	Kontrolleinrichtungen
4	Zuleitung zur Aufstell- und Wartefläche	Leiteinrichtungen
5	Aufstell- und Warteflächen vor dem Schiff	Leiteinrichtungen
6	Zuleitung zur Fährbrücke	Leiteinrichtungen
7	Fährbrücke	Ampeln
8	Schiff	Spureinweisung

Fähranleger sind Wasserbauten, die den Fährschiffen ein schnelles Anlegen, Festmachen und sicheres Liegen während der Be- und Entladung erlauben.[86] Die dazu nötige Ruhelage wird alternativ durch ein speziell angepasstes Fährbett mit Leit- und Anlegewänden, durch ein Anlegepier oder einen einfachen L-Anleger geschaffen. Der Anleger muss in Wassertiefe, Breite und Höhe den Dimensionen des Schiffes entsprechen, ebenso in der Anordnung und Geometrie der Auffahr- und Fußgängerrampen. Brücken stellen die Verbindung zwischen der Kaifläche und den Schiffsinnenräumen her und erlauben rollenden Einheiten den Übergang zu den Schiffsdecks.[87]

Die Be- und Entladung der oberen, nicht durch eine axiale Rampe zugänglichen Decks erfolgt, falls keine internen Rampen oder Aufzügen vorhanden sind, über seitlich angebrachte Rampen, so genannte eckständige Oberdecksrampen. Die seitlichen Schiffsöffnungen erfordern eine passgenaue hafenseitige Anordnung der Rampen. Um das Durchfahren der Decks zu erleichtern, erfolgt die Beladung über eine im hinteren, die Entladung im Zielhafen über eine im vorderen Schiffsbereich angebrachte Seitenrampe oder umgekehrt. Diese Rampen weisen im Vergleich zu axialen Lösungen den Nachteil auf, dass Teile des Schiffsdecks sich

[85] Folgende Aussagen beruhen, falls nicht anders gekennzeichnet, zu einem großen Teil auf Hinweisen von Prof. Jürgen Lüsch, Rostock-Warnemünde; vgl. z.B. Lüsch, Jürgen (1993), S. 34-38.

[86] Vgl. Hader, Arnulf/Meier, Günther (1986), S. 91.

[87] Vgl. Hader, Arnulf/Meier, Günther (1986), S. 92.

gewissermaßen im toten Winkel befinden und Be- bzw. Entladevorgänge nicht ohne Manövriervorgänge an Bord möglich sind.

In der Fährschifffahrt verlangen die Anpassung der Schiffe an die Linie, die häufigen An- und Ablegemanöver sowie die höheren technischen Anforderungen an die Rampensysteme eine Nutzung vorwiegend landseitiger Rampen. Bei typischen Ro/Ro-Schiffen ist die Abhängigkeit von landseitiger Infrastruktur dagegen relativ gering ausgeprägt. Ein Ro/Ro-Schiff erfordert im Prinzip nur ein L-förmig zugeschnittenes Stück Kaimauer in entsprechender Länge, an dessen kurzem Ende die schiffsseitig angebrachte Rampe aufgelegt werden kann. Hafenseitig ist eine feste und in der Breite ausreichende axiale Brücke zum Auflegen erforderlich.[88]

Tab. 28: Kennziffern zur Darstellung der Leistungsfähigkeit des Umschlagprozesses

➢ die Umschlagproduktivität, bezogen jeweils auf einen Anleger oder eine Fährbrücke; kennzeichnet den Durchsatz von Ladungseinheiten in einer Zeitperiode
➢ die Hafenliegezeit des Schiffes, die sich nicht nur aus der Umschlagzeit, sondern auch aus der Dauer der An- und Ablegemanöver und der Versorgungs- sowie Manövriervorgänge im Hafenbereich ergibt

Die Länge der Schiffsliegezeit ist im zeitsensiblen Fährverkehr Ausdruck der Leistungsfähigkeit der Häfen sowie der baulichen und technologischen Abstimmung zwischen Schiff und komplementären Landanlagen. Eine weitere wichtige Hafenkennziffer im Fährverkehr ist die Flächenproduktivität, d.h. das Umschlagvolumen pro Flächeneinheit. Die Umschlagkapazität eines Terminals hängt nicht allein von der verfügbaren Fläche, sondern auch von der Anlegeranzahl und -kapazität, der Kailänge, der Fließgeschwindigkeit oder den Durchlaufzeiten in Abhängigkeit von der Hafengestaltung und der Verkehrsart sowie der Durchlassfähigkeit und Anschlussqualität der Hafenhinterlandinfrastruktur ab.

Das unkontinuierliche Fahrzeugaufkommen und die damit verbundene stoßweise Belastung des Terminals führt in der Regel zu einer Ausrichtung auf den Spitzenbedarf und damit zu einer Überdimensionierung der Anlagen. Weiterhin beruht der große Flächenbedarf auf dem Zwischenabstell- sowie Warteflächenbedarf der nicht stapelbaren Transportbehälter. Zugmaschinen, Flurfördermittel und selbstfahrende Einheiten benötigen große Fahr- und Wendeflächen. Die Fließbewegung der Transportbehälter erhöht die Flächenbeanspruchung gegenüber einer Lagerfläche zusätzlich. Der Flächenverbrauch steigt weiterhin durch:

- die Sortieranforderungen
- den Aufwand für Leit- und Zwangssysteme
- die Sammelfunktion der Terminalfläche zur Konzentration der Nachfrage auf wenige Abfahrten
- die unterschiedlichen Fließgeschwindigkeiten der Beförderungssegmente und die Einhaltung von Sicherheitsabständen
- die unterschiedlichen Bewegungszustände (Halten, Anfahren, Fließen, Stoppen).

Als Grundsatz gilt, dass die Fließrichtung der Verkehre von der Schnittstelle zwischen Hafen und öffentlichem Verkehr möglichst geradlinig, in Anlegerrichtung sowie übersichtlich gestaltet werden sollte. Eine gegenseitige Beeinträchtigung von Be- und Entladeströmen, verschiedenen Nachfragesegmenten oder unterschiedlichen Liniendiensten ist zu vermeiden.[89]

---

[88] Vgl. z.B. Garratt, Michael G. (1980a), S. 22.
[89] Vgl. Hagman, Thore (1997), S. 26.

Grundgedanke der Gestaltung der Terminalflächen ist die Entflechtung und Sortierung der Verkehre nach den Kriterien:

- Fährlinie
- Art des Beförderungsobjektes
- begleitet/unbegleitet
- gefährliche Ladung
- Fahrzeug- oder Behälterhöhe
- prioritäre Behandlung durch Vorbuchung, Spezialkunden (*key-accounts*), Sondertickets (Jahreskarten)
- Entladereihenfolge im Zielhafen
- Minimierung der Krängungsausgleichsanlagenbelastung
- Optimierung der Stellplatzauslastung.

Tab. 29: Einflussgrößen auf die Be- und Entladezeit

Merkmal	**Bemerkungen**
Schiffsöffnungen	möglichst maximale Anzahl und Breite
Anzahl der verschiedenen Beförderungssegmente	gleichzeitige Beförderung verschiedener Segmente erhöht die Umschlagzeit
relative Größe der Terminalfläche, bezogen auf die Schiffsgröße	große Terminalfläche beschleunigt die Umschlagprozesse und erleichtert die Sortierung
Abstimmung zwischen Warteflächengestaltung, Fährbrücke und Laderaum	technologische Abstimmung erleichtert Umschlag
Anzahl der Richtungsänderungen des Verkehrsflusses	minimierte Anzahl von Richtungsänderungen beschleunigt die Umschlagprozesse
Verkehrstrennung	keine kreuzenden Verkehre
Gestaltung des Verkehrsflusses	Übersichtlichkeit, Minimierung der Richtungsänderungen, Kurven und Steigungen
Verkehrsleiteinrichtungen	beschleunigen und vereinfachen den Verkehrsfluss, erleichtern die Übersicht
Qualität der Fahrer	Vertrautheit mit Hafengeschehen vermeidet Störungen
Qualität des Personals, Abstimmung zwischen Schiffs- und Terminalpersonal	entscheidend für flexible Reaktion auf Störungen

3.2.4 Das Angebot der Fährreeder

Tab. 30: Auf der Ostsee bestehende Fährsysteme

1. Fracht- und Passagiersegment kommt eine gleichberechtigte Stellung zu (klassisches kombiniertes System)
2. das Frachtsegment dominiert, Passagiere dienen als saisonale Ergänzung (frachtorientiertes System)
3. das Frachtsegment dient als Ergänzung zum dominierenden Passagierverkehr (passagierorientiertes System)
4. reine Frachtsysteme
5. reine Passagiersysteme

Das kombinierte System zur gleichzeitigen Beförderung von Passagieren und verschiedenen Frachtnachfragesegmenten ist das auf der Ostsee dominierende. Reine passagier- oder eisenbahnorientierte Systeme bilden auf der Ostsee die Ausnahme. In der Realität ist die Eisenbahn kein dominierendes, sondern nur noch ein komplettierendes Nachfragesegment.

In einem weitestgehend auf die Erzielung von Skaleneffekten angewiesenen Marktumfeld garantiert die Kombinationsstrategie dem Reeder eine gleichmäßigere Auslastung seiner Kapazitäten und macht ihn unabhängiger gegenüber den jahres- und tageszeitlichen Schwankungen im Verkehrsaufkommen. Ein Auseinanderfallen des zeitlichen Bedarfs verschiedener Transportsegmente erleichtert die Auslastung der Kapazität und damit das Erzielen von Skaleneffekten. Güter- und Passagierverkehr ergänzen sich auf nahezu ideale Weise und sorgen für eine ausgeglichenere Schiffsbelegung. Der Frachtnachfragerückgang in den Sommermonaten, in dem sich die in Skandinavien üblichen Betriebsferien widerspiegeln, führt zu einer Systementlastung zugunsten des Passagierverkehrs. Während sich die Passagierverkehrsnachfrage auf die Sommermonate konzentriert, ist der Güterverkehr relativ gleichmäßig über das Jahr verteilt.

Abb. 10: Aufkommensverteilung im Fährverkehr der Kiel-Swinemünde-Range mit Schweden über das Jahr am Beispiel von 1998

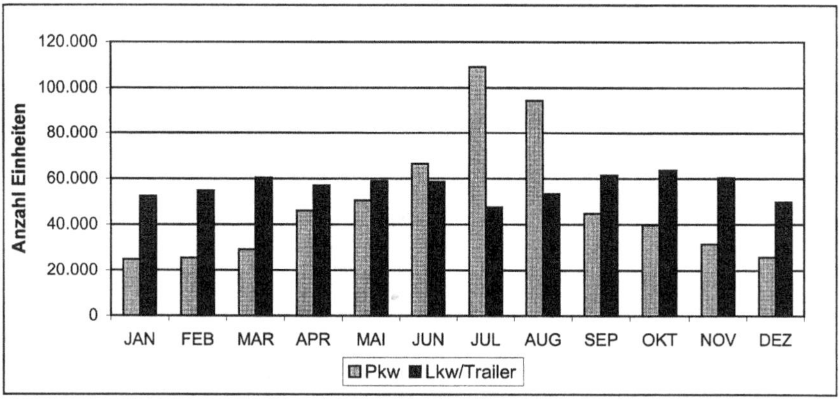

Der Güterfährverkehr ist aber geprägt von einer starken Diskontinuität über den Tag bzw. zwischen den Wochentagen, die das Resultat ist aus:

- dem Zwang, aus Transportkostengründen möglichst große Schiffe einzusetzen
- dem Einsatz dieser Schiffe nach einem Fahrplan, der von der verladenden Wirtschaft bezüglich der Abfahrtsfrequenzen gerade noch akzeptiert werden kann
- dem Sonntagsfahrverbot für Lkw
- dem ein- bis zweischichtigen Arbeitszeitregime sowie der 5- bzw. 6-Tage-Arbeitswoche in Industrie und Handel als Folge gestiegener Lebensansprüche und von Lohnzuschlägen für Arbeiten außerhalb der normalen Arbeitszeit
- dem Bedienrhythmus der Ladestellen durch die Bahnen.[90]

Über die Woche ergeben sich Aufkommensschwankungen auch aus den Hin- und Rückreisewellen der Sonntagabend zur ersten Tour gestarteten Lkw sowie dem Bestreben der Fahrer, zum Wochenende wieder im Heimatort zu sein. Die Abfahrtszeiten der Fähren sind meist so

[90] Lüsch, Jürgen (1994b), S. 3-4.

gelegt, dass nach Beladung der Lkw in den Terminals die Fähren noch erreicht werden können. Spediteure bevorzugen eine Ankunftszeit, die das Anfahren des Abladeortes noch im Verlauf des gleichen (Arbeits-)Tages erlaubt.

Auch die Trajektierung von Eisenbahnwaggons lässt sich mit dem Ziel einer besseren Kapazitätsdurchschnittsauslastung zeitlich gut mit der Trajektierung von begleiteten Straßenverkehrseinheiten kombinieren. Eisenbahntragende Fähren vermögen die tageszeitlichen oder jahreszeitlichen Aufkommensschwankungen durch die höhere Flexibilität bezüglich der Aufnahmefähigkeit verschiedener Transportobjekte auszugleichen (Waggons, Pkw, Lkw). Das Aufkommen im Eisenbahngüterfährverkehr ist über das Jahr gleichmäßiger verteilt und lässt im Zusammenspiel mit dem Straßengüterverkehr eine abgestimmte Auslastung der Kapazitäten zu. Die Belegungsplanung wird beim Eisenbahntransport gegenüber dem Straßenverkehr erleichtert, da die Informationen über Art und Menge der Ladung bereits relativ früh zur Verfügung stehen. Während die Güterwaggons durch die Trassenkapazitätsverteilungspolitik der Bahnen den Fährhafen in der Regel morgens erreichen und mit der Morgenabfahrt übergesetzt werden können, konzentrieren die Speditionen ihre Lkw auf den Mittelstrecken vorwiegend nachts auf den Fähren. Das Bestreben, die Fährüberfahrt zur Nachtruhe für die Fahrer zu nutzen, führt zu einer Konzentration der Lkw auf die Nachtabfahrten.

Eine weitere klassische Methode zur zeitlich konstanteren Auslastung der Fährschiffkapazitäten im Frachtbereich ist die Kombination von begleiteten und unbegleiteten Trailereinheiten. Im unbegleiteten Straßengüterverkehr bestehen wie im Schienengüterverkehr gewisse, wenn auch geringe, zeitliche Dispositionsmöglichkeiten für den Fährreeder. Fahrerbegleitete Fahrzeuge werden vorwiegend in Linienverkehren zwischen den verschiedenen Speditionsterminals im Sammelgutverkehr und bei zeitintensiven, termingebundenen sowie verderblichen Gütern, d.h. Spezialgütern bzw. hochwertiger Ladung, eingesetzt. Der begleitete Verkehr besitzt ein hohes Reaktionspotential auf Störungen innerhalb der Transportkette. Ein fahrerbegleitetes Fahrzeug kann zudem die Rückfrachtakquirierung erleichtern.[91] Auf der anderen Seite stehen zusätzliche Kapitalaufwendungen sowie höhere Fährpreise auf Grund der zusätzlich in Anspruch genommenen Fahrbahnlänge. Auf langen Seestrecken wächst aber der ökonomische Druck, die Transporteinheit von überflüssiger und teurer Ausrüstung zu befreien.[92] Um den Seetransport billiger zu gestalten, wird die Ladeeinheit von der kapitalkostenintensiven Zugmaschine getrennt und ohne Fahrer überführt. Die Seefrachtrate ist zwar geringer; andererseits müssen die zusätzlichen Handlingkosten bei der Be- und Entladung getragen werden. Unbegleitete Trailereinheiten haben für den Reeder den Vorteil, dass zusätzliche Kosten für freie Kost und Logis des Fahrers entfallen.

Unbegleitete Trailerverkehre werden dort eingesetzt, wo konstant fließende und berechenbare Verkehrsströme (etwa Automobil- und Papierindustrie) existieren, sich die Vorgänge durch Wiederholungen eingespielt haben sowie die zeitgenaue Lieferung durch die Kontinuität der Abläufe planbar ist. Bei unregelmäßig anfallender Ladung sind Partnersuche, -pflege und die gegenseitige Abstimmung sowie der interne und externe Koordinierungsaufwand nicht zu rechtfertigen. Das Handling unbegleiteter Einheiten bedarf einer leistungsfähigen Organisation sowie einer abgestimmten Logistik.[93] Besonders kleinere Speditionen haben Probleme, die dafür notwendige Organisation aufzubauen. Sie bevorzugen daher begleitete Transporte, wäh-

---

[91] Vgl. Rich, Craig Anthony (1975), S. 75; Larsson, Everth (1983), S. 60-61; Peeters, C./Verbeke, A./Declercq, E./Wijnolst, N. (1995), S. 13-14, 19.

[92] Buskhe, Håkan/Lumsden, Kenth (1994), S. 59.

[93] Schrewelius, Gunnar (1983), S. 199.

rend unbegleitete Verkehre vorzugsweise von großen Speditionen in regelmäßigen Takten durchgeführt werden.[94]

Tab. 31: Vergleich der Kapazitätsbeanspruchung begleiteter/unbegleiteter Einheiten

	begleitete Lkw	**unbegleitete Trailer**
Länge	16,5 m bzw. 18,75 m	13,6 m
Zwischenraum	0,5 m	0,5 m
beanspruchte Länge	17,0 m bzw. 19,25 m	14 m
Breite	2,5 m	2,5 m
Zwischenraum	0,6 m	0,6 m
beanspruchte Breite	3,1 m	3,1 m
Höhe	4,0 m	4,0 m
Eigengewicht	ca. 14 t	ca. 6,5 t
Handlingkosten	keine	ja

Die Ladungszusammensetzung zwischen unbegleiteten und begleiteten Verkehren ist direkt von der Länge der Seezeit abhängig.[95] Der Unterschied zwischen Handlingrate und eingesparter Seefracht vergrößert sich in Abhängigkeit von der Länge der Seestrecke, weil die Handlingkosten besser über die Strecke verteilt werden. Kurze Seestrecken sind meist gleichbedeutend mit einer hohen Anzahl von begleiteten Verkehren, da der Umschlag unbegleiteter Einheiten auf Kurzstrecken den reibungslosen logistischen Ablauf von Kurzstreckenverkehren behindert.[96] Der begleitete Verkehr bevorzugt die Länge der Seezeit entsprechend den vorgeschriebenen Fahrerruhezeiten.

Die Kombination begleiteter und unbegleiteter Verkehre ist nur auf solchen Strecken möglich, bei denen die Hafenliegezeit die für die längeren Be- und Entladezeiten nötigen Zeitfenster bereithält. Attraktiv sind Häfen für unbegleitete Verkehre nur dann, wenn sie für die Spediteure und Fuhrunternehmer ausreichend Rückladeмöglichkeiten bieten. Unbegleitete Verkehre konzentrieren sich daher auf die Häfen mit einer Vielzahl von Linien, um die Zu- und Abführung von Trailern optimieren zu können.

Während die Entladerate im begleiteten Verkehr bis zu 420 Einheiten in der Stunde beträgt, beläuft sich die Beladerate nur auf 210 Einheiten pro Stunde. Demgegenüber ist die Umschlagleistung für unbegleitete Einheiten mit Hilfe von Terminalzugmaschinen mit 40 bis 50 Einheiten in der Stunde für die Entladung und 20 bis 30 Einheiten in der Stunde für die Beladung wesentlich geringer. Die Beladung ist auf Grund der richtigen Positionierung der Einheiten an Bord zeitintensiver.[97] Auch durch die Erhöhung der Zugmaschinenanzahl lässt sich die Be- und Entladezeit nicht beliebig verringern,[98] da damit Engpässe wie schmale Schiffsöffnungen oder Rampen nicht beseitigt werden. Die Erhöhung der Anzahl der *tugmaster* bewirkt eine Steigerung der Umschlaggeschwindigkeit nur bis zu dem Punkt, an dem durch gegenseitige Behinderungen keine adäquate Erhöhung des Verkehrsdurchsatzes mehr erreicht werden kann.[99] Die optimale Anzahl der *tugmaster* ist abhängig vom Ladungsvolumen, der Abfahrtsfrequenz, der Schiffskapazität, den Fahrplanrestriktionen sowie den Umschlageigenschaften des Schiffes (Anzahl der Ladespuren, Art der internen Ladungsverteilung).[100]

---

[94] Vgl. Näreskog, Johan/Rydbergh, Torbjörn/Sjöbris, Anders (1997), S. 31.
[95] Vgl. Näreskog, Johan/Rydbergh, Torbjörn/Sjöbris, Anders (1997), S. 31, 100.
[96] Vgl. Näreskog, Johan/Rydbergh, Torbjörn/Sjöbris, Anders (1997), S. 18.
[97] Näreskog, Johan/Rydbergh, Torbjörn/Sjöbris, Anders (1997), S. 32.
[98] Vgl. Näreskog, Johan/Rydbergh, Torbjörn/Sjöbris, Anders (1997), S. 32.
[99] Vgl. Chowdhury, Khabirul Haque (1988), S. 193.
[100] Vgl. Chowdhury, Khabirul Haque (1988), S. 193-212.

Tab. 32: Typische Be- und Entladeraten für unbegleitete Einheiten in Abhängigkeit von der Anzahl der Terminalzugmaschinen

Anzahl der Terminalzug-maschinen	Beladerate pro Stunde	Entladerate pro Stunde
1	6,25	7,89
2	12,5	15,79
3	18,75	23,68
4	23,75	30
5	25	31,58
6	26,25	33,16

Quelle: Näreskog, Johan/Rydbergh, Torbjörn/Sjöbris, Anders (1997), S. 32

Tab. 33: Zusammenfassende Anforderungen an das Fähr- und Ro/Ro-System

Komponente	Kommentar
Rampen	• Ermöglichung des Übergangs vom Land auf das Schiff • Überwindung von Höhenunterschieden unabhängig vom Beladungs-zustand und Wasserstand bei Beachtung der maximalen Steighöhen • Ermöglichung einer maximalen Umschlaggeschwindigkeit • Belastbarkeit und Abmessungen entsprechend der Art der Ladung
Art der Schiffs-öffnungen	• Unterstützung der Be- und Entladeprozesse, etwa durch Durchfahrbar-keit der Decks und entsprechende Breite
Decks	• ausreichende Deckstabilität • Gewährleistung der Ladungssicherheit • maximale Kapazitätsausnutzung • Deckhöhe und Sicherheitsanlagen entsprechend der Art der Ladung • ausreichende Be- und Entlüftung • maximale Flexibilität bezüglich der Ladungsart
interne Rampen oder Aufzüge	• ausreichende Tragfähigkeit • stellen Verbindung zwischen den Decks sicher
Stabilisierungs-systeme	• Gewährleistung der Stabilität, vorrangig während der Be- und Entla-deprozesse
Hafen	• maximale Flexibilität bezüglich der Aufnahmefähigkeit verschiedener Schiffstypen • Minimierung der Hafendurchlaufzeit

Quelle: Anlehnung an Muttilainen, Harri (1991), S. 43 ff.

IV Merkmale von Fähr- und Ro/Ro-Schifffahrtsmärkten

1. Besonderheiten von Verkehrsmärkten

Tab. 34: Besonderheiten von Verkehrsmärkten

1.	Transportmärkte sind auf Grund der Charakteristika von Transportprodukten Dienstleistungsmärkte. Märkte für Transportleistungen sind keine universellen Weltmärkte. Diese Leistungen können nur auf bestimmten Relationsmärkten angeboten und nachgefragt werden.
2.	Der Absatz der Transportleistung fällt zeitlich mit ihrer Produktion zusammen. Ein Transportunternehmen kann daher nicht, wie in anderen Branchen üblich, die Nachfrageschwankungen mittels Lagerbildung bzw. -auflösung ausgleichen. Schwankungen der Nachfrage wirken sich damit direkt auf den Kapazitätsbedarf, die Auslastung und die Kosten aus. Die Nachfrageschwankungen sind nicht allein konjunkturbedingt, sondern der Rhythmus der Arbeits- und Lebensgewohnheiten erzeugt direkt auf Verkehrssysteme einwirkende Nachfragespitzen und -flauten. Folge dieser Besonderheit ist die kostenintensive Ausrichtung der Kapazitäten auf den Spitzenbedarf, der tages- oder wochenzeitlich bzw. saisonal bedingt sein kann. Durch die Unpaarigkeit von Verkehrsströmen werden ebenso Leerfahrten verursacht. Dies beeinflusst die Ladungsakquisition und die Preisbildung auf Transportmärkten, da nicht genutzte Kapazitäten ein verlorenes Gewinnpotential bedeuten.
3.	Der derivative Charakter des Transportbedarfs ist verbunden mit der Abhängigkeit der Nachfrage von Strukturveränderungen im Bereich der verladenden Wirtschaft sowie der eingeschränkten Wirksamkeit eigener Marktbearbeitungsmaßnahmen. Preisänderungen, insbesondere -senkungen, haben einen nur geringen Einfluss auf die Höhe der Nachfrage, da die Preiselastizität der Nachfrage (kurzfristig) sehr gering ist. Die Unfähigkeit zur Beeinflussung entscheidender Marktvariablen bestimmt zu einem großen Teil die Verwundbarkeit des Transportsektors.
4.	Charakteristisch für Unternehmen des Verkehrssektors, insbesondere der in Linienverkehren tätigen, ist ein hoher Anteil der fixen an den Gesamtkosten. Dies ergibt sich zum einen aus dem Netzwerkbetrieb (Errichtung und Unterhalt), zum anderen auch aus einmalig hohen Investitionsaufwendungen zum Erwerb der notwendigen Betriebsmittel sowie daraus folgenden zeitabhängigen Abschreibungen, Zinsen, Versicherungen sowie Personal- und Instandhaltungskosten. Demgegenüber sind die mit dem eigentlichen Betrieb direkt verbundenen Kosten (etwa Treibstoff) weniger bedeutend.
5.	Transport kann in seiner Funktion der Überwindung von Entfernung als ökonomisches Hindernis durch keine andere Aktivität ersetzt werden. Die Nachfrageelastizität des Transports kann als sehr gering bezeichnet werden. Transport kann nur durch die Reallokation langfristig gebundener Ressourcen in Form der Änderung der geographischen Verteilung der Produktions- und Konsumtionsorte ersetzt werden.
6.	Die mangelhafte Anpassungsfähigkeit von Verkehrsbetrieben an Unterbeschäftigung ist bedingt durch den überdurchschnittlich hohen Anteil an fixen Kostenbestandteilen und die Langlebigkeit der Anlagegüter, aber auch die fehlenden alternativen Einsatzmöglichkeiten von Transportmitteln für andere Zwecke als den Verkehr. Anpassungsschwierigkeiten bedingen aber ebenso den Drang nach Sicherheit. Daher ist der Verkehrssektor von verschiedenen Formen horizontaler Unternehmenszusammenschlüsse gekennzeichnet.
7.	Die Häufung dieser Besonderheiten ist eine Besonderheit an sich.

8. Der Gefahr der „ruinösen Konkurrenz" wird ebenfalls eine besondere Bedeutung zugeschrieben. Die Neigung des Verkehrswesens zu ruinöser Konkurrenz ist durch folgende Punkte begründet: [1]
• Besonders in Zeiten zurückgehender Nachfrage als Folge wirtschaftlicher oder politischer Krisen ist eine prompte Anpassung der Kapazität an die geringere Nachfrage auf Grund der langen Lebensdauer des Verkehrsequipments unmöglich, so dass Überkapazitäten über einen längeren Zeitraum wirksam bleiben.
• Verkehrsströme unterliegen saisonalen (sowie tageszeitlichen) Schwankungen. Das Transportequipment ist in seiner Kapazität aber auf den Spitzenbedarf zugeschnitten, um die Nachfragebedürfnisse voll befriedigen zu können. Dies führt außerhalb der Spitzenbedarfszeiten zu wirksamen Überkapazitäten.
• Imbalancen in den Verkehrsrichtungen führen dazu, dass zur Vermeidung von Leerfahrten jede Ladung akzeptiert wird, die einen positiven Deckungsbeitrag leistet. Dies führt zu Preisdruck und starkem Wettbewerb.

Quellen: zusammengestellt z.B. aus Biebig, Peter/Althof, Wolfgang/Wagener, Norbert (1995), S. 134-135; Laaser, Claus-Friedrich (1991) S. 56; Effmert, Willi (1970), S. 13; Seidenfus, Hellmuth St. (1959), S. 101 ff.

2. Kostenstrukturen der Fährschifffahrt und die Bedeutung von Größeneffekten

Dieser Abschnitt dient der Vorstellung der Kostenstrukturen von Fährreedern, um im folgenden Kapitel u.U. mit Hilfe dieser Kostenstrukturen das Marktverhalten der Reeder erklären zu können.

Tab. 35: Kostenstrukturen der Schifffahrt

Kostenart	Inhalt
travel cost (Reisekosten)	alle Kosten, die mit dem tatsächlichen Betrieb des Schiffes in Verbindung stehen, etwa Treib- und Schmierstoffe, Hafen- und Kanalgebühren, Lotskosten, die ladungsabhängigen Kosten, aber teilweise auch die Wartungs- und Reparaturkosten
daily cost (Tageskosten)	alle Kosten, die mit der Führung sowie Verwaltung des Schiffes bzw. dem Reedereibetrieb zusammenhängen, insbesondere Besatzungs-, Ausrüstungs-, Versicherungs- und administrative Kosten
financial cost (Kapitalkosten)	Zins- und Tilgungskosten aus den Abschreibungen des Schiffswertes

Unter *Schiffsreisekosten* können alle bezüglich ihrer Entstehung konkret von der durchgeführten Reise abhängigen Kosten bezeichnet werden. Ihre Höhe wird beispielsweise bestimmt durch die Größe und Kapazität des Schiffes, den Treibstoffverbrauch sowie die Routen- und Hafenwahl. Die Höhe der Treibstoffkosten ist verbunden mit der Seestreckenlänge, der Art des benutzten Treibstoffes, der Art der Kontraktverhältnisse zwischen Reeder und Mineralölunternehmen (kurz- oder langfristige Verträge), der Maschinenanlage und der auf See gefahrenen Geschwindigkeit. Eine Rolle spielen aber auch die Wetterverhältnisse (Eis, Sturm, Wind) während der Reise. Treibstoffkosten werden ebenso vom Wartungsstand der Anlage sowie der Häufigkeit der An- und Ablegemanöver beeinflusst. Die Wartungs- und Reparaturkosten sind vor allem vom Alter, dem Wartungsstand sowie der Reparaturanfälligkeit bestimmter Schiffsausrüstungsteile abhängig und fallen damit zumindest teilweise unabhängig vom Betrieb des Schiffes an.

Die *Tageskosten* sind nur teilweise direkt verbunden mit dem Fährbetrieb und setzen sich zusammen aus den Personalkosten, den Kosten für Ausrüstung und Versorgung des Schiffes,

[1] Vgl. z.B. Quinet, E. (1993), S. 47-48.

den Versicherungs- und Administrations- sowie aus Teilen der Instandhaltungskosten. Dabei entfällt ein Großteil der Kosten auf die Personalkosten, deren Höhe bestimmt wird durch:

- die Beflaggung
- den Passagieranteil und das Serviceniveau
- die Schiffsbesetzungs- und Bemannungsrichtlinien
- die Höhe der zu zahlenden Heuern und sozialen Leistungen.

Die Ausrüstungskosten hängen zu einem großen Teil vom Einsatzzweck des Schiffes, d.h. seiner Bestimmung als Passagier- oder Güterschiff sowie dem angestrebten Serviceniveau ab. Die Administrationskosten decken vor allem die Kosten der Reedereiorganisation an Land. Dazu gehören die Führungs- und Verwaltungsaufgaben sowie die Vertriebs-, Werbungs- und sonstigen Marketingkosten. Hinzu kommen die Kosten für die Versicherung der Schiffe.

Die *Kapitalkosten* entstehen durch die Abdeckung von Tilgung und Zinsen (bzw. alternativ durch die Charterkosten). Sie sind unabhängig von der Intensität des Fährbetriebs und stehen stattdessen in Zusammenhang mit den ursprünglichen Baukosten des Schiffes. Die Kapitalkosten sind eine Funktion der Schiffsgröße, der Maschinenleistung, aber auch der Art und technischen Ausstattung des Schiffes, der Anzahl der Passagierplätze sowie der Finanzierungskonditionen.

Der Aufbau eines Liniendienstes führt dazu, dass eine Reederei eine Kapazität unabhängig von der Inanspruchnahme der angebotenen Leistung anbietet.[2] Die unabhängig von der Nachfrage erstellten Betriebsleistungen wandeln sich erst durch die Inanspruchnahme der Kapazität in erlösbringende Marktleistungen um. Damit ist jede als Angebot vorhandene, von der Kundschaft aber nicht ausgenutzte Betriebsleistung erfolglos gebliebener Aufwand.[3] Die Bereithaltung der Kapazitäten auf Grund von Beschäftigungserwartungen ist, wie in der Linienschifffahrt üblich, verbunden mit hohen Kosten, die in Abhängigkeit vom gewählten Zeitraum als fix zu betrachten sind. Als fix können alle Kosten aufgefasst werden, die nicht in Abhängigkeit einer Änderung des Beschäftigungs- bzw. Kapazitätsauslastungsgrades variieren. Variable Kosten entstehen erst durch die Beschäftigung bzw. Kapazitätsinanspruchnahme. Die fixen Kosten umfassen hauptsächlich die Kapitalkosten des Schiffes. In der Fährschifffahrt sind aber auch große Teile der Schiffsbetriebskosten leistungs- oder beschäftigungsunabhängig und sind daher als teilweise fixe Kosten anzusehen:

- Besatzungskosten
- Ausrüstungskosten
- Instandhaltung und Reparatur
- Versicherungskosten.

Große Teile der Personalkosten sind in Verkehrsbetrieben ebenfalls als fix anzunehmen, da keine von der Leistungsmenge abhängigen Besatzungsstärken existieren. Die Höhe der Personalkosten ist, die Aufrechterhaltung eines Linienverkehrs vorausgesetzt, nicht von der Höhe der Nachfrage abhängig. Personalkostenanpassungen sind nur durch das Aufliegen von Schiffen möglich. Zudem bleibt der eingesetzte technische und administrative Apparat erhalten. Nur langfristig ist eine schrittweise Anpassung von Kosten an veränderte Nachfrageverhältnisse durch Einstellung von Diensten, Verdünnung des Fahrplanes, Veränderung der Schiffssysteme, Anpassung des Verwaltungsapparates o.ä. denkbar.

---

[2] Vgl. zu diesem Problem: Schmitt, Wilhelm M. (1981), S. 6 ff.

[3] Effmert, Willi (1970), S. 15.

Die geringen Anpassungsmöglichkeiten an Beschäftigungsschwankungen im Schifffahrtsbetrieb, die Nichtteilbarkeit der Produktionsfaktoren, die hohe Intensität des Anlagevermögens sowie die sich daraus ergebende langfristige Bindung von Kapital sind ursächlich für den hohen Fixkostenanteil an den Gesamtkosten des Seeschifffahrtsbetriebes,[4] insbesondere des Linienverkehrs.

Die Kostenstruktur der Fährschifffahrt lässt sich damit in vier Hauptgruppen darstellen:

1. anlagebedingte Fixkosten (Kapitalkosten, Teile der Verwaltungs-, Versicherungs-, Reparatur- und Unterhaltungskosten)
2. betriebsbedingte Fixkosten (Besatzungskosten sowie der Rest der Verwaltungs-, Versicherungs-, Reparatur- und Unterhaltungskosten)
3. ladungsabhängige variable Kosten (Umschlagkosten)
4. fahrtabhängige variable Kosten (Bunkerkosten, Hafen- und Lotsgebühren).

Tab. 36-38: Kostenstrukturvergleich zwischen Ro/Ro- und Containerschiff auf der Beispielrelation Lübeck-Göteborg (270 nm)[5]

	Ro/Ro-Schiff	Containerschiff
Länge	141 m	99,9 m
Breite	24,6 m	18,0 m
Tiefgang	7,7 m	6,0 m
deadweight	7500 t	5060 t
Kapazität	1200 lm	400 TEU
Crew	17	11

Kapitaldienst: 100 % Finanzierung über 20 Jahre bei einem durchschnittlichen Zinssatz von 6,5 %; Betriebskosten: Instandhaltung, Versicherung, Besatzung; Reisekosten: Brennstoff, Ladungsakquisition; Auslastung: etwa 70-80 %, jährliche Transportleistung etwa 59.000 TEU bzw. adäquate Traileranzahl; Einsatzzeit 350 Tage im Jahr, Umschlagkosten 235 DM/TEU sowie 50 DM je (unbegleiteten) Trailer (Be- und Entladen, Laschen)

Kostenstrukturvergleich mit Umschlag

	Ro/Ro-Schiff	Containerschiff
Kapitaldienst	35,1 %	5,9 %
Betriebskosten	23,8 % (Instandhaltung 7,0; Versicherung 9,3; Crew 7,5)	6,3 % (Instandhaltung 1,8; Versicherung 1,4; Crew 3,1)
Reisekosten	11,1 % (Brennstoff 6,1; Ladungsakquise 5,0)	6,7 % (Brennstoff 1,7; Ladungsakquise 5,0)
Umschlag	30 %	80,9 %

Kostenstrukturvergleich ohne Umschlag

	Ro/Ro-Schiff	Containerschiff
Kapitaldienst	50,1 %	31 %
Betriebskosten	34 % (Instandhaltung 10; Versicherung 13,3; Crew 10,7)	32,9 % (Instandhaltung 9,6; Versicherung 7,3; Crew 16)
Reisekosten	15,9 % (Brennstoff 8,8; Ladungsakquise 7,1)	35,2 % (Brennstoff 9,2; Ladungsakquise 26)

[4] Vgl. z.B. Greiß, Ingo (1969), S. 57.
[5] Bezieht sich auf eine Korridoruntersuchung Lübeck-Göteborg; aus: Hoffmann, C. u.a. (1994), S. 46 ff.

Neben den, wie dargelegt, in der Linienschifffahrt generell hohen Fixkosten ist die Fähr- und Ro/Ro-Schifffahrt zusätzlich dadurch gekennzeichnet, dass den als fix anzusehenden Kosten, zumindest im reinen Seeverkehr von Hafen zu Hafen, eine noch größere Bedeutung zukommt als etwa in der Containerschifffahrt. Bei Berücksichtigung der Umschlagkosten erhöht sich der relative Anteil der fixen Kosten im Vergleich zum Containerverkehr weiter. Andere Quellen ermöglichen einen Vergleich mit weiteren Schifffahrtstechnologien.

Abb. 11: Typische Kostenstrukturen in der Ostseeschifffahrt in Abhängigkeit von der Technologie

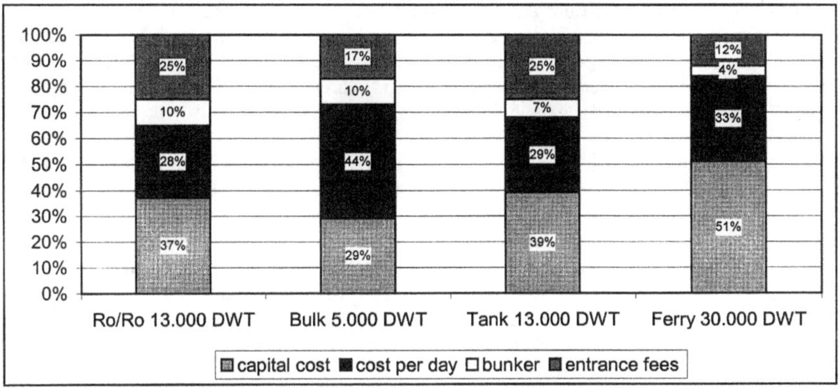

Quelle: Swedish Maritime Administration (2000), S. 58-59

Die Hochspezialisierung der Schiffe mit ihren konstruktiven Besonderheiten lässt Ro/Ro-Schiffe im Vergleich zu konventionellen Einheiten sehr kapitalintensiv ausfallen. Die Ursachen dafür liegen in:

- der hohen erforderlichen Nutzraumkapazität und einer durch die unterschiedliche Geometrie der Transportobjekte nicht immer adäquaten Auslastung (systembedingte schlechte Stauraumauslastung durch Zwischenräume sowie fehlende Stapelbarkeit der Transportobjekte)
- den hohen Sicherheitsanforderungen
- den durchlaufenden, möglichst stützenfreien Decks
- den hohen Besatzungskosten
- dem hohen Fahrgastkomfort.[6]

Zum konstruktiven Mehraufwand zählen auch die Hydraulikanlagen der Lifte, die Rampen, die Fernsteuerungen, die Sicherheits- und Brandschutzeinrichtungen sowie die Navigationshilfen.[7] Die hohen Kapitalkosten der Fähr- und Ro/Ro-Schiffe verursachen einen ständigen Produktivitäts- und Innovationsdruck, der ursächlich ist für den frühen bzw. Ersteinsatz von technischen oder organisatorischen Neuerungen (z.B. Strahlruder, Verstellpropeller, Wellengenerator, Umweltschutzanlagen, exakter Fahrplanverkehr, radarkontrollierte Bahnführung der Schiffe, integrierte Navigationssysteme, dieselelektrischer Antrieb, Antiheelingsysteme, leistungsfähige Lüftungssysteme, bewegliche Decks, Podantriebe) in der Branche.[8] Fährschif-

[6] Lüsch, Jürgen/Laue, Uwe (1992), S. 26; vgl. auch Garratt, Michael G. (1980a), S. 55.
[7] Vgl. Lüsch, Jürgen/Laue, Uwe (1992), S. 24 ff.; Linde, Horst (1986), S. 98.
[8] Vgl. Lüsch, Jürgen/Laue, Uwe (1992), S. 26.

fe erfordern auf Grund ihrer durchgehenden Decks, der schnellen Be- und Entladeprozesse, der hohen Anzahl von Schiffsöffnungen, aber auch der Passagierbeförderungsfunktion besondere Aufwendungen zum Stabilitätsausgleich bzw. Dämpfen von Rollbewegungen sowie technische Ausrüstungen bezüglich der Feuersicherheit.[9] Die Stabilität muss gewährleistet sein, auch wenn Decks voll Wasser gelaufen oder Teile der Ladung verrutscht sind. Die unterschiedliche Belastung der Decks während der Be- und Entlademanöver wird über automatische Krängungs- und Trimmanlagen ausgeglichen.[10] Das Befahren von Fahrzeugdecks mit Fahrzeugen oder Flurfördermitteln mit Verbrennungsmaschinen stellt besondere Anforderungen an das Lüftungssystem.[11] Dazu kommen verschiedene Systeme zur Unterstützung der Anlegeprozesse. Die Häufigkeit der An- und Ablegemanöver, das Bewegen in engen Gewässern sowie die Anforderungen an eine passgenaue und stabile Verbindung von Schiff und Landanlage stellen besondere Aufgaben an die Manövriereigenschaften der Fähren. Daraus ergeben sich spezielle Anforderungsprofile für den Antrieb. Fähren müssen punktgenau abstoppen, in engen Gewässern drehen oder in enge Fährbetten einlaufen können.

Durch den ständigen Modernisierungsdruck, die organisatorischen Aufwendungen, den hohen Anteil an Spezialausrüstungen sowie den Zwang zur regelmäßigen Bedienung der Route ist die Fährschifffahrt ein sehr kapitalkostenintensiver Schifffahrtszweig. Die Investitionen in hochspezialisiertes Schiffsmaterial sowie in hohem Maße angepasste Umschlaganlagen führten zu einer relativen Ausweitung anlage- und betriebsbedingter Fixkosten, wohingegen die Bedeutung der ladungs- und fahrtbedingten variablen Kosten abnahm. Eine weitere Ursache für die Kostenstruktur sind die in der Regel größeren, aber auch schnelleren Schiffe. Zudem operieren Ro/Ro-Einheiten durch die Personenbeförderungsfunktion unter strengen und kostenintensiven Sicherheitsregularien.[12]

Je höher die Fixkostenbelastung der Produktion, desto stärker wirkt die Degression der durchschnittlichen totalen Kosten je Leistungseinheit bei steigender Auslastung einer gegebenen Kapazität. Andersherum führt aber auch die hohe Fixkostenbelastung im Falle sinkender Kapazitätsauslastung zu einer ausgeprägten Progression der durchschnittlichen totalen Kosten je Leistungseinheit. Damit gewinnen in der Fähr- und Ro/Ro-Schifffahrt Kostenersparnisse aus der Ausnutzung von Größen- bzw. Skaleneffekten an Bedeutung. *Garratt* weist nach, dass der Ro/Ro-Verkehr erst bei relativ hohem Verkehrsvolumen Kostenvorteile gegenüber dem Containerverkehr erreichen kann. Die Kosten pro beförderter Einheit sinken bei steigender Beförderungsmenge wesentlich stärker als beim Container- oder konventionellen Verkehr. Die Ursachen liegen in der größeren Umschlagkapazität der Terminals sowie der größeren Beförderungskapazität der Schiffe. Die Vorteile des Ro/Ro-Systems vergrößern sich bei stärkerer Bündelung von Verkehren über eine Linie.[13]

---

[9] Vgl. Muttilainen, Harri (1991), S. 22.
[10] Vgl. Muttilainen, Harri (1991), S. 29.
[11] Schönknecht, Rolf/Laue, Uwe (1987/1988), Bd. 1, S. 110; Muttilainen, Harri (1991), S. 26-27.
[12] Vgl. z.B. Peeters, C./Verbeke, A./Declercq, E./Wijnolst, N. (1995), Kap. II, S. 26.
[13] Vgl. Garratt, Michael G. (1980a), S. 23, 29; (1980b), S. 229.

Skaleneffekte können unterschieden werden in:

1. technologische Skaleneffekte durch Massenproduktion von Transportleistungen (*economies-of-scale*)
2. kommerzielle Skaleneffekte durch Vorteile bei der Beschaffung von Vorprodukten bzw. -leistungen (*economies-of-size*)
3. Verbundeffekte (*economies-of-scope*).

zu 1.: Generell sind *economies-of-scale* gegeben, wenn bei steigendem *output* die *Langfristige Durchschnittskosten-Kurve* (LDK) fallend ist, d.h. mit zunehmender Ausbringungsmenge sinken die durchschnittlichen Kosten bei der Herstellung oder Erbringung von Produkten bzw. Leistungen. Die LDK ist ein Analyse-Konstrukt zur Erklärung von Industriestrukturen. Sie stellt eine Produktionsmöglichkeitskostenkurve dar, die die minimalen Durchschnittskosten für jede Ausbringungsmenge bei variabler Kapazität beschreibt. Die *Mindestoptimale Betriebsgröße* (MOS) ist als diejenige Menge charakterisiert, von der an keine Verringerung der Stückkosten mehr möglich ist.[14]

Besonders anfänglich führen zunehmende Ausbringungsmengen zu stark sinkenden Stückkosten, um dann bei weiterer Steigerung nur noch leicht zurückzugehen. Ab einer bestimmten Menge wandeln sich Verkehrskonzentrationen jedoch in *diseconomies-of-scale* um, etwa durch Wartezeiten in den Häfen, Überlastungen der Infrastruktur oder Verschlechterung der Umschlageigenschaften des Schiffes. In der Theorie werden auch gegenläufige Auswirkungen erhöhter Ausbringungsmengen diskutiert, etwa durch die steigende Komplexität der Prozesse.

Die Kostendegressionen sind größtenteils auf die Verteilung der Kosten auf eine größere Ausbringungsmenge zurückzuführen, können aber auch auf Spezialisierungsvorteilen beruhen. Ursache von *economy-of-scale*-Effekten sind neben der verbesserten Fixkostenaufteilung auch der auf Grundlage großer Mengen erfolgte Übergang zu mechanisierten oder sogar automatisierten Technologien, etwa im Umschlagbereich. Im Fährverkehr entstehen sie durch den Einsatz von Schiffen und Umschlaganlagen, die durch ihre geringe Teilbarkeit bei kleineren Beförderungsmengen ökonomisch nicht einsetzbar sind.

Zu unterscheiden ist zwischen der verbesserten Durchschnittsauslastung einer gegebenen Kapazitätseinheit sowie den Kosteneinsparungspotentialen durch den Einsatz größerer Kapazitätseinheiten.[15] *Economies-of-density* sind sozusagen eine Sonderform der *economies-of-scale*. Sie führen zu sinkenden Durchschnittskosten auf Grund der steigenden Auslastung einer gegebenen Kapazität. Eine kleinere, aber an die Nachfrage angepasste und besser ausgelastete Kapazität weist Vorteile auf gegenüber einer auf Größeneffekte zielenden, aber überdimensionierten Kapazität, die bei einer schlechten Auslastung zu höheren Durchschnittskosten führt.[16]

Wenn bedacht wird, dass die Gesamtnachfrage durch den Reeder kaum beeinflussbar ist und die Frachtratenhöhe sich aus der Markt- und Wettbewerbslage ergibt, verbleiben nur die Kosten als direkte Möglichkeit des Reeders zur Beeinflussung des Gewinns. Damit kommt der Rationalisierung des Seeschifffahrtsbetriebes eine besondere Bedeutung zu. Rationalisierungsgewinne sind primär durch eine optimierte Kapazitätsauslastung und die daraus resultierenden degressiven Kosten pro trajektierter Einheit zu realisieren.

---

[14] Vgl. Kruse, Jörn (1985), S. 20-23; Kolbe, Clemens (1991), S. 141.
[15] Vgl. dazu z.B. Sanmann, Horst (1971), S. 318.
[16] Vgl. Hinricher, Martina (1990), S. 34.

Vor allem der Einsatz größerer Schiffe ist gleichbedeutend mit Einsparungspotentialen bei der Besatzung, den Treibstoff- sowie Kapitalkosten, da die entsprechenden Kosten nicht proportional mit der Schiffsgröße steigen.[17] Die Kosteneinsparungen durch den Einsatz größerer Kapazitätseinheiten werden analog zu den *scale-economies* als *economies-of-ship-size* bezeichnet. Diese Effekte werden aus folgender Untersuchung der britischen *Monopolies and Mergers Commission* ersichtlich. Dabei wurden auf verschiedenen Strecken des Englischen Kanals eingesetzte Fähren unterschiedlicher Größe miteinander verglichen. Die Kostendegression (gleiche Auslastung vorausgesetzt) durch den Einsatz größerer Schiffe bei einer gleichbleibenden Anzahl täglicher Überfahrten (gleiche Strecke angenommen) ist dabei überdeutlich.

Tab. 39: Skaleneffekte in der Fährschifffahrt in Abhängigkeit von der Schiffsgröße

	P&O „Pride of Dover“	P&O „Pride of Kent“	Sealink „Fiesta“	Sealink „St. Anselm“	Sealink „Hengist“	
capacity PCUs	650	350	650	300	220	
number of crossings per day (each way)	5	5	4	4	4	3
total annual costs (£)	15.3	11.3	15.8	10.3	8.6	7.6
full year (330 day) operation						
utilisation	£ per PCU					
80 %	8.91	12.22	11.5	16.25	18.5	21.81
65 %	10.96	15.05	14.15	20.0	22.76	26.84
50 %	14.26	19.56	18.4	26.0	29.6	34.89
40 %	17.83	24.45	23.0	32.5	37.0	43.02

Quelle: Monopolies and Mergers Commission (1989), S. 31

Neben den *economy-of-scale-Effekten* durch den Einsatz großer bzw. hochausgelasteter Schiffe werden auch die Produktivitätsvorteile deutlich, die durch eine zusätzliche Überfahrt entstehen. Die Kosten pro Einheit sind neben der Auslastung auch von der Schiffsproduktivität in Bezug auf die Abfahrtsfrequenz gleichkapazitiver Schiffe abhängig.

Die Rationalisierungseffekte großer Kapazitätseinheiten beruhen auf:

- der Senkung der Treibstoff- und Personalkosten, bezogen auf die beförderte Einheit
- den Kostendegressionseffekten beim Bau des Schiffes
- den Kostendegressionseffekten beim Hafenumschlag
- der besseren Verteilung der Hafenanlaufkosten
- einer minimierten Anzahl der Antriebsanlagen
- dem unterproportionalen Anstieg der Maschinenleistung im Vergleich zur Tragfähigkeit
- den spezifisch geringeren Verwaltungskosten
- der auch bei größeren Schiffen konstanten Anzahl von benötigten technischen und navigatorischen Bauelementen (Hilfsdiesel, Kommunikations- und Navigationsanlagen, Brücke, MKR, Küche).

Auch die Besatzungskosten von Schiffen steigen nicht linear mit der Größenentwicklung an, sondern liegen für größere Schiffe nur wenig über denen kleinerer Einheiten. Etwas anders sieht es mit der Stärke des Servicepersonals aus, wobei die Zunahme der Personalstärke geringer ausfällt als die Kapazitätssteigerungsrate. In der Regel lassen sich auch vorhandene Anlagen an Bord (Küche, Verkaufseinrichtungen) besser auslasten. Erst bei Überschreitung gewisser Grenzen treten z.B. durch Besatzungsvorschriften sprungfixe Kosten auf.

[17] Vgl. Garratt, Michael G. (1980a), S. 73.

zu 2.: Sehr eng verbunden mit dem *economy-of-scale-Konzept* sind *economies-of-size*. Während *economies-of-scale* langfristig sinkende Durchschnittskostenverläufe bei konstanten Faktorpreisen und Faktoreinsatzverhältnissen bedeuten und damit auf den produktionstechnischen Bereich beschränkt bleiben, können *economies-of-size* die sinkenden Durchschnittskostenverläufe durch sinkende Faktorpreise erklären. Sie liegen vor, wenn große Reeder gegenüber kleineren Konkurrenten Vorteile beim Vorproduktenbezug, beim Schiffs- bzw. Bunkerkauf oder auf dem Kapitalmarkt realisieren können. Auch die Kosten des Vertriebs, des Marketings, der Administration und der Verwaltung werden durch die *economy-of-size-Effekte* positiv beeinflusst.[18]

zu 3.: Hinzu kommen Verbundeffekte, die als so genannte *economies-of-scope* beschrieben werden können. Diese entstehen, wenn zwei oder mehr Produktionsprozesse parallel ablaufen und die Kosten der gemeinsamen Produktion verschiedener Güter niedriger sind als die isolierte Produktion der gleichen Menge der Güter.[19] Betriebswirtschaftliche Ursachen für diesen Effekt liegen in der gemeinsamen Nutzung von Produktionsfaktoren für mehrere Produkte oder Transportsegmente. *Economies-of-scope* erklären auf der Basis von Kostenkomplementaritäten die Überlegenheit von Mehrprodukt-Unternehmen bzw. -verfahren gegenüber der Erzeugung nur eines Produktes. Durch die zeitlich versetzte Mehrfachnutzung der gleichen Stellplatzkapazität für verschiedene Nachfragesegmente kann jede gewonnene Einheit als zusätzlicher Kostendeckungsbeitrag angesehen und daher theoretisch zu Grenzkostenpreisen befördert werden.[20] Die Bedienung mehrerer Nachfragesegmente ermöglicht zudem den Einsatz großer, bei entsprechender Auslastung kostensparender Einheiten. Über die im Vergleich zur separaten Bedienung der Märkte geringeren Investitionen und geteilten Betriebskosten weist die kombinierte in der Regel Kostenvorteile gegenüber der spezialisierten Fährschifffahrt auf. Bei der gleichzeitigen Erstellung von Dienstleistungen für verschiedene Nachfragegruppen in der Fährschifffahrt, und zwar den Transport von Passagieren mit ihren Transportmitteln, von Waggons sowie Lkw/Trailern, handelt es sich um eine teilweise Alternativproduktion, da Pkw, Bus, Lkw sowie Waggon in Konkurrenz um den Produktionsfaktor Stellplatzkapazität stehen. Ist aber ausreichend Kapazität vorhanden, sinken mit jeder zusätzlich transportierten Einheit für alle Nachfragegruppen die durchschnittlichen Transportkosten. Ein Schiff mit verbundener Produktion muss in seiner Kapazität höher dimensioniert werden, aber mit jeder zusätzlichen Kapazitätseinheit fällt die Kostenzunahme nur noch marginal aus, während die auf Besatzung, Treibstoff usw. entfallenden Kosten sich auf eine größere Ausbringungsmenge verteilen lassen. *Economies-of-scope* resultieren auch aus der gemeinsamen Nutzung von Infra- und Suprastruktur sowie Abfertigungs- und Ladepersonal. Sie lassen sich ebenfalls auf die gemeinsame Inanspruchnahme von Administration, Vertrieb, Werbung usw. für mehrere Linien zurückführen.

3. Die Tendenz zu Konzentrationsprozessen in der Fährschifffahrt

Die Angebotsseite der Fährschifffahrt ist durch verschiedene Formen horizontaler Kooperation und Konzentration gekennzeichnet. Die Ursachen für die der Branche innewohnende Tendenz zur Bildung großer Unternehmenseinheiten ergeben sich insbesondere aus der im vorhergehenden Kapitel beschriebenen Kostenstruktur der Fährschifffahrt sowie den besonderen Bedingungen der Linienschifffahrt, also den hohen Investitionen und festen Kosten für den Aufbau und Betrieb stabiler und leistungsfähiger Linienverbindungen auch bei Nachfrageschwankungen. Die Tendenz zu Konzentrationsprozessen äußert sich in Fusionen oder Kooperationen zum Zwecke des gemeinsamen Betriebs von Linien.

---

[18] Vgl. z.B. Longrée, Helge-Michael (1982), S. 27.
[19] Panzar, J. C./Willig, R. D. (1981), S. 268 f.
[20] Vgl. Garratt, Michael G. (1980a), S. 149, 155.

Ein Merkmal der kapitalintensiven Verkehrsmärkte ist die Notwendigkeit, qualitativ hochwertige sowie regelmäßige Verbindungen anzubieten und dazu auf der Kostenseite Größenvorteile realisieren zu müssen. Die Kapazitätseffekte von Fähr- und Ro/Ro-Schiffen verlangen für eine adäquate Kapazitätsauslastung eine wesentlich stärkere Ladungskonzentration als bei konventionellen Einheiten. Daher ist für einen kostendeckenden oder gewinnbringenden Betrieb ein relativ hoher Marktanteil erforderlich.[21] Die Bedeutung der Größeneffekte in der Fährschifffahrt erklärt die stärkeren Ladungs- und letztendlich auch die Unternehmenskonzentrationen im Ro/Ro- und Fährverkehr.[22] Eine Folge sind Kapital- und Unternehmenskonzentrationen, um einerseits die notwendigen Kapazitäten finanzieren und andererseits die zur Auslastung nötigen Mengen bündeln zu können.

Winter sieht wichtige Ursachen für eine verstärkte Zusammenarbeit in der Branche im Übergang zu immer größeren und kapitalkostenintensiveren Schiffen, dem hohen Anteil von fixen Kosten und den hohen Marktaustrittsbarrieren.[23] Die Einführung einer neuen Technik zur Rationalisierung vorrangig des Hafendurchlaufs ermöglichte den Einsatz größerer Betriebseinheiten. Die Größenlimitationen der Schiffe bestanden nicht mehr vorrangig in fehlender Umschlagleistungsfähigkeit und damit Verschlechterung des See-Hafenzeit-Verhältnisses, sondern eher in den natürlichen Restriktionen bezüglich Hafenzufahrten oder Kaimauerlängen u.ä. Die Indienststellung neuer Schiffe ist in der Regel mit einem Kapazitätssprung verbunden, weil die neuen Einheiten die zu ersetzenden alten bezüglich der Kapazität übertreffen. Da Schiffe durch ihre lange Lebensdauer für eine erst in der Zukunft erwartete Nachfrage konzipiert werden, stehen in den ersten Jahren des Einsatzes oft freie Kapazitäten zur Verfügung. Kurzfristig kann keine proportionale Zunahme der Gesamtnachfrage im Vergleich zur Kapazitätssteigerung angenommen werden, so dass eine Konzentration der vorhandenen Nachfrage auf wenige Reeder nötig ist.

Der Prozess der Konzentration ist ebenso aus der Kapitalintensität der Produktion ableitbar. Der technische Fortschritt lässt Produktionsmittel wie technologie- und kapitalintensive Schiffe entstehen, deren Bau und Betrieb derart hohe Kapitalsummen erfordern, dass nur wenige finanzkräftige Unternehmen in der Lage sind, den technischen Fortschritt zu ihren Gunsten auszunutzen. Eine Mindestgröße war in der Regel Voraussetzung, um sich am technologischen Umstellungsprozess beteiligen zu können. Die Zusammenlegung von Transportkapazitäten erleichtert die Kapitalaufbringung zur Aufrechterhaltung einer den Serviceerfordernissen angepassten Linienverbindung bei gleichzeitiger Verteilung der Risiken auf mehrere Reeder. Damit bildete eine Konzentration der Nachfrage auf weniger und größere Schifffahrtsunternehmen die Grundlage für den erfolgreichen Übergang von der konventionellen Stückgut- zur Ro/Ro-Schifffahrt. Weiterhin sorgt der technische Fortschritt in Form immer größerer Schiffe dafür, dass die Kapazitäten weniger Reeder ausreichen, einen Markt optimal mit Transportkapazität zu versorgen.

---

[21] Vgl. Garratt, Michael G. (1980a), S. 101.
[22] Vgl. Garratt, Michael G. (1980a), S. 231; Larsson, Everth (1983), S. 62-63.
[23] Winter, Nils H. (1986), S. 111.

Tab. 40: Merkmale der Fährschifffahrt

- Die Nachfrage, sowohl im Güter- als auch im Passagierverkehr, ist in ihrer Höhe zeitlich sehr stark ausgeprägten Schwankungen unterworfen. Diese werden unterteilt in saisonale, tageszeitliche sowie wochentägliche Schwankungen. Die Kapazität ist durch die langfristige Wirksamkeit der Investition sowie die Größe des einzelnen Transportgefäßes schwer mit der Verkehrsaufkommensentwicklung in Übereinstimmung zu bringen. Die starken Schwankungen der Verkehrsnachfrage zwingen die Reeder zu einer Bemessung der Kapazitäten weitestgehend nach Spitzennachfrageniveau.
- Der unterschiedliche Nachfrageanfall in den Verkehrsrichtungen spielt durch die Rückführung der Transportbehälter zwar keine große Rolle, die Nachfrage im Zielhafen fällt aber nicht unbedingt zeitlich mit der Ankunft des Schiffes aus dem Abgangshafen zusammen.
- Die höhere Leistungsfähigkeit des Ro/Ro-Systems gegenüber konventionellen Systemen, insbesondere im Umschlag und Hafendurchlauf, ermöglichte die Einführung größerer Schiffe und ließ die Kapazität wesentlich ansteigen. Dadurch stieg der Anteil der Kapitalkosten an den Gesamtkosten der Operation relativ an und damit auch der Anteil der mittel- bis langfristig fixen Kostenbestandteile. Die mit der Höhe der Beförderungsmengen verbundenen Kosten nahmen dagegen an Wert ab.
- Damit rückte eine befriedigende Kapazitätsauslastung in den Mittelpunkt der Anstrengungen zur Verbesserung der Wirtschaftlichkeit. Der Preispolitik inklusive der Preisdifferenzierung sowie der Kapazitätsdimensionierung kommen dabei eine besondere Bedeutung zu.

Überkapazitäten entstehen tendenziell dadurch, dass jeder Anbieter auf mittleren Strecken ein System aus Morgen- und Abendabfahrt aufbauen muss, um in beiden Verkehrsrichtungen jeweils die stark nachgefragte Abendabfahrt bedienen zu können. Dabei entsteht zwangsläufig auch ein Angebot auf der weniger nachgefragten Morgenabfahrt. Mit nur einem Schiff kann das im Wettbewerb nötige Serviceniveau aber nicht erreicht werden. Daher ist für jeden Wettbewerber die Aufstockung des Dienstes auf zwei Einheiten notwendig. Diese Einheiten müssen darüber hinaus eine Mindestgröße aufweisen, um die aus Wettbewerbsgesichtspunkten nötige Kostenreduktion erreichen zu können. In der Praxis erweist sich die Aufgabe, die aus Kostengesichtspunkten möglichst große Kapazität mit den Erfordernissen einer ausreichenden Abfahrtsdichte in Übereinstimmung zu bringen, als sehr schwierig. Die Einhaltung von Mindeststandards bezüglich der Abfahrtsfrequenz sowie der Ausrichtung der Schiffskapazität jedes einzelnen im Einsatz befindlichen Schiffes auf die Spitzennachfrage kann damit zu einer Überkapazität im Fahrtgebiet führen.[24]

Eine Begrenzung der Anbieterzahl führt automatisch auch zu einer Begrenzung der Überkapazitätsgefahr. Die durchschnittliche Kapazitätsreserve einer kleinen Anbieteranzahl ist wesentlich geringer als die Kapazitätsreserve einer unendlich hohen Anzahl von Anbietern. Durch Fusionen oder Linienkonzentrationen ergibt sich eine wirtschaftlich sinnvolle Schiffsanzahl ebenso wie eine optimale Anzahl von Abfahrten, da nur noch ein System an den Spitzenbedarf anzupassen ist. Kooperationen, das Poolen von Ressourcen oder die Zusammenlegung von Linien ergeben in der Regel bessere ökonomische Resultate für den Reeder als der Wettbewerb unabhängiger Linien.[25]

---

[24] Vgl. Brogren, Klas/Hillberg, Esbjörg/Nordborg, Stig (1978), S. 88.

[25] Vgl. z.B. Ojala, Lauri (1995a), S. 103 und seinen Verweis auf die von ihm durchgeführten Berechnungen auf der Grundlage der Spieltheorie.

In einem Umfeld mit einer teilweise sehr gering ausgeprägten räumlichen Einsatzflexibilität der Schiffe sind Möglichkeiten der Kapazitätsanpassung durch Verkauf, alternativen Einsatz oder Vercharterung begrenzt. Zudem werden diese Probleme durch feste Querungen weiter verstärkt. Die durch Rationalisierung oder feste Querungen überflüssige Tonnage bleibt damit weiterhin wettbewerbswirksam. Ein Reeder ist also einerseits nicht in der Lage, die Nachfragehöhe durch eigene Aktionsparameter wesentlich zu beeinflussen, andererseits fehlt es ihm an Möglichkeiten, sich kurz- und langfristigen Nachfrageschwankungen durch Kapazitätsflexibilität wirksam anzupassen. Industrien mit spezialisierten, kapitalintensiven Anlagen, in denen es sehr schwer ist, die Kapazitäten zu reduzieren, neigen stärker als kapazitätsflexiblere Industrien zu langen Überkapazitätsphasen und starkem Preisdruck.

Eine horizontale Kooperation ist dadurch gekennzeichnet, dass eigentlich zueinander in Wettbewerb stehende Unternehmen der gleichen Produktionsstufe bestimmte Aufgabenbereiche gemeinsam wahrnehmen. Bei Kooperationen wird die Leistung von mindestens zwei Reedern erbracht; unabhängig davon, mit welcher Reederei der Nachfrager einen Transportvertrag geschlossen hat. Eine Kooperation beruht auf einer vertraglich fixierten Zusammenarbeit, während eine Konzentration kapitalmäßige Verflechtungen beinhaltet. Ein Konzentrationsvorgang ist im Gegensatz zu einer Kooperation auch mit einem Verlust an autonomem Handlungsspielraum verbunden. Die Dispositionsgewalt über alle Unternehmensressourcen wird dabei an das neue Unternehmen übertragen. Eine Kooperation beschränkt sich dagegen in der Regel auf Teilbereiche und auf limitierte Zeiträume.[26] In der Fährschifffahrt sind, mit Ausnahme der Eisenbahnfährschifffahrt, kaum dauerhafte Kooperationsbeziehungen nachweisbar. Stattdessen werden Kooperationen früher oder später durch Übernahmen oder Fusionen abgelöst. Damit stellen diese gewissermaßen die Endstufe der Kooperationsentwicklung dar.

Ziele der Kooperationen im Fährverkehr sind die verbesserte geographische Marktabdeckung, eine Risikoteilung, die Vervollkommnung des Liniennetzes, die Angebotsverdichtung durch einen gemeinsamen Schiffseinsatz sowie die Kapazitätsbegrenzung durch die gemeinsame Flottenplanung. In einer Konzentration werden diese Vorteile noch verstärkt.

Tab. 41: Vorteile einer Unternehmenskonzentration bzw. -kooperation in der Fährschifffahrt

➢ einheitliche Kapazitätspolitik
➢ Verbesserung der Investitionsbasis durch Bündelung der finanziellen Ressourcen
➢ Vergrößerung der Kunden- und Umsatzbasis
➢ einheitliche Vermarktung
➢ gemeinsame Schiffsbestellung
➢ abgestimmte Fahrpläne mit optimierten Abfahrtszeiten
➢ gemeinsame Personal- und Besatzungspolitik
➢ gemeinsame Festlegung der Frachtraten
➢ Erschließung von Kostensenkungspotentialen bei Einkauf, Service und Buchung

[26] Vgl. Clasen, Bernward (1970), S. 20 f.

V Der Markt für Fähr- und Ro/Ro-Trajektionsleistungen zwischen Schweden und dem kontinentalen Europa

1. Abgrenzung des Untersuchungsmarktes aus räumlicher, sachlicher und zeitlicher Sicht

Obwohl im Koordinationsmängel-Diagnose-Konzept (KMD) die Marktfunktionen ungeachtet der Marktabgrenzungen ausreichend erfüllt werden sollten, ist für jede Untersuchung auf Funktionsfähigkeit des Wettbewerbes die Definition des relevanten Marktes eine notwendige Voraussetzung. Dies trifft im KMD insbesondere auf die Übermachterosionsfunktion zu.

Der relevante Markt ist kein konstantes Gebilde oder Konzept. Alle Marktabgrenzungskonzepte sind mehr oder weniger von Werturteilen abhängig und daher nicht unumstritten. Je nach Auswahl der sachlichen, zeitlichen und räumlichen Kriterien können Märkte in kleinere zerlegt oder zu größeren zusammengefasst werden. Daher sollten Märkte im Einzelfall in Abhängigkeit von der jeweiligen Problemsituation sowie dem Erkenntnisziel definiert und als „relevante Märkte" bestimmt werden. Ziel der Bestimmung des relevanten Marktes ist eine Identifizierung ökonomischer und wettbewerblicher Beziehungen und Wechselwirkungen aller Art, um diese in einem zweiten Schritt beurteilen zu können.[1]

1.1 Sachliche Abgrenzung des Marktes

Zur Abgrenzung von Märkten besteht eine Vielzahl unterschiedlicher Ansätze. Im Folgenden sollen insbesondere die volkswirtschaftlich determinierten Konzepte untersucht werden. Dabei steht der sachliche Aspekt im Vordergrund; die folgenden Methoden finden aber ebenso Anwendung bei der räumlichen und zeitlichen Bestimmung des relevanten Marktes. Eine sachlich korrekte Marktabgrenzung ist an die Zusammenfassung all derjenigen Produkte und Dienstleistungen gebunden, die aus Sicht der Nachfrager die nachgefragte Funktion zu erfüllen in der Lage und dabei gleichzeitig ohne wesentliche Nachteile für die Nachfrager untereinander austauschbar sind.

Tab. 42: Beschreibung der wesentlichen Marktabgrenzungskonzepte

Abgrenzungskonzept	**Abgrenzungskriterien**
Industriekonzept (*Marshall*)	gleiche Güter (nach technisch-physikalischen Kriterien) bilden eine Marktgruppe
Elementarmarkt/Konzept der Marktbeziehungen (*Stackelberg*)	gleiche Güter zu einem einheitlichen Preis bilden einen Elementarmarkt
Konzept der Substitutionslücke (*Chamberlin*, *Robinson*)	nach dem Kriterium der Substitutionselastizität zwischen unterschiedlichen Produkten und Dienstleistungen wird die Substitutionslücke als Marktabgrenzungslinie festgelegt
Bedarfsmarktkonzept (*Abbot*, *Arndt*)	als Abgrenzungskriterium dienen Erfüllung gleicher Grundbedürfnisse, gleicher wirtschaftlicher Verwendungszweck und die funktionale Austauschbarkeit der Güter
Theorie der externen Interdependenz (*Triffin*)	Substituierbarkeit wird durch die Kreuzpreiselastizität ermittelt
Konzept der Wirtschaftspläne (*Erich Schneider*)	zum relevanten Markt gehören alle Unternehmen, die in ihren Wirtschaftsplänen die Aktionsparameter und Verhaltensweisen gegenseitig berücksichtigen

[1] Stackelberg, Friedrich von (1974), S. 5.

Das auf *Alfred Marshall* zurückgehende *physikalisch-technische Industriekonzept* fasst alle Produktionsunternehmen zu einer Marktgruppe zusammen, die physikalisch-technisch gleiche Güter herstellen. Aus Sicht der Nachfrager ist aber nicht die technische, sondern die wirtschaftliche Homogenität in Bezug auf die Befriedigung bestimmter Bedürfnisse ausschlaggebend.[2] Damit kann dieses Konzept die Anforderungen zur Bestimmung des relevanten Marktes nicht erfüllen.[3]

Aufbauend auf dieser Kritik entstanden Konzepte, die die Marktbildung vorrangig aus der Substituierbarkeit von Produkten ableiteten. Hierzu zählen das *Konzept der Substitutionslücke*, das *Konzept der Marktbeziehungen*, das *Konzept der externen Interdependenz* sowie das *Bedarfsmarktkonzept*.

Nach der im Wesentlichen von *Robinson* und *Chamberlin* vertretenen *Theorie der Substitutionslücke* können im Prinzip alle Produkte (bzw. Dienstleistungen) untereinander als substituierbar gelten, wobei der Grad der Substituierbarkeit natürlich unterschiedlich stark ist. Die Theorie stellt die Überlegung in den Mittelpunkt, dass sich z.B. alle Konsumgüter in Konkurrenz um die kaufkräftige Nachfrage befinden. Diese Substitutionskette wird jedoch von einigen Substitutionslücken unterbrochen. Märkte bilden sich um die Produkte und Dienstleistungen, die aus Sicht der Nachfrager eine hohe gegenseitige Austauschbarkeit besitzen. Substitutionslücken entstehen, wenn die Substituierbarkeit sehr klein ausfällt bzw. an starke preisliche Anpassungen gebunden ist. Substitutionslücken bilden gewissermaßen die Marktgrenzen.[4] Da aber operationalisierbare Kriterien zur Feststellung und Bestimmung von Substitutionslücken fehlen, leidet darunter die Praxisrelevanz des Konzeptes.[5]

Mit dem Konzept des Elementarmarktes ist *Heinrich von Stackelberg* ein Vertreter der *Theorie der Marktbeziehungen*. Ein größerer, heterogener Markt wird so lange in kleinere Segmente geteilt, bis die verbleibenden Teilmärkte durch das Fehlen von sachlichen, persönlichen, räumlichen und zeitlichen Präferenzen, also von Homogenität, gekennzeichnet sind. Auf den Teilmärkten werden ausschließlich homogene Güter zu einem einheitlichen Preis angeboten und nachgefragt. Die einzelnen Elementarmärkte sind als vollkommene Teilmärkte eines unvollkommenen Gesamtmarktes durch die substitutiven Angebots- und Nachfragebeziehungen miteinander verbunden. Die Grenzen des relevanten Marktes sind dort zu ziehen, wo die Substitutionsbeziehungen vernachlässigbar klein werden.[6] Dieses Konzept ist zwar wissenschaftlich exakt, aber nichtssagend und praktisch nicht anwendbar.[7]

Das *Konzept der externen Interdependenz* von *Triffin* fasst alle Güter zu einem Markt zusammen, die sich durch gegenseitige Abhängigkeit beim Verkauf auszeichnen. Ausdruck dafür sind hohe symmetrische Kreuzpreiselastizitäten der Nachfrage.[8] Es löst mit Hilfe der ökonomischen Kategorie der Substituierbarkeit den Marktbegriff zugunsten einer allgemeinen Interdependenz der Güter auf. Die Kreuzpreiselastizitäten sind in der Realität nur selten bekannt oder theoretisch ableitbar. Bezüglich der Operationalisierung der Abgrenzungskriterien bedeutete dieses Konzept einen wichtigen Fortschritt; unter den in der Realität kaum feststellbaren vielfältigen Substitutionsbeziehungen und Kreuzpreiselastizitäten leidet jedoch die praktische Nutzbarkeit des Konzeptes.

---

[2] Schmidt, Ingo (1965), S. 454; (1990), S. 46.
[3] Vgl. z.B. Schmidt, Ingo (1981), S. 27.
[4] Robinson, Joan (1969), S. 4 f.; Chamberlin, Edward H. (1963), S. 56 ff.
[5] Vgl. Lemper, Burkhard (1996), S. 91.
[6] Stackelberg, Heinrich von (1934), S. 29 ff.
[7] Schmidt, Ingo (1965), S. 455.
[8] Triffin, Robert (1940).

Das *Konzept des Bedarfsmarktes* nimmt die Marktabgrenzung anhand der zwischen Gütern bestehenden Substitutionsbeziehungen vor, wobei die Güter die gleichen Grundbedürfnisse (*Abbott*) oder aber den gleichen gesellschaftlichen Bedarf (*Arndt*) befriedigen.[9] Beim *Bedarfsmarktkonzept* wird die sachliche Marktabgrenzung durch die Ermittlung der funktionalen Austauschbarkeit von Gütern vorgenommen, die beim Nachfrager der Befriedigung gleicher Bedürfnisse dienen.[10] Eine Definition des Bedarfsmarktes ist auf die Beurteilung von Nachfragern, Experten oder aber sehr genaue Marktkenntnisse angewiesen. Damit krankt das Konzept ebenfalls an einer mangelnden Operationalisierbarkeit von Marktabgrenzungskriterien.

Ein weiteres Marktabgrenzungskonzept ist das so genannte *Konzept der Wirtschaftspläne* von *Erich Schneider*. Danach gehören alle Unternehmen zu einem Markt, die in ihren Plänen wechselseitig die Entscheidungen und Entwicklungen anderer Unternehmen berücksichtigen. Damit beachtet der Unternehmer, dass sein Absatz nicht allein von seinen, sondern auch von den Aktionen weiterer Unternehmer abhängt.[11] Dieses Konzept wäre bei Operationalisierbarkeit der Kriterien ohne Zweifel ein geeignetes Marktabgrenzungskonzept. Da aber die subjektiven Einschätzungen der Unternehmen über die Konkurrenz nicht immer bekannt sind, ist das Konzept als Marktabgrenzungsmethode praktisch nicht einsetzbar.[12]

Obwohl alle beschriebenen Marktabgrenzungsansätze Schwächen aufweisen, scheint bei einer genauen Marktkenntnis die Anwendung des *Bedarfsmarktkonzeptes* zur Bestimmung des relevanten Marktes gerechtfertigt.

1.2 Räumliche Abgrenzung des Marktes

Auch für die räumliche Marktbestimmung soll das *Bedarfsmarktkonzept* herangezogen werden. Mit einem Transportvorgang soll die Nachfrage nach einem Gut an einem Ort, der geographisch von dem Ort der Gütererstellung entfernt liegt, befriedigt werden. Unter räumlichen Gesichtspunkten treten alle Transportangebote miteinander in Wettbewerb, die das Grundbedürfnis der Verlader nach Entfernungsüberwindung zwischen bestimmten Lade- und Zielorten erfüllen können.

Eine räumliche Abgrenzung erfolgt in der Regel durch gesetzliche, natürliche, technische, vor allem aber wirtschaftliche Tatbestände. Geographische Teilmärkte werden über die Quellen und Senken der Transportketten abgegrenzt. Auf der untersten Hierarchiestufe ergeben sich die Teilmärkte im Sinne von Haus-zu-Haus-Transporten. Eine besondere Bedeutung bezüglich der räumlichen Marktabgrenzung kommt den Kosten zu, die für die Transportgüter bei einer Abweichung von der geographischen Optimallinie entstehen. Diese Kosten (im Verhältnis zu ihrem Wert) bestimmen die Variabilität der Güter bezüglich der Linienwahl. Dabei spielen neben den Seetransportkosten die Landtransportkosten eine entscheidende Rolle. Die räumliche Zuordnung der Transportangebote zum relevanten Markt wird durch die Austauschbarkeit der ostseequerenden Linien für die Nachfrager unter Kosten-, aber auch Zeitgründen bestimmt. Der relevante Markt umfasst den Bereich, in dem es den Nachfragern unter Zeit- und Kostengesichtspunkten möglich ist, verschiedene Angebotsalternativen zu nutzen.

---

9 Schmidt, Ingo (1965), S. 455.
10 Schmidt, Ingo (1965), S. 458.
11 Schneider, Erich (1972), S. 68.
12 Vgl. Oehne, Frank (1987), S. 61.

1.3 Zeitliche Abgrenzung des Marktes

Die zeitliche Abgrenzung des Marktes sollte zwei Kriterien beinhalten. Zum relevanten Markt zählen diejenigen Anbieter, die zu einem vom Kunden gewünschten Zeitpunkt bzw. innerhalb eines vom Kunden akzeptierten Zeitrahmens die gewünschte Leistung erbringen können sowie deren Leistungserfüllung eine vom Kunden akzeptierte Zeitspanne nicht übersteigt. Die zeitliche Komponente beinhaltet also Transportdauer und -zeitpunkt. Eine zeitliche Marktabgrenzung bezieht sich darauf, dass Austauschprozesse nur bei Gleichzeitigkeit von Angebot und Nachfrage realisierbar sind.

Entscheidend für die zeitliche Marktabgrenzung ist ebenso die Wahl des Analysezeitraumes. Da das Koordinationsmängel-Diagnose-Konzept Marktstrukturgrößen und deren Veränderungen untersucht, sollte der Analysezeitraum ausreichend lang gewählt werden, um Strukturveränderungen erfassen und zuordnen zu können.[13] Durchgeführte Investitionen wie der Bau von Schiffen oder die Eröffnung neuer Linien bedürfen langer Planungs-, Bau- und Amortisationszeiten. Daher wurde als Analysezeitraum nahezu ein gesamtes Jahrzehnt gewählt. Teilweise konnten auf Grund der unzureichenden Datenverfügbarkeit aber nur kürzere Zeiträume untersucht werden.

1.4 Zusammenfassung des relevanten Marktes

Als relevanter Markt im Transportbereich gilt nach dem *Bedarfsmarktkonzept* das räumliche und zeitliche Zusammentreffen von Angebot und Nachfrage für Leistungen, die im Hinblick auf die Befriedigung bestimmter Bedürfnisse funktional austauschbar sind.[14] In Konkurrenz stehen damit alle substitutiven Transportleistungen einer bestimmten Transportrelation in einer bestimmten Zeitspanne. Die Prüfung auf Substituierbarkeit erfolgt nach den Gleichheitskriterien des Bedarfsmarktkonzeptes:[15]

- Erfüllung gleicher Grundbedürfnisse: Entfernungsüberwindung zwischen Versand- und Zielort
- funktionale Austauschbarkeit: Einbeziehung verschiedener Verkehrsträger und Transportverfahren
- gleicher wirtschaftlicher Verwendungszweck: Vergleichbarkeit der Preise
- vergleichbare Serviceparameter: Dauer, Termine, Häufigkeit, Zuverlässigkeit.

Aus Sicht der Nachfrager treten all jene Anbieter von Verkehrsleistungen miteinander in Wettbewerb:[16]

1. die die gewünschte Relation bedienen
2. die das betreffende Gut (bzw. die betreffende Ladeeinheit) in gewünschter Menge befördern können
3. die den Transport unter den für das Gut bzw. die Ladeeinheit notwendigen technischen Bedingungen durchführen können
4. die die Leistung zum gewünschten Zeitpunkt oder in der gewünschten Zeitspanne erbringen können
5. deren Leistungen zu einem Preis angeboten werden, die der Verlader bzw. Spediteur zu zahlen bereit ist.

---

[13] Vgl. Lemper, Burkhard (1996), S. 104-105.
[14] Schmidt, Ingo (1965), S. 458.
[15] Biebig, Peter/Althof, Wolfgang/Wagener, Norbert (1995), S. 137-138.
[16] Seidenfus, Hellmuth St. (1959), S. 143.

Die Bestimmung des relevanten Marktes erfolgt konkret nach sachlichen (technologische und kostenmäßige Affinität der Ladung und des Behälters zur Beförderungstechnologie Ro/Ro), geographischen (die Lage des Ursprungs- und Zielortes zueinander sowie die sich daraus ergebende Affinität zur Nutzung bestimmter Verkehrskorridore) sowie zeitlichen Kriterien (die Differenzierung erfolgt dabei nach der Möglichkeit, zeitliche Restriktionen und Vorgaben mit Hilfe bestimmter Verkehrsangebote einzuhalten).

Für die sachliche Marktabgrenzung steht die Austauschbarkeit von Transportleistungen zwischen Nord- und Kontinentaleuropa im Vordergrund. Es ist zu untersuchen, welche Transportmittel diese Aufgabe aus Nachfragersicht erfüllen können. Ausgangspunkt für die Bestimmung des relevanten Marktes ist das gesamte stückgutrelevante Güteraufkommen im Außenhandel zwischen Nord- und Kontinentaleuropa. Da Stückgüter vor allem mit genormten Behältern transportiert werden, zählen ausschließlich Ro/Ro-fähige Transporteinheiten wie Lkw, Trailer, Container usw. zum relevanten Aufkommen. Im Mittelpunkt der Überlegungen zur sachlichen Marktabgrenzung steht daher die Dienstleistung des Transportes von Trailern und Lkw zwischen Schweden und dem kontinentalen Europa.

Ungeachtet der generellen Substituierbarkeit von Transportleistungen bieten die weiteren Faktoren funktionale Austauschbarkeit sowie gleicher wirtschaftlicher Verwendungszweck die Möglichkeit, den Markt bei Bedarf auch tiefer zu strukturieren und damit enger zu fassen. Da ausschließlich diejenigen Leistungen dem sachlich und räumlich relevanten Markt zuzuordnen sind, die aus Sicht der Nachfrager zur Deckung eines *bestimmten* Bedarfs in gleicher oder ähnlicher Weise geeignet erscheinen und daher relativ kurzfristig untereinander austauschbar sind, sollen erst einmal nur die Fährlinien in den relevanten Markt aufgenommen werden, die eine direkte Verbindung zwischen Schweden sowie dem kontinentalen West- und Mitteleuropa herstellen. Ein Grund dafür sind aber auch Restriktionen statistischer Art. Als Nachfrage gilt der Bedarf der Spediteure nach Lkw- und Trailerverschiffungen über die Ostsee zwischen deutschen und schwedischen Fährhäfen. Durch die Grenzlage sollen die Fährverbindungen, die den polnischen Hafen Swinemünde als Ausgangspunkt haben, ebenfalls in den relevanten Markt aufgenommen werden.[17] Als relevant sieht der Verfasser ebenso den Transitanteil der zwischen deutschen und dänischen sowie dänischen und schwedischen Häfen verkehrenden Fährlinien sowie das Transportvolumen der Ro/Ro-Linien über die Nordsee an. Zuordnungsprobleme statistischer Art bedingen jedoch (außer im Übermachterosionsprozess) eine Beschränkung auf die Fährlinien der so genannten Kiel-Swinemünde-Range nach Schweden.

Diese Marktabgrenzung wird unterstützt durch verschiedene Entscheidungen der Europäischen Kommission. Im Fall Helsingborg/Helsingør hat die Kommission festgestellt, dass „der relevante räumliche Markt sämtliche Beförderungsleistungen zwischen Norwegen, Schweden, Dänemark einerseits und West- und Ostdeutschland andererseits, d.h. den Skagerrak, das Kattegatt und die Ostsee umfasst".[18] Damit hat die Kommission für die Bestimmung des relevanten Marktes den gesamten Fährverkehr zwischen Deutschland und Skandinavien (inklusive Dänemark) als maßgeblich erachtet. Ähnliche Marktabgrenzungen wurden in der Entscheidung der Kommission vom 11.6.1992 im Fall Sealink B&I Holyhead und vom 21.12.1993 im Fall Sea Containers/Stena Sealink vorgenommen (räumlich relevanter Markt ist der Markt für die Bereitstellung von Transportdienstleistungen für Passagiere und Fahrzeuge im zentralen Korridor zwischen Großbritannien [Vereinigtes Königreich] sowie der Republik Irland).[19] Ebenso wurde in der Morlaix-Entscheidung der Kommission als relevanter Markt der Markt

---

[17] Tendenziell gehören auch weitere polnische Häfen, etwa Gdynia, zum relevanten Markt.

[18] Mitteilung der Kommission vom 14.2.1992, Amtsblatt 1992, Nr. C 36/5.

[19] Entscheidung der Kommission vom 11.6.1992 (IV-34.174 unveröffentlicht), sowie vom 21.12.1993, Amtsblatt 1994, Nr. L 15/8.

für die Bereitstellung von Häfen in der Bretagne für den Fährverkehr nach Irland angesehen.[20] Etwas abweichend von der üblichen Entscheidungspraxis wurde, wenn auch bezogen auf Hafen- und nicht auf Fährleistungen, in der Rødby-Entscheidung der Markt zur Organisation von Hafenleistungen auf dem Seeweg Rødby-Puttgarden als relevant bezeichnet.[21] Übertragen auf die südliche Ostsee wird in Summe aber die Bildung des relevanten Marktes einschließlich aller Fährlinien der Kiel-Swinemünde-Range nach Schweden (bzw. unter Berücksichtigung des Transitanteils der Fährlinien zwischen deutschen und dänischen sowie dänischen und schwedischen Häfen) unterstützt.

Aus zeitlicher Hinsicht sollen diejenigen Anbieter in Betracht gezogen werden, die die gewünschte Trajektionsleistung zu einem von den Nachfragern gewünschten Zeitpunkt erbringen können. Es wird unterstellt, dass die hohe Abfahrtsfrequenz der Fährlinien die zeitliche Übereinstimmung von Angebot und Nachfrage herstellen kann, so dass zeitliche Einschränkungen bei der Marktdefinition keine Rolle spielen.

In einem zweiten Schritt soll diese Marktbetrachtung hilfsweise durch eine Betrachtung aller Transportwege und Transportarten ergänzt werden, die der Nachfrage der Speditionen nach Transportleistungen für fähraffine Ladung in ähnlicher Weise entsprechen können. Der Fährverkehr tritt insbesondere in Substitutionskonkurrenz zum durchgehenden Landverkehr. Ähnliches gilt in Abhängigkeit von der einzelnen Gutart für die Konkurrenz zur konventionellen Küstenschifffahrt und zu spezialisierten Verkehrsangeboten (Autotransporter, Forstproduktentransporter, Schwergutschifffahrt, Luftfracht). Es erwies sich aber als unmöglich, diese Substitutionskonkurrenz immer ausreichend zu quantifizieren. Zudem bestehen Wettbewerbsbeziehungen zu anderen Verkehrsträgern nur in gewissen Bereichen (Papier, eilbedürftige Container, Expressgut).

[20] Entscheidung der Kommission vom 16.5.1995 (IV-35.388 unveröffentlicht).
[21] Entscheidung der Kommission vom 21.12.1993 Amtsblatt 1994, Nr. L 55/52.

2. Beschreibung des relevanten Marktes

2.1 Vorstellung des Marktgebietes

Abb. 12: Wichtige Fährlinien der südlichen Ostsee

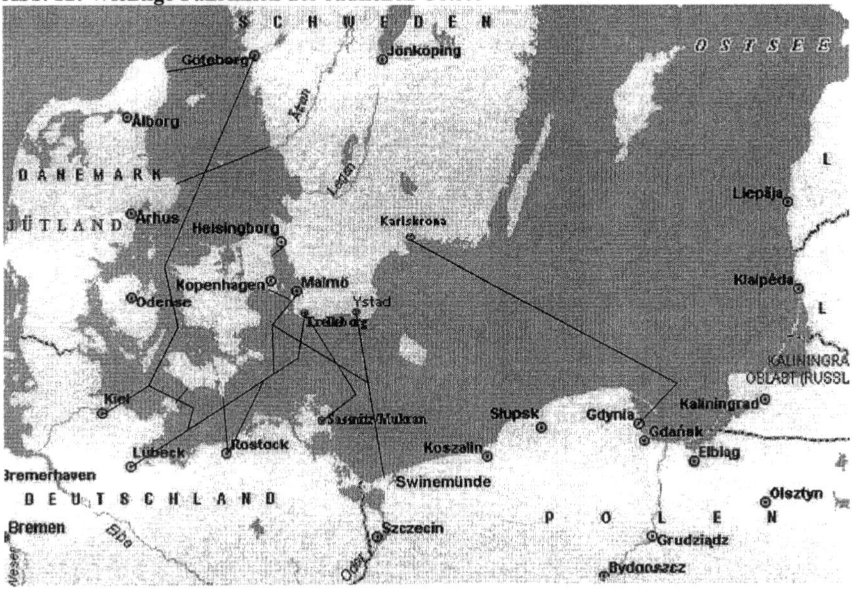

Das betrachtete Marktgebiet wird oft als südliche oder südwestliche Ostsee bezeichnet. Unter südlicher Ostsee wird üblicherweise der Bereich der Ostsee verstanden, der durch die gedachten Verbindungslinien zwischen Usedom/Wollin - Bornholm - südschwedischer Küste zwischen Ystad und der Öresundregion - den dänischen Inseln Seeland/Falster/Lolland sowie der deutschen Ostseeküste eingegrenzt wird. Die dänischen Hauptinseln finden ihre Verbindung zu Deutschland über die Vogelfluglinie und die Linie Rostock-Gedser, die aber ebenso dem Schweden-Transit durch Dänemark dienen. Der überwiegende Teil des Verkehrs mit Schweden nutzt die Direktlinien zwischen Kiel, Lübeck, Rostock, Saßnitz sowie Swinemünde und den schonischen Fährhäfen Malmö/Trelleborg/Ystad und Göteborg in Westschweden. Schweden übernimmt hierbei eine Transitfunktion für Norwegen und Finnland. Fährlinien mit Norwegen, Finnland und Osteuropa berühren das Gebiet ebenfalls.[22]

Der südliche Bereich der Ostsee ist gekennzeichnet durch ein dicht gespanntes Fährnetz als Ersatz für die naturräumlich bedingte Unterbrechung von Straßen- und Eisenbahnverbindungen. Grundlage dieser Vielzahl von Linien ist ein hohes und stabiles Aufkommen an Gütern. Gleichzeitig profitieren die Fährlinien von starken Touristenströmen.

Kennzeichnend für den Raum sind die relativ kurzen Seestrecken, welche die Einführung eines kreuzfahrtorientierten Systems (wie zwischen Schweden und Finnland) erschweren. Zudem lohnt sich für einen deutschen Konsumenten eine Einkaufsfahrt nicht in gleichem Maße

[22] Vgl. zu diesem Kapitel insbesondere: Killinger, Hans H. (1990) und (1992); Oertzen, Arndt-Heinrich von (1992); Stuchtey, Rolf W. (1997); Stuchtey, Rolf W./Tesch, Gernot (1996); Tesch, Gernot (1996) und (1997).

wie für einen aus einem Hochsteuerland kommenden Nordeuropäer. Trotzdem bildete der *duty-free*-Verkauf bis zu seiner Abschaffung 1999 eine wesentliche Einnahmequelle der Reeder. Reiseströme mit touristischem Hintergrund sorgen nur zeitlich begrenzt für eine befriedigende Schiffsauslastung.

Die Fährreeder bedienen auf der südlichen Ostsee verschiedene Nachfragesegmente:

1. den Frachtmarkt, der sich zusammensetzt aus dem begleiteten Lkw- und dem unbegleiteten Trailerverkehr, der Trajektierung von Eisenbahngüterwaggons und sonstiger rollbar zu gestaltender Ladung
2. den Passagemarkt, der sich unterteilt in den normalen Reise- und Geschäftsverkehr sowie den so genannten „produzierten" Verkehr; beim „produzierten" Verkehr ist die Fährfahrt in Verbindung mit Zusatzleistungen an Bord ein eigenes Produkt.

Zur Bedienung der verschiedenen Nachfragesegmente setzen die Fährreeder der südlichen Ostsee vorrangig Kombifähren zur gemeinsamen Beförderung von Fracht und Passagieren ein. Kombifähren treten auf der Ostsee in verschiedenen Ausprägungen auf. Die Eisenbahnfähren sind gleichzeitig auf die Mitnahme von Lkw bzw. Trailern und Passagieren mit ihren Pkw eingerichtet. Ein Großteil der eingesetzten Fähren sind kombinierte Fähren für den Transport von Lkw/Trailern sowie Passagieren mit dazugehörigen Pkw. Als Ergänzung zu den kombinierten Linien bestehen auf der südlichen Ostsee auch reine Frachtlinien.

Die Entwicklung des Fährverkehrs auf der südlichen Ostsee war seit 1990 durch verschiedene Faktoren geprägt:

1. die deutsche Einheit und eine damit verbundene Neuordnung der Verkehrskorridore
2. die wirtschaftliche Rezession in Schweden und Finnland zu Beginn der 90er Jahre
3. der Wegfall der *duty-free*-Regelungen 1999
4. die zunehmende Konkurrenz fester Querungen im Verkehr nach Nordeuropa
5. neue technologische Herausforderungen durch die Einsetzbarkeit schneller, auf unkonventionellen Schiffsformen beruhender Fähren
6. die verstärkte Sicherheits- und Umweltschutzdiskussion, ausgelöst durch das „Estonia"-Unglück 1994.

Von entscheidender Bedeutung waren vor allem veränderte Rahmenbedingungen für den Hafenwettbewerb als Folge der Wiedervereinigung Deutschlands. Die Entwicklung im Marktgebiet war seit 1990 wesentlich durch eine Neuordnung der Verkehrskorridore geprägt. Die deutsche Teilung hatte durch die Grenzziehung, die Neuausrichtung von Infrastruktur sowie den Wegfall entwickelter Handelsbeziehungen zu einer Abweichung der Verkehrsströme von ihrer verkehrsgeographischen Optimallinie geführt. Für die Fährreeder ergab sich die Notwendigkeit, alte gewachsene Strukturen mit neuen Marktchancen in Übereinstimmung zu bringen und perspektivisch die Chance, durch die Nutzung kürzerer Seewege Rationalisierungs- und Kosteneinsparungspotentiale für sich zu erschließen. Diese Prozesse sind keineswegs abgeschlossen, sondern befinden sich weiterhin in der Entwicklung. Die vorhandene Infrastruktur hat sich in 40 Jahren unter der Maßgabe der politischen Verhältnisse entwickelt. Nach der Herstellung gleichwertiger Hinterlandverbindungen für Rostock und Saßnitz wird sich der Fährhafenwettbewerb intensivieren, gleichzeitig aber von wachsenden Güterströmen überlagert werden.

Abb. 13: Marktanteilsverteilung zwischen Ost- und Westkorridor im Fährverkehr der Kiel-Swinemünde-Range mit Schweden 1989-1999 (Segment Pkw)[23]

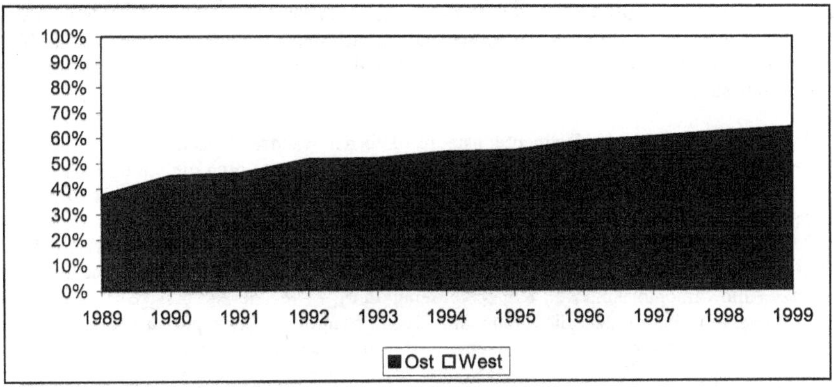

Abb. 14: Marktanteilsverteilung zwischen Ost- und Westkorridor im Fährverkehr der Kiel-Swinemünde-Range mit Schweden 1989-1999 (Segment Lkw/Trailer)

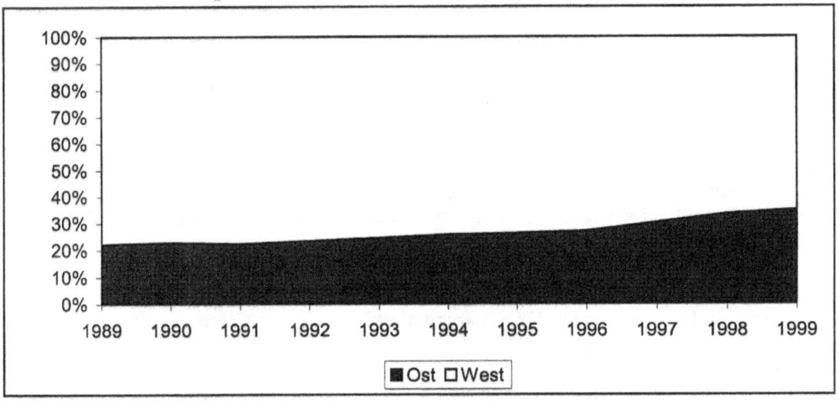

Seit 1990 sind zwei generelle Entwicklungslinien erkennbar. Während die Linien ab Saßnitz und Rostock relativ schnell große Marktanteile im Passagierverkehr sowie, wenn auch in geringerem Maße und differenziert nach Linien, im Lkw-Verkehr erringen konnten, kam es zu großen Einbußen im Eisenbahngüterverkehr. Die Linie Rostock-Trelleborg weist im Marktgebiet derzeit die stärksten Verkehrszuwächse im Frachtbereich (Lkw) auf. Die Herstellung vergleichbarer Hinterlandanbindungen und die Einbeziehung Ostdeutschlands in die internationale Arbeitsteilung forciert das Wachstum des Fährverkehrs über die Häfen Mecklenburg-Vorpommerns stärker als über die Häfen Schleswig-Holsteins, wobei das geringere Basisniveau zu beachten ist. Es ist davon auszugehen, dass insbesondere Lübeck weiterhin eine starke Rolle im Frachtbereich zukommen wird.

Nicht unbeeinflusst blieb die Fährschifffahrt im südlichen Bereich der Ostsee auch durch die ökonomischen Krisen in Finnland und Schweden, die von monetären Problemen begleitet wa-

[23] Ostkorridor: Sassnitz, Rostock, Swinemünde; Westkorridor: Travemünde, Kiel

ren. Besonders die Jahre 1991 bis 1993 waren in Schweden und Finnland von einem stark sinkenden Bruttosozialprodukt gekennzeichnet. Primär hatten die ökonomischen und monetären Probleme Einfluss auf den Passagierverkehr mit rapide zurückgehenden Beförderungszahlen. Zunehmende Reiseströme aus Deutschland in Richtung Schweden konnten die ausbleibenden schwedischen Touristen nicht ersetzen, zumal die Nordeuropäer sehr wichtig für den Bordumsatz sind.

Rückgrat der Fährlinien im Betrachtungsraum blieb der wachsende Güterverkehr. Ab 1993 nahmen schwedische und finnische Exporte, anfangs unterstützt durch die stimulierende Wirkung abgewerteter Währungen, beträchtlich zu. Auch die EU-Beitritte Schwedens und Finnlands lösten durch wirtschaftliche Verflechtungen positive Effekte für den Güterfährverkehr aus. Die Fährreedereien versuchten, sinkende Einnahmen aus dem Passagierverkehr durch steigende Frachteinnahmen zu kompensieren. Teilweise wurden teure Passagierkapazitäten gestutzt und frachtorientierte Konzepte eingeführt. Die derzeitigen Schwächen im Passagierverkehr begründen die Dominanz frachtorientierter Konzepte auf der südlichen Ostsee. Die Entwicklung im Seegebiet ist auch weiterhin von einem steigenden Güteraufkommen im Verkehr zwischen Kontinentaleuropa und Schweden gekennzeichnet. Von diesem Güterverkehrswachstum profitiert in erster Linie der Lkw, während der Schienengüterverkehr deutliche Einbußen hinnehmen musste.

Die Einstellung der Zollfreiverkäufe an Bord von Fährschiffen seit 1999 verschlechtert die Erlössituation der Reedereien und wird die bestehenden Saisonunterschiede weiter verstärken. Eine Ausrichtung der Kapazitäten an den Saisonspitzen wird teurer und risikovoller. Zurückgehende Einnahmen aus Bord- und Ticketverkauf lassen Preiserhöhungen bzw. die Schließung dann unrentabler Linien als unumgänglich erscheinen.

Auch feste Querungen werden durch die Übernahme bisher von der Fährschifffahrt wahrgenommener Aufgaben die Transportstrukturen nachhaltig ändern. Verkehrsverlagerungen auf die festen Querungen sowie der Einfluss freigesetzter Tonnage könnten für die Zukunft ein gewisses Maß an Überkapazität, Verdrängungswettbewerb und Preiskämpfen erzeugen.

Relativ neu auf der Ostsee ist der Einsatz schneller Fähren im Kurz- und Mittelstreckenbereich. Dies erfolgt jedoch weiterhin im kombinierten Einsatz mit RoPax-Fähren. Technische Unzulänglichkeiten und offene Fragen über die Frachttauglichkeit, aber auch hohe Bunkerpreise machen eine durchgreifende Umwälzung kurz- oder mittelfristig relativ unwahrscheinlich. Den Schnellfähren kommt in den nächsten Jahren eher eine Ergänzungsfunktion zu den Kombifähren zu. Eine Beschleunigung des Seetransportes über verbesserte konventionelle Lösungen mit innovativen Antriebsanlagen und Rumpfformen (Superfast bzw. *Fast-Trailer-Carrier*-Entwurf von HDW) erscheint derzeit aussichtsreicher.

2.2 Routen

Neben der seit 1909 bestehenden Verbindung Saßnitz-Trelleborg wird das Fährverbindungssystem mit Schweden entscheidend durch die in den 60er Jahren aufgenommenen Dienste von schleswig-holsteinischen Häfen geprägt. Wichtige Relationen sind Travemünde-Trelleborg und Kiel-Göteborg, die durch Güterfährlinien von Travemünde nach Malmö und Göteborg ergänzt werden. Seit 1987 werden auch Güterwaggons von Travemünde nach Malmö trajektiert.

Zwischen Travemünde und Trelleborg sind mit den derzeit als normal geltenden Geschwindigkeiten theoretisch drei tägliche Fahrten pro Schiff möglich; zwischen Travemünde und

Malmö auf Grund der etwas längeren Seestrecke jedoch nur zwei. Aber auch auf der Linie Travemünde-Trelleborg werden in der Realität nur zwei Abfahrten pro Schiff durchgeführt, um bei Bedarf (Schwerpunkttage, Sommerfahrplan) den Abfahrtstakt durch eine weitere Abfahrt zu verdichten.

Die Fahrtzeit zwischen Kiel und Göteborg beträgt 14 Stunden. Dies ermöglicht nur eine tägliche Abfahrt pro Schiff; d.h. mit zwei Schiffen wird eine tägliche Abfahrt pro Richtung geboten. Die Schiffe verbringen daher einen großen Teil des Tages unproduktiv im Hafen. 18 Stunden dauert die Überfahrt der Frachtfähren zwischen Göteborg und Travemünde und ermöglicht mit zwei Schiffen ebenfalls eine tägliche Abfahrt in jede Richtung.

Mit den wirtschaftlichen und politischen Änderungen seit 1989 ergaben sich auch neue Chancen für die traditionellen Fährstandorte Warnemünde und Saßnitz sowie für den Rostocker Überseehafen (seit 1990 Dänemark-, seit 1992 Schweden-Verkehre) als neue Hafenalternative.

Die Linie Saßnitz-Trelleborg bietet die mit Abstand kürzeste Verbindung nach Schweden und erlaubt den Reedern die Ausnutzung einer im Vergleich zu allen anderen Routenführungen höchsten Schiffsproduktivität. Zwischen Saßnitz und Trelleborg kann die Strecke selbst bei einer nicht besonders hohen Geschwindigkeit in 3,5 bis 4 Stunden bewältigt werden. Damit ist jedes Schiff bei einer kalkulierten Liegezeit von einer Stunde in der Lage, fünf Einzelfahrten oder 2,5 Doppelfahrten durchzuführen. Der große Vorteil der Linie ist für die Kunden die hohe Abfahrtsdichte, die eine Nutzung der Linie ohne Festlegung der genauen Abfahrt zulässt. Sehr nachteilig auf die Attraktivität für Spediteure oder Reisende mit einer weiten Anfahrt wirkt sich allerdings die unzureichende Straßenanbindung aus, während die Schienenanbindung sowie die logistischen Voraussetzungen im Hafenbereich entweder zufriedenstellend sind oder durch den Umzug in den modernen Fährhafen Mukran eine wesentliche Verbesserung erfuhren. Obwohl die geographische Lage Rügens eine mit Lübeck oder Rostock vergleichbare Rundreisekapazität mit einer minimierten Schiffsanzahl zulässt, vermögen daraus folgende Preis- und Zeitvorteile der Seereise die Nachteile der schlechten Anbindung noch nicht zu kompensieren.

Dagegen konnte Rostock durch seine vergleichsweise guten Hinterlandanbindungen in Richtung Süden seine Vorteile in Bezug auf kürzere Seestrecken besser zur Geltung bringen und Schweden-Verkehre für sich gewinnen. Die fehlende Westanbindung wirkt sich für Rostock aber noch wettbewerbseinschränkend aus. Rostock besitzt durch drei mögliche Abfahrten pro Schiff Produktivitätsvorteile gegenüber Travemünde, ohne dass treibstoffkostenintensive Geschwindigkeiten notwendig werden. Mit zwei Schiffen kann ein System von Morgen-, Nachmittags- und Nachtabfahrt mit ausreichenden Fahrplanreserven aufgebaut werden. Bei einem Dreifahrtenplan wird die Nachtfahrt von üblicherweise 5,5 bis 6 Stunden auf 7,5 bis 8 Stunden verlängert, um die Ruhezeiten für Fahrer und Passagiere einzuhalten. Höhere Geschwindigkeiten sowie optimierte Umschlagprozesse vorausgesetzt, ist mit zwei Schiffen auch ein Vierfahrtenfahrplan denkbar, wobei die höheren Einnahmepotentiale die zusätzlichen Kosten in installierte Maschinenleistung sowie erhöhten Kraftstoffverbrauch ausgleichen müssen.

Wettbewerber zu den Schweden-Verkehren über deutsche Häfen und darum dem Untersuchungsmarkt zugeordnet sind die Verbindungen Ystad-Swinemünde sowie die 1995 eröffnete Linie Malmö-Swinemünde. Die wichtigste Verbindung zwischen Polen und Nordeuropa ist die Linie zwischen Swinemünde und Ystad. Die Überfahrtsdauer beträgt sieben Stunden und wird nachts auf neun Stunden ausgedehnt. Nach dem Abzug der Pkw-Fähren für die Fährverbindung nach Malmö verblieb zwischen Ystad und Swinemünde nur noch der kombinierte

Eisenbahnfährdienst. Die Wettbewerbsverhältnisse der Linie sind geprägt durch die längere Seestrecke gegenüber der Saßnitz-Trelleborg-Verbindung, aber auch durch eine relativ gute Verkehrsanbindung durch die Autobahn von Berlin nach Stettin. Die weiterführende Straße ist gut ausgebaut; einen gewissen Engpass bilden aber die Inselbrücke und die Ortsdurchfahrt Wollin. Theoretisch gehört Berlin zwar zum Einzugsbereich Swinemündes; praktisch sind Verkehre mit Deutschland durch die Verhältnisse an den Grenzen (noch) gering. Die Verkehre beschränken sich daher vorwiegend auf den osteuropäischen Raum. Von größerer Bedeutung sind die innerpolnischen Straßenverbindungen nach Süden zur tschechischen und slowakischen Grenze. In diese Richtung besitzt Stettin jedoch keinen Autobahnanschluss. Nichtsdestotrotz ist Swinemünde eine Alternative auch für Verkehre aus Ungarn und Österreich.

Den Transportunternehmen eröffnen sich also durch eine Vielzahl von Fährlinien sowie Kombinationsmöglichkeiten zwischen Land- und Seeweg mehrere Routungsalternativen zwischen Nord- und Kontinentaleuropa. Der Ausbau und die Qualität der landseitigen Verkehrsinfrastruktur führte in der Vergangenheit zu einer wesentlichen Ausweitung des fährhafenrelevanten Hinterlandes, gleichzeitig aber auch zu einer Überlappung des den einzelnen Fährhäfen zuzuordnenden Hinterlandes. Das Hinterland der auf kontinentaler Seite befindlichen Fährhäfen besteht im Prinzip aus Mittel-, West-, Südost- und Südwesteuropa, während das Hinterland der schwedischen Fährhäfen Schweden beinhaltet, aber auch Norwegen und Finnland.

Durch die vorhandene Infrastruktur festgelegt, bedienen Rostock, Saßnitz sowie Swinemünde ein in großen Teilen identisches Hinterland gewissermaßen über eine Ostschiene. Die Westschiene besteht aus Lübeck, der Vogelfluglinie, Kiel, teilweise auch aus den Ro/Ro-Verbindungen über die Nordsee und dem Landtransportweg über die dänische Grenze. Über die Westschiene verlaufen die Güterströme zwischen West- und Nordeuropa, d.h. die aufkommensstarken Gebiete Benelux und Nordrhein-Westfalen sind dem Hinterland Lübecks, Puttgardens und Kiels zuzuordnen.

Tab. 43: Hinterländer im Empfang und Versand der deutschen Ostseehäfen im Fähr- und Ro/Ro-Verkehr 1994 (Angaben in % des Fähr- und Ro/Ro-Aufkommens der Häfen)

	Kiel	Lübeck	Puttgarden	Rostock	Saßnitz
Schleswig-Holstein	17,8	9,2	2,8	3,3	0,2
Hamburg	5,1	3,4	1,9		
Niedersachsen	10,2	8,5	4,4		
Bremen	1,6	1,6	0,5		
Nordrhein-Westfalen	20,1	20,8	8,1	7,6	0,6
Hessen	4,5	4,2	1,5		
Rheinland-Pfalz	2,6	3,9	2,3		
Saarland	0,5	0,6	0,3		
Baden-Württemberg	5,6	8,5	3,0	17,6	1,5
Bayern	0,5	6,9	2,6		2,9
Berlin	3,1	0,4	0,2	7,6	5,0
Brandenburg	0,7	1,2	0,4	5,1	2,3
Mecklenburg-Vorpommern	3,9	0,7	1,8	11,6	11,0
Sachsen	0,6	0,5	0,2	1,3	1,5
Sachsen-Anhalt	0,5	0,2	0,4	4,3	5,7
Thüringen	0,2	1,2	0,1	0,2	2,5
Inland unbekannt	2,0	2,8	1,0		
Westeuropa	9,7	19,4	50,7	2,3	0,5
Süd- und Südosteuropa (inkl. A, CH, I)	4,5	5,9	17,8	ca. 40	64,6

Quelle: Breitzmann, Karl-Heinz (wiss. Leitung) u.a. (1997), S. 2-10, 2-17, 2-28, 2-67

Aus den Zahlen wird die unterschiedliche Wettbewerbsintensität zwischen den einzelnen Verkehrskorridoren deutlich. Während die Osthäfen bisher kaum an den Verkehren aus dem Raum Benelux teilhaben, besteht durch die Nord-Süd-Ausrichtung der Hafenhinterlandinfrastruktur ein intensiver Wettbewerb um Verkehre aus dem süddeutschen (Bayern, Baden-Württemberg) sowie dem süd- und südosteuropäischen Raum, der Italien, Österreich, die Schweiz, aber auch Tschechien und Ungarn einschließt. Bisher können die ostdeutschen Fährhäfen ihre Standortvorteile, die in einer sehr guten Vorlandlage und kurzen Seeentfernungen zu vielen Zielen im Ostseeraum bestehen, durch die unzureichende Hinterlandanbindung in Richtung Westen nur ungenügend nutzen. Der Hafenwettbewerb wird sich nach Herstellung vergleichbarer Hinterlandanbindungen aber extrem intensivieren, insbesondere nach der Fertigstellung der A 20 bis Rostock im Jahre 2000. Mit zunehmendem Baufortschritt der A 20 von West nach Ost, aber auch von Süd nach Nord (Anschluss an die Autobahn Berlin-Stettin) wird auch Rügen einen Teil seiner traditionellen Bedeutung im Schwedenverkehr wiedergewinnen können.

3. Beschreibung der Anbieterseite

Tab. 44: Reedereien des Seeraumes

Reederei	wichtige Linien
Scandlines AG	Puttgarden-Rødby; Rostock-Gedser Hansa-Ferry (gemeinsam mit Scandlines AB): Saßnitz-Trelleborg, Rostock-Trelleborg
Scandlines AB	Hansa-Ferry sowie Travemünde-Trelleborg
TT-Line	Travemünde-Trelleborg, Rostock-Trelleborg
Stena Line AB	Kiel-Göteborg, Travemünde-Göteborg, Frederikshavn-Göteborg
Rederi AB Nordö	Travemünde-Malmö
Unity-Line	Swinemünde-Ystad
PZB	Swinemünde-Malmö, Swinemünde-Ystad (seit 1.6.1999)

3.1 Hansa-Ferry

Abb. 15: Scandlines-Routennetz in der Ostsee (wichtigste Linien)

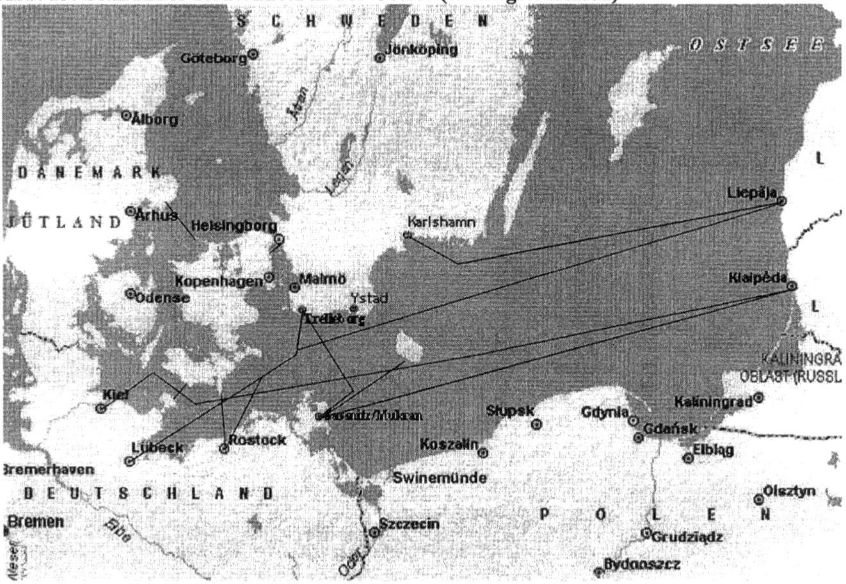

Hansa-Ferry umfasst die in Kooperation von DFO und SweFerry (später Scandlines Deutschland/Scandlines AB) betriebenen Fährlinien zwischen Saßnitz bzw. Rostock nach Trelleborg. Die direkten Schweden-Verkehre werden seit 1994 unter diesem Namen vermarktet. Dazu gehören ein gemeinsamer Schiffseinsatz sowie eine Ergebnis- und Kostenteilung in Abhängigkeit von der Kapazitätsaufbringung. Ausgenommen davon sind die Eisenbahnverkehre, die jeweils bis Mitte See abgerechnet werden. Auch die Vertriebsgebiete sind regional abgegrenzt.

Entstanden war die Deutsche Fährgesellschaft Ostsee (DFO) aus der Zusammenfügung der Fähraktivitäten der Deutschen Reichsbahn und der Deutschen Bundesbahn. Durch Ausgliederung und Verschmelzung der Bahnsondervermögen wurde 1993 eine privatrechtlich organisierte Gesellschaft gebildet, an der die Deutsche Bahn AG sämtliche Anteile übernahm.

Die DFO betrieb ihre Verkehre nach Dänemark und Schweden in Kooperation mit Partnerreedereien, die ähnlich wie sie aus der Ausgliederung der Fähraktivitäten der Staatsbahnen entstanden waren. Das Partnerschaftsverhältnis war jeweils durch Konsortialverträge geregelt. Der Name Vogelfluglinie steht für die beiden Dänemarkdienste von DFO/Scandlines Deutschland und DSB Rederi/Scandlines Danmark zwischen Puttgarden-Rødby und Rostock-Gedser. Selbstständig betrieben wurde die Linie Saßnitz-Rønne. Die DFO/Scandlines Deutschland ist gleichzeitig auch Betreiber und Besitzer von Hafeninfra- und -suprastruktur in den Fährhäfen Puttgarden, Warnemünde und Saßnitz.

Angesichts des zunehmenden Wettbewerbs auf der südlichen Ostsee, hervorgerufen u.a. durch den Wegfall des *duty-free*-Verkaufs ab Mitte 1999, besonders aber durch die mittlerweile real existierende Konkurrenz fester Landverbindungen, wuchs der Anpassungsdruck auf die im Fährverkehr zwischen Nord- und Kontinentaleuropa tätigen Reeder. Der Zusammenschluss der langjährigen Partnerreedereien DFO Deutsche Fährgesellschaft Ostsee mbH und Scandlines A/S unter dem Dach der von der Deutschen Bahn AG sowie dem dänischen Verkehrsministerium gemeinsam beherrschten Holding Scandlines AG (SAG) diente der Potentialbündelung ebenso wie der Erschließung von Synergieeffekten. Nach einer langwierigen Vorbereitungs- und Genehmigungsphase konnte der Vorstand der Scandlines AG im Juli 1998 seine Arbeit aufnehmen. Die schwedische Scandlines AB (SAB) schloss sich diesem Verbund jedoch nicht wie ursprünglich vorgesehen an.

Eigner der Scandlines AB war bis Mitte 2000 (Übernahme durch Stena Line) die Gesellschaft AB Swedcarrier, eine Tochtergesellschaft von *Statens Järnvägar* (SJ). In Scandlines AB sind alle Fähraktivitäten der Gruppe zusammengefasst. Scandlines AB entstand 1991 als SweFerry AB durch Konzentration der Fähraktivitäten von SJ sowie Swedcarrier AB. Bis zur Gründung der SweFerry AB war der Fährverkehr der SJ teilweise direkt beim Konzern (Trelleborg-Saßnitz, DanLink, Saga Line), teilweise auch bei der Tochter Swedcarrier angesiedelt (Scandinavian Ferry Lines, Limhamn-Dragör). 1992 erfolgte der Ausstieg aus dem TT-Saga-Line-Pool, der bis dahin in Zusammenarbeit mit der deutschen TT-Line durchgeführt wurde. 1997 wurde mit Scandlines ein neuer Markenname für alle SweFerry- und DSB Rederi-Dienste eingeführt, der bis dahin nur für die Linie Helsingborg-Helsingør gebräuchlich war. Der Name entstand 1991 im Zusammenhang mit der Bildung eines Gemeinschaftsunternehmens zur Durchführung des Fährverkehrs zwischen Helsingborg und Helsingør durch Scandinavian Ferry Lines (SFL) sowie der Reedereidivision der Dänischen Staatsbahnen DSB. Bis 1997 wurde die Linie Helsingborg-Helsingør durch die dänische Gesellschaft Scandlines A/S geführt, an der SweFerry einen fünfzigprozentigen Anteil besaß. Im Juli 1997 entstand die Scandlines Øresund I/S, an der Scandlines AB sowie Scandlines Danmark A/S zu gleichen Teilen partizipieren, als neue Betriebsgesellschaft der Fährlinie. Auch die Eisenbahnfährlinie Kopenhagen-Helsingborg wird von beiden Partnern gemeinsam unterhalten.

Bis 1989 konzentrierten sich die Fähraktivitäten der ehemaligen Deutschen Reichsbahn insbesondere auf die Linie zwischen Saßnitz und Trelleborg, so dass der Schiffspark immer den Anforderungen entsprach. Zudem floss stets schwedisches Fährverkehrs-*know-how* in diese Linie. Nach der politischen Wende 1989/1990 wurde die Verbindung unter dem Namen TS-Line vermarktet und ihr deutscher Teil 1993 in die DFO eingegliedert. Der große Schienenanteil der Linie war eine Folge der Eisenbahnorientierung des DDR-Transportwesens sowie des teilweise sehr massengutintensiven Warenaustausches. Hohe Transportleistungen im Schienengüterverkehr beruhten auch auf den billigen Trajektionspreisen sowie niedrigen Transitgebühren für über die Eisenbahn abgewickelte Im- und Exporte Schwedens von bzw. nach (West)Deutschland, Österreich und Italien. Zum 1.1.1991 wurden die Transittarife auf der Fährroute und dem Eisenbahnnetz der Deutschen Reichsbahn angehoben und damit den Wettbewerbsverhältnissen zur DanLink- sowie Nordö-Verbindung angepasst. Zudem brachen in dieser Zeit viele Handelskontakte zwischen Schweden sowie den ehemaligen Ostblockstaaten zusammen und wurden erst langsam durch neue Austauschbeziehungen ersetzt. Die zunehmende Bedeutung des Straßen- sowie die gleichzeitig abnehmende Rolle des Schienenverkehrs verschlechterten die Wettbewerbsposition der Route entscheidend, da die mangelhafte Anbindung der Insel Rügen an internationale Straßennetzwerke offen zutage trat.

Betrieben wurde die Linie ursprünglich von je einem kombinierten Fracht/ Eisenbahn/ Passagierschiff („Saßnitz", „Trelleborg") sowie je einer Güterfähre („Rostock", „Götaland") für den Transport hauptsächlich von Lkw und Güterwaggons, die paritätisch von beiden Partnern gestellt wurden. Hinzu kam ein Reserveschiff, das fahrplanmäßig zwischen Saßnitz und Bornholm zum Einsatz kam, bei Bedarf aber auf der Königslinie zur Verfügung stand. Damit wurden in Abhängigkeit von der Jahreszeit sieben bis neun tägliche Abfahrten angeboten. Durch den Abzug zweier Schiffe („Rostock", „Götaland") nach Rostock verringerte sich die Abfahrtshäufigkeit auf fünf pro Tag und Richtung.

Konsequenzen aus der ungenügenden verkehrlichen Anbindung Rügens sowie der neuen Konkurrenzsituation nach Eröffnung einer Linie zwischen Rostock und Trelleborg durch TT und die DSR 1992 zogen die Partner DFO und SweFerry mit der Neueröffnung einer Linie ebenfalls zwischen Rostock und Trelleborg. Zwei umgebaute, bisher auf der Königslinie eingesetzte Schiffe verkehren seit Juni 1994 von Rostock aus. Der Standort Rostock war für DFO/SweFerry als Aufnahmeort der von Saßnitz abwandernden Verkehrsströme gedacht. Obwohl die Anzahl der Überfahrten um bis zu 40 % reduziert wurde, ging das Lkw-Ladungsaufkommen auf der Saßnitz-Route nur geringfügig zurück und steigt seitdem langsam, aber stetig wieder an. Auch das Pkw- sowie Passagieraufkommen konnte in etwa gehalten werden, während das Eisenbahnaufkommen drastisch abnahm.

Zwischen Rostock und Trelleborg verkehrte Hansa-Ferry bis zum Einsatz zweier Neubaufähren („Mecklenburg-Vorpommern" 12/1996; „Skåne" 8/1998) jeweils mit einem sehr ungleichen Schiffspaar, da einerseits die „Götaland" nach ihrem Umbau (Verlängerung) eine höhere Frachtkapazität aufwies als die „Rostock" und sich andererseits die Indienststellung der „Skåne" gegenüber der „Mecklenburg-Vorpommern" um etwa 18 Monate verzögerte.

Im August 1998 nahm die „Skåne" den Verkehr zwischen Trelleborg und Rostock auf. Einen Monat später konnte die freiwerdende „Götaland" einen neuen Dienst zwischen Trelleborg und Travemünde eröffnen. Mit den direkten Schweden-Verbindungen Rostock/Saßnitz-Trelleborg deckte Hansa-Ferry ausschließlich die natürlichen Hinterländer der Häfen Rostock und Saßnitz ausreichend ab. Dieses strategische Defizit sollte 1998 durch den Einsatz der „Götaland" ab Travemünde behoben werden. Auf dieser Linie fungiert die Scandlines Deutschland GmbH jedoch ausschließlich als kontinentaler Agent der Scandlines AB.

Tab. 45: Verkehrsaufkommen der Linie Saßnitz-Trelleborg (Hansa-Ferry) 1990-1999

	Lkw/Trailer	Güter-waggons	Personen-waggons	Pkw	Busse	Passagiere
1990	46.200	160.700	7.200	128.300	3.500	957.500
1991	31.800	135.000	9.200	152.000	4.300	891.500
1992	20.200	124.400	8.500	139.200	4.100	853.800
1993	19.400	119.500	6.400	129.800	3.300	750.000
1994	25.100	107.500	5.800	118.500	3.600	729.900
1995	22.400	79.000	5.500	113.900	3.500	717.500
1996	21.100	77.100	5.400	107.900	3.600	754.700
1997	22.500	79.800	5.500	107.200	3.900	773.600
1998	24.900	77.400	5.400	115.300	4.900	789.300
1999	25.500	74.800	4.300	114.400	4.400	754.000

Quelle: Cruise & Ferry Info; verschiedene Jahrgänge, ergänzt durch Reedereiangaben

Tab. 46: Verkehrsaufkommen der Linien Rostock (bzw. Travemünde)-Trelleborg (Hansa-Ferry) 1994-1999

	Lkw/Trailer	Güterwag-gons	Pkw	Busse	Passagiere
1994	7.700	23.400	24.100	200	80.400
1995	24.900	45.100	45.200	400	156.600
1996	28.400	40.900	39.700	600	153.100
1997	47.100	42.100	39.400	900	185.700
1998	70.400	53.100	48.700	1.100	254.900
1999	82.500	56.500	49.600	930	263.600
Travemünde-Trelleborg					
1998	6.400				6.100
1999	28.700				28.200

Quelle: Cruise & Ferry Info; verschiedene Jahrgänge, ergänzt durch Reedereiangaben

3.2 TT-Line[24]

Die erste ganzjährige Fährverbindung zwischen Travemünde und Trelleborg wurde am 28.3.1962 durch die Travemünde-Trelleborg-Linie (TT-Linie) eröffnet. Das eingesetzte Schiff wurde in der Rechtsform einer Partenreederei betrieben, deren Mitreeder die Hamburger Reederei J. A. Reinecke, die IDUNA-Versicherung sowie die Trampschiffahrtgesellschaft mbH waren. Reinecke fungierte auch als Korrespondentreeder. Die Idee zur Eröffnung einer auf den Personen- und Lkw-Verkehr zugeschnittenen Fährverbindung stammte ebenfalls von Reinecke. Durch die Einbindung kapitalkräftiger privater Investoren wie der IDUNA sowie der Trampschiffahrtsgesellschaft gelang TT-Line der Aufstieg zu einer der führenden Ostseefährreedereien. J .A. Reinecke wurde 1967 durch die Reederei A. Bolten, Wm. Miller`s Nachfolger ersetzt, die schon von 1960 bis 1962 in die Vorbereitung des Projektes eingebunden war, später aber wieder ausstieg.

Seit 1981 wurde der Dienst unter dem Namen TT-Saga-Line zusammen mit der schwedischen Scandinavian Ferry Lines (später SweFerry) im Pool betrieben und dabei Trelleborg, Malmö und im Trailerverkehr auch Helsingborg bedient. Später erfolgte jedoch eine Konzentration auf den Hafen Trelleborg. 1992 erwarb die Rederi AB Gotland (Gotlandsbolaget) die SweFerry-Anteile und führte den Pool mit TT weiter. Diese Zusammenarbeit wurde zum 31.12.1992

[24] Dieser Abschnitt entstand mit freundlicher Unterstützung von Herrn Dr. Hans H. Killinger (Hamburg).

beendet. Die deutschen Eigner der Linie übernahmen die Schiffe des ehemaligen Poolpartners und überführten sie ebenfalls in die Rechtsform einer Partenreederei.

Der Liniendienst Rostock-Trelleborg wurde nach einer längeren Planungsphase am 10.1.1992 unter dem Namen TR-Line eröffnet. Die Linie Trelleborg-Rostock wurde als *joint-venture* mit der DSR gestartet. Seit 1995 ist TT alleiniger Betreiber der Linie und eliminierte den Namen TR.

Die KG TT-Line GmbH & Co. fungiert als Managementgesellschaft sowie jeweils als Korrespondentreeder für die einzelnen Partenreedereien. Dies sind die Partenreedereien „MS Peter Pan IV", „MS Nils Holgersson V", „MS Robin Hood II", „MS Nils Dacke II", „MS Saga Star" sowie „MS Delphin". Ursprünglich von Bolten und der Trampschifffahrtsgesellschaft 1967 als Offene Handelsgesellschaft gegründet, wurde die Korrespondentreederfirma 1995 in eine Kommanditgesellschaft umgewandelt, ohne dass sich die Höhe der Beteiligung (50:50) zwischen Bolten und der Trampschifffahrtsgesellschaft änderte.

An den einzelnen Partenreedereien besitzt die KG Navicularia Schiffahrtsgesellschaft mbH & Co. jeweils Parten (Mitreederanteile) in Höhe von 51 %, die KG Trampschifffahrtsgesellschaft mbH & Co. in Höhe von 32 %, die Aug. Bolten Wm. Miller`s Nachfolger GmbH & Co. in Höhe von 16 % sowie die TT-Line GmbH & Co. KG in Höhe von 1 %. An Gewinn und Verlust sowie den Kosten einer Partenreederei sind die Mitreeder jeweils im Verhältnis ihrer Schiffsparten beteiligt. Der Korrespondentreeder wird von der Partenreederei des einzelnen Schiffes mit der Durchführung des eigentlichen Reedereigeschäftes beauftragt. Die Beteiligung des Korrespondentreeders TT-Line GmbH & Co. KG an den einzelnen Partenreedereien hat vor allem steuerliche Gründe.[25]

Neben der Dienstleistungsfirma TT-Line GmbH & Co. KG existiert eine weitere Kommanditgesellschaft. Die Fährdienste TT-Line GmbH & Co. KG beschäftigt sich mit der Charterung von Schiffen und sonstigen Hilfsgeschäften. Als Gesellschafter treten die Mitreeder im selben Verhältnis wie die Beteiligungen an den einzelnen Partenreedereien auf.

Die stets gleichen Beteiligungsverhältnisse erleichtern den Fährbetrieb ungemein, etwa bei Besatzungstausch oder Einsatz der Schiffe auf unterschiedlichen Abfahrten. Dadurch ist eine Eliminierung von Streitpotential zwischen den Mitreedern möglich.

Die Navicularia Schifffahrtsgesellschaft mbH & Co. KG gehört der Versicherungsgruppe IDUNA NOVA Lebensversicherungs AG Hamburg (mittlerweile SIGNAL-IDUNA). Die IDUNA NOVA ist eine in Deutschland führende Versicherungsgruppe in den Sparten Kranken-, Lebens- und Sachversicherungen. Die Navicularia Schifffahrtsgesellschaft mbH & Co. KG fungiert als Schifffahrts-Holding- und Schiffsbeteiligungsgesellschaft für die Schifffahrtsinteressen der IDUNA NOVA.

Die Aug. Bolten Wm. Miller`s Nachfolger GmbH & Co. ist ein Tochterunternehmen der Hara Line GmbH & Co. In der Holding Hara Line GmbH & Co. KG werden die Geschäftsbereiche Reederei (Tramp- sowie Fährschifffahrt) und Schiffsmaklerei gebündelt. Die Holding dient der Zusammenführung verschiedener Beteiligungen an Schifffahrts-, Hafen-, Stauerei- oder Maklerbetrieben. An der Hara Line Holding sind neben der Familie Killinger die Familie Binder sowie wiederum die IDUNA-Versicherung beteiligt.

---

[25] Die Rechtsform der Partenreederei ist im HGB §§ 490-509 geregelt.

Die Trampschifffahrtsgesellschaft mbH & Co. KG ist eine reine Holding ohne eigenen Geschäftsbetrieb. Sie hält Anteile an den einzelnen Partenreedereien sowie an der KG Fährdienste TT-Line GmbH & Co. Das Kommanditkapital der Gruppe wird von verschiedenen privaten Investoren aufgebracht, z.B. von Otto Wolf von Amerongen und von Arend Oetker.

Neben den in der beschriebenen Form eingesetzten sechs Schiffen verkehrt zusätzlich eine gecharterte Einheit zwischen Rostock und Trelleborg. Gegenwärtig betreibt TT-Line die modernste, aber auch teuerste Flotte auf der südlichen Ostsee. Die Mischung aus relativ finanzstarken mit im Reedereigeschäft sehr erfahrenen Eignern ist Grundlage für eine flexible und vorausschauende Flottenpolitik. Damit werden auch kurzfristig Entscheidungen über Schiffstausch, Umbauten usw. ermöglicht. TT-Line profitiert traditionell von der in der Regel finanziell vorteilhaften Weiterveräußerung ihrer gebrauchten Schiffseinheiten. Die Verkaufsbedingungen haben sich jedoch seit Mitte der 90er Jahre drastisch verschlechtert.

Durch ein Neubauprogramm wurden z.B. zwischen 1986 und 1989 vier hochmoderne Schiffe in Fahrt gebracht. Dabei handelt es sich um zwei Autofähren mit hoher Passagier-, aber beschränkter Frachtkapazität sowie um zwei so genannte Kombicarrier mit hoher Fracht-, aber beschränkter Passagierkapazität. Je eines der Schiffe lief unter deutscher, das andere unter schwedischer Flagge. Der neue Wettbewerber Euroway sowie steigende Frachtvolumina führten bei TT zu Beginn der 90er Jahre zu veränderten Flottenstrategien. Die ursprüngliche Fixierung auf den Passagierverkehr wurde aufgegeben zugunsten einer verstärkten Orientierung auf den Frachtverkehr. Die Flotte wurde daher seit Dezember 1992 erneut komplett ausgetauscht. Die beiden Passagierfähren konnten im Frühjahr und Herbst 1993 zu einem sehr guten Verkaufspreis abgegeben werden. Die beiden ehemaligen Kombicarrier („Robin Hood“ und „Nils Dacke“) wurden bis Ende 1993 mit einer höheren Passagierkapazität ausgestattet und als „Nils Holgersson (V)“ sowie „Peter Pan (IV)“ wieder in Fahrt gebracht. Mit der Entscheidung, die Passagierfähren zu verkaufen und die Frachtfähren mit zusätzlichen Passagiereinrichtungen auszustatten, gelang die Anpassung der Passagierkapazitäten an die Nachfrage und eine erhebliche Kostenreduktion. Bis zur Auslieferung der beiden neuen Frachtcarrier 1995 wurden diese über einen längeren Zeitraum durch verschiedene eingecharterte Einheiten ersetzt, wobei dies mit einem gewissen Qualitätsverlust verbunden war. Hervorgerufen durch die nicht immer optimale Chartertonnage war der Frachtsektor zeitweise von Aufkommensverlusten betroffen.

Nach dem Rückzug von Euroway 1994 gelang der ursprünglich vorgesehene Tausch der auf der Ostsee fahrenden mit den im Vlissingen-Sheerness-Dienst (Olau-Line) eingesetzten Schiffen mit höheren Passagierkapazitäten jedoch nicht. Ein Grund dafür waren Unstimmigkeiten mit den Gewerkschaften über vorgesehene Kosteneinsparungen auch im Besatzungsbereich. 1994 zog sich TT aus dem England-Verkehr zurück und konzentrierte seine Unternehmensaktivitäten ausschließlich auf die Ostsee. Als Konsequenz wurden die Schiffe („Olau Britannica“, „Olau Scandinavica“) zu günstigen Bedingungen an P&O verchartert.

Zwischen Travemünde und Trelleborg verkehren derzeit die Schiffe „Peter Pan“, „Nils Dacke“, „Nils Holgersson“ und „Robin Hood“. Mit diesen Einheiten bietet TT täglich vier Abfahrten in jede Richtung. Während der Sommersaison steigert die Reederei die Frequenz auf bis zu sechs Abfahrten. Die Autofähren bieten traditionell einen hohen Standard. Für die Autofähren beträgt die Überfahrtsdauer am Tag sieben Stunden, in der Nacht zur Einhaltung der Ruhezeiten neun Stunden. Die frachtorientierten Fähren benötigen mindestens 7,5 Stunden und dehnen die Überfahrt auf maximal 8,5 Stunden aus.

Auch die Rostock-Linie wurde nach dem bewährten Konzept Autofähre für den Passagier- plus Kombifähre für den Frachtverkehr aufgebaut. Die DSR stellte mit der „Kahleberg" die Frachtfähre, während TT-Line jeweils ein passagierorientiertes Schiff eincharterte. Damit können täglich drei Abfahrten geboten werden. Die „Marco Polo" wurde im Herbst 1992 auf Grund eines Maschinenschadens durch die „Winston Churchill" und ab 30.12.1992 durch die „Diana II" ersetzt, über die TT einen zweijährigen Chartervertrag mit Rederi AB Slite abschloss. Zwischen dem 24.9.1994 und dem 3.6.1995 war die „Nord Neptunus", ab 4.6.1995 dann die „Saga Star" auf der Linie in Fahrt. 1997 ersetzte die „TT-Traveller" die „Kahleberg". Zusätzlich ist seit Mai 1996 die Schnellfähre „Delphin" im Einsatz, die ausschließlich das Passagiersegment bedient.

In den letzten Jahren nahm die Frachtorientierung als Folge der Entwicklung externer Rahmenbedingungen tendenziell zu. Ausdruck dafür sind zwei innovative Neubauten, die mit ca. 2.700 lm Ladekapazität zur Ablieferung 2001 bei der Bremer Werft Schichau-Seebeck bestellt wurden.

Tab. 47: Verkehrsaufkommen der Linie Travemünde-Trelleborg (TT) 1990-1999

	Lkw/Trailer	Pkw	Busse	Passagiere
1990	131.900	166.000	6.300	1.056.700
1991	147.600	171.900	6.000	1.102.500
1992	135.500	151.700	4.900	987.700
1993	126.500	116.000	2.500	684.200
1994	157.800	118.200	2.900	708.200
1995	154.600	110.500	2.000	619.900
1996	173.000	102.400	1.800	596.800
1997	181.700	110.800	2.000	627.600
1998	181.500	109.600	2.400	636.500
1999	175.800	106.700	2.600	638.300

Quelle: Cruise & Ferry Info; verschiedene Jahrgänge, ergänzt durch Reedereiangaben

Tab. 48: Verkehrsaufkommen der Linie Rostock-Trelleborg (TT) 1992-1999

	Lkw/Trailer	Pkw	Busse	Passagiere
1992	23.300	57.500	700	233.700
1993	34.100	65.500	1.000	306.000
1994	37.000	64.800	1.000	287.300
1995	36.800	35.900	100	128.400
1996	48.600	92.200	600	350.000
1997	53.800	122.700	1.300	455.300
1998	59.000	114.400	1.400	443.600
1999	65.800	113.000	1.300	433.200

Quelle: Cruise & Ferry Info; verschiedene Jahrgänge, ergänzt durch Reedereiangaben

3.3 Stena Line AB

Abb. 16: Routennetz der Stena Line AB (nur Ostsee - ohne Scandlines AB)

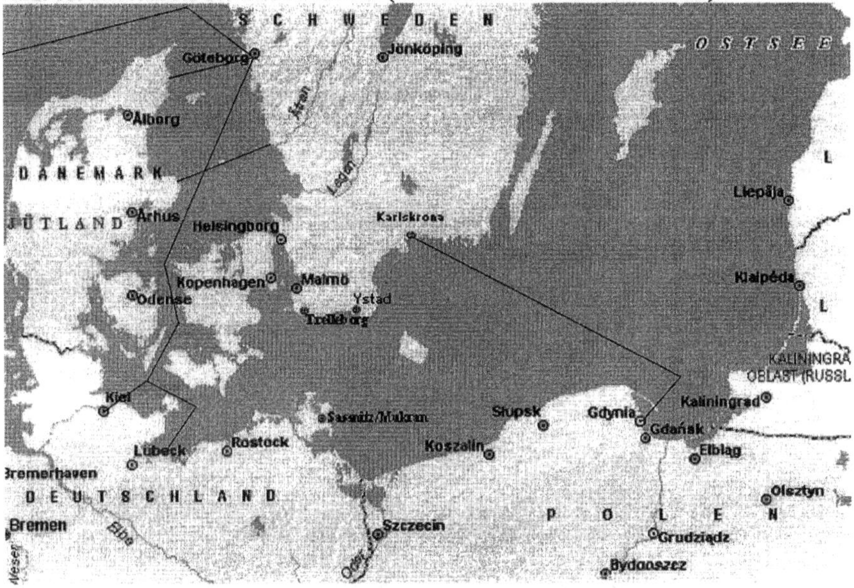

Die Stena Line AB ist die größte Fährreederei der Welt mit Aktivitäten im Kattegatt, in der westlichen, südlichen und mittleren Ostsee, im England-Holland-Verkehr sowie seit Anfang der 90er Jahre auch im Englischen Kanal und in der Irischen See.

Die Stena Line AB ist Teil des Stena-Konzerns, der neben der Fährschifffahrt auch in *offshore*-Aktivitäten, Immobiliengeschäften, Metallhandel und in anderen Schifffahrtsbereichen wie Bulk- oder Öltransporten beschäftigt ist, aber auch im klassischen Ro/Ro-Bereich über die Entwicklung, die Vercharterung und den Verkauf von Schiffen Erfolge erzielt. Der Konzern ist in der Lage, bei Bedarf hohe Investitionen zu tätigen oder geschäftliche Durststrecken einzelner Konzernteile zu überstehen. Die weiten Aktivitäten haben zu einer Häufung an speziellem Schifffahrts-*know-how* im Konzern geführt, das sich z.B. in der Entwicklung eigener Patente und ganzer Schiffssysteme äußert. Auch die Vercharterungspolitik ist teilweise von einem immensen Erfolg gekennzeichnet. Grundlage bildete die Orderung größerer Neubauserien von Ro/Ro-Schiffen, die neben dem Einsatz auf eigenen Linien auch gewinnbringend weiterverkauft oder verchartert werden.

Die drei grundlegenden Bausteine der Stena-Gruppe (so genannte „Stena-sphere") sind die Stena AB, die Stena Metall AB sowie die Stena Sessan AB. Diese drei Gesellschaften befinden sich im vollständigen Besitz der schwedischen Familie Olsson (Sten Allan Olsson) aus Göteborg. Bestandteil der Gruppe sind auch die börsennotierten Gesellschaften Stena Line AB, Concordia Maritime AB sowie Coflexip Stena Offshore AB, an denen die Stena-Gruppe Anteile hält. Bei der Stena AB sind die Bereiche Schifffahrt (Ro/Ro, Bulk), *offshore* (*Drilling*), Grundstücksgeschäfte (*Fastigheter*) sowie Finanzen angesiedelt. Die Stena Metall AB beschäftigt sich vor allem mit Metallhandel, Recycling sowie Umwelt. Die verschiedenen Aktivitäten ermöglichen eine Bilanzpolitik im Sinne der Olsson-Familie, die damit gegenüber den Aktionären der Stena Line eigene Interessen verfolgen und durchsetzen kann, etwa indem Gewinne über hohe Charterraten und Lizenzgebühren dem Stena-Konzern zufließen, während die Aktionäre auf diese Weise an den Verlusten beteiligt werden. Damit ist auch die Aussagekraft der Stena Line-Jahresberichte etwas eingeschränkt.

Sten Allan Olsson startete sein Geschäftsleben mit dem Metall- und Schrotthandel und weitete sein Geschäftsfeld später auch auf den maritimen Bereich aus. 1962 eröffnete die Skagenlinjen AB einen Fährdienst zwischen Göteborg und Skagen. 1964 erfolgte die Umfirmierung in Stena Line AB. Zwischenzeitlich auch im Finnland-Verkehr involviert, konzentrierte Stena später seine Fähraktivitäten auf das Kattegatt.

Ende der 80er Jahre startete Stena Line einen Internationalisierungsprozess. Zur Finanzierung wurde die Stena Line AB 1988 an die Stockholmer Börse gebracht und 1990 in die A1-Liste der Börse aufgenommen. 1990 erwarb Stena Line AB Sealink British Ferries von Sea Containers (James Sherwood) zu einem Preis von ca. 3 Mrd. SEK und wurde durch diese Übernahme zur größten Fährreederei der Welt. Sea Containers behielt ausschließlich den Schnellfährenbereich (Hoverspeed). Mit diesen Schnellfähren baute James Sherwood aber sehr bald eine ernstzunehmende Konkurrenz zu Stena auf: ab 1993 durch den Einsatz moderner Schnellfährentechnologie auch auf der Stena-Hausstrecke Göteborg-Frederikshavn.

1993 reduzierte Stena AB seinen Anteil an Stena Line von 77,7 auf 51,5 %. Durch die Einnahmen konnten zwei Anleihen zurückbezahlt werden, mit denen Stena AB den Kauf von Sealink British Ferries finanziert hatte. Derzeit hält die Stena-Gruppe wieder etwa 53,2 % des Kapitals sowie 78,6 % der Stimmrechte der Stena Line (Stand 1998).

Tab. 49: Aktionärsstruktur der Stena Line AB (Stand 31.12.1998)

	Kapitalanteile in %	**Stimmrechte in %**
Stena Rederi AB	45,66	49,97
KB Stena Line Interessenter	7,22	27,8
Stena Metall	0,3	0,85
Stena Gruppe (gesamt)	**53,18**	**78,62**
SEB aktiefonder	4,94	2,26
Försäkringsbolaget SPP Ömsesidigt	4,58	2,09
Svenska Industritjänstemannaförbundet	3,09	1,41
Skandia	2,74	1,25
Investment AB Bure	1,46	0,67
Investment AB Øresund	1,27	0,58
S/A Odin Fondene, Norway	9,96	4,55
Union Bank of Norway	1,17	0,53
Postbanken Norge	1,06	0,48
GMO Funds, USA	0,85	0,39
weitere Einzelaktionäre	15,7	7,17

Quelle: Stena Line AB Annual Report 1998

Nach Auslaufen des Poolvertrages mit SeaFrance 1996 wurde Stena Sealink in Stena Line UK Ltd. umbenannt. Im März 1998 erfolgte die Übertragung der Kanalrouten Dover-Calais sowie Newhaven-Dieppe an P&O Stena Line, an der Stena Line einen vierzigprozentigen Anteil hält. Zusätzlich betreibt die Gesellschaft eine Frachtlinie von Dover nach Zeebrügge. Bereits im Dezember 1996 hatten Stena und P&O eine Vereinbarung über die Gründung einer gemeinsamen Gesellschaft für alle Fähraktivitäten auf dem Englischen Kanal unterzeichnet.

Die Tochtergesellschaften zur Durchführung des Reedereibetriebs waren ursprünglich die Stena Line Scandinavia AB, die Stena Line (Holland) Holding BV, die Lion Ferry AB sowie die Stena Line UK Ltd. In der Stena Line Ports Ltd. wurden die Hafenaktivitäten in Großbritannien zusammengefasst. AB Stena Marine sowie Stena Data AB üben dabei interne Servicefunktionen wie die Bereederung der Schiffe bzw. die Datenverarbeitung aus. 1999 wurden die Tochtergesellschaften Stena Line Scandinavia AB, Lion Ferry AB, Stena Line Holland BV sowie Stena Line UK Ltd. aufgelöst und die Tätigkeitsfelder mit der zentralen Verwaltung in Göteborg verschmolzen. Gebildet wurden eine Art Line-Management sowie die Geschäftsbereiche Fracht und Passage. Eine weitere wichtige Beteiligung der Stena Line ist der fünfzigprozentige Anteil an Stena Tor Line HB für eine Gemeinschaftslinie nach Großbritannien (Göteborg-Harwich).

Fährlinien unterhält Stena auf dem als relevant definierten Markt von Kiel sowie Travemünde nach Göteborg. Stena startete 1962 mit Göteborg-Skagen (später Frederikshavn) und ergänzte das Netz 1967 mit der Linie von Göteborg nach Kiel. Im Februar 1981 übernahm Stena die Mehrheit am Konkurrenten AB Göteborg-Frederikshavn-Linjen GFL (durch die Nutzung der Namen von schwedischen Prinzessinnen für die Schiffe auch Sessan-Linjen genannt). Weitere Anteilseigner bei GFL waren zunächst noch Tor-Line sowie Svelast. Zur Rationalisierung des Verkehrs wurde eine neue Betreibergesellschaft unter dem Namen Stena-Sessan-Line gegründet, in der alle bisherigen Linien sowohl von Stena als auch von GFL zusammengefasst wurden. Durch die Übernahme des Konkurrenten wurde auch die 1974 eröffnete Linie Travemünde-Göteborg Bestandteil des Stena-Routennetzes.

Die Bedienung zweier Linien nach Göteborg ermöglichte die Konzentration des Passagier- sowie begleiteten Frachtverkehrs auf Kiel sowie die Umwandlung des Travemünde-Dienstes in einen reinen Frachtdienst mit Konzentration auf den unbegleiteten Verkehr. Der Anteil der Container am Gesamtaufkommen ist im Vergleich zu anderen Fährlinien relativ hoch, wobei die Container in der Regel auf Trailern gestaut sind. Die Container werden dabei zwischen Hamburg und Travemünde getruckt. In den letzten Jahren hat das Containeraufkommen aber stetig abgenommen. Die Linie Kiel-Göteborg war lange Zeit stark durch produzierte Verkehre ausgelastet. Veranstaltungen an Bord, Kurz- und Tagesreisen sorgten auch außerhalb der Saison für ein hohes Passagieraufkommen. Über mehrere Jahre ergänzte Stena an Wochenenden den Dienst mit einer sonst auf der Strecke Frederikshavn-Göteborg fahrenden Frachtfähre („Stena Scanrail"), um die verfügbare Frachtkapazität zu erhöhen.

Seit Anfang März 1995 war die „Stena Searider" (2.390 lm, 150 Pass., 52 Kabinen) dreimal pro Woche zwischen Kiel und Göteborg eingesetzt. Im Juni 1996 wechselte das Schiff auf Grund des zweimonatigen Ausfalls der „Stena Freighter" auf die Linie Travemünde-Göteborg und verblieb dort bis zum 19.4.1997 (drei wöchentliche Abfahrten). Vor allem der Frachtbereich profitierte von der zusätzlich bereitgestellten Tonnage. Zum 30. April 1997 wechselte das Schiff zur Linie Hoek van Holland-Harwich. Die Verknappung der Kapazitäten führte aus Sicht der Speditionen zu einem gewissen Kapazitätsengpass.

Die hohen Investitionen der 90er Jahre in Übernahmen von anderen Fährgesellschaften sowie in neue Technologien haben sich für Stena Line aus Ergebnissicht keineswegs ausgezahlt. Seit Mitte der 90er Jahre konnten keine oder nur noch marginale Gewinne realisiert werden. Der Gewinn 1997 entsprang vorrangig den Buchgewinnen durch den Verkauf des Hafens Harwich sowie verschiedener Schiffe. Das Betriebsergebnis aus dem operativen Geschäft lag dagegen bei Null. Der Gewinnrückgang bzw. der Fall in die Verlustzone 1998 wurden maßgeblich durch den harten Wettbewerb im Englischen Kanal sowie vor allem die Investitionen in die selbstentwickelten Schnellfähren bestimmt.

Tab. 50: Verkehrsaufkommen der Linie Kiel-Göteborg (Stena Line) 1989-1999

	Lkw/Trailer	Pkw	Busse	Passagiere
1989	26.700	103.800	9.200	837.700
1990	34.200	102.800	9.800	853.300
1991	28.300	104.000	10.200	905.000
1992	29.600	90.400	8.400	897.000
1993	28.800	87.000	7.600	840.000
1994	32.200	100.200	7.600	872.000
1995	46.700	108.300	5.500	886.000
1996	41.400	119.000	6.000	912.000
1997	34.400	114.000	6.700	934.000
1998	34.500	110.800	6.700	840.800
1999	33.800	95.600	3.700	552.900

Quelle: Cruise & Ferry Info; verschiedene Jahrgänge, ergänzt durch Reedereiangaben

Tab. 51: Verkehrsaufkommen der Linie Travemünde-Göteborg (Stena Line) 1989-1999

	Lkw/Trailer
1989	53.600
1990	51.700
1991	54.200
1992	57.200
1993	59.600
1994	66.300
1995	67.200
1996	72.900
1997	72.000
1998	64.000
1999	59.700

Quelle: Cruise & Ferry Info; verschiedene Jahrgänge, ergänzt durch Reedereiangaben

3.4 Rederi AB Nordö-Link[26]

1952 entstand als Vorgänger von Nordö die familiengeführte Rederi Pool AB (Lennart und Ebert Peterson sowie Erik Andersson), die ein Jahr später den Namen Rederi AB Nordö annahm. In den Anfangsjahren der Gesellschaft war sie vorwiegend auf der Ostsee, z.B. im Gotlandfährverkehr, 1973 bis 1974 kurzzeitig auch im Fährverkehr zwischen Gedser und Travemünde tätig. 1977 eröffnete Nordö einen Fährverkehr zwischen Griechenland und Syrien und konzentrierte seine Unternehmensaktivitäten in den Mittelmeerraum. Ein Jahr später wurde der Anfangspunkt der Linie ins jugoslawische Koper verlegt. Der Fährverkehr erfolgte in Zusammenarbeit mit einer jugoslawischen Reederei. Mit dem Ausbruch des Krieges zwischen Iran und Irak 1982 brachen alle Verkehre in den Nahen und Mittleren Osten zusammen. Nordö versuchte, die nun überschüssige Tonnage im Ostseeraum wieder in Fahrt zu bringen und trat damit in Konkurrenz zum damaligen Monopolanbieter TT/Saga-Line im Südschwedenverkehr. Dieser hatte zu Beginn der 80er Jahre alle Linien auf Trelleborg konzentriert und eine Lücke für Verkehre nach Malmö und Helsingborg geöffnet.

Am 6.10.1982 nahm Nordö den Verkehr auf der Linie Travemünde-Malmö auf. Vor allem über niedrige Tarife, die etwa 40 % unter dem bis dahin im Fahrtgebiet üblichen Niveau la-

[26] Vgl. zu diesem Abschnitt z.B.: o.V. (1985), S.19-23; o.V. (1989), S. 9; o.V. (1990a), S. 21 ff.; o.V. (1990c), S. 29 ff.; o.V. (1992b), S. 22; o.V. (1992d), S. 1.

gen, gelang der Reederei die Etablierung im Markt. Ermöglicht wurden diese niedrigen Preise durch ein geringeres Kostenniveau. Geschäftspolitik war es stets, dem hohen Qualitätsniveau von TT-Line durch den Einsatz umgebauter Einheiten mit geringeren Kapitalkosten zu begegnen. Gleichzeitig erwies sich die Frachtorientierung der Linie als Ursache für die hohen Marktanteile im Segment Lkw/Trailer. Nebeneffekt der Ratenstürze war ein Ansteigen des Gesamtvolumens auf der Südschwedenroute z.B. durch Verkehrsverlagerungen vom Dänemark-Transit und vom Skandinavienverkehr der Nordseehäfen.

Die Vermarktung auf deutscher Seite erfolgte in Zusammenarbeit mit der Poseidon Schiffahrts OHG/Frachtbüro Finnland. Im ersten vollen Betriebsjahr 1983 konnten 68.400 Lkw und Trailer befördert werden. Im Frühjahr 1986 wurde die bis dahin in Familienhand befindliche Rederi AB Nordö von der Sea-Link Gruppe übernommen und in Rederi AB Nordö-Link umbenannt. Sea-Link war seit 1982 an der Stockholmer Börse notiert und bis dahin vor allem im Forstproduktenverkehr von Skandinavien nach Großbritannien tätig. Daneben besaß Sea-Link zeitweise eine eigene Spedition. Diese Aktivitäten wurden 1991 aber durch den Verkauf der konzerneigenen Spedition Road-Link an den langjährigen holländischen Kooperationspartner Ewals BV (70 % der Aktien) wieder abgestoßen.

1987 kaufte die Sea-Link AB die vom Bankrott bedrohte Linie Travemünde-Gedser und stieg damit massiv ins Ostseefährgeschäft ein. Die Reederei kreierte 1987, fast zeitgleich mit der Eröffnung des DanLink-Verkehrs, die erste direkte Eisenbahnfährverbindung zwischen Südschweden und (West)Deutschland. Zur Vermarktung der Linie auf dem Kontinent, zur Zollabfertigung usw. wurde zum 1.9.1987 die Skandinavian-Link GmbH gebildet und das Agenturverhältnis mit dem Frachtbüro Finnland beendet.

1990 erwarb die SJ-eigene Swedcarrier AB für einen Kaufpreis von ca. 200 Mio. SEK 11,7 % der Aktien des Sea-Link-Konzerns. Dies war verbunden mit der Verfügbarkeit über 7,8 % der Stimmrechte. Ein Vertrag mit der SJ garantierte Nordö mit Wirkung vom 1.1.1991 ein jährliches Volumen von 22.500 Güterwaggons; eine Menge, die aber nie ganz erreicht wurde. Zum 1.1.1998 wurde der Vertrag von SJ-Gods aufgekündigt.

Reedereipolitische Gründe veranlassten Nordö im Juni 1990, die Linie nach Helsingborg endgültig zu schließen. Gleichzeitig wurde die Linie Travemünde-Gedser zugunsten einer neuen Fährlinie Rostock-Gedser aufgegeben (1993 kurzzeitig wiedereröffnet) und GT-Link in Europa-Linien umbenannt.

Ab 1992 versuchte Sea-Link AB, die Fährkonzepte der Großreedereien Silja und Viking vom Bottnischen Meerbusen auf die südliche Ostsee zu übertragen. Die Frachtfährlinie sollte durch eine passagierorientierte *city-to-city*-Verbindung von Lübeck nach Malmö ergänzt werden (Euroway). Insgesamt wurden etwa 1 Mrd. SEK in dieses Projekt investiert. Um den hohen Kapitalbedarf zu decken, beteiligte Sea-Link die Fondgesellschaft Sydfonds sowie die Versicherungsgruppe Trygg-Hansa an dem Projekt. Anfang 1993 übernahm Sea-Link die gesamten Anteile an Euroway. Trygg-Hansa erhielt dafür zwischenzeitlich etwa 14 % Anteile an Sea-Link. Nach der Übergabe des operativen Betriebs an EffJohn und dem Einsatz der „Silja Festival" wurde Trygg-Hansa ausgezahlt.

Euroway verkehrte nur zwischen Mai 1992 und März 1994. Das Scheitern des Projektes, das für Sea-Link mit großen Verlusten verbunden war, wurde verursacht durch falsche Markteinschätzungen, die Rezession in Schweden sowie Probleme der kroatischen Bauwerft mit der Schiffsauslieferung als Folge des Jugoslawienkrieges.

Die finanziellen Schwierigkeiten führten zu einer umfassenden Umstrukturierung der Gruppe. Im Dezember 1992 verkaufte Sea-Link AB den größten Teil seiner Tochtergesellschaften an EMEA Shipping, eine Gesellschaft, welche die beiden größten Anteilseigner des Konzerns, Elling Ellingsen sowie Mats Arnhög, zu diesem Zweck gebildet hatten. EMEA übernahm für etwa 300 Mio. SEK die Rederi AB Nordö, die Scandinavian-Link GmbH, die Rederi AB Sea-Link und die Ship-Link UK Ltd. (Forstproduktenverkehre, Terminals), die R/L Shipping (Isle of Man) sowie die Europa-Linien A/S. Trotz des mit dem Verkauf verbundenen Buchgewinns von 145 Mio. SEK war der Abschluss von Sea-Link 1992 mit einem Verlust von 233 Mio. SEK (nach Finanzergebnis) verbunden, teilweise bedingt auch durch einen Währungsverlust von 85 Mio. SEK. Die Beteiligung des Sea-Link Konzerns an Tankerbauprojekten sowie die Weiterveräußerung der Bauoptionen führten dagegen zu beträchtlichen finanziellen Gewinnen.

1994 schied Elling Ellingsen aus dem Unternehmen aus. Er übernahm mit sämtlichen Anteilen an der Ship-Link UK Ltd. einen Teil der Forstproduktenverkehre und die reedereieigenen Terminals in Großbritannien. Im Gegenzug erfolgte eine Übertragung seiner fünfzigprozentigen Beteiligung an der EMEA-Holding an die Skandinaviska Enskilda Banken (SE-Banken). Kurze Zeit später gingen alle Unternehmensanteile in den Besitz Mats Arnhögs über. Die EMEA Holding AB trat 1995 ihre Anteile an der EMEA Shipping AB an die neu gegründete Firma MGA Holding AB (MGA - **M**ats **G**öran **A**rnhög) ab. Die EMEA Holding AB wurde zur Liquidation angemeldet und 1997 auch formell aufgelöst. Die MGA Shipping AB als Teil der Holding hält 100 % der Anteile an:

- der Rederi AB Sea-Link Malmö
- der Rederi AB Nordö-Link Malmö
- der Europa Linien A/S Danmark
- der Skandinavien-Link GmbH Deutschland.

Europa-Linien (Rostock-Gedser) wurde 1996 an die DSB-Rederi verkauft. Die Nordö-Tochter MTM Management AB beschäftigt sich mit der Vermietung von Schiffsbesatzungen an Rederi AB Nordö. Auf den Transport von veredelten Forstprodukten von Skandinavien nach Großbritannien und dem Kontinent konzentriert ist die Rederi AB Sea-Link. Das jährliche Transportvolumen beläuft sich auf etwa 1 Mio. t. Ein großer Teil der Ladung stammt aus langfristig bestehenden Kontrakten, z.B. mit ASSI Domän. Eingesetzt werden die Schiffe „Nordic Link“, „Baltic Link“, „ASSI Scan Link“ sowie „ASSI Euro Link“.

Die Trennung vom Euroway-Projekt, aber auch von den keineswegs besonders ertragreichen Routen von Travemünde bzw. später Rostock nach Gedser, brachte eine wesentliche Verbesserung der finanziellen Situation der Gruppe mit sich, da der Travemünde-Malmö-Verkehr als sehr profitabel eingeschätzt werden kann. Die ursprünglich verfolgte Absicht, ab 1994 einen Südschweden-Dienst ab Rostock zu etablieren, wurde mit der Eröffnung des Trelleborg-Dienstes von DFO/SweFerry aufgegeben.

Das Nordö-Konzept ist ausschließlich frachtorientiert. Nur im Sommer wurden bis Ende der 90er Jahre auch Reisende mit ihren Pkw bzw. Caravans befördert, wobei diese Möglichkeit inzwischen weiter zugunsten der Fracht eingeschränkt wurde.

Seit Mai bzw. Juni 1990 setzt Nordö mit der „Malmö Link“ sowie der „Lübeck Link“ die damals größten Frachtfähren der Ostsee ein. Beide Schiffe (ex „Finnrose“ bzw. „Finnhawk“; 33.163 BRZ; 14.064 BRT) sind Baujahr 1980 und wurden für je 210 Mio. SEK erworben und für je 40 Mio. SEK in Schweden bzw. Polen umgebaut und vergrößert. Sie verfügen auf drei

Frachtdecks über eine Kapazität von 3.100 bis 3.200 lm (2.300 lm für rollende Ladung sowie 800 Gleismeter auf sechs Gleisen im unteren Deck; reale Kapazität ca. 2.700 lm; davon 730 Gleismeter). Das Hauptdeck der „Malmö Link" sowie der „Lübeck Link" ist jeweils für Eisenbahntrajektion hergerichtet und über eine Bugpforte erreichbar. Die Beladung des Oberdecks erfolgt über Seitenpforten, wobei das Wetterdeck über eine interne Rampe mit dem Oberdeck verbunden ist. Die Fähren erreichen eine Geschwindigkeit von ca. 20 kn.

Die Schiffe fuhren Ende der 90er Jahre an der Grenze ihrer Übersetzkapazität. Durch die Kapazitätsrestriktionen waren bis 1998 nennenswerte Volumenzuwächse im Lkw/Trailersegment nur durch die sinkenden Eisenbahnmengen zu realisieren. In den 90er Jahren wurde der Schienenanteil zugunsten des Lkw/Trailerverkehrs stetig reduziert. Über die Trajektierung von Kombieinheiten bleibt der Eisenbahnverkehr aber weiter interessant für Nordö.

Auf Grund der, verglichen mit Trelleborg, längeren Seestrecke nach Malmö können mit den zwei Schiffen nur zwei tägliche Abfahrten angeboten werden (jeweils 10.00 Uhr und 22.00 Uhr). Die Überfahrtszeit nach Malmö beträgt konstant neun Stunden. Nur am Sonntag erfolgt eine spätere Abfahrt. Die Montagvormittag-Abfahrt entfällt wie bei einigen anderen Linien auch.

Seit dem 16. September 1998 setzt Nordö mit der eingecharterten „Polaris" (2.200 lm, ca. 1.900 lm netto, 20.326 BRZ, 100 Fahrerplätze) ein drittes Schiff ein. Damit konnte das Angebot durch eine zusätzliche Abfahrt täglich (Malmö 15.30 Uhr; Travemünde 2.30 Uhr) ergänzt werden. 1976 als „Dana Futura" gebaut, war das Schiff ab Januar 1989 erst nach Malmö, dann von April bis Juni 1990 nach Helsingborg als „Skåne Link" bereits einmal für Nordö im Einsatz. 1991 wurde das Schiff an Ventouris Ferries verkauft. Inzwischen (März 2000) wird das Schiff durch die „Finnsailor" (1.400 lm) ersetzt.

Tab. 52: Verkehrsaufkommen der Linie Travemünde-Malmö (Nordö) 1990-1999

	Lkw/Trailer	Güterwaggons	Pkw	Busse	Passagiere
1990	108.500 T-H: [27] 14.200	15.500	10.300	14	63.100 T-H: 5.800
1991	93.900	19.000	24.800	47	71.500
1992	106.700	17.500	6.200	54	72.500
1993	108.900	19.000	4.500	16	77.700
1994	115.000	20.600	5.500	21	82.900
1995	130.900	20.000	4.700	16	88.700
1996	134.600	15.800	4.600	17	94.400
1997	149.900	10.600	4.800	16	102.500
1998	165.100	6.400			94.200
1999	177.700	6.000			109.600

Quelle: Cruise & Ferry Info; verschiedene Jahrgänge, ergänzt durch Reedereiangaben

[27] T-H (Travemünde-Helsingborg).

3.5 Fährlinien zwischen Swinemünde und Schweden

Die Struktur der polnischen Schifffahrt wurde in der sozialistischen Zeit durch drei große staatliche Reedereien geprägt:

Polish Ocean Lines (POL) - Sitz in Gdynia mit Konzentration auf die Linienschifffahrt: In der POL waren alle polnischen Linienschifffahrtsaktivitäten, insbesondere nach Übersee, konzentriert. In der Zeitspanne von 1970 bis 1977 betrieb POL auch Fährschifffahrt, gab diese aber später an die eigens dafür gegründete PZB ab. Die POL ist heute hauptsächlich über die Gesellschaft Euroafrica in der Fährschifffahrt aktiv. Die am 1.9.1991 gegründete Euroafrica Shipping Lines Co. Ltd. entwickelte sich aus der Stettiner Niederlassung von POL. Ursprünglich eine hundertprozentige Tochter der POL, befanden sich bereits 1992 ca. 50 % der Anteile in der Hand privater Investoren.[28] Ab 1993 verkaufte POL Anteile in erheblichem Umfang an private juristische Personen, darunter Hafengesellschaften, Speditionen, Containerlogistikunternehmen, Werften und kleinere Reedereien.[29] POL blieb aber stets größter Anteilseigner an Euroafrica und verfügte damit weiterhin über eine bestimmende Position. Neben der Beteiligung an der die Fährlinie Swinemünde-Ystad betreibenden Unity-Line gehören eine Anzahl von Ro/Ro-Schiffen, Semi-Container-Frachter sowie konventionelle Massengutfrachter zu Euroafrica.[30]

Tab. 53: Entwicklung der Eigentümerstruktur von Euroafrica 1992-1996 (in %)

	1992	1993	1994	1995	1996
POL	48,7	38,7	27,7	27,7	44,0
Hafen Gdynia	-	10,0	7,1	7,2	-
Hafen Stettin-Swinemünde	1,0	1,0	0,7	0,7	0,7
private natürliche Personen	10,8	10,7	8,5	7,2	7,2
private juristische Personen	38,8	38,8	56,0	57,2	48,1
sonstige	0,7	0,7	-	-	-

Quelle: Seck, Falk von (1998), S. 272

Mittlerweile (1999) hält die Reederei Polska Zegluga Morska etwa 29 % an Euroafrica Shipping Lines.

Polska Zegluga Morska (PZM) - Sitz in Stettin: Die Polish Steamship Company war vorwiegend in der weltweiten Bulk- und Trampschifffahrt, in den 60er Jahren aber auch im Ostseefährverkehr tätig. 1982 gründete sie die heute in die Unity-Line involvierte Zegluga Polska S.A. als hundertprozentige Tochter und ist zudem mit 29 % an Euroafrica beteiligt.

Polska Zegluga Baltyska (PZB) - Sitz in Kolberg mit Konzentration auf die Fähr- und Ro/Ro-Schifffahrt im Ostseeraum: In dieser Reederei war die gesamte polnische Ostseeschifffahrt konzentriert, darunter mit Ausnahme der Eisenbahntrajektion auch die Fährschifffahrt. PZB wurde im Zuge des Privatisierungsprogramms des polnischen Wirtschaftsministers *Balcerowicz* in eine Kapitalgesellschaft mit privater Rechtsform umgewandelt, verblieb jedoch vollständig in staatlicher Hand. Alle Privatisierungsbemühungen scheiterten bisher. PZB betreibt mehrere Linien zwischen Polen und Schweden, Dänemark und Finnland. Zwischen Polen und Schweden sind dies:

---

[28] Toy, Neal (1995), S. 49-50.
[29] Vgl. Seck, Falk von (1998), S. 271.
[30] Euroafrica Annual Report 1998.

- Swinemünde-Malmö (ein bis zwei Abfahrten täglich),
- Danzig-Oxelösund (eine Abfahrt wöchentlich)
- Danzig-Nynäshamn (sechs Abfahrten pro Woche)
- Swinemünde-Ystad (seit 1.6.1999 eine Abfahrt täglich).

Im Juni 1997 wurde die Linie Danzig-Oxelösund zugunsten der neu eröffneten Linie Danzig-Nynäshamn auf eine Abfahrt pro Woche reduziert. Polferries nahm ab 1. Juni 1999 wieder einen Dienst von Swinemünde nach Ystad mit der Fähre „Silesia" auf.

PZB ist Besitzer der Fähranlagen in Swinemünde und Danzig sowie des Hafens in Kolberg. Der von PZB betriebene Fährterminal in Swinemünde wird auch durch die Konkurrenzlinie Unity-Line genutzt. Das Terminal ist aus staatlichen Mitteln finanziert; nur zu einem geringen Teil auch aus Mitteln der Reederei. Die Fertigstellung des Terminals war für 1996 vorgesehen. Auf Grund finanzieller Probleme ist der Ausbau jedoch ins Stocken geraten. Im Endausbauzustand soll das Terminal über eine jährliche Kapazität zur Abfertigung von 800.000 Passagieren, 150.000 Pkw, 100.000 Lkw sowie 60.000 Waggons verfügen.[31]

Die erste rein private polnische Fährreederei war die Corona-Lines S.A., eine Tochtergesellschaft der Transportholding KTG S.A. (Krajowe Towarzystwo Gospodarcze), mit einer Linie von Gdynia nach Karlskrona.[32] Diese Linie musste nach dem Konkurs von Corona 1995 geschlossen werden, wurde jedoch kurze Zeit später durch eine zeitweise bestehende Linie von Gdynia nach Karlshamn (Baltic Line) und schließlich durch den Markteintritt Stenas (über Lion Ferry) wiederbelebt.

Polens Eintritt in die Fährschifffahrt begann mit dem Versuch, nach dem II. Weltkrieg die Rolle der als Folge der Kriegszerstörungen in Saßnitz eingestellten Route Trelleborg-Saßnitz zu übernehmen. Dazu wurde eine Fährlinie von Gdynia, später von Swinemünde nach Trelleborg eingerichtet. Nach Wiedereröffnung der Königslinie wurden diese Linien geschlossen. 1967 nahm die Polska Zegluga Morska (PZM) erneut einen ganzjährigen Fährdienst nach Schweden auf, diesmal zwischen Swinemünde und Ystad, nachdem bereits 1964 ein Saisonverkehr gestartet worden war.[33] In den 70er Jahren entstanden neue Linien nach Helsinki, Nynäshamn und Kopenhagen. Zeitweise liefen in Kooperation mit Svea Line und Rederi AB Gotland die polnischen Fähren auch Stockholm bzw. Karlskrona an. Die Linie nach Ystad wurde am 17.5.1974 zu einer Eisenbahnfährverbindung erweitert.

Die Polish Ocean Lines (POL) übernahm zu Beginn der 70er Jahre alle polnischen Fähraktivitäten, übergab diese aber nur wenige Jahre später an die Polish Baltic Shipping (Polska Zegluga Baltyska). POL sollte dadurch die Konzentration auf die weltweite Linienschifffahrt ermöglicht werden. Im Zuge eines Umstrukturierungsprogramms der polnischen Seewirtschaft war 1977 PZB mit Sitz in Kolberg gegründet worden. Gleichzeitig übernahm PZB die Küstenschifffahrtsaktivitäten in der Ostsee von PZM.[34] Nur die Eisenbahnfährschiffe verblieben weiterhin bei der POL. Dadurch entstand der Zustand, dass PZB die kombinierten Fähren sowie POL über die Tochter Euroafrica den Eisenbahnfährdienst betrieb. Die Ladungsakquisition in Schweden wird durch eine Kooperation mit der SJ ermöglicht.[35] Ursprünglich wurde Swinemünde-Ystad mit fünf Fähren bedient, und zwar durch zwei PZB-Kombifähren sowie drei POL-Eisenbahnfähren.

---

[31] Toy, Neal (1995), S. 43.
[32] Toy, Neal (1995), S. 46.
[33] Wisniewski, E. (1991).
[34] Wojewodka, Czeslaw (1992), S. 89-90; Toy, Neal/Roe, Michael (1997), S. 65, 69-70.
[35] Wojewodka, Czeslaw (1992), S. 88-89.

1993 startete nach dem Verlust der „Jan Heweliusz“ das Unity-Projekt, das vor allem die Verbesserung des Qualitätsstandards der Linie durch den Einsatz einer Neubaufähre zum Ziel hatte. Unity-Line wurde als Gemeinschaftsunternehmen von Euroafrica sowie der Zegluga Polska S.A., einer Tochter der Polish Steamship Company (PZM), gegründet. Unity-Line ist die Managementgesellschaft zum Betrieb der „Polonia“. Zur Finanzierung des Schiffes wurde die Polonia Line Ltd. (jeweils 50 % Zegluga Polska sowie Euroafrica direkt bzw. über im Ausland registrierte Tochtergesellschaften) mit Sitz auf der Isle of Man gebildet. Polonia Line erhielt zum Bau des Schiffes, zweckgebunden für den Bau auf einer norwegischen Werft, ein Darlehen norwegischer Kreditinstitute. Eigner des langfristig an die Unity-Line *bareboat*-verchartertern Schiffes ist die Polonia Line.

Die im Dezember 1993 bestellte „Polonia“ wurde am 1.6.1995 übergeben. Mit dem Einsatz der „Polonia“ konnte eine neue Beförderungsqualität im Verkehr zwischen Polen und Schweden erreicht werden. Be- und Entladung des Eisenbahndecks erfolgt über Heck bzw. die des Trailerdecks jeweils über eine hintere und vordere Seitenrampe an Backbord. Die „Polonia“ ist ein Sechsgleisschiff, hat aber durch eine fehlerhafte Geometrie Probleme bei der Nutzung des sechsten Gleises.

Ursprüngliches Einsatzkonzept der Unity-Line war die Ergänzung der „Polonia“ durch eine Kombifähre der PZB. Die Beteiligung der PZB am Unity-Projekt scheiterte aber am Kompetenzgerangel der Reedereimanager, obwohl alle rationalen Erwägungen dagegen sprechen, die Route Swinemünde-Südschweden mit zwei konkurrierenden Linien zu bedienen. Einige leitende Angestellte der PZB hätten bei der Unity-Line keine Beschäftigung gefunden, so dass sich diese 1995 gewissermaßen eine eigene Linie nach Malmö schufen. Die Entscheidung begründet einen Mangel an Passagierkapazität bei der Unity-Line. Für den Passagierverkehr ist auf der Strecke Swinemünde-Ystad nur die „Polonia“ einsetzbar. Damit kann nur eine tägliche Abfahrt für das Passagiersegment angeboten werden.

Unity-Line managt die gesamte Linie einschließlich der beiden älteren Eisenbahnfährschiffe. „Jan Sniadecki“ und „Mikolaj Kopernik“ gehören der Polish Ocean Lines und fahren in *bareboat*-Charter für Euroafrica. Beide Schiffe sind reine Güterfähren für den Transport von Trailern und Eisenbahnwaggons mit einer beschränkten Passagierkapazität. Die „Kopernik“ wird aber nur für den Straßengüterverkehr eingesetzt.

Zwischen Swinemünde und Südschweden ist bei dem derzeitigen Beförderungsvolumen eine wirtschaftlich unsinnige Überkapazität vorhanden. Die Überkapazitäten treffen vorrangig Unity-Line mit den hohen Kapitalkosten für die „Polonia“. Eine eventuelle Zusammenarbeit der konkurrierenden Linien würde große Rationalisierungspotentiale erschließen.

Seit 1997 setzt PZB mit der „Boomerang“ eine Schnellfähre zwischen Swinemünde und Malmö (Überfahrtzeit vier Stunden) ein. Die Passagierzahlen rechtfertigen ein solches System jedoch nicht. Offenkundig sind die Bemühungen, die Schnellfähre in andere Seegebiete umzusetzen.

Tab. 54: Verkehrsaufkommen der Linie Swinemünde-Ystad (bis 1995 Polferries/dann Unity-Line) 1990-1999

	Lkw/Trailer	Güterwaggons	Pkw	Busse	Passagiere
1990	52.600	32.400	101.700	1.400	351.400
1991	57.500	30.400	105.000	1.300	350.000
1992	57.500	28.200	82.500	1.800	337.200
1993	52.200	30.300	78.900	1.800	306.600
1994	58.900	32.100	76.900	1.800	292.500
1995	50.100	35.500	38.800	800	147.300
1996	48.000	31.600	38.800	600	157.900
1997	56.700	28.800	39.600	900	163.000
1998	63.300	23.900	34.800	900	160.800
1999	72.400	42.500	41.900	1.200	194.900

Quelle: Cruise & Ferry Info; verschiedene Jahrgänge, ergänzt durch Reedereiangaben

Tab. 55: Verkehrsaufkommen der Linie Swinemünde-Malmö (ab 1999 inkl. Ystad) (Polferries) 1995-1999

	Lkw/Trailer	Pkw	Busse	Passagiere
1995	7.500	44.600	1.200	180.200
1996	10.500	45.000	1.500	207.100
1997	9.900	43.100	1.300	204.700
1998	8.900	56.100	1.100	244.500
1999	9.500	44.100	800	179.200

Quelle: Cruise & Ferry Info; verschiedene Jahrgänge, ergänzt durch Reedereiangaben

3.6 Merkmale der Angebotsseite - die Reeder

Die Marktstruktur der Anbieterseite wird entscheidend durch die Anzahl, Größe und Organisationsstruktur sowie die Eigentumsverhältnisse der Fährschifffahrt betreibenden Reedereien geprägt. Bei den Anbietern von Fährtrajektionsleistungen handelt es sich um Schifffahrtsbetriebe, die allgemein unter dem Namen Reederei zusammengefasst werden. Reedereien sind Unternehmen, die die gewerbsmäßige Beförderung von Gütern und/oder Personen über See durch Seeschiffe betreiben. Das deutsche Handelsgesetzbuch setzt für den Gebrauch des Namens Reederei das Eigentum an Seeschiffen voraus. Für die Marktuntersuchung wird jedoch davon abgesehen, eine Unterscheidung zwischen den Anbietern nach der Nutzung eigener und/oder gecharterter Tonnage durchzuführen. Als Reederei soll eine Schifffahrtsunternehmung gelten, die gewerbsmäßig den Transport von Gütern und/oder Personen mit eigenem oder fremdem Schiffsraum durchführt und in der Regel von Land aus geleitet wird.

Die Funktionen der Fährreeder lassen sich folgendermaßen zusammenfassen:

- Transport von Ladung und/oder Passagieren
- Disposition fremder oder eigener Schiffe inklusive dazugehörigen Personals
- betriebliche und kaufmännische Organisation des Schifffahrtsbetriebes.

Die im Untersuchungsraum tätigen Reeder sind vorwiegend als Kapitalgesellschaften organisiert; etwa die Stena Line AB, die Rederi AB Nordö, die Scandlines AB sowie die Scandlines AG. Davon sind aber nur die Aktien der Stena Line AB an der Börse notiert und frei handelbar. Weitere börsennotierte Fähr- und Ro/Ro-Reedereien des Ostseeraumes sind Finnlines sowie Color-Line.

Eine Sonderform weist die TT-Line auf. Unter dem Markennamen TT-Line werden die einzelnen Schiffe jeweils in der Rechtsform einer Partenreederei betrieben. Durch die Rechtsformen Partenreederei sowie Kommanditgesellschaft ist es den Reedern möglich, auch schifffahrtsfremden Kapitalgebern die Beteiligung an Schiffen zu ermöglichen und so die Finanzierung zu erleichtern. In einer Partenreederei wird von mehreren Personen ein ihnen gemeinschaftlich zustehendes Schiff zum Erwerb durch die Seeschifffahrt für gemeinschaftliche Rechnung verwendet. Eine Partenreederei ist sozusagen eine Ein-Schiff-Reederei. Die Mitreeder besitzen gemeinsam Eigentum am Schiff und handeln auf Grundlage von Mehrheitsbeschlüssen. Das Stimmrecht und die persönliche Haftung für die Schulden der Partenreederei richten sich nach der Größe der Anteile der Mitreeder (Schiffsparten). Es besteht also keine gesamtschuldnerische Haftung. Gewöhnlich bestellt eine Partenreederei einen Mitreeder bzw. einen Dritten zum Korrespondentreeder, der die Geschäfte und Rechtshandlungen aus dem Schifffahrtsbetrieb im Verhältnis zu Dritten verantwortlich wahrnimmt. Mehrere rechtlich selbständige Partenreedereien mit ihren einzelnen Schiffen werden in dieser Weise unter eine einheitliche Leitung und Vermarktung gebracht.[36]

Generell treten zwei Formen von Seeverkehrsunternehmen im Untersuchungsraum in Erscheinung:

1. private Reedereien, organisiert in der Rechtsform der Kapitalgesellschaft oder Partenreederei
2. in der Rechtsform der Kapitalgesellschaft organisierte, aber weiterhin in staatlichem Besitz befindliche Unternehmen.

Klassische Familienreedereien sind auf der Ostsee, zumindest im Fährverkehr, nicht mehr vertreten. Sie treten aber innerhalb der TT-Unternehmenskonstruktion als Teilhaber der einzelnen Partenreedereien in Erscheinung.

Dagegen ist die kurz vor einem Markteintritt stehende griechische Reederei Superfast (Attica Enterprises) fast als klassische Familienreederei zu bezeichnen, da die Familie Panagopulos die Mehrheit an der börsennotierten Attica Enterprises hält. Während auf der Ostsee die großen Unternehmenseinheiten dominieren, sind in der Mittelmeerfährschifffahrt neben großen, teilweise auch staatlichen Reedereien, eine Vielzahl kleinerer, familiengeführter Unternehmen aktiv. Dies trifft insbesondere auf Griechenland zu, wo im Schutze der Kabotage kleinere Fährreedereien im lukrativen innergriechischen Inselverkehr überleben konnten. Der Wegfall dieses Schutzes wird in der Zukunft aber zu ähnlichen Strukturen wie auf der Ostsee führen.

Die aufkommensstarken Routen auf der Ostsee sind vor allem durch Großreedereien besetzt. Auffallend ist die Spezialisierung dieser Reedereien ausschließlich auf die Fähr- und Ro/Ro-Schifffahrt. In einem Spezialisierungsprozess erfolgte der Übergang von diversifizierten zu reinen Spezialreedereien. Alle deutschen oder schwedischen, aktuell in der Überseeschifffahrt tätigen Großreedereien halten sich von der Fähr- oder Ro/Ro-Schifffahrt im Ostseeraum fern, weil die Fähr- und Ro/Ro-Schifffahrt ein spezielles *know-how* erfordert.

Die traditionell starke Rolle der Staatsbahnen bzw. ihrer Nachfolgeunternehmen über Tochtergesellschaften auf dem relevanten Markt erklärt sich durch ihre historisch bedingte Rolle bei der Erschließung des Ostseeraumes für den Fährverkehr und den Ursprung vieler Verbindungen als Eisenbahnfährlinien. Die ursprünglichen Ziele des Engagements der Eisenbahngesellschaften im Fährverkehr wie die Sicherung billiger und zuverlässiger Trajektionsmöglich-

[36] Vgl. § 489 ff. HGB.

keiten wurden zunehmend durch klare wirtschaftliche Erfolgs- und Finanzziele ersetzt, also eine bestmögliche Verzinsung des eingesetzten Kapitals, ergänzt durch Leistungsziele. Die abnehmende Bedeutung des Eisenbahnverkehrs sorgte dafür, dass dem staatlichen Besitz von Fährlinien heute keine große Bedeutung bei der Wettbewerbsbeurteilung mehr zukommt. Offenkundig sind zudem die Bestrebungen der Staatsbahnen, sich aus der Fährschifffahrt vollständig zurückzuziehen. Die Verfügbarkeit alternativer Transportrouten lässt das Betreiben eigener Trajektionsmöglichkeiten immer entbehrlicher erscheinen.

Die 60er Jahre hatten die Quasi-Monopolstellung der Staatsbahnfährlinien im Nordlandverkehr beseitigt. Die traditionellen, von Staatsbahnen betriebenen Linien von Deutschland nach Dänemark und Schweden wurden durch privat betriebene Linien ergänzt; so durch TT-Line von Travemünde nach Trelleborg oder durch die Stena-Linie Kiel-Göteborg. Bereits seit 1961 betrieb die Jahre-Line zwischen Kiel und Oslo eine Linie nach Norwegen und leitete damit auch die Zeit der Langstreckenfährverkehre ein.[37]

Eine natürliche Entwicklung war der Übergang ehemals in der konventionellen Küstenschifffahrt, aber auch im Personenlinienverkehr involvierter Reeder zum Fähr- und Ro/Ro-Verkehr. Viele Reeder entwickelten sich durch den Aufbau von Ro/Ro-Kapazitäten von Küstenschifffahrtsunternehmen zu Fähr- oder Ro/Ro-Reedereien. Beispiele dafür sind insbesondere die Reedereien Bore, Svea sowie EFFOA. Die gleiche Entwicklungslinie lässt sich für Fred Olsen und den schwedischen Broström-Konzern mit seinen Tochtergesellschaften Hallands Ångfartygs AB sowie Svenska Lloyd nachweisen.[38] In Norwegen ist z.B. die Jahre-Reederei zu nennen, die in den 60er Jahren den Übergang zur Fähr- und Ro/Ro-Schifffahrt vollzog.

Wurzeln in der Küstenschifffahrt hatte auch die Reederei Myrsten (Slite AB, Viking-Line, später Stockholm-St. Petersburg). Die Entwicklung von der Küsten- zur Ro/Ro-Schifffahrt lässt sich auch für OT (Bröderna Johannsson) nachweisen.[39] Die Tochter Roto-Line betrieb neben mehreren Nordsee- auch eine Ro/Ro-Linie von Södertälje nach Travemünde. Die Unternehmensgeschichte von Rederi AB Nordö ist ebenfalls ein Beispiel für den Übergang typischer mittelständischer Reedereiunternehmen zur Fähr- und Ro/Ro-Schifffahrt.

Auf deutscher Seite vollzogen nur wenige konventionelle Reedereiunternehmen diesen Übergang. Exemplarisch genannt sei hier die Hamburger Reederei und Agentur J. A. Reinecke, die gemeinsam mit der IDUNA-Versicherung sowie privaten Investoren, zusammengeschlossen in der Trampschiffahrtsgesellschaft, unter dem Namen TT-Line 1962 die erste ganzjährige Verbindung zwischen Trelleborg und Travemünde eröffnete. Die Reederei A. Bolten, Wm. Miller's Nachfolger übernahm 1967 den Reinecke-Anteil. Bolten ist eine der wenigen deutschen Privatreedereien, die den (teilweisen) Übergang zur Fährschifffahrt vollzog, nachdem man Schweden früher konventionell bediente. Deutsche Familienreedereien haben sich teilweise technologisch anders orientiert. Die Hamburger Reederei H.M. Gehrckens war z.B. Mitinitiator des Railship-Projektes. Die Liniendienste der Reederei bildeten neben den Ostseediensten der (familiengeführten) Reedereien Johannes Ick, Ernst Russ sowie der Reederei Mathies auch den Grundstock der Team Lines GmbH & Co., einer der führenden Ostseefeederreedereien. Zu erwähnen ist weiterhin die DDR-Staatsreederei DSR, die Ro/Ro-Linien nach Finnland sowie die Eisenbahnfährverbindung Mukran-Klaipeda betrieb.

Im Laufe der weiteren Entwicklung begannen sich aber auch Reedereien mit anderen Unternehmensschwerpunkten und geschäftlichem Hintergrund in der Fähr- und Ro/Ro-Schifffahrt

[37] Koch, Martin (1970), S. 13 ff.
[38] Vgl. Nordisk Ministerrad (1987), S. 69 ff.
[39] Vgl. Nordisk Ministerrad (1987), S. 69.

zu engagieren. Dies galt insbesondere für in Schweden beheimatete Großreedereien wie Johnson-Line (Geschäftsbereich Schifffahrt des Nordstjernan-Konzerns), Saléninvest/Salénia, Transatlantic und Wallenius. Die 1966 gegründete schwedische Reederei Tor-Line AB war aus einem Konsortium, bestehend aus schwedischen und niederländischen Gesellschaften, hervorgegangen. Namensgeber und bedeutendste Anteilseigner waren Trans-Oil (Göteborg) sowie Rex-Line (Stockholm). Tor-Line wurde später von den Reedereien Salén und Transatlantic AB im Verhältnis zwei Drittel zu einem Drittel übernommen und ging schließlich 1982 im DFDS-Konzern auf.

Auf schwedischer Seite waren es in den 60er und 70er Jahren vor allem die bisher im Verkehr zwischen Dänemark und Schweden tätigen Reeder, aber auch die schwedische Staatsbahn SJ, die ihr Liniennetz durch Direktverbindungen zwischen Schweden und Deutschland komplettierten. 1965 ergänzten die Linien Helsingborg-Kopenhagen(Tuborg)-Travemünde sowie Malmö-Travemünde das Liniennetz zwischen Schweden und Deutschland. Die erstgenannte Linie gehörte der neugebildeten Trave-Line, einer Tochter der schwedischen Rederi AB Svea (über die Tochter Linjebuss International betrieb Svea auch die Linien Helsingborg-Helsingør sowie Landskrona-Tuborg), während letztere unter dem Namen Malmö-Travemünde-Linjen der SJ gehörte. 1972 übernahm dann die ebenfalls SJ-eigene Reederei Svenska Rederi AB Øresund (SRØ) diese Linie. SRØ wurde 1973-1974 eine Tochter von Svelast (Svenska Lastbil AB). 1976 übertrug Svelast die Administration sowie die Vermarktung der Linie an Lion Ferry AB. Im gleichen Jahr entstand unter dem Namen Saga-Linjen ein Pool (Svelast und Rederi AB Svea) für den gemeinsamen Fährverkehr auf der Relation Helsingborg/Malmö und Travemünde. Die Lion Ferry AB übernahm auch für den neuen Gemeinschaftsdienst alle administrativen und Vermarktungsaufgaben.[40] 1980 hatte sich eine neue Reederei unter dem Namen Scandinavian Ferry Lines (SFL) gebildet, in der Svelast (später Swedcarrier) und Rederi AB Svea jeweils fünfzigprozentige Eigner waren. In teilweiser Zusammenarbeit (Limhamn-Dragør) mit der dänischen Damskibsselskabet Øresund A/S (DSØ) war diese Reederei vor allem in der Öresundfahrt tätig.

Weitergehende Konzentrations- und Rationalisierungsbestrebungen im direkten Verkehr zwischen Schweden und (West)Deutschland äußerten sich 1981 in der Poolzusammenarbeit (50:50) zwischen TT-Line sowie der Saga-Linie. Die Linien wurden unter dem Namen TT-Saga vermarktet. Die Zusammenarbeit wurde durch eine von beiden Seiten gestellte Leitung (*styrelse*) geregelt. Die Zustimmung der Leitung war bei Fragen der Preissetzung, der Rabattgewährung sowie der Budgetierung usw. erforderlich. Als Agent in Deutschland fungierte die TT-Line GmbH & Co., während dazu auf schwedischer Seite TT sowie SFL die TT-Saga-Line AB bildeten.[41] Als Folge von Umorganisationen im schwedischen Nordstjernan-Konzern (Mehrheitseigner der Rederi AB Svea) wurden alle Schifffahrtsaktivitäten des Konzerns in der Johnson Line AB zusammengefasst, so dass folglich Svelast und Johnson Line die schwedischen Poolpartner von TT in dieser Zeit waren.[42] Scandinavian Ferry Lines AB besorgte die Bemannung der schwedischen Fahrzeuge des Pools. Später ging SFL ganz im Swedcarrier- bzw. SJ-Konzern auf.

Weniger üblich war eine Integration von Fähraktivitäten in existierende Landtransportunternehmen bzw. transportfremde Unternehmen. Ein Beispiel ist aber der dänische DFDS-Konzern (DFDS Tor-Line, DFDS Scandinavian Seaways), der traditionell neben der Schifffahrt auch andere Transportbereiche abdeckte. Bekannt ist ebenfalls das zeitweilige Engagement des Bilspedition-Konzerns in der Forstprodukten- sowie der weltweiten Schifffahrt (vor

---

[40] Statens Pris- och Kartellnämnd (1982), S. 7.
[41] Statens Pris- och Kartellnämnd (1982), S. 14.
[42] Angaben aus: Statens Pris- och Kartellnämnd (1982), S. 6 ff.

allem in der Spezialschifffahrt) oder die Rolle des schwedischen Mischkonzerns NCC (hervorgegangen aus Nordstjernan) als Hauptgesellschafter von Neptun Maritime (vormals Johnson Line), der Muttergesellschaft von Silja Line. Auch der finnische Rettig-Konzern (hauptsächlich Lebens- und Genussmittel) war (neben Anteilen an Finnlines) über seine Tochter Oy Rettig AB Bore in der frachtorientierten Ro/Ro-Schifffahrt aktiv (hauptsächlich Liniendienste Finnland-Kontinent bzw. Vercharterung von Schiffen z.B. an Finnlines, in den 70er Jahren auch Silja-Partner). Nachdem sich Rettig (ursprünglich insbesondere Schweden-Finnland-Verkehr) von einem ehemals stark auf die Schifffahrt konzentrierten Unternehmen (1978 ca. 55 % des Umsatzes), der neben seinen Liniendiensten auf Nord- und Ostsee ursprünglich auch in der Südamerika-Fahrt aktiv war, zu einem Mischkonzern (1990 nur noch 15 % Schifffahrt) entwickelt hatte, wurden die Linienschifffahrtsaktivitäten in Finnlines eingebracht. Rettig erhielt 1991 einen Anteil von 10 % an der Finnlines Oy.[43] Die deutsche Reederei Poseidon, langjähriger Poolpartner von Finnlines für den Linienverkehr insbesondere zwischen Deutschland und Finnland, war bis zum Verkauf an Finnlines als Stinnes-Tochter (VEBA-Gruppe) Teil eines großen Transport- und Logistikkonzerns.

Auch der schwedische Bonnier-Konzern war über seine Tochter Bonship AB Eigner der 1959/60 gegründeten Lion Ferry AB und damit ebenfalls im Fährgeschäft beteiligt. Lion Ferry eröffnete 1966 eine Linie von Halmstad über Kopenhagen nach Travemünde. Bereits 1967 begann Lion Ferry eine Zusammenarbeit mit der Trave-Line. Beide konzentrierten sich danach auf die Linie Helsingborg-Kopenhagen-Travemünde. Kurze Zeit später nahm Lion Ferry seine eingesetzten Schiffe aus dem Dienst und vercharterte diese an die SJ für deren Dienst von Malmö nach Travemünde.

Seit 1976 war Lion Ferry auch Agent für Svelast sowie später Saga-Linjen auf der Relation Malmö/Helsingborg-Travemünde. Dieser Zustand wurde durch die beginnende Poolzusammenarbeit von Saga mit TT beendet. Der Betreibervertrag wurde vor diesem Hintergrund nicht mehr verlängert.[44]

Die Bonnier-Gruppe war hauptsächlich im Verlagsgeschäft tätig und sah die Schifffahrtsaktivitäten als Anlage ihrer im Verlagswesen erarbeiteten Gewinne an.[45] Für Bonnier war der eigentliche Betrieb von Fährschiffen weniger rentabel als Geschäfte durch den Bau, Kauf, Verkauf oder Vercharterung von Schiffen. Als die Bedingungen für den profitablen Verkauf gebrauchter Fährschiffeinheiten nicht mehr gegeben waren, änderten sich auch für den Bonnier-Konzern die Grundlagen für das Fährschifffahrtsengagement entscheidend. Zudem erforderten das Schiffsgrößenwachstum sowie die technische Spezialisierung der Schiffe Investitionen in Größenordnungen, die kleine Unternehmen wie Bonnier überforderten.[46] Alle bestehenden Lion-Ferry-Dienste wurden daher in den 80er Jahren nach und nach verkauft: 1981 die 1978 eröffnete Helsingborg-Grenå-Linie mitsamt der dänischen Organisation Lion Ferry A/S (an DFDS) sowie 1982 die Varberg-Grenå-Linie (an Stena Line).[47] Stena erwarb gleichzeitig auch den Markennamen sowie die Schornsteinmarke der Reederei. 1985, nachdem zwischenzeitlich ehemalige Lion-Ferry-Angestellte den Dienst von DFDS übernommen hatten, erwarb Stena auch den Helsingborg-Dienst. Dieser wurde 1990 zugunsten einer neuen Halmstad-Verbindung eingestellt.[48]

---

[43] Ojala, Lauri (1995a), S. 78.
[44] Angaben aus: Statens Pris- och Kartellnämnd (1982), S. 6-10.
[45] Bergenek, Anders (1994b), S. 29-31.
[46] Bergenek, Anders (1994a), S. 33 ff.
[47] Statens Pris- och Kartellnämnd (1982), S. 10.
[48] Angaben aus: Bergenek, Anders (1994a), S. 33 ff.

Selten ist der Fall einer von außerhalb des Ostseeraumes vorgenommenen Investition in die Ostseefährschifffahrt. ESCO als Eigner von Estline befindet sich heute zu 70 % im Besitz eines von norwegischen und amerikanischen Investoren gebildeten Konsortiums. 1998 erwarb Sea Containers die Mehrheit an Neptun Maritime, der Muttergesellschaft von Silja Line. Weitere Gesellschafter sind die NCC AB (11,4 %), Odin Fonder (7,4 %), die Merita Bank (4,3 %), UPM Kymmene (3,0 %), die Pohjola-Gruppe (2,8 %), Stora Enso Oy (2,0 %) sowie Fortum Oil and Gas (1,6 %). Sea Containers ist eines der wenigen Beispiele eines gleichermaßen in der Fährschifffahrt wie in anderen Transportbereichen, insbesondere im Container(leasing)geschäft, tätigen Unternehmens. Gleichzeitig ist Sea Containers als relative Ausnahme auch ein global tätiges Unternehmen.

In begrenztem Umfange treten auch schifffahrtsfremde Unternehmen wie Investmentgesellschaften, Banken oder Versicherungsgruppen als Investoren im Fährschifffahrtsbereich auf, etwa als Minderheitsaktionäre bei Stena Line oder bei Finnlines. Die dänische Investmentgesellschaft Difko kaufte 1990 die Vognmandsruten A/S, die bis zur Eröffnung der festen Querung einen hochprofitablen Fährdienst auf dem Großen Belt betrieb. Die Konstruktion der Partenreederei erlaubt auch der IDUNA-Versicherungsgruppe sowie Einzelinvestoren (Trampschifffahrtsgesellschaft) ein finanzielles Engagement in der Fährschifffahrt.

Für die meisten schwedischen Reeder war als Folge von Konzentrationsprozessen die Phase des Engagements im Fährbereich relativ schnell abgeschlossen. Verblieben sind allein Stena Line und die SJ über verschiedene Tochtergesellschaften sowie zeitweise Gotlandsbolaget an der West- und Südküste. 1982 kam die Rederi AB Nordö hinzu. Stena Line ist Teil eines Mischkonzerns, dessen Fährengagement zu einem nicht unbeträchtlichen Teil auf der emotionalen Bindung der Olsson-Familie an den maritimen Bereich beruht. Der Nordstjernan-Konzern (Johnson-Line), der die Fähraktivitäten von Svea übernommen hatte, konzentrierte seine passagierorientierten Fähraktivitäten auf den Finnlandverkehr und fusionierte diese Anfang der 90er Jahre (40 %) mit EFFOA (60 %) zur EffJohn-Gruppe, die mit Vaasa Ferries im Bottnischen Meerbusen, Sally Line im Englischen Kanal sowie der Commodore Cruise Line und der Bermuda Star Line im Kreuzfahrtgeschäft über weitere Standbeine verfügte. Über die Laser Line AB unterhielt Nordstjernan weiter überseeische Linienverkehre, vor allem nach Mittel- und Südamerika. Als Teil von Viking-Line war die gotländische Reederei Myrsten (Rederi AB Slite) bis zu ihrem Konkurs 1993 im Finnland-Verkehr tätig. Hervorzuheben ist der Anteil der åländischen Familienreedereien an der Entwicklung des Fährverkehrs (insbesondere zwischen Schweden und Finnland; z.B. die von mehreren Familien sowie einigen hundert Kleinaktionären getragene SF-Line; åländische Wurzeln hatte ursprünglich auch Sally Line) bzw. des Forstproduktenverkehrs (etwa Godby Shipping AB - Eigner Alpo Mikkola).

Etwas unterschiedlich verlief die Entwicklung in Finnland. Dabei spielte im Gegensatz zum Schweden-Verkehr die auf den Export angewiesene finnische Holz- und Papierindustrie eine entscheidende Rolle. Die Besonderheiten der finnischen Schifffahrtsgeschichte beruhen auf der Entstehungsgeschichte der finnischen Linienreedereien als Exportsicherung der großen Papierkonzerne sowie auf der besonderen geographischen Situation Finnlands weitab von den Hauptabsatzgebieten. Das bevölkerungsreiche West- und Mitteleuropa besitzt für die exportorientierte Wirtschaft in Skandinavien eine wesentlich höhere Bedeutung als Absatzmarkt als etwa Nordeuropa für Deutschland. Dies führte teilweise zu einer engen Verflechtung großer Industriekonzerne mit der Transportwirtschaft sowohl auf Reederei- als auch auf Speditionsebene.[49]

---

[49] Vgl. Ojala, Lauri (1995a).

Insbesondere die ehemals staatseigene Enso-Gutzeit Oy spielte über die Merivienti Oy (bis 1982 zuständig für die Schifffahrtsaktivitäten des Konzerns) sowie die Finnlines Oy (alleiniger Eigner bis 1982) beim Aufbau stabiler Fähr- und Ro/Ro-Verbindungen zum Kontinent eine entscheidende Rolle. Später zog sich Enso aus diesem Geschäft wieder zurück, blieb aber durch teilweisen Besitz an Finnlines, später an Transfennica sowie als zeitweiliger Eigner der „Finnjet" dem Geschäft verbunden.

In den 70er Jahren bildeten EFFOA (Finnish Steamship Company) und Finnlines durch eine Übereinkunft bezüglich einer Arbeitsteilung in der finnischen Schifffahrt zwischen den die finnische Linienschifffahrt beherrschenden Gesellschaften EFFOA und Enso-Gutzeit eine gemeinsame Marketinggesellschaft für Linienverkehre zwischen Finnland und dem kontinentalen Europa: die Finncarriers Oy AB. 1982 wurde diese Gesellschaft eine hundertprozentige Tochter der EFFOA. Gleichzeitig erwarben mit der Neste Oy (25 %), der Oulu Oy, Rautaruki Oy sowie Thomesto Oy weitere, teilweise nicht der Papierindustrie zuzurechnende Exportfirmen Anteile an Finnlines.[50] 1989 übertrug EFFOA seinen Eignern die Anteile an der Tochter Finncarriers und bildete die Finnlines Oy Group, die damit eine von EFFOA unabhängige Gesellschaft wurde, in der die finnische Exportindustrie inklusive der Forst- und Ölindustrie ihre Schifffahrtsinteressen bündelte. Damit wurden insbesondere die vormals gemeinsam betriebenen Passagier- (verblieben bei EFFOA und wurden in die neugebildete EffJohn AB eingebracht) und Frachtaktivitäten von EFFOA organisatorisch getrennt. In die Finnlines-Gruppe wurden alle Linienschifffahrts- (Finncarriers), Schiffsmanagement-, Bulk- und Hafenaktivitäten (alte Finnlines) zusammengefasst.[51]

Zur Sicherstellung der Transporte der finnischen Papierindustrie zu ihren Exportmärkten entstand 1976 zudem durch die Verschmelzung der Schifffahrtsabteilungen der von allen großen Papierkonzernen gemeinsam betriebenen Vermarktungs- und Verkaufsorganisationen Finnpap, Finncell, Finnboard und Converta die Reederei Transfennica.[52]

Auch heute noch halten klassische Reedereien, insbesondere in Skandinavien, Anteile in Fähr- oder Ro/Ro-orientierten Gesellschaften. Dazu gehören etwa solche traditionsreichen Unternehmen wie Bylock & Nordsjöfrakt (B&N), Nordström & Thulin (N&T) oder die norwegische Eidsivæ. N&T, ursprünglich eine reine Tanker- und erst seit 1987 nach Übernahme der Konzession im Gotlandverkehr auch eine Fährreederei, trennte sich Ende der 90er Jahre von den Anteilen an Estline sowie Gotlandsbolaget und zog sich damit wieder aus dem Fährverkehr zurück.

Besonders lukrativ für die Reeder, z.B. die Rederi AB Engship, die Bror Husell Chartering Ltd., United Shipping, Seatrans, Godby Shipping und die Reederei Ernst Russ GmbH & Co., sind langjährige Kontrakte zur Vercharterung von Ro/Ro-Einheiten für den Forstproduktenverkehr. Dieser Geschäftszweig umfasst auch einen großen Teil der Aktivitäten von B&N.

---

[50] Ojala, Lauri (1995a), S. 70.
[51] Ojala, Lauri (1995a), S. 71-72.
[52] Ojala, Lauri (1993d), S. 233-244.

Zusammenfassend sind zwei generelle Merkmale auf der Angebotsseite feststellbar:

1. Die ursprünglich dominierende Rolle der Staats-, d.h. Eisenbahnfährreedereien hat im Untersuchungsraum stetig an Bedeutung verloren und spielt heute keine große Rolle mehr bei der Marktbeurteilung.
2. Die Eisenbahnfährreedereien wurden auf dem Markt durch eine Vielzahl von privaten Fährreedern ergänzt. Diese entstanden durch die technologische Umstellung traditioneller Küstenschifffahrtsunternehmen auf die Fähr- und Ro/Ro-Schifffahrt. Da die Umstellung eine hohe Kapitalkraft erforderte, gelang diese Transformation in der Regel nur größeren Schifffahrtsunternehmen. Die Anzahl dieser privaten Fährreedereien hat in einem anhaltenden Selektionsprozess stetig abgenommen. Ein Engagement branchenfremder Investoren in der Ostseefährschifffahrt ist eher die Ausnahme als die Regel. Dies deutet darauf hin, dass der Fährschifffahrt keine überdurchschnittlichen Renditemöglichkeiten zugeschrieben werden. Zudem erfordert ein solches Engagement ein spezielles *know-how*.

4. Beschreibung der Nachfragerseite

Nachfrager nach Transportleistungen der Fähr- und Ro/Ro-Reeder sind all jene Unternehmen, die auf eigene oder fremde Rechnung Güter über eine Strecke transportieren, die die Überwindung eines durch Fähr- und Ro/Ro-Linien überbrückten Wasserhindernisses beinhaltet.

Dies sind vorwiegend Speditionsunternehmen und Frachtführer, seltener Handels- oder Industrieunternehmen im Werkverkehr. Hinzu kommen auch spezielle Logistikunternehmen wie Fluggesellschaften oder Expressunternehmen, die ihre Luft- oder Expressfracht über Land (unter Einschluss der Fähre) transportieren. Im Ro/Ro-Verkehr kann der Anteil der Industrieunternehmen als direkte Nachfrager aber wesentlich höher liegen.

Speditionen konsolidieren nur die bestehende Nachfrage, ohne der originäre Nachfrager zu sein. Als Verlader treten vor allem Industrie- und Handelsunternehmen auf, teilweise auch der Staat sowie private Haushalte. Da aber der direkte Kontakt zum Reeder durch die Spediteure erfolgt, wird bei der Marktbetrachtung der Spediteur als Nachfrager angesehen. Er tritt als Nutzer der angebotenen Leistung der Reeder in Erscheinung.

Weitere Marktteilnehmer sind vermittelnde Stellen wie Makler (Transcaminion) oder Agenten von Reedereien (Burger & Zoon).

Im Folgenden sollen einige der wichtigsten Nachfrager vorgestellt werden.

4.1 BTL - Bilspedition Transport & Logistics

Abb. 17: Transportaufkommen von Scansped bzw. Schenker-BTL (ab 1998) zwischen Schweden und dem kontinentalen Europa (Einzelreisen) 1993-1998

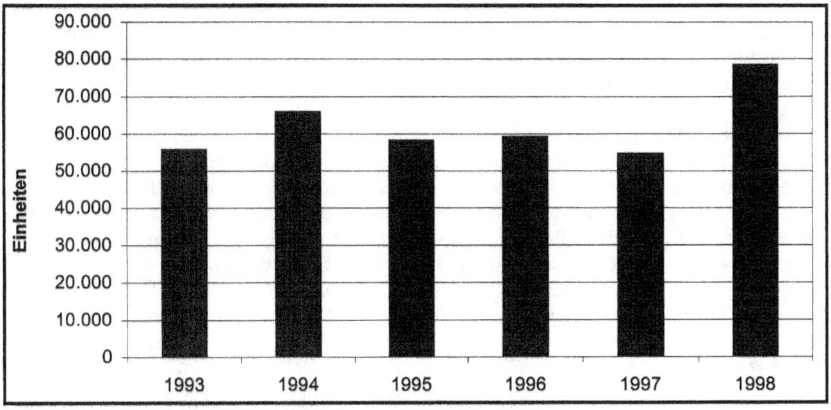

Quelle: Transport & Hantering (Göteborg), verschiedene Jahrgänge

Das Transportunternehmen Bilspedition hat seine Wurzeln in der AB Göteborgs Skeppselevator. Diese Firma wurde 1918 in Göteborg vom Schifffahrtsunternehmen Fallenius & Leffler gegründet. Die Reederei wollte ihre Seedienste durch Inlandtransportangebote ergänzen. 1936 wurde der Name in Fallenius Godstrafik Göteborg AB geändert. Diese Firma bot als erste in Schweden Sammelgutverkehre an. 1942 erwarb SLF (*Svenska lastbilägare förbundet - Swedish Truck Owner's Association*) 50 % der Anteile in Fallenius Godstrafik Göteborg AB. Der Grund lag in der etwa zeitgleichen Beteiligung der SJ an ASG und der Sicherung einer privaten Transportalternative für die schwedischen Lkw-Transportunternehmen. Der Name wurde 1944 erneut in AB Godstrafik och Bilspedition und schließlich 1977 in Bilspedition AB geändert.

Tab. 56: Entwicklung der Eigentümerstruktur von Bilspedition 1918-1990

1918-1942	Fallenius & Leffler AB 100 %
1942-1952	Fallenius & Leffler AB 50 %, SLF 50 %
1952-1953	Fallenius & Leffler AB 33,3 %, SLF 33,3 %, Industrieunternehmen (z.B. Billerud, Boliden AB) 33,3 %
1953-1965	SLF 66,6 %, Industrie 33,3 %
1965-1983	SLF und BTFAB größte Anteilseigner, Rest bei Transportunternehmen (z.B. Salén, Wilson & Co., Skandiatransport etc.)
1983-1985	BTFAB größter Anteilseigner mit 44 % der Stimmrechte und 31 % des Kapitals
1985-1989	ACC (BTFAB) größter Anteilseigner mit 39 % der Stimmrechte und 20 % des Kapitals, weitere Eigner Wallenius Shipping Line, Skandia Versicherung, Trygg-Hansa Versicherung etc.
1990	BTFAB größter Anteilseigner mit 35 % der Stimmrechte

Quelle: Hertz, Susanne (1993), S. 157

Die Ausweitung des Straßenverkehrs in Schweden gab zu Beginn der 50er Jahre den Anstoß für SLF, die verbleibenden Anteile von Fallenius & Leffler zu erwerben. 1957 bildeten die Lkw-Transportunternehmen, die regelmäßig mit Bilspedition kooperierten, die BTF (*Bilspedi-*

tions Transportförening - Bilspedition's Truck Owners Association). BTF erwarb über die eigens dafür gebildete BTFAB Anteile an Bilspedition von industriellen Anteilseignern.[53]

In den 50er Jahren änderte sich die bisher vorwiegend national ausgerichtete Geschäftstätigkeit von Bilspedition. Der internationale Verkehr wuchs insbesondere in den 60er Jahren rasant an. Die 70er Jahre waren von großen Investitionen in Terminals, Distributionslager sowie Spezialequipment, aber auch von einer Stagnation im nationalen sowie geringeren Wachstumsraten im internationalen Verkehr gekennzeichnet.

Auf dem Kontinent verfügte Bilspedition über eine Anzahl kleinerer Tochterunternehmen und deckte den Markt ansonsten durch Agenten ab. Verschiedene Akquisitionen in Belgien, in den Niederlanden, Deutschland, Großbritannien und Finnland verbesserten die Möglichkeiten für eine europaweite Marktabdeckung. Insbesondere durch die Übernahme des niederländischen Transportunternehmens West-Friesland verschaffte sich Bilspedition ein eigenes kontinentales Netz.[54] 1980 etablierte Bilspedition mit der Autotransit GmbH die erste deutsche Tochtergesellschaft. 1986 wurde mit der Spedition United eine weitere deutsche Spedition erworben und mit Autotransit zusammengelegt.[55] 1990 folgte mit Nellen & Quack eine sowohl national als auch international tätige Spedition. Die historische Marktabdeckung auf dem Kontinent durch Agenten führte nach Etablierung eigener Tochtergesellschaften zu Konkurrenzverhältnissen vielfältiger Art zwischen diesen Tochtergesellschaften und den Agenten von Bilspedition. Der wichtigste deutsche Kooperationspartner für Bilspedition war die Hellmann-Gruppe, die aber 1990 über ERT zum Hauptkonkurrenten ASG wechselte.

1983 erfolgte die Einführung an der Stockholmer Börse. Dadurch konnten weitere Finanzierungsquellen für Investitionen und Akquisitionen erschlossen werden. 1982/1983 erwarb Bilspedition mit Wilson & Co. eines der größten international ausgerichteten Transport- und Speditionsunternehmen Schwedens. Eine weitere wichtige Akquisition stellte 1985/1986 der Kauf des bisherigen Wettbewerbers Scansped mit umfangreichen internationalen Aktivitäten dar. Beispielsweise waren die wichtigen Gruppen NTS (Nordisk Transport & Spedition) sowie TK (Transportkompaniet) Bestandteil der Scansped-Gruppe. Durch die besondere Zusammenstellung der Gruppe war es NTS aber möglich, nach der Übernahme Scansped wieder zu verlassen. NTS wurde von der Investmentgesellschaft Ratos übernommen und damit Teil der Speditionsgruppe Inter Forward. 1988 legten Scansped sowie Bilspedition International letztendlich alle Aktivitäten zusammen. Alle kontinentalen Landverkehrsunternehmen firmierten seit 1989/1990 unter dem Namen Scansped.

Die 80er Jahre brachten für Bilspedition einen generellen Wandel von einem hauptsächlich auf Straßengüterverkehr orientierten Unternehmen zu einem Konglomerat von verschiedenen Transportunternehmen. Der Internationalisierungs- und Diversifikationsprozess der Bilspedition-Gruppe wurde vervollständigt durch die Übernahme verschiedener Schifffahrtslinien:

- Cool Carriers 1987
- Gorthon Lines (Forstproduktenverkehre) 1988
- Transatlantic 1988.

1990 ging die Phase der Expansion durch die fünfzigprozentige Übernahme des führenden schwedischen Inlandfluganbieters Linjeflyg weiter. 1991 bildete Bilspedition mit SCA ein *joint-venture* zum Transport der Papierprodukte von SCA. Dazu wurde das Gemeinschaftsun-

[53] Hertz, Susanne (1993), S. 155-156.
[54] Hertz, Susanne (1993), S. 171.
[55] Hertz, Susanne (1993), S. 180.

ternehmen Transforest AB mit eigenen Schiffen sowie Terminals gebildet. Bedingt durch die hohe Anzahl von Übernahmen entwickelten sich die 80er Jahre zu einer Dekade extremen Umsatzwachstums. Gleichzeitig nahm die Bedeutung der internationalen Verkehre entsprechend zu. Innerhalb des Konzerns war die Wilson-Group für weltweite See- und Luftfrachtaktivitäten zuständig. In der Division Overland Transport führte Bilspedition Sverige die innerschwedischen, Scansped die internationalen sowie ColdSped die temperaturgeführten Verkehre durch. 1991 wurden die Domestic-group und die Scansped-group zusammengelegt, während die Schifffahrtsaktivitäten eigenständig blieben.[56]

Während der Bilspedition-Konzern in den 80er Jahren eine aggressive Übernahmepolitik betrieb und seine Aktivitäten in verschiedene Transportsektoren erweiterte, fand auf Grund hoher finanzieller Verluste ab 1991 eine Rückbesinnung auf das Hauptgeschäft als internationale Spedition statt.[57] Schon 1991 bzw. 1992 wurden sowohl Gorthon-Lines als auch Linjeflyg wieder veräußert. In den folgenden Jahren trennte sich Bilspedition auf Grund der schlechten Rentabilität schrittweise von allen Schifffahrtsaktivitäten, wie den Anteilen an Swedish Orient Lines, Bylock & Nordsjöfrakt (B&N), Cool Carriers und Frontline. 1997 wurden die letzten Anteile an der Atlantic Container Line an die amerikanische Holt Cargo Systems verkauft. 1996 änderte sich der Name der Gruppe zu Bilspedition Transport & Logistics (BTL).

Die Strategie, durch die Übernahme von Schifffahrtsaktivitäten, Fuhrunternehmen und Luftfahrtgesellschaften die Kontrolle über das logistische Gesamtsystem zu verbessern, hat sich für Bilspedition letztendlich als zu kostenintensiv und damit als Fehlschlag erwiesen. Stattdessen erfolgte ein Strategiewechsel durch die Konzentration auf das Speditionsgeschäft. Bereits 1991 kaufte Bilspedition die finnische Speditor Oy von der Spontel-Gruppe. Die Tätigkeit wurde unter dem Namen Scansped Oy fortgesetzt.[58] 1996 folgte mit der Huolintakeskus die größte finnische Spedition. Nachdem Finnlines 1994 45 % des Unternehmens erworben hatte, ging Huolintakeskus nach dem Tode des alten Eigners Heikki Eerikäinen vollständig in den Besitz der Finnlines Oy über. 1996 erwarb BTL Huolintakeskus für einen Kaufpreis von 300 Mio. FIM. Finanziert wurde der Kaufpreis durch die Ausgabe von 18,6 Mio. neuer BTL-Aktien an Finnlines. Mit der Einbringung der Spedition in BTL wurde Finnlines größter Anteilseigner der schwedischen Gruppe.

Tab. 57: Aktionärsstruktur von BTL vor der Übernahme durch Stinnes (Stand 3/1997)

	Stimmanteil %	Kapitalanteil %
Finnlines AG	45,8	31,6
Bilspedition Transportörer Förvaltnings AB	10,7	5,5
ACC-Gruppen AB	9,5	4,9
Skandia einschließlich Fonds	2,6	2,6
Stiftung für Wissens- und Kompetenzentwicklung	2,2	1,2
sonstige ausländische Aktionäre	8,0	19,2
übrige Aktionäre	21,2	35,0

Quelle: BTL-Jahresbericht 1996

Finnlines hatte im Verlaufe des Jahres 1997 schrittweise seinen Stimmenanteil auf über 50 % ausgeweitet. Ende 1997 erwarb Stinnes über die Schenker AG im Tausch gegen die Reederei Poseidon 35 % des Aktienkapitals sowie 51 % der Stimmrechte von der Finnlines-Gruppe. Anfang 1999 wurde den verbleibenden Aktionären ein Übernahmeangebot unterbreitet. Nach

[56] Siehe bis hierher vor allem: Hertz, Susanne (1993), S. 158 ff.
[57] Vgl. Ojala, Lauri (1993b), S. 333.
[58] Ojala, Lauri (1995a), S. 131.

Ablauf der Bieterfrist Mitte 1999 verfügte der Stinnes-Konzern über 97,5 % des Aktienkapitals sowie 98,4 % der Stimmrechte.

Die Aktivitäten beider Gesellschaften wurden unter dem Namen Schenker-BTL zusammengelegt. Mit der Übernahme konnte Schenker seine Präsenz in Skandinavien, aber auch europaweit bedeutend ausdehnen. Die BTL-Kunden erhielten Zugang zum Schenker-Netzwerk in Österreich, Irland, Spanien, Portugal, Bulgarien, Rumänien, der Türkei und Griechenland; Ländern, in denen die BTL-Präsenz bisher schwach ausgeprägt war.

Damit verschwanden auch die Markennamen Schenker Transport AB, Bilspedition sowie Scansped vom Markt. Zur Vermeidung von parallelen Organisationen hat BTL die Schenker-Geschäfte in Schweden, Norwegen, Finnland, Dänemark, Estland, Lettland, Litauen, Polen, Belgien, den Niederlanden sowie Großbritannien übernommen, während in Deutschland, der Schweiz sowie Frankreich der umgekehrte Weg beschritten wurde. Ausgenommen von diesen Änderungen waren insbesondere der See- und Luftfracht- sowie der Logistikbereich. Im Zuge des Zusammenschlusses trennte sich BTL z.B. von der Wilson-Gruppe und verkaufte diese 1999 an Nordic Capital.

4.2 ASG - AB Svenska Godscentraler

Abb. 18: Transportaufkommen von ASG (ab 1995 inklusive ERT) zwischen Schweden und dem kontinentalen Europa (Einzelreisen) 1993-1998

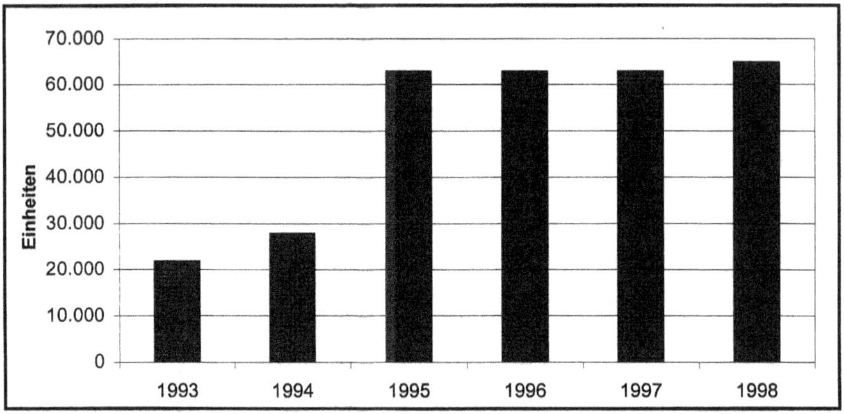

Quelle: Transport & Hantering (Göteborg); verschiedene Jahrgänge

ASG wurde 1935 als Inlandtransportorganisation der Svea Rederi AB gegründet. Sie ist eine börsennotierte Aktiengesellschaft, die seit 1999 zur Deutschen Post-Gruppe gehört. ASG erzielte 1998 einen Umsatz von ca. 12 Mrd. SEK (1,53 Mrd. Euro).

Eigner von ASG waren stets andere Transportunternehmen, zuerst die Reederei Svea, dann die schwedische Staatsbahn SJ (*Statens Järnvägar*). Diese nutzten ASG als Ergänzung zu ihren Transportaktivitäten. Damit war ASG auch Restriktionen bezüglich der eigenen Handlungsfähigkeit ausgesetzt, da die Tätigkeit von ASG konsequenterweise zu einer Konkurrenzsituation mit der jeweiligen Mutter führte.

In den 50er Jahren zog sich die Rederi AB Svea aus dem Engagement in ASG zurück und verkaufte ihre Anteile an die SJ. Ab 1985 übernahm ASG einen großen Teil des Sammelgutverkehrs der SJ. Die SJ begann sich aber ab 1990 mit der Einführung von ASG an der Stockholmer Börse schrittweise aus dem Unternehmen zurückzuziehen. Ergebnis war eine im Verlaufe der 90er Jahre ständig wechselnde Eigentümerstruktur. Andererseits standen der ASG durch die Börseneinführung neue Finanzierungswege offen.

Tab. 58: Entwicklung der Eigentümerstruktur von ASG 1935-1999

1935-1941	Svea Shipping Line 100 %
1941-1959	Svea Shipping Line 50 %, SJ 50 %
1959-1965	SJ 100 %
1965-1967	SJ 95 %, Association of the trucking companies engaged in ASG (ASG-T) 5 %
1967-1980	SJ 67,5 %, Rederigodscentraler (Broström, Transatlantic, Lloyd, Johnson Line) 25 %, ASG-T 7,5 %
1980-1990	SJ 75 % (seit 1986 über die Holding Swedcarrier), ASG-T 25 %
1990	Börsengang; Swedcarrier 59 % der Stimmen und 41 % der Anteile; andere Eigner wie Trelleborg, Skandia, Privatpersonen 41 % der Stimmen, 59 % der Anteile
1995	SJ verkauft verbleibende10 % des ASG-Aktienkapitals; größte Aktionäre: schweizerisches Investmenthaus Gas Vision sowie Verband der für ASG tätigen Straßentransportunternehmen (AB Transportförvaltning)
1997	1997 erwirbt Investmenthaus Custos 28,9 % des Kapitals und 46,6 % der Stimmen
seit 1999	Mehrheitsaktionär Deutsche Post-Gruppe hält über die Danzas AG etwa 99 % des Aktienkapitals sowie der Stimmrechte; 2000 Gründung der Danzas-ASG AB

Quelle: bis 1990 Hertz, Susanne (1993), S. 90; danach Auswertung der ASG-Jahresberichte

In den 50er Jahren startete ASG seine Deutschland-Aktivitäten durch seinen Agenten HCA in Hamburg. 1960 wurde ASG Hamburg gegründet und entwickelte über die Zeit Verkehre über ganz Deutschland sowie zu internationalen Destinationen. 1976 erwarb ASG die Spedition Atege Stuttgart, einen ehemaligen Agenten. Im selben Jahr wurde eine Holding-Gesellschaft etabliert und der Name von ASG Hamburg in ASG Deutschland GmbH geändert. 1987 etablierte sich ASG Schweden, ebenfalls durch die Übernahme eines ehemaligen Agenten, in Bielefeld.[59]

Tab. 59: Entwicklung der Anzahl der ASG-Agenten und Tochterunternehmen in Deutschland

	Agenten	Tochterunternehmen
1955-1975	20-30	1
1976	18	2
1979	17	2
1989	3	3

Quelle: Hertz, Susanne (1993), S. 102

[59] Hertz, Susanne (1993), S. 111.

Tab. 60: Umsatz und Sendungsentwicklung von ASG Hamburg (1966) und ASG Deutschland GmbH (1990)

	Umsatz	Anzahl der Sendungen
1966	1,2 Mio. DM	21.524
1990	100 Mio. DM	225.000

Quelle: Hertz, Susanne (1993), S. 111

Obschon bereits seit den 30er Jahren vor allem als Eisenbahnspediteur in verschiedenen kontinentaleuropäischen Ländern aktiv, waren die 70er sowie 80er Jahre kennzeichnend für den Internationalisierungsprozess der Gruppe. Stark vertreten war ASG insbesondere in Nordeuropa, Deutschland, Frankreich, Benelux, der Schweiz sowie nach 1990 auch in den Baltischen Staaten. In dieser Periode verstärkte ASG auch seine Luftfracht- sowie Überseeaktivitäten. Europäische Partner von ASG waren z.B. die Gebrüder Weiss, die Hellmann-Gruppe, Group Gontrand sowie Züst Ambrosetti. Neben Hellmann zählten die Speditionen Pracht, Zufall, Nelke, Cretschmar, Lebert, Elsen, G.L. Kayser, Atege und die Deutsche Transport Compagnie zu den weiteren Deutschland-Partnern. Französischer Partner war erst die Graveleau-Gruppe, später die Spedition Heppner.

Bis 1995 betrieben ASG sowie die Tochtergesellschaft ERT ihre europäischen Stückgutverkehre jeweils separat. Erst zu Beginn des Jahres 1996 wurden die Aktivitäten in der neuen Organisation ASG European Road Transport (ASG-ERT) zusammengeführt. Die traditionsreiche ERT war seit 1980 Teil des ASG-Konzerns. In Finnland schloss sich ASG 1993/1994 durch Erwerb von 50 % der Anteile mit der Oy John Nurminen zur ASG-Nurminen Oy zusammen, nachdem ein eigenständiges Auftreten auf dem finnischen Markt nicht vom erwünschten Erfolg begleitet war.[60] 1997 verkaufte ASG die Spezialspedition Frigoscandia an den amerikanischen Security Capital Industrial Trust für 3,1 Mrd. SEK.

1992 gingen Danzas und ASG eine enge Kooperation ein, durch die sich Danzas Zugang zum nordischen und ASG den zum kontinentaleuropäischen Transportmarkt erhoffte. ASG wurde der exklusive Partner von Danzas in den nordischen Staaten. Aber bereits 1995 beendete Danzas die Zusammenarbeit mit ASG und organisierte die Marktabdeckung in Nordeuropa neu. In Finnland wurden die Speditionsaktivitäten, ermöglicht durch die Übernahme der Oy Victor Ek, aus eigener Hand angeboten und in Schweden Euroute als Partner für die konventionellen Europaverkehre gewonnen. Während Euroute im Verkehr mit Deutschland sowie dem Benelux-Raum mit Danzas kooperierte, wurde Road-Link der Verkehr mit der Schweiz, Leman der Verkehr mit Italien und Österreich sowie TeamTrans der Verkehr mit Frankreich übertragen. Partner in Norwegen war die Spedition Cordinator; in Dänemark die GT Spedition.[61] Die weitere Zusammenarbeit mit ASG beschränkte sich bis 1997 auf Spanien und Portugal. Ebenfalls 1997 endete auch die Kooperation im als Eurapid vermarkteten Express-Verkehr durch den Eintritt von ASG als System-Gut-Partner.

Tab. 61: Aktionärsstruktur von ASG 1997

	Anteile am Kapital (in %)	Stimmanteile (in %)
Gas Vision	33,1	19
AB Transportförvaltning	16,5	27,1
ASG (Hongkong) Ltd. resp. ASI AB	4,8	27,7

[60] Ojala, Lauri (1995a), S. 132.
[61] Fritz, Mattias/Råwall, Erik (1997), S. 24-25.

1997 erwarb die Investmentgesellschaft Custos durch Übernahme von Anteilen des Verbandes der für ASG tätigen Straßentransportunternehmen (AB Transportförvaltning) sowie des schweizerischen Investmenthauses Gas Vision 28,9 % des Kapitals und 46,6 % der Stimmen.

Tab. 62: Aktionärsstruktur von ASG vor der Übernahme durch Danzas 1998

	Anteile am Kapital (in %)	Stimmanteile (in %)
Custos	27,6	41,4
B. Sjöberg via Regular Capital Inc.	2,4	15,1
Franklin Templeton	14,1	8,8
Skandia	3,9	2,4
Sjätte AP-fonden	3,4	1,9
SEB fonder	2,6	1,6
SPP	2,1	1,3
Nordbanken fonder	1,7	1,0
SIF	0,8	0,5
Hagströmer & Qviberg fonder	0,5	0,3
Summe der größten 10	59,1	74,3
Sonstige	40,9	25,7
Total	100	100

Quelle: ASG Annual Report

1998 übernahm Danzas durch den Kauf der Aktienanteile des bisherigen Mehrheitsaktionärs Custos sowie ein Kaufangebot an die Kleinaktionäre die ASG AB. Nach Bestätigung durch die schwedischen Kartellbehörden und entsprechenden Gerichtsentscheidungen, welche den Kauf der Custos-Anteile erlaubten, kontrollierte Danzas 76,6 % des gezeichneten Kapitals sowie 59,3 % der Stimmrechte, während die schwedische Post als weiterer Übernahmeinteressent 38,5 % der Stimmrechte auf sich vereinte. Die Post hatte durch Akquisition der Aktien des Großaktionärs Bengt Sjöberg, durch Aktienkäufe auf dem freien Markt und durch gerichtliches Vorgehen versucht, die Danzas-Variante zu verhindern. Nach dem Scheitern dieser Strategie verkaufte auch die schwedische Post ihre Anteile an Danzas, so dass Danzas nunmehr fast 100 % des Kapitals sowie der Stimmrechte zuzuordnen sind. Damit wurde ASG vollständig in das Danzas-Netzwerk integriert.

Im Verlaufe des Jahres 1998 reduzierte die ASG-Gruppe die Anzahl ihrer Geschäftsbereiche von vier auf drei. Dazu wurden die Geschäftsbereiche Domestic & Parcel sowie European Road Transport zum neuen Geschäftsfeld ASG Road Transport zusammengelegt. Mit Wirkung vom 1.9.2000 änderte sich der Name in Danzas-ASG Eurocargo AB. Ähnliche Umbenennungen fanden für die weiteren Geschäftsbereiche statt.

Seit Anfang 1997 etablierte sich die Deutsche Post durch eine aggressive Akquisitionspolitik in der europäischen Speditions- und Logistikindustrie. Die Post-Tochter Danzas übernahm 1999 z.B. den Logistik- und Paketbereich des Nedlloyd-Konzerns. Dabei wurde der Paketbereich auf die Post sowie das Distributions- und Stückgutgeschäft auf Danzas übertragen. Neben dem Engagement in Danzas, ASG und Nedlloyd fanden u.a. auch in Polen, Großbritannien, den USA, Frankreich, Italien und der Schweiz Akquisitionen von Unternehmen der Logistikbranche statt.

Tab. 63: Akquisitionen der Deutschen Post-Gruppe seit 1997

• Erwerb einer Minderheitsbeteiligung an trans-o-flex (24,8 %) sowie am Kurierserviceanbieter DHL (25,001 %, 2000 aufgestockt auf 51 %)
• Erwerb der Danzas Holding AG (100 %)
• Erwerb einer Beteiligung (25 % Kapital, 50 % Stimmrecht) an der Securicor-Omega-Gruppe (UK)
• Erwerb einer Mehrheitsbeteiligung (99,25 %) am Paket- und Expressdienst Ducros Services Rapides (F)
• Erwerb der Paket- und Logistiksparte von Nedlloyd (NL)
• Erwerb von Van Gend & Loos BV (NL), Selektfracht BV (NL), M.I.T. Srl. (I), Global Mail (USA), Servisca Sp. (60 % - PL), Transportes Y Servicios Rapidos Transserra (E)
• Übernahme u.a. von Meadowsfreight (I), Start SA (F), der amerikanischen Air Express International sowie von ASG über die Danzas AG

4.3 NTS - Nordisk Transport & Spedition

Abb. 19: Transportaufkommen von NTS (ab 1998 inklusive Fraktarna) sowie DFDS zwischen Schweden und dem kontinentalen Europa (Einzelreisen) 1993-1998

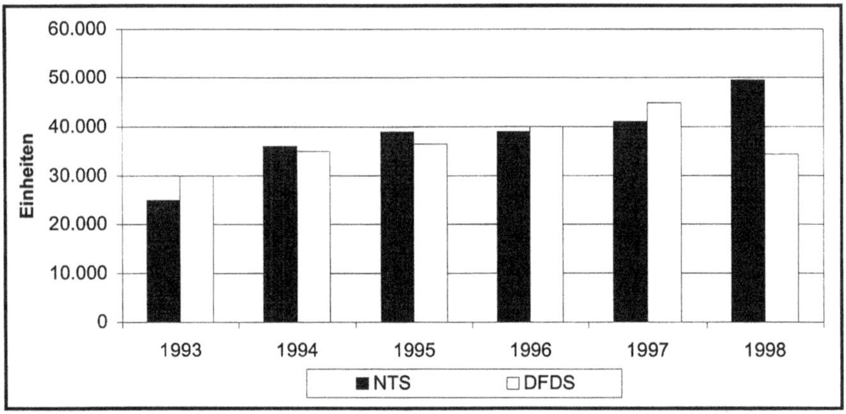

Quelle: Transport & Hantering (Göteborg); verschiedene Jahrgänge

NTS ist ein traditionsreiches schwedisches Speditionsunternehmen, dessen Wurzeln bis in das Jahr 1919 zurückreichen. Bereits in den 20er Jahren wurden erste Niederlassungen und Tochtergesellschaften im Ausland gegründet. Die Geschäftsaktivitäten bezogen sich sowohl auf den Schienen-, den Straßen-, den See- als auch später den Luftverkehr mit eigenen Tochtergesellschaften in Norwegen, Deutschland, Frankreich und Dänemark.

NTS bildete nach seinem Ausscheiden aus der Scansped-Gruppe die Basis für die Formierung einer neuen Transportgruppe. Die Chancen des gemeinsamen europäischen Marktes, die steigende Bedeutung logistischer Aktivitäten sowie vorhandenes *know-how* führten bei Ratos zum Entschluss, in Transportaktivitäten zu investieren und dazu entsprechende Gesellschaften zu akquirieren. Die Probleme bei der Scansped-Übernahme durch Bilspedition gaben Ratos die Möglichkeit zum Kauf von NTS.[62] Ratos bildete 1988 mit der Inter Forward (IF) eine

[62] Hertz, Susanne (1993), S. 205.

Holdinggesellschaft, in die alle Transportaktivitäten eingebracht wurden. Die Geschäftsstrategie war klar darauf ausgerichtet, ein internationaler Speditionskonzern mit einem auf Nord- und Nordwesteuropa konzentrierten Netzwerk zu werden.

Während der ersten Jahre des Bestehens erwarb IF mehr als 20 internationale Transport- oder Logistikunternehmen. Die Übernahmen erstreckten sich über Schweden, Deutschland, die Schweiz, Großbritannien, Frankreich, die Niederlande, Belgien und Dänemark.

Nach der Akquisition durch IF wurde NTS in vier eigenständige Unternehmen gegliedert:

- NTS Rail
- NTS Transport Sverige AB
- Nordisk Air Cargo
- Inter Forward Service AB.

Die anderen NTS-Gesellschaften wie NTS SA France, NTS A/S Denmark, NTS A/S Norway sowie NTS GmbH Deutschland wurden direkt unter dem Management der Gruppe angesiedelt und behielten ihre eigenen internationalen Aktivitäten.[63]

1998 zog sich Ratos jedoch wieder aus dem Verkehrs- und Logistiksektor zurück. Der Landtransportbereich, bestehend aus NTS AB (Schweden), NTS A/S (Norwegen), IF France SA sowie IF UK Ltd. wurde zu einem Preis von 210 Mio. SEK (47,9 Mio. DM) an die Dan-Transport Holding verkauft. Zugleich wurden die Spedition Forsblad & Son an Svelast sowie die Eisenbahnspedition Nordisk Transport Rail an die SJ-Holding AB Swedcarrier veräußert.

Der Erwerb der NTS-Gruppe durch DanTransport führte zu einer Neustrukturierung der Aktivitäten in Schweden. Die gesamten Auslandsaktivitäten der DanTransport-Tochter Fraktarna AB wurden auf NTS übertragen, während Fraktarna die nationalen Verkehre sowie die Logistikaktivitäten übernahm. DanTransport hatte bereits 1990 42,5 % der Anteile an der Fraktarna AB von der Priab AB erworben und seine Anteile schrittweise erhöht. DanTransport stockte 1998 auch seine Anteile an der norwegischen Spedition Tollpost-Globe von 53,8 auf 100 % auf. Die NTS-Aktivitäten in Norwegen wurden in Tollpost-Globe eingebracht sowie in Finnland in BDN Cargo Transport Oy. NTS erwirtschaftete zum Zeitpunkt der Übernahme mit 650 Mitarbeitern einen Umsatz von 1,6 Mrd. SEK. Der gesamte übernommene Bereich erzielte einen Umsatz von 2,3 Mrd. SEK (500 Mio. DM). Alle vorherigen NTS-Partner in Deutschland, insbesondere aus dem IDS-Verbund, gingen daraufhin neue Kooperationen mit der TransFargo AB ein.

Durch die im September 1998 gebildete strategische Allianz E1 European Logistics Services verfügte DanTransport über Zugang zu einem europaweiten Netzwerk. Partner in diesem Netzwerk waren Nedlloyd (NL), Saima Avandero (I) und die Dubois-Gruppe (F). Dubois verkaufte 1998 41 % des Aktienkapitals zu gleichen Teilen an die europäischen Partner Dan-Transport, Royal Nedlloyd sowie Saima Avandero. Die Übernahme der Mehrheit an Dubois sowie Saima Avandero durch ABX 1999 bedeutete schließlich das Ende des E1-Netzwerkes.

Die Akquisition von DanTransport durch die dänische DFDS A/S (von der FLS Industries A/S) zu einem Preis von 2 Mrd. DKK (ca. 269 Mio. Euro) gestaltete die Lage wiederum neu. DFDS (De Forenede Dampskips Selskaber) wurde 1866 als Schifffahrtsunternehmen gegründet. Inzwischen bildet die Landtransportabteilung den größten DFDS-Teilbereich. Insbeson-

[63] Hertz, Susanne (1993), S. 210.

dere in Nord-, Nordwest sowie Osteuropa bietet das Unternehmen Haus-zu-Haus-Verkehre an, während das restliche Europa durch Allianzen abgedeckt wird. Die DFDS A/S gehört mehrheitlich (53 %) dem Lauritzen-Konzern.

Tab. 64: Leistungsbereiche von DFDS Transport sowie DanTransport

	DFDS Transport	**DanTransport**
Tochtergesell-schaften in	Belgien, Estland, Finnland, Deutschland, Irland, Lettland, Litauen, Niederlande, Norwegen, Polen, Russland, Schweden, UK	Frankreich, Finnland, Norwegen, Schweden, UK, USA
Leistungsprofil	Shipping, Spedition, Transport, Logistik	See- und Luftfracht, Projekttransporte, Lagerung, IT-Lösungen, Spedition
Umsatz 1998	9,639 Mrd. DKK	6,407 Mrd. DKK
Betriebsergebnis	408 Mio. DKK	109 Mio. DKK
Gewinn	291 Mio. DKK	78 Mio. DKK
Mitarbeiter	5106	3970

Quelle: Naumann, Jan-Peter (1999a), S. 15

Nach der Eingliederung von DanTransport wurde der DFDS-Konzern neu strukturiert. DFDS ist in den Sparten Fährschifffahrt (Scandinavian Seaways), Ro/Ro-Schifffahrt und Hafenumschlag (DFDS Tor-Line) sowie Landtransport (DFDS Transport) tätig. Im Geschäftsfeld Logistik/Transport wurden alle transportrelevanten Unternehmen wie DFDS Tor-Line und DFDS DanTransport angesiedelt, während DFDS Seaways dem Geschäftsfeld Passage zugeordnet wurde.

Bis 1998 war DFDS Mitglied der TEAM-Allianz und sicherte sich auf diese Weise Zugang zu einem europaweiten Netzwerk. Durch neue Besitzverhältnisse beim langjährigen Partner THL Bahntrans bedingt (Übernahme durch die belgischen Bahnen), löste sich DFDS aus der TEAM-Allianz und ging stattdessen eine strategische Partnerschaft zum Aufbau eines europaweiten Netzwerkes für Stückgut- und Teilladungsgeschäfte mit Danzas ein. Dazu erfolgte die Integration beispielsweise der Eurocargo-Geschäftsbereiche von Danzas in England, Finnland, Belgien und den Niederlanden in die DFDS-Organisation. In Deutschland, Frankreich, Italien, der Schweiz, Spanien, Portugal, Griechenland, Tschechien, Slowakei, Bulgarien, Ungarn und Österreich wurde der umgekehrte Weg beschritten. Gleichzeitig arbeitete DFDS in Dänemark, Norwegen, Schweden, Irland und in den baltischen Staaten als Partner von Danzas.

Ausgelöst wurde die Akquisitionsentscheidung von DFDS zum Erwerb von DanTransport durch fortgesetzte Konzentrationsprozesse, die auch den nordeuropäischen Markt betrafen. Insbesondere die Aktivitäten der Deutschen Post mit der Übernahme von Danzas, Nedlloyd sowie ASG sowie die sich daraus ergebende Aufkündigung der Zusammenarbeit mit DFDS erforderten eine Neuorientierung. Mit Danzas und Nedlloyd waren DFDS zwei wichtige Partner verloren gegangen. Durch die Akquisitionen konnte kurzfristig ein Ersatznetzwerk geknüpft werden.

Nachdem sowohl DFDS als auch DanTransport durch die Akquisitionen der Deutschen Post Teile ihrer kontinentaleuropäischen Kooperationen verloren, arbeitet die DFDS DanTransport-Gruppe mit folgenden Partnern zusammen:[64]

[64] Annual Report for the DFDS Group 1999.

- Deutschland (CLI Cargo Line International Logistic Group, ein Gemeinschaftsunternehmen von 21 Spediteuren; Übernahme der Deugro Carl E. Press GmbH & Co. KG)
- Spanien (Salvat)
- Türkei (Ektrans)
- Österreich (Quehenberger)
- Portugal (Transnautica)
- Italien (Sifte Berti)
- Schweiz (M+R Spedag)
- Griechenland (Supertrans)
- Frankreich (Dubois und NTS France)
- Tschechien und Slowakei (Übernahme einer Mehrheitsbeteiligung von 67 % an Interforward).

Aktuell wird in der DFDS-Gruppe eine Trennung von allen Landtransportaktivitäten erwogen.

4.4 Merkmale der Nachfragerseite sowie weitere Speditionsnetzwerke

Die Nachfragerseite wird hauptsächlich von den Speditionen sowie den Unternehmen zur Durchführung des physischen Transportvorganges auf dem Land gebildet. Speditionsunternehmen können aufbauend auf *Thaler* unter Nutzung der Segmentierungskriterien logistische Angebotsspanne, Art der logistisch zu behandelnden Güter sowie geographischer Aktionsraum folgendermaßen eingeteilt werden:[65]

1. Euro-multinationale Speditionskonzerne

- Übernahme von Transport-, Umschlags- und Lagerleistungen
- zunehmende Erbringung von logistischen Gesamtpaketen
- internationale, grenzüberschreitende Orientierung
- europaweite Netze durch eigene Niederlassungen oder Auslandstöchter
- weitestgehender Verzicht auf die Frachtführer- und Konzentration auf die Spediteursfunktion, Nutzung von Subunternehmern
- z.B. Danzas-ASG, Schenker BTL, DFDS DanTransport

2. Große und mittelgroße Speditionen mit vorwiegend nationalen Schwerpunkten und Fokussierung auf nationalen Heimatmarkt

a) *general-cargo-Speditionen*
- national flächendeckendes Netz
- große Rolle des Selbsteintritts auf dem Heimatmarkt
- Organisation von Import- und Exportverkehren in Zusammenarbeit mit Korrespondenzspediteur
- im internationalen Verkehr spielt Selbsteintritt eine geringere Rolle
- z.B. TransFargo

[65] Thaler, Stefan Ph. (1990a), S. 130-143.

b) Fachspeditionen

- Konzentration auf Spezialgüter wie Kühlgut, Tank- und Silogüter, Textilien, Pkw, voluminöse und Schwergüter
- spezielles *know-how* sowie spezielle Transportgefäße erforderlich
- dadurch eigener Fuhrpark vorhanden
- z.B. Hoyer, Rinnen

3. *Kleine Speditionen (bis 100 Mitarbeiter)*

- Konzentration auf einige wenige Leistungssparten

a) geographische Spezialisierung

Relationsspediteur

- Konzentration auf wenige nationale oder grenzüberschreitende Relationen
- Zusammenarbeit mit Korrespondenzspediteur
- geringe Selbsteintrittsrate

Regionalspediteur

- Sammlung und Verteilung von Gütern in einem bestimmten Gebiet
- Einsatz ist auf gewisse Regionen beschränkt
- z.B. Grenz- und Gebietsspediteure

b) Spezialisierung auf Spezialgüter

- Bewältigung punktueller Spezialverkehre mit einmaligem Charakter
- z.B. Kunst-, Messe oder Pressespediteure.

Auf Grundlage ihrer Unternehmensstrategie können die Akteure auf der Transportnachfrageseite auch in Megacarrier, Nischenunternehmen sowie Unterlieferanten unterteilt werden.[66] Megacarrier bauen internationale Distributionsnetzwerke und integrierte Transportsysteme auf. Eine genaue Laufüberwachung der Sendungen und exakte Dokumentation vervollständigen das Angebot. Megacarrier mit weltweiten Netzen sind oft in mehreren Verkehrssegmenten aktiv. Nischenunternehmer konzentrieren sich dagegen auf ausgewählte Kundengruppen, Märkte oder Produkte. Besonders kleineren Logistik- bzw. Transportunternehmen ist auf Grund fehlender Netzdichte ein Überleben nur durch eine entsprechende Spezialisierung möglich. Unterlieferanten übernehmen vor allem den physischen Transportvorgang bzw. einzelne Logistikleistungen, z.B. im Lager- oder Informationsbereich.

[66] Dagnæs, Lars (1999), S. 21.

Tab. 65: Differenzierung von Logistikdienstleistern

Logistik-dienstleister	**Leistungsmerkmale**	**Leistungsangebot**
Einzel-dienstleister	• universelle logistische Einzelleistungen • großer, oft anonymer Kundenkreis • sehr unterschiedliche Dauer der Geschäftsbeziehungen	• Straßen-, Schienen-, Schiffs- oder Lufttransporte • Lagern, Stauerei, Abholen, Zustellen • Umschlag, Kommissionieren, Verpacken • Informationsleistungen, Verzollungen u.a.
Spezial-dienstleister	• auf das Transportgut spezialisierte Einzelleistungen • begrenzter Kundenkreis • relativ stabile Geschäftsbeziehungen	• Wert-, Gefahr-, Kühl- oder Schwerguttransporte • Umzugs-, Möbel- oder Teppichtransporte • Flüssigkeits-, Gas- und Chemikalientransporte • Kühl-, Flüssigkeits-, Gas- und Chemikalienlagerung
Verbund-dienstleiter	• Aufbau und Betrieb offener Verbundsysteme für bestimmten Leistungs- und Servicebedarf • großer, meist anonymer Kundenkreis • Kunden unterschiedlicher Größe • stark schwankende Mengenanforderungen • kurzfristige und häufig wechselnde Geschäftsbeziehungen	• Paket-, Express- und Kurierdienste • Kombinierter Straßen-, Bahn-, Schiffs-, Lufttransport einschließlich Umschlag und Zwischenlagerung • Ver- und Entsorgungsdienste für Paletten/ Container/ Behälter/ Transportmittel/ Verpackungen • Entsorgungsdienste für Abfall/ Produktionsrückstände
System-dienstleiter	• Aufbau und Betrieb geschlossener Systeme • ausgerichtet auf den Bedarf einzelner Kunden • wenig Großkunden • relativ konstante Strukturen und Mengen • langfristig kalkulierbare Geschäftsbeziehungen	• Versorgungssysteme • Bereitstellungssysteme • Distributionssysteme • Logistikzentren • Unternehmenslogistik

Quelle: Gudehus, Timm (1995), S. 28

Die Grundoptionen der Speditionen bestehen im Aufbau umfassender Euro-Logistik-Netzwerke oder in der Konzentration auf Nischenprodukte (geographische bzw. funktionale Spezialisierung). Der Trend zu immer größeren Einheiten auf der Speditions- und Logistikebene beruht vor allem auf dem Netzwerkgedanken. Der Netzwerkgedanke findet seinen Ausdruck in Fusionen, Übernahmen oder Kooperationen in Form strategischer Allianzen. Die Konzentrationstendenzen in der Speditionsbranche sind auf die wachsende Internationalisierung von Produktion und Handel sowie dem daraus resultierenden Bedarf nach grenzüberschreitenden Transport- und Logistiklösungen zurückzuführen. Für einige Verlader kommen damit nur Logistikdienstleister als Partner in Betracht, die über eine möglichst weite geographische Marktabdeckung verfügen. Zudem erwarten viele Verlader zunehmend logistische

Komplettlösungen, die eine entsprechende Potentialbündelung auf Seiten der logistischen Dienstleister voraussetzen.[67]

Netzwerke sind einerseits Voraussetzung für die Übernahme logistischer Aktivitäten von welt- oder europaweit agierenden Großverladern, andererseits zur Auslastung und zur Erschließung von Größeneffekten auf die extreme Bündelung von Verkehren angewiesen. Die Speditionsnetzwerke entwickeln sich im Zuge der Bildung eines gemeinsamen europäischen Marktes von einem überwiegend national ausgerichteten hin zu einem europäisch ausgerichteten Netzwerk ohne Berücksichtigung nationaler Grenzen. Verbunden ist dies mit einer Reduktion von Knotenpunkten, d.h. Lagersystemen.

Möglichkeiten zum Aufbau flächendeckender und hochwertiger logistischer Systeme sind:[68]

- der eigenständige Aufbau eines europaweiten Netzwerkes
- der Aufbau eines europaweiten Netzwerkes durch Kooperationen
- der Aufbau eines europaweiten Netzwerkes durch Übernahmen oder Fusionen.

Die derzeit ablaufenden Konzentrationsprozesse werden dadurch beschleunigt, dass die ehemals staatlichen Postunternehmen auf Grund von Liberalisierungstendenzen und des Verlustes von Monopolsituationen versuchen, sich auf den Logistikmärkten strategisch neu zu positionieren. Der Markt ist durch eine äußerst aggressive Expansionspolitik einiger nationaler Post-Organisationen gekennzeichnet, die durch Wachstumsstrategien die gesamte logistische Dienstleistungspalette anbieten wollen.

Diese Strategien sind insbesondere bei der Deutschen Post zu beobachten. Die niederländische Post ging durch die Akquisitionen von TNT sowie der Jet-Gruppe ähnliche Wege. Auch die französische und die englische Post verfolgen durch die Beteiligungen an DPD sowie German Parcel eine Internationalisierungs- und Übernahmestrategie.

Tab. 66: Top 10 der europäischen Logistikdienstleister (Stand Mai 1999)

Nr.	Unternehmen	Umsatz (in Mrd. DM)
1	Deutsche Post Gruppe	17.500
2	SNCF-Geodis Gruppe	10.500
3	Schenker-BTL	10.100
4	Deutsche Bahn mit RCE	7.500
5	NFC-Exel	6.700
6	Kühne & Nagel	6.100
7	TNT-Post Group	6.100
8	P & O Nedlloyd Container	6.000
9	Mærsk-Møller	5.600
10	Panalpina	5.300

Quelle: Klaus, Peter (1999), S. 14

Im Nordeuropaverkehr äußerten sich die Fusionstendenzen insbesondere im Zusammenschluss von Schenker und BTL, von Danzas und ASG sowie von DFDS, DanTransport, NTS und Fraktarna.

---

[67] Bjelicic, Borislav (1990), S. 19, 120.

[68] Vgl. Pfohl, Hans-Christian/Freichel, Stephan (1990), Teil I, S. 35-37; Stahl, Dirk (1995a), S. 28 ff.; Heymann, Knut (1997), S. 38.

Tab. 67: Beispiele für Allianzen/Fusionen im Nordeuropaverkehr

Strategie	beteiligte Speditionen
Konsolidierung auf nationaler Ebene	• EHJ - KEC • HST - Andreas Andresen • Spetra - Roland Munch
Konsolidierung auf regionaler Ebene	• DSV - Samson
Konsolidierung auf europäischer Ebene	• Schenker - BTL • DFDS - Danzas (bis 1998) • E1-Netzwerk: DanTransport - Nedlloyd - Saima Avandero - Dubois (bis 1999) • DanTransport - NTS • DFDS DanTransport, NTS und Fraktarna • Deutsche Post, Danzas und ASG

Angesichts des kleinen nationalen Marktes sowie der starken Exportabhängigkeit der nordischen Länder nimmt insbesondere für schwedische Speditionen die Besorgung grenzüberschreitender Verkehre eine wichtige Position im Leistungsangebot ein. Während für die großen schwedischen Speditionen der Nordeuropaverkehr ein Hauptprodukt darstellt, ist dieser Markt für die kontinentaleuropäischen Speditionen eher ein Nebengeschäft. Teile der von kontinentaleuropäischen Speditionen bei ihren Kunden akquirierten Ladungen werden in der Realität von ihren nordeuropäischen Partnern disponiert, die den Transport sowie die Routenplanung übernehmen. Diese Tatsachen führten dazu, dass nordische Speditionen ein stärkeres Ladungsvolumen an sich binden und günstige Frachtraten bei den Reedereien durchsetzen konnten. Die Speditionen nutzen die günstigen Frachtraten über günstige Gesamttransportpreise für weitere Ladungsgewinne. Vielfach fahren kleinere Speditionen und Fuhrunternehmen, auch auf kontinentaler Seite, auf Rechnung größerer Speditionen, um deren bessere Preiskonditionen bei der Fährfahrt ausnutzen zu können. Ein Großteil des Verkehrs, der von den großen Spediteuren kontrolliert und gelenkt wird, wird physisch von Fuhrunternehmen durchgeführt, die durch Transportverträge an die Spediteure gebunden sind.[69] Die Unternehmensgeschichte sowohl von Bilspedition (BTL) als auch von ASG ist zu einem großen Teil von den so genannten *Transportföreningar* (Zusammenschluss der für Bilspedition bzw. ASG fahrenden Fuhrunternehmen) wie BTF oder ASG-T beeinflusst worden, die über Teilhaberschaften Einfluss in ihrem Sinne auf die großen Speditionen ausübten.[70]

Die relativ große Bedeutung der schwedischen Speditionen im Nordlandverkehr ergibt sich aus den Anteilen am bilateralen Straßengüterverkehr. Während beispielsweise 1994 der Anteil deutscher Fahrzeuge am deutsch-schwedischen Straßengüterverkehr 30,1 % erreichte, betrug der Anteil der schwedischen Fahrzeuge 56,5 %. Ähnlich gering ist auch der deutsche Anteil am bilateralen Verkehr mit Dänemark (26,2 %) sowie Finnland (17,8 %).[71]

Die nachhaltigen Konzentrationsprozesse, die Kooperationstendenzen und Marktaustritte vor allem logistischer Primäranbieter könnten ein Indiz für strukturell bedingte geringe Rentabilitäten sein. Die Ergebnisse solcher Großspeditionen wie ASG oder BTL untermauern diese Aussage. Beide Unternehmen trennten sich von Unternehmensteilen, die ertragsmäßig eine Belastung darstellen. Besonders im Stückgutgeschäft leidet die Branche unter einem starken Preis- und Margenverfall, so dass der Landtransportsparte oft nur eine ungenügende Rentabilität zugeordnet werden kann. Im Gegensatz dazu stehen Beobachtungen, dass kleine, spezia-

[69] Vgl. z.B. Larsson, Everth (1983), S. 101; Ekström, A. (1987), S. 64.
[70] Dahlgren, Lars/Wiberg, Ragne/Hallsten, Lars (1984), bilaga 2, S. 152.
[71] Jahresbericht des Bundesverbands des Deutschen Güterfernverkehrs (BDF) e.V. 1995/1996.

lisierte Unternehmen im Nordeuropaverkehr sehr wohl eine gute Rentabilität erreichen können (z.B. TransFargo). Gleiches gilt für Speditionen, die in sachlich spezialisierten Marktsegmenten aktiv sind.

Die Struktur der kontinentalen und nordeuropäischen Nachfrager nach Trajektionsleistungen ist sehr heterogen. Zusätzlich zu den großen, international ausgerichteten Speditionskonzernen treten viele kleinere Unternehmen auf dem Markt in Erscheinung. Neben solchen, den Markt dominierenden, Großunternehmen wie BTL oder ASG und größeren Anbietern wie NTS bilden eine Vielzahl mittelständisch strukturierter Speditionen eine breite Basis der Transportnachfrage. Nordeuropa ist, auch rein geographisch bedingt, ein sehr spezieller Markt, der eine genaue Kenntnis der Verladerstrukturen erfordert. Dies lässt Raum auch für kleinere und mittlere Speditionen. Geographisch sehr abgegrenzte Märkte wie der skandinavische können spezialisierten Unternehmen damit durchaus eine erfolgsträchtige Nischenposition bieten. Ein mittelständisches Unternehmen auf deutscher Seite ist etwa die Gödecke Eurotrans GmbH. Zum einen wird am schwedischen Partner Swelog AB eine finanzielle Beteiligung gehalten, zum anderen besitzt Gödecke eine eigene Tochter in Schweden (Gödecke Frakt & Trailer AB), die vor allem die Trailerverkehre organisatorisch betreut. Weitere auf den nordeuropäischen Markt spezialisierte kontinentaleuropäische Speditionen sind Fluckinger, Reisinger, Otto Ohl, Steffensen, Spedition König, Harry Vos und NVO. Nur wenige Speditionen decken aber sowohl den kontinental- als auch den nordeuropäischen Markt mit einem eigenen Netzwerk ab. Die meisten Speditionen kooperieren mit Partnerspeditionen in den Empfängerländern. Die Zusammenarbeit mit ausländischen Spediteuren erfolgt auf unterschiedliche Weise: [72]

- über *joint-ventures*
- über eigene Niederlassungen im Ausland
- über gemeinsame Unternehmen
- über Kooperationsverträge.

Ein Wachstum ausschließlich durch den Ausbau eigener Kapazitäten erweist sich vor dem Hintergrund des immensen Kapital- und Organisationsbedarfs zum Aufbau flächendeckender Netze als weitestgehend undurchführbar, weil die finanziellen, personellen und organisatorischen Möglichkeiten besonders kleinerer oder mittlerer Speditionen überfordert werden.[73] Fusionen oder Firmenübernahmen sind neben finanziellen Aufwendungen und kartellrechtlichen Problemen mit weiteren integrativen Problemen wie unterschiedlichen Firmenphilosophien, Koordinations- und Führungsproblemen behaftet.[74] Zur Sicherstellung einer Flächenbedienung rücken daher für kleine und mittlere Logistikunternehmen strategische Kooperationen in den Mittelpunkt ihrer Zukunftsstrategien. Gegenüber den problembehafteten Möglichkeiten des Aufbaus eigener Netzwerke bzw. der Akquisition von Logistikunternehmen bietet die Form horizontaler Unternehmenskooperationen eine Alternative zum Aufbau logistischer Netzwerke auch für Unternehmen mittlerer Größe.[75] So vermögen sie es, einerseits im Rahmen regionaler Kooperationen Netzwerke zu bilden, andererseits gleichzeitig ihre Vorteile aus der Regionalkompetenz beizubehalten.

Ein Speditionsnetzwerk ist eine „Organisationsform zur Erstellung von internationalen logistischen Leistungsangeboten ..., bei der rechtlich selbstständige Speditionsunternehmen ihre diesbezüglichen Aktivitäten auf kooperative Weise unternehmensübergreifend koordinieren,

---

[72] Vgl. z.B. Sjögren, Stefan/Woxenius, Johan (1994), S. 296.
[73] Vgl. Stahl, Dirk (1994), S. 141.
[74] Vgl. z.B. Stahl, Dirk (1995a), S. 30.
[75] Vgl. z.B. Pfohl, Hans-Christian/Freichel, Stephan (1990), Teil II, S. 11; Stahl, Dirk (1995a), S. 30 ff.

um gemeinsam strategische Wettbewerbsvorteile gegenüber den konkurrierenden Anbietern logistischer Dienstleistungen außerhalb des Netzwerkes zu realisieren."[76] Die Kooperationen können durch formlose Vereinbarungen oder Absprachen, gesellschaftsvertragliche Arrangements in Form der Gründung von Gemeinschaftsunternehmen, durch gemeinsame Kapitalbeteiligungen bzw. durch Kooperationsverträge fundiert werden.[77] Kooperationsbeziehungen zwischen Speditionen weisen folgende Merkmale auf:[78]

1. rechtliche Selbstständigkeit der Speditionen
2. gegenseitige Abstimmung der Aktivitäten
3. kooperative, auf Langfristigkeit und Stabilität ausgerichtete Beziehungsmuster zwischen den Speditionen auf Grundlage gemeinsamer Zielvorstellungen über die Kooperation.

Zur Verdichtung und Erweiterung des eigenen logistischen Netzwerkes arbeiten Spediteure in einem älteren Kooperationsmodell im grenzüberschreitenden Verkehr mit „Korrespondenzspediteuren" zusammen.[79] Dabei sind in der Regel die Speditionen für Akquisition, Sammlung, Umschlag und Transport zuständig, die in dem betreffenden Gebiet präsent sind.[80] Kooperationen zwischen Speditionen erhöhen nicht nur die Reichweite der logistischen Dienstleistungen, sondern verringern durch gegenseitige Nutzung von Kapazitäten auch die Kapitalbindung in Lager- und Terminalsysteme bzw. in den Fuhrpark sowie erleichtern Investitionen in Informationssysteme, Lager- und Transportmittel. Größendegressionseffekte ergeben sich aus der Bündelung von Transportvolumen; Verbundeffekte aus der gemeinsamen Nutzung von speditionellen und logistischen Ressourcen.[81]

Besonders im internationalen Verkehr gewinnt der Aufbau logistischer Systeme durch Kooperationsformen gegenüber der Verdichtung des eigenen Niederlassungsnetzes an Bedeutung. Während für deutsche Speditionen auf dem deutschen Markt eigene Niederlassungen die geeignetste Organisationsform darstellen, ist dies im internationalen Verkehr nur für 45,6 % der Speditionen der Fall. Im internationalen Bereich sind kooperative Beziehungen und damit der Aufbau internationaler Speditionsnetzwerke die am häufigsten genutzte organisatorische Strategie. Auf diesen Märkten bilden für 50,8 % der deutschen Speditionen feste, langfristige Kooperationsbeziehungen die wichtigste Organisationsform. Kurzfristige Geschäftsbeziehungen zu anderen Speditionen sind für 43,1 % der Speditionen zur Abdeckung internationaler Märkte von Bedeutung.[82] Vor allem flächenintensive Marktsegmente wie Sammelgutverkehre oder Paket-/Expressdienste nutzen die Kooperationsform der Speditionsnetzwerke.[83]

Tab. 68: Internationale Organisationsformen deutscher Speditionen in Nordeuropa

Organisationsform	**Niederlassung**	**Fusion**	**Konzern**	**marktliche Beziehung**	**Kooperation**
Dänemark	18,7 %	1,2 %	1,7 %	21,6 %	56,7 %
Norwegen, Schweden, Finnland	18,5 %	1,7 %	1,1 %	19,6 %	58,9 %

Quelle: Stahl, Dirk (1995a), S. 50

[76] Stahl, Dirk (1995a), S. 35.
[77] Stahl, Dirk (1995a), S. 41.
[78] Stahl, Dirk (1995b), S. 187.
[79] Vgl. z.B. Simon, Ralf-Peter (1993), S. 56; Thaler, Stephan Ph. (1990a), S. 127-128.
[80] Vgl. Stahl, Dirk (1995a), S. 67.
[81] Vgl. Simon, Ralf-Peter (1993), S. 318 ff.
[82] Zahlen beruhen auf einer Umfrage von: Stahl, Dirk (1995a), S. 43 ff.
[83] Stahl, Dirk (1995a), S. 52-53.

Die besondere Lage der nordeuropäischen Länder bedingt einen hohen Anteil kooperativer Formen zur Marktabdeckung. Nur etwa 35 % aller in der Befragung von *Stahl* erfassten Speditionen haben für Norwegen, Schweden bzw. Finnland bereits Kooperationen realisiert, während weniger als 5 % Kooperationen geplant haben.[84] Dies verdeutlicht die Rolle Nordeuropas als Nischenmarkt für deutsche Speditionen. Gleichzeitig kann geschlussfolgert werden, dass viele Speditionen die Ladung ihrer Kunden spezialisierten Anbietern, insbesondere den großen schwedischen Speditionen überlassen.

Tab. 69: Kontinentaleuropäische Partner der wichtigsten nordeuropäischen Speditionen (Stand 1997)

	ASG	BTL	NTS	DanTransport	DFDS	Samson
A	Gebr. Weiss	Scan-Cargo etc.	Züst & Bachmeier, Panalpina	Nedlloyd	Schier Otten	Gebr. Weiss, Panalpina
B	Gondrand Fréres	Scansped	Copex	Van Gend & Loos	DFDS	Calberson
CZ	Chechofracht	Scansped Czech	G.T.S.	Mobicargo	Schier Otten	Chechofracht
DK	ASG	Scansped	DSV Borup, Freja	DanTransport	DFDS	Samson Transport
SWE	ASG	BTL Sverige	NTS		DFDS	Road Link
SF	ASG	Scansped, Huolintakeskus, Kiitolinja	NTS	BDN Cargo	DFDS	Merikiito
F	Graveleau, Gondrand	Scansped, P. Fatton (20 %)	NTS Transports, Int. Rambaud, All Transports	Edouard Dubois & Fils	MORY	Samson Transport, Calberson
D	ASG, Atege, Hellmann, Zufall	Scansped, Nellen & Quack	NTS, Züst & Bachmeier	Nedlloyd	Thyssen Haniel	Atege, von Wirth
HUN	Hungaroweiss	Masped-Trias (49,75 %)	Hungarocaminion	Volankombi RT	Schier Otten	Hungaroweiss
IRL	Campbell	RMF Ireland	Two Way	MSAS Cassin Int.	DFDS	Williames Transport
ITA	Züst Ambrosetti	Casteletti (49 %)	Saima Avandero	Saima Avandero	Sifte Berti	Merzario
NL	Traffic	Scansped Holland	Copex	Van Gend & Loos	DFDS	Exped Holland
N	ASG	Scansped Norge, Linjegods	NTS	Tollpost-Globe	DFDS	Samson Transport, Scansped Norge, Linjegods
POR	Rangel	Geramo Serrano Arnaud, Transitarios	Rosado Transitarios	Nedlloyd	Transnautica	Speditur
E	TransNatur	Hamann International	Spain-TIR	Nedlloyd	Thyssen Haniel	Spain-TIR
CH	Lamprecht	Scansped, Casteletti (49 %)	Züst & Bachmeier, SPEDAG	Nedlloyd	Thyssen Haniel	Gebr. Weiss, Danzas
UK	Hellmann Intern. Forwarding	Scansped	NTS	DanTransport	DFDS	Samson Transport, Williams Transport, Arbuckle, Smith

Quelle: Fritz, Mattias/Råwall, Erik (1997), S. D 4, D 5, D 12, D 13

Die traditionelle Form der Erstellung internationaler Logistikdienstleistungen durch lose Verbindungen zu ausländischen Versand- oder Empfangsspediteuren wird aber zunehmend durch stabilere kooperative Beziehungen zwischen verschiedenen Speditionen bzw. durch die Aus-

[84] Stahl, Dirk (1995a), S. 197.

weitung der eigenen Dienstleistungsreichweite ersetzt. So bedeuteten die Übernahmeaktionen der Jahre 1998/1999 für solche Speditionen wie DFDS, BTL oder ASG den Übergang vom Prinzip der Netzwerkbildung durch Kooperationen zum Netzwerkaufbau mittels massiver Akquisitionen oder der Eingliederung in andere große Organisationen.

Ein wichtiges Netzwerk mit Nordeuropaeinbindung war die TEAM-(Trans European Alliance Members)Transportallianz. Gemeinsam wurden mit etwa 17.500 Mitarbeitern an 391 Standorten 1.200 regelmäßige Linienverkehre angeboten und ein Jahresumsatz von 6,2 Mrd. DM erzielt. Innerhalb von TEAM bestanden klar festgelegte Produktdefinitionen, vereinfachte Formen der Abrechnung sowie gemeinsame Regelungen bezüglich Qualitätskontrolle und Marketing. Die Ursprünge der TEAM-Allianz reichen bis 1992 zurück, als DFDS und Thyssen Haniel (nunmehr Bahntrans) ein Kooperationsabkommen unterzeichneten. Nach Bildung der Allianz DFDS-Danzas brach Euroute die Zusammenarbeit mit Danzas ab und wurde stattdessen Mitglied der TEAM-Allianz. Als Folge des DFDS-Austritts gestaltete sich die neue Zusammensetzung der Allianz folgendermaßen: Neben den Gründungsmitgliedern THL/ Bahntrans, Mory, Sifte Berti, Schier, Otten & Co., Transnautica und Ulutrans waren Euroute in Schweden, Freja in Dänemark, Eurodynamics in Norwegen, Nyström in Finnland, Hay Pollock in Großbritannien, Kersten Hunik in Irland und Holland sowie ABX in Belgien Mitglieder des Systems.

Einen anderen Weg zur Verdichtung des eigenen Netzwerkes wählten kleinere Speditionen. Im Januar 1998 entstand unter dem Namen Nordic Chain European Economic Interest Grouping eine weitere mittelständische und konzernunabhängige Transportallianz. Gründungsmitglieder waren EHJ Transport & Spedition A/S (Padborg), Nortrail A/S (Oslo) sowie TransFargo AB (Malmö). Eine veränderte Zusammensetzung der Kooperationsgemeinschaft ergab sich im Juni 1999. Die Varova Oy ersetzte den bisherigen finnische Partner Maa ja Meri. Ein weiteres europaweites Netzwerk wurde in Form der E1-Allianz gebildet. Das E1-Netzwerk bestand bis zur Übernahme von DanTransport sowie Nedlloyd (durch DFDS bzw. Danzas) aus DanTransport, Nedlloyd, Saima Avandero und Dubois.

Die Nachteile von Allianzen ergeben sich aus den schnell wechselnden Konstellationen, so dass sich die Allianzen ggf. ständig neu formieren müssen. Die Fusionsprozesse in der Speditionswirtschaft waren verbunden mit ständigen Änderungen in den Zusammensetzungen der Kooperationen. Zudem kam es sehr schnell zu Konflikten über unterschiedliche Unternehmenskulturen und -strategien, die in Allianzen gleichberechtigter Partner nicht lösbar sind. Teilweise wurde versucht, die Funktionsfähigkeit der Allianzen durch Überkreuzbeteiligungen (E1-Netzwerk) oder gegenseitige finanzielle Verpflichtungen zu erhalten. Im Endeffekt beendeten aber sowohl die Team- als auch die E1-Allianz 1999 als Folge des Ausscheidens von Allianzmitgliedern durch Fusionen und Übernahmen ihre Tätigkeit. Nordic Chain versucht dagegen weiterhin, durch Beschränkung der Kooperation auf eine geringe Anzahl etwa gleichgroßer Unternehmen und ein relativ einheitliches Auftreten am Markt mittels gemeinsamer Produkte als Allianz erfolgreich zu sein.

Vor allem die Übernahme von ASG führte zu einer vollständigen Umwälzung innerhalb der Speditions-Partnerschaften im Skandinavien-Verkehr. Die früheren ASG-Partner waren gezwungen, sich neu zu orientieren. Gewinner der Umwälzungen war insbesondere die konzernunabhängige TransFargo AB als Teil der Nordic Chain-Kooperation. So arbeitet die Hellmann-Gruppe im Nordland-Verkehr zukünftig mit den Nordic Chain-Mitgliedern zusammen. Auch Cretschmar Cargo sowie Lamprecht Transport wählten TransFargo zum schwedischen Partner. Die Spedition Weiss, ein langjähriger ASG-ERT-Partner, war durch die Übernahme ebenfalls gezwungen, für den nordeuropäischen Raum eine Kooperation mit DSV aufzubauen.

Die anhaltenden Fusionsprozesse verleiteten aber auch kleinere Speditionen zum Wachstum. Im Oktober 1997 übernahm der DSV-Konzern die Samson Transport A/S. Diese war Teil der Geodis-Gruppe und verfügte über Tochtergesellschaften in Finnland (Merikiito), Frankreich, Norwegen, Schweden (Road-Link) und in Großbritannien. Die nunmehrige DSV Samson A/S kaufte zu Beginn des Jahres 1999 nacheinander weitere Speditionen: die GT Spedition A/S, die Nielsen & Sørensen International Transport A/S, die Svex International AB sowie die B.K. Transport A/S. DSV ist ein Zusammenschluss von verschiedenen Frachtführern und gliedert sich in die Unternehmensbereiche DSV Borup, DSV Transport A/S, DSV Niels Larsen Transport A/S und DSV Samson Transport mit Töchtern in Großbritannien, Schweden, Norwegen und Finnland. Für den europäischen Landtransport ist die DSV Borup zuständig. Im Sommer 2000 übernahm die Gruppe den schwedischen Paketdienstleister Swe-Parcel. Gegenwärtig ist der DSV-Konzern an der Übernahme aller Landtransportaktivitäten der DFDS-Gruppe interessiert.

Auch in Zukunft ist ein Nebeneinander großer Logistiknetzbetreiber und diversifizierter Anbieter kompletter, branchenorientierter Kontraktlogistik-Servicepakete mit zahlreichen kleineren, agilen, unternehmergeführten Nischendienstleistern in den Spezial- und Lokalmärkten zu erwarten. Kleinere Unternehmen verfügen auf Grund ihrer flachen Unternehmensstrukturen und einfachen Aufbauorganisation über eine größere Handlungsflexibilität gegenüber Marktveränderungen.[85] Neben den Forderungen nach flächendeckender Präsenz sind auch die Kundenwünsche bezüglich individueller Logistiklösungen sowie spezifischer Kundenbetreuung von den Speditionen zu erfüllen. Dies bedeutet auch in Zukunft die Chance für kleinere und mittlere Unternehmen, gegenüber den im Netzwerkaufbau engagierten Großspeditionen flexiblere Produkte anzubieten. Durch die Spezialisierung auf ihre besonderen Kompetenzen und Fähigkeiten können die Spediteure in den gewählten Nischen produkt- und marktbezogene *economies-of-scope* realisieren.[86] Die Flexibilität in Bezug auf veränderte Marktsituationen und Kundenanforderungen sowie spezielle örtliche, regionale oder nationale Gegebenheiten stellen gewissermaßen einen Ausgleich gegenüber den Standardisierungsvorteilen der großen Spediteure dar. Diese benötigen durch ihre großen Organisationen lange Umstellungsphasen und können nicht auf individuelle Kundenwünsche eingehen, ohne die Vorteile ihrer standardisierten Leistungen aufs Spiel zu setzen.

5. Wettbewerb durch Verkehrsalternativen

Der Wettbewerb besteht einerseits aus einem Transportroutenwettbewerb der einzelnen Fährreeder und Fährhäfen, andererseits aus dem Transportartenwettbewerb (Straße, Schiene, Schiff, Flugzeug). Die Konkurrenz der verschiedenen Verkehrssysteme auf der Ostsee ist teilweise begrenzt auf bestimmte Nachfragesegmente. Wettbewerbsdruck auf die direkten Routen nach Schweden üben aus:

---

[85] Vgl. z.B. Bjelicic, Borislav (1990), S. 70.
[86] Vgl. Stahl, Dirk (1994), S. 149.

- die Transitrouten durch Dänemark
- die konventionellen Schifffahrtslinien über die Ostsee bzw. die Systemtransporte der Forstindustrie
- Ro/Ro-Linien über die Nordsee
- sonstige Ostseelinien
- Containerfeederlinien
- Transporte über die festen Querungen, z.B. durchgehende KLV-Verbindungen
- der Luftfrachtverkehr.

5.1 Wettbewerb durch Transitlinien

Als Transitlinien zählen die Fährlinien, die zwar nicht direkt zwischen Deutschland bzw. Polen und Schweden verkehren, aber trotzdem eine Wettbewerbswirkung auf die direkten Linien auszuüben vermögen. Die Wettbewerbswirkung ergibt sich aus der Möglichkeit, Schweden bzw. Norwegen auch durch die Nutzung der dänischen Landinfrastruktur erreichen zu können. Diese Transportoption ist schneller, gleichzeitig aber teurer als der direkte Schwedenverkehr. Die Transitlinien sind damit eigentlich Bestandteil des relevanten Marktes. Da es aber aus Gründen der Statistik (Kapazitätsauslastung usw.) unmöglich war, sie mit den Direktlinien zu vergleichen, werden sie als zusätzlicher Wettbewerb eingestuft.

Transitverkehre Schwedens und Norwegens passieren die deutsch-dänische Landgrenze, um die Fährlinien ab Frederikshavn und Hirtshals nach Schweden und Norwegen zu nutzen. Transitbedeutung hat Dänemark auch durch die kombinierte Nutzung der zwischen Dänemark und Deutschland bestehenden Fährlinien sowie anschließend der Øresundroute nach Schweden. Vor allem die Vogelfluglinie verfügt über eine große Bedeutung für den Schweden-Transit. Jährlich nutzen etwa 100.000 Lkw-Einheiten diese Möglichkeit. Dabei handelt es sich vorwiegend um sehr zeitabhängige Ware, z.B. um Frischprodukte aus Holland. Neben der Vogelfluglinie entfaltet die Linie Rostock-Gedser eine Wettbewerbswirkung auf die Direktverkehre. Anfang der 90er Jahre traf dies auch auf die Linie Travemünde-Gedser zu. Die aufgeführten Linien sind jederzeit in der Lage, bei Kapazitätsengpässen auf den Direktlinien als Überlauf zu fungieren. Da die Fährlinien des relevanten Marktes auch Transporte mit Quelle oder Ziel Finnland trajektieren, geht Randwettbewerb auch von den direkten Fährlinien zwischen Deutschland und Finnland aus.

5.2 Systemtransporte der schwedischen Forstindustrie

Die Konkurrenz der konventionellen Schifffahrt zu den Fährlinien ergibt sich aus dem Aufkommen an Holz, Papier, Pappe, Zellulose sowie Stahlprodukten und Chemikalien im Skandinavien-Verkehr. Diese Gütergruppen sind fährverkehrsrelevant zwar hauptsächlich als Eisenbahnladung, werden aber teilweise auch mit dem Lkw transportiert.

Schweden exportierte 1997 11 Mio. m^3 Sägeholz, 2,8 Mio. t Zellulose sowie 7,9 Mio. t Papier und Pappe. Die finnischen Exportmengen beliefen sich auf 7,5 Mio. m^3 Sägeholz, 1,7 Mio. t Zellulose sowie 11,2 Mio. t Papier und Pappe. Hinzu kamen 2 Mio. t Papier und Pappe sowie 520.000 t Zellulose aus Norwegen.[87] 85 % der schwedischen Exporte gehen in die EU oder das restliche West- und Mitteleuropa. In Finnland beträgt der entsprechende Anteil 71 %. Schweden und Finnland exportieren kaum noch Holz als unbearbeitetes Rohprodukt, sondern bereits veredelte Produkte wie Schnittholz, Zellulose und Papier bzw. Endprodukte wie Möbel und Fertighäuser. Importiert wird vor allem geringwertiges Rund- und Industrieholz.

---

[87] Entnommen jeweils aus der schwedischen, finnischen sowie norwegischen Außenhandelsstatistik.

Im Ostseeverkehr erreichen die Transporte von massenhaften Stückgütern wie Papier- oder Holzprodukte eine solche Stärke, dass sich Investitionen in spezielle Transportsysteme lohnen. Die skandinavischen Papier- und Holzproduktenexporteure sind durch ihre periphere Lage am Rande Europas gezwungen, besondere Aufmerksamkeit auf die Reduktion ihrer Logistikkosten sowie auf die Beschleunigung der Transportprozesse zu legen. Daher betrachten sie Logistik und Distribution als Bestandteil ihrer strategischen Kernkompetenz, wobei aber reine Transportaufgaben outgesourct werden.

In den 70er Jahren begann der Übergang von der konventionellen Schifffahrt zu Systemlösungen mit Spezialfahrzeugen. Die Schifffahrt musste neue Technologien und Umschlagverfahren einführen, um insbesondere gegenüber der Eisenbahn wettbewerbsfähig zu bleiben. Kleinere, in der konventionellen Fahrt beschäftigte Reedereien wurden von größeren Reedereien verdrängt, die in der Lage waren, die Spezialtonnage bereitzustellen.[88] Ziel war die Mechanisierung des Umschlags, der Übergang zu standardisierten Packungsgrößen und die Schaffung eines integrierten Distributionssystems von der Papiermühle bis zum Auslieferungslager im Zielland. Resultat war die Konzentration der Papierexporte auf wenige Terminals in den kontinentalen Importhäfen. Die Konzentration ermöglichte *economy-of-scale*-Effekte durch den Einsatz größerer Schiffe, den Bau größerer Lager sowie durch verbesserte Auslastung der Binnentransportmittel, etwa im Eisenbahnbereich, und wurde begleitet von einer rasanten Steigerung der Produktivität bei Umschlag und Transport.[89]

Die Distributionslager werden bevorzugt im kontinentaleuropäischen Zielhafen errichtet, da dies gegenüber einem Lager im Abgangshafen die Einsparung einer kompletten Lagerstufe bedeutet und zudem die Marktnähe zum kontinentalen Kunden gewährleistet. Lange Transportwege sowie die klimatischen Bedingungen stehen der Lokalisierung auf nordeuropäischer Seite entgegen. Die Verbindung zwischen den Verschiffungs- und Entladehäfen wird über regelmäßige, ganzjährige Linienverbindungen mit Hilfe von eisverstärkten Spezialschiffen hergestellt.

In den vergangenen Jahren haben die kontinentalen Häfen aber wieder Teile ihrer Zentrallagerfunktion verloren. Die Ursache liegt im Zwang zur zeitgenauen Belieferung der Kunden, die über große Entfernungen auch aus den Ost- bzw. Nordseehäfen nicht immer gewährleistet war. Demzufolge mussten die Kunden eigene Lager an den Verbrauchsorten unterhalten. Hieraus resultierte der Druck der Kunden auf die Papierkonzerne, zur Vermeidung eigener Lageraktivitäten die zeitgenaue Anlieferung des Papiers immer und überall zu gewährleisten. Für die exportierenden Papierkonzerne wurden so zusätzliche Regionallager notwendig.[90] Teilweise werden daher die Importhäfen zur Vermeidung einer Lagerstufe ohne Zwischenlagerung durchlaufen.

Der Seetransport kann nur als Teil eines hochkomplexen logistischen Systems begriffen werden. Dabei wird die vertragliche Basis durch langfristige Kontrakte bzw. Vereinbarungen über den Transport der Papiermengen in einer bestimmten Relation zwischen Reeder und Verlader hergestellt. Durch die feste Einbindung in die Versorgungs- und Absatzsysteme großer Papierkonzerne verfügen diese Linien über eine sichere Ladungsbasis. Diese langfristige Zusammenarbeit bietet der Papierindustrie die Chance, das Transportsystem weitestgehend nach eigenen Vorstellungen zu gestalten. Auf Grundlage eines Langzeitkontraktes können die Reeder andererseits in hochspezialisierte Fahrzeuge investieren.

---

[88] Vgl. Schirach-Szmigiel, Christopher von (1980), S. 3:76 - 3:77.
[89] Vgl. Schirach-Szmigiel, Christopher von (1979), S. 278.
[90] Vgl. Pollak, Torsten (1999), S. 46, 58 ff.

Papierprodukte weisen eine hohe Beschädigungsempfindlichkeit auf, der durch Weiterentwicklung des horizontalen Umschlagverfahrens begegnet wurde.[91] Der Papier- und Zelluloseexport erfolgt weitestgehend durch Nutzung von Sto/Ro-Spezialtonnage. Sto/Ro-Schiffe vereinen die Vielseitigkeit, die Ladungssicherheit und gute Zugangsfähigkeit von Ro/Ro-Schiffen mit der besseren Stauraumauslastung gestapelter Ladungen. Ein weiterer Vorteil des Systems ist die Verringerung der Totlast durch die Nutzung von Ladungsträgern ausschließlich für den Umschlagprozess.[92]

Die Linienverbindungen der Forstindustrie standen ursprünglich nicht allen potentiellen Verladern in gleicher Weise zur Verfügung.[93] Die Spezialschifffahrt war zwar durch eine gewisse Stetigkeit der Transportdurchführung gekennzeichnet, es fehlte ihr aber an Regelmäßigkeit im Sinne eines fahrplanmäßig erstellten Verkehrsangebots. Forstproduktenverkehre sind durch extreme Imbalancen gekennzeichnet, die durch das Aufkommen von massenhaften Stückgütern vorwiegend südwärts verursacht werden. Nordwärts bestehen für diese Linien also freie Kapazitäten, die für Neuwagen- oder Trailertransporte zur Verfügung stehen. Das Problem besteht für Traileroperateure darin, dass nur auf eine Richtung begrenzte freie Kapazitäten nicht akzeptabel sind.

Darauf haben sich die Forstproduktentransporteure durch eine Verdichtung des Abfahrtstaktes sowie eine entsprechende Bemessung der Kapazität eingestellt.[94] Die spezialisierten Forstproduktentransporteure drangen verstärkt in traditionelle Stückgut-, später auch Trailermärkte ein, um ihre Dienste durch verbesserte Auslastungen in beiden Verkehrsrichtungen ökonomisch optimieren zu können. Der Systemverkehr mit Abfahrten nach Bedarf, später regelmäßigen, aber nicht fahrplangerechten Abfahrten entwickelte sich im Laufe der Zeit immer mehr zu fahrplanmäßigen Linienverkehren.[95] So nutzen 1998 etwa 40.000 Trailereinheiten die Transfennica-Linie Lübeck-Hanko.[96] Ein besonders großer Kunde ist ASG, der 99 % seines Traileraufkommens (Finnland) mit Transfennica verschifft (1997: 18.000, 1998: 22.000).[97] Transfennica transportiert zur Vermeidung von Leerfahrten auch Neuwagen von Lübeck nach Södertälje.

In der Forstwirtschaft sind derzeit verschiedene Trends zu beobachten:

- große Forstkonzerne bündeln ihre Kräfte durch Übernahmen oder Fusionen, um Größeneffekte in der Produktion zu realisieren
- die Güterströme werden verstärkt eigenständig bewältigt
- zur Verringerung der Transport- und Lagerkosten werden neue logistische Strategien eingeführt
- Papierprodukte werden diversifizierter und wertintensiver; dadurch wachsen die logistischen Anforderungen nach schnelleren, sicheren Transporten auch bei kleinen Sendungsgrößen.

Konzentrationstendenzen in der Papierindustrie äußerten sich im Verlaufe des Jahres 1998 beispielsweise in den Fusionen von UPM und Kymmene Oy zu UPM Kymmene oder von

[91] Vgl. z.B. Tinsley, David (1984), S. 22.
[92] Vgl. z.B. Tinsley, David (1984), S. 17, 24.
[93] Vgl. Ojala, Lauri (1995a), S. 63.
[94] Sjöström, Pär-Henrik (1998a), S. 55-56.
[95] Vgl. Grandell, Torsten (1996), S. 2.
[96] Vgl. o.V. (1999c): S. 37.
[97] Zahlen aus: ASG-Kundenzeitung „Flow“.

Stora und Enso zu StoraEnso, wobei auch unterschiedliche Logistiksysteme zusammenzuführen waren.

Enso Nord disponierte 1998 etwa 1,2 Mio. t. Davon werden 200.000 t direkt nach Italien oder über den Rhein nach Düsseldorf verschickt sowie 1 Mio. t über deutsche Ostseehäfen. 900.000 t werden über Antwerpen (Enso West) sowie weitere Mengen über Stettin und Gdynia geroutet. Während für Papierladungen aus Südfinnland vorwiegend die Liniendienste von Finnlines in Anspruch genommen werden, ist das nordfinnische Papier von Enso auf die Transfennica-Dienste angewiesen.[98] Stora dagegen versorgte seine kontinentaleuropäischen Kunden vor allem mit der Bahn über die Fährverbindungen zwischen Deutschland und Schweden.

1999 begann StoraEnso, ein neues Transportkonzept für seine Papier- und Kartonexporte einzuführen und wird nach vollständiger Implementierung den Eisenbahntransport über die ostseequerenden Fährlinien durch ein hochfrequentes, unter eigener Regie geführtes Seetransportsystem zwischen Göteborg und Zeebrügge ersetzen. Zeebrügge als Basishafen wird verschiedene Funktionen erfüllen:

- Verteilung von etwa 700.000 t Papier aus Schweden an kontinentale Kunden (v.a. Deutschland)
- Verteilung von 300.000 t Papier aus Schweden an Kunden im Raum Benelux
- Verteilung von 450.000 t Papier zu überseeischen Destinationen
- Verteilung von 1 Mio. t Zellulose aus Schweden an kontinentale Papierfabriken.

Die Umstellung des gesamten logistischen Systems war eng verbunden mit der Einführung eines neuen Transportbehälters, der so genannten Stora-Box (offiziell Stora Enso Cargo Unit SECU). Durch die hohe Kapazität der Box (Staufläche 11,6 m^2, Aufnahmefähigkeit 75-80 t) konnten bedeutende Kostensenkungen erreicht werden. Die Behälter entsprechen in ihren Ausmaßen (13,8 x 3,6 x 4,8 m) jedoch nicht den Lichtraumprofilen der kontinentaleuropäischen Eisenbahnen und können dementsprechend nicht im durchgehenden Verkehr eingesetzt werden. Ein weiteres Problem der Bahn besteht darin, dass einem Lastlauf südwärts mangels eisenbahnaffiner Rückladung oft ein Leerlauf nordwärts entgegensteht. Auch Tor-Line verlor die bisherige Stora-Ladung (ca. 150.000 t), da die Reederei sich nicht den logistischen Vorstellungen von Stora anpassen konnte, um nicht mit den Wünschen anderer Großkunden in Konflikt zu geraten (Volvo). In den schwedischen Papierfabriken wird die Box mit Papier beladen, dann mit der Eisenbahn oder dem Binnenschiff (etwa ab Karlstad über den Vänernsee) nach Göteborg gefahren und von dort mit drei Ro/Ro-Schiffen nach Zeebrügge weitertransportiert. Als Rückladung für die Stora-Boxen ist vor allem Altpapier vorgesehen. Die Schiffe wurden im Auftrag von StoraEnso durch die niederländische Wagenborg Shipping BV bestellt, bereedert und langfristig von StoraEnso gechartert. Als Operateur der Linie tritt die belgische Cobelfret auf, die die nicht für die Stora-Boxen benötigten Stellflächen chartert und vermarktet.

Forstproduktentransporteure mit langfristiger Bindung an große Papierkonzerne bzw. deren Transportabteilungen sind z.B. die Rederi AB Engship, die Bror Husell Chartering Ltd., United Shipping, Seatrans, Godby Shipping und die Reederei Ernst Russ GmbH & Co. Weitere bekannte Transporteure im Forstproduktensektor sind Bylock & Nordsjöfrakt (B&N) sowie Gorthon Lines, deren Einheiten auf Grundlage von Langzeitcharterverträgen für Transfennica, SCA (Svenska Cellulosa AB) und MoDo (Mo och Domsjö) im Einsatz sind. MoDo bedient

[98] Bast, Friedemann (1999), S. 11-13.

auf dem Kontinent zwei Empfangshäfen für Papier und Zellulose. Dies sind Lübeck-Schlutup mit etwa 600.000 t sowie Rouen mit 200.000 t. Hinzu kommt für den britischen Markt Tilbury mit 200.000 t. Seit 1994 nutzen MoDo sowie SCA eine gemeinsame Flotte von fünf Spezialschiffen, um ihre Transporte von Schweden zum Kontinent bzw. England ökonomisch effizienter gestalten zu können. Die logistische Kooperation bleibt dabei auf den Seebereich beschränkt.[99] Während MoDo den Seetransport ebenso für die SCA-Papiermengen nach Lübeck mit zwei Spezialfrachtern übernimmt, transportieren die drei von SCA eingecharterten Einheiten auch die MoDo-Mengen nach Rouen und Tilbury. Diese Logistikkooperation erschließt beiden Firmen bedeutende Kostensenkungen im Transportbereich. Insgesamt transportiert MoDo etwa 1 Mio. t jährlich (inklusive SCA-Mengen) nach Lübeck.

Obwohl die Schifffahrt weiterhin die dominierende Transportart zum Export schwedischer Forstprodukte ist, konnten sowohl Eisenbahn als auch der Straßenverkehr ihre Marktanteile zu Lasten der direkten Schifffahrt ausweiten. Der Export der Papierfabriken aus Südschweden, aber auch teilweise aus Mittelschweden sowie Südnorwegen, läuft auf Grund logistischer Vorteile bereits zu einem großen Teil über direkte Lkw-Transporte. Dieser Trend wurde durch den steigenden Anteil hochveredelter Papierprodukte mit geringer Sendungsgröße unterstützt. StoraEnso beispielsweise disponierte 1998 etwa 500.000 t vorwiegend Feinpapier über die Straße (und damit die Fähren) zu kontinentaleuropäischen Kunden.[100] Auch die Eisenbahn ist über mittlere und lange Strecken weiterhin ein Konkurrent der Schifffahrt.

5.3 Ro/Ro-Verkehre über die Nordsee

Als weiteres Potential für die Ostseefährlinien ist das Volumen zu betrachten, das zwischen Nord- und Kontinentaleuropa den Seeweg über die Nordsee nutzt. Die Reederei DFDS Tor-Line AB ist mit drei Diensten zwischen Göteborg und Gent (Eurobridge), Göteborg und Immingham (Anglobridge) sowie Gent und Immingham (Shortbridge) der bedeutendste Nordsee-Operateur. Tor-Line wurde 1965 von schwedischen und holländischen Investoren gegründet und in den 70er Jahren von den Reedereien Salén Shipping (67 %) sowie Transatlantik AB (33 %) kontrolliert. Seit 1982 ist Tor-Line Teil des DFDS-Konzerns.

Insgesamt belegte Tor-Line 1995 auf seinen drei Nordseerouten etwa 2.700.000 sowie 1996 3.100.000 Spurmeter. Dies würde einem Äquivalent von 193.000 bzw. 221.000 Trailereinheiten entsprechen (14 m pro Trailer). Da aber ein großer Teil der Ladung aus auf Rolltrailern gestauter Ladung (Papier von Stora sowie Stahl von Avesta Sheffield) besteht, ist eine solche Rechnung nicht ganz korrekt. Bis 1999 konnte DFDS Tor-Line das transportierte Volumen auf den Nordseelinien, auch als Folge von Akquisitionen und der Einbringung anderer DFDS-Linien, auf 6.100.000 belegte Spurmeter steigern.[101]

Wichtigste Direktlinie zwischen Schweden und dem Benelux-Raum ist die Verbindung Göteborg-Gent. 1994 erfolgte durch die Erhöhung der Schiffsanzahl von zwei auf vier eine Erweiterung des Systems auf sechs Abfahrten in der Woche. Tor-Line konnte durch die Erhöhung der Abfahrtsfrequenz sowie der Kapazitätsverfügbarkeit Trailerverkehre, z.B. Fruchttransporte aus den Fruchtterminals in Antwerpen, Gent und Zeebrügge, zu Lasten der Ostsee-Fährlinien auf die Linie Göteborg-Gent umleiten. Das Transportvolumen besteht aus einer Mischung aus Forstprodukten, Volvo-Ersatzteilen sowie normalen Trailern. Transportiert werden für Volvo vor allem Autos, Chassis für Lkw und Busse sowie in Trailern verstaute

---

[99] Vgl. o.V. (1997b), S. 34.
[100] Vgl. Pollak, Torsten (1999), S. 37-38.
[101] Annual Report for the DFDS Group 1999.

Fahrzeugkomponenten und Ersatzteile. Insgesamt belegt Volvo etwa 45 bis 50 % der Linienkapazität mit seinen Produkten. 1994 waren dies 373.000 lm; 1995 etwa 420.000 lm.[102]

1999 wurden zwei neue Schiffe mit einer Kapazität von 2.800 lm sowie 22 kn auf der Anglobridge in Dienst gestellt (ein drittes Schiff wird 2000 erwartet). Dadurch konnten größere und schnellere Einheiten von der Anglo- auf die Shortbridge verlegt werden und ältere Einheiten ersetzen. Eine Geschwindigkeitsreserve ist Voraussetzung, um auch in den stürmischen Nordseegewässern den Fahrplan einhalten zu können. Basierend auf diesen Verbesserungen konnte die Reederei den bedeutendsten Kunden Volvo durch ein Ende 1999 geschlossenes Transportabkommen weiter an sich binden, obwohl Volvo zu Beginn der 90er Jahre Konzepte zur Beschleunigung der Transporte durch frachttragende Schnellfähren entwickelt hatte, um die Kapitalbindungskosten radikal zu senken. Die Konzepte hielten aber unter Berücksichtigung der gegebenen Technologie einer genauen Kostenüberprüfung nicht stand. Die Transportkostenreduzierung des neuen Tor-Line-Systems beruhte vor allem auf einer Frequenzerhöhung sowie Fahrplanoptimierung. Der Vertrag weist eine Laufzeit bis zum 31.12.2002 mit einer Option auf eine zweijährige Verlängerung auf. Der Vertrag verfügt über einen Wert von etwa 500 Mio. SEK.

Ein weiterer industrieller Großverlader ist Stora. Tor-Line steigerte sein jährliches Stora-Transportvolumen von 350.000 t 1989 auf 750.000 1998. Davon werden jährlich etwa 600.000 t nach Großbritannien sowie 150.000 t nach Gent transportiert, wobei die Gent-Mengen durch das *baseport*-Konzept verloren gingen.

Tab. 70: Verkehrsleistungen der Linie Göteborg-Gent (DFDS Tor-Line) 1990-1999

Jahr	in Anspruch genommene Frachtkapazität (in lm)	Trailerequivalent (14 m-Trailer)
1990	630.000	26.800
1991	620.000	26.400
1992	606.000	25.800
1993	600.000	25.500
1994	825.000	35.100
1995	925.000	39.300
1996	1.000.000	42.500
1998	1.160.000	49.300
1999	1.253.000	53.200

Quelle: Cruise & Ferry Info, Halmstad; für 1999 gab Annual Report for the DFDS Group 1999 eine Steigerung von 8 % an

1996 transportierte Tor-Line bei einer belegten Stellplatzlänge von 1 Mio. lm ein Äquivalent von etwa 72.000 Trailern im Jahr. Es kann eingeschätzt werden, dass ca. 60 % der Gesamtladung aus Trailern besteht. Daraus errechnet sich ein Ladungsaufkommen von ca. 42.500 Trailern pro Jahr. Bis 1999 stieg entsprechend der Steigerung bei der belegten Stellplatzlänge die Anzahl der transportierten Trailer auf etwa 53.200. Dabei ist zu beachten, dass ein Teil des Aufkommens aus Spezialtrailern zum Transport von Autoteilen besteht, deren Einsatz im öffentlichen Verkehr nicht erlaubt ist. Diese werden zum nahe gelegenen Volvo-Werk gebracht. Da aber das gesamte Trailervolumen der Linie auch fähraffin ist, wird es auch in der Gesamtheit wettbewerbswirksam.

[102] Vgl. o.V. (1996b), S. 50.

DFDS Tor-Line übernahm 1999 die Nordseelinien von Fred. Olsen und optimierte das Liniennetz im Interesse des Gesamtsystems. Dazu wurde z.B. der Dienst Oslo-Zeebrügge nach Rotterdam umgeleitet (drei wöchentliche Abfahrten, zusätzliche Anlaufhäfen Brevik und Kristiansand). Tor-Line fasste die Gesamtheit der Norwegen-Linien unter dem Namen NorBridge zusammen. Die Ladung ist ähnlich wie bei anderen Tor-Line-Diensten eine Mischung aus Trailern, Feedercontainern sowie Transporten industrieller Großverlader. Während die schwere industrielle Ladung, bestehend aus chemischen Produkten, Düngemitteln, Plastik oder Aluminium solcher Großkunden wie Norsk Hydro, südwärts transportiert wird, überwiegen in nördlicher Richtung Konsumgüter auf Trailern.

Fred. Olsen bot von verschiedenen norwegischen Häfen wie Oslo, Kristiansand, Frederikstad, Larvik, Herøva/Røningen zwei wöchentliche Abfahrten nach Hamburg, vier nach Rotterdam sowie drei nach Zeebrügge und transportierte auf seinen Nordseelinien jährlich neben 45.000 Einheiten auf Rolltrailern auch etwa 22.000 Trailer. Die beiden 1997 in Dienst gestellten Neubauten (2.600 lm, 22 kn) wurden schon 1998 wieder verkauft und verließen die Nordsee Richtung Spanien (Käufer Transmediterranea). DFDS Tor-Line verringerte die Abfahrtsfrequenz nach Hamburg auf einmal wöchentlich, nahm aber Bremerhaven mit in den Fahrplan auf. Zudem wurde der Dienst auf Lo/Lo-Basis umgestellt. Ein weiterer Norwegendienst wird einmal wöchentlich durch Norcargo zwischen Hamburg sowie Oslo mit einem Zwischenstopp in Cuxhaven unterhalten.

Eine neue Transportalternative für Traileroperateure zwischen Skandinavien und Westeuropa über die Nordsee ergab sich als Nebenprodukt der Logistikumstellung von StoraEnso. Am 15.9.1999 startete Cobelfret mit einer eingecharterten Ro/Ro-Einheit („Stena Shipper") einen Dienst zwischen Göteborg und Zeebrügge mit vorerst zwei wöchentlichen Abfahrten. Zur Aufnahme der neuen Stora-Box war dieser Dienst noch nicht geeignet.[103] Der Transport der Box begann erst mit der Indienststellung der speziell auf die Logistikansprüche von StoraEnso ausgerichteten Neubauten. Diese Neubauten weisen eine Kapazität von ca. 120 Boxen oder alternativ 150 bis 175 Trailern auf, wobei ca. 60 % der Stellflächen für die Stora-Boxen vorgesehen sind. 40 % der Stellflächen können also mit Trailern belegt werden. Nach Indienststellung aller drei Neubauten ist eine Frequenz von fünf wöchentlichen Abfahrten vorgesehen.

Auch die periodisch wiederkehrenden Versuche, Direktlinien zwischen Schweden und Frankreich aufzubauen, können Substitutionswettbewerb zu den Ostseefährlinien aufbauen. Erst 1997 wurde eine Linie (Scandinavia France Line AB) zwischen Wallhamn und Dünkirchen eröffnet, nach wenigen Monaten aber wieder eingestellt.

5.4 Sonstige Ostseelinien

Eine weitere Alternative für den Direktverkehr zwischen Deutschland und Schweden bot zeitweise die im Dreiecksverkehr betriebene Linie Kiel-Nynäshamn-St.Petersburg. Eine potentielle Wettbewerbswirkung auch entfalten die wiederholten Versuche, Häfen in Mittelschweden direkt anzulaufen. Derzeit bereitet die griechische Superfast (Attica Enterprises) die Eröffnung solcher Linien (Rostock-Södertälje) vor. Mit zwei wöchentlichen Abfahrten bieten Paltrans Shipping (50 % B&N) sowie die Reedereien Rhein-Maas & See GmbH und Rhein Nord-Ostsee GmbH einen Liniendienst zwischen Västerås/Oxelösund einerseits sowie Duisburg/Amsterdam/Rotterdam/Antwerpen andererseits. Dabei werden mit binnengewässertauglichen Schiffen Container, Massengüter sowie Stahlprodukte transportiert. Der schwedische Charterer Siöwalls betreibt einen ähnlichen Liniendienst für Stückgüter aller Art, Stahl- und

[103] Vgl. o.V. (1999b), S. 17.

Aluminiumprodukte, Forstprodukte zwischen Västerås/ Norrköping sowie Lowestoft/ Rotterdam.

Eine weitere Transportalternative für unbegleitete Trailer und Container ergab sich durch die zeitweise in Kooperation mit Nordö angebotenen Transfennica-Dienste. Im Einzelnen handelt es sich um je zwei wöchentliche Abfahrten von Travemünde nach Södertälje, von Halmstad nach Lübeck sowie von Lübeck-Nordlandkai nach Halmstad.

Eine geringe Wettbewerbswirkung für die Schweden-Fährlinien entfalten die Autotransporte zwischen Nord- und Kontinentaleuropa, da der hohe logistische Aufwand sowie die Anforderungen an kurze Hafenliegezeiten die Möglichkeiten der Fährreeder einschränken, an diesem Marktsegment zu partizipieren. Ausnahmen bilden dabei die Stena-Linien nach Göteborg sowie der Transport von Eisenbahnwaggons mit Pkw. Teilweise werden die Pkw auf Lkw-Spezialtransportern trajektiert und gelten bei den Fährreedern als normale Lkw-Trajekte. Durchgehende Transporte vermeiden zweimalige beschädigungsintensive Umladevorgänge in den Häfen.

Die Autotransporte im Ostseeraum werden überwiegend durch den Car Feeder Service, ein *joint-venture* der Autospedition E.H. Harms und der japanischen „K"-Line (Kawasaki Kisen Kaisha) sowie durch UECC (United European Car Carrier), ein Gemeinschaftsunternehmen von Wallenius und NYK (Nippon Yusen Kaisha), durchgeführt. Daneben wird vor allem Göteborg direkt von Diensten aus Übersee bzw. dem Mittelmeerraum bedient. Des Weiteren nutzen die spezialisierten Forstproduktenfrachter ihren unausgelasteten Stauraum nordwärts für den Transport von Neuwagen nach Schweden und Finnland.[104] Die Schiffe des Car Feeder Service laufen in Schweden Halmstad und Malmö sowie in Finnland u.a. Turku und Hanko an. Deutsche Ausgangshäfen sind in der Regel Hamburg und Bremenhaven sowie Emden.

5.5 Containerfeederdienste

Containerfeederlinien über die Ostsee dienen der Anbindung Nord- und Nordosteuropas an die großen Containerhäfen der Hamburg-Antwerpen-Range. Der Zwang zur Kostendegression auch in der Containerschifffahrt hat zur Konzentration der Linien auf wenige Anlaufhäfen geführt. Die Reduzierung der Anzahl der Direktanläufe erlaubt den Einsatz größerer Schiffseinheiten und damit eine Steigerung der Schiffsproduktivität.[105] Als einziger skandinavischer Hafen ist Göteborg weiterhin in einige interkontinentale Containerlinienverkehre eingebunden.

Die Feederschifffahrt verlängert gewissermaßen die auf wenige Haupthäfen konzentrierten interkontinentalen Linienverkehre in den Ostseeraum. Sie übernimmt damit eine Sammel- und Verteilfunktion für die Überseelinien. Wettbewerb zur Fährschifffahrt besteht insoweit, als auch der Straßen- und teilweise der Schienengüterverkehr diese Sammel- und Verteilfunktion übernehmen kann. Insbesondere eilbedürftige und verderbliche Containerladung wird im Straßenverkehr unter Nutzung der Ostseefährlinien zwischen Nordeuropa und den Überseehäfen befördert. Der Wettbewerb beschränkt sich damit auf gewisse Segmente. Der Wettbewerbsvorteil des Containertrucking über die Fähren besteht in der im Vergleich zur Feederschifffahrt überragenden Schnelligkeit. Landfeederverkehre weisen aber auch deutliche Kostennachteile gegenüber den Seefeederlinien auf.

---

[104] Vgl. Holocher, Klaus-Harald (1997), S. 93 ff.
[105] Vgl. Ordemann, Frank (1996), S. 89-90.

Als Anhaltspunkt für die Wettbewerbsintensität sollen, wenn auch nicht sehr aktuelle, Schätzungen des ISL Bremen dienen. Danach wurden 1990 etwa 7,3 Mio. t an containerisierter Ladung für Nordeuropa in deutschen Häfen umgeschlagen. Davon wurden 3,1 Mio. t über Seefeeder und 4,2 Mio. t über Land transportiert. Vom landgebundenen Transport überquerten 1,3 Mio. t die deutsch-dänische Landgrenze und 2,9 Mio. t nutzten die Fährlinien ab Lübeck, Puttgarden und Kiel.[106] Vor allem die Vogelfluglinie sowie die Lübecker Fähr- und Ro/Ro-Linien übernehmen Zubringerdienste im Containerverkehr und stehen in diesem speziellen Marktsegment im Wettbewerb zur Feederschifffahrt. Allein die Lübecker Fährlinien transportieren jährlich etwa 100.000 Container (1996) nach Schweden und Finnland. Dies schließt nur die Container ein, die per Rollflat umgeschlagen werden; nicht die auf dem Lkw befindlichen Container, so dass die Containeranzahl höher liegen dürfte. Lübeck profitiert dabei von der Nähe des Hafens Hamburg.

Tab. 71: Scandinavian Container Feeder Traffic 1990, modal split (Mio. t)

	Land only	Ferry	Sea Feeder	total
Denmark	1,3	1,0	0,8	3,1
Finland		0,3	0,8	1,1
Norway		0,3	0,5	0,8
Sweden		1,4	1,0	2,4
total	1,3	2,9	3,1	7,3

Quelle: ISL Bremen; veröffentlicht z.B. bei Zachcial, Manfred (1992) und (1993)

Der Seefeederverkehr mit Skandinavien konzentriert sich vor allem auf die deutschen Nordseehäfen, insbesondere Hamburg; aber auch Rotterdam und Antwerpen verfügen über Feederverbindungen nach Skandinavien. Das nordeuropäische Feederaufkommen läuft etwa zu 50 % über Hamburg, zu 25 % über Bremen sowie zu 25 % über Rotterdam und Antwerpen.[107]

5.6 Landbasierende Transportketten

Der Fährverkehr steht auch im Wettbewerb zu den ausschließlich landbasierenden Transportketten. Der direkte Wettbewerb zum Landverkehr setzt das Vorhandensein durchgehender Verkehrsmagistralen voraus. Ab 2000 sind durch ein fertiggestelltes System fester Querungen Transportkettenbildungen zwischen Kontinentaleuropa und Schweden/Norwegen unter völligem Ausschluss der Fähren möglich.

Tab. 72: Durchgehende KLV-Verbindungen nach Nordeuropa (Stand 1998)

	Dänemark/verschiedene Ziele	Norwegen/Oslo	Schweden/verschiedene Ziele
Basel	6 x w	6 x w	6 x w
Duisburg	5 x w	5 x w	5 x w
Köln	5 x w	5 x w	5 x w
Neuss	5 x w	5 x w	5 x w
Bochum	5 x w	5 x w	5 x w
Frankfurt	5 x w	5 x w	5 x w
Mannheim	5 x w	5 x w	5 x w
Hamburg	5 x w	5 x w	5 x w

Quelle: Fahrplan Kombiverkehr

[106] Zitiert bei: Drewry Shipping Consultants (1993a), S. 4.
[107] MDS Transmodal (1994a), S. 94.

Als Wettbewerber sind v.a. die Ganzzüge für Sattelauflieger, Wechselbehälter und Container zu bewerten, die Kontinentaleuropa mit Nordeuropa, gewissermaßen an den Ostseehäfen vorbei, verbinden. Bereits durch die Eröffnung der Großen-Belt-Querung entwickelten sich neue Verkehrsangebote. Dazu zählen Ganzzüge von Norditalien nach Padborg mit direkten Anschlüssen nach Schweden, die von Intercontainer-Interfrigo (ICF) seit 1997 zweimal wöchentlich angeboten werden. Ähnliche Produkte von ICF bestehen zwischen Basel und Padborg mit Antennenverbindungen nach Helsingborg bzw. zwischen Almelo (NL) und Norrköping von Gothia Cargo Shuttle.

Intercontainer-Interfrigo bietet tägliche Abfahrten von Hamburg, Bremerhaven und Duisburg (5 x wöchentlich mit Anschluss nach NL) zu verschiedenen Zielen nach Dänemark, Schweden und Norwegen, wobei die dänischen Destinationen, etwa Hoje Taastrup, über Antennenverbindungen nach Schweden verfügen.

5.7 Luftfracht

Die Luftfracht steht bei hochwertiger, eilbedürftiger Ladung in Konkurrenz zu den straßengebundenen Expressdiensten, die zur Anbindung Nordeuropas die Fährlinien benutzen. Die Stärke der Konkurrenz ist abhängig vom Wert und der Eilbedürftigkeit des beförderten Produktes. Bei sehr zeitkritischen Gütern (Lachs, sonstiger Frischfisch südwärts; Obst, Gemüse, Blumen nordwärts) ist eine Konkurrenzsituation der Fährschifffahrt mit der Luftfracht gegeben. Weitere relevante Segmente sind die Express- Kurier- und Paketdienste (KEP). 1996 wurden etwa 140.000 t, 1997 170.000 t von Schweden über Luftfracht (ohne Luftfrachttransporte via Lkw) exportiert. 1998 waren es schon etwa 200.000 t. Davon hatte Europa einen Anteil von etwa 22 %.[108]

Ein Teil des von den Spediteuren als Luftfracht deklarierten Güteraufkommens zwischen Nord- und Kontinentaleuropa wird darüber hinaus von den Airlines bzw. den Luftfrachtspediteuren auf der Straße und damit über die Fährlinien befördert. Über die Fähren laufen große Mengen von Luftfrachtpartien, die die Luftfrachtspediteure z.B. zwischen den Air Cargo-Verteilzentren Frankfurt sowie Kopenhagen bzw. Stockholm (Arlanda) unter Einhaltung der *just-in-time*-Bedingungen über die Straße routen. Bevorzugte Fährlinie ist Puttgarden-Rødby, die durch ihre Abfahrtsfrequenz sowie die kurzen Überfahrtzeiten eine Alternative zur Verladung mit dem Flugzeug darstellt. Für andere Frischprodukte stehen aber auch weitere Fährlinien im Wettbewerb zur Luftfracht.

---

[108] Lars-Gunnar Comén, Handelshögskolan vid Göteborgs Universität; zitiert aus: TH Transport & Hantering 12/1997, S. 21.

VI Wettbewerbstheoretische Grundlagen

1. Klassische wettbewerbspolitische Konzeptionen

Zur Beurteilung des Wettbewerbs wurden verschiedene Erklärungsmodelle entwickelt. Da es unmöglich ist, einen Überblick über alle wettbewerbspolitischen Konzeptionen zu geben, sollen in diesem Abschnitt ausschließlich die wichtigsten Konzeptionen vorgestellt werden.

1.1 Der Freie Wettbewerb der Klassik

Dem absolut freien Wettbewerb kommt in diesem Konzept (*Smith, Cairnes, Senior*) die Rolle des entscheidenden Ordnungsprinzips der Wirtschaft und eines wichtigen Anreiz-, Steuerungs- und Kontrollinstruments zu.[1] Der Markt sorgt über eine freie Preisbildung durch Angebot und Nachfrage für eine bestmögliche Ressourcenallokation sowie Verteilung der Güter. Der *freie Wettbewerb der Klassik* ist geprägt durch das Fehlen von staatlichen Eingriffen in den Wirtschafts- und Wettbewerbsprozess. Der Staat sorgt ausschließlich für die Sicherstellung der nötigen Rahmenbedingungen wie den entsprechenden Rechtsrahmen und die Infrastruktur.[2]

Innerhalb des Konzeptes des vollkommenen Wettbewerbs verstoßen strukturelle Marktzutrittschranken gegen die Norm des vollkommen freien Marktzuganges. Die Aufgabe der Wettbewerbspolitik besteht also darin, die Entstehung von Marktzutrittsschranken zu verhindern bzw. bestehende zu beseitigen. Monopole können für einen begrenzten Zeitraum akzeptiert werden, wenn die Monopolstellungen aus einem Vorsprung wettbewerblicher Natur resultieren. Bei dauerhaft bestehenden Monopolstellungen sind dagegen der Abbau von Monopolstrukturen und damit auch staatliche Eingriffe angebracht.

Die Annahme aus dem *Modell des freien Wettbewerbs*, dass ein größeres Ausmaß an Wettbewerb in jedem Falle und auf jedem Markt zu günstigeren Preisen, zu größeren Auswahlmöglichkeiten und zu effizienteren Ressourcenallokationen führen wird, ist nicht immer auf die Realität übertragbar. Außerdem fehlt jegliche soziale Kontrolle des Wettbewerbs.[3] Kritisch zu sehen ist auch das Fehlen von Kriterien zur Beurteilung der Funktionsfähigkeit des Wettbewerbs. Damit erweist sich das Konzept in Hinsicht auf eine wirksame Wettbewerbspolitik als nicht brauchbar.

1.2 Der Neoklassische Wettbewerbsansatz

Der klassische Ansatz des Wettbewerbs wurde durch die Neoklassiker präzisiert sowie erweitert und führte schließlich zum so genannten *Modell der vollständigen Konkurrenz.*

Das *Modell der vollständigen Konkurrenz* beruht auf einer polypolistischen Anbieter- und Nachfragerstruktur, auf den durch die Homogenität der Güter und fehlenden Präferenzen unverzerrten Verhaltensweisen der Marktteilnehmer sowie der beliebigen Teilbarkeit der Güter und Produktionsfaktoren. Weiterhin besteht eine völlige Markttransparenz. Damit sind alle Marktteilnehmer in der Lage, auf Marktänderungen unverzüglich zu reagieren.[4] Die vollständige Konkurrenz führt zu einer Angebots- und Produktionssteuerung gemäß den Käuferpräferenzen sowie zu einer, gemessen am Beitrag zur Befriedigung dieser Präferenzen, leistungsge-

---

[1] Berg, Hartmut (1988), S. 237; Graumann, Mathias (1993), S. 659.
[2] Schmidt, Ingo (1981), S. 3.
[3] Vgl. z.B. Aberle, Gerd (1992), S. 27.
[4] Vgl. Schmidt, Ingo (1981), S. 5-6.

rechten Verteilung der Einkommen. Hinzu kommt eine optimale Faktorallokation bzw. Ressourcenausnutzung.[5] In diesem langfristigen partiellen Konkurrenzgleichgewicht produzieren alle Anbieter im Betriebsoptimum, d.h. das Minimum der langfristigen Durchschnittskosten ist erreicht. Entsprechend sind auch die Preise auf Durchschnittskostenniveau gesunken. Weitere Effizienzgewinne durch Umverteilung von Ressourcen sind nicht möglich, d.h. die Grenzproduktivität eines Faktors ist in jeder Unternehmung gleich. Dieses Gleichgewicht stellt das volkswirtschaftliche Optimum sicher und bewirkt das beste gesamtökonomisch vorstellbare Marktergebnis. Das Gleichgewicht realisiert sich vor allem durch Marktein- und Marktaustritte, die so lange anhalten, bis eben dieses Gleichgewicht erreicht ist.

Für eine auf diesem Wettbewerbsbild aufbauende Wettbewerbspolitik folgt, dass die Aufrechterhaltung einer polypolistischen Marktstruktur Grundlage allen staatlichen Handelns zu sein hat. Dazu zählt insbesondere der rechtliche Rahmen zur Verhinderung wettbewerbseinschränkender Maßnahmen. Sonstige Einflussnahme auf die Wirtschaft hat zu unterbleiben, weil sich in einer von diesen Rahmenbedingungen geprägten Volkswirtschaft optimale ökonomische Ergebnisse automatisch einstellen.[6]

Die Modellannahmen sowie die Erklärung des Marktgleichgewichts über mathematische Bedingungen bedeuten logische Konsistenz, führen aber zu einer Abweichung des neoklassischen Modells von der Realität.[7] Angesichts der vielen restriktiven Annahmen kann das Modell keine Erklärung der fortschreitenden Entwicklung der Wirtschaft geben. Die statische Natur des Modells lässt eine Erklärung der Dynamik des Wettbewerbs (etwa technischer Fortschritt oder veränderte Nachfragestrukturen) nicht zu.[8]

Gleichzeitig ist eine Übertragung der Annahmen in die Realität mit Hilfe der Wettbewerbspolitik kaum möglich. Da ein Marktoptimum nur theoretischer Natur ist und nicht exakt bestimmt werden kann, ist eine auf dem *Modell der vollständigen Konkurrenz* aufbauende Wettbewerbspolitik nicht umsetzbar. Damit entfällt das Modell auch als Analyseinstrument zur Beurteilung von Märkten.

1.3 Der Ordoliberalismus/Die vollständige Konkurrenz der Freiburger Schule

Die Freiburger Schule entwickelte den *Ordoliberalismus* als eine deutsche Form des Neoliberalismus.[9] Auch die Ordoliberalen der Freiburger Schule wählten das *Modell der vollständigen Konkurrenz* als Basis für ihr Verständnis von Wettbewerb und modifizierten es für ihre Zwecke.

Sie bevorzugen eine Wirtschaftspolitik, die dem Individuum die notwendigen Freiheitsspielräume erhält, gleichzeitig aber einen Ordnungsrahmen für den geordneten Ablauf der Wirtschaftsprozesse schafft.[10] Der *Ordoliberalismus* strebt einen starken Staat an, der:

---

5 Neumann, Carl Wolfgang (1982), S. 72-73.
6 Vgl. Lemper, Burkhard (1996), S. 8.
7 Vgl. z.B. Graumann, Mathias (1993), S. 659.
8 Vgl. z.B. Schmidt, Ingo (1981), S. 7.
9 Borchert, Manfred/Grossekettler, Heinz (1985), S. 132.
10 Borchert, Manfred/Grossekettler, Heinz (1985), S. 133.

- die Ordnung des Wettbewerbs nicht als privat-, sondern als gesamtwirtschaftliche Aufgabe ansieht
- dem Streben nach Monopolstellungen entgegenwirkt
- wirklichen Leistungswettbewerb im Rahmen eines funktionsfähigen Preissystems vollständiger Konkurrenz zu realisieren sucht
- der Tendenz der Unternehmer entgegenwirkt, ihre eigene Freiheit vertraglich zu beschränken
- damit und durch gleichzeitige Zurückhaltung bei Eingriffen zu einem Garanten bürgerlicher Freiheit wird.[11]

Hauptaufgabe der Wettbewerbspolitik ist die Herstellung eines funktionsfähigen Preissystems vollständiger Konkurrenz. Als realisiert kann diese Marktform gelten, wenn der einzelne Anbieter den Marktpreis durch eigene Marktvariationen nicht mehr fühlbar beeinflussen kann und daher keine preisstrategischen Überlegungen mehr anstellt.[12] Die Wirtschaftsordnung sollte dafür Sorge tragen, dass dem Streben der Marktakteure nach Monopolstellungen entgegengewirkt wird, andererseits aber ein möglichst ungehinderter Ablauf der Wettbewerbsprozesse erfolgt. Kleinere monopolistische Bereiche werden akzeptiert.[13] Zu den wettbewerbspolitischen Maßnahmen zur Durchsetzung *ordoliberaler* Vorstellungen gehören neben Kartellverboten auch die präventive Konzentrationskontrolle und letztendlich sogar Entflechtungsmaßnahmen für marktbeherrschende Unternehmen. In Ausnahmebereichen, in denen das *Modell der vollständigen Konkurrenz* nicht durchsetzbar ist, etwa im Bereich der natürlichen Monopole, tritt ein spezielles Wettbewerbsrecht in Kraft, in dem staatliche Institutionen etwaige monopolistische Verhaltensweisen identifizieren und ihnen derart begegnen können, dass die Verhaltensweisen sich an der vollständigen Konkurrenz orientieren.[14]

Die unrealistischen Annahmen zur Marktstruktur sowie die weiterhin statischen Annahmen zum Ablauf der Wirtschafts- und Wettbewerbsprozesse verhindern aber den Einsatz *ordoliberaler* Wettbewerbsansätze in der praktischen Wettbewerbspolitik. Das Fehlen von operationalisierbaren Kriterien lässt das Konzept für eine Prüfung auf Funktionsfähigkeit von Wettbewerb als ungeeignet erscheinen.

1.4 Workable-competition-Ansätze

Der Begriff *workable competition* geht zurück auf *J. M. Clark* und seinen Aufsatz *„Toward a concept of workable competition"*. Als *workable competition* bezeichnete *Clark* einen Wettbewerb, der nicht nur wünschenswert, sondern auch der Realität angepasst war und damit durchsetzbar erschien.[15]

Die *workable-competition*-Ansätze entwickelten sich aus der Kritik am *Konzept der vollständigen Konkurrenz* neoklassischen Verständnisses. Ihnen ist das Abrücken vom Referenzmodell der vollständigen Konkurrenz gemeinsam, um so realitätsnahe Annahmen über die Funktionsfähigkeit von Wettbewerb entwickeln zu können. Nicht mehr die vollkommene Konkurrenz, sondern der ausreichend funktionsfähige Wettbewerb ist Leitbild der Wettbewerbspolitik. Die Vertreter des *workable-competition*-Ansatzes sind der Ansicht, dass eine vollständige Konkurrenz weder existiert noch existieren kann. Nichtsdestotrotz wird die vollständige Konkurrenz als normatives Leitbild beibehalten, die es, gewissermaßen als *second-best*-Lösung,

[11] Vgl. Borchert, Manfred/Grossekettler, Heinz (1985), S. 132-133 und teilweise dort angegebene Quellen.
[12] Vgl. Borchert, Manfred/Grossekettler, Heinz (1985), S. 134 und teilweise dort angegebene Quellen.
[13] Borchert, Manfred/Grossekettler, Heinz (1985), S. 136 f.
[14] Borchert, Manfred/Grossekettler, Heinz (1985), S. 134-135.
[15] Vgl. Clark, John Maurice (1940); Aberle, Gerd (1992), S. 29 ff.; Graumann, Mathias (1993), S. 660.

anzustreben gelte. Der Ansatz akzeptiert damit die Existenz von Marktunvollkommenheiten und Zielkonflikten.[16]

Als wettbewerbspolitische Ziele gelten insbesondere die Wettbewerbsfreiheit sowie gute ökonomische Marktergebnisse. Als Wettbewerbsfreiheit wird die Auswahlfreiheit der Marktpartner sowie die Freiheit zum vorstoßenden und imitatorischen Wettbewerb verstanden.[17] Wettbewerbsfreiheit ist daher an die Beseitigung künstlicher Wettbewerbshemmnisse wie Wettbewerbsbeschränkungen und Missbrauch von Marktmacht gebunden.

Kennzeichnend für die *workable-competition*-Ansätze ist die Durchführung von Markttests zur Überprüfung der Funktionsfähigkeit des Wettbewerbs, die sich in Marktstruktur-, Marktverhaltens- und Marktergebnistests unterteilen. Die Marktstruktur sowie das Verhalten der Marktteilnehmer bestimmen das letztendlich erreichbare Marktergebnis. Es wird allgemein davon ausgegangen, dass zwischen Marktstruktur und -ergebnissen kausale Zusammenhänge bestehen. Die Konzentration auf die Kausalkette Marktstruktur-Marktverhalten-Marktergebnis, die auch die Grundlage aller *industrial-organisation*-Ansätze bildet, ist nicht grundsätzlich falsch, verliert aber durch das Ignorieren jeglicher Rückkopplungen in der Kette an Realitätsgehalt.

Da keine definierten und empirisch ermittelbaren Indikatoren durch die Theorie bestimmt wurden, sind die Tests auf Gutachterurteile angewiesen und daher unpräzise.

1.4.1 Harvards workable competition

In den USA werden die Vertreter der *workable-competition*-Ansätze in der *Harvard School* zusammengefasst. Insoweit sind die grundsätzlichen Aussagen über diesen Wettbewerbsansatz auf die *Harvard School* übertragbar.

Grundanliegen ist die Überprüfung von Märkten auf ausreichende Funktionsfähigkeit des Wettbewerbs. Dabei erkennt die Schule, dass auf Grundlage der beobachteten Abweichung der wettbewerbstheoretischen Aussagen der Neoklassik von der wettbewerblichen Wirklichkeit die klassische Preistheorie unzureichend ist und versucht, zusätzliche Erklärungsfaktoren einzuführen.[18] Der Wettbewerb gilt als funktionsfähig, wenn ein effizienter Einsatz der Produktionsfaktoren, eine effiziente Versorgung der Konsumenten, ein ausreichender Produkt- und Produktionsverfahrensfortschritt, eine möglichst volle Auslastung der Produktionsfaktoren und eine gerechte Einkommensverteilung gegeben ist.[19] Die *Harvard School* erhebt die Herstellung marktspezifisch optimaler Strukturen und Verhaltensweisen zum wettbewerblichen Ideal.

Nach Ansicht der *Harvard School* ist Wettbewerbspolitik dann als optimal zu bezeichnen, wenn es keine öffentliche Maßnahme zur Beeinflussung von Verhaltensweisen oder Strukturen mehr gibt, welche auch in Anbetracht der damit verbundenen Kosten zu einem gesamtwirtschaftlich besseren als dem bisherigen Ergebnis führen könnte.[20]

---

[16] Neumann, Carl Wolfgang (1982), S. 121-122.
[17] Hoppmann, Erich (1968), S. 15 ff.
[18] Borchert, Manfred/Grossekettler, Heinz (1985), S. 152-153.
[19] Berg, Hartmut (1988), S. 241.
[20] Borchert, Manfred/Grossekettler, Heinz (1985), S. 153.

1.4.2 Das Konzept der optimalen Wettbewerbsintensität von Kantzenbach

Das *Konzept der optimalen Wettbewerbsintensität* ist in den 60er Jahren von *Erhard Kantzenbach* entwickelt worden. *Kantzenbach* geht ebenso wie die Ordoliberalen von der grundlegenden Wünschbar- und Vorrangigkeit des Wettbewerbs aus. Laut *Kantzenbach* sollen Marktprozesse ganz bestimmte, aus gesamtwirtschaftlicher Sicht definierte Funktionen erfüllen:[21]

- die Steuerung der funktionalen Einkommensverteilung nach der Marktleistung und damit die Verhinderung machtbedingter Ausbeutung
- die nachfrageorientierte Strukturierung des Güterangebotes
- die produktivitätsorientierte Lenkung des Faktoreinsatzes
- die flexible Anpassung an Strukturänderungen
- die Gewährleistung eines raschen technischen Fortschritts bei Produkten und Verfahren als Grundlage eines hohen Wachstums.

Der Wettbewerb kann diese Funktionen um so besser erfüllen, je höher seine Intensität ist. *Kantzenbach* definiert Wettbewerbsintensität als die Geschwindigkeit, mit der Vorsprungsgewinne aufgezehrt werden.[22] Damit erlangt in diesem Konzept die Innovationstätigkeit der Unternehmen eine zentrale Bedeutung, die sich einerseits auf die Erzielung, andererseits auf die Aufholung von Vorsprungsgewinnen richtet. Bei sinkender Anbieteranzahl steigt die Existenzgefährdung passiver Unternehmen. Damit werden Anpassungsprozesse herausgefordert: Die Intensität des Wettbewerbs steigt also.[23]

Nach der zentralen Aussage dieses Konzeptes kann der Wettbewerb seine dynamischen Funktionen am ehesten im Bereich weiter Oligopole mit mäßiger Produktdifferenzierung und begrenzter Markttransparenz erfüllen.[24] Die Teilnehmer eines weiten Oligopols können durch die Ausnutzung von Massenproduktionsvorteilen die kostengünstigste Marktversorgung sicherstellen. Dies erlaubt es ihnen, erwünschte Innovationen und Investitionen durchzuführen.[25] In einem heterogenen Polypol bleiben durch die Inhomogenität der Güter dagegen monopolistische Teilbereiche für jeden Anbieter erhalten. Damit können von der Kooperation und Konzentration auch positive Effekte auf die Funktionsfähigkeit von Wettbewerb ausgehen.

Dies führt in der Konsequenz zur Ablehnung des Konzepts des vollkommen freien Marktzugangs als wettbewerbspolitische Norm.[26] Die wettbewerbspolitischen Handlungsempfehlungen ergeben sich aus den Überlegungen *Kantzenbachs* bezüglich der optimalen Wettbewerbsintensität.

---

[21] Kantzenbach, Erhard (1967), S. 14 ff.
[22] Kantzenbach, Erhard (1967), S. 38.
[23] Eickhof, Norbert (1975), S. 12-13.
[24] Vgl. Neumann, Carl Wolfgang (1982), S. 155 ff.; Schmidt, Ingo (1990), S. 12 ff.
[25] Zitiert bei Longrée, Helge-Michael (1982), S. 193.
[26] Longrée, Helge-Michael (1982), S. 194.

Die Wettbewerbspolitik soll:[27]

- auf Märkten mit sehr vielen Anbietern und stark differenzierten Produkten Zusammenschlüsse sowie Maßnahmen zur Erhöhung des Homogenitätsgrades und der Markttransparenz, aber auch Rationalisierungs- und Konditionenkartelle fördern
- auf Märkten, in denen die Marktform des weiten Oligopols mit mäßiger Produktdifferenzierung bereits verwirklicht wurde, ein Abgleiten in enge Oligopole oder Monopole durch Mittel der Zusammenschlusskontrolle verhindern
- auf Märkten mit engen oligopolen Situationen Maßnahmen zur Erhöhung der Anbieterzahl (im Extremfall auch Entflechtung) und zur Produktdifferenzierung einsetzen. Eine Missbrauchsaufsicht soll weiterhin Absprachen über Investitions- und Innovationsvorhaben verhindern.

Zweiter Ansatzpunkt wettbewerbspolitischer Handlungsempfehlungen ist die Erhöhung des Homogenitätsgrades von Produkten, beispielsweise durch technische Normen sowie die Lockerung des Patentschutzes. Weitere unterstützende Maßnahmen betreffen die Erhöhung der Markttransparenz wie etwa durch Preismeldestellen.

Die Überprüfung der Märkte auf funktionierenden Wettbewerb erfolgt durch Markttests. Stellt dieser Markttest ein weites Oligopol mit mäßiger Produktdifferenzierung fest, ist von einem funktionierenden Wettbewerb auszugehen. In der Realität fördert die große Reaktionsverbundenheit eines homogenen Dyopols aber ebenfalls die Neigung zu Absprachen und wirtschaftsfriedlichem Verhalten, so dass die effektiv vorhandene Wettbewerbsintensität abnimmt.

Auch das Konzept von *Kantzenbach* leidet unter einer mangelhaften Operationalisierbarkeit sowie empirischen Nachweisbarkeit der Beurteilungskriterien. Dadurch kann ein Marktstrukturtest nur auf subjektiven Gutachterurteilen aufbauen.

1.5 Der neuklassische freie Wettbewerb Hoppmanns

Im Gegensatz zu den Vertretern des *workable-competition*-Ansatzes geht der *freie Wettbewerb der Neuklassik* davon aus, dass Wettbewerb nicht Instrument zur Realisierung gewünschter ökonomischer Ergebnisse, sondern eigentliches Ziel der Wettbewerbspolitik ist. In Deutschland ist vor allem *Erich Hoppmann* als Vertreter dieser Richtung bekannt geworden.

Das Konzept *Hoppmanns* stützt sich vorwiegend auf *J. M. Clarks* „*Competition as a dynamic process*".[28] Wettbewerbsfreiheit, verstanden als Freiheit der Individuen zu unternehmerischem Handeln, sowie der Wille zur Nutzung dieser Freiheiten sind Grundlagen der Entstehung von Wettbewerb. Einschränkungen der wirtschaftlichen Freiheit führen zu Effizienz- und Wohlfahrtsverlusten.

Die Aufgabe des Staates beschränkt sich auf die Beseitigung von Wettbewerbshindernissen. Mit Ausnahme der Bereiche, in denen so genannte natürliche Wettbewerbshemmnisse bestehen, etwa in Form von Leitungsmonopolen, beschränkt sich die Wettbewerbspolitik auf die Erstellung sowie Kontrolle eines den Wettbewerb sichernden Ordnungsrahmens. In den Ausnahmebereichen kann der freie Wettbewerb durch andere Ordnungsprinzipien ersetzt werden. *Hoppmann* geht in seinen Vorschlägen davon aus, dass der Ordnungsrahmen nur aus Ver-,

[27] Kantzenbach, Erhard (1967), S. 128 ff., zusammengestellt bei Borchert, Manfred/Grossekettler, Heinz (1985), S. 143-144.

[28] Clark, John Maurice (1961).

nicht aber aus Geboten bestehen sollte und so die Gefahr von Ermessenseingriffen gebannt ist.[29]

Eine Wettbewerbsuntersuchung besteht also insbesondere aus der Untersuchung auf Beschränkungen der Wettbewerbsfreiheit. Ein vom Staat eingesetzter Richter führt die Untersuchung auf willkürliche und unangemessene Beschränkungen der Wettbewerbsfreiheit aus und kann dann die im Konzept vorgesehenen Verbote durchsetzen. Als Indikatoren gelten für *Hoppmann* die Anzahl der zur Verfügung stehenden Kaufalternativen, die Höhe der Marktschranken, die Freiheit zu Innovation und Imitation sowie der Einsatz wichtiger Wettbewerbsparameter wie Preis und Qualität.[30]

Wiederum sind hauptsächlich die mangelnde Operationalisier- sowie empirische Nachweisbarkeit der Beurteilungskriterien zu bemängeln, die Ermessensurteile von Richtern erforderlich machen. Damit ist auch dieses Konzept für eine Untersuchung eines Marktes auf Funktionsfähigkeit des Wettbewerbs nicht ausreichend geeignet.

1.6 Die Wettbewerbsansätze der Chicago School[31]

Diese Ansätze sind in der Literatur als *Chicago School of Antitrust Analysis, Chicagos's Survivor Theory* und *Economic Theory of Law* bekannt. Zu den Hauptvertretern dieses Wettbewerbsansatzes, der in den letzten Jahrzehnten insbesondere die Wettbewerbspolitik in den USA stark beeinflusst hat, zählen *Demsetz, Posner, Director, Bork* und *Stigler*. Auch die Vertreter des modernen Monetarismus (*Friedman, Brunner*) werden im Allgemeinen unter dem Begriff *Chicago School* eingeordnet.

Die *Chicago School* beruft sich einerseits auf die Wohlfahrtsökonomie mit dem Effizienzkriterium der Pareto-Optimalität, andererseits wird das Struktur-Verhalten-Ergebnis-Paradigma abgelehnt. Nicht die Struktur des Marktes bestimmt Marktverhalten und -ergebnis, sondern Marktstruktur und -ergebnis sind vom Marktverhalten abhängig.[32] Die Schule vertritt die Auffassung, dass marktbeherrschende Positionen einzelner Unternehmen auch ausschließlich auf Effizienzüberlegenheit beruhen können. Die Möglichkeiten, durch effiziente Produktion und Markterfolg dominierende Positionen zu erlangen, stellen entscheidende Anreize für innovatives und effizientes Verhalten von Unternehmen dar. Marktprozesse werden als freies Spiel der Kräfte begriffen, in dem die Leistungsfähigsten überleben.[33] Bei frei zugänglichen Märkten wird nachfolgender Wettbewerb zu einer Erosion der dominanten Position führen. Negativ zu werten ist nur eine dauerhaft vorhandene dominierende Position, die durch Markteintrittsbarrieren geschützt wird. Die Abwesenheit künstlicher Beschränkungen der Wettbewerbsfreiheit ist als Voraussetzung für einen funktionsfähigen Wettbewerb zu betrachten.

Wichtig für alle wettbewerbspolitischen Maßnahmen ist die völlige Eliminierung von Marktschranken. Diese entstehen nach Verständnis des Konzeptes aber lediglich durch staatliche Maßnahmen. Aus marktlicher Tätigkeit entstandene Marktschranken können demzufolge akzeptiert werden. Daher hat die Wettbewerbspolitik ausschließlich gegen durch staatliches Handeln entstandene Monopole vorzugehen. Auch horizontale Kartelle werden abgelehnt. Das völlige Heraushalten des Staates aus dem Marktgeschehen ist eine der wesentlichsten Forderungen an die Wettbewerbspolitik, da nach ihrer Ansicht jeder nicht von außen willkür-

[29] Borchert, Manfred/Grossekettler, Heinz (1985), S. 146 f.
[30] Borchert, Manfred/Grossekettler, Heinz (1985), S. 148.
[31] Zum Wettbewerbskonzept vgl. z.B.: Bittlingmayer, G. (1987), S. 709-718.
[32] Vgl. Herdzina, Klaus (1991), S. 114.
[33] Olten, Rainer (1998), S. 102.

lich beeinflusste Markt sich langfristig einem dem Pareto-Optimum vergleichbaren Zustand nähert. Auf einem solchen Markt überleben ausschließlich die effizienten Unternehmen. Ein Gleichgewicht auf einem völlig unbeeinflussten Markt ist demzufolge durch eine allokative und produktive Effizienz gekennzeichnet, die auch Mengendegressions-, Betriebsgrößen- sowie Transaktionskostenvorteile beinhaltet.[34]

Grundsätzlich sollen die Eingriffe staatlicher Wettbewerbsbehörden möglichst gering gehalten werden:[35]

- Aufgabe der Wettbewerbspolitik ist nicht die Herstellung eines vollkommenen Wettbewerbs, sondern eines Wettbewerbs, der die Kosten zusätzlichen Wettbewerbs in Form steigender Informationskosten sowie entgangener *economies-of-scale* berücksichtigt
- Abschaffung staatlich unterstützter Monopole
- Verbot privater Preisabsprachen
- Verhinderung der Monopolisierung der Inputfaktoren
- Marktzutrittsschranken erfahren im Konzept und auch in der Wettbewerbspolitik keine Berücksichtigung
- bei der Rechtsgestaltung sollten die Transaktionskosten der Rechtsdurchsetzung bedacht werden
- es sollten möglichst Per-se-Gesetze verwendet und den Geschädigten Klagerechte eingeräumt werden, um damit Informations- und Verwaltungskosten zu sparen.

Als Beurteilungskriterien für die Funktionsfähigkeit von Wettbewerb gelten die allokative und produktive Effizienz von Märkten, wobei offen bleibt, wie diese beiden Begriffe operationalisiert und messbar gemacht werden sollen. Die von der Schule genutzten Kriterien sind keine operational definierten und damit testbaren Feststellungen.[36] Eine Einschätzung der Funktionsfähigkeit von Wettbewerb ist wieder auf Gutachterurteile angewiesen. Ein Pareto-Optimum ist nie genau bestimmbar und scheidet daher als Maßstab für einen funktionierenden Wettbewerbsprozess aus.

1.7 Die Theorie der kontestablen Märkte

In Ergänzung und Erweiterung der traditionellen Monopol- sowie Oligopolmodelle wurde zu Beginn der 80er Jahre von *Baumol, Panzar* und *Willig* durch die Berücksichtigung der potentiellen Konkurrenz die *Theorie der kontestablen Märkte* als neuer Referenzstandard der Wettbewerbstheorie entwickelt. Der Terminus „kontestabler Markt" lässt sich am treffendsten vielleicht mit „vollkommen bestreitbarer Markt" übersetzen. In einem nach Maßgabe der *Theorie der kontestablen Märkte* bestreitbaren Monopol reicht die disziplinierende Wirkung der potentiellen Konkurrenz aus, um dem Monopolisten ein wohlfahrtsoptimales Verhalten abzufordern. Ein nicht marktgerechtes Verhalten hätte unmittelbar einen Markteintritt zur Folge. Daher kann er neben dem aktuellen Wettbewerb als weitere, den Wettbewerb beeinflussende Kraft angesehen werden. Nicht das Monopol an sich, sondern dessen dauerhafte Verstetigung ist als wettbewerbspolitisches Problem anzusehen. Eine Verstetigung von Monopolsituationen ergibt sich nur durch vorhandene Markteintrittsbarrieren, durch die sich potentielle Konkurrenten vom Markteintritt abhalten lassen.

---

[34] Borchert, Manfred/Grossekettler, Heinz (1985), S. 161-162, 164.

[35] Zusammengestellt bei: Borchert, Manfred/Grossekettler, Heinz (1985), S. 163-164; siehe dort angegebene Originalquellen.

[36] Borchert, Manfred/Grossekettler, Heinz (1985), S. 165-166.

Die Markteintrittstheorie hatte ihre Grundlegung durch *Bain* erfahren, dessen Werk *„Barriers to new competition."* als Standardwerk der Theorie bezeichnet werden kann.[37] Die *potential competition theory* besagt, dass sich mit zunehmender Höhe struktureller Markteintrittsbarrieren die Wirksamkeit potentiellen Wettbewerbs vermindert und sich der Verhaltensspielraum etablierter Anbieter entsprechend erweitert.[38] Damit verfügt der freie Marktzutritt über eine zentrale Bedeutung für die Effizienz marktlicher Prozesse und die Wirksamkeit von Wettbewerb. Aus diesem Grunde sind regulierende Eingriffe nur mit dem Ziel der Beseitigung von Markteintrittshemmnissen bzw. der Erhaltung der Kontestabilität gerechtfertigt.[39]

Nur fehlende Marktein- und -austrittsschranken werden in der *Theorie der kontestablen Märkte* als Kriterien für die Funktionsfähigkeit von Wettbewerb angesehen, da hoher finanzieller und technischer Aufwand für den Zugang zur nötigen Technologie und zum nötigen *know-how* eine Vielzahl kleinerer Anbieter von vornherein als ineffektiv ausschließt. Die *Theorie der kontestablen Märkte* stellt einen Versuch zur Weiterentwicklung und Anpassung der *Theorie der vollständigen Konkurrenz* unter Berücksichtigung des realen Marktverhaltens im Prozess des technischen Fortschritts dar. Auch Fälle von Subadditivität sowie *economies-of-scale* sind in das Modell integrierbar.[40] Die Theorie kann daher in den realitätsnahen Marktformen des Oligopols sowie des Monopols Anwendung finden.

Bedingungen für einen kontestablen Markt sind zusammengefasst:[41]

- ein vollkommen freier Marktzutritt
- ein Marktaustritt, der ohne finanzielle Verluste erfolgen kann
- etablierte und potentiell neue Wettbewerber verfügen über gleiche Zugriffsmöglichkeiten zu den nötigen Produktionstechnologien sowie qualitativ gleichwertige Beziehungen zu den Nachfragern
- es existieren keine sachlichen, räumlichen, zeitlichen oder persönlichen Präferenzen der Nachfrager; außerdem herrscht eine vollkommene Transparenz der Märkte
- Marktzutritte führen zu keinen Preisreaktionen der Etablierten
- eine vollständige Marktbedienung durch etablierte Wettbewerber bei gleichzeitig selektiver Marktbedienung durch neue Anbieter ist möglich.

Baumol, Panzar und *Willig* stufen die Fälle des Oligopols und sogar die des Monopols als unter Wettbewerbsgesichtspunkten zulässige Marktstruktur ein. Ziel der auf diesem Grundsatz aufbauenden Wettbewerbspolitik ist die Beseitigung und vorbeugende Verhinderung aller staatlich verursachten Markteintrittsbarrieren. Die wettbewerbspolitische Bedeutung des Konzeptes ist z.B. auf Grund völliger Negierung von Vorteilen etablierter Anbieter durch Produktdifferenzierung, Technologievorsprung oder bessere Faktorausstattung aber umstritten. Gleiches trifft auf die Annahmen über die Schnelligkeit von Marktein- und -austritten sowie Reaktionsgeschwindigkeiten der etablierten Anbieter zu. In der Realität existieren zudem *sunk costs*, über die Marktaustrittsbarrieren etablierter die Eintrittsbedingungen neuer Anbieter beeinflussen. Kritisch zu sehen ist auch die mangelnde Operationalisierbarkeit der Prüfkriterien, die den Einsatz von Gutachtern für eine Überprüfung auf funktionsfähigen Wettbewerb notwendig macht.

---

[37] Bain, Joe S. (1956).
[38] Vgl. Longrée, Helge-Michael (1982), S. 15-63.
[39] Baumol, William J./Panzar, John C./Willig, Robert D. (1988), S. 290.
[40] Kruse, Jörn (1985), S. 299.
[41] Baumol, William J./Panzar, John C./Willig, Robert D. (1988), S. 5.

1.8 Zusammenfassende Beurteilung der vorgestellten Konzepte sowie der Erklärungsrelevanz für die Strukturen von Linienschifffahrtsmärkten

Den in Kapitel VI.1 beschriebenen Wettbewerbskonzeptionen der Wirtschaftstheorie, ist die Optimumorientierung durch die Aufstellung von Zielerreichungsgraden gemeinsam. Die vorgestellten Konzepte beschäftigen sich damit, bei welchem Marktergebnis, welcher Marktstruktur bzw. welchen Verhaltensweisen der Marktteilnehmer eine optimale Funktionsfähigkeit des Wettbewerbs garantiert ist. Zur Überprüfung der aufgestellten positiven Kriterien müssen aber die angestrebten optimalen Marktergebnisse bekannt sein. Marktprozessen werden allgemein eine Vielzahl von unterschiedlichen Funktionen zugeordnet, deren Nachteil aber meist darin besteht, dass diese willkürlich erscheinen, in der Funktionsbeschreibung sehr vage sind bzw. keine Möglichkeit besteht, die Marktprozesse in ihrer Zielrealisation zu beobachten und Gründe für Funktionsstörungen festzustellen.[42] Funktionsfähigkeitsanalysen auf Grundlage bisheriger Theorien verfügen über keine Messtechniken, welche die Wettbewerbsfähigkeit objektiv und für Fachleute nachvollziehbar einzuschätzen in der Lage sind.[43] Alle betrachteten Wettbewerbsansätze kranken an der mangelnden Operationalisier- und empirischen Überprüfbarkeit der Marktbeurteilungskriterien. Ohne Werturteil eines Gutachters kann kein Markt auf Funktionsfähigkeit des Wettbewerbs untersucht werden.[44] Die von den Märkten zu erfüllenden Funktionen sind nicht so formuliert, dass die Funktionserfüllung durch eine Prozessbeobachtung erfolgen kann. Zudem stellt eine Marktbeurteilung sehr große Anforderungen an die Definition des relevanten Marktes, denen kein bestehendes Marktabgrenzungskonzept in der geforderten Genauigkeit genügt.[45]

Damit scheiden alle vorgestellten Konzepte für eine Untersuchung auf Funktionsfähigkeit von Wettbewerb aus. Auch neuere Ansätze wie die *Spiel-*, *Informations-* oder *Innovationstheorie* erlauben keine empirische Überprüfbarkeit von Wettbewerbsprozessen.

N. Shashikumar hat unter Berücksichtigung der Besonderheiten von Linienschifffahrtsmärkten alle industriellen Organisationskonzepte auf ihre Erklärungsrelevanz für die Marktstrukturen der Linienschifffahrt hin untersucht.[46] Dabei erwiesen sich insbesondere die *klassischen* und *neoklassischen Wettbewerbsmodelle*, aber auch die *workable-competition*-Ansätze als unzureichend für die Erklärung der Linienschifffahrtspraxis. Dagegen kann insbesondere das *Modell der kontestablen Märkte* für Untersuchungen auf Funktionsfähigkeit des Wettbewerbs auf Linienschifffahrtsmärkten genutzt werden. Unter Nutzung dieser Theorie sind Linienschifffahrtsmärkte zwar nicht als vollständig kontestabel zu bezeichnen; ihnen ist aber ohne Zweifel eine strukturelle Wettbewerbsfähigkeit gegeben. *Opatz* kommt dagegen in einer theoretischen Untersuchung über den Wettbewerb auf (Container-)Linienschifffahrtsmärkten zu dem Schluss, dass die *Theorie der kontestablen Märkte* nicht in der Lage ist, ein realitätsnahes Erklärungsmodell der Industriestruktur von Linienschifffahrtsmärkten bereitstellen zu können.[47] Nichtsdestotrotz ist auch eine Untersuchung auf Basis der *Theorie der kontestablen Märkte* als sehr interessant einzustufen. Das Konzept der Kontestabilität mag die Struktur von Linienschifffahrtsmärkten erklären können, erlaubt aber nicht, die Funktionsfähigkeit von Wettbewerb auf der Basis operationalisierbarer Kriterien zu überprüfen.

---

[42] Grossekettler, Heinz (1994), S. 3.
[43] Grossekettler, Heinz (1994), S. 1.
[44] Lemper, Burkhard (1996), S. 35.
[45] Borchert, Manfred/Grossekettler, Heinz (1985), S. 170-171.
[46] Shashikumar, N. (1995), S. 3-26.
[47] Opatz, Andreas (1993), S. 191-192.

2. Die Theorie des Koordinationsmängel-Diagnose-Konzeptes

2.1 Begründung des Koordinationsmängel-Diagnose-Konzeptes

Bisher fehlte den Ökonomen eine geeignete Messtechnik, um nachweisen zu können, auf welchen Märkten staatliche Eingriffe notwendig sind und auf welchen die Erfüllung der Marktaufgaben ohne staatliche Eingriffe sichergestellt ist.[48] Diese Messtechnik soll den Politikern und Wirtschaftswissenschaftlern durch das von *Heinz Grossekettler* entwickelte Koordinationsmängel-Diagnose-Konzept (KMD) bereitgestellt werden.

Das KMD verzichtet als Konsequenz aus den angesprochenen Mängeln auf die Definition von Optima und entwickelt stattdessen ein System von Mindestanforderungen an Märkte. Basis der Entwicklung des KMD war der Versuch, ein Diagnosesystem zur Funktionsfähigkeitsuntersuchung von Märkten unter Ausschaltung spekulativer Hypothesen über idealerweise anzustrebende Marktstrukturen sowie Verhaltensweisen von Marktteilnehmern zu schaffen. Stattdessen stützt sich dieses Konzept auf direkt beobachtbare Entwicklungsmuster sowie die Erfüllung von operational definierten Aufgaben von Marktprozessen.[49] Das Konzept untersucht, ob der Wettbewerbsmechanismus der Märkte bestimmte und festgelegte Abstimmungs- und Koordinationsaufgaben löst und stellt so die Funktionsfähigkeit des Wettbewerbs auf diesen Märkten fest.

Das Entscheidende der Konzeption zur Beurteilung von Wettbewerb ist nicht die Marktformenlehre, sondern die Erfüllung bestimmter Funktionen durch die Märkte. Ein Markt gilt als funktionsfähig, wenn bestimmte Missstände in der Vergangenheit nicht aufgetreten und in der Zukunft auch nicht zu erwarten sind. Das KMD ist also nicht optimum-, sondern mängelorientiert. Das beschriebene Konzept hebt auf den lenkungswirtschaftlichen Aspekt von Märkten ab, in denen diese als Stätten sozialer Selbstregulierungsprozesse beschrieben werden.[50] Hierin besteht ein großer Unterschied zu den traditionellen Konzepten der Wettbewerbstheorie, die auf den güterwirtschaftlichen Effizienzbegriff fixiert sind.[51]

Im KMD werden Marktprozesse als Selbstregulierungsprozesse aufgefasst, die die zu regelnden Größen innerhalb von normierten Toleranzbereichen halten. Grundlage des Konzeptes ist die Vorstellung, dass Märkte, abgesehen von definierten Ausnahmen, über einen Marktsteuerungsmechanismus zur Stabilität tendieren und Störungen auszuregulieren vermögen.

---

[48] Grossekettler, Heinz (1994), S. 1.
[49] Borchert, Manfred; Grossekettler, Heinz (1985), S. 247; Grossekettler, Heinz (1994), S. 39.
[50] Grossekettler, Heinz (1994), S. 4-5; in Anlehnung an: Kornai, János (1971).
[51] Lemper, Burkhard (1996), S. 36-37.

2.2 Marktfunktionen

Die Messung der Funktionsfähigkeit von Märkten setzt eine genaue Kenntnis der Aufgaben voraus, die Marktprozesse zu erfüllen haben.[52] *Grossekettler* schlägt ein System von Marktfunktionen vor, die folgende Aufgaben erfüllen:

Tab. 73: Marktfunktionen

Bezeichnung	Aufgabenbeschreibung
Markträumungsfunktion	kurzfristiger Ausgleich von Angebots- und Nachfragemengen durch Preisvariation und damit Verhinderung von unerwünschten Warteschlangen, Güterhalden oder unausgelasteten Kapazitäten
Renditennormalisierungsfunktion	Ausgleich der (risikoberichtigten) Renditen, welche auf dem Untersuchungsmarkt erzielt werden, mit der gesamtwirtschaftlichen Normalrendite durch Beschleunigung oder Verzögerung des Kapazitätswachstums und damit Verhinderung von unerwünschten Engpässen und Überkapazitäten
Übermachterosionsfunktion	Verhinderung der dauerhaften Übermacht einer Marktseite durch Strukturvariationen und vor allem durch Markteintritte auf der stärkeren Marktseite
Produktfortschrittsfunktion	Abbau von Fortschrittsrückständen, d.h. des dauerhaften Nachhinkens der Einführungsrate neuer und qualitativ stark veränderter Produkte auf dem Untersuchungsmarkt im Vergleich zu einem vorbildlichen Vergleichsmarkt
Verfahrensfortschrittsfunktion	Abbau von Verfahrensrückständen, d.h. des dauerhaften Nachhinkens der Einführungsrate neuer und qualitativ stark veränderter Produktionsverfahren auf dem Untersuchungsmarkt im Vergleich zu einem vorbildlichen Vergleichsmarkt

Quelle: Grossekettler, Heinz (1989), S. 6a; vgl. auch Grossekettler, Heinz (1994), S. 3

Diese Zielvorstellungen leiten sich aus Normen ab, die für die wirtschaftlich aufgeklärte Öffentlichkeit und für Fachleute gleichermaßen als erstrebenswert gelten können, die aber auch realisierbar und kontrollierbar sind.[53]

Nach *Grossekettler* sollten auf einem funktionsfähigen Markt nach Möglichkeit vermieden werden:

- dauerhafte Angebots- oder Nachfrageüberschüsse
- dauerhafte Kapazitätsengpässe oder Überkapazitäten
- dauerhafte Übermachtpositionen von Anbietern oder Nachfragern
- dauerhaft unbefriedigende Produktfortschrittsraten
- sowie dauerhaft unbefriedigende Verfahrensfortschrittsraten oder eine ständige Vergrößerung des Durchschnittsalters der Produktionsanlagen.[54]

Die Beurteilung der Märkte erfolgt anhand empirisch nachweisbarer Daten. Die Datenverfügbarkeit ist in aller Regel aus verschiedenen Gründen als Engpass zu werten. Wünschenswert wäre daher die Ausrichtung der amtlichen Statistik auf die Erfordernisse der Koordinationsmängel-Diagnose. Voraussetzung dafür könnte aber auch die verpflichtende Auflage an die

---

[52] Grossekettler, Heinz (1994), S. 2.

[53] Zur Gültigkeit und Wünschbarkeit der Marktfunktionen vgl. Rotthege, Georg (1982); ebenso Alsmöller, Horst (1982); auch Grossekettler, Heinz (1989), S. 6.

[54] Borchert, Manfred/Grossekettler, Heinz (1985), S. 176.

Unternehmen sein, die entsprechenden Daten den Behörden zur Verfügung zu stellen. Da dies eine sehr unrealistische Annahme auch für die Zukunft ist, ist die Anwendung des Konzeptes an die Bildung von Indikatoren auf Grundlage zur Verfügung stehender Daten gebunden.

Tab. 74: Variablen des Koordinationsmängel-Diagnose-Konzeptes

	Regelgröße	**Stellgröße**
Markträumungsprozess	Differenz zwischen Angebot und Nachfrage	Preis
Renditenormalisierungsprozess	Differenz zwischen Rendite auf dem Untersuchungsmarkt und der durchschnittlichen Rendite in der Volkswirtschaft bzw. auf einem Vergleichsmarkt	Kapazitätswachstum
Übermachterosionsprozess	Differenz zwischen Anbieter- und Nachfragermacht	Strukturanpassungen
Produktfortschrittsprozess	Rückstand des technischen Stands eines Produktes gegenüber dem Standard auf einem idealen Vergleichsmarkt	Aufholanstrengungen in Bezug auf den Produktstandard
Verfahrensfortschrittsprozess	Rückstand des technischen Stands eines Produktionsverfahrens gegenüber dem Standard auf einem idealen Vergleichsmarkt	Aufholanstrengungen in Bezug auf den Produktionsstandard

Quelle: Lemper, Burkhard (1996), S. 131; kleinere Änderungen

Die Regelgrößen sind ausschließlich Vergleichs- bzw. Differenzgrößen. Die Stellgrößen werden im Marktprozess zur Erfüllung der Marktfunktionen verändert, so dass es gilt, diese Veränderungen zu messen und den konkreten Veränderungsursachen zuzuordnen.[55]

2.3 Darstellung der Marktprozesse mit Hilfe des Regelkreismodells

Die formale Struktur von Marktprozessen ist unter Heranziehung der in der Technik üblichen Regelkreismodelle darstellbar. Dies trifft auf den Markträumungs-, den Renditenormalisierungs- sowie den Übermachterosionsprozess zu, während die Fortschrittsprozesse Evolutionscharakter aufweisen. Werden die Variablen der Regelkreismodelle (Regel- und Stellgrößen) über Operationaldefinitionen mit beobachtbaren Sachverhalten verknüpft und definiert man (partielle) Stabilitätsbedingungen, so nehmen die Formalmodelle der Marktprozesse den Charakter von falsifizierbaren Theorien an. Der Verlauf von Marktprozessen ist zu vielen technischen Regelkreisen völlig analog, wenn Regler, Regel- und Stellgrößen in die zu beobachtenden Märkte hineinprojiziert werden.[56] Die Regelkreise stellen aber nur das Idealbild der Funktionsweise von Märkten dar. Sie erheben nicht den Anspruch, Märkte vollständig abbilden und mathematisch exakte Marktgrößen für die Funktionsparameter liefern zu können.[57] Das Bild dieser idealen Funktionserfüllung dient aber dem Vergleich der realen Märkte mit diesen ideal funktionierenden Regelkreisen.[58] Dazu werden die einzelnen Marktfunktionen logisch voneinander getrennt, um eine Untersuchung zu ermöglichen.[59]

Die Funktionsweise eines Regelkreises kann mit Hilfe einer thermostatgesteuerten Klimaanlage verdeutlicht werden. Dabei reagiert der Thermostat (Regler) auf Signale in Form der Temperatur des Raumes (Regelstrecke). Diese Signale wandelt er in Stellbefehle für einen

[55] Lemper, Burkhard (1996), S. 131.
[56] Grossekettler, Heinz (1994), S. 6-7.
[57] Vgl. Lemper, Burkhard (1996), S. 39-40.
[58] Grossekettler, Heinz (1989), S. 1.
[59] Vgl. Lemper, Burkhard (1996), S. 38.

zweiten Regler um, der in Abhängigkeit der vom ersten Regler empfangenen Signale, aber auch exogen verursachter Einflussgrößen, dem Raum Wärme zuführt oder entzieht. Regelkreise funktionieren nach einem einheitlichen Muster: Abweichungen der Regelgröße vom Sollwert entstehen vor allem durch auf den Prozess einwirkende Störgrößen. Exogen bedingte Gleichgewichtsstörungen verursachen ein Anspringen des Reglers. Im Regelkreissystem sorgt das Prinzip der negativen Rückkopplung dafür, dass eine Abweichung vom Sollwert der Funktionserfüllung einen Mechanismus auslöst. Über den Regler wird der Stellgröße in der Übergangsfunktion der Regelstrecke ein Wert zugeschrieben, der geeignet ist, die Sollwertabweichung genau auszugleichen.[60] Dieser Ausgleich ist in der Regel ein sich mehrmals wiederholender Prozess von Messen der Sollwertabweichung und Verändern der Stellgröße, bis der Sollwert erreicht ist und sich wieder ein Gleichgewicht eingestellt hat.

In der Realität ist für alle Marktprozesse davon auszugehen, dass sich Märkte niemals im Gleichgewichtszustand, sondern ständig im Regelungszustand befinden.[61] Daher ist der Ausgangszustand Gleichgewicht nur eine theoretisch notwendige Annahme zur Erklärung der Marktprozesse. Die Abweichung der Regelgröße vom Sollwert ist durch eine Vielzahl von Einflussfaktoren bedingt und nicht allein von der Stellgröße abhängig. Das KMD geht aber davon aus, dass die Stellgröße des jeweiligen Prozesses andere Einflussgrößen dominiert und Störungen der Regelgröße beseitigt.[62]

Vom Untersucher sollte festgelegt werden, ab wann eine Abweichung vom Sollwert nicht mehr als akzeptabel einzuschätzen ist und eine Reaktion auslösen sollte. Das Problem der punktgenauen Festlegung von Toleranzgrenzen wird dadurch entschärft, dass die Tendenz zum Gleichgewicht als entscheidend für eine Funktionsfähigkeit angesehen wird. Von den Marktprozessen wird keine punktgenaue Übereinstimmung von Ist- und Sollwerten verlangt. Entscheidend ist nach Störungen die Rückkehr der Istwerte in Normbereiche um den Sollwert herum in einer akzeptablen Zeitspanne.[63] Ein stabiler Regelkreis ist daher durch die um die Nullachse schwankende Regelgröße gekennzeichnet. Diese wünschenswerte Schwankung kann theoretisch mit Hilfe von zusätzlichen statistischen Tests überprüft werden:[64]

1. Mit Hilfe von Abweichungstests kann überprüft werden, ob der Erwartungswert der Regelgröße sich signifikant vom Wert 0 unterscheidet.
2. Trendtests überprüfen, ob die Regelgröße dazu neigt, sich fortlaufend weiter von der Nullachse derart zu entfernen, dass alle beobachteten Punkte ober- oder unterhalb der Nullachse liegen.
3. Reaktionstests können überprüfen, ob die Stellgröße so variiert wird, dass die Variationen immer wieder für eine Rückkehr der Regelgröße zur Nullachse sorgen.

Statistische Tests sind sinnvoll, wenn das optische Beurteilungsergebnis des Prozessmustertests nicht eindeutig ist. Wenn jedoch die optische Inspektion eindeutig ausfällt, kann auf weitergehende statistische Tests auch verzichtet werden.[65]

---

[60] Grossekettler, Heinz (1989), S. 6-8.
[61] Grossekettler, Heinz (1989), S. 8.
[62] Schulte-de Groot, Ralf (1992), S. 59.
[63] Borchert, Manfred/Grossekettler, Heinz (1985), S. 245.
[64] Vgl. Grossekettler, Heinz (1994), S. 20-21.
[65] Es sei erwähnt, dass z.B. Abweichungstests Funktionsfähigkeit nur bei einer Schwingung der Regelgröße um die Nullachse bescheinigen. Funktionsfähigkeit ergibt sich aber auch, wenn eine einseitige Annäherung zu beobachten ist und die Regelgröße innerhalb des Toleranzsektors verbleibt. Vgl. auch Munsberg, Hendrik (1994), S. 46 ff.

Abb. 20: Darstellung des Regelkreissystems - Klimatisierung eines Raumes

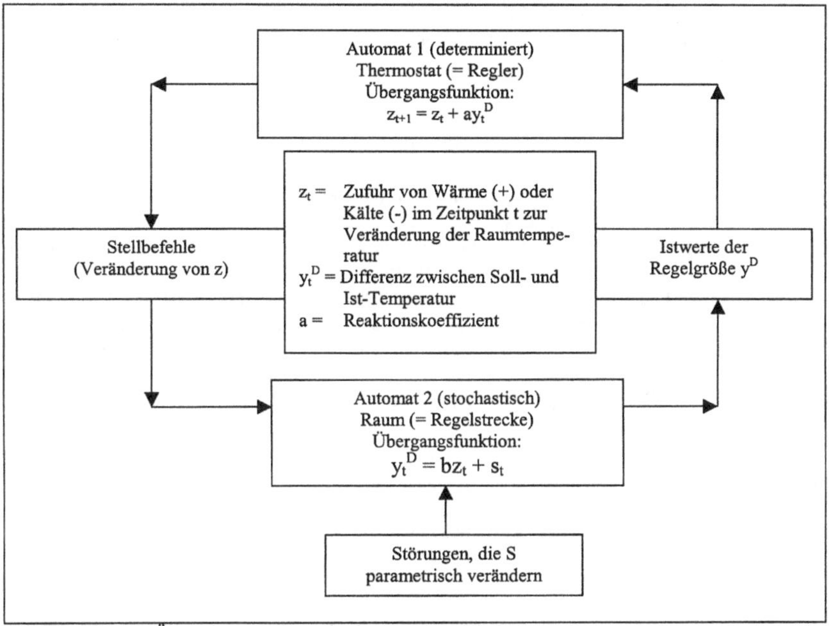

Quelle: Ungeänderte Übernahme aus Grossekettler, Heinz (1989), S. 7a

2.4 Überprüfung des Marktes auf Funktionsfähigkeit und Funktionsstörungen

Eine Überprüfung des Marktes auf Funktionsfähigkeit setzt die Durchführung von Prozessmuster-, Plausibilitäts- und Niveauverzerrungstest voraus. Im Prozessmustertest wird durch das Aufstellen empirisch gesammelter Zahlenreihen untersucht, ob der Markt in der Vergangenheit seine Funktionen durch eine Ausgleichsfunktion zufriedenstellend erfüllt hat. Dabei sind folgende Fragen zu beantworten: [66]

- Konnten Übernachfragen oder Nachfragedefizite über Preisvariationen ausgeglichen werden?
- Konnten Unter- oder Überrenditen über funktionale Veränderungen der Kapazitätswachstumsrate normalisiert werden?
- Konnten Machtungleichgewichte auf Grund von Übermacht auf einer Marktseite durch Strukturveränderungen wieder zum Gleichgewicht zurückfinden?
- Konnten Rückstände bei der Produkt- und Verfahrensfortschrittsrate aufgeholt werden?

[66] Wendland, Gerd (1987), S. 4.

Während des anschließenden Plausibilitätstests werden nacheinander geprüft:

- „ob man auf der Basis der ökonomischen Theorie und der Kenntnisse, die man von dem Markt hat, Ursachen ermitteln kann, welche die festgestellten Funktionsstörungen in plausibler Weise erklären,
- ob es sonstige Hinweise auf potentielle Störungsursachen gibt (auch wenn sie empirisch noch nicht manifest sind) und
- ob die fraglichen Störungsursachen als dauerhaft eingestuft werden müssen oder nicht."[67]

Die auf der Basis empirischer Untersuchungen aufgestellten Zeitreihen der Regel- und Stellgrößen (so genannte Prozessmuster) werden verglichen mit dem idealtypischen Verlauf eines Regelkreises. Dabei können Aussagen über die Funktionserfüllung der einzelnen Marktprozesse gewonnen werden. Eventuelle Abweichungen vom idealtypischen Verlauf deuten auf Störungen der Selbstregulierungsfähigkeit von Märkten hin. Während der Prozessmustertest die konkrete Prüfung auf Funktionsfähigkeit auf Basis empirischer Daten beinhaltet, sucht der Plausibilitätstest nach theoretischen Erklärungen des Prozessverlaufs. Die Plausibilitätsprüfung untersucht mögliche Gründe, die unabhängig von den Ergebnissen der empirischen Tests dafür oder dagegen sprechen, dass auf dem untersuchten Markt Stabilitätsdefekte vorliegen. Eine weitere Aufgabe des Plausibilitätstests besteht darin, ebenso latent vorhandene Störungen zu identifizieren. Die Niveaudefektuntersuchung wiederum stellt fest, ob das Gleichgewicht sich auf einem unverzerrten Niveau befindet.

Von funktionierenden Märkten wird erwartet, dass die Wettbewerbsfunktionen ausreichend erfüllt werden. Dennoch ist in der Realität mit Störungen zu rechnen.

Grossekettler unterscheidet bei Selbstregulierungsprozessen mit Gleichgewichts- und Funktionsstörungen zwei grundsätzliche Typen von Störungen. Gleichgewichtsstörungen werden mit exogenen Schocks gleichgesetzt, die auf die Marktprozesse durch Änderungen des Marktumfeldes von außen einwirken. Dies sind beispielsweise veränderte Verhaltens- und Einkommensstrukturen der Nachfrager, Klimaänderungen (Eis- und Sturmgefahr für die Schifffahrt) usw. Gleichgewichtsstörungen werden durch die Selbstregulierungskräfte des Marktes ausgeglichen.[68]

Im Gegensatz dazu führen Funktionsstörungen zu einer Verletzung der Stabilitätsbedingung sowie zu einer Verminderung der Selbstregulierungsfähigkeit von Märkten. Der Markt ist nicht mehr in der Lage, die Störung eigenständig auszuregulieren. Funktionsstörungen werden eingeteilt in Stabilitäts- und Niveaudefekte.

Stabilitätsdefekte haben ihre Ursache stets in der Verletzung der Stabilitätsbedingungen und betreffen die Dynamik des betrachteten Marktprozesses. Bei Stabilitätsdefekten werden Regelabweichungen im Marktprozess auf Grund einer Funktionsstörung nicht mehr befriedigend ausreguliert. Gründe für Funktionsstörungen könnten durch den Staat oder Kartelle bestimmte Festpreise, Investitionsverbote bzw. ungewöhnlich hohe Marktein- und -austrittsbarrieren sein.

Niveaudefekte sind ursächlich für die Herstellung eines Gleichgewichts mit „falschen" Mengen, Preisen, Kapazitäten, Machtpositionen, Produktqualitäten und Produktionsverfahren und ergeben sich entweder aus Markt- oder Staatsversagen. Mögliche Verzerrungsursachen sind

[67] Zitiert bei: Grossekettler, Heinz (1989), S. 19.
[68] Borchert, Manfred/Grossekettler, Heinz (1985), S. 187.

sowohl externe Effekte, Präferenzverzerrungen als auch staatliche Begünstigungen bzw. Benachteiligungen. Niveaudefekte verzerren systematisch die Stellgrößenwerte und lassen damit die Regelungsprozesse auf einem falschen Niveau ablaufen.[69]

Durch die optische Inspektion der ermittelten Zeitreihen sowie der Beantwortung der Fragen

- ob sich beobachtbare Regelabweichungen dauerhafter oder sogar anwachsender Art auf der Basis der ökonomischen Theorie plausibel erklären lassen und
- ob die Regelkreise nicht nur stabil, sondern auch frei von Niveauverzerrungen sind

lässt sich, zumindest teilweise, in objektiver und damit nachvollziehbarer Weise diagnostizieren, ob auf einem Markt Funktionsstörungen auftreten und welcher Natur diese sind.

Tab. 75: Arten von Funktionsstörungen

Sprechen empirische Anhaltspunkte dafür, dass der untersuchte Prozess dauerhaft gestört ist?	Lassen theoretische Überlegungen dauerhafte Funktionsstörungen			
	bei einer Prüfung auf Stabilitätseffekte plausibel erscheinen?		bei einer Prüfung auf Niveaudefekte plausibel erscheinen?	
	Nein	Ja	Nein	Ja
Nein	dynamische Stabilität	Schwachstelle in der Prozessdynamik	Verzerrungsfreiheit	Schwachstelle beim Prozessniveau
Ja	Schwachstelle in der Prozessdynamik	Koordinationsmangel in der Prozessdynamik	Schwachstelle beim Prozessniveau	Koordinationsmangel beim Prozessniveau

Quelle: Grossekettler, Heinz (1991a), S. 17

Deuten sowohl theoretische Vermutungen als auch empirische Untersuchungen übereinstimmend auf Funktionsstörungen hin, so ist von einem Koordinationsmangel auszugehen. Funktionsstörungen erfordern von außen kommende Eingriffe in den Marktprozess, wenn ihre Existenz auf der Basis der ökonomischen Theorie plausibel begründet werden kann und zu vermuten ist, dass diese ohne staatliche Eingriffe nicht reparabel und damit von dauerhafter Natur sind.[70] *Grossekettler* nennt diese Art von Störungen Koordinationsmängel, weil sie fehlerhafte Verhaltensweisen der Marktteilnehmer zur Folge haben können.[71] Nur der Nachweis einer solchen Störung von Marktprozessen bildet nach *Grossekettler* die Legitimation für staatliche Eingriffe.[72] Das Konzept verlangt aber vom Staat, vor jeder Marktintervention mittels eines standardisierten Prüfverfahrens nachzuweisen, dass der Eingriff zur Behebung der Mängel erforderlich sowie insgesamt verhältnismäßig ist.

Von einer Schwachstelle wird gesprochen, wenn entweder der Prozessmuster- oder der Plausibilitätstest für das Vorhandensein von Koordinationsmängeln spricht. Es besteht dann die Gefahr, dass sich bei Änderung der Datenlage aus der Schwachstelle ein Koordinationsmangel entwickelt.[73] Gleiches gilt, falls institutionelle Defekte theoretisch bis dahin noch nicht ausreichend durchleuchtet wurden.[74]

---

[69] Grossekettler, Heinz (1989), S. 17-19; (1994), S. 19.
[70] Grossekettler, Heinz (1994), S. 10, 24.
[71] Grossekettler, Heinz (1994), S. 10.
[72] Grossekettler, Heinz (1994), S. 40.
[73] Borchert, Manfred/Grossekettler, Heinz (1985), S. 248.
[74] Aberle, Gerd (1992), S. 48.

Eine Gesamtanalyse ist Grundvoraussetzung für eine abschließende Bewertung des Marktes ebenso wie für eventuelle Handlungsempfehlungen. Die Bewertung des Testmarktes bedarf der zusammengeführten Betrachtung aller Marktprozesse, da diese sich in ihrer Funktionsfähigkeit gegenseitig beeinflussen und Fehlfunktionen daher nicht eindeutig einzelnen Marktprozessen zuzuordnen sind.[75]

Der Untersuchungsmarkt kann als funktionsfähig gelten, wenn die Tests keinen Hinweis auf das Vorhandensein von Stabilitäts- oder Niveaudefekten erbracht haben. Fehlentwicklungen bzw. die Nichterfüllung aller bzw. einzelner Marktaufgaben deuten auf einen Koordinationsmangel hin.

---

[75] Vgl. Lemper, Burkhard (1996), S. 40-41.

VII Untersuchung des Marktes für Fährtrajektion (Güterverkehr) zwischen den Häfen der Kiel-Swinemünde-Range und Schweden auf Funktionsfähigkeit des Wettbewerbs - Analyse der Marktfunktionen

Kapitel VII untersucht die Funktionsfähigkeit des Wettbewerbs nach dem in Kapitel VI beschriebenen Algorithmus des Koordinationsmängel-Diagnose-Konzeptes (KMD). Das Konzept wurde bereits von verschiedenen Autoren für Marktuntersuchungen bzw. Querschnittsanalysen genutzt.[1] Der Gang der Untersuchung ergibt sich aus den Vorgaben von *Grossekettler* und beinhaltet die Beurteilung der Prozesse Markträumung, Renditenormalisierung, Übermachterosion sowie Produkt- und Verfahrensfortschritt. Für alle Funktionen werden nacheinander folgende Schritte durchgeführt:

- Beschreibung und Darstellung des idealtypischen Prozessverlaufs
- Operationalisierung der Messgrößen und Benennung der Ideal- bzw. Hilfsindikatoren
- Diskussion der Datenlage
- Durchführung des Prozessmustertests
- Durchführung des Plausibilitätstests
- Niveaudefektuntersuchung.

Vorbemerkungen zur Verwendung des Vergleichsmarktkonzeptes

In den folgenden Untersuchungen wird der gewählte Untersuchungsmarkt verschiedene Male einem Vergleich mit einem als ideal angesehenen Markt unterzogen. Im Vergleichsmarktkonzept wird ein Markt als Maßstab gewählt, auf dem gegenüber dem zu analysierenden Markt vergleichbare Bedingungen vorhanden sind. Zudem sollten auf diesem Markt wettbewerbliche Idealbedingungen herrschen. Die Ergebnisse des Vergleichsmarktes werden dann als Maßstab für den zu analysierenden Markt genommen. Ein solches Verfahren ist jedoch nicht unproblematisch. Vor allem müssen die Kategorien, an denen die Marktergebnisse gemessen werden, vergleichbar sein. Außerdem ist die kausale Beziehung zwischen gewählten Kategorien und Marktergebnissen nicht in jedem Fall sicher.[2] Das Konzept setzt ebenso vergleichbare Rahmenbedingungen voraus. Internationale Schifffahrtsmärkte werden in der Realität jeweils spezifische geographische und strukturelle Unterschiede aufweisen, aber auch verschiedenen konjunkturellen Voraussetzungen unterworfen sein.

Vorbemerkungen zur Konstruktion von Ideal- und Hilfsindikatoren

Voraussetzung zur Durchführung des KMD ist eine ausreichende Datenbasis, wobei die Abhängigkeit von der Empirie auch die Schwachstelle des Konzeptes bildet. Das Problem der Datenverfügbarkeit hat seine Ursachen in:

- der Nichtveröffentlichungspflicht für die zur Untersuchung notwendigen Daten, dem Charakter vieler Daten als Betriebsgeheimnis sowie dem nachvollziehbaren Wunsch, diese nicht an die Öffentlichkeit weiterzugeben
- der Ausrichtung des Controllings und Rechnungswesens auf innerbetriebliche Belange und nicht auf die des KMD
- dem relativ langen Untersuchungszeitraum, der zur Feststellung von Entwicklungsrichtungen auf Märkten notwendig ist.

---

[1] Z.B. Wendland, Gerd (1987); Geuther, Ralph (1990); Roos, Birgit (1990); Schulte-de Groot, Ralf (1992); Munsberg, Hendrik (1994); Dönnebrink, Elmar (1995); Lemper, Burkhard (1996); Schengber, Ralf A. (1995).

[2] Vgl. z.B. Hoppmann, Erich (1974), S. 50-51.

Die Variablen der Regelkreise stehen daher nur in Ausnahmefällen in ausreichender Güte zur Verfügung bzw. lassen sich mit vertretbarem Aufwand ermitteln. In den Fällen, in denen diese Werte nicht verfügbar sind, ist die Heranziehung geeigneter Indikatoren Voraussetzung zur Durchführung der Untersuchung. Indikatoren sind statistische Begriffe bzw. die durch sie bezeichneten Messvariablen, die anzeigen, ob und in welcher Form ein bestimmter theoretischer Sachverhalt in der Erfahrungswelt vorliegt.[3] Auf der Grundlage der zur Verfügung stehenden Daten sollte ein Indikator herausgearbeitet werden, der mess-, skalier- und interpretierbar ist.[4] Dabei ist die bestmögliche Korrelation der Indikatoren mit den zu erklärenden theoretischen Größen sicherzustellen. Nach einem Vergleich der theoretisch wünschenswerten Daten mit den tatsächlich verfügbaren wird über die Möglichkeit entschieden, einen Ideal- oder Hilfsindikator zu konstruieren.

Ein Idealindikator ist jene Größe, mit der der gesuchte theoretische Begriff idealerweise gemessen werden sollte. Er ist in der Lage, den zu untersuchenden theoretischen Begriff ohne systematische Fehler darzustellen.[5] Kritik an der Nutzung des Idealindikators verlangt den Hinweis auf alternative Indikatoren mit einem geringeren systematischen Fehler oder sogar einer Nullabweichung.[6] Die Schwierigkeiten bei der Datenerfassung machen es notwendig, teilweise auf Hilfsindikatoren zurückzugreifen. Dieser Schritt bedeutet die Akzeptanz einer systematischen und korrelativen Abweichung vom real existierenden Zustand. Solange die notwendigen Daten nicht in ausreichendem Maße zur Verfügung stehen, ist diese Vorgehensweise zur Durchführung der Analyse aber unerlässlich. Wird die Nutzung des Hilfsindikators beanstandet, verlangt dies im Falle konstruktiver Kritik die Empfehlung eines Indikators mit größerer Aussagekraft, der auch real konstruierbar ist.[7] Es muss beurteilt werden, ob die zur Verfügung stehenden Informationen für eine plausible Untersuchung ausreichend sind. Die Qualität des Hilfsindikators kann nur eingeschätzt werden, falls die Messwerte des Idealindikators vorhanden sind. Meist kann die Abschätzung aber nur auf der Grundlage einer gedanklichen Analyse erfolgen.[8]

1. Analyse des Markträumungsprozesses

1.1 Darstellung eines funktionierenden Prozessverlaufs

In der traditionellen Preistheorie existiert unter der Annahme einer vollständigen Konkurrenz ein Gleichgewichtspreis mit dazugehörender -menge, d.h. es findet eine völlige Markträumung statt. Dieses Idealbild wird im KMD durch die Annahme ersetzt, dass sich diesem Zustand über Mengen- und Preisanpassungen in der Tendenz angenähert wird. Dem Markträumungsprozess kommt die Aufgabe zu, bei gegebenen Kapazitäten und gegebener Technik über Preisvariationen (bzw. Änderung sonstiger Parameter des absatzpolitischen Instrumentariums) einen Prozess des Ausgleichs zwischen Angebots- und Nachfragemengen auszulösen. Preiserhöhungen bauen Übernachfragen ab, während Preissenkungen Nachfragedefizite auflösen. Der Prozess der Markträumung verhindert die Verschwendung von Ressourcen in Form der Produktion nicht absetzbarer Güter, überflüssiger Suchaktivitäten oder inakzeptabler Wartezeiten.[9] Der Preiswettbewerb gewährleistet die Ausrichtung der Unternehmensaktio-

---

[3] Vgl. dazu Munsberg, Henrik (1992), S. 8; (1994), S. 27 ff.
[4] Munsberg, Henrik (1992), S. 10 ff.
[5] Munsberg, Henrik (1992), S. 9 f.; (1994), S. 38.
[6] Munsberg, Henrik (1994), S. 39.
[7] Vgl. Grossekettler, Heinz (1991b), S.474; Munsberg, Henrik (1994), S. 39.
[8] Grossekettler, Heinz (1991b), S. 474; Lemper, Burkhard (1996), S. 133-134.
[9] Grossekettler, Heinz (1994), S. 3.

nen an ökonomischen Prinzipien und ist daher Voraussetzung für die Sicherstellung der Wettbewerbsziele.

Abb. 21: Regelkreis des Markträumungsprozesses

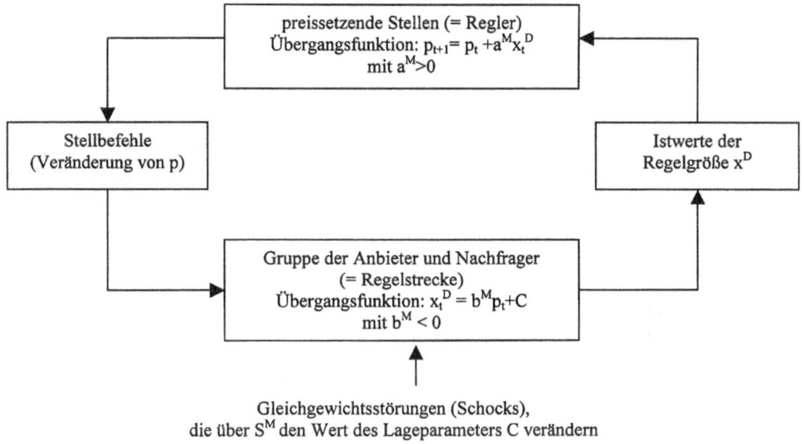

p_t = Preis im Zeitpunkt t (allgemeiner: Preis-Leistungs-Verhältnis) = Stellgröße

x_t^D = $x_t^N - x_t^A$ = Nachfrageüberschuß zum Zeitpunkt t (bei $x_t^D < 0$ liegt ein Angebotsüberschuss vor) = Regelgröße

C = Lageparameter für die Nachfrageüberschussfunktion = autonome Übernachfrage. Es gilt: $C = L - S^M$. L ergibt sich aus anfänglich vorgegebenen Absolutwerten der ersten Angebots- oder Grenzkosten- und Nachfragefunktionen (und wird damit als konstant angenommen). S^M erfaßt das Auftreten exogener Störungen. S^M und damit auch C ändern sich somit immer dann, wenn eine Gleichgewichtsstörung (Schock) auftritt, weil sich die Gleichung der x^N- oder x^A-Funktionen auf Grund exogener Störungen verändert.

Soll- oder Gleichgewichtswert: $x_t^D = 0$ (mit der Folge, daß $P_{t+1} = p_t$)

Regler = preissetzende Stellen

Regelstrecke = Stellen, die über x^A und x^N und damit auch über x^D entscheiden = Anbieter und Nachfrager

a und b = Preisreagibilität der Nachfrage und Mengenreagibilität des Preises

Quelle: Grossekettler, Heinz (1989), S. 7a; Original bei Borchert, Manfred/Grossekettler, Heinz (1985), S. 182

In der theoretisch angenommenen Ausgangssituation mit einem ausgeglichenen Angebots-Nachfrage-Verhältnis besitzt die Differenz aus Angebots- und Nachfragemengen $x_t^D = x_t^N - x_t^A$ die Größe Null. Eine Abweichung vom Sollwert kann aus exogen bedingten Störungen resultieren, die in einer Änderung des Lageparameters C zum Ausdruck kommen und z.B. aus einer Angebotsausweitung als Folge eines Produktfortschrittes, einer Präferenzänderung der Nachfrager oder einem erheblichen Angebotsausfall als Folge von Havarien bestehen kann.

Die Übergangsfunktion der Regelstrecke dazu lautet: $x_t^D = b^M p_t + C$. Die Differenz von Angebots- und Nachfragemengen wird durch den Preis p_t sowie den Lageparameter C (mit C = L - S) bestimmt. Ein positiver Wert der Regelgröße x_t^D ist gleichbedeutend mit einer Übernachfrage, während negative Werte auf ein Nachfragedefizit hinweisen. Jede über eine Toleranzgrenze hinausgehende Abweichung vom Sollwert führt zu Änderungen der Stellgröße Preis, die den Gleichgewichtszustand wieder herstellen sollen. Anbieter reagieren auf Übernachfrage mit Preiserhöhungen, auf Nachfragedefizite dagegen mit -senkungen. Die Funktion des Reglers übernehmen die preissetzenden Stellen. Die Übergangsfunktion der Regler (Preisänderungsgleichung) lautet: $p_{t+1} = p_t + a^M x_t^D$ mit $a > 0$.

Die Kopplung der Funktionen und die Änderung des Faktors $b^M p_t$ bedingen einen neuen Wert von x_t^D. Nach der ersten Regelungsrunde liegt die Differenz zwischen Angebots- und Nachfragemenge näher am Sollwert 0. Sollte der Sollwert noch nicht wieder erreicht sein, wird ein neuer Regelungsprozess in Gang gesetzt, der eine weitere Bewegung in Richtung Sollwert auslöst. Da eine zwischenzeitliche Störung sehr wahrscheinlich ist, wird in der Praxis der Sollwert nie oder nur sehr selten erreicht. Stattdessen laufen auf den Märkten ständige Regelungsprozesse ab.

Grossekettler definiert folgende Bedingungen zur Regulierung der Regelgröße x_t^D:

Richtungsbedingung: Positive bzw. negative Abweichungen der Regelgröße vom Sollwert Null müssen gleichgerichtete Bewegungen von p_{t+1} auslösen, d.h. einer Abweichung der Regelgröße vom Sollwert muss eine in die zur Korrektur erforderliche Richtung gehende Bewegung der Stellgröße folgen. Die Preisänderung besitzt das gleiche Vorzeichen wie die Übernachfrage.[10]

Effektivitätsbedingung: Die Preisänderung muss ausreichend stark bzw. effektiv ausfallen, um die Störung beseitigen zu können. Die Reaktionsstärke sowie die Reaktionszusammenhänge sorgen dafür, dass der Sollwert erreicht werden kann:[11]

- *x_t^D muss auf die Preisänderung reagieren.*
- *Dazu sollte die Preisänderung ausreichend stark sein, ohne sich explosiv zu ändern.*
- *Es muss ein Preis existieren, zu dem x_t^D den Wert Null annimmt.*[12]

Die Stabilitätsbedingung $-2 < ab < 0$ mit $a > 0$ und $b < 0$ ist Voraussetzung für einen funktionierenden Prozessverlauf. Die beiden Reaktionsparameter a (Preisreagibilität der Nachfrage) und b (Mengenreagibilität des Preises) dürfen nie den Wert Null annehmen. Der Parameter a kennzeichnet die Reaktionsparameter für die Veränderung der Stellgröße, während b den Reaktionsparameter für die Veränderung der Regelgröße darstellt.[13]

[10] Vgl. Grossekettler, Heinz (1994), S. 9.
[11] Grossekettler, Heinz (1994), S. 9.
[12] Borchert, Manfred/Grossekettler, Heinz (1985), S. 187.
[13] Grossekettler, Heinz (1994), S. 9.

Abb. 22: Verlauf eines funktionierenden Markträumungsprozesses

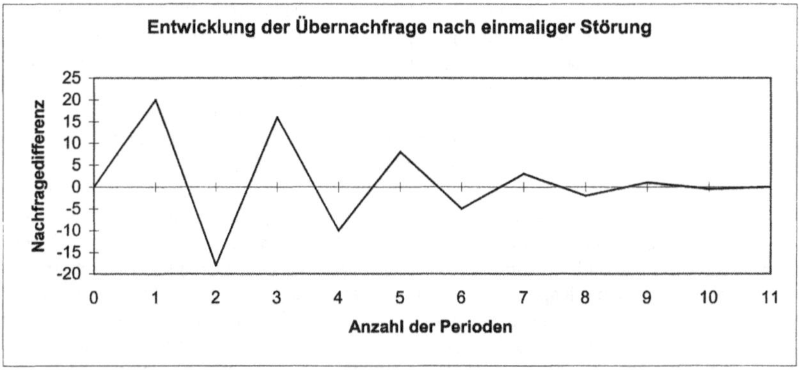

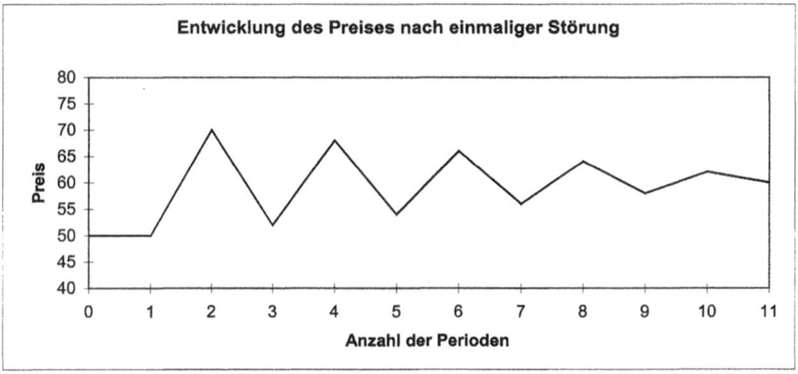

Quelle: Anlehnung an Borchert, Manfred/Grossekettler, Heinz (1985), S. 189; ähnlich auch Lemper, Burkhard (1996), S. 137

1.2 Operationalisierung der Messgrößen zur Prozessanalyse

Entscheidend für die Beurteilung des Markträumungsprozesses ist, ob sich die Preisentwicklung im Einklang mit der Entwicklung des Angebot-Nachfrage-Verhältnisses befindet. Zur Durchführung der Prozessanalyse und zur empirischen Überprüfung des Prozessverlaufs sind die Größen Übernachfrage bzw. Nachfragedefizit sowie Preisveränderung zu erklären. Wichtig für eine Beurteilung der Markträumung ist die Festlegung der Toleranzgrenzen für die Differenz zwischen Angebot und Nachfrage sowie des der Markträumung zugestandenen Anpassungszeitraumes.[14]

Operationalisierung der Messgrößen Übernachfrage bzw. Nachfragedefizit und Benennung der Ideal- bzw. Hilfsindikatoren

Der gewählte Indikator sollte die Differenz zwischen Angebot und Nachfrage befriedigend abbilden können. Als Indikatoren für die Bestimmung von Über- bzw. Unternachfrage kommen der Lagerbestand, Warteschlangen sowie die Kapazitätsauslastung in Betracht. Für ein

[14] Borchert, Manfred/Grossekettler, Heinz (1985), S. 181.

nicht lagerfähiges Produkt, wie es eine Transportleistung darstellt, entfällt der Indikator Lagerbestand. Zur Messung der Regelgröße Nachfragedifferenz ist im Fährverkehr ausschließlich der Indikator Kapazitätsauslastung geeignet. Dieser Indikator kann aber nur ein Überangebot abbilden. Der Fall der nicht ausreichenden Kapazität ist über den Indikator Kapazitätsauslastung nicht darstellbar, da eine zeitliche Übertragung freier Kapazitäten nicht möglich ist. Eine rein rechnerisch ausreichende Kapazität ist nicht unbedingt gleichbedeutend mit einer Übereinstimmung zwischen Angebot und Nachfrage, wenn diese Kapazität nicht am gewünschten Ort und zu den gewünschten Zeiten zur Verfügung steht.

Als Kapazität wird das Leistungsvermögen in quantitativer, aber auch qualitativer Hinsicht bezeichnet. Eine Kapazitätsauslastung gibt an, in welchem Maße ein in einer Periode verfügbares Potential in Anspruch genommen wurde und kann als Quotient aus der angebotenen und der tatsächlich genutzten Kapazität (Verhältnis Ist-Beschäftigung zu Kann-Beschäftigung) beschrieben werden. Die Kapazität verfügt sowohl über eine statische als auch eine dynamische Komponente. Aus der Anzahl sowie der Stellplatzlänge der eingesetzten Schiffe ergibt sich die statische Kapazität im Güterfährverkehr. Die dynamische Kapazität wird neben der Stellplatzverfügbarkeit des einzelnen Schiffes sowie der Anzahl der Fähren maßgeblich von der Abfahrtsfrequenz der Linie bestimmt. Die Abfahrtsfrequenz ist eine Funktion der Länge der Seestrecke (inklusive der nautischen Bedingungen), der Schiffsgeschwindigkeit sowie der Dauer der Umschlagprozesse im Hafen. Daraus ergibt sich die Angebotskapazität, die als größtmögliches Beförderungsvolumen (in Frachteinheiten pro Zeiteinheit) definiert werden kann, die mit einer bestimmten Flotte in einer bestimmten Zeitspanne über eine gegebene Distanz transportiert werden kann. Berücksichtigung sollte aber auch die Ausfallzeit finden, die sich aus ungeplanter (Wetter, Havarien) und geplanter Ausfallzeit (planmäßige Reparaturen) zusammensetzt.

Für die Prozessanalyse erweist sich der dynamische Kapazitätsbegriff als aussagefähiger, da er die zeitraumbezogene Kapazität ermittelt. Die Kapazität eines gegebenen Schiffes ist durch die Beschleunigung der Umschlagprozesse, die Optimierung des Fahrplans oder Umsetzen auf andere Routen beeinflussbar. Die Kapazitätsauslastung folgt aus dem Vergleich der von den Spediteuren in Anspruch genommenen sowie der von den Fährreedern bereitgestellten Kapazität (jeweils pro Jahr in Stellplatzlänge). Die Jahreskapazität einer Linie ergibt sich (bei gleichkapazitiven Schiffen) nach folgender Formel:

$$Kges = n \times a \times lm \text{ bzw. } Kges = \sum_{i=1}^{n} a \times lm \quad (i = 1,2...n)$$

Kges	- Jahreskapazität in lm
n	- Anzahl der jährlichen Abfahrten pro Schiff
lm	- Stellplatzlänge des einzelnen Schiffes in *lanemeter*
a	- Anzahl der Schiffe

Die Gesamtkapazität ist dann die Summe der Produkte aus der Anzahl der Schiffe und ihrer Stellplatzlänge über alle Abfahrten. Bei Schiffen unterschiedlicher Kapazität ergibt sich die Gesamtkapazität aus der Summe der Produkte aus Stellplatzlänge und der dem einzelnen Schiff zuzuordnenden Abfahrten (über alle Schiffe).

Als Über- bzw. Unternachfrage kann jeweils die Abweichung der tatsächlich realisierten Kapazitätsauslastung von einem Normalwert definiert werden. Ein Normalauslastungsgrad kann bei einem ausgeglichenen Angebot-Nachfrage-Verhältnis angenommen werden. Liegt die Kapazitätsauslastung unter diesem Wert, ist von einem Nachfragedefizit auszugehen, während eine Auslastungsquote oberhalb eine Übernachfrage signalisiert. Der Begriff „Normalauslastung“ impliziert eigentlich Beurteilungen aus Sicht der Marktteilnehmer,[15] die den gegenwärtigen Zustand im Lichte bestimmter Zielvorstellungen einschätzen. Die Einschätzung kann aber in Abhängigkeit vom Standpunkt sehr unterschiedlich ausfallen. Eine Normalauslastung müsste bei einer nicht übermächtigen Situation der Anbieter mit den von den Reedern geplanten Werten übereinstimmen, da diese eine Kapazität bereitstellen, die ihnen ein maximales Produkt aus Menge und Preis ermöglicht.[16] Die Leerkosten als Folge der Unterauslastung dürfen für den Reeder nicht größer werden als die entgangenen Einnahmen als Folge der Zurückweisung von Nachfrage. Das heißt also nicht, dass die Nachfrage auf jeder Linie immer und zu jeder Zeit hundertprozentig erfüllt werden kann. Insgesamt sollte die Kapazität der Range aber ausreichen, um die Nachfrage voll befriedigen zu können.

Folgende Punkte belegen die Unmöglichkeit, eine annähernde Vollauslastung der Kapazitäten als Normalauslastung zu unterstellen:

- unterschiedlicher Kapazitätsbedarf bei Tages- und Nachtabfahrt
- Hin- und Rückreisewellen, sowohl im Passagier- als auch im Frachtbereich, so dass Schwerpunktabfahrten entstehen
- Rückgang des Frachtverkehrs im Sommer als Folge des in Nordeuropa praktizierten Betriebsferiensystems
- Sonntagsfahrverbot.

Daher muss eine Normalauslastung in der Lage sein, auch die Nachfrageschwankungen befriedigend ausgleichen zu können. Die Schwierigkeit besteht darin, die Normalauslastung bei einer stark schwankenden Nachfrage zu bestimmen sowie die Schwankungsbreite zu erfassen. Das Problem bezieht sich im Lkw-Segment vorrangig auf den Tagesvergleich mit einer deutlichen Präferenz für bestimmte Abfahrtszeiten (vorrangig die Nachtabfahrt) sowie den Transportbedarfsrückgang zwischen Samstag und Sonntagabend, hervorgerufen durch die Sonntagsfahrverbote sowie die Wochenendverladepausen der Industrie. Eine Normalauslastung ist daher relativ schwierig zu bestimmen. Sie differiert beispielsweise in Abhängigkeit von der Abfahrtsfrequenz, der Ladungsstruktur sowie der Seestreckenlänge. Auf Kurzstrecken ist die durchschnittliche Kapazitätsauslastung naturgemäß geringer, während Langstrecken auf eine höhere Auslastung pro Fahrt angewiesen sind. Für eine gesamte Range als Mischung unterschiedlicher Linienarten ist eine Normalauslastung um so schwieriger zu bestimmen.

Hilfsweise kann zur Identifizierung der Entwicklungsrichtung von Markträumungsprozessen auch ein Vergleich der relativen Nachfrage- mit den relativen Kapazitätszuwächsen herangezogen werden. Durch den Vergleich wird ermittelt, in welche Richtung sich die Angebots-Nachfrage-Verhältnisse bewegen. Dabei deutet eine im Zeitablauf stärker als die Versandmenge wachsende Kapazität auf einen Überschuss im Angebot hin.[17] Die Nutzung dieses Indikators birgt aber die Gefahr der Fehlinterpretation in sich, da dabei als Ausgangssituation ein Gleichgewicht vorausgesetzt wird. Ein stärkeres Angebotswachstum kann sowohl als sich stetig ausweitendes Überangebot als auch als Ausregulierung vormals vorhandener Übernachfrage gedeutet werden. Zusätzlich sollte gedanklich berücksichtigt werden, dass sich Kapazitätsänderungen in der Schifffahrt durch die Größe der Kapazitätseinheit Schiff naturgemäß nur in größeren Sprüngen vollziehen.

---

[15] Munsberg, Hendrik (1992), S. 32.

[16] Munsberg, Hendrik (1994), S. 93 schlägt als Normalauslastung die von den Anbietern geplante Beschäftigung vor.

[17] Vgl. Geuther, Ralph (1990), S. 95.

Operationalisierung der Stellgröße Preisveränderung und Benennung der Ideal- bzw. Hilfsindikatoren

Bei einem Angebotsüberschuss ist zu erwarten, dass die Preise sinken, während Nachfrageüberschüsse durch Preissteigerungen ausreguliert werden. Im konkreten Fall der Fährschifffahrt ist aber zu beachten, dass die reinen Fährfrachten nur einen Teil des Gesamttransportpreises ausmachen. Die Nachfrage nach Übersetzleistungen des Fährverkehrs ist eine mehrmals abgeleitete Nachfrage. Verlader reagieren auf Änderungen der Seefrachtraten nur dann mit Mengenänderungen, wenn diese Änderungen die Absatzerwartungen ihrer Produkte auf dem Zielmarkt positiv oder negativ beeinflussen.

Tab. 76: Auswirkungen von Änderungen des Fährpreises auf den Gesamttransportpreis

Änderungen des Fährpreises in %	**daraus folgende Änderung des Gesamttransportpreises bei einem Anteil des Fährpreises am Gesamttransportpreis**		
	von 10 %	von 20 %	von 30 %
5	0,5	1	1,5
10	1	2	3
20	2	4	6
30	3	6	9
40	4	8	12
50	5	10	15

Preisvariationen der Reeder haben damit nur einen eingeschränkten Einfluss auf die Höhe der Nachfrage nach Fährtransporten über die Ostsee. Die Nachfrage wird bestimmt durch die wirtschaftlichen Rahmenbedingungen, Währungsverhältnisse, den Stand der Arbeitsteilung, die Konjunkturlage u.ä. Die Reeder können über die Höhe des Preises aber die konkret auf ihre Linien entfallende Nachfragemenge beeinflussen. Aus diesem Grunde ist der Begriff Preisvariation im Fährverkehr operationalisierbar. Ein vollständiger Ausgleich etwa der Nachfrageüberschüsse durch Preiserhöhungen ist für die Gesamtnachfrage zwar nicht anzunehmen; Preisänderungen können aber eine veränderte Routen- und Reederwahl bzw. Verlagerungen zwischen den Verkehrsträgern bewirken.

Eine Feststellung der Preisveränderung bedingt die Berücksichtigung des „richtigen" Preises im Sinne des KMD. Dieser Preis soll nach *Grossekettler* den Barwert des Vermögens ausdrücken, auf den der Käufer auf Grund des Kaufes in Zukunft verzichten muss.[18] Ein realistischer Vergleich beinhaltet daher die Berücksichtigung realer anstelle nominaler Preisniveauveränderungen. Ein weiteres Problem besteht im Einfluss von Wechselkursschwankungen. Daher sind alle verfügbaren Preisangaben auf eine Währung zurückzuführen. Für die Untersuchung ist nur die Stellgrößenveränderung relevant, die durch Abweichungen der Regelgröße vom Sollwert ausgelöst wurde. Bei realen Preisveränderungen sind die qualitätsbedingten Preissteigerungen von der Stellgröße Preisveränderung abzuziehen, weil eine Preisveränderung auf Basis einer Qualitätserhöhung keine Reaktion auf Änderungen der Nachfrageverhältnisse darstellt. Es sollte also die Preisveränderung Berücksichtigung finden, die sich bei einer konstanten Produktqualität ergeben hätte.[19] Als Qualitätserhöhung im Fährverkehr gelten z.B. Verbesserungen im Fahrplan wie eine höhere Frequenz, schnellere Überfahrten oder günstigere Abfahrtszeiten, aber auch Verbesserungen bei der Buchung. Eine höhere Servicequalität zahlt sich für den Spediteur über die Verbesserung des Preis-Leistungs-Verhältnisses als eine Art indirekte Preissenkung aus.

---

[18] Vgl. Borchert, Manfred/Grossekettler, Heinz (1985), S. 189.

[19] Vgl. Schulte-de Groot, Ralf (1992), S. 69.

Eine Untersuchung des Markträumungsprozesses verlangt also die Bereinigung und ausschließliche Berücksichtigung der regelgrößenbedingten Preisänderung. Als Idealindikator ist die Preisreaktion zu bezeichnen, die ausschließlich die realen Veränderungen beinhaltet und gleichzeitig die auf Qualitätsverbesserungen sowie die auf Veränderungen der *input*-Preise beruhenden Variationen berücksichtigt. In der Realität sind Preisentwicklungsursachen oft nicht genau zuzuordnen, da sich verschiedene preisbeeinflussende Vorgänge zeitlich überlagern. So wirken Angebots- und Nachfrageverschiebungen zeitgleich mit Produkt- und Qualitätsänderungen. Auch Änderungen der Wechselkurse, der Schiffbau- oder Charterkosten sowie der Bunkerpreise oder Hafengebühren beeinflussen die Preispolitik der Reeder.

Bestimmung des Toleranzsektors

Das Koordinationsmängelkonzept geht nicht von einem ständig geräumten Markt aus; dazu sind die potentiellen Störmöglichkeiten zu vielfältig. Es sollte aber eine ständige Tendenz zur Ausregulierung von Warteschlangen, Güterhalden oder unterausgelasteten Kapazitäten erkennbar sein.[20] Für einen Spediteur in einer *just-in-time*-Einbindung ist ein nachträglicher Abbau von Wartezeiten (Nutzung späterer Abfahrten) nur in Ausnahmefällen bzw. einer hohen Abfahrtsfrequenz zu akzeptieren. Vom Markträumungsprozess wird im speziellen Fall des Fährverkehrs also eine relativ kurzfristige Anpassung von Angebot und Nachfrage verlangt. Da dies durch die Größe der einzelnen Kapazitätseinheit aber nicht möglich ist, wird vom Markt die ständige Vorhaltung einer gewissen Reservekapazität gefordert. Die Reservekapazität sollte sich aber auf den Gesamtmarkt, nicht unbedingt auf jede einzelne Linie beziehen. Aber auch auf der einzelnen Linie sollten Abweisungen von Buchungsaufträgen einen Ausnahmefall darstellen. Dagegen kann die Abarbeitung einer Störung über den Preis nicht in jedem Fall sofort erwartet werden, da sich Störungen gegenseitig überlagern können und die Reaktionen optisch nicht mehr zuzuordnen sind. Ein Beispiel dafür sind Bunkerpreisänderungen. Zudem werden Frachtvereinbarungen zwischen Reeder und Spediteur in der Regel auf jährlicher Basis abgeschlossen.

1.3 Diskussion der Datenlage

Datenlage bezüglich der Kapazitätsauslastung

Als Idealindikator kann die aus dem Vergleich zwischen der dem Frachtsegment tatsächlich zur Verfügung gestellten sowie der nachgefragten Kapazität gewonnene Differenzmenge und deren Abweichung von der Normalauslastung eingestuft werden. Die Bestimmung der Kapazitätsauslastung ist unter Verwendung veröffentlichter Daten, u.a. durch die Angaben der Zeitschrift *Cruise & Ferry Info* (Halmstad) möglich. Aus dieser Fachpublikation können Angaben über die trajektierten Mengen pro Linie, die eingesetzten Schiffe sowie die Anzahl der jährlichen Abfahrten entnommen werden. Die Datenlage unterstützt nur die Konstruktion eines Hilfsindikators. Abweichungen vom Idealindikator ergeben sich aus Werftaufenthalten der Schiffe, unterschiedlichen Angaben über die Stellplatzlänge, Wechseln im Schiffseinsatz sowie der Zuordnung der Abfahrten auf die einzelnen Schiffe. In den statistischen Angaben wird teilweise keine Unterteilung zwischen begleiteten und unbegleiteten Einheiten vorgenommen, so dass sich daraus Schwierigkeiten bei der Berechnung der Kapazitätsinanspruchnahme ergeben. Darüber hinaus sind die Längen der einzelnen Frachtkapazitätseinheiten und damit der Kapazitätsverbrauch nicht einheitlich und auch zeitlich einer Änderung (Längenwachstum der Einheiten) unterworfen. Ebenso ist die genaue Mischung zwischen Sattelschleppern und Gliederzügen nicht bekannt, wobei der Anteil der Sattelschlepper im Untersu-

---

[20] Borchert, Manfred/Grossekettler, Heinz (1985), S. 175.

chungszeitraum steigend war. Zusätzlich tritt das Problem der Kapazitätszuordnung zum jeweiligen Nachfragesegment auf, da Stellfläche teilweise alternativ für Lkw/Trailer, Eisenbahnwaggons und Pkw nutzbar ist. Bei kombinierten Fähren schwankt durch den gleichzeitigen Transport verschiedener Ladeeinheiten die Verfügbarkeit der Kapazität für die einzelnen Nachfragesegmente sehr stark.

Die Bestimmung der Normalauslastung ist ebenfalls problematisch. Eine „normale" Kapazitätsauslastung muss in der Lage sein, die Schwankungen des Aufkommens ausreichend abdecken zu können. Da diese Schwankungen unterschiedlich stark ausfallen, differiert eine Normalauslastung von Linie zu Linie. Zudem ist die Schwankungsbreite nicht genau bekannt.

Die Bestimmung der Normalauslastung kann über die Auswertungen der Kapazitätsauslastungsgrade anderer Verkehrsträger erfolgen. Die Deutsche Lufthansa gab für 1996 eine Kapazitätsauslastung (Sitzladefaktor) von 68,8; für 1997 von 72,2 sowie für 1998 von 73,7 % an. Auf Hauptstrecken wie dem Nordatlantikverkehr wurden sogar Auslastungsgrade von 82 % gemeldet.[21] Singapore Airlines gab für 1999/2000 eine Auslastung des Cargo-Bereiches von ca. 69 %, die Deutsche Lufthansa von 67 bis 68 % an.[22] Nach *Weimann* liegt der *break-even-point* von Flügen in der Regel im Bereich von 60 bis 70 %.[23]

In der Containerschifffahrt reicht der Auslastungsgrad, je nach Verkehrsrichtung, in den Hauptfahrtgebieten bis an die 90 % heran. Beispielsweise lag im Jahre 1997 die Auslastung der Schiffe im Fahrtgebiet Europa-Ostasien in östlicher Richtung bei über 90 %.[24] Die durchschnittliche Kapazitätsauslastung der neun größten Fahrtgebiete betrug nach Untersuchungen der *Mercer Management Consulting* zwischen 1990 und 1995 etwa 75 bis 80 %, hat aber nach 1995 etwas abgenommen.[25] Das ist eine im Vergleich zu anderen Netzwerkindustrien relativ hohe Zahl. Einige Relationen wiesen aber auch geringere Auslastungsgrade auf.

Tab. 77: Kapazitätsauslastung im Nordatlantik-Containerverkehr (Mischung *east-* und *westbound*) 1990-1997

1990	1991	1992	1993	1994	1995	1996	1997
64,4	64,6	67,5	69,0	72,3	69,6	65,7	66,2

Quelle: Drewry Shipping Consultants

Tab. 78: Kapazitätsauslastung im Containerverkehr USA-Fernost (Mischung *east-* und *westbound*) 1993-1999

1993	1994	1995	1996	1997	1998	1999
74	84	86	81	78	77	76

Quelle: Mercer Management Consulting

Als Vergleich können auch Angaben über Kapazitätsauslastungen anderer Fähr- und Ro/Ro-Linien herangezogen werden. DFDS Tor-Line erzielte 1994 auf seinen Ro/Ro-Linien Kapazitätsauslastungsgrade von bis zu 90 %: (EuroBridge: 75 %, AngloBridge: 88 %, ShortBridge: 71 %, Gesamt: 79 %).[26] Estline meldete im 1. Quartal 1999 für die Linie Stockholm-Tallinn eine Auslastung von 83 % im Frachtbereich.[27] Cobelfret gibt für seine Dienste zwischen Zeebrügge und Purfleet, Immingham bzw. Dagenham sogar eine Auslastung von etwa 95 %

[21] Angaben: Deutsche Lufthansa.
[22] Angaben: Singapore Airlines und Deutsche Lufthansa.
[23] Weimann, Lorenz Christian (1998), S. 69.
[24] Böhme, Hans (1998), S. 45, 47.
[25] Kadar, Mark (1998), S. 18.
[26] Aide, Andreas/van der Holst, Edwin (1998), S. 25.
[27] Vgl. o.V. (1999a), S. 71-72.

an. Diese hohe Auslastung ergibt sich durch die Kombination von Trailerverkehren, Feedercontainern und Neuwagentransporten.[28]

In einer Untersuchung der britischen *Monopolies and Mergers Commission* von 1989 über den Fährverkehr im Englischen Kanal wird eine Auslastung von 65 % als Wert für einen effektiv zu betreibenden Fährbetrieb bei gleichzeitiger Berücksichtigung der Nachfragespitzen ermittelt.[29] Dabei ist zu berücksichtigen, dass sich die Angaben auf die Auslastung der Pkw-Kapazität beziehen. Die geringeren Aufkommensschwankungen des Lkw-Verkehrs würden also eine etwas höhere Durchschnittsauslastung rechtfertigen.

Aus der Vielzahl dieser Vergleichsmöglichkeiten kristallisiert sich für Verbindungen im Linienverkehr ein Normalauslastungsgrad zwischen 60 und 70 % heraus. Diese Aussage wird durch *Hader* unterstützt, der als normale durchschnittliche Kapazitätsauslastung einer mittellangen Strecke im Frachtbereich einen Wert unter 70 % annimmt.[30]

Als Schlussfolgerung aus diesen unterschiedlichen Vergleichsmöglichkeiten ergeben sich aber trotzdem keine vollständig befriedigenden Rückschlüsse auf die Normalauslastung von Fährlinien im Untersuchungsraum. Daher soll auf die Bestimmung einer Normalauslastung verzichtet und die realen Kapazitätsauslastungsgrade der Preisentwicklung direkt gegenübergestellt werden. Damit sind Preisreaktionen unmittelbar den Veränderungen der Kapazitätsauslastung zuzuordnen. Die Bestimmung der Normalauslastung erfolgt ausschließlich mittels Festlegung eines oberen Grenzbereichs. Als (Grenz)Normalauslastung soll die obere Grenze der für die Nachfrager akzeptablen Auslastung bezeichnet werden. Sie wird ausschließlich linienbezogen ermittelt und dient lediglich zur Feststellung, ob auf den betreffenden Linien Nachfrageüberschüsse auftraten. Zur Bestimmung dieser Grenzauslastung dienen in der Realität beobachtete tageszeitliche Schwankungen. Für mittellange Linien wie Travemünde-Trelleborg/Malmö wird darauf aufbauend der Bereich um die 70 % als Normalauslastung definiert, der auch in der Lage ist, Nachfragespitzen abzudecken. Für Travemünde-Göteborg gelten demzufolge höhere (80 %), für Rostock-Trelleborg niedrigere (60 %) Werte als (Grenz)Normalauslastung. Höhere Auslastungen sollten als Kapazitätsengpass gewertet werden. Für die Gesamtrange soll der Bereich von 60 bis 65 % als obere Grenze der Normalauslastung angenommen werden.

Die alternative Nutzung von Eisenbahnstellplatzkapazität auch für straßengebundene Einheiten wird durch die spezielle Gestaltung der Eisenbahndecks mit zwischen den Gleisen verlaufenden Stützen erschwert. Gleichzeitig sind Eisenbahndecks in der Regel nicht durchfahrbar. Da daher die Beladung der Eisenbahndecks mit Lkw oder Trailern mit Schwierigkeiten verbunden ist (Rangieren), ergibt sich die alternative Lkw-Kapazität durch die Berücksichtigung eines Korrekturfaktors in Höhe von 0,8.

Darüber hinaus wurden die zeitlichen Aufkommensschwankungen der Segmente Pkw und Bus berücksichtigt. Damit sollen Fehlinterpretationen bezüglich der Rivalität zwischen Lkw und Pkw um die Stellplätze vermieden werden. Während sich bei einer angenommenen zeitlichen Gleichverteilung des Aufkommens rein rechnerisch eine geringe Blockade von Lkw-Stellflächen durch Passagierfahrzeuge ergibt, ist dies durch die starken Aufkommensschwankungen in der Realität ein nicht zu unterschätzender Faktor. Daher wurde der Kapazitätsverbrauch der Pkw/Caravans mit dem Faktor 1,4 sowie der der Busse mit dem Faktor 1,2 erweitert. Der Korrekturfaktor für Pkw soll gleichzeitig deren bessere Staueigenschaften in der

---

[28] Holthof, Philipe (1998), S. 48.
[29] Monopolies and Mergers Commission (1989), S. 31.
[30] Vgl. Hader, Arnulf (1996), S. 6.

Breite sowie im Kurvenbereich gegenüber Lkw abdecken. Caravans und Busse nutzen dagegen in jedem Fall die Frachtdecks und damit das gleiche Kapazitätsangebot wie die Lkw.

Tab. 79: Arbeitsschritte zur Bestimmung der Frachtkapazitätsauslastung pro Linie

Nr.	Operation	Bemerkungen	Dimension
1	Bestimmung der Gesamtnachfrage	für alle stellplatzverbrauchenden Nachfragesegmente	$lm/Jahr^{-1}$
2	Bestimmung der Gesamtkapazität	Gesamtstellfläche der Linie	$lm/Jahr^{-1}$
3	Abzug der ausschließlich für Pkw nutzbaren Kapazität	Bewertung des Pkw-Decks durch Abzug der Stellplatzlänge sowie der Hängedecks (zeitweise wirksam) über einen Korrekturfaktor	$lm/Jahr^{-1}$
4	Abzug der für Pkw, Busse sowie Eisenbahneinheiten benötigten Kapazität	dabei zusätzliche Berücksichtigung der Aufkommensschwankungen; Korrekturfaktoren für Pkw und Caravan 1,4; für Bus 1,2; entlastend wirkt weiterhin der unterschiedliche Kapazitätsverbrauch durch die geringere Breite von Pkw (0,85)	
5	Bestimmung des Caravan-Anteils	höherer Stellplatzverbrauch, können nicht auf separatem Pkw-Deck gestaut werden	
6	Bestimmung der für die Lkw/Trailer verbleibenden Kapazität	Berücksichtigung von Stauplatzverlusten in Abhängigkeit von der Abfahrtsfrequenz: Travemünde-Trelleborg/Malmö 5 %, Rostock-Trelleborg und Swinemünde-Ystad 10 %, Saßnitz-Trelleborg 20 %	
7	Berücksichtigung der eingeschränkten Nutzungsfähigkeit des Eisenbahndecks für Lkw/Trailer	Korrekturfaktor 0,8 bei Rostock/Saßnitz-Trelleborg; bei Malmö-Travemünde fehlten die genauen Angaben	

Für den Caravananteil waren nur für einige Linien genaue Angaben vorhanden. Der Anteil an der gesamten Pkw-Menge wurde folgendermaßen über die Linien angenommen:

Travemünde-Trelleborg	Kiel-Göteborg	Rostock-Trelleborg	Swinemünde-Ystad/Malmö	Saßnitz-Trelleborg	Travemünde-Malmö
8 %	4 %	6 %	4 %	6 %	4 %

Die Aufteilung der Passagierfahrzeuge zwischen *Kombicarriern* und Schnellfähre lag, wie für die Linie Rostock-Trelleborg (TT), entweder vor oder wurde für Swinemünde-Malmö (PZB) auf 30 zu 70 geschätzt.

Berücksichtigt wurden ebenfalls Kapazitätsminderungen in Abhängigkeit von der Abfahrtsfrequenz. Grund dafür ist die nicht optimale Stauung, weil Zeitrestriktionen (kurze Hafenliegezeit) eine optimale Positionierung der Fahrzeuge behindern. Gegenüber der theoretischen Kapazität wird für die Route Travemünde-Südschweden ein Stauplatzverlust von 5 %, für die Linie Rostock-Trelleborg sowie die Linien ab Swinemünde von 10 % sowie ab Saßnitz von 20 % einkalkuliert. Die Linien Kiel/Travemünde-Göteborg sind auf Grund ausreichender Hafenliegezeiten von keinen Stauplatzverlusten betroffen.

Tab. 80: Kapazitätsverbrauch der einzelnen Nachfragesegmente

Segment	Länge	genutzte Kapazität	Bemerkungen
Lastzug	bis 18,75 m	19,15 m	
Sattelzug	16,5 m	17 m	
Kapazitätsverbrauch einer begleiteten Einheit durchschnittlich 18 m			
Semitrailer	13,6 m	14 m	
Pkw	5 m	5,50 m	pauschale Berücksichtigung des Anteils von Pkw + Anhänger
Caravan	7,5 m	8 m	
Bus	12 m	12,5 m	
Güterwaggon	19,5 m	19,5 m	Puffer zu Puffer
Reisezugwaggon	16,8 m	16,8 m	Puffer zu Puffer

Weitere Probleme sind unterschiedliche Angaben über die Kapazität der Schiffe. So verfügt die „TT-Traveller" in einigen Quellen über 1.700, in anderen über 1.300 bis 1.400 lm. 1.700 lm ergeben sich bei Berücksichtigung der Stellplatzfläche im „Schiffskeller", d.h. des Raumes unterhalb des Hauptdecks, wobei nicht sicher gesagt werden kann, ob diese Kapazität als Folge kurzer Hafenliegezeiten auch immer nutzbar war. Weiterhin schwanken die Kapazitätsangaben für die „Malmö Link" sowie die „Lübeck Link". Für beide Schiffe wurde nach Befragung von Fachleuten eine für Straßenfahrzeuge verfügbare Stellplatzlänge von 2.700 lm angenommen. In diese Stellplatzlänge ist der Korrekturfaktor bei Nutzung der Gleisfläche als Trailerkapazität gewissermaßen schon zur Anwendung gekommen. Da das Eisenbahnaufkommen bei Nordö eine untergeordnete Rolle spielt, ist daraus ein nur geringer Einfluss auf die Kapazitätsbestimmung abzuleiten. Für die Mehrzahl der Schiffe bestand dagegen durch die Nutzbarkeit von offiziellen Reedereiangaben und zusätzlichen Angaben aus Schiffsdatenbanken eine relativ gesicherte Datenbasis. Problematisch war ebenfalls die Aufteilung der gemeldeten Abfahrten auf die einzelnen Schiffe. Die Probleme konnten durch Auswertung der veröffentlichten Abfahrtspläne sowie Meldungen der Fachpresse über Werftaufenthalte, Schiffseinsatzzeiten u.ä. teilweise gelöst werden. Trotzdem ist keine hundertprozentige Übereinstimmung von Indikator und Realität erreichbar. Unsicherheiten betreffen die Kapazitätspolitik von TT-Line in der Übergangszeit 1993 bis 1995 (genaue Einsatzzeit der gecharterten Einheiten) bis zur Indienststellung der neuen *Kombicarrier*. Für die polnischen Fährlinien ist durch eine ausgesprochen flexible Kapazitätspolitik von PZB mit ständigen Schiffswechseln von einer größeren Abweichung des Indikators von der Realität auszugehen.

Datenlage bezüglich der Preisveränderung

Untersuchungen zu den Preisbildungsprozessen im Fähr- und Ro/Ro-Verkehr sind mit starken Unsicherheiten verbunden, da der Zugänglichkeit von genauen Daten als Folge der vertraulichen Behandlung der Preispolitik durch die Marktakteure Grenzen gesetzt sind. Als Hilfsindikator für die Preisentwicklung stehen die Preislisten der Fährreeder zum Transport von Lkw, Trailern usw. zwischen Deutschland und Schweden zur Verfügung. Die Listenpreise weichen aber durch die Gewährung von Sonderkonditionen wie Volumenrabatte vorrangig für Großkunden erheblich von den real gezahlten Preisen ab.[31]

Daher wurde von einer Nutzung dieser Datenquelle abgesehen und ein Indikator mit Hilfe von Befragungen ausgewiesener Marktkenner konstruiert, der auf Basis der Entwicklung der Durchschnittspreise über alle Nachfrager die real zu zahlenden Preise widerspiegelt. Der Indikator beinhaltet ebenso Preisänderungen als Folge von Bunkerzuschlägen. Ein nicht befrie-

[31] Vgl. Ojala, Lauri (1995a), S. 16.

digend zu lösendes Problem stellte jedoch die Wechselkursentwicklung dar. Da der Preisindex sich nur auf eine Währung (DM) bezieht, ist nicht sicher, ob die Indexreihe die Ratenentwicklung aller Kunden in gleicher Weise widerspiegelt, da das Ausmaß der Weitergabe von Kursrisiken an die Kunden nicht ausreichend bekannt ist. Damit sind für andere Währungen Abweichungen von der Realität als Folge von Wechselkursschwankungen nicht ganz auszuschließen, zumal der Wechselkurs DM-SEK besonders Mitte der 90er Jahre größeren Schwankungen unterworfen war.

Die Preisentwicklung ist dem Autor zwar in absoluten Zahlen bekannt, soll aber als Marktinternum behandelt und nur als Index dargestellt werden. Ein Frachtratenindex mit dem Basiswert 100 wird als Kennziffer zur Darstellung der relativen Veränderung der Frachtraten gegenüber einem Basiszeitpunkt genutzt. Da die gezahlten Preise ebenso längenabhängig sind, wurde eine durchschnittliche Länge gewählt und aus Vergleichbarkeitsgründen über den Betrachtungszeitraum konstant gehalten. Diese Vorgehensweise ist wissenschaftlich nicht exakt, stellte aber zur Durchführung des Prozessmustertests die einzige Möglichkeit dar. Die genutzten Indikatoren weisen unter Berücksichtigung der aufgeführten Einschränkungen die Qualität eines Hilfsindikators auf.

1.4 Durchführung des Prozessmustertests

Für die Untersuchung des Marktes auf Funktionsfähigkeit des Markträumungsprozesses wurden beispielhaft drei Relationen ausgewählt. Die Untersuchung der Preisentwicklung beschränkt sich auf die Relationen Travemünde-Südschweden, Rostock-Trelleborg sowie Travemünde-Göteborg als wichtigste Relationen der Range. Auf diesen Linien konnte durch die direkte Verbundenheit des Preises mit der konkreten Kapazitätsauslastung der Linie der Markträumungsprozess am besten beobachtet werden. Diese Vorgehensweise war notwendig, da die Preisentwicklung ebenso wie die Entwicklung der Kapazitätsauslastung auf der Gesamtrange nicht darstellbar ist. Ein Zusammenhang zwischen Kapazitätsauslastung und Preisentwicklung ist allein linienbezogen aussagefähig. Durch die Preisverbundenheit zwischen den einzelnen Routen ist eine Übertragung der Auswertungsergebnisse auf den Gesamtmarkt aber ohne weiteres möglich.

Als Erstes wird für die Linien Travemünde-Südschweden und Rostock-Trelleborg ausschließlich die nominale Preisentwicklung der Kapazitätsauslastung gegenübergestellt:

Abb. 23: Entwicklung von Preisen und Kapazitätsauslastung auf der Relation Travemünde-Südschweden 1990-1999

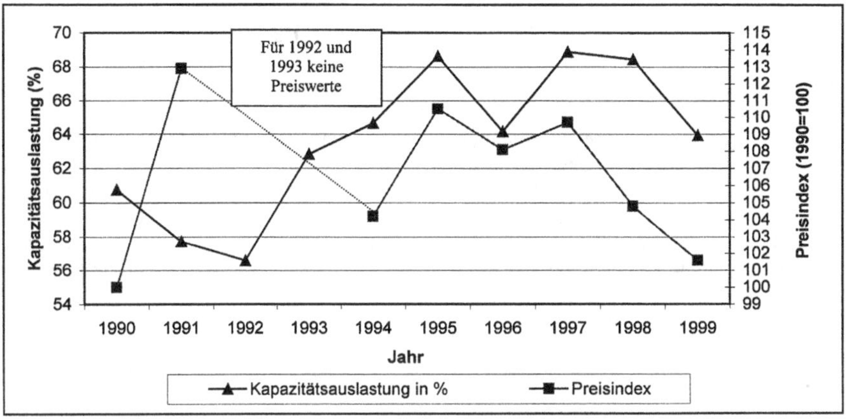

Abb. 24: Entwicklung von Preisen und Kapazitätsauslastung auf der Relation Rostock-Trelleborg 1992-1999

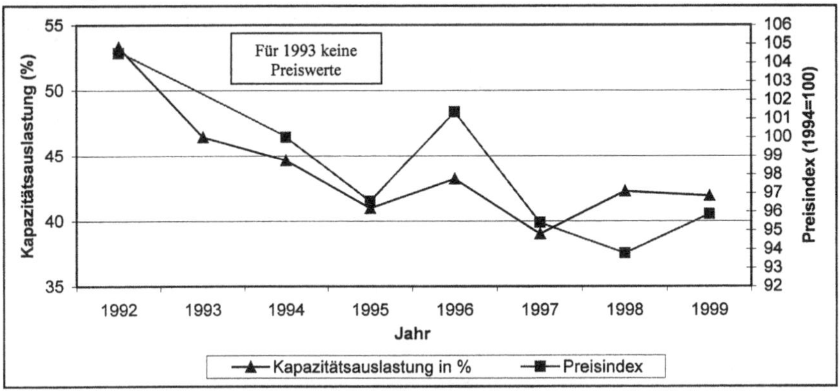

Für eine ausschließliche Darstellung der nominalen Preisentwicklung mag sprechen, dass allein die Veränderungsrichtung sowie der Trend entscheidend für die Beurteilung des Prozessverlaufs sind. Die Konstruktion eines geeigneten Deflators zur Darstellung der realen Preisveränderung ist mit großen Schwierigkeiten verbunden, da die Kostenentwicklung der Reeder nicht vollständig nachvollziehbar ist. Zudem ist eine Weitergabe der Kostenentwicklung, positiv oder negativ, an die Kunden nicht sicher.

Da aber für die Analyse des Markträumungsprozesses die Störungen entscheidend sind, die nicht auf den Kostenentwicklungen der Reeder beruhen und zudem die Preisentwicklung z.B. die Bunkerzuschläge bereits beinhaltet, wird in einer ergänzenden Analyse auch der Vergleich der Realpreisentwicklung mit der Kapazitätsauslastung dargestellt. Es sollte ein Preisindex konstruiert werden, der die Inflationsentwicklung im betrachteten Untersuchungsbereich möglichst genau widerspiegelt.[32]

Vorhandene Indizes wie die Entwicklung der Lebenshaltungskosten üben nur einen geringen Einfluss auf die Kosten der Reeder aus. Im Gegensatz zu den gebräuchlichen Inflationsraten erscheinen daher die für die Reeder stark kostenbestimmende Faktoren wie die Entwicklung der Bunkerpreise, der Hafen-, Schiffbau- sowie Charterkosten als geeignete Deflatoren für die Korrektur der nominalen Preisveränderung. Da einzig die Bunkerpreisentwicklung (IFO 180) sowie die Entwicklung der Schiffbaukosten (pro lm)[33] für den gesamten Untersuchungszeitraum zwischen 1990 und 1999 zur Verfügung standen, konnte ausschließlich auf Basis dieser beiden Komponenten ein Deflator entwickelt werden. Dabei wurde die Kostenentwicklung mit Hilfe einer Trendkurve nachvollzogen. Damit ist der Deflator zwar unvollständig, erweist sich aber als gebrauchsfähiger als eine ausschließliche Berücksichtigung von Inflationsraten.

Auch bezüglich der Preisreaktionen als Folge von Qualitätsveränderungen ist insgesamt von einer unbefriedigenden Datenlage auszugehen. Zudem waren im Verlauf der 90er Jahre relativ konstante Abfahrtsfrequenzen sowie Überfahrtzeiten auf den einzelnen Linien zu beobachten. Einflüsse der Qualitätsentwicklung auf den Preis konnten daher keine Berücksichtigung finden.

Abb. 25: Entwicklung von realen Preisen und Kapazitätsauslastung auf der Relation Travemünde-Südschweden 1990-1999

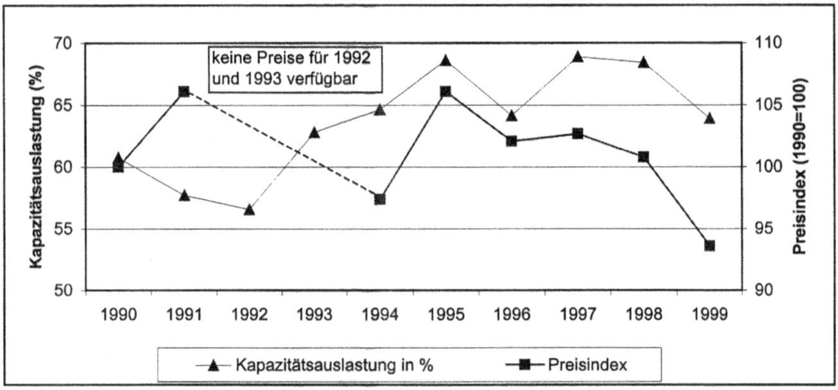

Auf dem bedeutendsten Teilmarkt der Gesamtrange, der Relation zwischen Travemünde und Südschweden, war eine uneinheitliche Entwicklung zu beobachten: Eine leicht fallende Durchschnittsauslastung zu Beginn der 90er Jahre war mit Ratenanhebungen verbunden. Mögliche Erklärungsansätze dafür sind verspätet erfolgte Anpassungen der Preise auf steigende Auslastungen der Vorjahre oder die Ende 1990/Anfang 1991 stark gestiegenen Bunkerpreise, die über Zuschläge an die Kunden weitergegeben wurden. Es folgte eine starke Ratenkorrektur und damit eine Anpassung an die Nachfrageverhältnisse. Zwischen 1992 und 1995 stieg die Durchschnittsauslastung als Folge der Kapazitätsreduktion bei TT-Line sowie einer steigenden Nachfrage wieder an. Diese Phase war begleitet von einer Ratenerholung. Ab 1995 gaben die Preise, verursacht durch den Kapazitätssprung im Herbst 1995 (Indienststel-

[32] Munsberg, Hendrik (1994), S. 157.
[33] Cruise & Ferry ShipPax Statistics 2000.

lung der TT-*Kombicarrier*), wieder nach. 1997 konnten auf Grund des Nachfragewachstums die Frachtraten erneut leicht angehoben werden, um nach einer Ausweitung der Kapazitäten als Folge des Markteintritts von Scandlines AB sowie der Einführung eines dritten Schiffes bei Nordö wieder stark abzusinken.

Abb. 26: Entwicklung von realen Preisen und Kapazitätsauslastung auf der Relation Rostock-Trelleborg 1992-1999

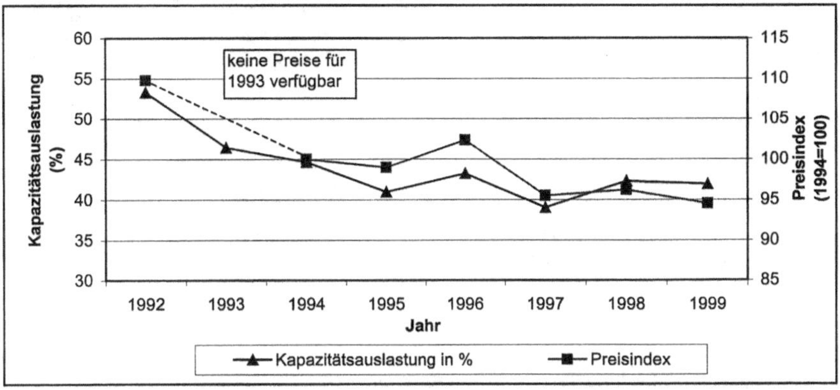

Zwischen Rostock und Trelleborg weist die Preisentwicklung bei tendenziell zurückgehender Kapazitätsauslastung einen leicht fallenden Verlauf auf. Insbesondere als Folge des Markteintritts von Hansa-Ferry 1994 und der schrittweisen Erhöhung der Frachtkapazitäten beider Wettbewerber wurden trotz rasant steigender Mengen fallende Kapazitätsauslastungsgrade und Preissenkungen beobachtet. Seit 1998 haben sich die Kapazitätsauslastungsgrade auf einem Niveau von 40 bis 42 % stabilisiert. Die sinkenden Preise bewirkten noch keine wesentliche Verbesserung der Auslastung. Eine Erklärung für die gesunkenen Kapazitätsauslastungsgrade ist die kontinuierliche Kapazitätsausweitung der Reeder im Hinblick auf Zukunftserwartungen (Verlängerung der A 20 bis Rostock bis Ende 2000). Zudem wuchsen viele Speditionen durch die Volumensteigerungen in Rabattstaffeln hinein, die ein Absinken der Durchschnittspreise bewirkten. Da auch auf der Linie Rostock-Trelleborg an den Spitzenabfahrtszeiten schon Vollauslastungen beobachtet werden, erhöht Hansa-Ferry an diesen Tagen die Abfahrtsfrequenz auf vier tägliche Abfahrten, was ebenfalls zur Verringerung der Durchschnittsauslastung beitrug.

Ergänzend soll auch die Linie Travemünde-Göteborg beschrieben werden, obwohl sich die Datenlage problematisch darstellt, da zum einen nur einige auf das Jahr bezogene Preisdaten zur Verfügung standen, zum anderen diese Daten einmal in SEK, ein anderes Mal in DM angegeben waren. Es ist auf dieser Linie von größeren Preisverzerrungen als Folge der Wechselkursproblematik auszugehen. Für schwedische Kunden kann sich die Frachtratenentwicklung also durchaus anders darstellen. Mit der seit 1992 steigenden Auslastung wurden auch die Preise angehoben. Der Einsatz einer dritten Fähre sorgte dann für einen rapiden Rückgang der Auslastung, aber nur für leicht sinkende Preise. Eine Erklärung dafür könnte die Schwäche der schwedischen Krone zu dieser Zeit sein. Die höheren Kapazitätsauslastungsgrade als Folge des Abzugs der dritten Fähre führten zu wieder steigenden Preisen.

Abb. 27: Entwicklung von Preisen und Kapazitätsauslastung auf der Relation Travemünde-Göteborg 1990-1999

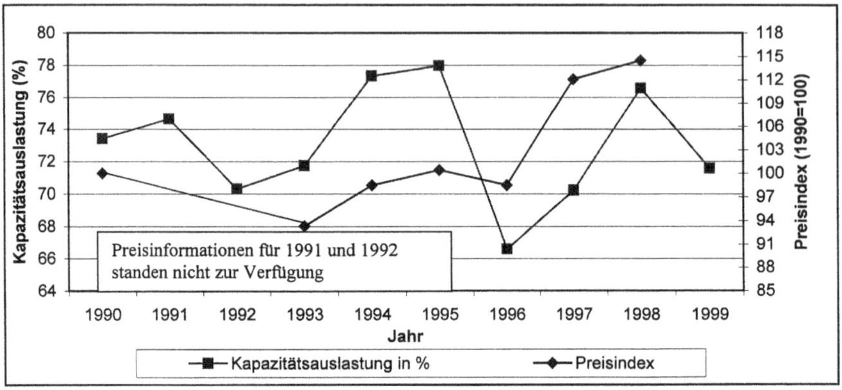

Eine Gegenüberstellung der Zeitreihen für die Entwicklung der Auslastungsgrade sowie des jeweiligen Preisindex zeigt für alle drei Beispielrelationen einen befriedigenden Verlauf des Markträumungsprozesses. Das Prozessmuster deutet unter Verwendung der gewählten Indikatoren Kapazitätsauslastung sowie Frachtratenentwicklung auf einen funktionierenden Markträumungsprozess hin. Es traten durch ein ausreichendes Kapazitätswachstum offensichtlich keine Kapazitätsengpässe auf. Die obere Grenze der Normalauslastung wurde auf keiner Linie überschritten. Darüber hinaus erfolgten eindeutige Reaktionen des Preises auf Veränderungen der Kapazitätsauslastung. Der Preis war jederzeit in der Lage, eine Bewegung in Richtung Gleichgewicht auszulösen. Sinkende Kapazitätsauslastungsgrade sind mit Preisrückgängen verbunden, während eine sinkende Kapazitätsverfügbarkeit Preissteigerungen auslöste. Eine gewisse Ausnahme bildete die Preisentwicklung 1990/1991 auf der Relation Travemünde-Südschweden, als sowohl TT-Line als auch Nordö trotz sinkender Kapazitätsauslastungen die Preise anhoben. Der Preisanstieg von 1990 auf 1991 ergab sich wahrscheinlich durch die weitergereichten Kostensteigerungen der Reeder auf Grund des starken Anstiegs der Bunkerpreise Ende 1990/Anfang 1991. Insgesamt ist aber erkennbar, dass mit Preissenkungen eine Erhöhung der Auslastung nur in gewissem Umfange bewirkt werden konnte.

Untersucht werden soll als zusätzlicher Indikator die Entwicklung der relativen Nachfrageänderungen im Vergleich zur Entwicklung der relativen Kapazitätsveränderungen. Während die Nachfrage nach Lkw- und Trailerverschiffungen zwischen 1990 und 1999 auf den direkten Linien um 65,7 % (auf Grundlage der Anzahl beförderter Einheiten) anwuchs, wurde im gleichen Zeitraum die frachtrelevante Kapazität nur um 43,6 % (in lm) erhöht. Dies deutet auf eine Bewegung in Richtung Angebotsverknappung und damit auf einen tendenziellen Nachfrageüberschuss hin. Eine isolierte Interpretation der Entwicklung kann aber zu Fehlschlüssen verleiten. Im gleichen Zeitraum ging das Aufkommen anderer nachfragelevanter Segmente zurück. So nahm die Nachfrage nach Eisenbahntrajektion zwischen 1990 und 1998 um 23 %, die nach Bustrajektion um 20,5 % sowie die nach Pkw-Trajektion um 7,4 % ab. Dabei wurde im Pkw- und Bussegment ausschließlich die auf die Kombifähren entfallende Nachfrage berücksichtigt; d.h. es fand eine zusätzliche Kapazitätsentlastung durch den Einsatz von Schnellfähren statt. Da sich alle Segmente im Wettbewerb um die Stellfläche befinden, stand für den Lkw-Verkehr anteilsmäßig mehr Kapazität zur Verfügung. Zudem ist zu beachten, dass die Verringerung der Abfahrtsfrequenz auf der Strecke Saßnitz-Trelleborg und die Verlegung der

Frachtfähren nach Rostock rein rechnerisch einen deutlichen Rückgang der dynamischen Kapazität des Gesamtmarktes zur Folge hatte. Da die Linie durch die unzureichende Straßenanbindung für den Lkw-Verkehr aber eine geringe Rolle spielt, konnte der Rückgang des Kapazitätsangebotes als relativ unerheblich gegenüber der Nachfrage eingestuft werden. Auf den drei als Beispielrelationen gewählten Routen wurden anhand der Kapazitätsauslastungsgrade etwa ausgeglichene Angebot-Nachfrage-Verhältnisse und keine Kapazitätsverknappung beobachtet. Zur Untermauerung dieser Aussagen wurde die Auslastungsentwicklung der frachtrelevanten Stellplatzfläche für die Gesamtrange dargestellt. Unter Berücksichtigung der Unterschiede zwischen Kurz-, Lang- und Mittelstrecken soll der Bereich von 60 bis 65 % als obere Grenze der kapazitiven Verfügbarkeit gelten.

Abb. 28: Entwicklung der frachtrelevanten Kapazitätsauslastung der Travemünde-Saßnitz-Range 1990-1998

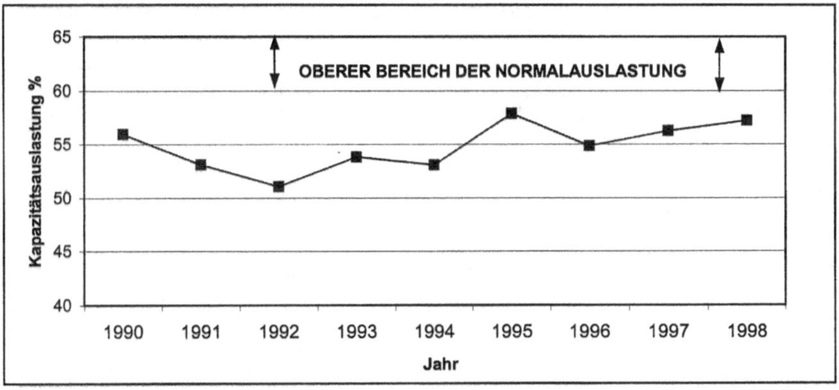

Bei der Berechnung der Auslastung für die Gesamtrange wurden nur die Linien der Travemünde-Saßnitz-Range berücksichtigt. Der Grund dafür liegt in der unbefriedigenden Datenverfügbarkeit für die Linien Kiel-Göteborg sowie Swinemünde-Ystad/Malmö. Dies betraf z.B. die bei Stena Line (Kiel-Göteborg) übliche flexible Kapazitätsaufteilung zwischen Passagier- und Frachtsegment und die für die Fährlinien ab Swinemünde nicht lösbare Zuordnung der Abfahrten auf die einzelnen Schiffe. Die „Stena Germanica" sowie „Stena Scandinavica" sind durch ausfahrbare Hängedecks, die insbesondere im Sommer, an Wochenenden sowie an Feiertagen Anwendung finden, sehr flexibel in ihrer Kapazitätsbereitstellung. Damit wird die Bestimmung der verfügbaren Frachtkapazität wesentlich erschwert. Für die Berechnung dieser Kennziffer wurden daher ausschließlich die Linien Travemünde-Göteborg, Travemünde-Malmö, Travemünde-Trelleborg, Rostock-Trelleborg sowie Saßnitz-Trelleborg herangezogen, für die eine akzeptable Datenverfügbarkeit gegeben war.

Es kann von einer in etwa übereinstimmenden Wachstumsrate von Kapazität und Nachfrage ausgegangen werden. Der leichte Anstieg der durchschnittlichen Auslastung ist hauptsächlich auf den Saßnitz-Effekt zurückzuführen. Die Kapazitätsauslastungsgrade bewegten sich ständig unterhalb der definierten Normalauslastung. Schlussfolgernd daraus sind leichte Angebotsüberhänge zu vermuten, die im Zeitablauf etwas abgebaut wurden. Im Folgenden soll diskutiert werden, ob dieses Ergebnis mit Hilfe der Wirtschaftstheorie plausibel erklärbar und ob unter Umständen eine Niveauverzerrung feststellbar ist.

1.5 Plausibilitätstest

Ausgangspunkt der Plausibilitätsüberlegungen ist die Stabilitätsbedingung:

$-2 < ab < 0.$

In diesem Normalfall erfolgt nach Abweichungen vom Gleichgewichtszustand durch wechselseitige Preis- und Mengenvariationen eine Bewegung zurück in Richtung Gleichgewicht. Abweichungen von der Stabilitätsbedingung können sich ergeben, wenn die Absolutwerte von a bzw. b sehr klein oder groß ausfallen bzw. einer der beiden Parameter über ein „falsches" Vorzeichen verfügt. Denkbar ist letzterer Fall bei einer plötzlichen Überreaktion des Preises durch gleichzeitige Aktionen aller Anbieter, ohne dass die Nachfrage darauf reagieren kann. Der Fall, dass Anbieter und/oder Nachfrager zu stark auf Preisvariationen reagieren und es dadurch zu starken Schwingungen kommt, ist auf Fährmärkten wenig wahrscheinlich.

Abschätzung des Parameters a: Nimmt der Parameter a den Wert Null an, signalisiert das die Unmöglichkeit einer Preisreaktion; d.h. der Preis reagiert nicht auf Änderungen der Angebot-Nachfrage-Verhältnisse. Theoretische Erklärungsmuster dafür sind z.B. Preisfixierungen durch bestehende Monopole oder Kartelle bzw. durch den Staat festgesetzte Preise. Wie im Prozessmustertest gezeigt, hat die Ratenentwicklung auf die Kapazitätsauslastungsgrade als Maß für das Angebot-Nachfrage-Verhältnis flexibel reagiert. Damit kann der Fall a = 0 ausgeschlossen werden.

Abschätzung des Parameters b: Der Wert Null für den Parameter b deutet auf eine starre Über- oder Unternachfrage hin, d.h. die Nachfrage reagiert nicht auf Änderungen des Preises. Der Fall b = 0 ist theoretisch nicht völlig auszuschließen, da die Höhe der Fährfracht nur einen geringen Anteil an den nachfragebestimmenden Gesamtkosten der Produktion, des Transports sowie Vertriebs aufweist. Auf der Nachfragerseite ist daher kurz- und mittelfristig nur von einer geringen Preiselastizität in Bezug auf die Höhe der Fährfracht auszugehen. Im Prozessmustertest war zu beobachten, dass Preissenkungen nicht immer eine sofortige Erhöhung der Auslastung bewirken konnten. Eine Erklärung findet dies im eingeschränkten Einfluss der Frachtraten auf die Höhe der Gesamtnachfrage. Da die Nachfrage nach Trajektionsleistungen eine mehrfach abgeleitete Nachfrage ist, können Preisreaktionen der Reeder allein nur in geringem Umfange neue Nachfrage generieren bzw. einen Nachfragerückgang bewirken. Der Wert des Parameters b kann auf Grundlage der Theorie damit durchaus in die Nähe des kritischen Bereichs geraten. Der Prozessmusterverlauf unterstreicht aber die Möglichkeit, durch Preisreaktionen eine Bewegung in Richtung Gleichgewicht auszulösen, indem die Preispolitik die Verteilung der Gesamtnachfrage zwischen den konkurrierenden Linien bestimmt.

Als Ergebnis der theoretischen Analyse erscheint der Verlauf des Prozessmustertests für den Markträumungsprozess plausibel. Das Prozessmuster auf dem Beispielmarkt spricht für einen zum Gleichgewicht tendierenden, aber teilweise auch träge bzw. zeitlich leicht versetzt ablaufenden Markträumungsprozess. Uneingeschränkt flexibel sind die Reaktionsmöglichkeiten der Reeder aus naheliegenden Gründen nicht. Die Kapazitätswachstumsraten sowie die realisierten -auslastungsgrade schwankten als Ausdruck der sprunghaften Kapazitätsreaktionen relativ stark. Die Größe der einzelnen Kapazitätseinheit bedingt, dass bei Indienststellung neuer Schiffe die Auslastungsgrade stark sinken, weil die Nachfrage nicht in gleichem Maße steigen kann. Eine weitere Ursache sind die auf Jahresbasis ausgehandelten Preise zwischen Reeder und Spediteur, die auch auf der Preisseite eine völlig flexible Reaktion der Reeder verhindern. Unter diesen Umständen ist zwar eine verzögerte oder übergroße Kapazitätsreaktion, aber gleichzeitig auch ein insgesamt zum Gleichgewicht tendierender Markträumungsprozess mit der ökonomischen Theorie kompatibel. Anreiz- oder Fähigkeitsmängel, die eine dauerhafte Störung des Markträumungsprozesses erwarten lassen, sind nicht erkennbar. Gleichzeitig ist davon auszugehen, dass sich die Parameter a und, wenn auch mit Einschränkungen, b wertemäßig in unkritischen Bereichen bewegen.[34]

1.6 Untersuchung auf Niveaudefekte

Der Niveauverzerrungstest prüft, ob sich der Ausgleich von Angebot und Nachfrage unbeachtet der generellen Tendenz zum Gleichgewicht auf einem unverzerrten Niveau realisiert.

Als positive externe Effekte sind Kapazitätswirkungen des Linienverkehrs denkbar, die aus den Schwankungen des Transportaufkommens bei gleichzeitig konstantem Kapazitätsangebot resultieren. Eine Ausrichtung des Angebots auf die Spitzennachfrage schafft in Zeiten geringer Nachfrage bzw. auf den weniger nachgefragten Abfahrten einen deutlichen Angebotsüberschuss. Dies gilt tageszeitlich ebenso wie wochentäglich und saisonal. Der Einsatz von Seeschiffen in einer Verkehrsrichtung schafft automatisch ein Angebot in der anderen. Ein Transportangebot nach Fahrplan macht zudem die ständige Kapazitätsbereitstellung adäquat zum zeitlichen und mengenmäßigen Nachfrageanfall unmöglich. Das bedeutet, die in den beiden Verkehrsrichtungen wirksamen Nachfragespitzen fallen nicht nacheinander, sondern entweder sich zeitlich überlagernd oder stark versetzt an.

Eine weitere Niveauverzerrungsursache, die zu einer Quersubventionierung zwischen den Segmenten führte, war die Möglichkeit der Reeder, verbrauchs- und umsatzsteuerbefreite Ware auf den Schiffen zu verkaufen. Es ist zu vermuten, dass als Folge von Quersubventionierung die Frachtraten durch die Einnahmen des *duty-free*-Verkaufs zu niedrig ausfielen. Der Wegfall dieser Einnahmemöglichkeit hat zu einer Korrektur dieser Verzerrung geführt, so dass die Frachtratenerhöhungen 1999/2000 zum Teil auf diesen Fakt zurückzuführen sind. Mittlerweile bedeuten fehlende Steuerharmonisierungen und dadurch ständig wechselnde Preise in Abhängigkeit vom Standort sowie der Abfahrtsrichtung der Schiffe und darüber hinaus der sich aus den Steuervorschriften ergebende administrative Aufwand beim Verkauf an Bord eine klare Benachteiligung der Reeder als mobile Händler gegenüber der stationären Konkurrenz an Land.

Schiffbausubventionen sowie besondere, auf private Anleger (die auf Steuerersparnisse, dagegen weniger auf Rendite orientiert sind) ausgerichtete Finanzierungsmodelle könnten zu einem verstärkten Ausbau der Kapazitäten beigetragen haben. Dies würde zwangsläufig einen Angebotsüberschuss unterstützen. Ein wesentlicher Einfluss auf das Gleichgewichtsniveau ist aber nicht erkennbar, da sich die Angebot-Nachfrage-Verhältnisse relativ ausgeglichen darstellen bzw. nur leichte Angebotsüberhänge erkennbar sind. Im Gegensatz zur Containerschifffahrt haben in der Fährschifffahrt spezielle Schiffsfinanzierungsfonds bisher kaum eine Rolle gespielt. Der entscheidende Grund dafür liegt in der flexiblen, weltweiten Einsetzbarkeit der Containerschiffe, die die Finanzierung sowie den Bau allein auf Grund von Vercharterungserwartungen begünstigt. Eine Rolle dabei spielte aber auch der auf dieser Flexibilität beruhende höhere Wiederveräußerungswert gegenüber Spezialschiffen. Auch Ro/Ro-Schiffe bieten privaten Investoren als weltweit einsetzbare Investitionsobjekte eine relativ große Sicherheit. Dies ist bei spezialisierten Fährschiffen nicht der Fall. Auf dem untersuchten Markt werden Fährschiffe zwar von privaten Investoren gehalten, diese wurden aber ursprünglich

[34] Eine ausführliche Darstellung von Störungsursachen des Markträumungsprozesses findet sich bei: Hamker, Jürgen (1998), S. 17-303.

von den Fährreedern finanziert und gebaut, dann an Investorengruppen verkauft und für festgelegte Zeiträume zurückgeleast.

Spürbare Niveaudefekte auf Grund von Staatsversagen konnten damit nicht festgestellt werden. Der Verdacht eines Staatsversagens durch Schiffbausubventionen ließ sich durch das Fehlen eines wesentlichen Angebotsüberhanges nicht ausreichend erhärten. In Deutschland wurden zudem 1999 bereits viele Steuervorteile für Anleger in Schiffsbeteiligungen gestrichen. Schiffsbeteiligungen sind daher in Zukunft ausschließlich aus Renditegesichtspunkten interessant. Allerdings liegen leichtere Verzerrungen auf Grund eines positiven externen Nutzens durch die Ausrichtung der Kapazitäten auf die Spitzennachfrage und damit ein Anzeichen für Marktversagen vor. Eine weitere Niveauverzerrungsursache ist durch die ordnungspolitisch begründbare, durch fehlende Anpassung der Rahmenbedingungen aber verfrühte Abschaffung des *duty-free*-Verkaufs bereits beseitigt worden, wobei in Zukunft durch die Diskriminierung der Reeder bezüglich der Verkaufsbedingungen eine negative Niveauverzerrung erwartet werden kann.

Für die Zukunft ist ebenfalls nicht von einer Aufkommensglättung, die eine Ausrichtung der Kapazitäten auf die Durchschnittsnachfrage erlauben würde, auszugehen. Damit sind weiterhin leichte Angebotsüberhänge zu vermuten.

1.7 Beurteilung des Markträumungsprozesses

Die Beurteilung des Markträumungsprozesses erfolgt über die Analyse des Angebot-Nachfrage-Verhältnisses. Als Idealindikator wurde dabei die Abweichung der in der Realität zu beobachtenden Kapazitätsauslastung von einem als normal definierten Auslastungsgrad identifiziert. Da die Bestimmung einer Normalauslastung mit Schwierigkeiten verbunden war, wurde die Kapazitätsauslastungsentwicklung als Hilfsindikator genutzt und die damit verbundene Preisreaktion beobachtet, was zudem die optische Auswertung erleichterte. Die Definition einer Normalauslastung diente ausschließlich zur Identifizierung etwaig vorhandener Nachfrageüberschüsse.

Aufgabe eines funktionierenden Markträumungsprozesses ist es, Differenzmengen zwischen Angebot und Nachfrage mit Hilfe in entgegengesetzter Richtung wirkender Preisvariationen in befriedigendem Ausmaß und tolerierbarem Zeitraum auszugleichen. Es konnten keine dauerhaften Nachfrage- und nur leichte, im tolerierbaren Bereich liegende Angebotsüberhänge festgestellt werden. Es kann schlussfolgernd konstatiert werden, dass der starke Wettbewerb es den Reedern unmöglich macht, eine Vollauslastung ihrer Kapazität zu erreichen. Eine Überdimensionierung des Angebots ist einerseits notwendig, um im Wettbewerb bestehen zu können, andererseits und insbesondere aber auch, um Schwankungen der Nachfrage auszugleichen.

Es wurde festgestellt, dass die Nachfrage zu jeder Zeit befriedigt werden konnte. Die Nähe der einzelnen Hafenstandorte sowie deren infrastrukturelle Anbindung sorgen für die Möglichkeit, bei zeitweiligen Kapazitätsengpässen einer Linie auf eine andere auszuweichen. Temporär auftretende Kapazitätsengpässe, unterstellt, sie bestünden, führen in jedem Fall dazu, dass eher unzweifelhaft vorhandene Kapazitätsreserven anderer Linien genutzt werden als längere Wartezeiten in Kauf zu nehmen. Es kann davon ausgegangen werden, dass die Kurzstreckenfährlinien mit Transit durch Dänemark jederzeit ausreichend Kapazität anbieten können und die Übernachfrage sich dieser Kapazität bedient. Ähnliches trifft auch auf die Linie Saßnitz-Trelleborg zu. Diese Linien dienen gewissermaßen als Überlauf. Da die Nutzung der Kurzstreckenlinien jedoch auf Grund der Fahrzeitbestimmungen nicht jedem Lkw möglich ist, kann ein Ausweichen mit Zeitverlusten verbunden sein. Da z.B. nichts über abgelehnte Buchungen oder bereits an Spitzentagen automatisch vorgenommene Umroutungen der Spediteure bekannt ist, kann nicht in ausreichender Form beantwortet werden, ob dies eine Behinderung des Verkehrs darstellt. Inwieweit der Rückgang des Frachtaufkommens in den Sommermonaten eine normale Folge des Systems der in Skandinavien üblichen Werksferien oder aber eine Reaktion der Spediteure und Verlader auf ein ungenügendes Frachtkapazitätsangebot darstellt, war ebenfalls nicht ermittelbar. Es kann jedoch unterstellt werden, dass bei einer durchschnittlichen Frachtkapazitätsauslastung der Travemünde-Saßnitz-Range von 55 % keine Engpässe bestehen. Im Vergleich zur Aufnahmefähigkeit der landseitigen Straßeninfrastruktur stellen die Fähren auf keinen Fall ein Kapazitätsproblem dar. Daher ist die Annahme gerechtfertigt, dass im Untersuchungsgebiet keine inakzeptablen Wartezeiten und Kapazitätsprobleme existieren. Es sollte jedoch berücksichtigt werden, dass die Aussage nicht für alle Routen und Linien gleichermaßen gilt. Z.B. liegen auf der Route Travemünde-Südschweden die Auslastungsgrade von Nordö, auch als Folge geringerer Abfahrtsfrequenzen, über denen von TT-Line.

Die Frachtraten sind über den Analysezeitraum hinweg relativ stabil geblieben. Ursache dieser Preisentwicklung sind leichte Überkapazitäten sowie das Ausmaß des Wettbewerbs auf dem relevanten Markt. Daraus ergab sich für die Reeder zur Sicherung ihres Gewinns eine starke Fokussierung auf strikte Kostenkontrolle. Die gestiegenen Kosten wurden nicht durch Ratenerhöhungen aufgefangen, sondern durch Rationalisierungsmaßnahmen sowie durch die Nutzung von Kostendegressionseffekten aus der höheren Verkehrsnachfrage und dem Einsatz größerer Schiffe. Die Konzentration im Speditionsbereich wirkte sich ebenfalls auf die Preisentwicklung aus. Die Volumenzuwächse lassen die großen Speditionen in Rabattstaffeln hineinwachsen, die den Durchschnittspreis entsprechend sinken lassen. Die einzelnen Großkunden haben wachsenden Anteil an den Erlösen der Reeder. Daher lässt der dargestellte Durchschnittspreis auch keine absolut gesicherten Rückschlüsse auf die Preisentwicklung kleinerer Kunden zu.

Die von der schwedischen Fachzeitschrift *Transport & Hantering* jährlich durchgeführten Umfragen in der schwedischen Speditionswirtschaft zur Preisentwicklung stufen das Frachtratenniveau im Wesentlichen als akzeptabel ein. Ausnahmen bilden jedoch einzelne Linien, auf denen monopolähnliche Stellungen zu als inakzeptabel hoch empfundenen Preisen führen. Dies trifft z.B. auf die Strecken Puttgarden-Rødby, Göteborg-Travemünde sowie Göteborg-Gent zu.

Massive Diskussionen löste 1997 beispielsweise die Frachtratenerhöhung von Stena auf den Deutschland-Routen aus, die mit etwa 15 %, bezogen auf den Tarif, angegeben waren. Stena begründete die Ratenerhöhung mit der schlechten Ertragslage beider Linien von Göteborg nach Kiel und Travemünde, die auch den Einsatz eines dritten Schiffes nicht länger zu tragen imstande war. Die Frachtratenerhöhungen konnten die Speditionen wegen des scharfen Wettbewerbs in der Branche kaum an den Verlader weitergeben. Eine Verlagerung der Verkehre zu anderen Reedern war, nach Aussagen der Spediteure, auf Grund des hohen Traileranteils sowie der bevorzugten Lage Göteborgs für einige Aufkommens- und Zielgebiete nur teilweise möglich. Kritisiert wurde vor allem die Ratenerhöhung bei gleichzeitiger Reduzierung der Kapazität. Letztendlich ergab sich daraus nach Angaben der Spediteure eine Ratenerhöhung von real 2 bis 7 %, je nach Volumen oder Verhandlungsgeschick.[35]

---

[35] Vgl. o.V. (1997a): S. 42 ff.

Fazit: *Der auf Basis der gewählten Indikatoren Kapazitätsauslastung sowie Frachtratenveränderung durchgeführte Prozessmustertest attestiert dem Markträumungsprozess einen recht guten Verlauf. Auch die theoretischen Überlegungen sprechen nicht gegen eine Funktionsfähigkeit. Es konnten keine nennenswerten Niveauverzerrungen festgestellt werden. Dies betrifft insbesondere den geringen Einfluss von Staatsversagen. Dagegen stellt sich als Folge von Marktversagen (positiver externer Effekt) das Gleichgewicht leicht niveauverzerrt ein. Diese Niveauverzerrung kann jedoch nicht als spürbare Beeinträchtigung der Marktprozesse gewertet werden. Anreiz- und Fähigkeitsmängel, die zu einer Verletzung der Stabilitätsbedingung führen, sind nicht ersichtlich. Daraus schlussfolgernd ist der Markträumungsprozess als stabil einzustufen. Es bestehen keine Anzeichen dafür, die für eine nennenswerte Beeinträchtigung der Funktionsweise des Markträumungsprozesses sprechen.*

2. Analyse des Renditenormalisierungsprozesses

2.1 Darstellung eines funktionierenden Prozessverlaufs

Die Renditenormalisierung führt auf funktionierenden Märkten durch Veränderungen der Kapazitätswachstumsraten zu einem Abbau dauerhafter Über- oder Unterrenditen,[36] d.h. zu einem Ausgleich (Annäherung) zwischen der auf einem bestimmten Markt erzielten Rendite mit einer gesamtwirtschaftlichen Normalrendite. Branchen mit vergleichsweise hohen Renditen verzeichnen in der Regel einen verstärkten Ausbau der Kapazitäten, da hohe Renditen anziehend auf freies Kapital wirken bzw. etablierte Anbieter an einer Ausschöpfung der Gewinnmöglichkeiten interessiert sind.

Die Kapazitätswachstumsrate wird zum einen durch Investitionsentscheidungen der etablierten Anbieter, aber auch durch Marktein- bzw. -austritte bestimmt. Wettbewerbspolitisch wünschenswert erscheint eine Veränderung der Kapazitätswachstumsrate vorrangig durch Marktein- und -austritte. In der Realität wird sie aber größtenteils durch Kapazitätsveränderungen der alteingesessenen Unternehmen beeinflusst.[37]

Überrenditen sorgen für ein schnelleres Kapazitätswachstum und damit gleichzeitig für sinkende Renditemöglichkeiten. Auf Märkten mit Unterrenditen ist der gegenläufige Prozess zu erwarten,[38] d.h. Unterrenditen führen zu einer Abschwächung der Wachstumsraten oder sogar zu Kapazitätsabbauprozessen. Normalrenditen sollten die Konstanz der bisherigen Wachstumsrate zur Folge haben.

Als Aufgabe der Renditenormalisierungsfunktion kann daher begriffen werden, für eine leistungsgerechte Kapitalverzinsung zu sorgen, wobei die Kapazitäten an die Angebots- und Nachfrageverhältnisse angepasst sein sollten.[39]

---

[36] Borchert, Manfred/Grossekettler, Heinz (1985), S. 195.
[37] Borchert, Manfred/Grossekettler, Heinz (1985), S. 196.
[38] Borchert, Manfred/Grossekettler, Heinz (1985), S. 175.
[39] Borchert, Manfred/Grossekettler, Heinz (1985), S. 195.

Abb. 29: Regelkreisdarstellung des Renditenormalisierungsprozesses

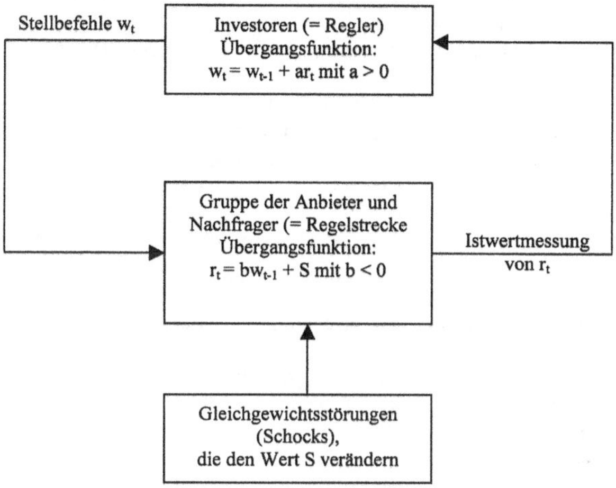

w_t = Wachstumsrate der Produktionskapazität P auf einem Markt im Zeitpunkt t = Stellgröße

ar_t = induzierte Beschleunigung oder Verzögerung des Wachstums

r_t = $r_t^i - r_t^g$ = Renditedifferenz (= Über- oder Unterrendite) = Regelgröße

r_t^i = (risikoberichtigte) Rendite auf dem Markt im Zeitpunkt t

r_t^g = (risikoberichtigte) gesamtwirtschaftliche Rendite im Zeitpunkt t

S = Lageparameter, in dem diejenigen Änderungen von r zum Ausdruck kommen, die nicht durch endogene P-Änderungen bedingt sind

Soll- oder Gleichgewichtswert: $r_t = r_t^i - r_t^g = 0$

Regler: aktuelle und potentielle Investoren

Regelstrecke: Stellen, die über Kapazitäten, Produktionsmengen, Preise und Kosten und damit auch Renditen entscheiden

Quelle: Borchert, Manfred/Grossekettler, Heinz (1985), S. 197

Im angenommenen Ausgangszustand ist die Renditedifferenz r_t gleich Null und entspricht damit dem Sollwert. Die Regelgröße Renditedifferenz ist definiert als die Differenz zwischen der Rendite auf dem Untersuchungsmarkt sowie einer Vergleichsrendite ($r_t = r_t^i - r_t^g$). Im Falle von Produkt- und Verfahrensfortschritten kann sich die Nachfragekurve dauerhaft verschieben und damit das alte Gleichgewicht aufheben. Beispielsweise können auf diesen Faktoren beruhende Preissteigerungen (Qualitätsverbesserungen) oder -minderungen (Kosteneinsparung durch Verfahrensfortschritte) zu einer positiven Überrendite führen.[40]

Die exogen auftretenden Störungen (Veränderung des Lageparameters S) verursachen eine Abweichung der Regelgröße vom Sollwert, die sich aus der Übergangsfunktion der Regelstrecke $r_t = b\, w_{t-1} + S$ mit $b < 0$ ergibt. Die Stellgröße zur Anpassung der Markt- an die Vergleichsrendite ist die Kapazitätswachstumsrate w. Die Rückkopplung über den Regelkreis mit

[40] Borchert, Manfred/Grossekettler, Heinz (1985), S. 196.

der Übergangsfunktion der Regler $w_t = w_{t-1} + ar_t$ mit $a > 0$ sorgt für eine Rückführung der Regelgröße auf den Sollwert. Die Übergangsfunktion besagt, dass die Kapazitätswachstumsrate einer Periode bestimmt wird durch die Wachstumsrate der Vorperiode (w_{t-1}) sowie die durch die Renditedifferenz induzierte Beschleunigung oder Verzögerung des Wachstums (ar_t).

Der Koeffizient a nimmt im Falle einer positiven Abweichung vom Sollwert Werte > 0 an, weil steigende Renditen neue Investitionen und damit ein Wachstum der Kapazitäten auslösen. Dagegen bleibt b im negativen Wertebereich, weil zusätzliche Kapazitäten einen Druck auf den Preis und damit die Rendite auszuüben pflegen. Die neue Rendite findet Berücksichtigung bei zukünftigen Investitionsüberlegungen der Marktteilnehmer.[41] Investitionen und Deinvestitionen bewirken in Abhängigkeit von der Kapitalproduktivität Änderungen des Produktionspotentials.

Ein funktionsfähiger Prozess ist an drei Bedingungen geknüpft:

Richtungsbedingung: *Diese besteht in der richtungsfunktionalen Kapazitätsveränderung,*[42] *d. h. in der gleichgerichteten Bewegung von Rendite und Kapazitätswachstumsrate zur Ausregulierung von Über- bzw. Unterrenditen. Überrenditen werden in der Regel durch Steigerungen der Kapazitätswachstumsrate, Unterrenditen durch abgeschwächte oder negative Wachstumsraten ausgeglichen.*

Effektivitätsbedingung: Die richtungsfunktionalen Kapazitätsveränderungen müssen stark und effektiv genug ausfallen, um Gleichgewichtsstörungen zu beseitigen und die Renditedifferenz wieder auf den Sollwert zurückzuführen, ohne dabei explosive Schwankungen auszulösen. Die Regelgröße Renditedifferenz reagiert auf die Änderung der Kapazitätswachstumsrate. Es existiert ein Wert für die Kapazitätsveränderungsrate, bei dem r den Wert Null annehmen kann.[43]

Die Stabilitätsbedingung $-2 < ab < 0$ *bedeutet, dass Gleichgewichtsstörungen, bei denen das Produkt aus dem Wachstumsreaktionskoeffizienten a und dem Renditereaktionskoeffizienten b im angegebenen Wertebereich liegt, durch die Selbstregulierungskräfte des Marktes ausreguliert werden können.*[44]

---

[41] Lemper, Burkhard (1996), S. 51.
[42] Vgl. Borchert, Manfred/Grossekettler, Heinz (1985), S. 202.
[43] Borchert, Manfred/Grossekettler, Heinz (1985), S. 202.
[44] Borchert, Manfred/Grossekettler, Heinz (1985), S. 202; Vgl. Geuther, Ralph (1990), S. 116; Lemper, Burkhard (1996), S. 51.

Abb. 30: Verlauf eines funktionierenden Renditenormalisierungsprozesses

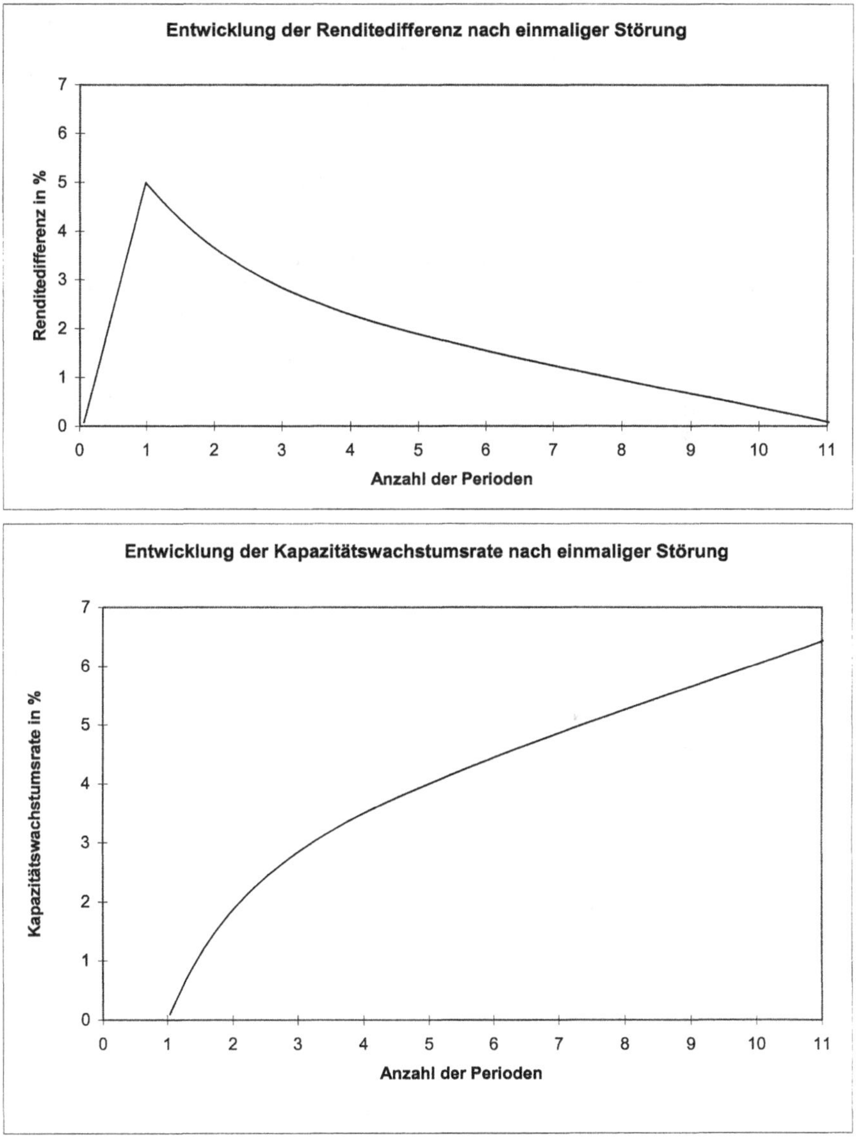

Quelle: Borchert, Manfred/Grossekettler, Heinz (1985), S. 204; ähnlich auch Lemper, Burkhard (1996), S. 183

2.2 Operationalisierung der Messgrößen zur Prozessanalyse

Ein funktionierender Prozessverlauf zeigt den langfristigen Renditeausgleich zwischen Untersuchungs- und einem als ideal eingestuften Vergleichsmarkt. Für die Untersuchung des Prozesses sind folgende Begriffe zu operationalisieren: die Renditedifferenz, die Kapazitätsveränderungsrate sowie der Zeitraum, in dem Abweichungen der Renditedifferenz vom Sollwert Null als tolerierbar zu betrachten sind.[45]

Operationalisierung der Messgröße Renditedifferenz sowie Benennung der Ideal- bzw. Hilfsindikatoren

Rendite- bzw. Rentabilitätskennziffern ergeben sich aus dem Verhältnis einer Erfolgs- (Kapitalgewinn, Jahresüberschuss) zu einer Vergleichsgröße, die entweder eine Stromgröße wie den Umsatz oder aber eine Bestandsgröße wie das Eigen- bzw. Gesamtkapital beinhaltet.

Bei der weiteren Diskussion soll sich ausschließlich auf die Bildung von Kapitalrenditen konzentriert werden. Der Nutzung einer Kapitalgröße ist vor dem Hintergrund, dass die Marktfunktion des Renditenormalisierungsprozesses auf dem Zusammenhang zwischen Rendite und Kapazitätswachstum (Sachkapitalwachstum) beruht, der Vorzug vor dem Umsatz zu geben.[46] Die Rentabilität des eingesetzten Kapitals ergibt sich aus dem Verhältnis einer Erfolgsgröße zum eingesetzten Kapital. Sie zeigt an, in welcher Höhe sich das eingesetzte Kapital einer Periode verzinst hat.

Die Branchenrendite, bezogen auf den Güterfährverkehr, soll das durchschnittliche Verhältnis des auf dem Markt zu erzielenden Gewinns einer Periode zum dafür eingesetzten Kapital darstellen. Notwendig dafür ist die genaue sachliche, zeitliche und räumliche Zuordnung des zur Erstellung eines Produktes betriebsnotwendigen Kapitals sowie des damit erzielten Gewinns. Die Controllingsysteme sind aber nicht immer derart geordnet, dass sich betriebswirtschaftliche Kennziffern sachlich, zeitlich und örtlich mit dem Untersuchungsmarkt in Übereinstimmung befinden. In der Fährschifffahrt ist, soweit sie verschiedene Nachfragesegmente kombiniert bedient, eine genaue Zuordnung der Kapital- und Betriebskosten, aber auch der Erträge kaum möglich. Mit einem Transportvorgang werden Transportprodukte für verschiedene Nachfragesegmente erstellt. Eine Trennung des segmentspezifischen Gewinns, aber auch des eingesetzten Kapitals zwischen Fracht- und Passagiertransport ist daher kaum möglich. Zur Entscheidung über einen Markteintritt würde ein potentieller Wettbewerber aber in jedem Fall die Gewinnpotentiale sowie die erforderlichen Aufwendungen untersuchen, die sich aus der Bedienung aller für ihn relevanten Nachfragesegmente ergeben. Verfälschend wirken sich allerdings insbesondere die Erträge aus dem zollfreien Verkauf aus.

Es verbleibt weiterhin die Problematik der geographischen Diversifikation der Fährreeder, da diese nicht nur auf dem untersuchten, sondern auch auf weiteren Märkten geschäftlich aktiv sein können. Gewinne und Verluste entstehen zudem nicht ausschließlich aus dem operativen Geschäft, sondern können z.B. auch aus Verkäufen von Anlagevermögen resultieren. Eine Renditeverzerrung kann sich aus Bewertungsspielräumen bei der bilanziellen Gewinnermittlung oder der periodengerechten Zuordnung von Aufwendungen und Erträgen ergeben. Die periodengerechte Bilanzierung von Forschungs- und Entwicklungsaufwendungen bzw. getätigten Aufwendungen für Werbung und Marketing seien als Verzerrungsursachen aufgeführt. Das letztgenannte Problem verringert sich bei der Betrachtung eines längeren Zeitraumes.

[45] Borchert, Manfred/Grossekettler, Heinz (1985), S. 203.
[46] Vgl. Lemper, Burkhard (1996), S. 185.

Andererseits werden durch die gezielte Nutzung bilanzpolitischer Spielräume Renditeschwankungen im Zeitablauf weitestgehend ausgeglichen.

Unter der Voraussetzung, dass alle genannten Zuordnungsprobleme zufriedenstellend gelöst werden können, ist eine sich aus dem Verhältnis von Betriebsgewinn und betriebsnotwendigem Kapital (jeweils Durchschnitt der Branche und allein bezogen auf den Frachtverkehr; d.h. der Quotient aus dem dem konkreten Markt sowie Segment zuzuordnenden Gewinn und dem dafür eingesetzten Kapital) ergebende Rendite als Indikator mit dem höchsten Gültigkeitsgrad zu bezeichnen. Da Investoren Renditen nach ihren realen Erträgen beurteilen, ist die Renditekennziffer bevorzugt nach Abzug der Steuer zu bilden.

Wenn für die Anlageentscheidung eines einzelnen Investors auch die Eigenkapitalrendite eine entscheidende Rolle spielt, ist für die Betrachtung der Rentabilität der Gesamtinvestition und damit für einen Vergleich der relativen Vorteilhaftigkeit verschiedener Investitionsalternativen die Gesamtkapitalrendite (GKR) entscheidend, da sie das Maß der Verzinsung des gesamten eingesetzten Kapitals darstellt. Gegenstand der Untersuchung ist schließlich die Branchenrendite und damit das zur Erstellung einer Leistung notwendige Kapital, d.h. das Gesamtkapital ohne Unterscheidung der Herkunft. Daher ist der Verwendung der Gesamtkapitalrendite der Vorzug als Indikator zu geben, um mögliche Verzerrungen durch unterschiedliche Verhältnisse zwischen Eigen- und Fremdkapitalfinanzierung zu vermeiden.[47] Damit ist die Gesamtkapitalrendite nach Steuern die für die Herleitung eines Idealindikators zur Abbildung der Marktrendite relevante Größe. Auch der mit der Gesamtkapitalrendite vergleichbare *return on capital employed* (ROCE) wird oft als Indikator für die Profitabilität einer Branche oder eines Unternehmens genutzt.

Bei der Ermittlung der Gesamtkapitalrendite wird der Periodenerfolg einschließlich der Fremdkapitalzinsen ins Verhältnis zum gesamten eingesetzten Kapital (Fremd- und Eigenkapital) der Unternehmung gesetzt. Die Gesamtkapitalrendite ergibt sich aus dem Ergebnis der normalen Geschäftstätigkeit plus Zinsaufwendungen plus sonstige Fremdkapitalpositionen, dividiert durch das durchschnittlich gebundene Kapital einer Periode (Bilanzsumme) abzüglich der zinslosen Verbindlichkeiten bzw. des in Beteiligungen investierten Kapitals.

Die Regelgröße Renditedifferenz sei als Differenz der auf dem Untersuchungsmarkt erzielten Rendite und einer Vergleichsrendite erklärt. Diese stellt in etwa die gesamtwirtschaftliche Normalrendite einer Sachinvestition dar bzw. repräsentiert die durchschnittlichen Verdienstmöglichkeiten des Kapitals bei alternativer Verwendung und ergibt sich idealerweise auf einem optimal funktionierenden Markt, der unter gleichen Bedingungen ein gleiches Produkt erstellt.

Grossekettler schlägt als Vergleichsrendite z.B. die Emissionsrendite von festverzinslichen inländischen Wertpapieren vor, die, um der Unsicherheit einer Sachinvestition Rechnung zu tragen, um eine Risikoprämie von 3 % erhöht werden sollte.[48] Diese Alternative berücksichtigt aber den internationalen Charakter der Schifffahrt ebenso wenig wie die konkrete Situation der einzelnen Branchen mit ihren besonderen Risiken und Chancen. Damit kann dieser Definition der Normalrendite für Fährschifffahrtsmärkte nicht gefolgt werden.

Die Nutzung von Idealindikatoren scheidet auf Grund der Datenlage weitestgehend aus. Die Konstruktion eines idealen Vergleichsindikators würde die Existenz eines weiteren, mit dem

[47] Die Gesamtkapitalrendite wird auch von anderen Autoren bevorzugt: vgl. in der Argumentation z.B. Lemper, Burkhard (1996), S. 185 sowie Hamker, Jürgen (1998), S. 305, 313.

[48] Borchert, Manfred/Grossekettler, Heinz (1985), S. 205.

untersuchten Markt identischen Marktes mit gleichen Merkmalen und Rahmenbedingungen erfordern. Märkte sind zwar durch jeweils unterschiedliche Konkurrenz-, Nachfrage- und Risikobedingungen gekennzeichnet. Nichtsdestotrotz können bei gedanklicher Berücksichtigung bestehender Unterschiede in der Marktstruktur ähnliche Märkte miteinander verglichen werden.

Operationalisierung der Kapazitätsveränderungsrate und Benennung der Ideal- bzw. Hilfsindikatoren

Als Kapazitätswachstum soll ausschließlich das auf den Erweiterungseffekten von Investitionen beruhende Wachstum bezeichnet werden, nicht aber die Ersatz- und Rationalisierungsinvestitionen. Die genaue Unterscheidung von Erweiterungs- und Ersatz- bzw. Rationalisierungsinvestition erscheint jedoch unmöglich. Eine Annäherung an einen gebrauchsfähigen Indikator lässt sich nur durch die Feststellung der Veränderungsrichtungen der Kapazitätskennziffern erreichen. Damit handelt es sich hier ebenfalls um einen Hilfsindikator.

Bestimmung des Toleranzsektors

Nur eine dauerhafte Überrenditesituation deutet auf eine Funktionsstörung hin. Kurzzeitige Überrenditen sind als Pioniergewinne dynamischer Unternehmer durchaus marktkonform. Für die Beurteilung der Renditenormalisierung kommt es ausschließlich darauf an, dass sich der Prozess in Richtung der Stabilitätsbedingungen entwickelt,[49] d.h. der schöpferische Prozess wird durch nachahmenden Wettbewerb beendet. Da Angebotsumstellungen nur langfristig und in größeren Schritten wirksam werden können und z.B. für die Planung und den Bau eines neuen Schiffes ein bis zwei Jahre anzunehmen sind, ist einem wirksamen Prozess der Ausregulierung von Störungen eine Toleranzzeit dieser Dauer einzuräumen. Es bestehen aber auch weitere, wenn auch weniger bedeutsame Kapazitätsanpassungsoptionen. Eincharterungen können die Anpassungszeiten wesentlich verkürzen. Die Reduzierung oder gänzliche Aufgabe bestimmter Segmente (z.B. Nordö bezüglich Bahn und Pkw) kann ebenfalls eine Kapazitätsreaktion auf steigende Lkw/Trailervolumen darstellen. Auf einigen Linien ist in Abhängigkeit von den Schiffsgeschwindigkeitsreserven eine Kapazitätsreaktion durch die Variation der Abfahrtsfrequenz denkbar.

2.3 Diskussion der Datenlage

Datenlage bezüglich der Renditekennziffern

Die als Idealindikator identifizierte Renditekennziffer aus dem Verhältnis Betriebsgewinn/betriebsnotwendiges Kapital als Branchendurchschnitt stand zur Beurteilung der Gewinnsituation der Fährschifffahrt nicht zur Verfügung. Die Renditen der Reeder lassen sich aus veröffentlichten Jahresberichten der Stena Line AB, der Rederi AB Nordö und SweFerry/Scandlines AB ableiten. Selbst veröffentlichte Kennziffern sind aber nur dann ohne Einschränkungen für die Untersuchung nutzbar, wenn die Aktivitäten der veröffentlichenden Reederei sich auf den Untersuchungsmarkt beschränken. Als Marktrendite wurde die bereits in den Jahresberichten explizit angegebene Kennziffer Gesamtkapitalrendite (*return on capital employed*) genutzt. Dabei erfolgte keine Bereinigung der Kennziffer um den außerordentlichen Erfolg, da dazu die Angaben nicht ausreichend waren. Darüber hinaus bezogen sich die Kennziffern auf die Gesamtkapitalrendite vor Steuern. Zudem ist zu beachten, dass sich die Angaben nicht immer allein auf den Frachtverkehr beziehen. Die Nutzung der Kennziffer Ge-

---

[49] Borchert, Manfred/Grossekettler, Heinz (1985), S. 195.

samtkapitalrendite weist natürlich die Schwäche auf, dass als Folge der Berücksichtigung der Fremdkapitalzinsen selbst bei einem negativen Jahresergebnis eine positive Renditekennziffer ausgewiesen werden kann. Da die Fremdkapitalzinsen dem Fremdkapitalgeber geschuldet sind, stellen sie für den Betrieb Aufwand dar und schmälern so den ausgewiesenen Gewinn. Als Folge dieser Schwäche korrespondieren die Marktrenditen nicht immer mit dem ausgewiesenen Jahresüberschuss und erscheinen daher z.B. für Stena Line relativ hoch. Da aber diese Schwäche in gleicher Weise bei der Vergleichsrendite wirkt, ergibt sich daraus keine Beeinflussung der Untersuchungsergebnisse. Der dabei herangezogene Indikator ist unter Berücksichtigung der aufgeführten Probleme als Hilfsindikator zu bezeichnen.

Als Vergleichsrendite wurde nicht auf die Rendite festverzinslicher Wertpapiere zurückgegriffen. Zum einen lassen sich die Probleme der in den einzelnen Ländern unterschiedlichen Wertpapierrenditen nicht befriedigend lösen, zum anderen erscheint auch die Wahl eines Risikozuschlages für eine mit Unsicherheiten behaftete Branche reichlich willkürlich. Aus diesem Grunde wurden die auf dem Untersuchungsmarkt erzielten Renditen mit Renditen anderer Reeder verglichen, die diese auf vergleichbaren Märkten mit vergleichbaren Produkten erzielen. Auch diese Renditen beziehen sich auf die Vorsteuersituation.

Datenlage bezüglich der Kapazitätsveränderungsrate

Der Idealindikator ist die Entwicklung der dem Frachtverkehr tatsächlich zur Verfügung stehenden Kapazität im Zeitablauf. Dieser ist jedoch auf Grund der bereits während der Untersuchung des Markträumungsprozesses wirksamen Einschränkungen nicht verfügbar. Die Datenlage erlaubt aber die Konstruktion eines Hilfsindikators einer hohen Qualität. Dazu wurde ähnlich wie im Markträumungsprozess mit Hilfe vorhandener Angaben über eingesetzte Schiffe und Anzahl der jährlichen Überfahrten die Entwicklung der frachtrelevanten Stellplatzkapazität ermittelt. Diese Kennziffer bezieht sich ausschließlich auf die für Frachteinheiten nutzbare Stellplatzlänge.

2.4 Durchführung des Prozessmustertests

Zur Bildung der Marktrendite standen die Angaben von Rederi AB Nordö, von Stena Line AB sowie Scandlines AB (früher SweFerry AB) zur Verfügung.

Es sollte darauf hingewiesen werden, dass die Ergebnisse von Nordö und Scandlines AB nicht unbedingt typisch für alle im Seegebiet tätigen Reeder sind. Die Nordö-Resultate ergeben sich aus der erfolgreichen Konzentration auf ein allem Anschein nach sehr margenreiches Nischengeschäft. Scandlines AB ist gewissermaßen ein Marktausreißer. Die gute Renditesituation von Scandlines AB beruht zu einem großen Teil auf dem Øresundverkehr sowie den *duty-free*-Einnahmen. Darüber hinaus kann die steuerliche Behandlung geleaster Einheiten die Bilanz etwas verfälschen.

Obwohl für TT-Line keine Ergebniszahlen zur Verfügung stehen, deuten Äußerungen der Geschäftsführung auf den Jahrespressekonferenzen darauf hin, dass nicht in jedem Jahr befriedigende Ergebnisse erzielt wurden. So wurde das Ergebnis 1999 als „gerade noch zufriedenstellend" bezeichnet bzw. „mit der Note noch befriedigend" beurteilt.[50] Für PZB z.B. kann von negativen Ergebnissen ausgegangen werden. Von der Scandlines AG stehen keine auf den Markt bezogenen Ergebniszahlen zur Verfügung. In ihrer Bilanzpressekonferenz für 1999 gab

[50] Vgl. o.V. (2000), S. 14.

die Reederei eine Kapitalrendite von 6,3 % für den Gesamtkonzern an. Es ist anzunehmen, dass der Schweden-Verkehr dabei unterdurchschnittlich zum Ergebnis beigetragen hat.

Stena Line konnte seit Mitte der 90er Jahre nur noch marginale Renditen erwirtschaften und weist zudem seit 1998 ein negatives Jahresergebnis aus. Da über den spezifischen Kapitaleinsatz keine genauen Angaben bestehen, ist eine gesicherte Aussage über die Profitabilität der einzelnen Segmente sowie Fahrtgebiete von Stena Line nicht möglich. Zudem ermöglichen die Verflechtungen des Stena-Konzerns eine Bilanzpolitik im Sinne der Olsson-Familie, etwa indem Gewinne über hohe Charterraten und Lizenzgebühren dem Stena AB zufließen, während die Aktionäre der Stena Line auf diese Weise an den Verlusten (auch Kursverlusten) beteiligt werden. Es ist daher zu vermuten, dass die ausgewiesenen Jahresergebnisse der Stena Line AB in der Regel ein verzerrtes (zu niedriges) Gewinnniveau ausweisen.

Es ist offensichtlich, dass einzelne Reeder mit einer ausgesprochenen Nischenstrategie eine ausgezeichnete Rendite erwirtschaften können, während insbesondere die Netzwerkbetreiber eine nur geringe Verzinsung des eingesetzten Kapitals erreichen. Dies ist zum einen auf die besondere Flexibilität der kleineren Unternehmenseinheiten bezüglich der Kundenwünsche, zum anderen auf die Anpassung an die regionalen Besonderheiten zurückzuführen. Eine erfolgversprechende Strategie ist die Fokussierung auf eine regionale Nische, d.h. auf einen volumenstarken Verkehrskorridor. Die Kundenbindung durch die speziellen Produkte ist enger und stabiler, was den preispolitischen Spielraum für den Nischenanbieter positiv beeinflusst. Des Weiteren wird den Reedern ein auf die regionalen Wettbewerbsstrukturen eingehendes unternehmerisches Handeln ermöglicht. Ein besonderes Augenmerk der Unternehmensführungen gilt der Verteidigung der regionalen Teilmärkte gegen Eintrittsversuche weiterer Reeder, während auf Netzwerke fixierte Reeder regionale Marktbesonderheiten außer Acht lassen. Erträge einzelner Linien werden oft durch Verluste des Netzwerkes aufgezehrt.

Abb. 31: Entwicklung der Gesamtkapitalrendite von Rederi AB Nordö, Stena Line AB sowie Scandlines AB 1990-1998

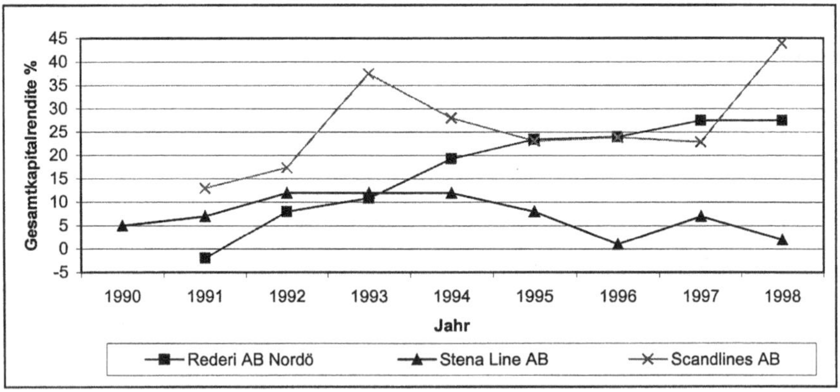

Die Auswertungen lassen die Schlussfolgerung zu, dass die Konzentration auf lukrative Nischen wie die aufkommensstarken Routen von Travemünde nach Südschweden und/oder die Verfügbarkeit hoher Marktanteile die Voraussetzungen für befriedigende Renditen darstellen. Insbesondere größere Reedereien mit ausgebauten Netzwerken, die auf keinem der bedienten Märkte über sehr hohe Marktanteile verfügen, hinken bezüglich der erzielbaren Renditen hinter den Nischenanbietern hinterher. Keiner dieser Reeder verfügt über Anteile, die eine Steuerung wesentlicher Marktparameter erlaubt. Sie haben eine Position aufgebaut, die eine Präsenz auf den unterschiedlichsten Fahrtgebieten bedeutet, aber auf keinem Markt herausragende Marktanteile zur Folge hat. Stattdessen ist ihre Position mit der *stuck in the middle position* vergleichbar, d.h. ein sehr hoher Umsatz als Folge hoher Transportvolumen sowie ein hoher Kapitaleinsatz sind nicht verbunden mit akzeptablen Renditen.

Von dieser Tatsache ist insbesondere Stena Line AB betroffen. Als strategischer Ausweg erscheint hier entweder das weitere Wachstum in Bereiche hinein, die auf eine faktische Alleinbedienung einzelner Fahrtgebiete hinauslaufen bzw. die Konzentration auf lukrative geographische Nischen. Die letztgenannte Option ist für größere Fährreedereien wie Stena Line und Scandlines sicher mit Schwierigkeiten verbunden. Die Nischenstrategie ist für Netzwerkbetreiber ab einer gewissen Größe nicht mehr praktizierbar. Ist erst einmal eine kritische Größe erreicht, sind weitere Wachstumsprozesse kaum noch aufzuhalten. Das strategische Ziel kann dann nur noch die Marktführerschaft im Seegebiet sein. Nichtsdestotrotz konnte mit EMEA Shipping (später MGA Shipping) ein größerer Anbieter mit einer Entflechtungsstrategie eine erfolgreiche Umstrukturierung vollziehen.

Ein weiterer Gesichtspunkt ist die Konzentration auf das Nachfragesegment Fracht. Nordö beweist mit seiner Konzeption die Möglichkeit, mit einem ausschließlich auf dem Frachtverkehr basierenden Konzept positive Resultate zu erzielen. Allem Anschein nach ergeben sich bei kombinierten Diensten auch Nachteile. Diese entstehen aus der gespaltenen Marketingorientierung der Reeder, die letztendlich kein Segment vollständig befriedigen kann. Dabei sollte jedoch beachtet werden, dass die guten Resultate Nordös wahrscheinlich auch auf den sehr niedrigen Restabschreibungswerten der genutzten Schiffe sowie der Kapazitätsknappheit vor dem Einsatz eines dritten Schiffes ab September 1998 beruhen. Notwendige Ersatzinvestitionen bzw. die eigene Kapazitätserhöhung, aber auch der verstärkte Wettbewerb durch den Markteintritt der Scandlines AB 1998 könnten dieses Bild etwas aufweichen.

Auf Grund der Unterschiedlichkeit bezüglich der erzielten Renditen ist eine für den Markt typische Renditekennziffer eigentlich nicht ermittelbar. Die Rederi AB Nordö erfüllt zwar durch die Konzentration auf das Frachtsegment die geforderten Kriterien als Beispielreederei sehr gut. Da aber die Nordö-Resultate nicht unbedingt typisch für die Gesamtheit der Reeder sind und um der angesprochenen Unterschiedlichkeit gerecht zu werden, wurde der Durchschnitt der von Stena Line AB sowie Rederi AB Nordö erzielten Gesamtkapitalrendite als Marktrendite definiert. Die Vergleichsrendite ergibt sich für die in der südlichen Ostsee tätigen Reeder durch den Vergleich mit benachbarten Fährmärkten. Dafür stehen die Kennziffern von Finnlines, Color Line sowie von Tor-Line zur Verfügung.

Finnlines erreichte im Zeitraum zwischen 1987 und 1999 eine durchschnittliche Verzinsung des eingesetzten Kapitals von 16,5 %; Tor-Line im Zeitraum zwischen 1993 und 1998 sogar von 17,3 %. Dass solche Renditekennziffern nicht den Normalzustand darstellen, wird durch die Einbeziehung von Color-Line (1991 bis 1998 8,5 % durchschnittliche GKR) in die Untersuchung gezeigt. Andererseits erfüllen Finnlines und Tor-Line durch die Konzentration ihrer Aktivitäten auf den Frachttransport (Finnlines auch Hafenumschlag) die Anforderungskriterien an eine Vergleichsrendite für die sich aus dem Frachttransport auf dem relevanten Markt ergebende Rendite relativ gut. Da als Vergleichsrendite die Kennziffern von Reedern zur Verfügung standen, die ein ähnliches bzw. fast identisches Produkt auf vergleichbaren Märkten erstellten, konnte dem ermittelten Indikator eine hohe Qualität zugesprochen werden.

Abb. 32: Entwicklung der Gesamtkapitalrenditen von Finnlines, Color Line sowie DFDS Tor-Line 1990-1999

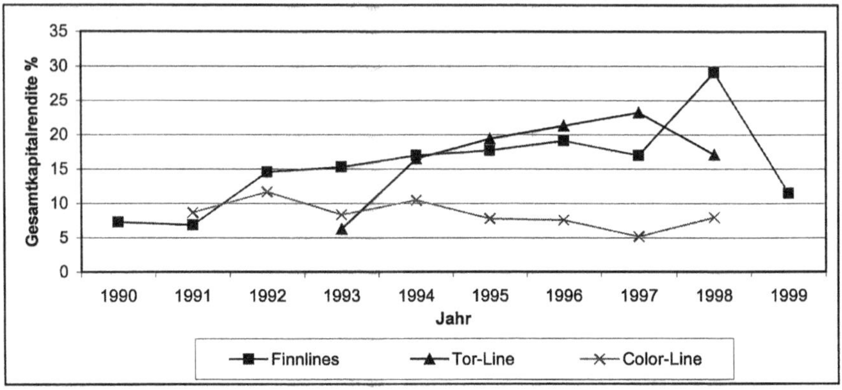

Da Investoren ein Engagement in der Schifffahrt nicht jährlich neu entscheiden, wird die Marktrendite einerseits einer über den Zeitablauf festen Vergleichsrendite und zur Ergänzung andererseits einer sich aus den realen jährlichen Renditen ergebenden variablen Vergleichsrendite gegenübergestellt. Bildet man den Durchschnitt aus den für Finnlines, Tor-Line und Color-Line zur Verfügung stehenden Angaben, so ergibt sich eine durchschnittliche Gesamtkapitalrentabilität von 14,1 %. Damit kann für eine Investition in den Ostseefähr- und Ro/Ro-Verkehr eine Gesamtkapitalrentabilität von etwa 14 % als Normalrendite bezeichnet werden. Dieser relativ hohe Wert kann mit einem höheren Risiko des Geschäftes begründet werden. In der Schifffahrt sind in der Regel stark schwankende Renditen in Abhängigkeit von den konjunkturellen Rahmenbedingungen sowie der Ölpreisentwicklung feststellbar. So sank die GKR von Finnlines 1999 auf einen Wert von etwa 10 % und wird 2000 weiter absinken.[51] Rückläufige Ergebnisse in Krisenjahren sollen tendenziell durch die Ausnutzung von Preiserhöhungsspielräumen in guten Jahren kompensiert werden.

Es kann argumentiert werden, dass die Streuung der Renditekennziffern verschiedener Reeder um einen Durchschnittswert ein Maß für das Investitionsrisiko der Branche ist. Es ließe sich also schlussfolgern, dass, abgeleitet aus der Streuung der auf dem Markt erzielten Renditen, eine Investition in die Fährschifffahrt eine sehr risikoreiche Geldanlage darstellt. Insofern wäre die Normalrendite um einen Faktor nach oben zu korrigieren. Da aber über einen relativ langen Zeitraum ermittelte Kennziffern als Normal- bzw. Vergleichsrendite gewählt wurden, kann eine solche Korrektur unterbleiben. Zudem stehen keine befriedigenden Methoden zur Ermittlung von Korrekturfaktoren in Abhängigkeit vom Investitionsrisiko zur Verfügung.

[51] Finnlines Interim Report September 2000.

Abb. 33: Entwicklung einer aus dem Durchschnitt von Rederi AB Nordö sowie Stena Line AB gewonnenen Marktrendite sowie einer variablen Vergleichsrendite 1990-1998

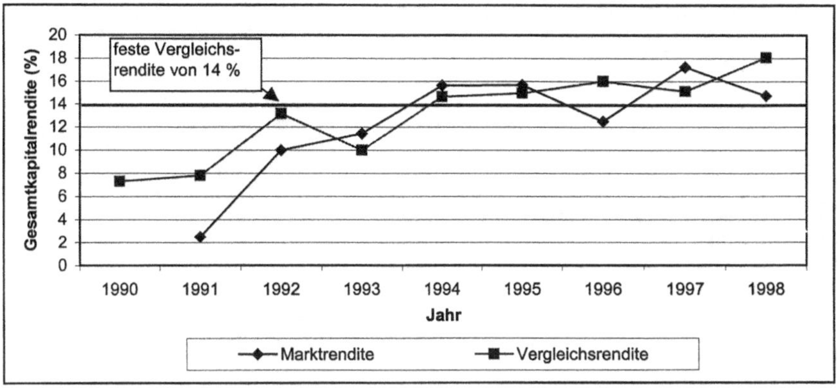

Betrachtet man die Differenz zwischen der definierten Marktrendite und der vorgeschlagenen festen Vergleichsrendite von 14 %, so sind auf dem Untersuchungsmarkt seit Mitte der 90er Jahre teilweise Überrenditen zu registrieren. Dagegen verläuft die Entwicklung von Markt- und variabler Vergleichsrendite relativ parallel. Dies deutet auf eine gewisse Verbundenheit und gemeinsame Abhängigkeit von den konjunkturellen Rahmenbedingungen (Frachtvolumenhöhe, Bunkerpreise) hin. Nachdem zu Beginn der 90er Jahre noch Unterrenditen zu beobachten waren, konnte der Untersuchungsmarkt ab 1993 aus Renditegesichtspunkten zu den Vergleichsmärkten aufschließen.

Abb. 34: Entwicklung von Renditedifferenz (Durchschnitt von Stena Line AB und Rederi AB Nordö gegenüber einer variablen Vergleichsrendite) und Kapazitätswachstumsrate auf der Gesamtrange 1991-1999

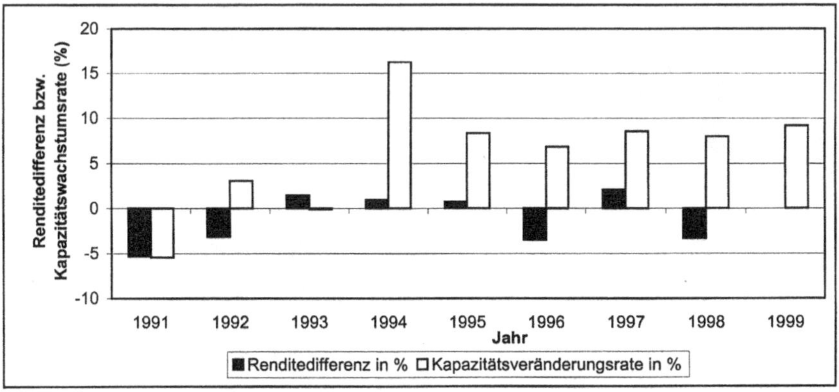

Aussagefähiger ist jedoch der Vergleich mit einer festen Vergleichsrendite.

Abb. 35: Entwicklung von Renditedifferenz (Durchschnitt von Stena Line AB und Rederi AB Nordö gegenüber einer festen Vergleichsrendite von 14 %) und Kapazitätswachstumsrate auf der Gesamtrange 1991-1999

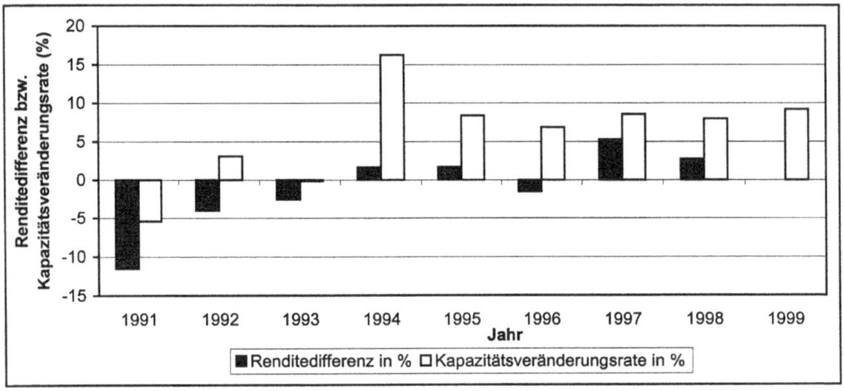

Für eine detailliertere Untersuchung wurde zusätzlich der Renditenormalisierungsprozess auf der Relation Travemünde-Südschweden beobachtet.

Abb. 36: Entwicklung von Renditedifferenz (Rederi AB Nordö gegenüber einer festen Vergleichsrendite von 14 %) und Kapazitätswachstumsrate auf der Relation Travemünde-Südschweden 1991-1999

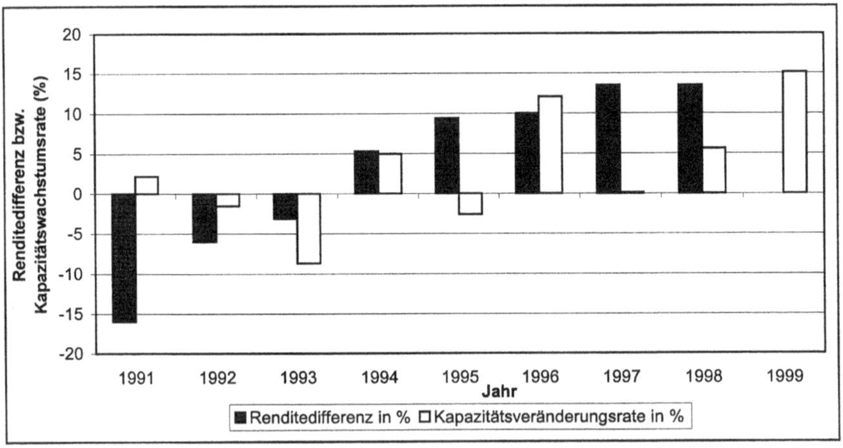

Es ist erkennbar, dass die insgesamt positive Renditeentwicklung auf dem Untersuchungsmarkt sowohl linien- als auch gesamtmarktbezogene funktionale Änderungen der Kapazitätswachstumsraten hervorgerufen hat. Steigende Renditen resultierten in einem verstärkten Ausbau der Kapazitäten. Die Anfang der 90er Jahre noch unterdurchschnittliche Rendite führte dagegen zu einer rückläufigen bzw. negativen Kapazitätswachstumsrate. Es lässt sich ein unmittelbarer und in beide Richtungen verlaufender Zusammenhang zwischen der Höhe der Rendite sowie der Kapazitätswachstumsrate herstellen. Damit ist von einem funktionierenden

Renditenormalisierungsprozess auszugehen. Es deutet nichts auf eine Schwachstelle hin. Ob funktionale Änderungen (Kapazitätswachstum auf der Relation Travemünde-Südschweden) einen Rückgang der Überrenditen vor allem bei Nordö bewirken konnten, ist nicht hundertprozentig belegbar, da zum Zeitpunkt des Untersuchungsendes die Renditekennziffern für 1999 noch nicht zur Verfügung standen.

Auch für die Linie Travemünde-Göteborg soll eine linienbezogene Untersuchung erfolgen.

Abb. 37: Entwicklung von Renditedifferenz (Stena Line AB gegenüber einer festen Vergleichsrendite von 14 %) und Kapazitätswachstumsrate auf der Relation Travemünde-Göteborg 1990-1998

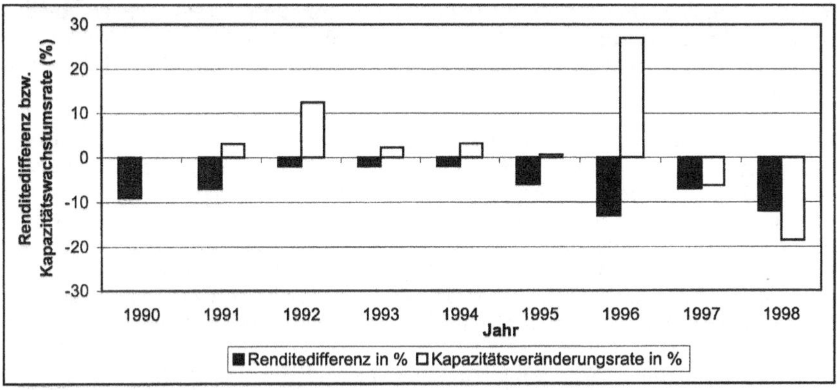

Es scheint, als ob die für Stena Line ermittelten unterdurchschnittlichen Renditen, zumindest auf der Linie von Travemünde nach Göteborg, nach einem Anstieg der Kapazitäten Mitte der 90er Jahre durch den Einsatz der „Stena Searider" (Verlegung des Schiffes auf die Nordsee) wieder zu einer Kapazitätsreduktion geführt haben. Auch dies würde auf eine funktionsgerechte Reaktion des Kapazitätsangebots auf die Renditesituation hindeuten. Andererseits ist aber durch den Umbau der beiden Kiel-Fähren 1999 das frachtrelevante Angebot von Stena Line im Seegebiet wieder angestiegen. Dies deutet darauf hin, dass nicht die Frachtnachfrage, sondern eher andere Segmente als Ursache einer nicht ausreichenden Rendite angesehen werden. Es sollte aber darauf verwiesen werden, dass die für Stena Line ermittelten Renditekennziffern nicht ohne weiteres auf zwei einzelne Linien übertragbar sind. Auf Schlussfolgerungen aus dieser linienbezogenen Untersuchung wird daher verzichtet.

2.5 Plausibilitätstest

Im Plausibilitätstest wird analog zu den Überlegungen beim Markträumungsprozess das Ergebnis des Prozessmustertests einer Prüfung auf Grundlage der ökonomischen Theorie unterzogen. Der Prozessmustertest weist einen befriedigenden Verlauf auf. Deuten keine theoretischen Überlegungen auf Mängel hin, die zu einer Verletzung der Stabilitätsbedingungen führen, kann eine Funktionsfähigkeit als plausibel gelten. Im Rahmen der Plausibilitätsüberlegungen steht wieder die Stabilitätsbedingung im Mittelpunkt:

$-2 < ab < 0.$

Ein funktionierender Prozess beruht darauf, dass a einen Wert > 0 sowie b < 0 annimmt. Eine Verletzung der Stabilitätsbedingung ist zu vermuten, wenn die Absolutwerte der Parameter a und b sehr groß oder sehr klein ausfallen. Gleiches gilt, wenn einer der beiden Parameter ein „falsches" Vorzeichen annimmt. Sehr große Absolutwerte beider Parameter können überschießende Reaktionen der Marktteilnehmer und damit einen Instabilitätsfall verursachen.

Abschätzung des Parameters a: Ein sehr großer Absolutwert von a könnte darauf beruhen, dass alle Anbieter in gleicher Weise und zum selben Zeitpunkt reagieren, die Anbieter nach lang anhaltenden Wachstumsphasen übertriebene Gewinnerwartungen hegen bzw. die Kapazitäten nur in großen Sprüngen angepasst werden können. Verursacht wird letzterer Fall durch Unteilbarkeiten der Kapazitätseinheiten und relativ große mindestoptimale Betriebsgrößen. Diese Situation ist auch eine für den Fähr- und Ro/Ro-Verkehr durchaus typische. Andererseits deuten keine Indizien aus dem Prozessmustertest darauf hin, dass dieser Fall während der 90er Jahre auf dem Untersuchungsmarkt auftrat. Auszuschließen ist dieser Fall aber für die Zukunft nicht.

Der Wert a = 0 kennzeichnet den Zustand, in dem ein Abweichen der Branchenrendite vom Normalzustand keine Kapazitätsänderung hervorruft. Diese Situation signalisiert im positiven Fall (kein Wachstum) hohe Eintritts-, im negativen Fall (keine Reduktion) hohe Austrittsbarrieren. Da im Fährverkehr die Marktaustrittsbarrieren relativ hoch sind, kommt insbesondere dem Fall von Deinvestitionshemmnissen Bedeutung zu. Kapazitätsvariationen sind auf dem betrachteten Markt grundsätzlich möglich. Eine positive Kapazitätsreaktion erscheint vor dem Hintergrund der Anpassung insbesondere der auf den Kurzstrecken eingesetzten Fährschiffe an das spezielle Fahrtgebiet aber leichter durchführbar als eine Kapazitätsreduktion.

Rechtliche Behinderungen für Kapazitätsreaktionen sind dagegen nicht ersichtlich. Staatlich initiierte Investitionsverbote, etwa über die Vergabe von Routenlizenzen, sind denkbar, bestehen aber zumindest auf dem betrachteten Markt nicht. Damit kann die Anreiz- und Fähigkeitsstruktur für Kapazitätsanpassungen als Reaktion auf die Renditeentwicklung als ausreichend betrachtet werden. Wie gezeigt wurde, führten Renditeänderungen zu funktionalen Änderungen im Investitionsverhalten der Reeder. Der Parameter a dürfte sich damit innerhalb eines unkritischen Wertebereiches bewegen.

Abschätzung des Parameters b: Umgekehrt nimmt der Parameter b den Wert Null an, wenn die Branchenrendite nicht auf die Kapazitätswachstumsrate bzw. die -auslastung reagiert. Reagiert die Rendite vorübergehend nicht auf Kapazitätsveränderungen, kann dies eine normale Situation darstellen und wäre ein Zeichen dafür, dass ein verstärktes Kapazitätswachstum zur Deckung der stark wachsenden Nachfrage notwendig war. Liegen sehr große Kapazitätsengpässe vor, kann theoretisch der Fall eintreten, dass eine Überrendite selbst bei einer Kapazitätsausweitung konstant bleibt oder sogar weiter steigt. Für diesen Fall sprechen in der Fährschifffahrt keine plausiblen Gründe.

Bei einer sehr steil verlaufenden Angebotskurve, d.h. der Preis sinkt in Abhängigkeit von der Kapazitätswachstumsrate sehr stark, korrespondiert diese Situation mit einem sehr hohen Absolutwert des Parameters b. In diesem Fall sinkt die Rendite bei einer Kapazitätsausweitung sehr stark. Auch dieser Fall konnte nicht beobachtet werden, ist in der Fährschifffahrt bei einem massiven Markteintritt, verbunden mit entsprechenden Preiskämpfen, jedoch durchaus vorstellbar.

Denkbar ist ebenfalls, dass Überrenditen nur zögerlich abgebaut werden und zudem keine vollständige Rückkehr zum Sollwert erfolgt. Außerdem ist zu vermuten, dass es zu zeitlichen

Verzögerungen bei positiven Kapazitätsreaktionen und damit der Renditenormalisierung kommen kann, da eine Kapazitätsanpassung mit langen Planungs- und Realisierungszeiten für die Reeder verbunden ist. Ein Schiffsneubau sollte zudem die Entwicklung mehrerer Jahre abdecken, so dass sich Kapazitätsreaktionen durchaus erst sehr träge und dann sprunghaft vollziehen können. Darauf deuten auch die beobachteten Prozessmuster hin: die Kapazitätswachstumsraten schwankten als Ausdruck der Kapazitätseffekte neuer Schiffe teilweise sehr deutlich.

Negative Kapazitätsanpassungen werden zudem durch bestehende Marktaustrittsbarrieren erschwert. Im Gegensatz zu den Erwartungen fallen die Anzeichen dafür aber nicht deutlich genug aus. Es bestehen keine Anhaltspunkte dafür, dass die Renditen nicht auf Kapazitätsauf- oder -abbauprozesse bzw. Änderungen der Kapazitätsauslastung reagieren. Der Parameter b dürfte sich damit derzeit innerhalb eines unkritischen Wertebereiches bewegen. Da aber die theoretischen Überlegungen darauf hinweisen, kann von einer Schwachstelle im Renditenormalisierungsprozess ausgegangen werden. Für die Zukunft liegt ein Funktionsmangel bei der Renditenormalisierung vor allem auf Grund bestehender Marktaustrittsbarrieren durchaus im Bereich des Möglichen.[52]

2.6 Untersuchung auf Niveaudefekte

Der Niveauverzerrungstest überprüft, ob sich die Renditen des Untersuchungsmarktes auf unverzerrtem Niveau befinden. Mögliche Verzerrungsursachen sind sowohl externe Effekte, Präferenzverzerrungen als auch staatliche Begünstigungen bzw. Benachteiligungen. Diese führen im Endeffekt zu einer Fehlleitung von Kapital.

Auf die Auswirkungen des *duty-free*-Verkaufs wurde bereits im Markträumungsprozess eingegangen. Dieser hat ohne Zweifel die Renditen der Reeder positiv beeinflusst. Für Nordö beispielsweise spielte dies aber nur eine untergeordnete Rolle, so dass die Nordö-Rendite in etwa der im Frachtverkehr (aber nur einer bestimmten, volumenstarken Route) real auch erzielbaren entsprechen dürfte.

Unter Umständen ist eine positive Beeinflussung der Renditen der Reeder durch die vollständige Finanzierung der Hafeninfra- sowie eine Subventionierung der Hafensuprastruktur durch die öffentliche Hand möglich. Diese Subventionierung betrifft die Reeder jedoch nicht direkt. Inwieweit die Häfen dies zur Subventionierung der Umschlags- und Hafenbenutzungsgebühren und damit indirekt der Reeder (und Spediteure) nutzen, ist nicht bekannt. Es ist aber zu vermuten, dass die Häfen einen Teil der Subventionen an ihre Kunden weiterreichen, zumal der Fähr- und Ro/Ro-Verkehr sehr infrastrukturintensiv ist. Eine Niveauverschiebung bezüglich der Renditehöhe auf Grund staatlicher Maßnahmen kann zwar vermutet, durch fehlenden Einblick in die Kostenrechnung der Häfen aber nicht ausreichend belegt werden. Damit sind im Niveauverzerrungstest gravierende Fälle von Staats- oder Marktversagen nicht belegbar, wobei der Verdacht einer Renditeverschiebung als indirekte Folge von Staatsversagen bestehen bleibt. Weil die Hafengebühren nur einen Teil der Gesamtkosten der Reeder darstellen, ergibt sich daraus ein nur geringer Einfluss auf das Gleichgewichtsniveau.

[52] Eine ausführliche Darstellung von Störungsursachen des Renditenormalisierungsprozesses findet sich bei: Hamker, Jürgen (1998), S. 304-425.

2.7 Beurteilung des Renditenormalisierungsprozesses

Der Renditenormalisierungsprozess muss im Zeitablauf in der Lage sein, Renditedifferenzen durch Veränderungen der Kapazitätswachstumsrate auszugleichen oder eine entsprechende Tendenz einzuleiten. Eine unterdurchschnittliche Rendite geht normalerweise mit einer Reduktion der Kapazitätswachstumsrate einher (und umgekehrt) und führt so zu einer Renditenormalisierung. Auf der Grundlage der gewählten Indikatoren Renditedifferenz (Differenz zwischen der Marktrendite als Durchschnitt zweier auf dem Markt tätiger Reeder sowie Abweichung von einer als Normalrendite bezeichneten Rendite als Durchschnitt von drei auf sachlich ähnlichen, räumlich aber verschiedenen Märkten tätigen Reedern) sowie der Kapazitätswachstumsrate erfolgte eine Überprüfung des Verlaufs des Renditenormalisierungsprozesses. Darüber hinaus wurde versucht, den Renditenormalisierungsprozess am Beispiel von einzelnen Relationen zu untersuchen.

Steigende (sinkende) Renditen führten sowohl auf dem Gesamtmarkt als auch auf den Beispielrelationen zu steigenden (sinkenden) Kapazitätswachstumsraten, was auf einen funktionierenden und auf ein Gleichgewicht zusteuernden Prozessverlauf hindeutet. Der Markt reagiert auf Überrenditen über Beschleunigung des Kapazitätswachstums aber erkennbar schneller und eindeutiger als auf Unterrenditen. Dies könnte seine Ursache in der höheren Bedeutung der Marktaustrittsbarrieren und der Schwierigkeit des Kapazitätsabbaus gegenüber den Markteintrittsbarrieren bzw. des Kapazitätsaufbaus haben, insbesondere durch die bei Fährschiffen sehr spezialisierte Sachkapitalnutzung. Ebenso wirkt auf diesen Prozess erkennbar die Besonderheit, dass Kapazitätsanpassungen grundsätzlich sprunghaft erfolgen. Eine Reaktionsverzögerung von bis zu zwei Jahren kann durchaus als normal angesehen werden. Es existieren aber keine empirisch bestätigten Anzeichen, die auf eine dauerhafte Störung des Renditenormalisierungsprozesses schließen lassen. Investitionsentscheidungen werden primär durch Renditeüberlegungen veranlasst.

Seit Mitte der 90er Jahre haben sich auf dem Betrachtungsmarkt Überrenditen aufgebaut. Dies trifft insbesondere auf das Fahrtgebiet Travemünde-Südschweden zu. Dabei ist jedoch die Besonderheit der Nordö-Strategie zu beachten. Nicht alle Reedereien konnten ähnliche Renditen erreichen. Andererseits ist Nordö ein gutes Beispiel für die Möglichkeit, mit frachtorientierten Konzepten hohe Renditen zu erzielen. Die zunehmende Konzentration vieler Reeder auf das Frachtsegment sowie die stetige Ausweitung der frachtrelevanten Kapazitäten speziell zwischen Travemünde und Südschweden bzw. Rostock und Trelleborg sind ein Zeichen für die Funktionsfähigkeit des Renditenormalisierungsprozesses. Insbesondere der Markteintritt von Scandlines AB auf der Strecke Travemünde-Trelleborg 1998 mit einem frachtorientierten Konzept ist ein Versuch, an diesen Renditemöglichkeiten teilzuhaben. Nordö wiederum bemühte sich, durch Ausweitung der Kapazitäten (Einsatz eines dritten Schiffes), diese verstärkt auszunutzen. Da zum Abschluss der Untersuchungen noch keine Jahresabschlüsse für das Jahr 1999 vorlagen, konnten die Auswirkungen des starken Kapazitätswachstums seit September 1998 auf die von Nordö erzielte Rendite nicht beobachtet werden.

Es ist erkennbar, dass die potentiell im Fährverkehr erzielbaren Renditen zu einer deutlichen Ausweitung der Kapazitäten geführt haben. Bestehende Marktzutrittsbarrieren verhindern bisher, dass das Wachstum der Kapazitäten von außenstehenden Investoren getragen wird. Im Falle von Überrenditen werden zusätzliche Kapazitäten vor allem durch die alteingesessenen Reeder geschaffen. Der bevorstehende massive Markteintritt von Superfast[53] beweist aber,

[53] Ab 2001 sollen Linien von Rostock nach Södertälje (SWE) und Hanko (SF) eröffnet werden.

dass einerseits die Eintrittsbarrieren überwindbar sind, andererseits sich die Attraktivität des Marktes aus Renditegesichtspunkten anziehend auf *newcomer* auswirkt.

Fazit: *Aus dem Prozessmusterverlauf ist erkennbar, dass Renditeschwankungen zu funktionalen Kapazitätsvariationen führen und damit Abweichungen der Regelgröße Renditedifferenz vom Sollwert wieder ausgleichen. Auf der Grundlage bestehender Marktaustrittsbarrieren konnte in der theoretischen Analyse eine Schwachstelle identifiziert werden. Unter Beachtung der Besonderheiten der Kapazitätsflexibilität von Reedereien erscheint der Verlauf des Prozessmusters im Renditenormalisierungsprozess plausibel zu sein. Das erreichte Gleichgewichtsniveau ist als Folge von Staatseingriffen, beispielsweise der Finanzierung von Hafeninfra- und teilweise -suprastruktur und damit indirekter Subventionierung der Hafengebühren, etwas niveauverzerrt.*

3. Analyse des Übermachterosionsprozesses

3.1 Darstellung eines funktionierenden Prozessverlaufs

Der Übermachterosionsfunktion kommt die Aufgabe zu, Marktteilnehmern das Vermögen zu nehmen, Prozesse dauerhaft derart zu ihren Gunsten zu beeinflussen, dass ihre Stellung zu Monopol- und/oder politischen Verteilungskampfrenten führt.[54] Als Macht wird die Fähigkeit bezeichnet, soziale Prozesse bzw. bedeutsame Marktgrößen im Sinne eigener Zielsetzungen durch individuelle Handlungen beeinflussen zu können.[55]

Marktmacht beinhaltet die Fähigkeit, Angebot bzw. Nachfrage in Bezug auf Menge, Preis, Qualität oder sonstige Konditionengestaltung wirksam zu beeinflussen. Ein Unternehmen besitzt Marktmacht, wenn es als Anbieter z.B. den Marktpreis dauerhaft über Wettbewerbsniveau anheben und dabei übernormale Profite realisieren kann; unter Umständen sogar mit Hilfe technisch und qualitativ ineffizienter Produktion.[56]

Zur Vermeidung unerwünschter Machtpositionen ist eine annähernde Gleichverteilung der Macht wünschenswert. In funktionierenden Wettbewerbsprozessen werden dauerhafte Übermachtpositionen einer Marktseite durch Strukturvariationen verhindert. Übermacht kann durch folgende Prozesse tendenziell ausgeglichen werden:

- durch Bildung von Gegenmacht
- durch Markteintritte auf der machtstärkeren Seite; wobei Wettbewerber durch die Überrenditen angelockt werden, die durch Marktmacht normalerweise entstehen. Gleichzeitig erlahmt in mit Marktmacht ausgestatteten Unternehmen die Innovationsbereitschaft, was eine Markteintrittschance für innovative Unternehmen bedeutet.

Das Marktgleichgewicht sollte sich auf einem möglichst niedrigen Niveau einstellen, d.h. Machtpositionen werden nicht durch Gegenmachtbildung, sondern bevorzugt durch Markteintritte auf der stärkeren Seite neutralisiert.[57]

---

[54] Grossekettler, Heinz (1994), S. 3.
[55] Borchert, Manfred/Grossekettler, Heinz (1985), S. 208; Aberle, Gerd (1992), S. 61.
[56] Kolbe, Clemens (1991), S. 2.
[57] Borchert, Manfred/Grossekettler, Heinz (1985), S. 175.

Abb. 38: Regelkreisdarstellung des Übermachterosionsprozesses

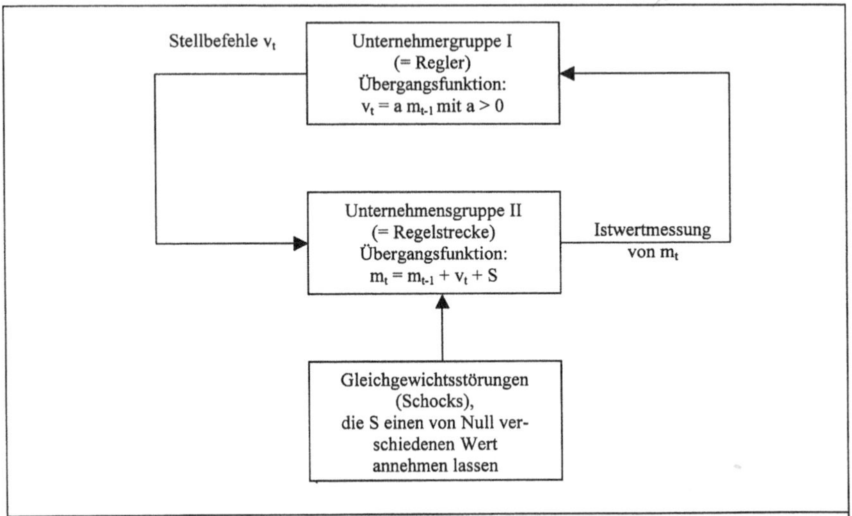

m_t = Differenzmaß ($H_t^A - H_t^N$) für die Übermacht einer Marktseite

H_t^A = korrigierte Machtkennziffer für die Angebotsseite

H_t^N = korrigierte Machtkennziffer für die Nachfrageseite

v_t = induzierte Struktur- und damit auch Machtveränderung = Stellgröße

S = autonome Veränderung von m; S nimmt nur noch sporadisch von Null verschiedene Werte an, und zwar immer dann, wenn es zu exogen bedingten Strukturveränderungen auf der Angebots- und/oder Nachfrageseite kommt (Beispiel: Zunahme von H^A im Zeitpunkt 0 durch einmalige Anbieterfusion)

Soll- oder Gleichgewichtswert: $m_t = 0$

Regler: Stellen, welche die Marktstruktur im Rahmen von Reaktionen auf vorher bestehende Markt- und Machtstrukturen verändern = Teilmenge der Unternehmer = Unternehmergruppe 1

Regelstrecke: Menge aller Unternehmer, insbesondere auch solcher, welche die Struktur autonom verändern = Unternehmergruppe 2

Quelle: Borchert, Manfred/Grossekettler, Heinz (1985), S. 212

Die Regelgröße des Prozesses ist die Machtdifferenz zwischen der Anbieter- sowie der Nachfragerseite. Die Machtpotentiale beider Marktseiten werden durch m_t^A und m_t^N gekennzeichnet. Eine Übermacht kann aus dem Differenzmaß m_t geschlossen werden. Der Sollwert des Übermachtmaßes lautet: $m_t = m_t^A - m_t^N = 0$. Ein positiver m_t -Wert deutet auf eine Anbieterübermacht hin, ein negativer Wert entsprechend auf eine Übermacht der Nachfragerseite.

Übermachtpositionen einer Marktseite werden im Verlauf des Übermachterosionsprozesses mit Hilfe von funktionalen Strukturänderungen abgebaut. Eine Störung des Gleichgewichts durch exogene Einflüsse und die daraus folgende Abweichung vom Sollwert lösen eine Tendenz zum Abbau der Übermacht aus.

Die Prozesse werden durch die Stellgröße v_t erklärt, die die induzierte Struktur- und Machtveränderung ausdrückt. Die autonome Machtveränderung S beinhaltet die exogen entstandenen Strukturveränderungen, die technisch-technologisch oder betriebswirtschaftlich determiniert und damit nicht Folge eines Machtungleichgewichts sind. Strukturveränderungen exogenen Charakters bestehen beispielsweise im Zwang zur Bildung optimaler Betriebsgrößen im Zuge der technisch-technologischen Entwicklung.

Die Veränderung des Parameters S bewirkt über die Übergangsfunktion der Regelstrecke $m_t = m_{t-1} + v_t + S$ eine Variation von m_t sowie eine Sollwertabweichung. Durch die Kopplung der Funktionen führt dies über die Übergangsfunktion der Regler $v_t = a\, m_{t-1}$ mit $a > 0$ zu einer Variation der Stellgröße v_t, die dann in einem geschlossenen System die Regelgröße in mehreren aufeinanderfolgenden Prozessschritten wieder an den Sollwert heranführt. Vom Übermachterosionsprozess wird kein absolutes Gleichgewicht gefordert, sondern die Begrenzung der Übermachtpositionen auf eine Höhe, die keine Fähigkeit zur Beeinflussung der Marktprozesse im eigenen Sinne verleiht.

Ein funktionsfähiger Prozess ist bei der Erfüllung folgender Bedingungen gewährleistet:[58]

Richtungsbedingung: Die Gleichgewichtsstörung wird durch eine richtungsfunktionale Strukturveränderung ausgeglichen. Positive oder negative Abweichungen der Machtdifferenz vom Sollwert führen zu gegenläufigen Bewegungen der Stellgröße v_t.

Effektivitätsbedingung: Die induzierten Strukturveränderungen sind stark und effektiv genug, das gestörte Marktgleichgewicht wiederherzustellen, aber fallen nicht derart stark aus, dass die andere Marktseite nun wiederum eine unzulässige Marktmacht aufbaut und es zu Aufschaukelungsprozessen kommt.[59] Es existiert eine Machtverteilungskonstellation zwischen Anbietern und Nachfragern, bei der der Sollwert $m_t = 0$ existiert.

Stabilitätsbedingung: Die Stabilitätsbedingung $-2 < a < 0$ besagt, dass für einen funktionierenden Prozessverlauf der Parameter a im angegebenen Wertebereich liegen muss.[60] Die Grenzen kennzeichnen entweder ein bilaterales Monopol, in dem keine weiteren Konzentrationsprozesse mehr möglich sind oder ein bilaterales Polypol, in dem keine weitere Dekonzentration mehr erfolgen kann.[61]

---

[58] Vgl. Borchert, Manfred/Grossekettler, Heinz (1985), S. 331.
[59] Vgl. Borchert, Manfred/Grossekettler, Heinz (1985), S. 215.
[60] Grossekettler, Heinz (1987), S. 109.
[61] Lemper, Burkhard (1996), S. 57.

Abb. 39: Prozessmuster eines funktionsfähigen Übermachterosionsprozesses

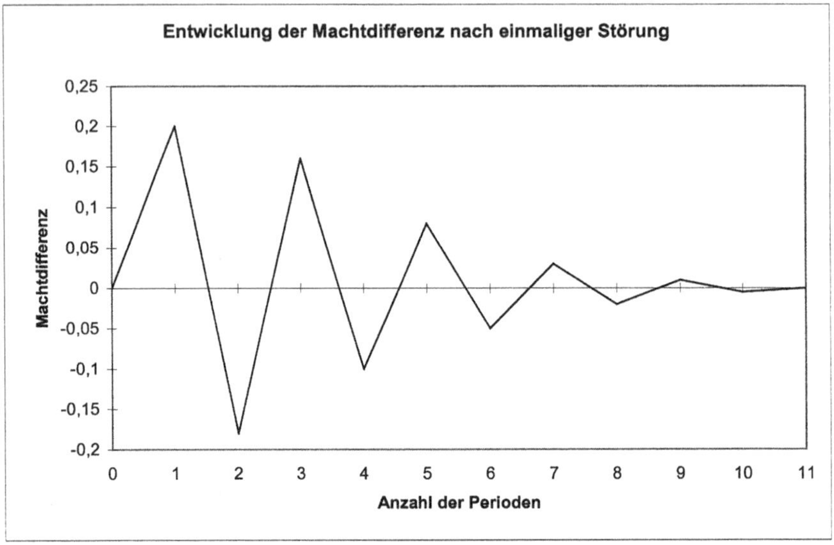

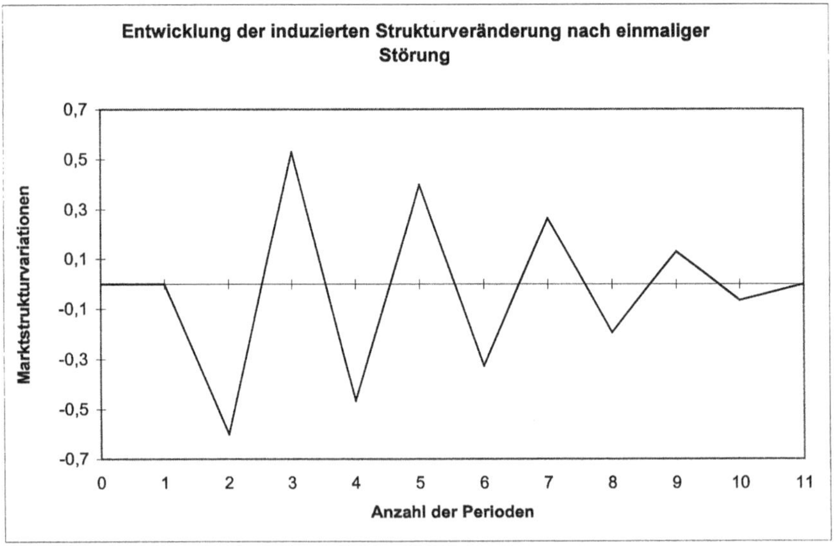

Quelle: Anlehnung an Borchert, Manfred/Grossekettler, Heinz (1985) S. 214; Lemper, Burkhard (1996), S. 202; Anmerkung: Die Annahme einer um den Gleichgewichtswert pendelnden Machtdifferenz (wie dargestellt) ist nur dann realistisch, wenn die Periodendauer ausreichend lang gewählt wurde. Ansonsten ist eine allmähliche Annäherung an den Gleichgewichtswert realistischer.

3.2 Operationalisierung der Messgrößen zur Prozessanalyse

Die Durchführung des Prozessmustertests bedingt die Operationalisierung der Begriffe Anbieter- und Nachfragermacht, induzierte Strukturveränderung sowie die Festlegung eines Toleranzsektors um die Norm- bzw. Gleichgewichtswerte der Machtdifferenz herum.

Operationalisierung von Anbieter- und Nachfragermacht und Benennung der Ideal- bzw. Hilfsindikatoren

Macht ist nicht direkt messbar, so dass sich die Konstruktion eines geeigneten Indikators als schwierig darstellt. Macht kann im Verkehr auf Grundlage der Verfügungsgewalt über Transportvolumina (bzw. auch Transportweg oder -mittel) ausgeübt werden. Entscheidend ist dabei nicht die angebotene Kapazität (wie z.B. aus Gründen der Datenverfügbarkeit bei *Geuther* und *Lemper*),[62] sondern die tatsächlich realisierte Transportleistung, z.B. die erreichten Marktanteile. Mit zunehmender Konzentration der Marktanteile auf eine geringe Anzahl von Unternehmen sinkt die Wettbewerbsintensität durch deren steigendes Potential zur Marktbeeinflussung. Damit erscheint die Nutzung von Marktanteilen als der geeignetste Weg zur Bildung von Machtkennziffern.

Zur Messung von Machtpotentialen bestehen eine Reihe unterschiedlicher Verfahren. Als Maß zur Messung von Macht wird z.B. der Herfindahlindex (auch Hirshman-Herfindahl-Index) genutzt. Er wird gebildet, indem die Marktanteile der Anbieter bzw. Nachfrager ermittelt, quadriert und anschließend summiert werden:

$$H = (x_1/x_n)^2 + (x_2/x_n)^2 + \ldots (x_i/x_n)^2 = \sum_{i=1}^{n} (x/x_n)^2 \text{ von } i = 1 \text{ bis } n \text{ (mit } 1/n \leq H \geq 1).$$

Da Macht immer relativ ist, ergibt sich die Machtdifferenz aus dem Vergleich der Machtkennzahlen beider Marktseiten. Der Herfindahlindex nimmt wettbewerbspolitisch keine neutrale Stellung ein, da er durch die Quadrierung der Marktanteile Unternehmen mit großen Marktanteilen stärker gewichtet. Ein Expotentialindex würde dagegen eine Gleichgewichtung bedeuten und gleichzeitig gut interpretierbar sein. Dieser kann als Spezialfall des verallgemeinerten Herfindahlindex aufgefasst werden.[63] Bei einem Markt mit einer geringen Anzahl von Teilnehmern erscheint es aber realistischer, die Marktanteile der großen Unternehmen stärker zu gewichten und daher den Herfindahlindex zu nutzen. Schließlich ist festzustellen: Eine marktbeherrschende Position wird um so mehr begünstigt, je größer der (Markanteils-) Abstand des größten zum folgenden Anbieter ist.

Die Möglichkeit zur Machtausübung wird von verschiedenen Faktoren bestimmt. So wird sie nicht nur von der aktuellen, sondern auch von der latent vorhandenen Konkurrenz beeinflusst. Aus diesem Grunde ist eine Korrektur der Herfindahlindizes durch Berücksichtigung der latenten Konkurrenz vorzunehmen. Der Korrekturfaktor ist ein Maß für die Intensität des vorläufig nur latent wirksamen Wettbewerbs. Er soll die Wahrscheinlichkeit darstellen, dass es im Falle der Ausnutzung vorhandener Übermachtpositionen zu einer Relativierung der Übermacht durch Markteintritte kommt.[64] Möglichkeiten zur Bestimmung des Korrekturfaktors

---

[62] Geuther, Ralph (1990); Lemper, Burkhard (1996).
[63] Grossekettler, Heinz (1994), Fußnote S. 32-33.
[64] Borchert, Manfred/Grossekettler, Heinz (1985), S. 210, 331 ff.

bestehen in der Berücksichtigung theoretischer Überlegungen oder in der Befragung von ausgewiesenen Marktkennern.[65]

Tab. 81: Korrekturfaktoren für den Einfluss der latenten Konkurrenz

Schätzurteil für den Einfluss der latenten Konkurrenz	Schätzwert des Korrekturfaktors
Es besteht keine latente Konkurrenz, welche die aktuelle Marktmacht einschränkt.	1
Es besteht zwar fühlbare latente Konkurrenz, die Machtposition wird aber nur mäßig eingeschränkt.	0,75
Die Machtposition auf Grund der Marktkonzentration wird durch die latente Konkurrenz halbiert.	0,5
Die Machtposition auf Grund der Marktkonzentration wird durch die latente Konkurrenz entscheidend eingeschränkt.	0,25
Es besteht hohe latente Konkurrenz, die bestehenden Machtpositionen werden vollständig abgebaut.	0

Quelle: Schulte-de Groot, Ralf (1992), S. 161

Eine positive Korrelation zum Korrekturfaktor der Machtkennziffer der Anbieterseite weisen folgende Faktoren auf:[66]

- Marktein- und -austrittsschranken
- horizontale Kooperationen mit Eintrittsbeschränkung
- hohe Wahrscheinlichkeit von Kampfreaktionen der bereits etablierten Anbieter
- in der Vergangenheit sichtbar gewordene niedrige Erosionstendenz von Übergewinnsituationen.

Eine positive Korrelation zum Korrekturfaktor der Machtkennziffer der Nachfragerseite kann sich z.B. aus folgenden Faktoren ergeben:

- Ausweichmöglichkeiten für die Anbieter
- Ausschaltung von Absatzmittlern durch Direktverkauf.

Auch Ausweichmöglichkeiten der Nachfrager können Übermachtpositionen der Anbieter aufweichen. Als diesbezüglicher Korrekturfaktor für die Macht der Angebotsseite sollte ein Maß wirksam werden, das die Möglichkeit der Nachfrager kennzeichnet, ihre Nachfrage auf andere Anbieter zu konzentrieren. Durch die seit 1998 bzw. 2000 im Betrieb befindlichen festen Querungen (noch nicht im Untersuchungszeitraum wirksam und daher nicht korrekturrelevant) haben die Speditionen weitere Wegealternativen zur Verfügung. Die Kurzstrecken nach Dänemark sind ebenfalls als Ausweichmöglichkeiten für die Schweden-Verkehre anzusehen. Da aber das Transitpotential dieser Kurzstrecken in die Untersuchung einbezogen wird, besteht kein Korrekturbedarf.

Die Angebotsumstellungsuntersuchung muss im Falle von Nachfragermacht auch für die Angebotsseite durchgeführt werden. Es sollte ein Maß gefunden werden, das die Möglichkeit der Anbieter kennzeichnet, ihr Angebot durch Umwidmung ihrer Kapazitäten auf andere Nachfrager umzustellen, falls dies höhere Renditen verspricht. Im Gegensatz zur Nachfragerseite besteht hier kaum eine Umstellungsmöglichkeit. Die Reeder sind sehr stark auf das einzige Nachfragesegment (Fracht) angewiesen, das ihnen eine gleichmäßige Auslastung ihrer Kapa-

[65] Vgl. Schulte-de Groot, Ralf (1992), S. 155.
[66] Grossekettler, Heinz; zitiert bei: Geuther, Ralph (1990), S. 137-138.

zitäten über das Jahr verspricht. Die Saisonalität des Passagierverkehrs sowie die schlechten Wachstumsprognosen für den Eisenbahnverkehr schränken, zumal vor dem Hintergrund des *duty-free*-Wegfalls sowie fester Querungen, die Angebotsflexibilität der Reeder zukünftig weiter ein. Da der Frachtverkehr das einzig wachsende Nachfragesegment für die Reeder darstellt und eine Verschiebung der Angebotskapazität zwischen den einzelnen Nachfragesegmenten nicht ohne hohe und zudem dauerhaft wirksame Investitionen möglich erscheint, entfällt ein diesbezüglicher Korrekturbedarf.

Vertikale Bindungen können die Machtpotentiale der Marktseiten ebenfalls beeinflussen. Solche Verflechtungen zwischen Anbieter- und Nachfragerseite spielen aber nur eine geringe (EMEA als Muttergesellschaft von Nordö besaß bis Anfang der 90er Jahre die Spedition Road-Link) bzw. gar keine Rolle (derzeit sind keinerlei Kapitalverflechtungen zwischen Reedern des relevanten Marktes sowie Speditionen bekannt). Damit besteht im Markt keine Notwendigkeit für die Korrektur des Herfindahlindex auf Grundlage vertikaler Bindungen.

Nicht unerwähnt bleiben soll auch die Möglichkeit, dass eine Übermachtposition in gewissem Maße durch den Grad der Kapazitätsverfügbarkeit erodieren kann. Die Kapazitätsauslastungsgrade auf den untersuchten Einzellinien sowie auf der Travemünde-Saßnitz-Range überschreiten nie den Grenzbereich der Normalauslastung, d.h. nennenswerte Kapazitätsengpässe sind nicht vorhanden. Es bestehen auf der Grundlage der ermittelten Kapazitätsauslastungen Überkapazitäten im Angebot, die aber im Verlaufe des Untersuchungszeitraumes zurückgingen und damit das Machtpotential der Anbieterseite nur leicht einschränken. Der Korrekturfaktor für den Herfindahlindex der Anbieterseite wäre bei Vorhandensein einer leichten Überkapazitätssituation nach *Lemper* 0,75.[67]

Weitere Korrekturfaktoren können sich aus der Frage ergeben, ob eine aus Sicht der Speditionen unbefriedigende Übermachtsituation der Reeder durch die Flexibilität der Marktgegenseite in Form der Eröffnung eigener Linien aufgehoben werden kann. In diesem Zusammenhang untersuchte der schwedische *Näringsfrihetsombudsman NO* (etwa Beauftragter für Wettbewerbsfreiheit) die Rolle des SJ-Konzerns im Fährverkehr von Schweden zum Kontinent. Nach Befragungen der wichtigsten schwedischen Verlader und Spediteure hielten diese den Wettbewerb im Fährverkehr zwischen Schweden und dem europäischen Kontinent grundsätzlich für ausreichend. Zudem bestehen Möglichkeiten zur Etablierung neuer Fähr- und Ro/Ro-Dienste auch durch die Speditionen selbst. Dies gilt ausdrücklich nicht für die Etablierung von Eisenbahnfährdiensten.[68] Beispiele für die Eröffnung von Fährlinien durch Spediteure, die mit der Preis- bzw. Kapazitätspolitik einiger Fährreeder nicht zufrieden waren, sind die Eröffnung der Krogius-Line zwischen Finnland und Deutschland durch die Speditor-Gruppe sowie die Eröffnung einer Fährlinie zwischen Rosslare und Pembroke in der Irischen See durch verschiedene Spediteure im Mai 1987.[69] Beide Linien wurden nach entsprechenden Übereinkünften (verbesserte Frachtraten) mit den Fährreedern nach kurzer Zeit wieder geschlossen. Solche Vorgänge sind auch in anderen Seegebieten zu beobachten: Brittany Ferries z.B. soll den bretonischen Bauern gute Exportmöglichkeiten nach Großbritannien sichern. UND, eine Transportvereinigung türkischer Lastkraftwagenspediteure, gründete eine eigene Reederei, um Lkw-Trajekte unbeeinflusst von der politischen Lage auf dem Balkan zwischen der Türkei und Mittel- sowie Westeuropa über das Mittelmeer sicherzustellen. Diese Überlegungen sollen jedoch, da zu unbestimmt, nicht in die Entwicklung eines zusätzlichen Korrekturfaktors münden.

---

[67] Vgl. Lemper, Burkhard (1996), S. 233.
[68] Vgl. o.V. (1990c), S. 29 ff.
[69] Gallagher, Mary/Crowley, James A. (1988), S. 328.

Die Übermacht wird nach Berücksichtigung der Korrekturfaktoren als Unterschied zwischen den korrigierten Herfindahlindizes von Angebot- und Nachfragerseite messbar.

Operationalisierung der induzierten Strukturveränderung und Benennung der Ideal- bzw. Hilfsindikatoren

Ein funktionierender Übermachterosionsprozess sorgt mittels induzierter Marktstrukturvariationen für eine Entwicklung in Richtung Verminderung der Übermacht.

Für die Untersuchung relevant sind ausschließlich die durch die Machtungleichverteilung ausgelösten Strukturveränderungen. Als induzierte Strukturveränderungen gelten im Übermachterosionsprozess alle Veränderungen, die als Reaktion auf ein Machtungleichgewicht auftreten und dieses Ungleichgewicht durch Machtpotentialverschiebungen tendenziell aufzulösen vermögen.[70] Der Idealindikator ist gegeben, wenn es gelingt, einzig die Strukturvariationen in den Indikator einfließen zu lassen, die übermachtbedingt entstehen.

Eine Unterscheidung der durch Machtungleichverteilung hervorgerufenen Strukturveränderungen von den Strukturveränderungen anderer Ursachen ist nur sehr eingeschränkt möglich. Auch die Anpassung an technische Standards kann Konzentrationsprozesse auslösen. Übermachtinduzierte Strukturveränderungen sind nur dann relativ einfach als solche zu identifizieren, wenn es sich um Gegenreaktionen der machtschwächeren Seite auf ein Übergewicht der anderen Seite handelt. Dies sind beispielsweise alle Formen der Gegenmachtbildung.[71]

Eine Unterscheidung ist beispielsweise über die Bestimmung der optimalen Betriebsgröße möglich. Übermachtinduzierte Strukturveränderungen sind dann zu vermuten, wenn die festgestellten die optimalen Betriebsgrößen übersteigen.[72] Die Größe des Marktes sowie die optimalen Produktionsbedingungen auf einem Markt bestimmen die Anzahl der Wettbewerber, die auf diesem Markt effektiv wirksam werden können. Die Anzahl der Wettbewerber auf einem Markt kann beispielsweise durch das Konzept der effizienten Industrie- oder Marktstruktur erklärt werden.[73] Durch das Streben nach Minimierung der langfristigen Stückkosten wird der größte Teil der Produktion von Unternehmen erzeugt, die eine *Mindestoptimale Unternehmens- bzw. Betriebsgröße* (MOS) aufweisen. Als MOS wird diejenige Kapazität bezeichnet, von der ab keine weiteren *scale-economies* (Größeneffekte) mehr realisierbar sind. Damit sind Betriebe mit einer Größe unterhalb der MOS mit Kostennachteilen gegenüber denjenigen Unternehmen konfrontiert, die zumindest die MOS-Größe erreichen.[74]

Wichtig ist weiterhin der Begriff „relative MOS“. Dieser ist ein Maß für den Anteil der MOS-Menge am gesamten Marktvolumen. Die relative MOS ist ein wesentlicher Grund für die Entstehung oligopolistischer Marktstrukturen, da bei einem großen relativen MOS die Anzahl der Unternehmen, die auf einem Markt effektiv wirksam sein können, zwangsläufig begrenzt ist.[75] Ist der erforderliche Marktanteil zur Bildung eines mindestoptimalen Unternehmens relativ groß, kann davon ausgegangen werden, dass nur wenige Anbieter Größenvorteile aus der Stückkostendegression auszunutzen in der Lage sind. Ist die mindestoptimale Unternehmensgröße im Verhältnis zur gesamten Produktion dagegen relativ klein, besteht ein weiter Bereich der Unternehmenskonzentration, in dem das Ziel der Kostenminimierung möglich ist.

---

[70] Wendland, Gerd (1987), S. 217.
[71] Wendland, Gerd (1987), S. 135.
[72] Schulte-de Groot, Ralf (1992), S. 63.
[73] Baumol, William J./Panzar, John C./Willig, Robert D. (1988), S. 17; Kruse, Jörn (1985), S. 17 f.
[74] Vgl. Hofmann, Hans-Joachim (1982), S. 35-39.
[75] Vgl. Kantzenbach, Erhard/Kruse, Jörn (1989), S. 53-54.

Mit Hilfe des mindestoptimalen Marktanteils lässt sich der zur Kostenminimierung erforderliche Grad der Unternehmenskonzentration ableiten. Diese bestimmt aber nur eine untere Grenze der Konzentration. Auch die Höhe der Marktzutrittsschranken sowie der Grad der Produktdifferenzierung bestimmen den Grad der marktlichen Unternehmenskonzentration.

Tab. 82: Mögliche Abschätzungsmethode zur Identifikation und Bewertung übermachtinduzierter Strukturveränderungen auf der stärkeren Marktseite

1. Ermittlung der Konzentrationsgrade, die sich aus der technisch optimalen Betriebsgröße ergeben.
2. Vergleich der realisierten mit den technisch optimalen Konzentrationsgraden.
3. Nähern sich im Zeitablauf die (überhöhten) realisierten Konzentrationsgrade den technisch optimalen an, so ist auf eine übermachtinduzierte Strukturveränderung funktionaler Art zu schließen.
4. Übermachtinduzierte Strukturveränderung dysfunktionaler Art sind dann anzunehmen, wenn die einseitig hohe Konzentration im Zeitablauf weiter ansteigt.

Quelle: Wendland, Gerd (1987), S. 135

Ob Konzentrationsprozesse als Folge von Marktstrukturänderungen oder zur Herausbildung optimaler Betriebsgrößen stattfinden, ist kaum zu ermitteln, zumal sich optimale Betriebsgrößen im Zeitablauf ändern. Die Aussage, dass Konzentrationsprozesse auf dem relevanten Markt kaum im Hinblick auf den Ausgleich von Übermachtpositionen der anderen Marktseite erfolgen, scheint jedoch gerechtfertigt. Dies gilt insbesondere für den Speditionsbereich, da für die Speditionen eher die Verhandlungsmacht gegenüber den Verladern und die technisch bzw. betriebswirtschaftlich optimale Betriebsgröße ausschlaggebend sind. Ähnlich stellt sich die Situation für die Reeder dar. Auch hier erfolgen Fusionen mit dem Ziel der Ausnutzung von Synergieeffekten, besserer Kapitalaufbringung oder der Netzwerkbildung; kurz: ebenfalls bedingt durch das Streben nach optimalen betrieblichen Größen.

Damit kann zusammenfassend festgestellt werden, dass eine Isolierung der durch Übermachtpositionen ausgelösten Marktstrukturveränderungen von der Gesamtheit der Marktstrukturveränderungen nicht möglich ist.

Bestimmung des Toleranzsektors

Kurzzeitige Monopole, beispielsweise als Folge von Vorsprungsmacht, sind auch auf funktionierenden Märkten akzeptabel. Dagegen verhindern dauerhafte Übermachtpositionen einer Marktseite einen funktionierenden Wettbewerb. *Grossekettler* schlägt vor, den Toleranzkorridor folgendermaßen zu definieren: $0{,}1 < m^{Ü} < 0{,}1$.[76]

Ein Verlassen dieser Zone ist insbesondere bei steigenden Konzentrationsmaßen kritisch zu werten.[77] Schwierigkeiten entstehen ebenso bei der Bestimmung einer akzeptablen Zeitspanne für den Abbau einer Übermachtposition, da Strukturveränderungen durch Planungs- und Realisierungsprozesse in der Regel einen längeren Zeitraum in Anspruch nehmen.[78] Daher ist es gerechtfertigt, dem Prozess längere Anpassungsfristen zum Abbau von Störungen des Machtgleichgewichtes einzuräumen, ohne ihm den Status der Funktionsfähigkeit zu entziehen.

---

[76] Borchert, Manfred/Grossekettler, Heinz (1985), S. 217.
[77] Borchert, Manfred/Grossekettler, Heinz (1985), S. 262.
[78] Vgl. Schulte-de Groot, Ralf (1992), S. 148, S. 164-165.

3.3 Diskussion der Datenlage

Datenlage Marktmacht der Anbieterseite

Die Marktanteile der Reeder im Fährverkehr nach Schweden konnten nur teilweise auf Basis veröffentlichter Daten ermittelt werden. Es sei bemerkt, dass die Marktanteile nicht auf Basis des Umsatzes, sondern auf Basis der Trajektionszahlen errechnet wurden. Dazu wurden die Angaben der schwedischen Fachzeitschrift *Cruise & Ferry Info* (Halmstad), die monatliche und jährliche Beförderungszahlen vieler Fährlinien weltweit veröffentlicht, ausgewertet. Da die Machtkennziffern der Nachfragerseite sich auf die Anzahl der Trailertransporte zwischen Schweden sowie West- und Mitteleuropa und somit auch auf Fährlinien außerhalb des untersuchten Marktes bezogen,[79] wurden zur besseren Vergleichbarkeit auch die Machtkennziffern der Anbieterseite unter Berücksichtigung der Ro/Ro-Linie Göteborg-Gent sowie des Transitanteils der über Dänemark führenden Fährlinien Puttgarden-Rødby, Rostock-Gedser, Travemünde-Gedser sowie Frederikshavn-Göteborg gebildet. Dazu war es notwendig, für den Transitanteil teilweise auf Schätzwerte zurückzugreifen. Es gilt als relativ gesichert, dass auf der Vogelfluglinie 35 bis 40 % (mit steigender Tendenz), auf der Linie Frederikshavn-Göteborg 25 % sowie auf den Relationen von Rostock bzw. Travemünde nach Gedser etwa 5 bis 10 % der trajektierten Mengen Verkehre zwischen Kontinentaleuropa sowie Skandinavien waren bzw. sind. Auch die Transportzahlen der Linie Göteborg-Gent konnten näherungsweise, wie in Kapitel V.5.3 beschrieben, ermittelt werden. Trotzdem bleiben bei einer solchen Vorgehensweise Unsicherheiten über die Qualität der Datenlage bestehen, so dass dem auf dieser Basis konstruierten Indikator nur die Qualität eines Hilfsindikators zugestanden werden kann.

Tab. 83: Transportaufkommen (Anzahl Lkw, Trailer) der Anbieterseite 1990-1999

	1990	1991	1992	1993	1994	1995	1996	1997	1998	1999
TT-Line	131.900	147.600	158.800	160.600	194.800	191.400	221.600	235.500	240.500	241.600
Nordö (MGA)[80]	127.200	94.700	107.600	111.500	116.600	132.000	135.400	149.900	165.100	177.700
Hansa-Ferry[81]	109.100	107.000	94.100	87.300	111.000	131.200	143.800	173.300	209.200	242.200
Stena[82]	111.700	109.700	113.200	117.200	131.300	146.900	148.100	143.900	137.900	133.100
Pol-ferries[83]	52.600	57.500	57.500	52.200	58.600	17.200	10.500	9.900	8.900	9.500
Unity						40.400	48.000	56.700	63.300	72.400
Baltic Express			500	100		300				
Tor-Line	26.800	26.400	25.800	25.500	35.100	39.300	42.500	46.000	49.300	53.200
$\sum$ direkte Linien	441.500	417.600	430.500	429.800	499.700	541.400	578.500	628.000	678.000	731.400
Δ Nachfrage %		-5,4	3,1	-0,2	16,3	8,3	6,9	8,6	8,0	7,9
$\sum$ dir. + Transit	559.300	542.900	557.500	553.400	647.400	697.800	749.100	815.200	874.200	929.700
Δ Nachfrage %		- 2,93	2,69	-0,74	16,98	7,78	7,35	8,82	7,24	6,35

Quelle: Cruise & Ferry Info (Halmstad) bzw. eigene Marktkenntnis und Berechnungen

79 Siehe Datenlage Marktmacht Nachfragerseite.
80 Umfasst Rederi AB Nordö Link, Euroway sowie geschätzter Transitanteil GT-Link und Europa-Linien.
81 Umfasst TS-Line, Hansa-Ferry und geschätzten Transitanteil Puttgarden-Rødby sowie Warnemünde/Rostock-Gedser.
82 Umfasst Travemünde/Kiel-Göteborg und geschätzten Transitanteil Frederikshavn-Göteborg.
83 Bis 1995 PZB und POL bzw. Euroafrica.

Tab. 84: Marktanteilsverteilung der Anbieterseite 1990-1999

%	1990	1991	1992	1993	1994	1995	1996	1997	1998	1999
TT-Line	23,58	27,19	28,48	29,02	30,09	27,43	29,58	28,89	27,51	25,99
Nordö	22,74	17,44	19,30	20,51	18,01	18,92	18,07	18,39	18,88	19,11
Hansa-Ferry	19,5	19,71	16,88	15,77	17,14	18,80	19,19	21,26	23,93	26,05
Stena	19,97	20,21	20,30	21,00	20,28	21,05	19,77	17,65	15,77	14,31
Polferries	9,40	10,59	10,31	9,43	9,05	2,46	1,40	1,21	1,02	1,02
Unity						5,79	6,41	6,96	7,24	7,79
Baltic Express			0,09	0,02		0,04				
Tor-Line	4,79	4,86	4,63	4,61	5,42	5,63	5,67	5,64	5,64	5,72
Konzentrationsmaß $\sum H^A$	0,196	0,197	0,201	0,206	0,204	0,198	0,203	0,202	0,202	0,2018

Quelle: eigene Berechnungen auf Grundlage der Angaben von Cruise & Ferry Info

Datenlage Marktmacht der Nachfragerseite

Die Fähigkeit eines Unternehmens zur Marktbeeinflussung ergibt sich nicht ausschließlich aus den Konzentrationsgraden der eigenen Marktseite, sondern auch aus der Macht der Gegenseite. Für die Marktanteilsverteilung auf der Nachfragerseite stehen seit 1993 die Angaben der schwedischen Fachzeitschrift *Transport & Hantering* (Göteborg) über die Anzahl durchgeführter Reisen im Verkehr Schweden-Kontinent auf Grundlage jährlich durchgeführter Befragungen zur Verfügung. Es sollte aber beachtet werden, dass sich die Angaben ausschließlich auf den Teil der Nachfrage bezogen, der auf schwedische Speditionen bzw. schwedische Niederlassungen oder Tochtergesellschaften ausländischer Speditionen entfiel. Daher war nur ein Teil der Gesamtnachfrage durch vorliegende Angaben gedeckt.

Tab. 85: Entwicklung des Transportaufkommens der größten schwedischen Speditionen (bzw. ausländischen NL in Schweden) im Verkehr zwischen Schweden und dem kontinentalen Europa 1993-1998

Einzelreisen	1993	1994	1995	1996	1997	1998
ASG (ab 95 mit ERT)	22.000	28.000	63.000	63.000	63.000	65.000
ERT (ab 95 bei ASG)	23.000	29.000				
Scansped (ab 98 Schenker BTL)	56.000	66.000	58.400	59.400	54.900	78.600
DFDS	30.000	35.000	36.500	40.000	44.760	34.400
NTS (Fraktarna)	25.000	36.000	39.000	39.000	41.000	49.500
Schenker (ab 98 Schenker BTL)	24.800	27.400	31.050	30.850	32.425	
Ewals Cargo		13.400	18.000	23.000	27.000	28.000
(DSV) Road-Link	15.640	17.300	19.800	20.100	21.800	19.200
Frans Maas-BVT		12.250	15.550	17.250	20.450	19.870
Halléns Transport			12.100	13.300	16.500	17.625
Börje Jönsson	11.500	13.000	12.500	13.000	13.000	13.000
Fraktarna	4.850	8.500	10.100	11.100	12.300	
LEP/Olson & Wright	5.000	6.000	7.600	8.100	8.500	
Siöwall (Combitrans)	6.500	6.500	6.800	6.100	11.200	11.200
Rationell (ab 94 Fraktarna)	8.925	7.235				
P&O Ferrymasters	3.400	3.900	4.950	6.530	7.240	5.000
TeamTrans	4.700	4.800	4.950	5.180	4.000	4.700
Cargo Care	2.600	3.600	4.200	4.200	4.000	4.000
ACi	3.850	3.950	3.950	3.870	4.150	4.900
Corneel Geerts			3.150	3.770	4.500	5.300
Euro Traffic	2.500	2.800	3.300	3.500	3.500	3.600
Kühne & Nagel	4.250	4.850	5.000	3.000	2.500	3.640
Volo Trans	2.500					
GeoLogistics					8.500	8.700
TransFargo	1.700	2.300	2.900	2.850	3.000	3.450
Euroute			0	2.610	7.120	11.050

Contisped			1.650	1.810	2.290	2.655
Briding Transport			1.900	1.400	1.250	3.150
Swelog (früher Gropengiesser)	1.600	1.350	1.525	1.640	2.115	2.115
Spedman	1.600	2.200	1.800			
Stella Transport				940	1.750	1.950
France Sped AB				4.000	4.200	4.020
Leman					1.280	1.460
Börjes Logistik & Sped					1.635	1.940
Transflex						1.500
Summe angeführte Speditionen	261.915	335.335	369.675	389.500	429.865	409.525
Gesamtnachfrage	553.400	647.400	697.800	749.100	815.200	874.200
durch Angaben gedeckt in %	46,48	51,79	52,79	51,99	52,73	46,84

Quelle: jährliche Umfragen im schwedischen Speditionsgewerbe; entnommen aus der schwedischen Transportzeitschrift Transport & Hantering, Jahrgänge 1994-1999

Tab. 86: Marktanteilsverteilung der Nachfragerseite 1993-1998

%	1993	1994	1995	1996	1997	1998
ASG (ab 95 mit ERT)	3,9	4,32	9,03	8,41	7,72	7,43
ERT (ab 95 bei ASG)	4,1	4,48				
Scansped (ab 98 Schenker BTL)	9,93	10,19	8,37	7,93	6,73	8,99
DFDS	5,32	5,41	5,23	5,34	5,49	3,94
NTS (ab 98 mit Fraktarna)	4,43	5,56	5,59	5,21	5,03	5,66
Schenker (ab 98 Schenker BTL)	4,40	4,23	4,45	4,12	3,98	
Ewals Cargo		2,07	2,58	3,07	3,31	3,20
(DSV) Road-Link	2,78	2,67	2,84	2,68	2,67	2,20
Frans Maas-BVT		1,89	2,23	2,3	2,51	2,27
Halléns Transport			1,73	1,78	2,02	2,02
Börje Jönsson	2,04	2,0	1,79	1,74	1,59	1,49
Fraktarna	0,86	1,31	1,45	1,48	1,51	
LEP/Olson & Wright	0,89	0,93	1,09	1,08	1,04	
Siöwall (Combitrans)	1,15	1,0	0,97	0,81	1,37	1,28
Rationell (ab 94 Fraktarna)	1,58	1,12				
P&O Ferrymasters	0,60	0,60	0,71	0,87	0,89	0,57
TeamTrans	0,83	0,74	0,71	0,69	0,49	0,54
Cargo Care	0,46	0,56	0,60	0,56	0,49	0,46
ACi	0,68	0,61	0,57	0,52	0,51	0,56
Corneel Geerts			0,45	0,50	0,55	0,61
Euro Traffic	0,44	0,43	0,47	0,47	0,43	0,41
Kühne & Nagel	0,75	0,75	0,72	0,40	0,31	0,42
Volo Trans	0,44					
GeoLogistics					1,04	1,00
TransFargo	0,30	0,36	0,42	0,38	0,37	0,40
Euroute				0,35	0,87	1,27
Contisped			0,24	0,24	0,28	0,3
Briding Transport			0,27	0,19	0,15	0,36
Swelog (früher Gropengiesser)	0,28	0,21	0,22	0,22	0,26	0,24
Spedman	0,28	0,34	0,26			
Stella Transport				0,13	0,21	0,22
France Sped AB				0,53	0,52	0,46
Leman					0,16	0,17
Börjes Logistik & Transport					0,20	0,22
Transflex						0,17
Gesamtnachfrage	553.400	647.400	697.800	749.100	815.200	874.200
Konzentrationsmaß $\sum H^N$	0,0218	0,0247	0,0263	0,0242	0,0217	0,0227

Quelle: eigene Berechnungen auf Grundlage der Angaben von Transport & Hantering

3.4 Durchführung des Prozessmustertests

Auf Basis der beförderten Einheiten wurden die Machtkennziffern der Reeder ermittelt. Gleiches galt für die Machtkennziffern der Nachfragerseite. Durch ausschließliche Berücksichtigung des durch Daten gedeckten Nachfrageanteils konnten unkorrigierte Machtkennzahlen der Nachfragerseite ermittelt werden. Die Nutzung unkorrigierter Machtkennzahlen ist möglich, da es vor allem auf die Entwicklungsrichtung der Machtdifferenz ankommt.

Abb. 40: Entwicklung der unkorrigierten Herfindahlindizes für Anbieter- und Nachfragerseite 1990-1998

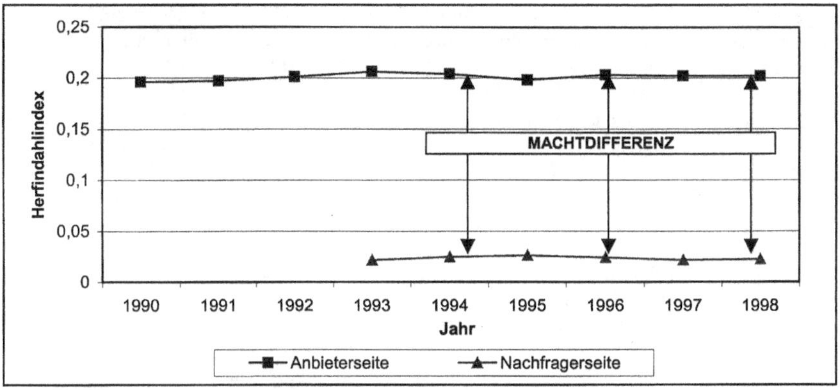

Die unkorrigierte Machtkennziffer der Anbieterseite entwickelte sich von 0,196 (1990) über 0,206 (1993) auf 0,202 (1998) sowie 0,2018 (1999) und stieg damit gegenüber 1990 leicht an, nahm gegenüber 1993 aber wieder ab. Für die Nachfragerseite lauten die entsprechenden Werte 0,0218 (1993) sowie 0,0227 (1998). Die Machtdifferenz ergibt sich aus dem Vergleich der Herfindahlindizes beider Marktseiten mittels Subtraktion. Dabei wurde eine seit 1993 insgesamt leicht abnehmende Machtdifferenz festgestellt.

Abb. 41: Entwicklung der unkorrigierten Machtdifferenz zwischen Anbieter- und Nachfragerseite 1993-1998

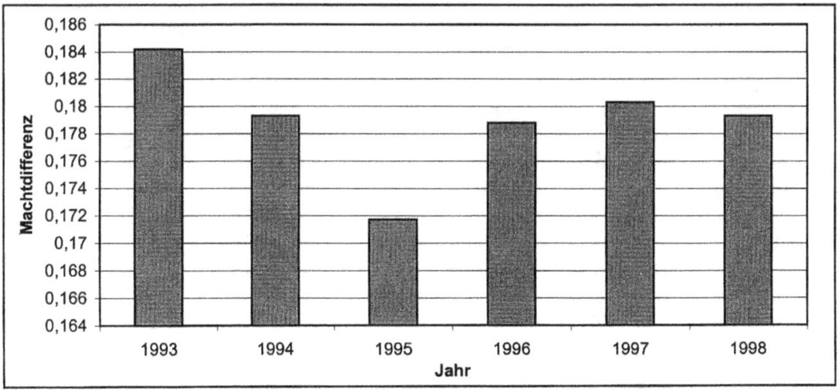

Es existieren verschiedene Vorschläge zur Konzentrationsbeurteilung von Märkten. Einer davon findet sich in den *Merger Guidelines* des *US-Departments of Justice*. Märkte gelten als:

- *niedrig konzentriert:* *unkorrigierter Herfindahlindex H < 0,1*
- *mäßig konzentriert:* *0,1 < unkorrigierter Herfindahlindex H < 0,18*
- *hoch konzentriert:* *unkorrigierter Herfindahlindex H > 0,18.*[84]

Damit befindet sich die Angebotsseite des untersuchten Marktes im hochkonzentrierten Bereich.

Da jeweils nur die Angaben über die Volumina der schwedischen Speditionen zur Verfügung standen, beziehen sich die errechneten Konzentrationsmaße ausschließlich auf den schwedischen Teil der Nachfrage. Damit waren jeweils nur etwa 50 % der Gesamtnachfrage durch Angaben gedeckt. Diese Datenlücke sorgt für zu niedrig ausgewiesene Machtkennzahlen der Nachfragerseite. Bei angenommener Gleichverteilung von Marktanteilen ist für den verbleibenden Teil der Nachfrage (norwegische, finnische, dänische und kontinentale Speditionen) in etwa eine Verdoppelung der Machtkennziffern zu erwarten. Da die schwedischen Speditionen in der Regel wesentlich größer sind und auf kontinentaler Seite auch viele kleine Speditionen agieren, wird das reale Konzentrationsmaß unterhalb der doppelten Werte liegen. Auf Grund der nicht ausreichenden Angaben sowie der Tatsache, dass viele kleine Speditionen auf Rechnung größerer fahren und dies die Verhandlungsmacht gegenüber den Reedern durchaus beeinflusst und darüber hinaus die dänischen Speditionen ähnlich groß sind, wird auf kontinentaler Seite eine ähnliche Marktanteilsverteilung unterstellt.

Auf Grundlage der theoretischen Überlegungen soll der unkorrigierte Herfindahlindex zu einem korrigierten erweitert werden. Als wichtigstes Kriterium wird dabei die Höhe der Markt-ein- und -austrittsbarrieren angesehen.

In der Literatur wird der Marktein- und -austritt auf Kurzstrecken vielfach als wesentlich freier und einfacher beschrieben als auf Überseelinien. Als Argumente dafür dienen insbesondere die geringeren schiffsseitigen Aufwendungen (Anzahl der Schiffe). Märkte für Kurzstreckenverkehre weisen sogar Merkmale von kontestablen Märkten auf.[85]

Die Höhe der Markteintrittsbarrieren variiert in der Tat in Abhängigkeit von speziellen Routenbedingungen. Auf Kurzstrecken erscheint der Markteintritt durch den geringeren Kapitalaufwand zur Errichtung einer Fährlinie mit ausreichendem Serviceniveau gegenüber einer Langstrecke einfacher. Außerdem ist der Markteintritt auch mit kleineren Schiffen möglich, da die optimale Schiffsgröße von der Seestreckenlänge abhängt; d.h. sie ist auf Kurzstrecken wesentlich kleiner. Andererseits bestehen auf kurzen Strecken aber auch höhere Anforderungen an die Frequenz und die logistische Qualität, etwa in Bezug auf die Fahrplangenauigkeit. Ein weiterer markteintrittsbestimmender Fakt ist das Volumenpotential der Route. Auf hochvolumigen Routen ist ein Markteintritt leichter umzusetzen als auf Routen mit begrenztem Nachfragepotential. Das Volumen der Route bestimmt auch das Reaktionsverhalten der etablierten Anbieter. Eine begrenzte Nachfrage verleitet zu Kampfreaktionen, während große Volumina einen Markteintritt erträglicher gestalten.[86]

In der Fährschifffahrt sind die Markteintrittsbarrieren weniger bedeutend als beispielsweise in der Containerlinienschifffahrt, da ein Markteintritt nicht von Investitionen in eigene Termi-

---

[84] Zitiert bei: Borchert, Manfred/Grossekettler, Heinz (1985), S. 290.
[85] Gilman, S. (1994), S. 59-60, 62.
[86] Vgl. Heaver, Trevor D. (1982), S. 43.

nals, in Containerequipment und -depots sowie von der Organisation des Vor- und Nachlaufes abhängt. Ebenso entstehen für die Reeder keine Aufwendungen, um etwa Imbalancen in den Verkehrsrichtungen durch Organisation des Containerrundlaufs auszugleichen. Damit ist zwar der eigentliche Seeschifffahrtsbetrieb im Fährbereich kapitalkostenintensiver, insgesamt erweist sich die Containerlinienschifffahrt durch die übliche Ausweitung der Reederaktivitäten in der Transportkette jedoch als kapitalkostenintensiver. Dadurch entstanden in der Containerlinienschifffahrt auch die wesentlich größeren Unternehmenseinheiten.

Eintrittsbarrieren sind im Frachtbereich geringer als im Passagierbereich, da passagiertragende Fähren höhere Aufwendungen als reine Frachtfähren erfordern. Gleichwohl ist festzustellen, dass die Nutzung von Betriebsgrößenvorteilen die Anzahl der auf dem Markt tätigen Reeder begrenzt und damit Markteintrittsbarrieren entstehen, die bevorzugt nur von größeren Unternehmenseinheiten überwunden werden können. Ladungskonzentrationen auf immer weniger Routen und Anbieter ermöglichten aber immer wieder Markteintritte. Der richtige Zeitpunkt des Markteintritts ist z.B. gegeben, wenn der bisherige Alleinanbieter bei steigender Transportnachfrage zu lange zögert, sein Angebot entsprechend der Nachfrage auszuweiten und aus Kostengründen mit einer Kapazitätsanpassung bis zum letzten Augenblick wartet. Dies eröffnet für einen zweiten Anbieter die Chance, durch zusätzlich in den Markt gebrachte Kapazität den sich aufbauenden Nachfrageüberhang abzufahren und sich im Markt zu etablieren. Als Beispiel sollen sowohl der Markteintritt von Nordö 1982 nach der Monopolisierung des Fahrtgebietes Travemünde-Südschweden sowie der 1998 von Scandlines AB vollzogene Markteintritt gelten. Im letzteren Fall zögerte Nordö zu lange mit dem Einsatz eines dritten Schiffes.

Auf dem untersuchten Markt konnten prinzipiell ebenfalls keine Beschränkungen im Zugang zu den nötigen Ressourcen festgestellt werden. Die Schiffsaufbringung stellt keine schwerwiegende Markteintrittsbarriere dar, da allen Wettbewerbern, potentiellen oder aktuellen, ein funktionierender Beschaffungsmarkt zur Verfügung steht. Die Höhe des Kapitaleinsatzes variiert von sehr hoch für speziell angepasste Einheiten bis niedrig für gecharterte bzw. gebraucht erworbene Einheiten. Linienspezifisch muss entschieden werden, ob die Vorteile aus den geringeren Kapitalkosten bzw. der geringeren Kapitalbindung die Nachteile aus der geringeren linienmäßigen Anpassung und den höheren Betriebskosten kompensieren können.

Als Markteintrittsschranke wirkt aber insbesondere die technische und organisatorische Komplexität des Fährverkehrs. Andererseits können etablierte Anbieter nur ungenügend auf Markteintritte mit einer überlegenen Technologie reagieren, da sie sich durch ihre Investitionsentscheidung technologisch zu einem Zeitpunkt längerfristig festgelegt hatten, als die überlegene Technologie noch nicht zur Verfügung stand. Die reine Transportleistung unterscheidet sich zwischen den einzelnen Reedereien zwar nur unwesentlich. Wenn die Gesamtleistung jedoch als Kombination der Transportleistung mit qualitativen Elementen wie passgenaue Abfahrtzeiten, Frequenz, Schnelligkeit, Zuverlässigkeit, Kapazitätsverfügbarkeit, Service und Preis verstanden wird, ergeben sich insbesondere durch die Informations- sowie Schnellfährentechnologie Möglichkeiten zur Erstellung mehrdimensionaler Fährprodukte sowie damit zur Produktdifferenzierung. Eine erfolgversprechende Markteintrittsstrategie kann daher in einer ausgesprochenen Nischenstrategie mit einer Beschränkung auf bestimmte Linien bestehen. Dabei können beispielsweise im Zuge von Konzentrationsprozessen geöffnete Lücken besetzt werden. Die Markteintrittsbarrieren sinken dabei in der Regel durch das Interesse der Häfen an neuen Liniendiensten, um ihre teilweise vorhandenen Hafenanlagen auslasten zu können.

Die Problematik für Neueinsteiger beruht auf der Kapitalintensität der Branche, dem Aufbau von rentablen Produktionssystemen auf der Grundlage hoher Marktanteile sowie der *know-how*-Intensität der Fährschifffahrt. Verglichen mit anderen Industrien sind die Markteintrittsbarrieren aber nicht außergewöhnlich hoch. Die Markteintrittsbedingungen in der Schifffahrt sind, differenziert nach Branchen, gegenüber vielen anderen Bereichen als sehr günstig einzuschätzen. Vor allem die verschiedenen Möglichkeiten der Kapazitätsaufbringung, der Verfügbarkeit öffentlicher Häfen und die potentielle Nutzung von Agenten für die Vermarktung führen zu diesem Urteil. Durch *outsourcen* des Schiffsmanagements, des *on-board-services*, durch Nutzung der Schiffbautechnologie der Werften sowie durch Anheuern von erfahrenen Besatzungen lassen sich *know-how*-Nachteile ausgleichen. Insgesamt kann davon ausgegangen werden, dass auf dem betrachteten Markt keine unüberwindbaren und gegenüber anderen Märkten besonders hohe Markteintrittshemmnisse vorhanden sind.

Dagegen spielen die Marktaustrittsbarrieren eine wesentlich größere Rolle. Die Höhe der *sunk costs*, die z.B. für die Kontestabilität von Märkten bestimmend sind, hängen von den Einsatzmöglichkeiten der Schiffe in anderen Seegebieten oder Strecken ab. Normalerweise wird in der Transportwirtschaft von einer nahezu grenzenlosen Mobilität des wichtigsten Produktionsfaktors, des Transportmittels, ausgegangen.[87] Die physische Beweglichkeit ist zwar hinreichende Bedingung und mag den freien und schnellen Marktein- und -austritt erleichtern, ist aber nicht als ausreichende Bedingung zu bezeichnen. Dies kann nur die Gleichzeitigkeit von physischer und ökonomischer Mobilität.[88] Im Fähr- und Ro/Ro-Verkehr erfolgt die Optimierung der Linien durch die Anpassung der Schiffe bezüglich Größe, Kapazität und Geschwindigkeit an die speziellen Bedingungen (Nachfrage, externe Bedingungen) der bedienten Relation sowie an spezielle Umschlag- und Hafenanlagen. Eine geringe spezifische Anpassung ist mit einer geringeren Wirtschaftlichkeit im laufenden Betrieb verbunden. Die Anpassung zwischen Schiff und Hafenanlage ist um so aufwendiger, je größer die technologischen Herausforderungen für den Umschlagvorgang sind und je wichtiger schnelle Be- und Entladeprozesse sind. Die auf die speziellen Bedürfnisse einer Linie in Bezug auf die Nachfrage- ebenso wie auf die geographischen, nautischen und Hafenbedingungen zugeschnittenen Transportkapazitäten eines Liniendienstes führen zu einer nur gering ausgeprägten Umsetzbarkeit der Kapazitäten auf andere Linien. Die Umsetzbarkeit ist oft beschränkt auf Linien des gleichen Seegebietes und damit des gleichen Marktes. Im Kurzstreckenverkehr ist die Anpassung an bestimmte Ladungsarten oder Häfen besonders stark ausgeprägt,[89] während Fährreeder, die lange und frachtorientierte Strecken bedienen, die Offenhaltung ihrer strategischen Flexibilität bei der Flottenplanung berücksichtigen.

Erschwert wird eine Anpassung der Tonnage auch durch die geringe Aufnahmefähigkeit von Alttonnage durch andere Märkte.[90] Dies hängt mit den spezifischen Voraussetzungen zusammen, die für die Entwicklung von Fähr- und Ro/Ro-Märkten gegeben sein müssen. Mit der Ostsee vergleichbare geographische, aber auch wirtschaftliche und sozioökonomische Voraussetzungen sind nur in wenigen Seegebieten der Welt vorhanden. Technische Neuerungen, feste Querungen oder Änderungen der Vorschriften, etwa im Sicherheitsbereich, können sprunghafte Wertveränderungen der Schiffe verursachen. Einfluss auf die Verkaufswerte von Schiffen hat auch der aktuelle Schrottpreis. Zudem nimmt in Krisenzeiten, die aus externen Änderungen des Marktumfeldes resultieren können, das Angebot an gebrauchter Tonnage zu. Verbunden damit ist die praktische Unmöglichkeit, in den Schiffen gebundenes Anlagekapital wieder in adäquater Weise in liquide Mittel umzuwandeln. Verkaufserlöse decken mittlerwei-

[87] Vgl. z.B. Quinet, E. (1993), S. 42.
[88] Vgl. Gilman, S. (1994), S. 62.
[89] Vgl. Muttilainen, Harri (1991), S. 42-43.
[90] Brogren, Klas/Hillberg, Esbjörg/Nordborg, Stig (1978), S. 109.

le nur einen sehr geringen Teil des zur Finanzierung von größeren und schnelleren Einheiten nötigen Kapitals.

Die geringen Wiederveräußerungsmöglichkeiten von mehr oder weniger stark auf das Seegebiet angepassten Schiffen stellen eine nicht geringe Marktaustrittsbarriere dar. Die Verbindung von Marktein- mit Marktaustrittsbarrieren wirkt sich somit hinderlich für von außen kommende Wettbewerber aus. Für den Güterfähr- und Ro/Ro-Verkehr gilt diese Aussage durch die bessere Umsetzbarkeit frachtorientierter Einheiten in wesentlich geringerem Maße.

Die Marktein- und -austrittsbarrieren im Speditionsbereich sind dagegen, verglichen mit dem Reedereisektor, relativ klein, vor allem weil Speditionstätigkeiten weniger kapital-, dafür um so mehr *know-how*- und arbeitsintensiv sind. Die Internationalisierung der Speditionsmärkte, die Anforderungen an flächendeckende und hochwertige logistische Lösungen lassen die Speditionstätigkeit immer kapitalintensiver werden. Insbesondere die zunehmende Bedeutung der Informationstechnologie erhöht die Markteintrittsbarrieren auch im Speditionssektor. Trotzdem wird eine stärkere Aufweichung der Machtposition auf der Nachfragerseite als Folge von latent vorhandener Konkurrenz angenommen (0,6) als für die Reederseite (0,8). Für den Kapazitätsüberschuss im Angebot wurde ein weiterer Korrekturfaktor in die Kalkulation aufgenommen, der auf Grund der Unsicherheiten über die richtige Höhe alternativ mit 0,75 (I) bzw. 0,9 (II) festgelegt wurde. Die Festlegung der Korrekturfaktorwerte erfolgt nicht punktgenau, sondern lediglich rein intuitiv.

Tab. 87: Ermittlung der Machtdifferenzen unter Berücksichtigung der Korrekturfaktoren 1993-1998

	1990	1991	1992	1993	1994	1995	1996	1997	1998
Anbieterseite									
unkorrigierte Machtkennzahl	0,196	0,197	0,201	0,206	0,204	0,198	0,203	0,202	0,202
Korrekturfaktor latente Konkurrenz 0,8	0,157	0,158	0,161	0,165	0,163	0,158	0,162	0,162	0,162
Korrekturfaktor Kapazitätsüberschuss 0,75 (I)	0,1177	0,1185	0,1207	0,1237	0,1222	0,1185	0,1215	0,1215	0,1215
Korrekturfaktor Kapazitätsüberschuss 0,9 (II)	0,141	0,142	0,145	0,148	0,147	0,143	0,146	0,145	0,145
Nachfragerseite									
unkorrigierte Machtkennzahl				0,022	0,025	0,026	0,024	0,022	0,023
Berücksichtigung der nicht durch Daten gedeckten Nachfrage				0,05	0,048	0,05	0,0465	0,041	0,0485
Korrekturfaktor latente Konkurrenz 0,6				0,03	0,0286	0,03	0,028	0,025	0,03
Machtdifferenz (I)				**0,0937**	**0,0936**	**0,0885**	**0,0935**	**0,0965**	**0,0915**
Machtdifferenz (II)				**0,118**	**0,118**	**0,113**	**0,118**	**0,12**	**0,115**

Dargestellt wird vorsichtigerweise die Machtdifferenz unter Nutzung des Korrekturfaktors II (0,9) für einen geringen Angebotsüberschuss.

Abb. 42: Entwicklung der korrigierten Herfindahlindizes für Anbieter- und Nachfragerseite 1990-1998

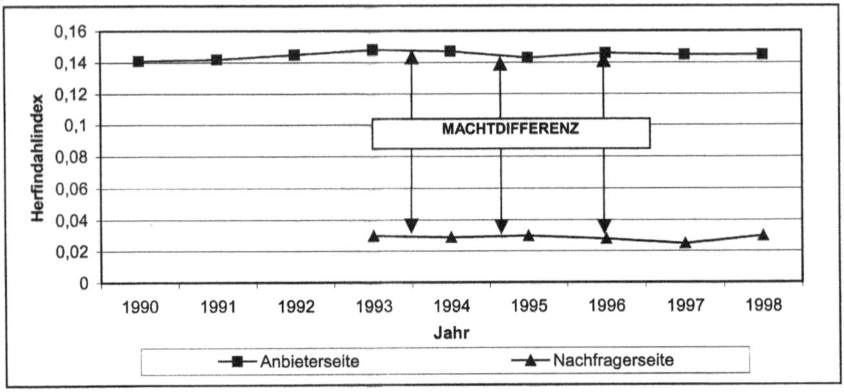

Abb. 43: Entwicklung der korrigierten Machtdifferenz zwischen Anbieter- und Nachfragerseite 1993-1998

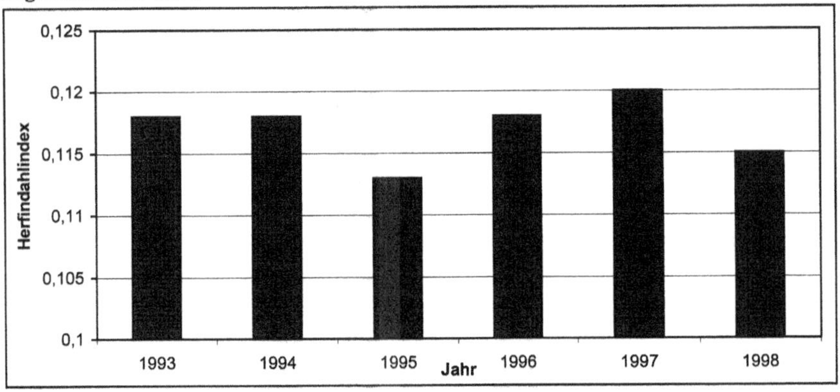

Auf den Trend der Indexreihe üben die Einschränkungen bezüglich der Qualität der genutzten Indikatoren einen nur geringen Einfluss aus. Dies gilt nicht für die Höhe der Machtdifferenz. Auch bei einer Korrektur der Machtkennzahlen der Nachfragerseite bleibt eine rechnerisch bedeutsame Anbieterübermacht bestehen. Während aber die unkorrigierten Machtdifferenzwerte weit außerhalb des Toleranzbereiches liegen, befinden sich die korrigierten Machtdifferenzen in der Nähe (Machtdifferenz II) bzw. knapp innerhalb des definierten Toleranzsektors von 0 bis 0,1 (Machtdifferenz I). Bei Berücksichtigung der korrigierten Machtkennziffern bleibt die Machtdifferenz damit im unkritischen bzw. im Grenzbereich. Die Nutzung von Korrekturfaktoren ist mit dem Problem verbunden, dass die Festlegung ihrer Höhe sich eigentlich einer numerischen Bestimmung entzieht. Die Festlegung ist letztendlich immer Ergebnis einer subjektiven Bewertung.

Der Prozessmustertest hat nichtsdestotrotz eine ständige und annähernd gleichbleibend große Übermachtposition auf der Anbieterseite ergeben. Der Plausibilitätstest sucht nach theoretischen Überlegungen, die dieses Ergebnis erklären könnten.

3.5 Plausibilitätstest

Die Ergebnisse des Prozessmustertests deuten auf eine Schwachstelle im Übermachterosionsprozess hin. Findet sich hierfür eine plausible Erklärung, ist von einem Koordinationsmangel im Übermachterosionsprozess auszugehen. Ein Koordinationsmangel ist plausibel, wenn Hinweise auf Anreiz- und Fähigkeitsmängel bestehen, die zu einer Verletzung der Stabilitätsbedingung

$$-2 < a < 0$$

führen können. Für den Übermachterosionsprozess sind vier realistische Instabilitätsfälle denkbar:[91]

1. Absicherung der Machtbasis durch Eintrittshemmnisse
2. keine Reaktionen der machtschwächeren Seite auf Übermacht
3. Machtgleichgewichte sind durch zu große Unterschiede in den Mindestbetriebsgrößen nicht möglich
4. überschießende Reaktionen in Form von Machtaufschaukelungsprozessen.

Abschätzung des Parameters a: Bei a < -2 wird ein Machtaufschaukelungsprozess in Gang gesetzt, wobei der Machtausgleich durch die Bildung von Gegenmacht erfolgt. Einer Übermachtsituation wird derart stark begegnet, dass sich die Machtungleichgewichte umdrehen und explosive Schwingungen um den Gleichgewichtszustand hervorrufen. Das ist in Bezug auf Fährmärkte vor dem Hintergrund der unzureichenden Kapazitätsflexibilität aber ein sehr unwahrscheinlicher Fall.

Nimmt a den Wert Null an, bedeutet dies in der Praxis eine Machtverfestigung durch wachsende Konzentration statt eines Ausgleichs der Machtkennziffern. Ursache dafür ist in der Regel eine Verstärkung der Markteintrittshemmnisse. Dieser Prozess wird ggf. durch die marktbeherrschenden Unternehmen künstlich in Gang gesetzt. Eine Verstärkung der Anbieterübermacht konnte aber nicht beobachtet werden. Im Zeitablauf bleibt die Konzentration auf der Anbieterseite nahezu unverändert. Dagegen nimmt die Nachfragerkonzentration in geringem Ausmaße zu. Damit verringerte sich die Machtdifferenz im Verlaufe der 90er Jahre etwas.

Die Herausbildung einer dauerhaften Übermachtposition einer Marktseite kann vor allem aus der Situation abgeleitet werden, in der die Mindestbetriebsgrößen einer Marktseite sich signifikant von denen der anderen unterscheiden.[92] Für Schifffahrtsmärkte können sich im Prinzip keine gleichwertigen Machtkennziffern ergeben, da die Mindestbetriebsgrößen beider Marktseiten wesentlich voneinander abweichen.

Die ermittelte Übermacht der Anbieterseite beruht auf der Existenz von technisch bedingten Mindestbetriebsgrößen. Der Einsatz großer Schiffe ist Voraussetzung für wirtschaftlich optimale Ergebnisse. Die Angebotsseite wird in der Regel durch eine kleine Anzahl von Reedern gebildet. Dies resultiert daraus, dass ein Fahrtgebiet mit einem gegebenen fähraffinen Aufkommen nur eine bestimmte Kapazität und damit eine begrenzte Anzahl von Anbietern aufnehmen kann. Zur Füllung der angebotenen Kapazität bedarf es aber der Sammlung vieler kleiner Partien, die aus einem großen Aufkommens- und -zielgebiet entstehen und damit eine polypol gekennzeichnete Nachfrage entstehen lassen. Die bestehende Machtdifferenz ist also

[91] Borchert, Manfred/Grossekettler, Heinz (1985), S. 328 ff.
[92] Borchert, Manfred/Grossekettler, Heinz (1985), S. 217 f.

im Wesentlichen mit der ökonomischen Theorie kompatibel. Damit wird die bestehende Übermachtsituation durch die theoretischen Überlegungen unterstützt.

Der Übermachterosionsprozess ist als funktionsfähig einzustufen, wenn induzierte Strukturveränderungen gegeben sind, die vorhandene Übermachtpositionen tendenziell abbauen. Abgesehen von der Schwierigkeit, übermachtinduzierte Strukturveränderungen zu identifizieren, sind auf Grundlage der gewählten Indikatoren keine wesentlichen Änderungen in den Machtkennzahlen sowohl der Anbieter- als auch der Nachfragerseite erkennbar. Es konnten keine Bewegungen identifiziert werden, die einen Abbau oder eine Verringerung des Machtungleichgewichtes hätten bewirken können. Die Übermacht der Anbieterseite wird nur geringfügig kleiner. Als Schlussfolgerung aus den Überlegungen ergibt sich ein Funktionsmangel.

Da keine Reaktion der Speditionen auf die Übermacht der anderen Marktseite beobachtet werden konnte, deutet dies entweder auf fehlende Möglich- oder Notwendigkeiten zur Gegenmachtbildung hin. Gegenmachtbildung erfolgt in der Regel erst, wenn die Marktgegenseite Machtpotentiale fühlbar auszunutzen beginnt. Die Speditionen sind teilweise größere Unternehmen als die Reedereien. Die Möglichkeit zur Gegenmachtbildung wird nicht durch finanzielle Restriktionen behindert. Fähigkeitsmängel in der Form von Einschränkungen in der Kooperations-, Fusions- und Vertragsfreiheit sind auf der Nachfragerseite ebenso wenig ersichtlich. Die formale Fähigkeit zu einer notwendigen Strukturveränderung ist also gegeben und eine Reaktion auf die Übermachtsituation demnach mit der ökonomischen Theorie kompatibel. Fehlende Reaktionen deuten darauf hin, dass für die Speditionen kein gravierender Anlass zur Gegenmachtbildung bestand. Die Fusionsprozesse erfolgten eher im Hinblick auf die Bildung optimaler Betriebsgrößen, die Anpassung an die zunehmend globalere Struktur der Verlader und zum Aufbau von Verhandlungsmacht gegenüber den Verladern.

Gegen ein zukünftiges Absinken der Anbietermacht sprechen folgende Überlegungen: Technisch und betriebswirtschaftlich bedingte Mindestbetriebsgrößen werden weiterhin entscheidend den Wettbewerb der Ostseefährschifffahrt beeinflussen. In der Fährschifffahrt war eine stabile Marktkonzentration bereits erreicht, die eine für kapitalintensive Branchen typische oligopolistische Marktstruktur mit ausreichender Wettbewerbsdynamik garantierte. Diese optimale Struktur ist jedoch durch Umstände wie den Bau fester Querungen, den Wegfall von *duty-free*, aber auch technologische Veränderungen aufgebrochen worden, so dass in Zukunft neue Konzentrationsprozesse zu erwarten sind. Tendenzen zur Zusammenarbeit, Übernahmen und Fusionen zur Schaffung von Netzwerken und zur Ausnutzung von Größenvorteilen deuten auf steigende Konzentrationsgrade der Angebotsseite hin. Gleichzeitig wird die Übermachtposition der Anbieterseite in Zukunft durch die Eröffnung fester Querungen eingeschränkt. Ebenso ist ein anhaltender Konzentrationsprozess in der Speditionsbranche zu erwarten, so dass der Machtunterschied nicht weiter ansteigen wird. Eine auch auf Nachfragerseite steigende Konzentration ergibt sich aus:

- steigenden Unternehmensgrößen im Speditionsbereich
- Fusionen und Übernahmen
- der Konsolidierung von Nachfrage durch spezielle Transportmittler (Agenturen) oder einzelne Speditionen mit günstigeren Tarifen.

Von der polypolistischen Nachfragerstruktur wird schon heute durch Zusammenschlüsse oder Kooperationen verschiedenster Art zwischen den Speditionen abgewichen. Beispielsweise versuchen kleinere Spediteure und Fuhrunternehmer, auf Rechnung von großen Unternehmen zu fahren, um deren Rabatte auszunutzen sowie deren Mengenrabatte weiter zu steigern. Inwieweit dieser Trend in die Umfragen von *Transport & Hantering* eingeflossen ist, ist nicht bekannt. Zudem steigt durch die Internationalisierung des Speditionsmarktes, die ihren Ausdruck in steigender Anzahl von Übernahmen, Fusionen oder Kooperationen findet, auch die Ladungskonzentration und damit die Verhandlungsmacht einzelner Spediteure gegenüber den Reedern. Diese Prozesse haben sich nach 1998, dem letzten Jahr, zu dem Daten zur Verfügung standen, bedeutend verstärkt (Deutsche Post/Danzas/ASG sowie DFDS/NTS/Fraktarna/ DanTransport) und konnten daher in der Untersuchung nicht mehr berücksichtigt werden.

Die Konzentrationsmaße der Speditionen schwanken auch von Linie zu Linie. Die großen schwedischen Speditionen beherrschen vor allem den Direktverkehr von Travemünde nach Südschweden und können dort durch ihre Verhandlungsmacht entsprechende Rabatte erreichen. Die Konzentrationsmaße werden auch dadurch beeinflusst, dass auf den langen Strecken unbegleitete Verkehre eine große Rolle spielen, deren Logistik Anforderungen stellt, die oft nur größere Unternehmen zu handhaben in der Lage sind.[93]

3.6 Untersuchung auf Niveaudefekte

Die Niveaudefektuntersuchung stellt fest, ob der Machtausgleich zwischen beiden Marktseiten auf unverzerrtem Niveau stattfindet. Eine Ursache für solche Verzerrungen könnte in vom Staat künstlich errichteten Marktzugangsbarrieren in der Fährschifffahrt liegen. Da der Zugang zum Fährverkehrsmarkt liberal geregelt und nicht an Lizenzen gebunden ist, sind keine Anzeichen von Staatsversagen ersichtlich. Gleiches gilt seit den umfassenden Liberalisierungen der 90er Jahre auch für die Speditionsmärkte.

Gründe für ein Marktversagen im Übermachterosionsprozess könnten sich aus der Höhe der Marktein- und -austrittsbarrieren ergeben. Es ist unbestritten, dass die Höhe der Ein- und Austrittsbarrieren einen spürbaren Einfluss auf die Anbieterstruktur und -konzentration ausübt. Daher ist aus der Höhe der Marktein- in Verbindung mit den -austrittsbarrieren ein Marktversagen abzuleiten.

3.7 Beurteilung des Übermachterosionsprozesses

Als Indikatoren zur Ermittlung von Machtungleichgewichten wurden die Differenz aus den korrigierten Herfindahlindizes von Anbieter- und Nachfragerseite sowie induzierte Strukturveränderungen gewählt. Die Analyse des Übermachterosionsprozesses war jedoch mit Schwierigkeiten verbunden, da die Datenqualität für eine abschließende Beurteilung nicht ausreichte. Vor allem ist die fehlende Trennung von übermachtinduzierten Strukturvariationen von sonstigen Veränderungen zu nennen. Es wurde teilweise auf veröffentlichte Daten, teilweise aber auch auf eigene Markteinschätzungen zurückgegriffen. Zumindest für die Nachfragerseite erwiesen sich die Daten als nicht ausreichend für die Konstruktion eines hochwertigen Indikators. Eine Bewegung in Richtung Gleichgewicht war während des Untersuchungszeitraumes nicht ersichtlich. Es wird deutlich, dass entweder keine übermachtbedingten Strukturvariationen vorhanden sind oder diese nicht deutlich genug ausfielen, um eine Rückführung zum Gleichgewicht zu bewirken.

Die ermittelte Machtdifferenz bestätigt eine eindeutige Übermacht der Anbieter- gegenüber der Nachfragerseite. Damit kann der Verlauf des Prozessmusters nicht befriedigen. Der theoretische Test spricht für die Plausibilität des Ergebnisses. Die Übermacht ist sowohl technisch-technologisch als auch betriebswirtschaftlich bedingt. Ein Vergleich der Größe der einzelnen Kapazitätseinheiten beider Marktseiten lässt erkennen, dass Ladungsbündelungen für

[93] Eine ausführliche Darstellung von Störungsursachen des Übermachterosionsprozesses findet sich bei: Hamker, Jürgen (1998), S. 426-539.

die Reeder stärker ausfallen müssen als für die Speditionen. Die stärkere Stellung der Anbieterseite stellt eine autonom entstandene Übermacht dar und ist keine Aktion oder Reaktion zur Beeinflussung von Marktparametern.

Dieser Sachverhalt unterstützt den Befund eines Funktionsmangels. Wenn sich sowohl aus dem Prozessmuster- als auch dem Plausibilitätstest eine Übermachtsituation ableiten lässt, ist von einem Funktionsmangel im Übermachterosionsprozess auszugehen. Da der Befund aber nicht ganz eindeutig ausfällt, erfolgt zusätzlich eine beschreibende Analyse.

Die technisch und betriebswirtschaftlich bedingten Strukturveränderungen auf der Reederseite wirkten sich nicht in Richtung einer vergrößerten Übermachtsituation aus. Es kann im Gegenteil vermutet werden, dass diese Strukturveränderungen durch eine parallel wirkende Dekonzentration auf der Anbieterseite ausgeglichen wurden. Während also durch den Einsatz größerer Schiffe die optimale Betriebsgröße auf der Reederseite weiter anstieg, war die Anbieterseite gleichzeitig durch leicht sinkende Machtkennzahlen gekennzeichnet. Daher kann davon ausgegangen werden, dass eine verbesserte Verteilung der Nachfrage auf die Anbieter erfolgte. Die Marktentwicklung hat Marktanteilsgewinne kleinerer Unternehmenseinheiten tendenziell gefördert. Ursachen dafür waren die Entflechtung des EMEA- bzw. MGA-Konzerns (Nordö), stagnierende bzw. sogar zurückgehende Marktanteile der Marktführer TT und insbesondere Stena Line, vor allem aber ein stärkeres Marktwachstum auf der Ostschiene, das sich in steigenden Marktanteilen von Hansa-Ferry sowie der polnischen Fährreeder ab Swinemünde, die sich zudem 1995 in zwei Anbieter aufspalteten, äußerten. Tendenzen der Anbieterseite, ihre Übermachtposition gegenüber den Spediteuren weiter auszubauen, können somit faktisch ausgeschlossen werden.

Das Koordinationsmängel-Diagnose-Konzept fordert kein Machtgleichgewicht, sondern die Verhinderung von Übermachtpositionen, die dem Machtinhaber die Fähigkeit zur Beeinflussung der Marktprozesse im Sinne eigener Zielsetzungen verleiht. Ausgangspunkt ist die Überlegung, dass die Übermachterosionsfunktion als erfüllt gilt, wenn fühlbare Marktungleichgewichte zugunsten einer Marktseite vermieden und Marktprozesse nicht durch Marktteilnehmer im Sinne eigener Zielsetzungen beeinflusst werden. Ob dies der Fall ist, lässt sich aus der errechneten Höhe der Machtdifferenz nicht zweifelsfrei ermitteln, da die Festlegung von Toleranzgrenzen theoretisch kaum als fundiert gelten kann und sich diese zudem wahrscheinlich für jeden Markt anders darstellen.

Die ermittelte Übermacht der Reederseite ist in diesem Ausmaße anzuzweifeln, da die Reeder, schlussfolgernd aus der Preis- oder Kapazitätsentwicklung, ihre Machtpositionen gegenüber den Speditionen kaum auszunutzen in der Lage waren. Als Beispiel mag die Praxis der Speditionen gelten, Stellplätze bei mehreren Reedern gleichzeitig zu buchen. Die Reeder sind nicht in der Lage, diese Praxis, welche die Vermarktung der Stellplätze wesentlich erschwert, abzustellen und sich nicht genutzte Buchungen bezahlen zu lassen. Marktmacht äußert sich auch in Ausbeutungspreisen der marktmächtigen Unternehmen. Die Übermachtsituation hat aber nicht zu für Verlader oder Frachtführer inakzeptablen Preisen bzw. verschlechtertem Service geführt. Diese haben im Gegenteil sehr vom relativ stabilen Preisniveau profitiert. Die Preisentwicklung auf den untersuchten Routen gibt keinen Anlass, solche überhöhten Preise anzunehmen. Innovationsfreudigkeit war ebenso wie unternehmerisches Wagnis immer ausreichend vorhanden. Daher kann vermutet werden, dass die Übermachtposition der Reeder sich auch aus Sicht der Spediteure im tolerierbaren Bereich bewegt.

Marktmacht ist auch von der Substitutionslücke zu Konkurrenzprodukten abhängig. Durch das Vorhandensein von Verkehrsalternativen technologischer und geographischer Art sowie durch die räumliche Flexibilität von Lkw und Bahn bestehen für den Verkehrsnachfrager zudem entsprechende Ausweichmöglichkeiten. Hinzu kommt der intermodale Wettbewerb durch Transportketten anderer technologischer Zusammenstellung. Damit besteht eine Vielzahl von Routungsmöglichkeiten und alternativen Linien, so dass trotz der eindeutigen Übermacht der Anbieterseite ein funktionsfähiger Wettbewerb angenommen werden kann.

Zur Beurteilung der errechneten Übermachtsituation zugunsten der Anbieterseite wird das ermittelte Konzentrationsmaß mit Konzentrationsmaßen anderer Relationen verglichen:

Abb. 44: Vergleich der unkorrigierten Herfindahlindizes der Anbieterseite (Frachtverkehr) für die Kiel-Swinemünde-Range mit ausgewählten Vergleichsmärkten 1998

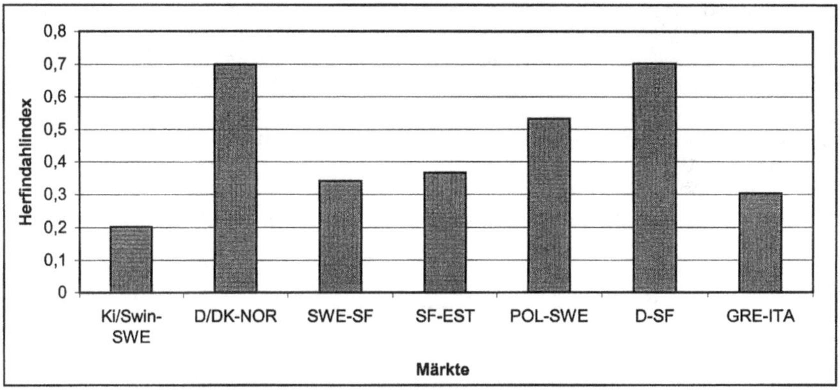

Es kann festgestellt werden, dass die auf der südlichen Ostsee ermittelten Konzentrationsgrade im Vergleich zu anderen Fährmärkten auf der Ostsee relativ niedrig ausfallen.

Die Übermacht der Anbieterseite relativiert sich auch durch die starke Stellung der Speditionen in der Transportkette sowie durch die absolute Größe der Nachfrager. Viele Speditionskonzerne sind bezüglich wesentlicher Kennziffern (z.B. Umsatz) bedeutend größer als die Reedereien. Es ist außerdem zu vermuten, dass auch die erkennbaren Konzentrationstendenzen auf der Nachfragerseite nicht im Hinblick auf die Übermachtsituation im Fährverkehr erfolgten, sondern ebenso technisch und betriebswirtschaftlich bedingt waren. Die Betriebsgrößenentwicklung der Speditionen ist nur sehr sekundär auf die Verhandlungsmacht gegenüber den Fährreedern gerichtet, während für die Reeder die Verhandlungsmacht gegenüber den Spediteuren eine wesentliche Rolle spielt. Damit ist das Übermachtproblem nicht für beide Seiten gleichwertig ausgeprägt.

Dieser Denkansatz deutet aber ebenso auf ein Marktversagen hin, da interne Besonderheiten (Betriebsgrößen, ungleiche Bedeutung der Verhandlungsmacht) dieses Marktes zu einer automatischen Übermachtposition der Reeder führen. Bei der Erklärung dieses Sachverhaltes stößt die Theorie an gewisse Grenzen, so dass insbesondere bezüglich der Übermachterosionsfunktion, nicht nur bezogen auf den speziellen Fall der Fährschifffahrt, weiterer Untersuchungsbedarf besteht. Für eine in sich schlüssige und aussagefähige Untersuchung sind ganz eindeutig wesentlich längere Zeiträume notwendig. Dies ergibt sich einerseits aus den relativ langfristig ausgerichteten Entwicklungsprozessen auf diesem Markt, andererseits aus den erheblichen Auswirkungen einer einzigen Fusion auf die Machtkennziffern der Angebotsseite.

Interessant ist in diesem Zusammenhang die Entwicklung der Anbietermacht im Verlauf der vergangenen Jahrzehnte (die aber auf Grund der unzureichenden Datenlage erst seit 1990 empirisch untersucht werden konnte): Nach Beendigung der Expansionsphasen zur geographischen Erschließung neuer Fährmärkte und vielen Markteintritten hat die Zahl der Fährlinien sowie Anbieter von Fährverkehrsleistungen durch Linieneinstellungen, Fusionen oder Zusammenlegung von Diensten stetig abgenommen.[94] Es waren deutliche Konzentrationstendenzen zugunsten einer geringen Anzahl von tendenziell größer werdenden Fährbetreibern festzustellen. Insbesondere Ende der 70er/Anfang der 80er Jahre entwickelte sich der Direktverkehr immer mehr von einem oligopolistisch zu einem teilweise monopolistisch geprägten Markt durch Fusionen, Übernahmen oder Bildung von Angebotspoolen.

Diese Entwicklung war 1982 Gegenstand einer Untersuchung des schwedischen *Statens Pris- och Kartellnämnd.*[95] Während 1979 noch 17 reguläre Kombifährdienste zwischen schwedischen Häfen einerseits sowie deutschen, dänischen und polnischen Häfen andererseits bestanden (die von neun schwedischen, zwei dänischen sowie jeweils einer westdeutschen, ostdeutschen und polnischen Reederei betrieben wurden)[96] und damit die Verbindung Schwedens zum Kontinent sicherstellten, gestaltete sich die Konkurrenzsituation bereits zu Beginn der 80er Jahre derart, dass im Kattegat, Øresund oder der südlichen Ostsee keine Linie von mehreren Wettbewerbern bzw. wenn, dann nur in einer Poolzusammenarbeit, bedient wurde. Anfang der 80er Jahre wurde der Linienverkehr zwischen Deutschland und Schweden von folgenden Reedereien betrieben:

TT-Saga	Trelleborg-Travemünde	kombinierter Personen- und Güterverkehr
	Malmö-Travemünde	kombinierter Personen- und Güterverkehr
	Helsingborg-Travemünde	reiner Güterverkehr
Stena-Sessan	Göteborg-Kiel	kombinierter Personen- und Güterverkehr
	Göteborg-Travemünde	reiner Güterverkehr
SJ/DR	Trelleborg-Saßnitz	kombinierter Personen- und Güterverkehr sowie Eisenbahnverkehr
PZB/POL	Ystad-Swinemünde	kombinierter Personen- und Straßengüter- sowie Eisenbahnverkehr

Noch zu Beginn der 90er Jahre verfügte der SJ-Konzern über eine sehr starke Position im Fährverkehr zwischen Schweden und dem Kontinent sowie im Transitverkehr über den Øresund. Dies ergab sich aus Besitz- und Poolrechten an folgenden Routen:

- Helsingborg-Helsingör
- Helsingborg-Kopenhagen
- Limhamn-Dragör
- Trelleborg-Travemünde
- Trelleborg-Saßnitz.

Außerdem kontrollierte der SJ-Konzern 11,7 % der Aktien des Sea-Link-Konzerns (Travemünde-Malmö) sowie übte einen starken Einfluss auf die Linie Ystad-Swinemünde aus. Vollständig unabhängiger Fährverkehr ergab sich nur durch die Stena-Linien über das Kattegatt sowie von Göteborg nach Kiel und Travemünde. Damit dominierte SJ sowohl den Direktverkehr zwischen Deutschland und Südschweden als auch den Transitverkehr über Dänemark.

[94] Vgl. Zachcial, Manfred (1991a), S. 12.
[95] Statens Pris- och Kartellnämnd (1982).
[96] Schirach-Szmigiel, Christopher von (1980), S. 3:82.

Bezieht man die Rolle der SJ im Fährverkehr in die Überlegungen mit ein, ergeben sich völlig neue Konzentrationsgrade. Nach dieser Rechnung sind zwischen 1990 und 1999 die unkorrigierten Machtkennziffern der Anbieterseite von 0,2883 auf 0,2018 gesunken. Dies deutet auf einen wesentlichen Abbau der Anbieterübermacht und gleichzeitig auf einen funktionierenden Prozessverlauf hin. Die Wettbewerbssituation hat sich im Zeitablauf also extrem verbessert. Der Höhepunkt der Konzentration war durch die Bildung des TT-Saga-Pools bereits zu Anfang der 80er Jahre erreicht. Ursachen für diese Entwicklung dürften also der Markteintritt und Geschäftserfolg Nordös, vor allem aber die politischen Änderungen seit 1990 mit einer langsamen Verlagerung des Aufkommensschwerpunktes in Richtung Osten sein.

Der Wettbewerb ist in erster Linie ein Verteilungskampf zwischen bereits langjährig etablierten Anbietern. Seit dem Markteintritt von Nordö 1982 ist es zu keinem Markteintritt neuer Reedereien auf dem untersuchten Markt gekommen. Die Markteintritte von easy-Line sowie Mercandia bzw. HH-Ferries zwischen Rostock und Gedser sowie Helsingborg und Helsingör beweisen jedoch die Möglichkeit, Markteintritte zu vollziehen. Ein weiteres Beispiel ist der Markteintritt von SeaContainers zwischen Frederikshavn und Göteborg. Die Verfügbarkeit der Schnellfährentechnologie erleichtert allem Anschein nach die Überwindung von Markteintrittsbarrieren. Obwohl nicht alle erwähnten Markteintritte im betrachteten Seegebiet stattfanden, unterstreichen die Beispiele die potentielle Möglichkeit von Wettbewerb. Generelle Unterschiede sind zwischen den Seegebieten nicht erkennbar. Derzeit bahnt sich mit dem Markteintritt von Superfast (Attica Enterprise) die Investition eines fahrtgebietsfremden Reeders an. Die, wenn auch in großen Zeitabständen erfolgten, Markteintritte unterstreichen die Überwindbarkeit der Markteintrittsbarrieren in der Fährschifffahrt.

Absolut neue Anbieter bzw. sachfremde Investoren treten nur in größeren Zeitintervallen auf. Wettbewerb ist aber nicht allein anhand der Markteintritte von außenstehenden Unternehmen, sondern auch von Fähr- und Ro/Ro-Reedern zu beurteilen, die bisher auf anderen Märkten tätig waren. Diese agieren bereits auf unterschiedlichen geographischen oder sachlichen Märkten und verfolgen eine räumliche oder produktmäßige Ausdehnung des Angebots.

Der Eintritt in neue Märkte ist in der Regel für bereits bestehende wesentlich einfacher als für neu gegründete oder sachfremde Unternehmen, da erstgenannte auf bereits bestehende Ressourcen und Fähigkeiten zurückgreifen können. Kostenvorteile von Branchen-Insidern bestehen im bereits vorhandenen *know-how*, der vorhandenen Technologie sowie vorhandenen Produktionsfaktoren. Außerdem bestehen bereits Kundenkontakte sowie eingespielte Beziehungen zu Lieferanten und Finanzierungsinstitutionen. Notwendige Produktionsfaktoren sind entweder bereits existent oder aber billiger und mit besserer Kaufkompetenz zu erwerben. Kostensparende Effekte können sich auch aus der besseren Auslastung des administrativen Faktors, des Vertriebs oder der EDV ergeben. Für einen Markteintritt in einen spezialisierten und Fachkenntnisse verlangenden Markt wie die Fährschifffahrt kommen daher oft nur Reeder mit entsprechenden Voraussetzungen in Frage.

Tab. 88: Bedeutsame Marktein- und Marktaustritte in der südlichen und westlichen Ostsee seit 1980[97]

Markteintritte			
Reederei	Linie	Jahr	Bemerkungen
Rederi AB Nordö	Travemünde-Malmö	1982	*outsider*
Europa-Linien	Rostock-Gedser	1990	*insider*
Baltic Express Line	Kiel-Nynäshamn-St.Petersburg	1992	*outsider*
Euroway	Travemünde-Malmö	1992	*insider*; nur Passagierverkehr
TT-Line	Rostock-Trelleborg	1992	*insider*
SeaContainers	Frederikshavn-Göteborg	1993	*outsider*, mit Schnellfähre nur Passagierverkehr
HansaFerry	Rostock-Trelleborg	1994	*insider*
Corona-Lines	Gdynia-Karlskrona	1992	*outsider*
Baltic Express Line	Gdynia-Karlshamn	1995	*outsider*
Stena Line	Gdynia-Karlskrona	1995	*insider*
Mercandia (später HH)	Helsingborg-Helsingør	1996	*outsider*
Scandlines AB	Travemünde-Trelleborg	1998	*insider*
easy-Line	Rostock-Gedser	1998	*outsider*
Stavangerske Linjefart AS	Grenå-Halmstad	1998	*outsider*
Uniroll	Århus-Halmstad	1999	*outsider*
Marktaustritte			
Scarlett-Line	Tuborg-Landskrona	1993	Bankrott
Baltic Express Line	Kiel-Nynäshamn-St. Petersurg	1995	Bankrott
Corona-Lines	Gdynia-Karlskrona	1995	Bankrott
Baltic Express Line	Gdynia-Karlshamn	1995	Bankrott
Euroway	Travemünde-Malmö	1994	Bankrott
GT-Link	Travemünde-Gedser	1994	endgültiger Umzug nach Rostock 1994 als Europa-Linien
Europa-Linien	Rostock-Gedser	1996	Verkauf an DSB Rederi
DSB Rederi	Kiel-Halsskov	1997	
Stena Line	Frederikshavn-Oslo	1997	
Stena Line (Lion Ferry)	Grenå-Halmstad	1998	
Nordisk Faergefart	Fåborg-Gelting	1999	Liquidation 2000
LK-Linien	Kiel-Bagenkop	1997	Wiedereröffnung 2000

Fazit: *Der empirische Test spricht für eine Schwachstelle. Die Plausibilitätsüberlegungen erklären eine dauerhafte Übermacht der Anbieterseite auch theoretisch. Damit ergeben sowohl der Prozessmustertest als auch die theoretischen Überlegungen des Plausibilitätstests Anhaltspunkte für einen Koordinationsmangel. Auch die unterschiedliche Wertigkeit der Verhandlungspositionen beider Marktseiten unterstützt diese Aussage. Theoretische Überlegungen bestätigen die Übermacht der Anbieterseite, ergeben andererseits aber keinerlei Hindernisse für den Abbau von Übermacht. Sie erklären nicht das Fehlen von übermachtbedingten Strukturvariationen, da Markteintrittsbarrieren auf der Anbieterseite einerseits überwindbar*

[97] *Insider*: bereits auf dem entsprechenden Markt tätig; *outsider*: bisher auf anderen Fährmärkten tätig oder sachfremder Investor.

und Gegenmaßnahmen der Nachfragerseite andererseits nicht behindert werden und sprechen nicht für fehlerhafte Anreiz- oder Fähigkeitsstrukturen zum Abbau von Übermacht.

Weitergehende Überlegungen relativieren den Befund des Koordinationsmangels. Eine deskriptive Beschreibung des Marktes über einen längeren Zeitraum zeigt einen eindeutigen Abbau von Übermachtpositionen. Insbesondere bei Berücksichtigung der starken Stellung des SJ-Konzerns ist eine Bewegung in Richtung Gleichgewicht belegbar. Daher ist eine eindeutige Beurteilung nicht möglich. Dies ergibt sich einerseits aus der nicht ausreichend fundierten Bestimmung des Toleranzsektors, der eigentlich für jede Industrie neu festgelegt werden müsste, andererseits auch aus der mehr oder weniger groben Schätzung bezüglich der Höhe der Korrekturkennziffern. Für eine genaue Bestimmung des Toleranzsektors bestehen derzeit keine ausreichend fundierten wissenschaftlichen Erkenntnisse. Je nach Wahl sowie Art und Weise der Indikatorkonstruktion ergeben sich unterschiedliche Prozessmusterverläufe und Interpretationsmöglichkeiten. Der Einfluss der Wahl bezüglich der Höhe der Korrekturfaktoren wird deutlich, wenn statt der intuitiv festgelegten 0,75 der Korrekturfaktor für die leichten Überkapazitäten auf 0,9 festgelegt wird. In diesem Fall befindet sich die korrigierte Machtdifferenz außerhalb des Toleranzsektors.

Die Untersuchung des Marktes für Fährtrajektionsleistungen im Güterverkehr zwischen den Häfen der Kiel-Swinemünde-Range und schwedischen Häfen lässt folgende Schlussfolgerung zu: Der Übermachterosionsprozess ist anhand der verfügbaren Daten und ohne intensivere Untersuchungen sowie verfeinerte Methoden nicht rekonstruierbar und damit auch nicht abschließend zu beurteilen. Als Schlussfolgerung ist die Aussage gerechtfertigt, dass für eine endgültige Beurteilung des Übermachterosionsprozesses intensivere, vor allem auch längerfristige Untersuchungen einschließlich genauer Befragungen der Marktteilnehmer sowie von ausgewiesenen Marktkennern notwendig sind.

4. Analyse des Produkt- und Verfahrensfortschrittsprozesses

Fortschrittsprozessen kommt die Aufgabe zu, eine Tendenz zum Abbau (etwaig) bestehender Rückstände im Produkt- und Verfahrensbereich im Vergleich zu Märkten auszulösen, auf denen weltweit als Innovations- oder Kostenführern anerkannte Unternehmen tätig sind. Damit werden die Wettbewerbsfähigkeit der Anbieter einerseits sowie die Wahlmöglichkeiten der Nachfrager andererseits sichergestellt und dafür gesorgt, dass die Nachfrager von möglichst günstigen Preis-Leistungs-Verhältnissen profitieren.[98]

Das KMD untersucht den Produkt- sowie Verfahrensfortschrittsprozess jeweils separat. Speziell im Dienstleistungsbereich existieren aber Probleme bei der genauen Definition von Produkt und Verfahren, da diese im Verlauf eines Transportvorganges wesentliche Übereinstimmungen aufweisen. Das Produkt der Fährreederei besteht in der Ortsveränderung von Transporteinheiten oder Personen über See. Das Verfahren kennzeichnet in der Fährschifffahrt die Art und Weise der Produkt- und Leistungserstellung. Zur Art und Weise zählen qualitätsbestimmende Faktoren wie Abfahrtsfrequenz, Beschädigungssicherheit, Pünktlichkeit, Kapazität, bedarfsgerechte Abfahrtszeiten, Schnelligkeit und Preis. Ein Fortschritt im Verfahren bedingt eine gleichzeitige Verbesserung des Transportproduktes und umgekehrt. Auf Grund der engen Verflechtung von Produkt und Verfahren erscheint es gerechtfertigt, die Fortschrittsprozesse in der Fähr- und Ro/Ro-Schifffahrt gemeinsam zu untersuchen.[99]

---

[98] Grossekettler, Heinz (1994), S. 3.
[99] Vgl. in der Argumentation für die Containerlinienschifffahrt auch: Geuther, Ralph (1990), S. 149-150.

4.1 Darstellung eines funktionierenden Prozessverlaufs

Die Fortschrittsfunktionen gelten als erfüllt, wenn der Untersuchungsmarkt gegenüber einem als ideal eingeschätzten Vergleichsmarkt keinen dauerhaften Rückstand in Bezug auf Produkt und Verfahren aufweist. Eventuell auftretende Rückstände werden im Zeitablauf durch induzierte marktinterne Aufholanstrengungen und/oder verlangsamte Fortschrittsprozesse des führenden Marktes beseitigt.[100]

In einer dynamischen Wirtschaft treten immer wieder Innovatoren auf, die sich mit der Entwicklung neuer Produkte und Verfahren Wettbewerbsvorteile erschließen und Vorsprungsgewinne sichern. Vorsprungsgewinne wirken aber gleichzeitig anziehend auf Nachahmer, die mit Investitionen für eine Angebotssteigerung und damit für einen Preis- und Gewinnrückgang sorgen. Störungen des als gleichgewichtig angenommenen Ausgangszustandes ohne Fortschrittsdifferenz zwischen den Vergleichsmärkten sorgen für Aufholanstrengungen des zurückgebliebenen Marktes bzw. führen zu verminderter Innovationsfreudigkeit des Vorsprungmarktes. Es kommt zu einer Verringerung und letztendlichen Eliminierung der Fortschrittsdifferenzen.

Der Produktfortschritt ist durch aufeinanderfolgend ablaufende Mutations-, Selektions- und Imitationsprozesse gekennzeichnet. Die im Mutationsprozess entwickelten und durch die Anbieter auf dem Markt eingeführten neuen Preis-Leistungs-Kombinationen (PLK) werden im Selektionsprozess durch die Nachfrager auf Erfolgsfähigkeit überprüft. Nur die erfolgversprechenden Kombinationen werden weiter produziert und angeboten. Im Imitationsprozess erfolgt eine weitere Selektion derart, dass die in der Selektionsphase erfolgbringenden PLK verstärkt produziert werden. Die Produktion und die Entwicklungsarbeit weniger erfolgreicher PLK wird aufgegeben und stattdessen werden erfolgreiche PLK auch anderer Anbieter imitiert.[101]

Der Verfahrensfortschritt kann als Produkt einer „Erfindungsindustrie" aufgefasst werden, die fortschrittliches Sach- und Humankapital liefert. Die Aussagen über Mutations-, Selektions- und Imitationsprozesse können also auf den Verfahrensfortschritt übertragen werden.[102] Die Entwickler neuer Verfahren konzentrieren ihre Bemühungen auf die Verfahren, die sich im Selektionsprozess als erfolgreich erwiesen haben, stellen die Entwicklungsarbeit an anderen Verfahren ein und versuchen, Verfahren anderer erfolgreicher Entwickler zu imitieren.[103]

---

[100] Borchert, Manfred/Grossekettler, Heinz (1985), S. 175-176.
[101] Borchert, Manfred/Grossekettler, Heinz (1985), S. 223.
[102] Vgl. Schulte-de Groot, Ralf (1992), S. 273.
[103] Vgl. Wendland, Gerd (1987), S. 152, 172.

Abb. 45 und 46: Darstellung des Produktfortschrittsprozesses und Regelkreisdarstellung

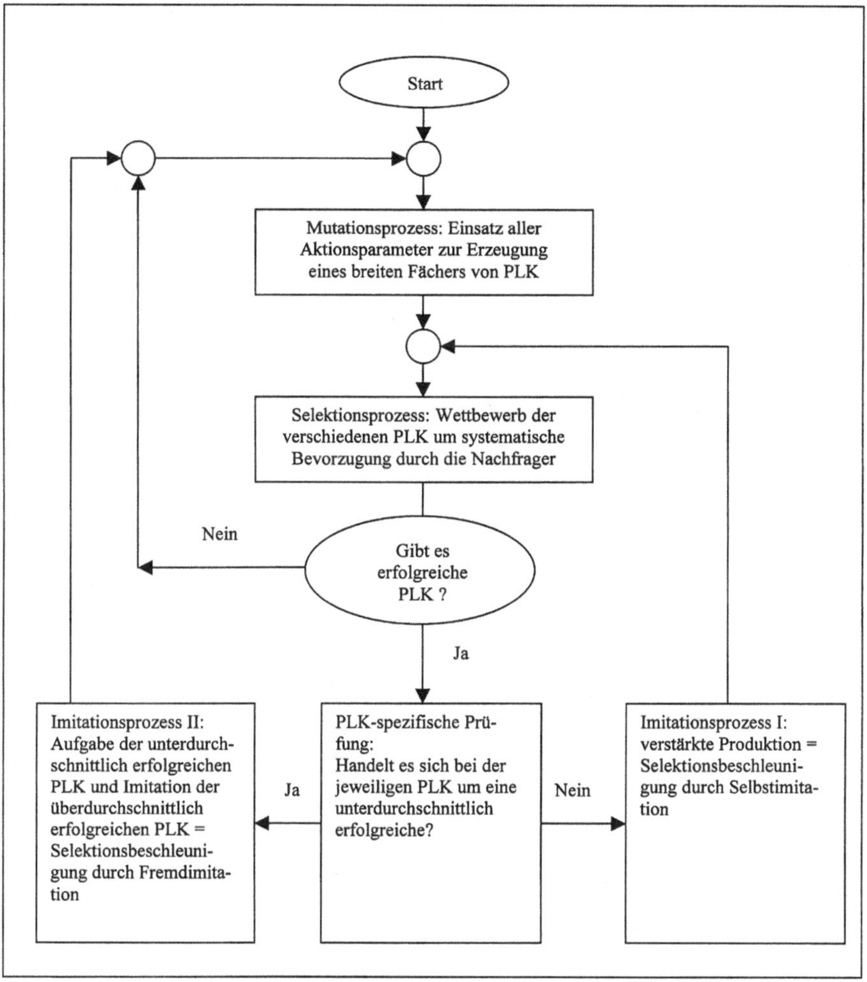

Quelle: Borchert, Manfred/Grossekettler, Heinz (1985), S. 222; Grossekettler, Heinz (1994), S. 12a; die Darstellung ist auch auf den Verfahrensfortschrittsprozess übertragbar

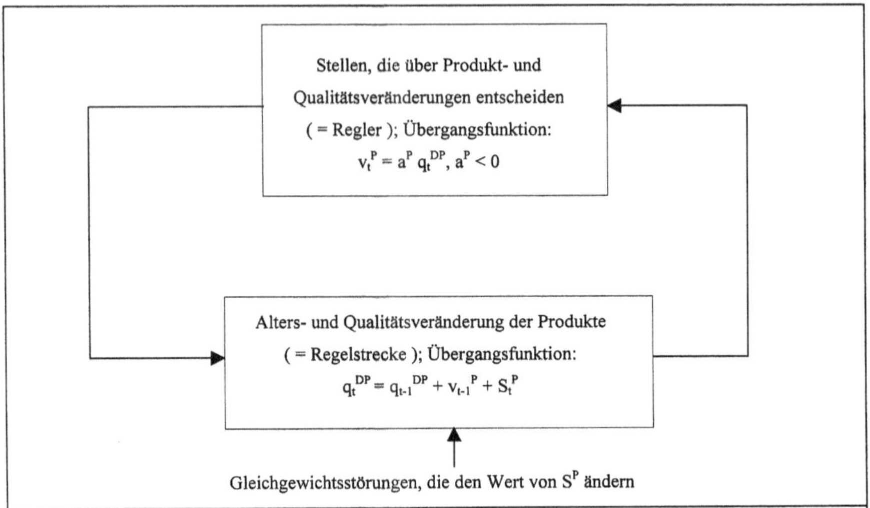

q_t^{DP} = q_{tU}^{nP} - q_{tV}^{nP} = Produktfortschrittsdifferenz zwischen dem Untersuchungsmarkt und dem Vergleichsmarkt = Regelgröße

q_{tU}^{nP} = Produktfortschritt auf dem Untersuchungsmarkt

q_{tV}^{nP} = Produktfortschritt auf dem Vergleichsmarkt

v_t^P = induzierte Veränderung des Fortschrittsrückstandes

S_t^P = autonome Veränderung von q_t^{DP}; S_t^P nimmt nur sporadisch von Null verschiedene Werte an, und zwar dann, wenn sich Änderungen des Fortschrittes durch Marktanteile von Weltneuheiten auf dem Untersuchungsmarkt bzw. dem Vergleichsmarkt ergeben

Soll- und Gleichgewichtswert: $q^{DP} = 0$

Regler = Stellen, die über Produkt- und Qualitätsänderung entscheiden

Regelstrecke = Alters- und Qualitätsverteilung der Produkte

Im theoretisch angenommenen Ausgangszustand weisen die Fortschrittsdifferenzen zwischen den Vergleichsmärkten den Wert Null auf: $q_t = q_{tU} - q_{tV} = 0$. Dem Auftreten einer Störgröße (S_t verschieden von Null) folgt über die Übergangsfunktion der Regelstrecke $q_t = q_{t-1} + v_{t-1} + S_t$ eine Abweichung der Regelgröße q_t vom Sollwert Null. Die Fortschrittsdifferenz ergibt sich aus der Subtraktion der Fortschrittsmaße von Untersuchungs- und Vergleichsmarkt. Über die Übergangsfunktion der Regler $v_t = aq_t$ mit $a < 0$ und die Kopplung der Funktionen erfolgen Aufholanstrengungen des zurückliegenden Marktes. Diese dokumentieren sich in der Einführung solcher Produkte und Verfahren, die für den Markt eine Neuheit darstellen. Die induzierten Aufholanstrengungen führen in mehreren Regelrunden wieder zu einer Annäherung der Fortschrittsdifferenz an den Sollwert. Der Sollwert ist gegeben, wenn die Differenz der die Fortschrittsfunktionen kennzeichnenden Indikatoren den Wert Null aufweist, d.h. die neuen Produkte bzw. Verfahren haben auf dem Untersuchungsmarkt gleiche oder ähnlich große Marktanteile errungen wie auf dem als vorbildlich empfundenen Vergleichsmarkt.

Richtungsbedingung: *Im Untersuchungsmarkt sollte ausreichend an neuen Produkten, Verfahren oder Preis-Leistungs-Kombinationen experimentiert werden. Es ist ein Drang zur Imitation erfolgreicher oder erfolgversprechender Produkte und Verfahren vorhanden (Produkt- und Verfahrensfortschrittsprozess).*[104] *Es existiert eine Höherentwicklung der Produkte und Verfahren und damit eine Annäherung an die (unbekannte) optimale Preis-Leistungs-Kombination.*[105] *Für den Verfahrensfortschritt gilt: Es erfolgt eine Höherentwicklung der Verfahren und damit eine Annäherung an die (unbekannte) optimale Verfahrensstruktur.*[106]

Effektivitätsbedingung: *Auf dem Untersuchungsmarkt sollte nicht unnötig viel experimentiert und imitiert werden, um nicht durch überflüssige Experimente und Imitationsversuche einen befriedigenden Fortschritt zu verhindern.*[107] *Die Höherentwicklung im Verfahrensbereich erfolgt ausreichend stark und schnell, um einen befriedigenden Fortschritt zu gewährleisten.*[108]

Die Stabilitätsbedingung *$-1 < a < 0$ ist Voraussetzung für einen funktionierenden Prozessverlauf und basiert auf der Annahme, dass immer ein fortschrittlicher Vergleichsmarkt existiert.*[109]

---

[104] Borchert, Manfred/Grossekettler, Heinz (1985), S. 236-242, 250.
[105] Borchert, Manfred/Grossekettler, Heinz (1985), S. 236.
[106] Borchert, Manfred/Grossekettler, Heinz (1985), S. 242.
[107] Borchert, Manfred/Grossekettler, Heinz (1985), S. 237 f., 242 f., 250.
[108] Borchert, Manfred/Grossekettler, Heinz (1985), S. 242.
[109] Lemper, Burkhard (1996), S. 62.

Abb. 47: Prozessmuster eines funktionsfähigen Fortschrittsprozesses

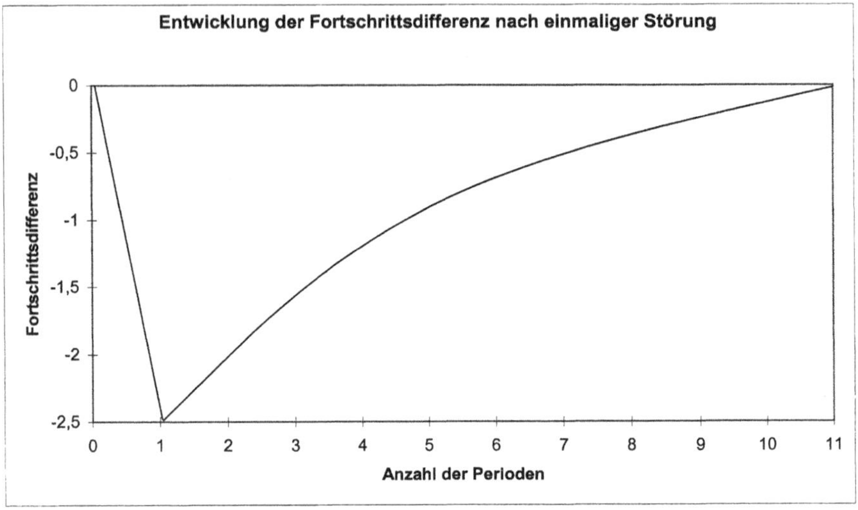

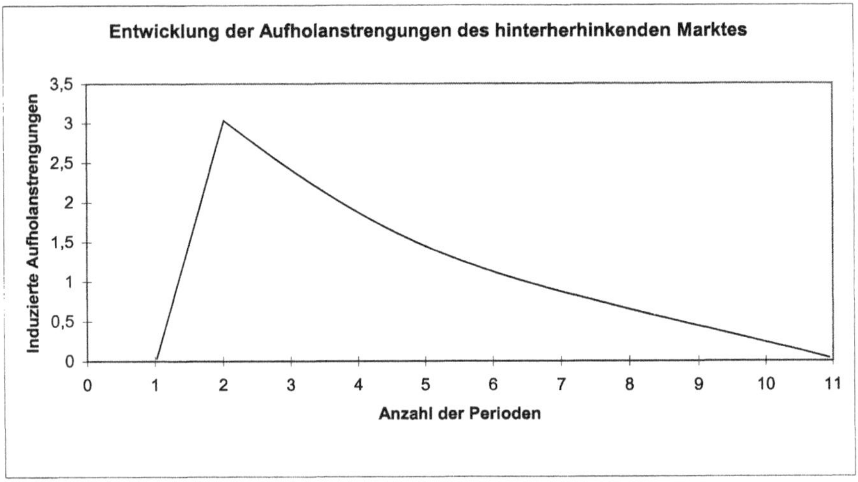

Quelle: Anlehnung an Lemper, Burkhard (1996), S. 242

4.2 Operationalisierung der Messgrößen zur Prozessanalyse und Diskussion der Datenlage

Zur Durchführung des Prozessmustertests ist die Operationalisierung der Begriffe befriedigende Produkt- bzw. Verfahrensfortschrittsrate und induzierter Aufholprozess sowie die Bestimmung des Toleranzsektors erforderlich, in dem Abweichungen vom Fortschrittsstand eines vorbildlichen Vergleichsmarktes als akzeptabel bezeichnet werden können.

Operationalisierung der befriedigenden Fortschrittsrate und Benennung der Ideal- bzw. Hilfsindikatoren

Fortschritt bedeutet aus Sicht der Nutzer eine verbesserte Problemlösung oder allgemein ausgedrückt eine verbesserte Preis-Leistungs-Kombination (PLK).[110] Ein Produktfortschritt ist gegeben, wenn in einem definierten Zeitraum viele neue Produkte auf den Markt gekommen sind und diese im Vergleich zu einem als vorbildlich erachteten Vergleichsmarkt einen akzeptablen Marktanteil errungen haben.[111] Die Aufgabe der Verfahrensfortschrittsfunktion lässt sich mit dem Abbau von Verfahrensrückständen gegenüber dem Vergleichsmarkt ähnlich formulieren. Ein Verfahrensfortschritt ist gegeben, wenn ein gegenüber der Vergleichsperiode neues und qualitativ verbessertes Verfahren zur Einführung gelangt ist. Als Qualität eines Produktes (Verfahren) wird die Summe aller relevanten Merkmale des Produktes (Verfahren) bezeichnet. Relevant sind Merkmale immer dann, wenn die Nutzensfunktion einer großen Anzahl von Kunden beeinflusst wird. Produktinnovationen sind neue oder verbesserte Dienstleistungen, deren Komponenten neu oder hinsichtlich ihrer Merkmale (z.B. Zuverlässigkeit) merklich verbessert sind. Prozessinnovationen beziehen sich auf Verfahren zur Erbringung von Dienstleistungen, welche die Art und Weise, wie bestehende oder neue Dienstleistungen erstellt oder ihren Kunden angeboten werden, merklich verbessern bzw. eine Neuheit darstellen.[112]

Grossekettler schlägt als Indikator für den Produktfortschritt den Marktanteil vor, den neue Produkte innerhalb der letzten vier Jahre gewonnen haben. Der Fortschrittsrückstand ergibt sich aus der Differenz der Marktanteile dieser Produkte.[113] Als zusätzliche Hilfsindikatoren werden genannt: [114]

- der Anteil der FuE (Forschung und Entwicklung) - Aufwendungen an den Investitionen
- die als Quotient aus FuE-Aufwendungen und Umsatz berechnete Forschungsintensität
- der Anteil der FuE-Aufwendungen, der auf Produktinnovationen entfallen ist.

Der Vorschlag *Grossekettlers*, den Fortschrittsrückstand bzw. das ungenutzte Innovationspotential als Differenz der Marktanteile „neuer" Produkte zwischen Untersuchungs- und Vergleichsmarkt zu definieren, ist im Fährverkehr nur eingeschränkt nutzbar. Die grundlegende Produktionstechnik des Fähr- und Ro/Ro-Verkehrs ist, abgesehen von Schnellfähren, seit ihrer Einführung praktisch unverändert geblieben. Schnellfährenmarktanteile sind als Indikator nicht geeignet, da sie weitestgehend auf den Passagiersektor beschränkt sind und zudem die Einsetzbarkeit solcher Systeme durch die Eisverhältnisse auf der Ostsee nicht mit anderen Märkten vergleichbar ist. Daher sollten andere Indikatoren herangezogen werden.

Als verbesserte Produkte oder Verfahren im Fähr- und Ro/Ro-Verkehr können kürzere Überfahrt-, minimierte Be- und Entladezeiten, eine höhere Abfahrtsfrequenz, besser auf die Bedürfnisse der Frachtkunden abgestimmte Abfahrtszeiten, eine Minimierung der Schadensquote und optimierte Bedingungen zum Transport gefährlicher Güter gelten. Die für die Bildung entsprechender Indikatoren erforderlichen Daten lassen sich jedoch nicht in ausreichender Qualität ermitteln, es sei denn, es würden umfangreiche Befragungen durchgeführt.

---

[110] Borchert, Manfred/Grossekettler, Heinz (1985), S. 219-220.
[111] Borchert, Manfred/Grossekettler, Heinz (1985), S. 220-221.
[112] Zentrum für Europäische Wirtschaftsforschung (1998), S. 2.
[113] Borchert, Manfred/Grossekettler, Heinz (1985), S. 148; Grossekettler, Heinz (1994), S. 11-12.
[114] Borchert, Manfred/Grossekettler, Heinz (1985), S. 236.

Als weitere potentielle Indikatoren kämen die Entwicklung des Größenwachstums als Ausdruck der Kapazitätsverfügbarkeit oder die Häufigkeit der Ausfälle als Ausdruck der Zuverlässigkeit in Betracht. In der Realität ist das Größenwachstum der einzelnen Kapazitätseinheit kein geeigneter Indikator, da in der Ostsee größenmäßige Restriktionen stärker wirken als in Fahrtgebieten der Weltmeere. Auch über die Häufigkeit der Abweichungen vom Fahrplan bestehen keine genauen Daten. Beispielsweise verzeichnet TT-Line bei 5.000 jährlichen Abfahrten im Durchschnitt nur etwa fünf Totalausfälle.[115] Für die Konstruktion eines gebrauchsfähigen Indikators reichen diese Angaben ohne Verspätungshäufigkeiten aber nicht aus.

Zur Darstellung des Fortschritts im Umschlagbereich ließe sich die Entwicklung des Verhältnisses von Aufstelllänge als Kapazitätsmaß des Schiffes zur Anzahl der Be- und Entladespuren bzw. auch der Anzahl und Breite der Schiffsöffnungen als Maß für die Zugänglichkeit des Schiffes heranziehen. Dabei wurde auf Untersuchungen von *Baltic Marine Consult Warnemünde* (Prof. Dr. Lüsch & Partner) zurückgegriffen.

Abb. 48: Entwicklung der Aufstelllänge pro Ladespur von Fährschiffen 1957-1997

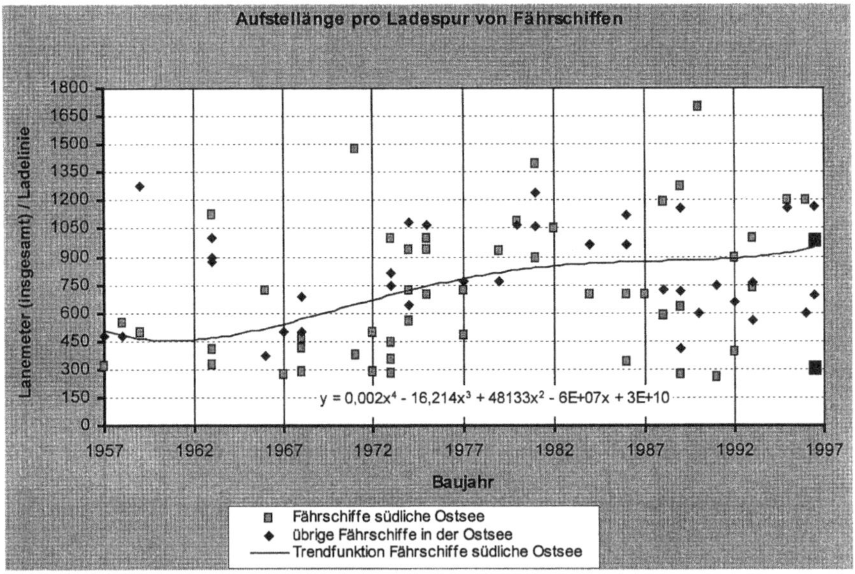

Aus dem Trend ist eine tendenzielle Verschlechterung der aus dem Indikator Aufstelllänge pro Ladespur abgeleiteten Umschlageigenschaften ersichtlich, d.h. es erfolgt keine proportionale Erhöhung der Ladespuranzahl gegenüber dem Kapazitätswachstum des Schiffes. Auffällig sind aber die teilweise erheblichen Unterschiede zwischen den einzelnen Schiffen. Das deutet darauf hin, dass die Umschlageigenschaften dem speziellen Einsatzzweck der Schiffe, der Linie, dem Fahrplan, der Ladungsstruktur usw. angepasst werden. Doppelrampen über die gesamte Schiffsbreite zur gleichzeitigen Beladung zweier Decks gelangen im Fahrtgebiet erst in der kommenden Schiffsgeneration (TT-Neubauten 2001) zur Anwendung, während diese z.B. im Finnland-Verkehr schon länger zum Einsatz kommen. Auch die Schiffe der Vogelfluglinie verfügen über wesentlich bessere Umschlageigenschaften als die Schiffe des Unter-

[115] Aussagen von Conzen, Hannes H. (1996), Geschäftsführer TT-Line auf einer Konferenz in Trelleborg.

suchungsraumes. Die Umschlageigenschaften sind aber nur ein Teilbereich des Gesamtsystems und können daher nicht als allgemeingültiger Indikator gelten. Als möglicher Indikator ist auch das Alter der eingesetzten Fährschiffe anzusehen, wobei nicht nur das Baujahr, sondern auch das Jahr größerer Umbauten Berücksichtigung finden kann. Dies scheint gerechtfertigt zu sein, wenn ein Umbau einem Neubau qualitativ nahe kommt.

Zusammenfassend lässt sich festhalten, dass Qualitätsmerkmale im Fährverkehr nicht vergleichbar sind, da sich Marktanteile neuer Produkte und Verfahren nicht oder nur eingeschränkt ermitteln lassen. Zudem sind Fährgebiete durch ihren unterschiedlichen Charakter nur in gewissen Grenzen vergleichbar. Zu den Unterschieden zählen äußere Umstände wie z.B. die Eisgefahr. Ebenso ist die Festlegung der „Neuheit" eines Produktes problematisch.

Der Fährverkehr stellt sich als hochkomplexes, aus vielen Elementen zusammengesetztes System dar. Die Transportleistung ist aus Sicht des Spediteurs eine Kombination verschiedener qualitativer Elemente wie passgenaue Abfahrtzeiten, Frequenz, Schnelligkeit, Zuverlässigkeit, Kapazitätsverfügbarkeit, Service und Preis. Bedingt durch die angesprochene Komplexität des Produkts Fährtrajektion lässt sich aus den vorhandenen Informationen allein aus dem Alter der Fähren ein aussagekräftiger Indikator konstruieren. Es wird vorausgesetzt, dass beim Bau der Fähren diese optimal an die bestehende Nachfragesituation angepasst werden und damit eine enge Korrelation zwischen dem Alter der Fähren sowie einer befriedigenden Fortschrittsrate besteht. Dieser Indikator ist jedoch nur als Hilfsindikator zu bezeichnen, da die Korrelation nicht sicher ist.

Operationalisierung des Begriffes „induzierte Aufholprozesse“ und Benennung der Ideal- bzw. Hilfsindikatoren

Es handelt sich bei „induzierten Aufholprozessen“ um durch Fortschrittsrückstände ausgelöste Aufholanstrengungen des zurückliegenden Marktes. Der Begriff ist kritisch zu sehen, weil die Rückstandsabbaubemühungen nicht durch eine direkte Konkurrenzbeziehung zum Vergleichsmarkt und durch den Rückstand selbst ausgelöst werden. Vielmehr signalisiert ein Rückstand die Existenz bisher ungenutzter, im Wettbewerb einsetzbarer Potentiale.[116] *Lemper* schlägt aus diesem Grunde den Gebrauch des Begriffes „Nutzungsgrad von Imitationspotentialen“ vor. Die Fortschrittsprozesse sollen dafür sorgen, dass nach dem Prinzip der negativen Rückkopplung vorhandene Imitationspotentiale zur Nutzung dieser Potentiale auf den zurückliegenden Märkten führen und damit die Rückstände ausgeglichen werden. Das KMD untersucht im Prinzip die Funktionsfähigkeit der Selektions- (Erkennen vorhandener Potentiale) und Imitationsprozesse (Nutzung vorhandener Potentiale).[117]

Festlegung des Toleranzsektors

Es bestehen keine ausreichenden Erkenntnisse über tolerierbare Abweichungen der Fortschrittsmaße vom Sollwert. Damit ist eine Festlegung des Toleranzsektors nicht möglich.

4.3 Durchführung des Prozessmustertests

Als Indikator wurde die Altersentwicklung der auf dem Untersuchungsmarkt eingesetzten Schiffe gewählt und mit der Altersentwicklung der Fähr- und Ro/Ro-Tonnage weltweit einerseits sowie mit weiteren Ostseefährmärkten andererseits verglichen.

---

[116] Lemper, Burkhard (1996), S. 244.
[117] Lemper, Burkhard (1996), S. 244.

Als Schlussfolgerung des Prozessmusterverlaufs ergibt sich ein deutlicher Fortschrittsvorsprung des untersuchten Marktes gegenüber dem als Vergleich gewählten weltweiten Durchschnitt. Bei der Beurteilung des durchschnittlichen Alters der weltweit eingesetzten Fährtonnage ist jedoch zu beachten, dass eine Korrelation zwischen Größenklasse und Alter festgestellt werden konnte; d.h. größere Schiffe waren deutlich jünger als kleinere. Darin kommt einerseits das Größenwachstum zum Ausdruck, andererseits aber auch das hohe Alter vieler kleinerer Fähren in den Entwicklungsländern. Die Fährtonnage über 25.000 GT wies auch weltweit konstant ein durchschnittliches Alter von unter zehn Jahren auf. Damit relativiert sich der Fortschrittsvorsprung der Ostseefährschifffahrt etwas. Gegenüber vergleichbaren Teilmärkten auf der Ostsee fällt der Vorsprung zudem wesentlich geringer aus. Der untersuchte Markt weist etwa die gleiche Altersstruktur wie der Fährmarkt zwischen Deutschland bzw. Dänemark und Norwegen sowie zwischen Finnland und Schweden (ohne Åland) auf. Der Vorsprung gegenüber dem Teilmarkt Deutschland-Dänemark hat sich als Folge der Reorganisation der Vogelfluglinie 1997 entscheidend verringert. Gegenüber den Vergleichsmärkten nahm der Vorsprung des Beispielmarktes im Zeitablauf jedenfalls stetig ab. Damit sind auf den Vergleichsmärkten wirksame Aufholanstrengungen zu vermuten.

Abb. 49: Entwicklung des Durchschnittsalters der auf der Kiel-Swinemünde-Range eingesetzten Fährschiffe im Vergleich zu ausgewählten Vergleichsmärkten 1990-1999

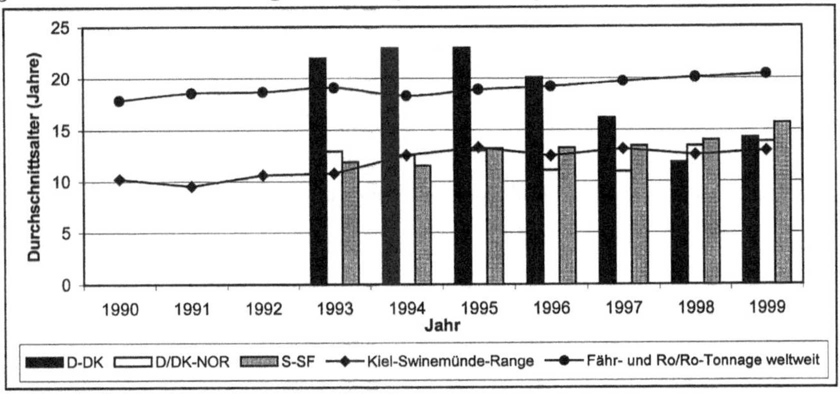

Quelle: eigene Berechnungen auf Grundlage ISL Shipping Statistics bzw. Cruise & Ferry Info

4.4 Plausibilitätstest

Ausgangspunkt der Plausibilitätsüberlegungen ist wieder die Stabilitätsbedingung:

$-1 \leq a < 0.$

Abschätzung des Parameters a: Bei a = 0 erfolgen auf dem zurückliegenden Markt weder Imitationsbemühungen noch sonstige Fortschrittsanstrengungen. Dies könnte ein Zeichen dafür sein, dass kein Fortschrittsanreiz besteht. Fehlende Fortschrittsanreize haben ihre Ursache in Übermachtpositionen, fehlenden Ausweichvarianten für die Nachfrager, restriktiven Patentregelungen, staatlichen Verboten oder Abnahmegarantien. Nimmt a einen Wert größer Null an, kommt es zu einem Anwachsen des Fortschrittsrückstandes. Verursacht werden kann eine solche Situation, wenn der Innovator nicht umgehbare Standards setzen kann. Bei a < -1 erfolgen derart starke Imitationsbemühungen, dass der eigentlich vorbildliche Vergleichsmarkt überholt wird. Es entstehen wiederum Aufholanstrengungen des anderen Marktes und damit Schwingungen um den Gleichgewichtszustand.

Es bestehen keine Anzeichen dafür, dass vergleichbare Situationen im Fährverkehr vorkommen. Weder existieren staatliche Abnahmegarantien, noch verhindert Patentschutz die Ausnutzung von Imitationspotentialen in wesentlichem Ausmaß. Die Elemente, die die Produkt- und Leistungsqualität der Fährschifffahrt entscheidend bestimmen, sind Schiffe und Terminalanlagen sowie verstärkt die Informationstechnik. Schiffe und die technischen Anlagen der Terminals sind in der Regel keine Eigenentwicklung der Reeder. Die Reeder sind also, mit gewissen Ausnahmen, auf Fortschrittsprozesse anderer Bereiche angewiesen. Überlegene Produktionsverfahren, die durch Patente oder Geheimhaltung vor Nachahmung geschützt sind, spielen im Fähr- und Ro/Ro-Verkehr eine nur geringe Rolle. Die Ro/Ro-Technologie ist im Grundsatz frei verfügbar, da dieses *know-how* vorwiegend bei Werften und anderen Zulieferern angesiedelt ist. Die Werften versuchen, diese Technologie über den Verkauf von Schiffen an eine Vielzahl von Kunden weiterzureichen. Teilweise ist das *know-how* auch bei spezialisierten Firmen konzentriert (z.B. Schiffsdesigner), die gewissermaßen zwischen Reeder und Werft agieren und teilweise auch vermitteln. Technische Neuerungen sind damit für jeden Reeder der Welt zugänglich. Aber auch bestehender Patentschutz (etwa Stena-Schnellfähren, Ro/Ro-Systeme, Schiffsdesign) gilt als Stimulus für den technischen Fortschritt[118] und ist seinen Inhabern aus wettbewerblichem Handeln erwachsen. Nachfolgende Wettbewerber können im Falle technologischer Nachteile ihrerseits Forschungs- und Entwicklungsaufwendungen tätigen und damit eventuell vorhandene Nachteile in der Verfügbarkeit von Produktionstechnik oder -technologie kompensieren. Derzeit versuchen immer mehr Reeder, ihre Betriebserfahrungen auch kommerziell zu verwerten und in die Entwicklung neuer Systeme einfließen zu lassen.

Die Frage nach theoretischen Überlegungen, die eine Störung der Prozessdynamik bei den Fortschrittsprozessen denkbar erscheinen lassen, kann damit verneint werden. Technische Neuerungen der Schiffbau- und Umschlagindustrie werden weltweit und für alle Interessenten verfügbar angeboten.[119]

4.5 Untersuchung auf Niveaudefekte

Der Methodik des Koordinationsmängelkonzeptes folgend, soll geprüft werden, ob die Produkt- und Verfahrensfortschrittsprozesse verzerrungsfrei ablaufen.

Es sprechen keine Gründe für die Behinderung der Produkt- und Verfahrensfortschrittsprozesse durch staatliche Vorschriften. Staatliche Vorschriften im Fährbereich beziehen sich vor allem auf Umweltschutz- und Sicherheitsziele und haben in den vergangenen Jahren zu technischen Anpassungen, Neuerungen und Innovationen der Reeder geführt. Die Erfüllung technischer Grundstandards ist eine Normalität in der Branche. Beispielsweise bestehen in der Ostseefährschifffahrt wesentlich höhere Standards für den Gefahrguttransport als im Landbereich. Nicht widerlegbar ist jedoch die Vermutung, dass das geringe Durchschnittsalter teilweise auf Werft- und Schiffbausubventionen beruht, die eine Verjüngung der Flotte begünstigen. Da der Schiffbaumarkt jedoch ein internationaler ist und die Schiffbausubventionen weltweit wirken, hätte dieser Fakt Einfluss auch auf das durchschnittliche Alter der Schiffe auf den Vergleichsmärkten haben und diese Effekte kompensieren müssen. Der Niveauverzer-

---

[118] Longrée, Helge-Michael (1982), S. 186.

[119] Eine ausführliche Darstellung von Störungsursachen bei den Fortschrittsprozessen findet sich bei: Hamker, Jürgen (1998), S. 540-718.

rungstest spricht zumindest dafür, dass von einer Prozessniveauverzerrung auf Grund staatlicher Einflussnahme ausgegangen werden kann.

Marktversagen könnte sich theoretisch auch aus der Nichtbeachtung von Sicherheits- und Umweltschutzstandards ergeben. Dies würde bedeuten, dass der höhere Qualitätsstandard der Ostseefährschifffahrt auf diesbezüglichen Kostenersparnissen beruht. Das Alter der Schiffe sowie das Ausmaß der staatlichen Regulierungen im Sicherheitsbereich (insbesondere als Folge der Schiffskatastrophen auf der Ostsee 1993 und 1994) sprechen jedoch gegen eine solche Vermutung.

Mögliche negative externe Effekte der Fähr- und Ro/Ro-Schifffahrt sind aus der Befreiung der Schifffahrt von der Mineralöl- sowie Mehrwertsteuer auf Schiffsbunker ableitbar. Geringe Brennstoffpreise könnten die Ursache für unzureichende Fortschrittsanstrengungen bei der Verbrauchsoptimierung bilden. Mangelnde Informationen darüber verhindern jedoch eine Einbeziehung dieser Vermutung in den Niveauverzerrungstest, so dass der Verdacht einer leichten Niveauverzerrung verbleibt, aber nicht weiter erhärtet werden kann. Die Befreiungsbegründung ist der internationale Charakter der Seeschifffahrt und die Vermeidung von Wettbewerbsnachteilen. Die Tatsachen sprechen gegen vermutete Rückstände im Bereich Umweltschutz. Im Februar 2000 wurde TT-Line in Schweden der Titel „Transportunternehmen des Jahres" verliehen. Grundlage der Auszeichnung war die Umweltfreundlichkeit der 1995-Schiffsgeneration (so genannte „*Greenships*"). Die Umweltfreundlichkeit beruht im Wesentlichen auf folgenden Komponenten:

1. geringerer Treibstoffverbrauch und damit Schadstoffausstoß durch weitestgehend konstanten Drehzahlbetrieb der Motoren
2. Nutzung des hochwertigen Treibstoffs MDO statt Schweröls
3. Verringerung des Treibstoffverbrauchs durch optimierte Rumpfformen
4. Verringerung des Schadstoffausstoßes durch den (teilweisen) Betrieb einer Katalysatoranlage.

Hinweise auf eine Verzerrung, Behinderung oder Verfälschung der Fortschrittsprozesse durch nicht tolerierbares Marktversagen auf Grund der Verletzung von Sicherheits- und Umweltschutzstandards sind damit nicht ersichtlich. Die im Zuge der Untersuchungen für eine feste Querung des Fehmarnbelts aufgestellten Behauptungen des höheren Energieverbrauchs von Fährsystemen gegenüber dem Straßentransport[120] beruhen auf offensichtlichen Fehlern in der Kalkulation und der ungenügenden Berücksichtigung des Unterschieds zwischen installierter und genutzter Leistung von Schiffsmaschinenanlagen. Darüber hinaus ist für Lang- und Mittelstreckensysteme von einem wesentlich geringeren Energieverbrauch pro Leistungseinheit gegenüber hochfrequenten Kurzstreckenfährsystemen auszugehen.

4.6 Beurteilung des Produkt- und Verfahrensfortschrittsprozesses

Beim Produkt- und Verfahrensfortschrittsprozess konnten keine Fortschrittsrückstände gegenüber vergleichbaren Märkten festgestellt werden. Es wurde im Gegenteil ein etwa gleichbleibender Vorsprung identifiziert. Gleichzeitig nahm das als Vergleichsindikator gewählte durchschnittliche Alter der auf dem Untersuchungsmarkt eingesetzten Schiffe aber leicht zu. Gegenüber zusätzlich als Vergleich herangezogenen Ostseeteilmärkten war bezüglich der Relationen Deutschland/Dänemark-Norwegen sowie Finnland-Schweden (ohne Åland) ein etwa

[120] PLANCO Consulting GmbH/COWI Consulting Engineers and Planners AS (1999), Kapitel 2-9.

gleicher Fortschrittsstand zu beobachten, während das Fahrtgebiet Deutschland-Dänemark bestehende Rückstände deutlich verringerte.

Unter Zugrundelegung des gewählten Indikators „durchschnittliches Alter der eingesetzten Schiffe im Vergleich zu ähnlichen Märkten bzw. zum weltweiten Durchschnitt" sowie unter gleichzeitiger Berücksichtigung der Unvollkommenheiten dieses Indikators kann der Verlauf des Produkt- und Verfahrensfortschrittsprozesses als befriedigend bezeichnet werden. Insgesamt bot sich sogar ein durchgehend positives Verlaufsmuster der Fortschrittsprozesse.

Damit ist die Funktionsfähigkeit der Fortschrittsprozesse gegeben. Es kann davon ausgegangen werden, dass der Verlauf der Fortschrittsprozesse auf einem etwas höheren Niveau stattfindet, als er sich ohne staatliche Einflüsse ergeben hätte. Die Funktionsfähigkeit der Fortschrittsprozesse ist gewährleistet und eine Behinderung von Innovationstätigkeiten nicht gegeben. Das Ausmaß des Wettbewerbs zwingt die Anbieter ständig zu einer ausreichenden Verbesserung ihrer angebotenen Leistung.

Ergänzt wird die Auswertung der Prozessanalyse durch folgende Überlegungen: Die Ostsee ist eines der Seegebiete der Welt mit der höchsten Dichte an Fähr- und Ro/Ro-Linien. Die geographisch außergewöhnliche Lage mit geringen Seeentfernungen führte dazu, dass die Ostsee in der technologischen Entwicklung des Fährverkehrs eine Vorreiterrolle übernehmen konnte. In keinem Seegebiet der Welt erlangte der Transport auf Fähren eine vergleichbare Bedeutung. Die in der Ostsee tätigen Reeder waren führend bei der Entwicklung bzw. Einführung neuer Technologien sowie hochwertiger Standards. Viele grundlegende Entwicklungen des Fährverkehrs wurden erstmals auf der Ostsee realisiert oder fanden hier erstmals eine massenhafte Anwendung.[121] Dazu gehören:

- die ersten internationalen Eisenbahnfähren über die offene See
- die ersten Fähren, die rollende Straßenfahrzeuge aufnehmen konnten
- Eisenbahnfähren mit mehreren Decks sowie Beladung über mehrstöckige Rampen oder durch Lifte
- die Verbindung von Fähr- und Kreuzfahrtbetrieb durch hochwertige und luxuriöse Superfähren
- moderne Autofähren auch für mittlere und lange Strecken
- der Einsatz der ersten (konventionellen) Schnellfähre (Finnjet).

Die Aussagen gelten zwar für die Ostsee allgemein, beziehen sich aber zu einem großen Teil ausdrücklich auf die südliche Ostsee. Für die Ostseefährmärkte existieren damit keine vorbildlichen Vergleichsmärkte. Gilt ein Markt als „vorbildlich", kann der Verlauf der Fortschrittsprozesse per Definition als befriedigend und damit funktionsfähig bezeichnet werden.

Trotzdem soll anhand der Schiffssicherheit der Verlauf der Fortschrittsprozesse während der 90er Jahre näher beschrieben werden. Ein wichtiges Attribut der Fährschifffahrt ist die Sicherheit. Seit der „Estonia"-Katastrophe hat die Fährschifffahrt umfangreiche Anpassungsmaßnahmen in Bezug auf die Sicherheitsstandards unternommen, die in Summe zu einem völligen Austausch der alten Flotte entweder durch Neu- oder Umbau führte. Sicherheit ist mittlerweile ein Wettbewerbsfaktor geworden. Neben den gesetzlich erforderlichen Umbaumaßnahmen wurden auch zusätzliche, auf freiwilliger Basis erfolgte Anpassungen der Reeder durchgeführt. Dazu zählen Zertifizierungsmaßnahmen oder Maßnahmen zur Verringerung der Emissionen mit Hilfe des Einbaus von Katalysatoren. Die Vorreiterrolle der Ostseefährschiff-

[121] Vgl. Hader, Arnulf (1997), S. 14 ff.

fahrt ergibt sich auch aus den vom ADAC durchgeführten Sicherheitstests. Während die auf der Ostsee eingesetzten Schiffe ähnlich wie die Ärmelkanalfähren durchgehend zufriedenstellende bis gute (Test 1998) Bewertungen erhielten, wies der Mittelmeerraum bezüglich Sicherheit einen deutlichen und aus der Bewertung ablesbaren Entwicklungsrückstand auf.[122] Ein ähnliches Resultat ergab sich aus dem Test 1999. Der Katamaran „Delphin" (TT-Line) konnte sogar das Prädikat „Sehr gut" erreichen.[123] Auch im ADAC-Test 2000 schnitten die untersuchten Ostseefähren im Gegensatz zu einigen Fähren im Englischen Kanal gut ab.

Während die polnische Fährschifffahrt zu Beginn der 90er Jahre noch Sicherheitsmängel aufwies und sich dies insbesondere im Verlust der „Jan Heweliusz" äußerte, sind dort seitdem unübersehbare Fortschritte erzielt worden. Der schlechte Qualitätsstandard der polnischen Fährschifffahrt resultierte aus dem hohen Durchschnittsalter der Flotte in Verbindung mit fehlendem Kapital für Umbau- und Renovierungsmaßnahmen. Hinzu kam ein für einen hochqualitativen Fährverkehr nicht ausreichendes *know-how*. Dieses hat sich jedoch seit Mitte der 90er Jahre grundlegend geändert, vor allem seit Gründung der Unity-Line. Äußere Zeichen dafür waren sowohl die Indienststellung der „Polonia" 1995 als auch die umfangreichen Umbauarbeiten an den Schiffen der PZB, insbesondere der „Pomerania" sowie der „Silesia". Die „Pomerania" konnte im ADAC-Test 1999 sogar das Prädikat „Gut" erringen.

Bezüglich des Einsatzes moderner Schnellfährentechnologie bestehen im Untersuchungsraum gegenüber anderen Märkten Defizite. Diese wurden aber nicht durch fehlende Bemühungen der Reeder verursacht, sondern durch die Struktur der Nachfrage sowie die klimatischen Bedingungen. Schließlich wurden seit 1996 vier Schnellfährenprojekte im Untersuchungsraum verwirklicht, denen aber kein betriebswirtschaftlicher Erfolg beschieden war. Die Geographie des Seeraumes ermöglicht schließlich schnelle Transporte auf hochfrequenten Kurzstrecken auch mit Hilfe konventionellen Schiffsmaterials. Darüber hinaus konnte die Schnellfährentechnologie bisher keine Frachttauglichkeit nachweisen.

Auch gegenüber anderen Schifffahrtsmärkten unterschiedlicher technologischer Ausprägung sind keine Rückstände der Fährschifffahrt erkennbar. Viele technische Neuerungen wurden auf Fähren sogar schneller eingeführt als auf anderen Schiffen:

- Strahlruder
- Verstellpropeller
- Wellengenerator
- exakter Fahrplanverkehr
- radarkontrollierte Bahnführung
- integrierte Navigationssysteme.[124]

Ursache der technologischen Vorreiterrolle der Fährschifffahrt ist der Produktivitäts- und Innovationsdruck als Folge hoher Bau- und Betriebskosten der Schiffe, resultierend aus hohen Stauraumverlusten, hohem Totlastanteil, hohen Geschwindigkeiten und hohem Aufwand für Besatzung und Sicherheitsvorkehrungen. Dieser Druck führt zu einem schnellen moralischen Verschleiß des Schiffes und zum Bestreben, ständig moderne Einheiten in Fahrt zu halten.

Nicht verschwiegen werden sollte aber, dass auf der Ostsee im Vergleich zu anderen europäischen Fährmärkten derzeit ein zeitliches Zurückbleiben bei den Neubaubestellungen festzu-

[122] ADAC-Test 3/1998.
[123] ADAC-Test 6/1999.
[124] Lüsch, Jürgen/Laue, Uwe (1992), S. 24 ff.

stellen ist. Sowohl P&O North Sea Ferries (3.400 lm Frachtkapazität für rollende Ladung plus 1.500 lm für zweilagig gestaute Container) als auch Stena Line AB erneuern ihre Flotte auf der Nordsee radikal und setzen jeweils zwei Neubauten zwischen Rotterdam bzw. Hoek van Holland und England ein. In der Irischen See wurden bereits Ende der 90er Jahre die Neubauprogramme von Stena Line und Irish Ferries verwirklicht. P&O wird 2000 mit einem Neubau folgen. Trotzdem entsteht derzeit für diesen Seeraum mit der „Ulysses" (4.100 lm Frachtkapazität) die größte Fähre der Welt. Stena Line (bzw. der Stena-Konzern) zeigte während der gesamten 90er Jahre ein anhaltendes Engagement betreffend Neubaubestellungen und Eigenentwicklungen. Diese Aussage bezieht sich auch auf die Verjüngung des Schiffsmaterials auf der Strecke Göteborg-Frederikshavn. Dagegen kamen bisher weder die Schnellfähren noch die Ro/Ro- bzw. RoPax-Eigenentwicklungen im Untersuchungsgebiet zum Einsatz.

Die kräftigsten Neubauimpulse gingen in den vergangenen Jahren jedoch vom Mittelmeer aus, wobei ein eindeutiger Nachholbedarf gegenüber den nordeuropäischen Vergleichsmärkten festzustellen war. Als Trendsetter fungieren hier insbesondere die griechischen Reeder. Nach vier seit 1995 in Fahrt gebrachten Neubauten von Superfast (Attica Enterprises) folgte 1998 eine Bestellung von sechs Schnellfähren konventioneller Bauart (von denen vier auch auf eisgefährdeten Routen einsetzbar sind) sowie 2000 eine weitere Bestellung über zwei Schiffe. Auch der Hauptkonkurrent Minoan verfügt derzeit über vier Neubaubestellungen; Strintzis (Attica-Tochter) sogar über fünf; Anek Lines über weitere zwei. Auch für die Fährverbindungen vom italienischen bzw. französischen Festland zu den Inseln Korsika und Sardinien (Tirrenia, Corsica Ferries, Moby Lines) wurden Neubauten geordert.

Im Laufe der 90er Jahre hat die Ostseefährschifffahrt bzw. das Untersuchungsgebiet, bedingt durch verschiedene Ursachen, an Vorsprung eingebüßt. Äußeres Zeichen dafür ist ein Ansteigen des Durchschnittsalters der auf dem Untersuchungsmarkt eingesetzten Fähren. Die Stagnation in der Entwicklung setzte etwa Mitte der 90er Jahre ein. Die Investitionszurückhaltung wurde zu einem großen Teil verursacht durch die Unsicherheiten über den Wegfall des *duty-free*-Geschäftes, der für die Ostsee-Reeder eine ungleich größere Bedeutung als für die Mittelmeer-Reeder aufwies sowie die Auswirkungen der festen Querungen. Verbunden mit neuen Sicherheitsvorschriften führte dies zu einer Nichtabsetzbarkeit von Alttonnage. Dieses System der günstigen Weitergabe von Alttonnage war früher Grundlage der ständigen Erneuerungszyklen für die eingesetzten Flotten.

Eine Ausnahme bildeten die Bemühungen zur Anpassung der Tonnage an die neuen Sicherheitsbestimmungen. Zu beobachten waren als Sonderentwicklungen auch die konsequent durchgeführten Flottenerneuerungen der nunmehr privatwirtschaftlich organisierten Nachfolgereedereien der dänischen, schwedischen und deutschen Staatsbahnen, die größtenteils veraltetes oder zu sehr auf Eisenbahntrajektierung ausgerichtetes Schiffsmaterial mit hohen Betriebskosten übernommen hatten. Dies betraf die Versorgung der Linien auf dem Øresund und dem Fehmarnbelt sowie der Verbindung Rostock-Trelleborg mit Neubauten sowie die Erneuerung der Flotte auf der Linie Saßnitz-Trelleborg.

Die Schiffsbestellungen von TT-Line zur Auslieferung 2001 zeigen jedoch die Anpassung auch der Reeder auf der südlichen Ostsee an die neuen Wettbewerbsbedingungen, insbesondere durch die stärkere Orientierung auf das Frachtsegment. Damit scheint die Zurückhaltung der Reeder bei Schiffsbestellungen überwunden und Ausdruck eines nur temporären Verhaltens gewesen zu sein.

Fazit: *Die auf der Basis des vorgeschlagenen Indikators „durchschnittliches Alter der eingesetzten Schiffe auf dem Untersuchungsmarkt im Vergleich zu ausgewählten Vergleichsmärkten" ermittelten Fortschrittsraten deuten auf eine Erfüllung der Fortschrittsfunktionen hin. Das Prozessmuster nahm einen sehr positiven Verlauf. Andererseits büßt die Ostsee erkennbar ihre frühere Spitzenstellung im Produkt- und Verfahrensbereich ein. Aber auch wenn der Vorsprung gegenüber anderen Fährmärkten abgenommen hat, ist er weiterhin vorhanden. Der anschließend durchgeführte Plausibilitätstest konnte dieses Ergebnis bestätigen. Im Niveauverzerrungstest wurden keine Anhaltspunkte für ein Marktversagen ermittelt. Dagegen besteht die Möglichkeit, dass als Folge staatlicher Markteingriffe in Form von Werft- und Schiffbausubventionen der Prozess auf einem höheren Niveau verläuft.*

5. Auswertung der Marktprozessanalysen und Schlussfolgerungen

Ziel der vorliegenden Arbeit war es, den Wettbewerb auf Märkten des Fährverkehrs zu untersuchen. Exemplarisch wurde hierfür der Markt für Fährtrajektionsleistungen im Frachtverkehr der Kiel-Swinemünde-Range nach Schweden gewählt. Zusammenfassend ist drei von vier Marktprozessen ein befriedigender Verlauf zuzuordnen. Einzig für den Übermachterosionsprozess liegen Anhaltspunkte für Koordinationsmängel vor, da keine Bewegung in Richtung Ausgleich der bestehenden Anbieterübermacht erkennbar war.

Die im Prozessmustertest festgestellte Übermacht der Anbieterseite konnte im Plausibilitätstest erklärt werden. Es wurden keine Anreiz- und Fähigkeitsmängel gefunden, die eine Angleichung der Machtpositionen verhindern würden. Die Beurteilung fiel somit nicht ganz eindeutig aus, da sich, je nach Höhe der Korrekturfaktoren für die Machtkennzahlen sowie der Herangehensweise bezüglich der Ermittlung der Anbietermacht, verschiedene Ergebnisse abzeichneten. Bei Berücksichtigung der Rolle des SJ-Konzerns im Fährverkehr zwischen Schweden und Deutschland waren eindeutige Machtabbauprozesse zu beobachten. Damit kann ein Koordinationsmangel zwar angenommen werden, dieser ist durch verschiedene Auslegungsmöglichkeiten bezüglich der konstruierten Indikatoren jedoch nicht eindeutig. Hier besteht weiterer Untersuchungsbedarf, etwa über die Höhe der Korrekturfaktoren sowie die Toleranzbereiche. Für die Untersuchung der Marktfunktionen ist bezüglich des Übermachterosionsprozesses unzweifelhaft ein sehr langer Zeitraum notwendig.

Eine Schwachstelle ergab sich auf Grundlage theoretischer Überlegungen im Renditenormalisierungsprozess, d.h. in der Zukunft kann für den derzeit funktionierenden Prozess eine Funktionsstörung unter Berücksichtigung bestehender Marktaustrittsbarrieren nicht ausgeschlossen werden.

Von Staatsversagen ausgelöste Niveauverzerrungen spielten eine nur unwesentliche Rolle. Das Ausmaß des Staatsversagens sorgte für nur geringe Niveauverschiebungen des Gleichgewichts. Marktversagen verursachte im Markträumungsprozess einen positiven externen Effekt (Kapazitätsüberschuss in nachfrageschwachen Zeiten). Auch die Höhe der Marktein- in Verbindung mit den -austrittsbarrieren ist als Marktversagen auszulegen.

Die Ergebnisse der Untersuchungen stehen sogar teilweise in Widerspruch zu den Erwartungen, die sich aus den in Kapitel IV herausgearbeiteten Merkmalen von Fähr- und Ro/Ro-Märkten ergaben, d.h. die Ergebnisse fielen positiver aus als erwartet.

Tab. 89: Beurteilung der einzelnen Marktfunktionen im Hinblick auf Koordinationsmängel

	Stabilitätsdefekte			**Niveaudefekte**		
Marktfunktion	Prozessmuster	Plausibilitätstest	Beurteilung	Marktversagen	Staatsversagen	Beurteilung
Markträumung	nein	nein	funktionsfähig	leichter pos. externer Effekt	leichte Verzerrung vermutet	Gleichgewicht leicht niveauverzerrt
Renditenormalisierung	nein	ja	derzeit funktionsfähig, Schwachstelle auf Grund theoretischer Überlegungen	nein	leichte Niveauverschiebung plausibel	Gleichgewicht leicht niveauverzerrt
Übermachterosion	ja	kein eindeutiger Befund, Anzeichen für Defekt	Koordinationsmangel möglich, aber nicht ganz eindeutig	wahrscheinlich	nein	Gleichgewicht niveauverzerrt
Fortschritt	nein	nein	funktionsfähig	nein	leichte Verzerrung vermutet	Gleichgewicht leicht niveauverzerrt

Die Arbeitshypothese, der Wettbewerb auf dem relevanten Markt funktioniere ausreichend, hat sich insgesamt bestätigt. Abgesehen von leichten Störungen neigt der Marktmechanismus zur Stabilität und damit zur befriedigenden Erfüllung der Marktfunktionen. Es bestehen einzelne und zudem noch undeutliche Anzeichen für Koordinationsmängel bzw. Schwachstellen. Die Abwesenheit von staatlichen Eingriffen unterstützt die Funktionsfähigkeit des Wettbewerbs und führt zu Strukturen, deren Überlebensfähigkeit sich allein im Wettbewerb erweisen muss. Fährschifffahrtsmärkte sind ohne staatliche Eingriffe vom Grundsatz her ausreichend funktionsfähig.

Das schließt jedoch nicht aus, dass andere Märkte, auch Fährschifffahrtsmärkte, völlig unterschiedliche Ergebnisse erzielen können. Insofern ist den Ergebnissen keine umfassende Allgemeingültigkeit zuzuordnen. Stattdessen hängt die Funktionsfähigkeit von Fährschifffahrtsmärkten entscheidend von den die jeweiligen Märkte prägenden spezifischen Besonderheiten ab. Es sollte hervorgehoben werden, dass bei der Untersuchung weiterer Fährmärkte auf der Ostsee durchaus auch andere, weniger befriedigende Marktergebnisse zu erwarten gewesen wären. Der untersuchte Markt ist vermutlich sogar einer der wenigen Fährmärkte, auf dem der Wettbewerb durchgehend befriedigend funktioniert. Dies ergibt sich allein schon aus dem Vergleich der realisierten Konzentrationsgrade auf der Anbieterseite. Auch Hafenzugangsfragen spielen auf anderen Märkten, z.B. im Dänemark-Verkehr, eine wesentlich größere Rolle.

Eine der Ursachen für den funktionierenden Wettbewerbsprozess könnte sich aus der unterschiedlichen Höhe der Marktein- und Marktaustrittsbarrieren erschließen. Die Anpassung der Fährschiffe des Untersuchungsraumes an die spezielle Route ist, verglichen mit anderen Märkten, geringer ausgeprägt und führt natürlich zu einem Abbau von Marktaustrittsbarrieren. Im Untersuchungsraum werden vielfach flexible, auf mehreren Routen einsetzbare Schiffe (trifft nicht auf die eisenbahntragenden Fähren zu) betrieben. Dieser Trend wird sich durch die zunehmende Bedeutung des Frachtsegments weiter verstärken. Dagegen wird auf Kurzstrecken wie Puttgarden-Rødby und Helsingborg-Helsingør derart hochspezialisiertes Schiffsmaterial eingesetzt, dass ein Umsetzen dieser Tonnage auf andere Routen einfach undenkbar ist. Diese Strecken weisen fast unüberwindliche Austrittsbarrieren auf.

Die Erwartung wenig befriedigender Marktergebnisse bezieht sich sowohl auf die Relationen zwischen Deutschland und Dänemark als auch zwischen Deutschland und Finnland. Dafür bieten sich folgende Erklärungsmuster an: Auf dem Markt zwischen Deutschland und Dänemark spielen im Gegensatz zum Schweden-Verkehr die Staatsbahnen bzw. deren Töchter eine wesentlich dominantere Rolle. Die Anzahl der bestehenden Verbindungen ist zudem geringer. Insbesondere die Vogelfluglinie befriedigt einen Großteil der Nachfrage im Dänemark-Verkehr und ist, zumindest bis zur Verlängerung der A 20 bis Rostock, durch andere Linien nur schwer zu konkurrenzieren. Erst die 1998 eröffnete Große-Belt-Verbindung hat erkennbare Preis- und Kapazitätsreaktionen auf der Linie ausgelöst. Andererseits ist die Unmöglichkeit der Aufnahme von Parallelverkehren durch die Errichtung eigener Hafenanlagen nicht nachgewiesen. Damit können die Häfen Puttgarden und Rødby nicht ohne weiteres als *essential-facility* eingestuft werden. Die Errichtung eigener Hafenanlagen durch die Reeder beruhte auf dem höheren logistischen Aufwand des Eisenbahnfährverkehrs und dem Versuch, die logistischen Abläufe durch die abgestimmte Gestaltung der See- und Hafenaktivitäten zu optimieren. Durch die Verbesserung der Hinterlandanbindung wird es zudem in Zukunft möglich sein, über die Relation Rostock-Gedser die Puttgarden-Rødby-Route zu konkurrenzieren.

Die Konzentrationsmaße auf dem Finnland-Deutschland-Markt sind vor allem Ursache der bedeutenden Stellung und Verhandlungsmacht großer, vorwiegend finnischer Verlader und deren ursprünglich direkten Engagements in die den Linienverkehr nach Finnland tragenden Reedereien wie EFFOA, Finnlines und Transfennica. Eine weitere Ursache sind hohe Markteintrittsbarrieren als Folge der im Vergleich zum Untersuchungsmarkt längeren Seestrecke sowie der höheren Investitionen durch die Notwendigkeit, die Schiffe mit Eisklassen zu versehen. Aber auch hohe Imbalancen durch die nur in eine Richtung wirksam werdenden Papiertransporte (südwärts) und das Engagement der Linienreeder im Stauerei- und Umschlaggeschäft erschweren Markteintritte. Trotzdem bestehen auch für den Finnland-Markt Anzeichen für einen funktionierenden Wettbewerbsprozess. Schließlich wurden bei aus Sicht der Nachfrager unbefriedigenden Machtpositionen der Anbieterseite immer wieder Markteintritte herausgefordert (Krogius-Line; Transfennica wird von den finnischen Papierkonzernen als Alternative zu Finnlines sowohl im Papier- als auch im Trailergeschäft aufgebaut; Superfast wird 2002 einen Liniendienst zwischen Rostock und Hanko eröffnen). Diese Prozesse benötigten aber erkennbar sehr lange Zeiträume und erwiesen sich nicht immer als nachhaltig. Damit kann für den Markt von einer starken Reaktionsverzögerung bei den Marktanpassungsprozessen ausgegangen werden.

Dagegen konnten auf dem Transportmarkt Deutschland/Polen-Schweden mit dem Aufkommen des Straßenpersonen- sowie Straßengüterverkehrs die durch die Kooperationen der Staatsreedereien ursprünglich vorhandenen hochkartellisierten Strukturen mittels Markteintritt privater Reedereien dauerhaft aufgebrochen werden. Der Übergang zum kombinierten Ro/Ro- und Fährverkehr, das damit verbundene Verkehrswachstum und die wachsende Rolle des Straßentransports gaben in den 60er Jahren auch privaten Reedern die Chance, in den Fährschifffahrtsmarkt einzusteigen. Durch das staatliche Eisenbahnmonopol und den hohen Kapitalaufwand war ihnen dies in der Ära der Eisenbahnfährlinien noch verwehrt geblieben. Private Reedereien haben bisher eine große Flexibilität, Innovationsfähigkeit und Marktnähe gezeigt und waren so in der Lage, auch Marktnischen zu besetzen. In der Phase der Erschließung des Ostseeraumes für den Fährverkehr waren es überwiegend größere Küstenschifffahrtsunternehmen, die bis dahin konventionelle Linienverkehre betrieben hatten, denen der Eintritt in sich herausbildende Fährmärkte gelang, wobei sich die Unternehmen technologisch anpassten. Die überlegene Ro/Ro-Umschlagtechnologie gab dem Fährverkehr einen entscheidenden Wettbewerbsvorteil gegenüber der konventionellen Schifffahrt. Die auf die Saisonverkehre ausgerichteten Kapazitäten drückten durch den ökonomischen Zwang zur Kapazitätsauslastung die Frachtraten. Damit gelang den Fährlinien ein tiefer Einbruch in Teilmärkte der konventionellen Küstenschifffahrt. Das Paradoxon der Entwicklung war, dass zu Beginn der 60er Jahre nicht die Konkurrenz zur Küstenschifffahrt ausschlaggebend beim Aufbau neuer Fährkapazitäten war. Die Reiseströme und erst später das Güterverkehrsaufkommen gaben privaten Reedern die Chance und die Sicherheit zum Aufbau eigener Linien. Die Rivalität mit der Küstenschifffahrt um das Frachtaufkommen ergab sich erst aus der Existenz der für den Passagierverkehr geschaffenen Kapazitäten. Ursprünglich war es noch üblich, überschüssige Kapazität außerhalb der Saison zu verchartern oder anderweitig zu verwenden. Der steigende Güterverkehr mit seiner ganzjährig etwa gleichmäßigen Verteilung sorgte später für ein Ende dieser Praxis.[125]

Die staatlichen Eisenbahnfährgesellschaften wurden damit durch eine Vielzahl von privaten Operateuren ergänzt. Die Anzahl der Anbieter sank aber nach den vielfältigen Markteintritten privater Reedereien durch Fusionen oder Ausscheiden von Wettbewerbern seit den 70er Jahren stetig. Anfang der 80er Jahre war im Direktverkehr wieder eine hohe Konzentration erreicht, etwa im Verkehr zwischen Travemünde und Südschweden. Insbesondere der SJ-Konzern, zeitweise im Verbund mit TT, spielte eine herausragende, wenn nicht dominierende Rolle im Verkehr zwischen Schweden und dem Kontinent. Seit Ende der 80er Jahre liefen aber fühlbare Dekonzentrationsprozesse ab. Insgesamt gesehen besteht möglicherweise jetzt wieder Raum für Fusionen/Übernahmen. Konzentrationsprozesse können sich allein auf Grundlage der Änderungen des externen Marktumfeldes entwickeln.

Zukünftig sind in der Fährschifffahrt auf der südlichen Ostsee zwei gegenläufige Entwicklungen zu erwarten. Einerseits werden insbesondere auf den Kurzstrecken die Lösungen immer spezialisierter und angepasster, andererseits stehen durch die steigende Bedeutung der Fracht die Reeder vor der Aufgabe, flexible, frachttragende Systeme zu entwickeln, die auf verschiedenen Routen einsetzbar sind. Die von Stena entwickelten Lösungen (*Seapeacer*- bzw. *Searunner*-Klasse) haben hierbei Vorbildcharakter. Die betriebswirtschaftlichen Ergebnisse der großen Netzwerkreedereien (geringe oder negative Rendite) werden für diese den Zwang verstärken, weitere Wachstumsprozesse einzuleiten. Damit wird aber die Gefahr für Markteintritte auf lukrativen Einzelstrecken zunehmen und von den Netzwerkbetreibern kaum verhindert werden können. Die Änderung externer Marktbedingungen löst damit einerseits Konzentrationsprozesse aus, andererseits werden die Prozesse Markteintritte auf lukrativen Einzelstrecken unterstützen. Die Auswertungen lassen zudem den Schluss zu, dass die Fokussierung einen der erfolgversprechendsten Strategietypen für Fährreeder darstellen kann. Die Strategie der Differenzierung zielt auf Wettbewerbsvorteile durch die Einzigartigkeit des Produktes sowie eine Erhöhung des Kundennutzens ab.[126] Positive Leistungsdifferenzierungen beruhen auf der Qualität der erbrachten Dienstleistung, welche die Transportleistung einer Reederei aus der Sicht der Nachfrager als vorteilhaft gegenüber einer anderen erscheinen lässt.

Zu überprüfen bleibt die Möglichkeit der Übertragung des Untersuchungsergebnisses auch auf andere Schifffahrtsmärkte. Im Vergleich zur Containerlinienschifffahrt konnten für den Fährverkehr mehrere Unterschiede herausgearbeitet werden. Dazu zählt vor allem die geringere Überkapazitätsgefahr.

Überkapazitätssituationen ähnlich wie in der Containerlinienschifffahrt fehlen in der Ostseefährschifffahrt bisher insbesondere aus einem Grund: Neubauten werden in der Regel rein streckenbezogen geordert, d.h. der Bau eines Schiffes erfolgt erst bei einem konkreten Bedarf. Im Gegensatz dazu werden Containerschiffe teilweise spekulativ in der Hoffnung bestellt, die

---

[125] Zachcial, Manfred/Hader, Arnulf (1991), A 6-2.
[126] Vgl. Porter, Michael E. (1985), S. 14.

Neubauten auf Grund der weltweiten Einsetzbarkeit günstig verchartern zu können. Die höhere Spezialisierung der Fährschiffe verhindert bisher den rein spekulativen Bau von Tonnage. Da der Container- im Gegensatz zum Fährverkehr globale Dimensionen aufweist, ist die Intransparenz der Märkte wesentlich stärker ausgeprägt. Eine völlige Überschaubarkeit des Marktes ist für den einzelnen Marktakteur nicht gegeben. Ein potentieller Investor handelt also in starkem Maße unter den Bedingungen unvollständiger Informationen. Entlastend wirkt sich sicherlich die weltweite Einsetzbarkeit der Containertonnage aus. Diese verleitet aber auch zu spekulativen Aufträgen. Daher weisen die Schwingungen der Angebotskapazität im Containerverkehr wesentlich größere Ausschläge auf als im Fährverkehr.

Die geringe Tonnage-Irreversibilität fördert als Folge der weltweiten Einsetzbarkeit der Tonnage in Verbindung mit Schifffahrts- und Schiffbausubventionen die langwierige Aufrechterhaltung von Überkapazitätssituationen in der weltweiten Containerschifffahrt.[127] Die geringere Umsetzbarkeit der Tonnage (damit höhere Marktaustrittsbarrieren) vermindert möglicherweise ähnlich hohe Überkapazitätsgefahren in der Fährschifffahrt.

Fährschifffahrtsmärkte sind derzeit funktionierende Märkte. Aus Fährschifffahrtsmärkten innewohnenden Besonderheiten könnten für die Zukunft aber durchaus Überkapazitätssituationen erwartet werden. Dazu zählen die lange Lebensdauer der Schiffe in Verbindung mit Unsicherheiten über zukünftige Verkehrsentwicklungen, die Unteilbarkeit der Schiffe als Kapazitätselemente sowie die Ausrichtung der Kapazitäten an den Spitzen- und nicht an den Durchschnittsbedarf. Zudem deutet sich ein Trend an, die Tonnage nicht mehr rein streckenbezogen zu ordern. Viele griechische Reeder haben börsenfinanzierte Neubauprogramme aufgelegt, ohne wie bisher üblich konkrete Einsatzgebiete bereits festgelegt zu haben. Die Schiffe werden schwerlich allein im Mittelmeerraum eine Beschäftigung finden, sondern nach neuen geographischen Beschäftigungsfeldern suchen. Auch der Bau von Riesenfähren mit bis zu 4.100 lm Frachtkapazität (z.B. für die Irische See und die Nordsee) wird eine Vielzahl kleinerer Fähr- und Ro/Ro-Schiffe ersetzen. Erschwert wird eine Anpassung der Tonnage zudem durch die mittlerweile geringe Aufnahmefähigkeit von Alttonnage durch andere Märkte. Die dargestellten Entwicklungen könnten Überkapazitätssituationen hervorrufen und für ein zeitweises Aussetzen der Marktfunktionen sorgen. Die Untersuchung beweist die generelle Funktionsfähigkeit der Wettbewerbsprozesse. Diese Prozesse vollziehen sich aber nur über größere Zeitspannen.

Die Funktionsfähigkeit von Fährmärkten könnte jedoch insbesondere auch durch den Bau fester Querungen beeinträchtigt werden, falls diese aus primär politischen Gesichtspunkten errichtet werden und auch die Mauthöhe nicht in angemessener Form einzelwirtschaftlichen Überlegungen entspricht, sondern eher politisch determiniert ist. Feste Querungen sollten daher ausschließlich bei gesicherter Wirtschaftlichkeit und angemessener Mauthöhe genehmigt werden, da sie anderenfalls massiv die Funktionsfähigkeit von derzeit ausreichend funktionierenden Märkten beeinflussen könnten.

Als spürbarer Vorteil der Fährschifffahrt auf dem betrachteten Markt erwies sich auch das Fehlen von bedeutenden Imbalancen zwischen den beiden Verkehrsrichtungen. Die Fährreeder sind somit nicht wie die Containerreeder zu einer Kapazitätsdimensionierung gezwungen, die, neben den üblichen Schwankungsbreiten im zeitlichen Nachfrageanfall, auch diesem Umstand Rechnung tragen muss. Darüber hinaus entfällt die kostspielige Rückführung der Leercontainer. Da die Transportbehälter nicht in der Hand des Reeders sind, ist auch das entsprechende Auslastungsrisiko nicht bei ihm angesiedelt. Ein weiterer Grund für die stabileren Verhältnisse im Fährverkehr könnten unterschiedliche Unternehmensstrategien sein, d.h. die

---

127 Vgl. Opatz, Andreas (1994).

Beschränkung der Reeder auf ihre Kernkompetenzen, und zwar den reinen Seetransport, teilweise ergänzt durch Umschlagaktivitäten. Für die meisten Containercarrier war die Strategie der Kontrolle der gesamten Transportkette vom Verlader bis zum Empfänger mit sehr hohen und riskanten Investitionen sowie unterdurchschnittlichen Renditen verbunden. Diese Zusammenhänge bedürfen zur Untermauerung aber weiterer Untersuchungen.

Es ist insgesamt zu vermuten, dass die aufgezeigten Unterschiede die generelle Übertragbarkeit des Untersuchungsergebnisses auf die Linienschifffahrt nicht rechtfertigen.

In der Fährschifffahrt besteht für die Reeder die Möglichkeit (nicht die Garantie), eine angemessene Verzinsung des eingesetzten Kapitals zu erreichen. Ursache dafür ist allem Anschein nach das Ausmaß der herrschenden Konzentration, d.h. eine Oligopolsituation auf dem Markt, die einerseits die betriebswirtschaftlichen Grundlagen für eine gewinnbringende Tätigkeit der Reeder, andererseits auch ein qualitativ und quantitativ hochwertiges Angebot an die Spediteure sicherstellt.

Ein Oligopol ist durch eine nur geringe bzw. überschaubare Anzahl von Unternehmen auf der entsprechenden Marktseite gekennzeichnet. Ein weiteres Merkmal ist die fühlbare Abhängigkeit aller Marktteilnehmer von Variationen der Verhaltensparameter jedes einzelnen Unternehmens. In der Regel wird dadurch eine Marktverhaltensreaktion der Konkurrenten ausgelöst. Besonders in engen Oligopolen ist die gegenseitige Fühlbarkeit des wechselseitigen Einsatzes der Wettbewerbsparameter und eine hohe Reaktionsinterdependenz vorhanden. *Kantzenbach* und *Kruse* geben für ein enges Oligopol eine Zahl von zwei bis fünf Unternehmen an, die jeweils über einen großen Marktanteil verfügen.[128] Bei etwa fünf Anbietern beginnt der Übergang zu einem weiten Oligopol, eine Situation, die mit der auf dem untersuchten Markt vergleichbar ist.

Ein Nebeneffekt der Untersuchung ist die Überprüfung des Realitätsgehaltes von Wettbewerbstheorien. Die Untersuchungsergebnisse unterstützen z.B. die Aussage von *Kantzenbach*, dass weite Oligopole Grundlage guter Marktergebnisse sind. Allerdings gibt es, entgegen den Auffassungen *Kantzenbachs*, keine eindeutige Beziehung zwischen Marktform, Marktverhalten und Marktergebnis. Neben den Marktformen beeinflussen auch marktstrukturelle Faktoren, die Organisation der Unternehmen sowie letztendlich auch die handelnden Personen auf dem Markt die Marktergebnisse.[129] Eine Verallgemeinerung der These von der Richtigkeit der *Kantzenbachschen* Theorie ist daher zwar nicht uneingeschränkt möglich; trotzdem bestätigen die Untersuchungsergebnisse viele Aussagen von *Kantzenbach*.

Die Oligopolsituation bedingt das Fehlen eines unangemessenen, weil unter Umständen ruinösen Preiswettbewerbs. Andererseits verhindert das Oligopol unangemessene Preiserhöhungen der Reeder, ohne damit verbundene Marktanteilsverluste zu riskieren, weil entsprechende Gegenmaßnahmen der etwa gleich starken Konkurrenz befürchtet werden müssen. Damit sind sowohl unangemessener Preiswettbewerb als auch überzogene Preissteigerungen der Reeder ausgeschlossen. Die Marktstruktur ist somit Grundlage für zufriedenstellende Marktergebnisse. Die Funktionsfähigkeit von Wettbewerb ist offensichtlich an eine oligopole Marktstruktur gebunden. Aus diesen Überlegungen heraus ist der Schluss gerechtfertigt, dass das derzeitige Ausmaß der Konzentration gute Ergebnisse für den untersuchten Markt ermöglicht. Die Überschaubarkeit des Oligopols führte im Gegensatz zur Containerschifffahrt zu keiner allein auf Kapazitätswachstum und Marktanteilsmaximierung ausgerichteten Geschäftspolitik der Reeder.

---

[128] Kantzenbach, Erhard/Kruse, Jörn (1989), S. 10-12.
[129] Vgl. z.B. Eickhof, Norbert (1975), S. 43.

Ein Oligopol lässt verschiedene Verhaltensweisen, Markt- oder Wettbewerbssituationen zu. So sind auch in engen Oligopolen Fälle besonders intensiven Wettbewerbs denkbar. Durch die hohe gegenseitige Interdependenz beim Einsatz der wettbewerblichen Aktionsparameter ist die Gefährdung eigener Positionen oder der Existenz durch Aktionen der Konkurrenz sehr hoch. Dies zwingt die Unternehmen zu Kostenkontrolle, Anpassung an die Kundenbedürfnisse und enger Preiskalkulation und schafft Anreize zu Produkt- und Prozessinnovationen.

Andererseits kann oligopolistischer Wettbewerb auch in den Ausprägungen Behinderungs- und Verdrängungswettbewerb auftreten. Entscheidend sind dann keine Marktleistungen, sondern eher ökonomische Machtpositionen als wettbewerbliche Auslesekriterien. Ein weiterer typischer Fall oligopolistischen Wettbewerbs sind Situationen, in denen bewusst auf den Einsatz wettbewerblicher Parameter verzichtet und stattdessen ein wettbewerbsfriedliches Verhalten bevorzugt wird.[130] Gleichförmiges Verhalten am Markt kann das Ergebnis einer Verhaltensabstimmung zwischen Wettbewerbern, aber auch eines Erfahrungsprozesses ohne Abstimmung sein.[131] Die Erkenntnis, dass bestimmte Relationen keinen effektiven Betrieb zweier unabhängiger Linien erlauben, unterstützt dieses Verhalten. Im Fähr- und Ro/Ro-Verkehr können sich Verhaltensübereinstimmungen aus der Erfahrung ergeben, dass marktzerstörerische Handlungen einzelner Marktteilnehmer letztendlich allen Anbietern Schaden zufügen können. Dieses Verhalten beruht nicht auf Abstimmung, sondern auf einem Lernprozess und der Überschaubarkeit des Marktes. Markteintritte können dieses instabile Gleichgewicht aber sofort wieder zerstören (zumindest zeitweise).

Auf Märkten mit einer hohen Bedeutung von Größeneffekten verstärkt sich die Gefahr, dass Ausleseprozesse entweder die Form ruinöser Konkurrenz annehmen oder von Rivalität geprägtes in abgestimmtes Verhalten umschlägt. Gleichzeitig besteht die Möglichkeit, dass der Markt sich in ein natürliches Monopol umwandelt.

Das Konstrukt des natürlichen Monopols beruht darauf, dass ein einzelnes Unternehmen die Gesamtnachfrage eines Marktes kostengünstiger als zwei oder mehrere Unternehmen befriedigen kann. Ursache dafür sind in erster Linie subadditive Kostenfunktionen.[132] Im Fall des Mehrproduktunternehmens müssen neben den Größenvorteilen (*economy-of-scale*) auch Verbundvorteile, d.h. produktübergreifende Synergieeffekte hinzukommen.[133]

Es ist davon auszugehen, dass die Gesamtheit der Linienverbindungen des untersuchten Marktes kein natürliches Monopol konstruiert. Dies wird unterstützt durch die Beobachtungen, dass zwar, bezogen auf die einzelne Linie, eindeutige *economy-of-scale*-Effekte nachweisbar sind, für die gesamte Unternehmung die Effekte aber nur in gewissem Umfang wirken, da sich diese bei Überschreitung einer bestimmten Unternehmensgröße in *diseconomies-of-scale* umwandeln. Die mit der höheren Auslastung einer vorhandenen Kapazität verbundenen sinkenden Durchschnittskosten zeigen auf keinen Fall ein natürliches Monopol an. Es bestehen verschiedene Arten von Skaleneffekten. Das Vorliegen nur eindimensionaler *economies-of-scales* bedingt nicht notwendigerweise ein natürliches Monopol.[134]

Die optimale Größe einer Reederei wird nicht ausschließlich über die Kostenfunktionen, sondern auch über Faktoren wie Servicequalität in Form von Kundenausrichtung usw. bestimmt. Bei Unternehmenskonzentrationen besteht immer die Gefahr, dass die kurzfristig umsetzbaren

130 Vgl. Kantzenbach, Erhard/Kruse, Jörn (1989), S. 13-14.
131 Vgl. Aberle, Gerd (1992), S. 54.
132 Vgl. Aberle, Gerd (1992), S. 67.
133 Vgl. Laaser, Carl-Friedrich (1991), S. 59 ff.
134 Vgl. Laaser, Carl-Friedrich (1991), S. 64-65.

Synergieeffekte und Kosteneinsparungen langfristig durch Erstarrung und Inflexibilität aufgehoben werden. Große Verwaltungsstrukturen haben lange Entscheidungswege und den Verlust an Kundennähe und Flexibilität zur Folge. Damit werden zunehmende Skalenerträge in der Produktionstechnik anscheinend durch Ineffizienz bei Kommunikation, Verwaltung und Kontrolle aufgezehrt. So genannte *economies-of-firm-size*, die anzeigen würden, dass große Unternehmen in der Fährschifffahrt generell mit geringeren Durchschnittskosten und höheren Gewinnen arbeiten als kleinere, werden durch die vorliegende Untersuchung nicht bestätigt. Ganz im Gegenteil ist die Ertragslage der Nischenanbieter erkennbar besser als die vieler Netzwerkbetreiber. Auch Verbundvorteile sind in der Fährschifffahrt nicht eindeutig erkennbar.

Es ist aber offensichtlich, dass auf dem untersuchten Markt eine Subadditivität der Kostenfunktionen in einer Form vorliegt, die nur wenigen Anbietern fallende Durchschnittskostenverläufe und damit ein Wirken auf dem Markt erlaubt. Diese Form wird als natürliches Oligopol bezeichnet.

Die Substitutionskonkurrenz paralleler Routen sowie die Markteintrittsdrohung potentieller Konkurrenten kann als ausreichend für ein wettbewerbskonformes Verhalten angesehen werden. Infolge des verkehrsgeographisch sehr weitläufig angelegten Fährverkehrs ist ein direkter Wettbewerb von Fährlinien mit identischer Linienführung nicht unbedingt eine Notwendigkeit für einen ausgeprägten Wettbewerb. Als Ausnahmen gelten nur besonders hochvolumige Strecken, die durchaus den direkten Wettbewerb zweier Anbieter zu tragen in der Lage sind. Damit erweisen sich für Routen, die von einem einzelnen Anbieter befahren werden, in der Regel die Konkurrenz paralleler Routen sowie die Markteintrittsdrohung bei nicht wettbewerbskonformem Handeln als ausreichend.

In diesem Zusammenhang wären auch weiterführende Untersuchungen auf Basis der Theorie der kontestablen Märkte zur Beurteilung oligopolistischer Marktstrukturen durchaus sinnvoll. Die Theorie der kontestablen Märkte hat gezeigt, dass auch ein natürliches Monopol unter dem Druck von potentieller sowie Außenseiter- und Substitutionskonkurrenz wettbewerbskonforme Verhaltensweisen entwickeln kann. Eine wettbewerbliche Regulierung eines natürlichen Monopols ist dann geboten, wenn bei Marktaustritt ein hoher Anteil der eingesetzten Kapitalgüter über keine alternative Verwendungsmöglichkeit verfügt.[135] In einem bestreitbaren natürlichen Monopol reicht die disziplinierende Wirkung der potentiellen Konkurrenz dagegen aus, um dem Monopolisten ein wohlfahrtsoptimales Verhalten abzufordern. Ein nicht marktgerechtes Verhalten hätte unmittelbar einen Markteintritt zur Folge. Der potentielle Wettbewerb gewinnt für die gesamtwirtschaftliche Effizienz um so mehr an Bedeutung, je geringer die Anzahl aktueller Wettbewerber auf einem Markt ist und je größer dabei die Marktkonzentration auf der Anbieterseite ausfällt.[136]

Mit Hilfe der Theorie der kontestablen Märkte kann ein eventueller Regulierungsbedarf in natürlichen Monopolen mit irreversiblen Kosten erkannt werden.[137] Ist der Zugang zu Engpassbereichen gewährleistet bzw. sind die Engpassbereiche duplizierbar, ist ein funktionsfähiger Wettbewerb gesichert und damit kein Regulierungsbedarf vorhanden. Würden auch angreifbare Monopole wettbewerblich reguliert, entfiele jede Bereitschaft, in eigene Netze zu investieren, selbst bei der potentiellen Möglichkeit. Gleiches gilt für die Bereitschaft des Netzinhabers zu Innovation und Kapazitätsausbau, da er jeden Fortschritt mit seinen Wettbewerbern teilen müsste.

---

[135] Vgl. Laaser, Carl-Friedrich (1991), S. 57-61.
[136] Kolbe, Clemens (1991), S. 1-2.
[137] Vgl. Knieps, Günter (1999), S. 11.

Eine Entscheidungshilfe für Regulierungen in infrastrukturellen Engpassbereichen bildet die *essential-facility*-Doktrin, deren Anwendung auf folgenden Voraussetzungen beruht:[138]

- Kontrolle dieser wesentlichen Anlage durch einen Monopolisten
- die Unmöglichkeit, diese Anlage unter angemessenem Aufwand zu duplizieren
- die Verweigerung der Nutzung durch einen Konkurrenten
- die technische und betriebsbedingte, vor allem kapazitive Möglichkeit der Bereitstellung der Anlage für Dritte.

Wettbewerbspolitische Grundlage über den Zugang zu Infrastrukturen oder Netzen in Deutschland ist der § 19 Abs. 4 Nr. 4 GWB, der sich an die *essential-facility*-Doktrin anlehnt. Danach liegt ein Machtmissbrauch vor, wenn ein marktbeherrschendes einem anderen Unternehmen selbst gegen Zahlung eines angemessenen Entgeltes Zugang zu den beherrschten Einrichtungen verweigert, diese Einrichtungen aber notwendig sind, um auf vor- oder nachgelagerten Märkten tätig zu werden.

Ein nicht funktionsfähiger Wettbewerb auf dem untersuchten Markt kann allein auf Grundlage des Prozessverlaufs der Übermachterosionsfunktion vermutet werden. Bei der Beurteilung der Konzentration ist zu beachten, dass gleiche Konzentrationsgrade sowie Konzentrations- und Kooperationsformen in Abhängigkeit von den Ausgangs- und Rahmenbedingungen unterschiedlich beurteilt werden können. Konzentration kann Ausdruck eines funktionierenden Wettbewerbs sein, wenn leistungsfähige Unternehmen auf Grundlage von Wirtschaftlichkeit und Risikobereitschaft hohe Marktanteile erreichen können. Konzentrationstendenzen können damit Auslese- und Marktverengungsprozesse im Sinne durchaus funktionsfähigen Wettbewerbs bewirken, wenn z.B. für einen Markt zu viele Anbieter tätig sind und Konzentrationsprozesse den Übergang von polypolen zu oligopol geprägten Marktformen auslösen.

Die Angebotsseite im Fährverkehr ist gekennzeichnet durch unterschiedliche Formen von horizontaler Kooperation oder Konzentration. Aus den betriebswirtschaftlichen Besonderheiten wie hoher Kapitalaufwand oder hohes Kapazitätsauslastungsrisiko ergibt sich eine allgemeine Tendenz zur Kooperation bzw. Konzentration, die in Übernahmen, Fusionen oder gemeinschaftlich betriebenen Liniendiensten ihren praktischen Ausdruck findet. Teilweise werden Linien in Kooperation zweier Reeder betrieben, die durch das Festlegen gemeinsamer Frachtraten, Kapazitäten, Abfahrtszeiten sowie Verschiffungsbedingungen die Konkurrenz auf der Route begrenzen. Damit sollen einerseits ruinöse Preiskämpfe und Überkapazitäten verhindert, andererseits aber auch gemeinschaftliche Fahrpläne, regelmäßige Abfahrtszeiten sowie der Einsatz größerer und damit kostengünstigerer Tonnage durch die Bündelung von Nachfragevolumina ermöglicht werden.

Im Vergleich zu den Stückgutschifffahrtsmärkten wirkte sich der Kapitalbedarf für die Umstellung konzentrationserhöhend aus, d.h. die Fähr- und Ro/Ro-Schifffahrtsmärkte waren auch in der Entwicklungsphase durch höhere Konzentrationsmaße gegenüber den konventionellen Stückgutschifffahrtsmärkten gekennzeichnet. Die Einführung der Ro/Ro-Technologie bedeutete tiefgreifende Änderungen der Kosten- und damit auch der Unternehmens- und Marktstrukturen. Mit der Rationalisierung des Umschlags konnten wesentlich größere und leistungsfähigere Betriebseinheiten eingeführt werden. Da das allein durch die überlegene Technologie erzeugte (bzw. auf Verlagerungen beruhende) Nachfragewachstum zum Zeitpunkt der Umstellung auf die nächste Schiffsgeneration nicht ausreichen kann, die größeren Schiffe ei-

[138] City of Anaheim vs. Southern California Edison Co., 955 F. 2d 1373, 1380 (9th Cir. 1992); zitiert bei: Knieps, Günter (1999), S. 20.

ner gleichen Anzahl von Anbietern befriedigend auszulasten, ist eine Konzentration der Nachfrage auf weniger Betriebe Voraussetzung für den sinnvollen Einsatz der Schiffe. Konzentration und Kooperation sind so einerseits notwendig, um die Versorgung des Marktes mit Verkehrsleistungen zu optimieren und gleichzeitig die Wirtschaftlichkeit des Angebots zu sichern, andererseits verringern sich damit die Wahlmöglichkeiten der Nachfrager.

Eine vollständige Monopolisierung eines Marktes ist in der Fähr- und Ro/Ro-Schifffahrt aber nie geglückt, weil bei Überschreitung einer gewissen Frachtratenhöhe neue Markteintritte von *outsidern* herausgefordert wurden (TT-Saga/Nordö, Finnlines/Transfennica/Superfast). Am ausgeprägtesten ist der Wettbewerb auf den aufkommensstarken Linien der südwestlichen Ostsee. Dieser erfuhr hier seit 1990 durch veränderte politische und verkehrsgeographische Voraussetzungen eine wesentliche Intensivierung. Heute bieten sowohl auf der Strecke Rostock-Trelleborg als auch Travemünde-Südschweden mindestens zwei Reedereien identische Linienführungen an. Vorteilhaft wirkt sich das relativ große Güter- und Passagieraufkommen dieses Seegebietes aus. Die Wirkung der Konzentrationsgrade auf den Wettbewerb ist z.B. von der Entwicklungsphase des Marktes abhängig.

Tab. 90: Marktphasenbeschreibung im Fährverkehr (ohne Phase des Eisenbahnfährverkehrs)

	Experimentierphase	**Expansionsphase**	**Ausreifungsphase**	**Stagnationsphase**
Nachfragehöhe	gering	rasche Nachfrageexpansion meist aller Segmente	Nachfrageexpansion schwächt sich ab bzw. bleibt auf bestimmte Segmente beschränkt	ähnlich Ausreifung, Wachstum einzelner Segmente weiterhin möglich
Eintrittsbedingungen	geringes Kapazitätswachstum durch Unsicherheit über Marktentwicklung	durch Marktwachstum attraktiv für Markteintritte, Eintrittsbarrieren gering ausgeprägt bzw. werden durch Innovation überwunden	Konzentrationstendenzen nehmen zu, Markteintritte weiterhin möglich, werden aber durch fehlende Attraktivität und durch entstehende Eintrittsbarrieren seltener	Konzentrationstendenzen stark ausgeprägt, geringe Attraktivität des Marktes
Marktform	meist geringe Anzahl kleiner Anbieter; innovatorisches Monopol von Pionierunternehmen	Anzahl der Anbieter nimmt zu, auch größere Reeder aktiv, weites Oligopol imitierender Unternehmen	Entwicklung oligopolarer bis teilweise monopolarer Marktstrukturen, die aber weiterhin durch potentielle Markteintritte bedroht sind, Unternehmensgröße wird zunehmend durch technisch optimale Betriebsgröße bestimmt (weites Oligopol)	unverändert zu Ausreifungsphase; Verstärkung oligopolarer und monopolarer Strukturen (enges Oligopol)
Stand der Technik	Nutzung unvollkommener bzw. älterer Technologie	Technologie entwickelt sich, Anreize zu technischen und organisatorischen Neuerungen verstärken sich	Ausreifung der Technologie; partielle Verbesserungen	Ausnutzung vorhandener Technologie
Beispiel	südliche Ostsee Anfang der 60er Jahre, Osteuropaverkehr Anfang der 90er Jahre	südliche Ostsee Ende der 60er/Anfang 70er Jahre, Osteuropaverkehr 90er Jahre	südliche Ostsee heute	alle durch feste Querungen bedrohte Märkte

In den Anfangsphasen der Marktentwicklung zeigen Kooperation und Konzentration keinerlei wettbewerbsbeeinträchtigende Wirkungen, da der potentielle Wettbewerb nicht beschränkt und nachfolgender Wettbewerb möglich ist. Die Ausnutzung von dominierenden Marktstellungen für wettbewerbseinschränkendes Verhalten ist damit nicht möglich. Markteintritte in sich neu herausbildende Märkte sind relativ unkompliziert, da kaum Eintrittsbarrieren bestehen und zudem keine Abwehrreaktion zu erwarten ist. Erweist sich im Zeitablauf der Markt als lukrativ, ist mit dem Erscheinen von kapitalkräftigen Großreedereien zu rechnen. Die Zutrittsschranken werden in Abhängigkeit von der Marktphase höher, weil das Betriebsgrößenoptimum bereits erreicht ist und sich für etablierte Reeder die Austrittsschranken erhöhen.

In der ersten Phase der Entwicklung wirkte sich die im Vergleich zur Stückgutschifffahrt überlegene Ro/Ro-Technologie eintrittsöffnend für innovatorisch handelnde Reeder in Märkte aus, die traditionell den staatlichen Eisenbahnfährunternehmen vorbehalten waren. Die Erstanwendung von neuer Technologie bedingt in der Regel einen Zeitvorsprung vor nachfolgenden Wettbewerbern. Hat sich die Technologie bewährt, erfolgen Markteintritte nachfolgender Unternehmen schneller und zahlreicher. Mit dem Ende der Umstellungsphase erreicht die Anzahl der Anbieter in der Regel einen Höhepunkt. Das Wachstum der Nachfrage verlangsamt sich. Damit treten neue Anbieter nur noch vereinzelt in den Markt ein. Andererseits verlassen einige Anbieter den Markt bzw. verschwinden als Folge von Fusions- oder sonstigen Konzentrationsvorgängen. Erreicht der Markt seine Ausreifungsphase, nimmt die Anzahl der Anbieter tendenziell ab. Ein Nachfrageanstieg auf Grund der überlegenen Technologie ist in dieser Phase nicht mehr zu erwarten. Auf dem sich in der Ausreifungsphase befindlichen Markt führt ein internes Betriebsgrößenwachstum zu einer verringerten Anzahl der selbständig handelnden Unternehmen und zu einer weiteren Konzentration des Angebots. Eine erhöhte Nachfrage wird durch interne Wachstumsprozesse der etablierten Anbieter bedient.

Im Ausreifungsstadium wird der Wettbewerbsdruck durch nachfolgende Anbieter immer geringer. Trotzdem sind im Fährverkehr auch in dieser Phase Markteintritte möglich. Die Anzahl der in den Markt potentiell eintretenden Reeder ist jedoch begrenzt. Der vollzogene Markteintritt eines Reeders hält weitere Reeder wahrscheinlich vom geplanten Markteintritt ab. Damit lässt das Ausmaß des Wettbewerbs immer nur wieder Oligopole entstehen. Ausreifende oligopolistische Marktformen verstärken die Gefahr eines nicht funktionierenden Wettbewerbs. Häufig wird es in solchen Situationen zu einer quasi-kollektiven Preispolitik bei ausgeprägter Gruppendisziplin kommen.[139] Eine weitgehende Abstimmung von Marktparametern konnte aber bisher nicht beobachtet werden; im Gegenteil ergab sich gerade im Markträumungsprozess ein ausgesprochen positiver Verlauf, d.h. es ist ein funktionierender Preiswettbewerb gegeben. Die Marktuntersuchung beweist, dass es keine Zwangsläufigkeit bezüglich der wettbewerbseinschränkenden Wirkung von Konzentrationsprozessen gibt.

Die Untersuchungen bieten schlussfolgernd keine Grundlage für staatliche Eingriffe oder eine Marktregulierung. Die Wettbewerbspolitik sollte sich darauf beschränken, Möglichkeiten für einen freien Wettbewerb offen zu halten und die Bildung von Markteintrittshemmnissen zu verhindern. Da die vorhandene Nachfrage auf den meisten Fährmärkten nur eine geringe Anzahl von Anbietern erlaubt, ist mit der Bildung oligopoler Marktformen bereits die Endstufe der Marktformenentwicklung erreicht. Dabei sollte jedoch der Übergang von weiten zu engen Oligopolen bzw. monopol betriebenen Linien kritisch betrachtet werden, und zwar dann, wenn keine ausreichende Substitutionskonkurrenz durch parallele Routen gegeben ist bzw. potentieller Wettbewerb nicht für ein erkennbar marktgerechtes Verhalten sorgt.

---

[139] Vgl. z.B. Schmidt, Ingo (1981), S. 40.

VIII Ausblick und kritische Würdigung des Koordinationsmängel-Diagnose-Konzeptes

Ein wesentlicher Ansatzpunkt der durchgeführten Untersuchung war die Verbindung von theoretischen mit empirischen Aspekten bezüglich der Funktionsfähigkeit von Wettbewerb auf Linienschifffahrtsmärkten. Die Studie kommt zu dem Ergebnis, dass dem Wettbewerb auch auf Linienschifffahrtsmärkten sehr wohl die Rolle eines praktikablen Ordnungsinstrumentes zukommt und dieser befriedigende Marktergebnisse verursacht. Eine Allgemeingültigkeit ist dieser Schlussfolgerung aber nicht zuzusprechen, d.h. das Resultat ist nicht uneingeschränkt repräsentativ für alle Fähr- geschweige denn Linienschifffahrtsmärkte. Die Untersuchungsergebnisse und Erfahrungen aus dem Fährverkehr zwischen Schweden sowie den Häfen der Kiel-Swinemünde-Range mögen daher als Ausgangspunkt für weitere Untersuchungen über die Wettbewerbsprozesse auf Linienschifffahrtsmärkten dienen. Es sollte versucht werden, auch andere Fähr- und sonstige Linienschifffahrtsmärkte bzw. verbundene Märkte (Fährhafenwettbewerb) mit Hilfe des genutzten Analysekonzeptes zu untersuchen. Ein Ansatzpunkt könnten vertiefte Untersuchungen zu den Unterschieden zwischen Container- sowie Fähr- und Ro/Ro-Schifffahrt sein, um die Ursachen für die Divergenz der Prüfungsergebnisse (Studien von *Geuther* und *Lemper*) zu erforschen.

Das Konzept *Grossekettlers* lässt sich am ehesten als in der Tradition neoliberaler Wettbewerbsansätze stehend einordnen. *Aberle* stuft das Konzept als verallgemeinerten *workability*-Ansatz ein. Normen für einen durch die Erreichung legitimierter Wettbewerbsfunktionen funktionsfähigen Wettbewerb werden nicht direkt an Struktur-, Verhaltens- und Ergebnisgrößen gemessen (diese fließen als Prozessinformationen in die Betrachtung ein), sondern der Prozesscharakter des Wettbewerbs steht im Vordergrund.[1] Mit dem KMD werden Marktfunktionen untersucht, deren Ziele als vertragstheoretisch legitimierbar gelten können. Es fordert von funktionsfähigen Märkten eine zumindest befriedigende Erfüllung der Marktfunktionen.

Der Aufbau des Konzeptes erscheint ebenso logisch. Es ist ganz gezielt für eine empirische Anwendung entworfen worden. Insbesondere die mangelnde Operationalität sowie empirische Überprüfbarkeit der von den verschiedenen Wettbewerbstheorien als erstrebenswert bezeichneten Marktergebnisse waren Ausgangspunkt der Entwicklung des KMD.[2] Es liefert ein Diagnosesystem für die Funktionsfähigkeit von Marktprozessen, das sich nicht auf spekulative Hypothesen über optimale Strukturen, Verhaltensweisen etc., sondern auf direkt beobachtbare Entwicklungsmuster von Marktprozessen stützt. Von daher ist die Möglichkeit, die Funktionsfähigkeit von Märkten anhand empirisch ermittelbarer Größen zu überprüfen, uneingeschränkt als Fortschritt zu bezeichnen. Dies gilt ebenso für den Gedankenansatz, dass staatliche Eingriffe in Märkte eines überzeugenden Nachweises bedürfen. Ausgangspunkt des KMD ist immer die Grundannahme der Funktionsfähigkeit (ungestörter) Marktprozesse. Daher ist ein staatlicher Eingriff durch den Nachweis von Funktionsstörungen hinreichend zu legitimieren. Maßnahmen zur Behebung eines Koordinationsmangels sollten darüber hinaus dem Subsidiaritätsprinzip entsprechen und nur eine geringe Eingriffsintensität aufweisen. Die staatliche Wettbewerbsbehörde hat nachzuweisen, dass ein Koordinationsmangel vorliegt, der Mangel durch Staatseingriffe beseitigt werden kann und darüber hinaus keine geeignetere Maßnahme denkbar ist.[3] Nur auf Basis der Empirie entwickelte Messtechniken ermöglichen Funktionsfähigkeitsanalysen, die objektiv und damit für Fachleute nachvollziehbar sind. Überprüfbare Kriterien sind also Grundvoraussetzung zur Nutzung dieses Konzeptes.

---

[1] Aberle, Gerd (1992), S. 48.
[2] Vgl. Aberle, Gerd (1992), S. 47.
[3] Borchert, Manfred/Grossekettler, Heinz (1985), S. 252.

Der große Vorteil des KMD liegt ganz offensichtlich in der Möglichkeit, wissenschaftliche Fragestellungen und konkrete Wettbewerbsprobleme sowohl theoretisch als auch empirisch bearbeiten und letztendlich die Erfüllung der Wettbewerbsfunktionen auch überprüfen zu können. Dieses führt automatisch zum Hauptproblembereich jeder auf Basis des KMD durchgeführten Marktanalyse: der Datenlage. Die bisherige Datenerhebungspraxis etwa der Kartellbehörden ist vorwiegend auf Marktstrukturgrößen wie Marktanteile etc. ausgerichtet und daher für das KMD oft nicht ausreichend nutzbar. Auch die Durchsetzung von gesetzlich abgesicherten Auflagen an die Unternehmen, die benötigten Daten zur Verfügung zu stellen, ist als illusorisch anzusehen. Dies ergibt sich schon allein aus der Internationalität vieler Märkte.

Da realistischerweise eine gesetzliche Verpflichtung zur Veröffentlichung oder Ablieferung aller notwendigen Daten an die Wettbewerbsbehörden nicht zu erwarten ist, ist jede Marktuntersuchung auf die Konstruktion geeigneter Indikatoren angewiesen, die erstens eine sehr genaue Marktkenntnis vom Untersuchenden verlangt, zweitens aber auch angreifbar und diskutabel ist. Trotz der mittlerweile in großer Zahl vorliegenden Untersuchungen und Fallstudien besteht das Indikatorenproblem weiterhin. Eine völlige Standardisierung des Prüfverfahrens ist anzustreben, in der Realität aber kaum umzusetzen. Trotz Fertigstellung einer Liste geeigneter Indikatoren ist für jede Marktuntersuchung die Indikatorsuche neu durchzuführen. Die Konstruktion geeigneter Indikatoren ist zu einem großen Teil von den speziellen Bedingungen und Zusammenhängen der einzelnen Märkte abhängig.[4] Daher wird oft auf reine Plausibilitätsüberlegungen zurückzugreifen sein.

Andererseits beweisen die durchgeführten Untersuchungen die grundsätzliche Anwendbarkeit und Praxisrelevanz des Konzeptes. Die Durchführung der Marktuntersuchung über die Konstruktion geeigneter Indikatoren ist jedoch an einen erheblichen Arbeits-, vor allem aber auch Zeitaufwand gebunden. Schließlich werden allein für die Messung von Daten einige Jahre benötigt.

Trotz der zu Beginn der Untersuchung auch für den untersuchten Markt oft unlösbar erscheinenden Datenproblematik konnten letztendlich brauchbare Indikatoren zur Darstellung des Untersuchungsgegenstandes gefunden werden. Es kann sogar festgestellt werden, dass im Vergleich zu weiteren, auf der Basis des KMD durchgeführten Analysen, auf Indikatoren (vor allem im Markträumungsprozess) einer wesentlich besseren Qualität zurückgegriffen werden konnte. Dies betrifft z.B. die Preis-, Kapazitäts- und Auslastungsentwicklung. Trotz der vergleichsweise recht guten Datenlage sind die konstruierten Indikatoren nur als Hilfsindikatoren einzustufen.

Andererseits, und dies sei kritisch angemerkt, wurde mit acht Jahren (im Übermachterosionsprozess sogar weniger) ein relativ kurzer Zeitraum untersucht. Für die Zeit vor 1990 standen jedoch keine auswertbaren Daten zur Verfügung. Auch eine ursprünglich vorgesehene Parallelegruppenuntersuchung unter Einbeziehung des Marktes für Trailerverkehre zwischen Deutschland und Finnland konnte auf Grund der für den Finnland-Verkehr unzureichenden Datenlage nicht realisiert werden. Ein weiteres Problem war auch die Untersuchung auf Funktionsfähigkeit von Wettbewerb ausschließlich auf Basis des Frachtverkehrs. Sinnvollerweise sind bei einer Untersuchung von Mehrproduktunternehmen die Märkte für alle Produkte gemeinsam zu untersuchen. Die potentiellen Auswirkungen auf die Untersuchungsergebnisse bei einer Beschränkung auf nur ein Nachfragesegment sind als nicht unerheblich einzustufen. Während im Markträumungs- sowie Übermachterosionsprozess die Trennung der Segmente Fracht und Passagier befriedigend gelang, kann dies für den Renditenormalisierungsprozess

[4] Vgl. Lemper, Burkhard (1996), S. 261.

nicht behauptet werden. Eine Isolierung der einzelnen Produkte und damit eine gesicherte Zuordnung der Renditen erwies sich als unmöglich. Hier verbleibt ein noch zu lösendes Problem: Wie werden im KMD Mehrproduktunternehmen, die sehr unterschiedliche Produkte erstellen, bewertet? Schließlich wird dadurch eine Zuordnung von Marktparametern (Preis, Auslastung, Rendite, Macht) sehr erschwert.

Die Indikatorauswahl für die Untersuchung der Markträumungs- sowie Renditenormalisierungsfunktion ist relativ überzeugend. Nicht ganz unproblematisch ist sicher auf den ersten Blick die in der Untersuchung genutzte Kennziffer Gesamtkapitalrentabilität. In Abhängigkeit von der Höhe der zu zahlenden Fremdkapitalzinsen stimmt eine Maximierung der Gesamtkapitalrentabilität nicht immer mit dem Gewinnmaximierungsziel aus Unternehmenssicht überein. In der Renditenormalisierungsfunktion geht es aber vorrangig um einen Branchenvergleich bezüglich der Kapitalproduktivität. Da die Summe aus Gewinn und Fremdkapitalzinsen den so genannten Kapitalgewinn kennzeichnet, ist allein die Gesamtkapitalrendite als Maß für die Produktivität des eingesetzten Kapitals geeignet.

Auch Indikatoren zur Untersuchung des Markträumungsprozesses wie die Abweichung des realisierten Lagerbestandes bzw. der realisierten Kapazitätsauslastung von einem Normalwert sind nur zeitpunktbezogen aussagefähig, da der Normalwert in Abhängigkeit von ständig ablaufenden Änderungsprozessen etwa organisatorischer Art (Logistikkonzeptionen) einem Wandel unterworfen sein kann.[5] Weiterer Untersuchungsbedarf besteht auch für Wirtschaftsbereiche, die durch relativ große zeitliche Nachfrageschwankungen, die darüber hinaus noch mehrdimensional wirken, gekennzeichnet sind. Dies betrifft z.B. die Konstruktion eines Indikators, der in Bezug auf die Kapazitätsauslastung diese Aufkommensschwankungen berücksichtigen hilft. Der für die Untersuchung konstruierte Indikator war zwar gebrauchsfähig, wies aber nur den Charakter eines Hilfsindikators auf. Auf die Definition einer Normalauslastung musste ganz verzichtet werden. Da die Durchschnittsauslastung das Problem der zeitlich schwankenden Nachfrage sowie der Auslastung einer Kapazität durch verschiedene Nachfragesegmente und damit die Realität nur unzureichend abbildet, besteht theoretischer Untersuchungsbedarf auch bei der Konstruktion geeigneter Indikatoren für die Darstellung im Zeitablauf stark schwankender Auslastungen. Auch das, was als tolerierbarer Anpassungszeitraum (Zeit der Markträumung oder Renditenormalisierung) zu gelten hat, ist weiterhin unbestimmt. Schließlich ist das, was als tolerierbare Frist gelten kann, z.B. von subjektiven Vorstellungen abhängig.

Munsberg schlägt zur Messung der Kapazitätsauslastung in von starken Nachfrageschwankungen geprägten Dienstleistungsbereichen vor, unter Berücksichtigung qualitativer Aspekte näherungsweise den pro Periode möglichen Umsatz ins Verhältnis zum realisierten zu setzen.[6] Eine Anwendung dieses Vorschlags setzt aber, sollen die qualitativen Aspekte realitätsnah berücksichtigt werden, eine sehr genaue Kenntnis des Marktes voraus und ist somit wieder situationsabhängig. *Munsberg* entwickelte eine Reihe von Indikatorvorschlägen für die Darstellung von Differenzmengen, die aber nicht auf Transportmärkte übertragbar sind. Die vorgeschlagene zusätzliche Nutzung des Indikators marktübliche Lieferfrist für Märkte mit nicht lagerfähigen Leistungen erwies sich für den Fährverkehr als unbrauchbar. Ein nachträglicher Abbau von Wartezeiten ist im Fährverkehr nicht möglich. Der als Beispiel für Märkte mit nicht lagerfähigen Produkten herangezogene Bereich (Schiffbau)[7] ist nicht mit Transportmärkten vergleichbar.

---

[5] Darauf macht z.B. Bögelein, Margareta (1990), S. 63 aufmerksam.
[6] Munsberg, Hendrik (1994), S. 107.
[7] Munsberg, Hendrik (1994).

Bei der Übermachterosionsfunktion sowie den Fortschrittsfunktionen überzeugen die vorgeschlagenen Indikatoren nicht immer vollständig. *Grossekettler* schlägt z.B. in weiterführenden Darstellungen seines ursprünglichen Konzeptes von 1985 anstelle des Herfindahlindex ein Entropiemaß vor.[8] Neben dem Herfindahlindex sowie Entropiemaßen bestehen weitere Methoden zur Messung von Macht oder Konzentrationsmaßen: etwa der Linda-Index, die Disparitätsrate, Konzentrationskoeffizienten, der Rosenbluth-Koeffizient oder der E-Index. Trotz einer Vielzahl von statistischen Methoden zur Messung von Macht konnten bisher keine restlos überzeugenden Messverfahren entwickelt werden. Für die Beurteilung von Übermachtsituationen kann es daher vorteilhaft sein, verschiedene Methoden zur Machtmessung heranzuziehen.

Problematisch an der Übermachterosionsfunktion sind jedoch auch weitere Punkte. So kann z.B. mit Hilfe von Marktanteilen nicht das Problem der unterschiedlichen Gewichtung von Verhandlungsmacht beider Marktseiten dargestellt werden. Während die Verhandlungsmacht gegenüber dem Reeder für die Spediteure (oder auch Verlader) beim Aufbau von Machtpositionen eine nur geringe Rolle spielt, ist diese umgekehrt für die Reeder von essentieller Bedeutung. Dieser Fakt wurde in der Untersuchung als Marktversagen ausgelegt. Völlig überzeugend ist diese Interpretation aber nicht. Insgesamt besteht weiterer Untersuchungsbedarf bei der theoretischen Plausibilisierung der Übermachterosionsfunktion. Die traditionelle Einzelmarktbetrachtung ist allem Anschein nach nicht ausreichend für eine Untersuchung der Übermachtfunktion, da die Ressourcen großer Unternehmen über eine Vielzahl von Märkten verteilt sein und die der (bezogen auf den einzelnen Markt stärkeren) Marktgegenseite übersteigen können. *Schengber* hat den Übermachterosionsprozess durch die Prüfung des Prozessverlaufs vieler Branchen des produzierenden Gewerbes in Deutschland bereits sehr eingehend untersucht.[9] Denkbar ist z.B. die Einführung eines Korrekturfaktors für Ressourcenmacht (etwa gemessen in Finanzkraft, Umsatz), wie von *Schengber* in seinen Untersuchungen praktiziert. Dies würde das Problem der unterschiedlichen Gesamtgröße von Reeder und Spediteur entschärfen. Es verbleibt aber für den konkreten Fall der relativ kurze Untersuchungszeitraum.

Für die Wettbewerbspolitik ergeben sich aus der unbefriedigenden Situation bezüglich der Übermachtidentifizierung verschiedene Probleme: Die Beseitigung einer auf Grundlage theoretisch und empirisch nur unzureichend abgesicherter Erkenntnisse identifizierten Übermacht könnte die Ausnutzung möglicher Betriebsgrößenvorteile verhindern und damit zu einer volkswirtschaftlichen Ressourcenverschwendung führen, ohne überzeugend darlegen zu können, dass aus einem Übermachtabbau positive Effekte resultieren können. In der Realität ist ein völliger Ausgleich der Machtpositionen auch kaum anzutreffen. Schließlich kann Macht in Wettbewerbsprozessen nicht ausschließlich negativ bewertet werden. Der Erwerb und die Ausübung von Macht ist Ziel jeden wettbewerblichen Handelns. Daher kann der Wettbewerbsprozess nicht zu einem Machtgleichgewicht führen. Gleiche Macht hätte nämlich die Machtlosigkeit aller zur Folge[10] und damit unter Umständen einen Stillstand des Wettbewerbs. Der Übermachterosionsfunktion kommt auch bei *Grossekettler* gegenüber den drei anderen Marktfunktionen eher eine ergänzende Funktion zu. Ein direkter Zusammenhang zwischen Stand der Machtsituation und Marktergebnissen konnte bisher nicht festgestellt werden, d.h. es konnte nicht überzeugend nachgewiesen werden, dass andere Marktstrukturen und Machtsituationen andere Marktergebnisse bewirken können.[11] Es bestehen ebenfalls keine gesicherten theoretischen oder empirischen Erkenntnisse darüber, wie groß im Übermachtero-

[8] Grossekettler, Heinz (1989), S. 12.
[9] Schengber, Ralf (1996).
[10] Bögelein, Margareta (1990), S. 64-65.
[11] Vgl. Grossekettler, Heinz (1994), S. 6.

sionsprozess die Abweichung der Machtdifferenz vom Sollwert Null sein sollte, um als Machtungleichgewicht identifiziert zu werden. Der Toleranzbereich kann dabei von Markt zu Markt variieren.

Auch in Bezug auf die Entwicklung eines gebrauchsfähigen, mehrdimensionalen Indikators zur Überprüfung von Funktions- und Verfahrensfortschritten ist weiterer Untersuchungsbedarf vorhanden. Altersverteilungen von Produkten und Verfahren stellen nicht immer eine völlig überzeugende Korrelation zwischen Erfüllung der Fortschrittsfunktion sowie der Realität sicher. Eine Unterscheidung zwischen „Neu" und „Alt" oder die Berücksichtigung von Verbesserungen alten Materials (etwa Schiffsumbauten) ist nicht ganz einfach. Auch eine wertmäßige Berücksichtigung von neuen Produkten und Verfahren ist wünschenswert und teilweise bereits durchgeführt worden,[12] scheitert aber oft an der Datenlage.

Eine Hauptaussage des KMD ist, dass bei Feststellung eines Koordinationsmangels der Staat mittels einer Intervention zur Reparatur dieses Defektes aufgefordert oder sogar verpflichtet ist. Eine Intervention ist bei internationalen Märkten also an die Existenz einer übernationalen Wettbewerbsbehörde gebunden. Selbst bei nationalen Märkten sollte eine von der Tagespolitik unabhängige Behörde die ordnungspolitische Aufgabe des Staates übernehmen.[13] Grundsätzlich sind diese Forderungen richtig; in der Realität (derzeit) aber kaum durchsetzbar. Selbst wenn einzelne Staaten diesen Schritt gehen würden, verbliebe weiterhin das Problem der Internationalität vieler Märkte. Problematisch am Konzept ist also die Ausrichtung der Wettbewerbspolitik vorwiegend auf die nationalen Wettbewerbsbehörden, die eine Untersuchung international ausgerichteter Märkte sehr erschweren. Gleichzeitig konnten auf Grund des internationalen Charakters des untersuchten Marktes im Gegensatz zu den von *Munsberg* und *Schengber* durchgeführten Untersuchungen keine amtlichen Statistiken als Datenquelle genutzt werden. Stattdessen war es notwendig, die Indikatoren auf Grundlage eigener oder fremder Marktkenntnis bzw. der Auswertung von Sekundärstatistiken zu konstruieren.

Trotz aller vorgebrachten Einwände und generellen Kritik am Konzept[14] ist die Entwicklung des KMD unzweifelhaft ein Schritt in Richtung einer objektiveren Bewertung des Wettbewerbs.[15] Das Konzept ermöglicht Wettbewerbsbehörden nachvollziehbare Entscheidungen. Es ist anzuerkennen, dass mit dem Konzept die Verbindung von Theorie und empirischer Überprüfbarkeit von hypothetischen Marktfunktionen zumindest teilweise gelungen ist. Eine z.B. allein auf Größenverhältnisse und Anzahl der Anbieter abstellende Wettbewerbsuntersuchung (Marktstrukturanalyse) würde aus der augenscheinlich ungleichen Machtverteilung Rückschlüsse auf eine angebliche Nichtfunktionsfähigkeit des Wettbewerbs sowie schlechte Marktergebnisse ziehen. Kartellgesetze orientieren sich in der Regel einseitig auf Übermachtphänomene (die zudem noch relativ schlecht operationalisiert werden können und auch in der theoretischen Erklärung nicht restlos überzeugen) und lassen andere Koordinationsmängel (auch die vom Staat verursachten) außer Acht.

---

[12] Wendland, Gerd (1987).
[13] Borchert, Manfred/Grossekettler, Heinz (1985), S. 249 f.
[14] Vgl. z.B. Bögelein, Margareta (1990), S. 54-68.
[15] Lemper, Burkhard (1996), S. 262.

LITERATURVERZEICHNIS

Abbott, Lawrence (1958): *Qualität und Wettbewerb. Ein Beitrag zur Wirtschaftstheorie.* München/Berlin 1958

Aberle, Gerd (1992): *Wettbewerbstheorie und Wettbewerbspolitik.* 2. Auflage, Stuttgart 1992

Aberle, Gerd (1996): *Transportwirtschaft.* R. Oldenbourg Verlag, München/Wien 1996

Abrahamsson, Hans/Sandahl, Freddy (1990): *Internationella transporter och spedition.* 1. uppl., Liber Hermods, Sandby 1990

Acél, Peter P. (1998): *Outtasking statt Outsourcing.* in: Deutsche Verkehrs-Zeitung 44/14.4.1998, Deutscher Verkehrs-Verlag, Hamburg 1998

Aide, Andreas/van der Holst, Edwin (1998): *Ro-Ro shipping. Systems for efficient handling of cargo on medium distance maritime transports for the Volvo group.* MoT Thesis 98:05, Management of Transpotation, International Master's Program, School of Technology Management and Economics, Chalmers University of Technology, Department of Transportation & Logistics, Göteborg 1998

Alexanderson, Gunnar/Norström, Göran (1963): *World shipping. An economic geography of ports and seaborne trade.* Stockholm/Göteborg/Uppsala/New York/London 1963

Alsmöller, Horst (1982): *Wettbewerbspolitische Ziele und kooperationstheoretische Hypothesen im Wandel der Zeit. Eine dogmengeschichtliche Untersuchung von Einstellungen zu Verbundsystemen und von Gründen für diese Einstellungen.* Tübingen 1982

Althof, Wolfgang (1976): *Spezialschiffahrt.* Dissertation Universität Rostock 1976

Amberger, P. (1993): *Spedition - Heute und morgen. Aufgaben und Leistungen in der Zukunft.* in: *Spedition - Glied der Logistikkette.* VDI-Berichte 1050, Tagung 30.9.-1.10.1993 in Osnabrück, VDI-Verlag, Düsseldorf 1993, S. 1-18

Ameen, Lennart (1987): *Om Skånes förbindelser med kontinenten.* in: Svensk Geografisk Årsbok 1987, utgiven av: Sydsvenska Geografiska Sällskapet, Wallin & Dalholm, Lund 1987, S. 169-185

Andersson, Peter/Efraimsson, Göran/Perdikaris, Nick (1990): *Gränsöverskridande godsflöden. Teknisk resursanvändning av lastbärsystem för gränsöverskridande trafik.* TFB-rapport 1990:8, Stockholm 1990

Bachmann, Henning (1968): *Der Fährverkehr in Nordeuropa - eine verkehrsgeographische Untersuchung.* Schriften des Geographischen Instituts der Universität Kiel, Band XXVII, Heft 3, Kiel 1968

Bain, Joe S. (1956): *Barriers to new competition.* Cambridge (Mass.) 1956

Bain, Joe S. (1968): *Industrial Organization.* Second edition, New York/London/Sydney 1968

Ballou, Ronald H. (1987): *Basic business logistics management*. Second edition, Prentice Hall, Englewood Cliffs (NJ) 1987

Bartling, H. (1980): *Leitbilder der Wettbewerbspolitik*. München 1980

Basedow, Jürgen (1989): *Wettbewerb auf den Verkehrsmärkten*. Augsburger Rechtsstudien, Nr. 5, Heidelberg 1989

Bast, Friedemann (1999): *Künftiges ganzheitliches Logistikkonzept: nur mit Ganzzügen ins Inland*. in: Transportmarkt 1-2/1999, S. 11-13

Bauer, Hans H. (1989): *Marktabgrenzung*. Duncker & Humblot, Berlin 1989

Bauer, Hans H./Herrmann, Andreas (1989): *Eine Methode zur Abgrenzung von Märkten*. in: Zeitschrift für Betriebswirtschaft 1992, 62. Jg., S. 1341-1360

Baum, H. (1980): *Der relevante Markt als Problem der Wettbewerbspolitik*. in: Wirtschaft und Wettbewerb 1980, 30. Jg., S. 401-407

Baumgarten Helmut/Wolf S. (1993): *Perspektiven der Logistik. Trend-Analysen und Unternehmensstrategien*. Berlin 1993

Baumgarten Helmut (1996): *Trends und Strategien in der Logistik 2000. Analysen-Potentiale-Perspektiven*. Berlin 1996

Baumol, William J. (1982): *Contestable markets: an uprising in the theory of industry structure*. in: American Economic Review, vol. 82, 1982, S. 1-15

Baumol, William J./Panzar, John C./Willig, Robert D. (1982 und 1988): *Contestable markets and the theory of industry structure*. New York and San Diego 1982 and revised edition 1988

Beplat, Klaus (1970): *Probleme der Einführung des Containerverkehrs*. Veröffentlichungen des HWWA, Hamburg 1970

Berg, Hartmut (1978): *Markteintrittsbarrieren, potentielle Konkurrenz und wirksamer Wettbewerb*. in: Das Wirtschaftsstudium 1978, 7. Jg., Lange-Verlag, Düsseldorf 1978, S. 282-287

Berg, Hartmut (1988): *Wettbewerbspolitik*. in: Bender, D. u.a. (Hrsg.): *Vahlens Kompendium der Wirtschaftstheorie und Wirtschaftspolitik*. 3. Auflage, München 1988

Bergenek, Anders (1994a): *Lion Ferry*. in: Welt der Fährschiffahrt 5/1994, S. 33-35

Bergenek, Anders (1994b): *Die Kronprins Carl-Gustaf*. in: Welt der Fährschiffahrt 2/1994, S. 29-31

Bertram, Volker (1992): *Schneller Seetransport wirtschaftlich?* in: Hansa 6/1992, 129. Jg., Schiffahrts-Verlag Hansa, Hamburg 1992, S. 608-609

Biebig, Peter (1980): *Funktionen von Seehäfen. Ein Beitrag zur Theorie der Seehäfen*. Dissertation B, Universität Rostock 1980

Biebig, Peter/Althof, Wolfgang/Wagener, Norbert (1995): *Seeverkehrswirtschaft.* 2. Auflage, München/Wien 1995

Bird, James (1971): *Seaports and seaport terminals.* Hutchinson U.P., London 1971

Bird, James (1988). *Transport decision makers speak: the seaport developement in the European Communities Research Project.* in: Maritime Policy & Management 1/1982, vol. 9, S. 1-22, 2/1982, vol. 9, S. 83-102, Taylor & Francis Ltd., London/Washington 1988

Bird, James/Bland, Gail (1988): *Freight forwarders speak: the perception of route competition via seaports in the European Communities Research Project.* Part 1, in: Maritime Policy & Management 1/1988, vol. 15, Taylor & Francis Ltd., London/Washington 1988, S. 35-55

Bittlingmayer, G. (1987): *Die wettbewerbspolitischen Vorstellungen der Chicago School.* in: Wirtschaft und Wettbewerb 1987, 37. Jg., S. 709-718

Bjelicic, Borislav (1990): *Internationaler Unternehmenswettbewerb im gewerblichen Güterverkehr.* Schriftenreihe der Bundesvereinigung Logistik e.V. Bremen, Bd. 23, hrsg. von Helmut Baumgarten und Gösta B. Ihde, Huss-Verlag, München 1990

Bjelicic, Borislav/Lieb, Thomas C. (1988): *Wettbewerbsvorteile durch Informationstechnik. Seehafeninformationssysteme als Wettbewerbsfaktor.* in: Wirtschaftswissenschaftliches Studium 4/1988, 17. Jg., Vahlen und Beck, München und Frankfurt/M. 1988, S. 191-192

Björkman, J./Hedqist, T./Petersson, T./Woxenius, J. (1992): *Studie av kombinerade transporter från Sverige till Västeuropa.* Seminariearbete utfört vid Institutionen för Transportteknik, CTH Chalmers Tekniska Högskola, Göteborg 1992

Bjørnland, Dag/Ekström, Alf (1990): *Nordic Link. En väg mot kontinenten.* Nordplan-Nordiska Institutet för samhällsplanering, Meddelande 1990:7

Bjørnland, Dag (1992): *Present and future trade and transport relations between Sweden and Continental Europe - factors behind the choice of transport mode and transport corridor.* in: *Ostseefährverkehr im Spannungsfeld zwischen internationaler Verkehrsbedeutung und regionaler Wirtschaftsentwicklung.* Kurs IV/92 9.-10.4.1992 in Rostock, Schriftenreihe der Deutschen Verkehrswissenschaftlichen Gesellschaft B 152, Bergisch-Gladbach 1992, S. 36-52

Bjørnland, Dag (1993): *Transport policy and transport development in the European Community (EC) compared with the Norwegian and Swedish development.* Department of Economics, School of Economics and Commercial Law, University of Gothenburg 1993

Bjørnland, Dag (1996): *Scandinavian foreign trade and transport corridors with Continental Europe.* in: VI. International Conference on Cooperation and Competition in Maritime Transport: *Transit Chains in the Baltic Sea Region.* Helsinki 5-7 June, 1996, Publications from the Center for Maritime Studies, A 22, edited by Juhani Vainio, University of Turku, Turku 1996, S. 54-65

Björnsen, Per (1993): *Ferry markets in the 1990s.* Maritime Transport International, published by Sterling Publications Ltd., London 1993

Blumenhagen, Dietmar (1981): *Containerization and hinterland traffic.* in: Maritime Policy & Management 3/1981, vol. 8, Taylor & Francis Ltd., London/Washington 1981, S. 197-206

Bögelein, Margareta (1990): *Ordnungspolitische Ausnahmebereiche: marktwirtschaftliche Legitimation und wirtschaftspolitische Konsequenzen.* Wiesbaden 1990

Böhme, Hans (1987): *Güterströme und Verkehrsstrukturen im Ostseeraum.* in: Ostseejahrbuch 1987 „Verkehrsmarkt Ostsee", Industrie- und Handelskammer zu Lübeck (Hrsg.), Lübeck 1988, S. 13-32

Böhme, Hans (1991a): *Veränderte Wettbewerbspositionen: Perspektiven der Ostseehäfen im vereinigten Deutschland.* in: Internationales Verkehrswesen 10/1991, Hamburg, S. 421-426

Böhme, Hans (1991b): *Neue Tendenzen in der Ostseeschiffahrt.* in: Beiträge zur Landeskunde Schleswig-Holsteins und benachbarter Räume, hrsg. von Glaesser, H.-G., Kieler Arbeitspapiere zur Landeskunde und Raumordnung, H. 24, Kiel 1991, S. 2-13

Böhme, Hans/Sichelschmidt, Henning (1989): *Entwicklungsperspektiven des seewärtigen Güter- und Personenverkehrs der Ostseehäfen Schleswig-Holsteins bis zum Jahre 2000.* Institut für Weltwirtschaft an der Universität Kiel, Kiel 1989

Böhme, Hans/Sichelschmidt, Henning (1990): *Die künftige Wettbewerbsposition der schleswig-holsteinischen Ostseehäfen nach Öffnung der DDR und des RGW-Raumes.* Institut für Weltwirtschaft an der Universität Kiel, Kiel 1990

Bonfanti, Giovanni (1998): *Improving concept of hub and spoke for freight transport.* MoP Thesis 98:05, Management of Transportation, International Master's Program, School of Technology Management and Economics, Chalmers University of Technology, Department of Transportation & Logistics, Göteborg 1998

Borchert, Manfred/Grossekettler, Heinz (1985): *Preis- und Wettbewerbstheorie. Marktprozesse als analytisches Problem und ordnungspolitische Gestaltungsaufgabe.* Verlag W. Kohlhammer, Stuttgart u. a. O. 1985

Boyce, Jon/Tinsley, David/Wade, Stewart (1980): *Ro-Ro ships and their market role.* A Fairplay Report, Fairplay Publications Ltd., London 1980

Boyce, Jon (1998): *An active „roll".* in: Svensk Sjöfarts Tidning 16/17.4.1998, 94:a årgangen, Göteborg 1998, S. 4-5

Branch, Alan E. (1981): *Elements of shipping.* Chapman & Hall, Fifth edition, London 1981

Branch, Alan E. (1986): *Elements of port operation and management.* Chapman & Hall, New York 1986

Branch, Alan E. (1988): *Economics of shipping practice and management.* Second edition, Chapman & Hall, London 1988

Breitzmann, Karl-Heinz (1969): *Strukturveränderungen in der internationalen Schüttgutseeschiffahrt als Ausdruck der Prozesse der wissenschaftlich-technischen Revolution.* Dissertation Universität Rostock 1969

Breitzmann, Karl-Heinz (1970): *Spezialisierungsgrad der Seetransportmittel und Strukturveränderungen des Seefrachtenmarktes.* in: Seewirtschaft 11/1970, 2. Jg., S. 877-881

Breitzmann, Karl-Heinz (1991a): *Nord-Süd- und Ost-West-Transit - die Einbindung der deutschen Ostseeküste in europäische Verkehrsnetze.* in: Schriftenreihe der Deutschen Verkehrswissenschaftlichen Gesellschaft B 138: *Nord-Süd und Ost-West-Transit.* Seminar der DVWG, Kurs 1/91 am 17/18.1.1991 in Rostock, Bergisch-Gladbach 1991

Breitzmann, Karl-Heinz (1991b): *Die Stellung von Mecklenburg-Vorpommern im europäischen Verkehr - Chancen und Probleme.* in: Schriftenreihe der Deutschen Verkehrswissenschaftlichen Gesellschaft B 138: *Nord-Süd und Ost-West-Transit.* Seminar der DVWG, Kurs 1/91 am 17/18.1.1991 in Rostock, Bergisch-Gladbach 1991

Breitzmann, Karl-Heinz (1991c): *Strukturveränderungen des Seeverkehrs in Mecklenburg-Vorpommern.* in: Schriftenreihe der Deutschen Verkehrswissenschaftlichen Gesellschaft B 141, 3. Kieler Seminar zu aktuellen Fragen der See- und Küstenschiffahrt, Bergisch-Gladbach 1991

Breitzmann, Karl-Heinz (1992a): *Ferry transport in the Baltic Sea.* in: *Port Workshop. New Roles for the Ports in the Southern Baltic.* Instytut Morski Gdansk, Hafenbautechnische Gesellschaft Hamburg, Gdansk 1992

Breitzmann, Karl-Heinz (1992b): *European Transport Connections with Scandinavia and Eastern Europe - the Transit Role of German Baltic Ports.* Selected Proceedings of the Sixth World Conference on Transport Research Lyon 1992: Land Use, Development and Globalisation, vol. I, S. 359-370

Breitzmann, Karl-Heinz (1993a): *Baltic ferry traffic and port competition.* in: Baltic Sea - Mare Nostrum, Symposium Report 30.11.-1.12.1992, M/S Kalypso Sweden-Finland, Publications from the Center for Maritime Studies A 11, Series A, University of Turku 1993, S. 4-10

Breitzmann, Karl-Heinz (1993b): *Ferry transport in the Southern Baltic Sea and its prospects.* in: *European Shortsea Shipping.* Proceedings from the First European Research Roundtable Conference on Shortsea Shipping, 26.-27.11.1992, ed. by Wijnolst, W./Peeters, C./Lieman, P., London/New York/Hamburg/Hong-Kong 1993, S. 279-288

Breitzmann, Karl-Heinz (1994a): *Baltic Sea transport connections - new developments and concepts.* in: *Peripherality and logistics in the new Europe.* 9.3.-10.3.1994, Conference report, Publications from the Center for Maritime Studies, University of Turku, A 14, Turku 1994, S. 42-61

Breitzmann, Karl-Heinz (1994b): *Shortsea-Verkehr versus Landverkehr - neue Verkehrsprojekte im Ostseeraum.* Vortrag auf dem Symposium *„Die Seehäfen Mecklenburg-Vorpommerns - Verkehrs- und Wirtschaftszentren im Ostseeraum"* vom 27.-28.5.1994 in Rostock der Europäischen Akademie Mecklenburg-Vorpommern in Zusammenarbeit mit der Deutschen Verkehrswissenschaftlichen Gesellschaft Mecklenburg-Vorpommern und dem Landesverband der Seehafenbetriebe Mecklenburg-Vorpommern e.V.

Breitzmann, Karl-Heinz (1997a): *Heutige und zukünftige Verkehrsströme in der südlichen Ostsee.* in: Beiträge und Informationen aus dem Ostseeinstitut für Marketing, Verkehr und Tourismus an der Universität Rostock, Heft 1: *Seehäfen und Seeschiffahrt Mecklenburg-Vorpommerns in Europäischen Verkehrsnetzen.* hrsg. von Breitzmann, Karl-Heinz, zgl. Vortrag auf dem Symposium am 7. und 8.11.1996 in Rostock, Rostock 1997, S. 30 ff.

Breitzmann, Karl-Heinz (wiss. Leitung) u.a. (1997b): *Entwicklungstendenzen der deutschen Seehäfen im Ostseeraum.* Untersuchung im Auftrag des Bundesministeriums für Verkehr, FE-Nummer 40316/96, Rostock 1997

Breitzmann, Karl-Heinz (1998a): *Der Ostseeverkehr und seine Bedeutung für die deutsche Ostseeküste.* in: Reden und Kongressbeiträge zum 29. Deutschen Seeschiffahrtstag 1998 in Rostock, herausgegeben vom Deutschen Nautischen Verein von 1868 e.V., Hamburg 1998, S. 35-43

Breitzmann, Karl-Heinz (1998b): *Der Ostseeverkehr und seine Bedeutung für die deutsche Ostseeküste.* in: Hansa 5/1998, 135. Jg., Schiffahrts-Verlag Hansa, Hamburg 1998, S. 6-14

Breitzmann, Karl-Heinz (1998c): *Die Herausbildung der Ostseeregion und die Perspektiven der Seehäfen Mecklenburg-Vorpommerns.* in: *EU-Erweiterung im Ostseeraum und Kooperationsförderung durch Ostseeorganisationen - Herausforderungen und Chancen für Mecklenburg-Vorpommern.* Beiträge und Informationen aus dem Ostseeinstitut für Marketing, Verkehr und Tourismus an der Universität Rostock, Heft 4, hrsg. von Breitzmann, Karl-Heinz, Rostock 1998,

Breitzmann, Karl-Heinz (1999): *Entwicklungstrends der Logistik – Herausforderungen und Chancen für Verkehrsunternehmen und Seehäfen.* in: *Die maritime Verkehrswirtschaft Mecklenburg-Vorpommerns und die Entwicklung logistischer Dienstleistungen.* Symposium am 26./27.11.1998 in Rostock-Warnemünde, Beiträge und Informationen aus dem Ostseeinstitut für Marketing, Verkehr und Tourismus an der Universität Rostock, Heft 5, Rostock 1999, S. 31-42

Bretzke, Wolf-Rüdiger (1989): *Internationale Spedition.* in: Macharzina, K./Welge, M. (Hrsg.): *Export und Internationale Unternehmung.* Stuttgart 1989, S. 1909-1916

Brogren, Klas/Hillberg, Esbjörn/Nordborg, Stig (1978): *Linjesjöfart och färjetrafik.* 1. uppl., Sveriges rederiförening, Hermods, Göteborg 1978

Bukold, Steffen (1993): *Marktzugangsbarrieren in einem semi-deregulierten Markt.* in: Internationales Verkehrswesen, Heft 9/1993, S. 494-501

Bukold, Steffen (1995): *Kombinierter Verkehr Schiene/Straße in Europa. Eine vergleichende Studie zur Transformation von Gütertransportsystemen.* Dissertation Universität Bremen 1995

Bukold, Steffen/Deecke, Helmut/Läpple, Dieter (1993): *Logistikstrategien im Hamburger Hafen - Zum Strukturwandel im Güterverkehr und seine Auswirkungen auf die Hamburger Hafenwirtschaft.* in: Karr, Werner (Hrsg.): *Küstenregionen im Strukturwandel.* Beiträge zur Arbeitsmarkt- und Berufsforschung AB 169, Institut für Arbeitsmarkt- und Berufsforschung der Bundesanstalt für Arbeit, Nürnberg 1993

Büllingen, Franz (1994): *Probleme der Verkehrsentwicklung und Kooperation im Straßengütertransport. Zur Bedeutung elektronischer Fracht- und Laderaumausgleichssysteme.* Diskussionsbeitrag 122, Wissenschaftliches Institut für Kommunikationsdienste, Bad Honnef 1994

Bundesverband des Deutschen Güterfernverkehrs (Hrsg.) (1996): *Jahresbericht 1995/1996.* Bonn 1996

Bundesverband Spedition und Lagerei (1996): *Zahlen-Daten-Fakten aus Spedition & Lagerei `95.* Bonn 1996

Buskhe, Håkan/Lumsden, Kenth (1994): *Resursutnyttjande i linjebaserad vägtrafik.* Meddelande 72, Chalmers Tekniska Högskola, Institutionen för Transportteknik, Göteborg 1994

Cardebring, Peter W./Källström, Lars/Petersen, Morten Steen (1993): *Transport routes Scandinavia - the Continent. Forecast and corridor evaluation.* KFB report 22:1993, Swedish Transport and Communications Research Board, Stockholm 1993

Chamberlin, Edward H. (1963): *The theory of monopolistic competition.* 7. Auflage, Cambridge 1963

Charlier, Jacques J. (1989): *Structural change in Anglo-continental Ro-Ro-traffic; 1977-1987.* in: Maritime Policy & Management 3/1989, vol. 16, Taylor & Francis Ltd., London/ Washington 1989, S. 233-246

Chowdhury, Khabirul Haque (1988): *Alternative operational policies in short sea Ro-Ro transportation systems.* in: Maritime Policy & Management 3/1988, vol. 15, Taylor & Francis Ltd., London/Washington 1988, S. 193-212

Chrzanowski, Ignacy (1985): *An introduction to shipping economics.* Fairplay, London 1985

Clark, John Maurice (1940): *Toward a concept of workable competition.* in: The American Economic Review, vol. XXX, S. 241 ff.

Clark, John Maurice (1961): *Competition as a dynamic process.* Washington 1961

Clasen, Bernward (1970): *Rationalisierungsvorteile und Wettbewerbsbeschränkungen durch Kooperationsformen im Verkehr.* in: Beiträge aus dem Institut für Verkehrswissenschaften an der Universität Münster, Heft 61, hrsg. von Hellmuth St. Seidenfus, Vandenhoeck & Ruprecht, Göttingen 1970

Conzen, Hannes H. (1996): *Trelleborg als Zentrum für den Verkehr nach Deutschland.* Vortrag auf der Konferenz Syd 96: *Gütertransporte im Fokus.* 1.10.1996 Trelleborg

Cooper, J. C. (ed.) (1980): *Logistics and distribution planning: strategies for management* (revised edition). Kogan Page, London 1990

Cooper, James/Browne, Michael/Peters, Melvyn (1994): *European Logistics - Markets, Management and Practice.* Second edition, Blackwell Publishers, Oxford 1994

Cronholm, Nils (1995): *Färjetrafiken pa norra Östersjön: nagra drag i utvecklingen under en 35-årsperiod.* in: *Kommunikationernas Europa.* Svenska Sällskapet för Antropologi och Geografi, Årsbok 1995, Stockholm 1995. S. 55-72

Dagnæs, Lars (1999): *Tendenz zu Allianzen wird sich noch verstärken - Der dänische Transport- und Logistiksektor paßt sich der Globalisierung an.* in: Deutsche Verkehrszeitung 33/18.3.1999, 53. Jg., Deutscher Verkehrs-Verlag, Hamburg 1999, S. 21

Dahlgren, Lars/Wiberg, Ragne/Hallsten, Lars (1984): *Sveriges internationeller transporter. Betänkande av Utredningen om Sveriges internationella transporter.* Statens offentliga utedningar 1984:17, Kommunikationsdepartment, Stockholm 1984

Dahllöf, Gunnar (1985): *Ologiskt tala om priskartell „Sänkta fraktpriser pa sikt".* in: TH Transport & Hantering 9/1985, Göteborg 1985, S. 41-43

Dahllöf, Gunnar (1993): *Ingenjörsdröm som inte kommer att förverkligas.* in: TH Transport & Hantering 8/1993, Göteborg 1993, S. 20-22

Davies, G./Gray, R. (1985): *Purchasing international freight services.* Cambridge 1985

Davies, John E. (1984): *Freight rate stability in liner shipping: implicit peak load pricing?* in: International Journal of Transport Economics, August/December 1984, vol. 11, no. 213, S. 163 ff.

Davies, John E. (1986): *The theory of contestable markets and applications to the liner shipping industry.* Canadian Transport Commission (Hrsg.), Ottawa 1986

Davies, John E. (1988): *Contestability theory and liner shipping-some doubts on Pearson's doubts.* in: Maritime Policy and Management 1/1988, vol. 15, Taylor & Francis Ltd., London/Washington 1988, S. 15-18

Davies, John E. (1989): *Impediments to contestability in liner markets.* in: The Logistic and Transportation Review 4/1989, vol. 25, Vancouver (BC), S. 325-342

Department of Transport, United Kingdom (1986): *Liner shipping and freight rates - a United Kingdom-Northern Europe comparison.* London 1986

Dèste, G. M./Meyrick, S. (1992): *Carrier selection in a Ro/Ro ferry trade.* Part 1: *Decision factors and attitudes.* Part 2: *Conceptual framework for the decision process.* in: Maritime Policy & Management 2/1992, vol. 19, Taylor & Francis Ltd. London/Washington 1992, S. 115-138

Detrez, Hans Werner (1974): *Konzentration und Kooperation im überseeischen Containerverkehr unter wettbewerbspolitischen Gesichtspunkten.* in: Schriften des Bremer Ausschusses für Wirtschaftsforschung, herausgegeben von Werner Gatz, Bremen 1974

Diers, Fritz (1977): *Koordinationshemmnisse in Transportketten des kombinierten Verkehrs.* Beiträge aus dem Institut für Verkehrswissenschaft an der Universität Münster, Heft 86, hrsg. von Hellmuth St. Seidenfus, Vandenhoeck & Ruprecht, Göttingen 1977

Dönnebrink, Elmar (1995): *Legale und legitime Kartelle: eine Untersuchung auf der Basis des Koordinationsmängel-Diagnosekonzepts.* Europäische Hochschulschriften Reihe 5, Volks- und Betriebswirtschaft, Bd. 1764, Lang-Verlag, Frankfurt/M. u.a.O. 1995, zgl. Dissertation Universität Münster 1994

Drechsler, Wolfgang (1988): *Markteffekte logistischer Systeme - Auswirkungen von Logistik- und unternehmensübergreifenden Informationssystemen im Logistikmarkt.* Beiträge aus dem Institut für Verkehrswissenschaft an der Universität Münster, Heft 116, hrsg. von Hellmuth St. Seidenfus, Vandenhoeck & Ruprecht, Göttingen 1988

Drewry Shipping Consultants (1993a): *Feeder and short sea container shipping. Regional market structures, modal competition and economics.* London 1993

Drewry Shipping Consultants (1993b): *Cruise ships and ferry costs in the 1990's: the economic impact of increased safety demand.* London 1993

Drewry Shipping Consultants (1994): *Ship costs in the 1990's. The economics of ship operation and ownership.* London 1994

Effmert, Willi (1970): *Kosten-, Investitions- und Wirtschaftlichkeitsrechnungen im Verkehr.* Frankfurt/M. 1970

Eickhof, Norbert (1975): *Kooperation, Konzentration und funktionsfähiger Wettbewerb.* Schriften zur Kooperationsforschung, Band 3, hrsg. von Erik Boettcher, J.C.B. Mohr (Paul Siebeck), Tübingen 1975

Eickhof, Norbert (1992): *Marktstruktur und Wettbewerbsprozeß.* in: ORDO, Jahrbuch für die Ordnung von Wirtschaft und Gesellschaft, Band 43, Stuttgart u.a.O. 1992

Ehrnrooth, Robert G. (1979): *Ships for short sea routes.* in: *Shipping and ships for the 1990's.* Proceedings of the International Conference: *Supply and demand for water transport.* June 18-19, 1979, ed.: Schirach-Szmigiel, C. von/Ryden, I., Stockholm School of Economics 1979, S. 275-284

Ehrnrooth, Robert G./Ingvesgard, Ingmar (1990): *Finnlines Group latest activities and future prospects.* in: Hansa 19-20/1990, 127. Jg., Schiffahrts-Verlag Hansa, Hamburg 1990, S. 1265-1266

Ekström, A. (1987): *The Scandinavian countries.* in: *The role of shippers and transport operators in the logistical chain.* Report of the 67th roundtable on transport economics, held in Paris on 29-30th April 1987, European Conference of Ministers of Transport, S. 51-67

Emmerich, Volker (1991): *Kartellrecht.* 6. Auflage, München 1991

Engel, Michael (1996): *Modal-Split-Veränderungen im Güterfernverkehr. Analyse und Bewertung der Kosten- und Qualitätseffekte einer Verkehrsverlagerung Straße-Schiene.* Giessener Studien zur Transportwirtschaft und Kommunikation, Bd. 10, hrsg. von Gerd Aberle, Universität Giessen, Deutscher Verkehrs-Verlag, Hamburg 1996

Erbguth, H. (1966): *Möglichkeiten zur Feststellung von Marktbeherrschung im Verkehr.* in: *Marktmacht und marktbeherrschende Verhaltensweisen im Verkehr.* Beiträge aus dem Institut für Verkehrswissenschaft an der Universität Münster, Heft 42, hrsg. von Hellmuth St. Seidenfus, Vandenhoeck & Ruprecht, Göttingen 1966

Erlandson, Ulf (1982): *Färjetrafiken i södra Sverige. Pris- och konkurrens-förhallanden.* in: Pris och konkurrens 6/1982, S. 14-19

Eschke, Claus-Achim (1986): *Der Ro/Ro-Seeverkehr unter Berücksichtigung des Marketingkonzeptes - dargestellt am Beispiel eines Ostseedienstes.* in: BC`86: *Die Bedeutung des Fährverkehrs für den Ostseeraum.* 14. Baltic Conference, Treffen der Wirtschaftsjunioren des Ostseeraumes in Lübeck vom 9.-11. Mai 1986, Schriftenreihe der IHK zu Lübeck, Heft Nr. 16, Lübeck 1986, S. 41-45

Eschke, Claus-Achim (1991): *Betriebliche Strategien und Flottenpolitik der Ro/Ro-Frachtschiffreedereien in der Ostsee.* in: Schriftenreihe der Deutschen Verkehrswissenschaftlichen Gesellschaft B 141, 3. Kieler Seminar zu aktuellen Fragen der See- und Küstenschiffahrt, Bergisch-Gladbach 1991, S. 68-78

Ewers, Hans-Jürgen (1973): *Systemorientierte Integration von Transportabläufen im Güterverkehr.* in: *Systemorientierte Verkehrspolitik.* Beiträge aus dem Institut für Verkehrswissenschaft an der Universität Münster, Heft 72, hrsg. von Hellmuth St. Seidenfus, Vandenhoeck & Ruprecht, Göttingen 1973, S. 33-57

Ewers, Hans-Jürgen/Fritsch, M./Wein, T. (1990): *Marktversagen und Wirtschaftspolitik.* Berlin 1990

Fagerlund, Per (1998): *Development trends in Short Sea Ro-Ro.* in: Svensk Sjöfarts Tidning 16/17.4.1998, 94:a årgangen , Göteborg 1998, S. 15-17

Farthing, Bruce (1987): *International shipping.* Lloyd's of London Press, London 1987

Fastesson, Oddbjörn (1994): *The reality of just-in-time - lead times can be reduced by better shipboard and terminal procedures - not just by ship speed.* in: RoRo`94, conference papers, session 2, BML Business Meetings Ltd., Rickmansworth 1994

Fehl, U. (1985): *Das Konzept der contastable markets und der Marktprozeß.* in: Bombach, G./Gahlen, B./Ott, A. E. (Hrsg.): *Industrieökonomik - Theorie und Praxis.* Schriftenreihe des wirtschaftwissenschaftlichen Seminars Ottobeuren, Band 14, Tübingen 1985, S. 29-49

Fick, Karl E. (1989): *Die Ostsee - Modellraum des Eisenbahnfährverkehrs.* in: *Ostmittel- und Osteuropa - Beiträge zur Landeskunde.* Tübinger Geographische Schriften, H. 102, Festschrift für Adolf Karger, Teil 1, im Selbstverlag der Universität Tübingen 1989, S. 89-113

Fonger, Matthias (1993): *Gesamtwirtschaftlicher Effizienzvergleich alternativer Transportketten - eine Analyse unter besonderer Berücksichtigung des multimodalen Verkehrs Schiene-Straße.* Beiträge aus dem Institut für Verkehrswissenschaft an der Universität Münster, Heft 132, herausgegeben von Hans-Jürgen Ewers, Vandenhoeck & Ruprecht, Göttingen 1993

Forslund, Thorild/Johansson, Ragnar/Peterson, Göran (1991): *Svensk färjesjöfart i EG - möjligheter och hot.* Examensrapport, Chalmers Tekniska Högskola, Nautiska Institutionen, Göteborg 1991

Forslund, Thorild/Johannson, Ragnar/Peterson, Göran (1993): *Svensk färjesjöfart 2000.* Masters uppsats, Chalmers Tekniska Högskola, Nautiska Institutionen, Göteborg 1993

Franke, P. (u.a.) (1971): *Transportpreise.* Berlin 1971

Freichel, S. (1989): *Deregulierung des Straßengüterverkehrsmarktes.* in: Logistik Spektrum 1/1989, S. 83-88

Fritz, Mattias/Råwall, Erik (1997): *Market survey of the pan-european transport companies.* Examensarbete 97:21, Chalmers Tekniska Högskola, Institutionen för Transportteknik, Göteborg 1997

Gallagher, Mary/Crowley, James A. (1988): *Strategic flexibility in shipping: an examination of a sector of the short sea ferry market.* in: Transport Reviews 8(4) Oct./Dec.1988, S. 317-329

Garratt, Michael G. (1980a): *The economics of short-sea freight ferries.* Marine Transport Centre, University of Liverpool 1980

Garratt, Michael G. (1980b): *Ro-ro versus lo-lo: a matter of scale.* in: Maritime Policy & Management 4/1980, vol. 7, Taylor & Francis, London/Washington 1980, S. 223-232

Garratt, Michael G. (1982): *Behaviour and prospects of Ro-Ro ferry operators.* in: RoRo 81, 30.6.-2.7.1981 Hamburg, Conference Proceedings, BML Business Meetings Ltd., Rickmansworth 1982, S. 147-151

Garratt, Michael G./Wingfield, Melanie (1981): *Traffic and competition in the short-sea market.* Marine Transport Centre, University of Liverpool 1981

Geuther, Ralph (1990): *Der Wettbewerb in der Containerlinienschiffahrt - Der Transportmarkt BR Deutschland-Fernost.* Beiträge aus dem Institut für Verkehrswissenschaften an der Universität Münster, Heft 120, hrsg. von Hellmuth St. Seidenfus, Vandenhoeck & Ruprecht, Göttingen 1990

Gilman, S. (1983): *The competitive dynamics of container shipping.* Cuilford, King's Lynn 1983

Gilman, S. (1994): *Contestability and public policy in liner and short sea shipping.* in: *Competition policy in liner shipping.* Proceedings of a conference organized by the International Association of Maritime Economists (IAME) and the University of Antwerp, February 1994, edited by H. J. Molenaar & E. van de Voorde, Antwerpen 1994, S. 45-64

Gorton, Lars/Lindh, Gunnar/Sandevärn, Arne (1982): *Sjöfartsekonomi.* Sveriges Rederiförening, Liber Hermods, Stockholm 1982

Goss, R. O. (1982): *Shipping and competition policy.* Cardiff 1982

Grandell, Torsten (1988): *The Finnish forest product trades - a combination of Sto-Ro and Ro-Ro for optimising quality and economy.* in: RoRo 88, Svenska Mässan Göteborg 7.-9.6.1988, Conference Papers, BML Business Meetings Ltd., Rickmansworth 1988

Grandell, Torsten (1995): *Papiertransport mit maßgeschneiderter Tonnage.* in: Deutsche Verkehrs-Zeitung 139/21.11.1995, 50. Jg., Deutscher Verkehrs-Verlag, Hamburg 1995, S. 15

Grandell, Torsten (1996): *A new series of 20-knot newbuildings designed for multiple handling methods including StoRo, RoRo and LoLo.* in: RoRo 96, Conference Papers, BML Business Meetings Ltd., Rickmansworth 1996

Grandjot, H. H. (1984): *Reibungsloser Informationsfluß als Grundlage wirtschaftlicher Transportketten – Die Bedeutung des Informationsflusses im Gütertransport.* in: *Strukturveränderungen im Güterverkehr durch transportkettenübergreifende Informatik.* Schriftenreihe der Deutschen Verkehrswissenschaftlichen Gesellschaft, Reihe B, Heft 74, Bergisch-Gladbach 1984, S. 1-16

Graumann, Mathias (1993): *Leitbilder der Wettbewerbstheorie.* in: Das Wirtschaftsstudium 8-9/1993, 22. Jg., Lange-Verlag, Düsseldorf 1993, S. 659-662

Gray, Michael (ed.) (1985): *Ro-Ro ships and shipping.* Fairplay Publications Ltd. 1985 (Mac Gregor Navire News 1985)

Greiß, Ingo (1969): *Kosten und Kostenrechnung im Seeschiffahrtsbetrieb.* Dissertation Universität Hamburg 1969

Grossekettler, Heinz (1978): *Wie valide sind Fortschrittsfaktoren? Zur Gültigkeit von Messungen des technischen Fortschritts in Branchen der deutschen Industrie.* in: Jahrbuch für Sozialwissenschaft, hrsg. von Jürgensen, H./Littmann, K./Rose, K., Bd. 29, 1978, S. 223-254

Grossekettler, Heinz (1982): *Konzepte zur Beurteilung von Koordinationsmethoden.* in: Jahrbuch für die Neue Politische Ökonomie, 1. Jg., Tübingen 1982, S. 213-257

Grossekettler, Heinz (1987): *Marktprozesse.* Volkswirtschaftliche Diskussionsbeiträge 96, Institut für Finanzwissenschaften, Universität Münster, Münster 1987

Grossekettler, Heinz (1988): *Marktprozesse.* in: Wirtschaftswissenschaftliches Studium 3/1988, 17. Jg., Vahlen und Beck, München und Frankfurt/M. 1988, S. 105-111

Grossekettler, Heinz (1989): *Stand und Entwicklung des Koordinationsmängelkonzeptes. Ein Kurzüberblick.* in: Volkswirtschaftliche Diskussionsbeiträge 102, Institut für Finanzwissenschaften der Universität Münster, 2. verbesserte Fassung, Münster 1989

Grossekettler, Heinz (1990): *Zur theoretischen Integration der Wettbewerbs- und Finanzpolitik in die Konzeption des ökonomischen Liberalismus.* Volkswirtschaftliche Diskussionsbeiträge 120, Institut für Finanzwissenschaften, Universität Münster, 2. verbesserte Fassung, Münster 1990

Grossekettler, Heinz (1991a): *Eine neue Methode zur Messung der Funktionsfähigkeit von Märkten: die KMK-Funktionsfähigkeitsanalyse.* Volkswirtschaftliche Diskussionsbeiträge 133 der Universität Münster, Münster 1991

Grossekettler, Heinz (1991b): *Eine neue Methode zur Messung der Funktionsfähigkeit von Märkten: die KMK-Funktionsanalyse.* in: Die Betriebswirtschaft 4/1991, S. 467 ff.

Grossekettler, Heinz (1994): *Die Messung der Funktionsfähigkeit von Märkten mit Hilfe des Konzepts zur Koordinationsmängeldiagnose: Methodenbeschreibung und Anwendung bei einer In-vivo-Inspektion realer Märkte.* Volkswirtschaftliche Diskussionsbeiträge 195 der Universität Münster, Münster 1994

Grötschel, Barbara (1993): *Eisenbahnverkehr mit Finnland – Kriterien der Hafenwahl aus der Sicht der Hinterlandverbindungen.* Diplomarbeit Universität Rostock, Wirtschafts- und Sozialwissenschaftliche Fakultät 1993

Gudehus, Timm (1995): *Die Lücke zwischen Schein und Sein.* Teil 1. in: Logistik Heute 1-2/1995, 17. Jg., Huss-Verlag, München 1995, S. 28-29

Güth, Werner (1994): *Markt- und Preistheorie.* Springer-Verlag, Berlin 1994

Hader, Arnulf (1988): *Die Entwicklung des Fährverkehrs und der Fährhäfen im Ostseeraum,* in: Jahrbuch der Hafenbautechnischen Gesellschaft Hamburg 1987, 42. Bd., Springer-Verlag 1988, S.165-190

Hader, Arnulf (1996): *Fast or conventional – the economics.* in: *13th International Conference & Exhibition on marine transport using roll-on/roll-off and horizontal handling methods.* in: RoRo'96, Conference Papers, vol. 1, Lübeck 21-23 May 1996, BML Business Meetings Ltd., Rickmansworth (UK) 1996

Hader, Arnulf (1997): *Die europäische Fährschiffahrt im weltweiten Vergleich.* in: *Zukunftsperspektiven des Fährverkehrs.* in: *Zukunftsperspektiven des Fährverkehrs.* Schriftenreihe der Deutschen Verkehrswissenschaftlichen Gesellschaft B 203, Kurs V/97 am 22./23.5.1997 in Papenburg, Bergisch-Gladbach 1997, S. 14-31

Hader, Arnulf/Meier, Günther (1988): *Eisenbahnfähren der Welt - vom Trajekt zur Dreidecksfähre.* Köhlers Verlagsgesellschaft, Herford 1988

Hagman, Thore E. W./Lumsden, Kenth R. (1993): *The changes in traffic and operation strategies resulting from new fast passenger/car ferries entering the Scandinavian market.* Cruise & Ferry 93, International Conference & Exhibition Centre London, 11.-13.5.1993, Conference Papers, BML Business Meetings Ltd., Session 1, Rickmansworth 1993

Hagman, Thore (1994): *Shorter turnaround time in port, a key element in fast transportation systems.* in: RoRo'94, Svenska Mässan, Gothenburg 26.-28.4.1994, conference papers and speakers profiles, session 7, BML Business Meetings Ltd., Rickmansworth 1994

Hagman, Thore (1997): *Fast ferry sea transportation system.* Meddelande 94, Chalmers Tekniska Högskola, Institutionen för Transportteknik, Göteborg 1997

Hamker, Jürgen (1998): *Pathologie der Marktprozesse: ein Störungshandbuch zur Koordinationsmängeldiagnose.* Studien zur Dynamik der Wirtschaftsstruktur 6, Bergisch-Gladbach 1998; zgl. Dissertation Universität Münster 1998

Haubold, Verena (1994): *Die informationstechnisch gestützte Restrukturierung der industriellen Arbeitsteilung und ihre Folgen für den Güterverkehr.* in: *Die Bedeutung von Informations- und Kommunikationstechnologien für den Verkehr.* Beiträge aus dem Institut für Verkehrswissenschaft an der Universität Münster, Heft 133, hrsg. von Hans-Jürgen Ewers, Vandenhoeck & Ruprecht, Göttingen, S. 59-129

Hayek, Friedrich August von (1976): *Der Sinn des Wettbewerbs.* in: Hayek, Friedrich August von: *Individualismus und wirtschaftliche Ordnung.* 2. erweiterte Auflage, Salzburg 1976, S. 122-140

Heaver, Trevor D. (1993): *Workable competition, politics and competition policy in liner shipping.* in: Gwilliam, K. M. (Hrsg.): *Current issues in maritime economics.* Dordrecht 1993, S. 68-84

Heaver, Trevor D. (1994): *Liner freight rates: principles, practices and prognosis.* in: *Competition policy in Liner shipping.* Proceedings of a conference organized by the International Association of Maritime Economists (IAME) and the University of Antwerp, February 1994, edited by H. J. Molenaar & E. van de Voorde, Antwerp 1994, S. 13-31

Heaver, Trevor D. (1995): *The implications of increased competition among ports for port policy and management.* in: Maritime Policy & Management 2/1995, vol. 22, Taylor & Francis Ltd., London/Washington, S. 125-133

Heimes, Anton/Scharl, Konrad (1995): *Handlexikon des Straßengüterverkehrs: Güterfernverkehr, Güternahverkehr, Werkverkehr, Möbelverkehr, Straßenverkehr.* Deutsche Verkehrs-Gesellschaft, 3. Auflage, Hamburg 1995

Hellblom, Ola (1986): *Vems fötter kallnar först när fraktkriget brakar löst?* in: TH Transport & Hantering 11/1986, Göteborg 1986, S. 23-26

Herdzina, Klaus (1991): *Wettbewerbspolitik.* 3. Auflage, Stuttgart 1991

Hertz, Susanne (1993): *The internationalisation processes of freight transport companies - towards a dynamic network model of internationalisation.* Akademisk avhandling, Ekonomiska Forskningsinstitutet, Handelshögskolan i Stockholm, Stockholm 1993

Heymann, Knut (1997): *Vernetzte Systeme beherrschen.* in: Logistik-Jahrbuch 1997, Hrsg: Rüdiger Hossner, Verlagsgruppe Handelsblatt GmbH, S. 35-41

Hinricher, Martina (1990): *Die Zukunftschancen kleiner und mittlerer Seehäfen - eine Untersuchung am Beispiel ausgewählter Seehäfen der Hamburg-Antwerpen-Range.* Beiträge aus dem Institut für Verkehrswissenschaften an der Universität Münster, Heft 122, hrsg. von Hellmuth St. Seidenfus, Vandenhoeck & Ruprecht, Göttingen 1990

Hoffmann, C. (Projektleitung) u.a. (1994): *SUMO - Szenarienuntersuchung: Maritime Verkehrssysteme im Ostseeraum.* Bd. 1 und 2, Untersuchung im Auftrag des Bundesministeriums für Forschung und Technologie, Projektnummer 18 S 0070, Bremen 1994

Hofmann, Hans-Joachim (1982): *Die Evolution von Marktstrukturen.* Bern/Stuttgart 1982

Holocher, Klaus-Harald (1997): *Neuwagentransporte im Fährverkehr - Analyse der Märkte und der logistischen Besonderheiten.* in: *Zukunftsperspektiven des Fährverkehrs.* Schriftenreihe der Deutschen Verkehrswissenschaftlichen Gesellschaft B 203, Kurs V/97 am 22./23.5.1997 in Papenburg, Bergisch-Gladbach 1997, S. 93-110

Holthof, Philipe (1998): *Cobelfret Ferries NV – shrinking the North Sea.* in: Cruise & Ferry Info 5/1998, Halmstad 1998, S. 48

Hoppmann, Erich (1968): *Zum Problem einer wirtschaftspolitisch praktikablen Definition des Wettbewerbs.* in: Schneider, Hans K. (Hrsg.): *Grundlagen der Wettbewerbspolitik.* Schriften des Vereins für Socialpolitik, Bd. 48, Berlin 1968, S. 9-49

Hoppmann, Erich (1974): *Die Abgrenzung des relevanten Marktes im Rahmen der Mißbrauchsaufsicht über marktbeherrschende Unternehmen.* Dargestellt am Beispiel der Praxis des Bundeskartellamtes bei Arzneimitteln, Bd. 38 der Reihe Wirtschaftsrecht und Wirtschaftspolitik, in Verbindung mit Kurt Biedenkopf und Erich Hoppmann, hrsg. von Ernst-Joachim Mestmäcker, Baden-Baden 1974

Hoppmann, Erich (1988): *Wirtschaftsordnung und Wettbewerb.* Nomos-Verlagsgesellschaft, Baden-Baden 1988

Hoyle, B. S./Knowles, R. D. (eds.) (1992): *Modern transport geography.* Belhaven Press, London/New York 1992

Igielska, J. (1995): *An alternative system for shortsea shipment of road vehicles.* in: *European Shortsea Shipping.* Proceedings from the Second European Research Roundtable Conference on Shortsea Shipping, 2-3 June 1994 Athens, edited by Wijnolst, Nico/Peeters, C., Delft University Press, Lloyd's of London Press Ltd. 1995, S. 177-194

Ihde, Gösta B. (1991): *Transport, Verkehr, Logistik.* 2. Auflage, München 1991

Ilander, Leif (1991): *Die Anforderungen der Spedition an den Nord-Süd-Verkehr.* in: Schriftenreihe der Deutschen Verkehrswissenschaftlichen Gesellschaft B 152, Bergisch-Gladbach 1991

Jansson, Jan-Owen/Shneerson, Dan (1982): *Port economics.* MIT Press Series in Transportation Studies, Cambridge (Mass.)/London 1982

Jansson, Jan-Owen/Shneerson, Dan (1987): *Liner shipping economics.* Chapman & Hall, London 1987

Jansson, Jan-Owen/Ryden, Inger (1977): *Swedish seaports - economics and policy.* The Stockholm School of Economics, Stockholm 1977

Jerman, R. E./Anderson D./Constantin J. A. (1978): *Shipper versus carrier perception of carrier selection variables.* in: International Journal of Physical Distribution and Materials Management 1/1978, vol. 9, S. 29-38

Johansson, J.-E./Bergroth, O. (1994): *Transfennica - bakgrund och utveckling.* in: Ålands Sjöfart & Handel 4/1994, vol. 56, Mariehamn 1994, S. 134

Kadar, Mark (1998): *Kunden sind das größte Vermögen.* in: Deutsche Verkehrs-Zeitung 151/19.12.1998, 53. Jg., Deutscher Verkehrs-Verlag, Hamburg 1995, S. 18-19

Kantzenbach, Erhard (1967): *Die Funktionsfähigkeit des Wettbewerbs.* 2. Auflage, Göttingen 1967

Kantzenbach, Erhard/Kruse, Jörn (1989): *Kollektive Marktbeherrschung.* Wirtschaftspolitische Studien 75 aus den Instituten für Europäische Wirtschaftspolitik und für Industrie- und Gewerbepolitik der Universität Hamburg, hrsg. von Harald Jürgensen und Erhard Kantzenbach, Vandenhoeck & Ruprecht, Göttingen 1989

Karlemo, Rolf (1992): *Östersjön som trafikled sedd ur rederisynpunkt - produktion av sjötransporter nu och i framtiden.* in: Under Svensk Flagg 4/1992, S. 12-15

Karlsson, Alf (1991): *Die Verkehrsteilung im Ostseeverkehr aus der Sicht des schwedischen Speditionsgewerbes.* in: Schriftenreihe der Deutschen Verkehrswissenschaftlichen Gesellschaft B 141, 3. Kieler Seminar zu aktuellen Fragen der See- und Küstenschiffahrt, Bergisch-Gladbach 1991

Karlsson, Alf (1995): *Der Straßengüterverkehr ist deutlich schneller geworden.* in: Deutsche Verkehrs-Zeitung 135/11.11.1995, 49. Jg., Deutscher Verkehrs-Verlag, Hamburg 1995, S. 24-25

Käselau, Rainer (1971): *Das optimale Transportkonzept in der Linienschiffahrt - Entscheidungstheoretische Analyse und Kostenvergleich.* in: Verkehrswissenschaftliche Studien 16, Institut für Verkehrswirtschaft der Universität Hamburg, Vandenhoeck & Ruprecht, Göttingen 1971

Kendall, Lane C.: *The business of shipping.* Cornell Maritime Press, 5th edition, Centreville (MD) 1982

Keuchel, Stephan (1989): *Anforderungen an die Ausgestaltung internationaler Transportsysteme zwischen Industrieländern.* in: *Perspektiven des Weltverkehrs.* Beiträge aus dem Institut für Verkehrswissenschaft an der Universität Münster, Heft 118, hrsg. von Hellmuth St. Seidenfus, Vandenhoeck & Ruprecht, Göttingen 1989, S. 29 ff.

Keuchel, Stephan (1991): *Die Anbindung europäischer Drittländer an die Verkehrsmärkte der Gemeinschaft: Skandinavien.* in: *Die Anbindung europäischer Drittländer an Verkehrsmärkte der Gemeinschaft.* Beiträge aus dem Institut für Verkehrswissenschaft an der Universität Münster, Heft 125, hrsg. von Hellmuth St. Seidenfus, Schriftleitung: Friedrich von Stackelberg, Vandenhoeck & Ruprecht, Göttingen 1991, S. 131 ff.

Killinger, Hans H. (1986): *Die Bedeutung des Fährverkehrs für den Ostseeraum aus der Sicht Schwedens.* in: BC`86, 14. Baltic Conference, Treffen der Wirtschaftsjunioren des Ostseeraumes in Lübeck vom 9.-11.5. 1986, Schriftenreihe der IHK zu Lübeck, Heft Nr. 16: *Die Bedeutung des Fährverkehrs für den Ostseeraum.* Lübeck 1986, S. 33-34

Killinger, Hans H. (1988): *Neue Perspektiven des Ostseefährverkehrs, insbesondere des Eisenbahnfährverkehrs.* Schriftenreihe der Deutschen Verkehrswissenschaftlichen Gesellschaft B 115, Bergisch-Gladbach 1988, S. 104-108

Killinger, Hans H. (1990): *Die Zukunft der Fährverkehre in der südlichen Ostsee.* in: Schiff & Hafen/Kommandobrücke 4/1990, 42. Jg., Seehafen-Verlag, Hamburg 1990, S. 9-11

Killinger Hans H. (1992): *Wirtschaftliche Überlegungen eines Fährreeders bei der Hafenwahl.* in: *Ostseefährverkehr im Spannungsfeld zwischen internationaler Verkehrsbedeutung und regionaler Wirtschaftsentwicklung.* Kurs IV/92 9.-10.4.1992 in Rostock, Schriftenreihe der Deutschen Verkehrswissenschaftlichen Gesellschaft B 152, Bergisch-Gladbach 1992, S. 99-106

Klaus, Peter (1999): *Für mittelgroße Unternehmen kann es eng werden.* in: Deutsche Verkehrs-Zeitung 68/8.6.1999, Deutscher Verkehrs-Verlag, Hamburg 1999, S. 13-15

Knieps, Günter (1999): *Diskriminierungsfreier Zugang zu Netzinfrastrukturen: Eine Herausforderung an das Wettbewerbsrecht und die Wettbewerbspolitik.* in: *Diskriminierungsfreier Zugang zu (Verkehrs-)Infrastrukturen: Konzepte, Erfahrungen und institutionelles Design.* in: Schriftenreihe der Deutschen Verkehrswissenschaftlichen Gesellschaft B 224, 31. Verkehrswissenschaftliches Seminar vom 30.9.-2.10.1998 in Hinterzarten/Schwarzwald, Gesellschaft für Verkehrswissenschaft und Regionalpolitik an der Universität Freiburg e.V. in Verbindung mit dem Verkehrswissenschaftlichen Seminar der Deutschen Verkehrswissenschaftlichen Gesellschaft, Bergisch-Gladbach 1999, S. 7-22

Koch, Martin (1970): *Der internationale Ostseefährverkehr.* Verkehrswissenschaftliche Studien 12, Institut für Verkehrswissenschaft der Universität Hamburg, Herausgeber: Jürgensen, H./Diederich, H., Vandenhoeck & Ruprecht, Göttingen 1970

Kolbe, Clemens (1991): *Eintrittsbarrieren und die Eintrittsfähigkeit potentieller Konkurrenten.* Wirtschaftspolitische Studien 85 aus den Instituten für Europäische Wirtschaftspolitik und für Industrie- und Gewerbepolitik an der Universität Hamburg, hrsg. von Harald Jürgensen und Erhard Kantzenbach, Vandenhoeck & Ruprecht, Göttingen 1991

Kontto, I. (1986): *Horizontal handling is increasingly favoured for forest products - but in a new format `Storo-side`. Future designs and experience of this new generation of ship.* in: Ro-Ro`86, Göteborg 1986, Conference papers, session 3, BML Business Meetings Ltd., Rickmansworth (UK) 1986

Kornai, János (1971): *Anti-Equilibrium. An economic systems theory and the tasks of research.* New York 1971

Kortschak, Bernd H. (1990): *Eurologistik: Logistik und Herausbildung des Europäischen Binnenmarktes.* in: *Einführung in die Logistik. Grundlagen und Anwendungsbeispiele.* hrsg. von Krampe, Horst und Lucke, Hans-Joachim, Huss-Verlag, München 1990

Krämer, Thomas (1992): *Simulation und Funktionsfähigkeitsprüfung verbundener Marktprozesse. Eine Untersuchung auf Basis des Koordinationsmängelkonzeptes.* Europäische Hochschulschriften Reihe 5, Volks- und Betriebswirtschaft, Bd. 1308, Lang-Verlag, Frankfurt/M. u. a. O. 1992

Krampe, Horst (1990): *Transport, Umschlag, Lagerung.* Leipzig 1990

Krampe, Horst/Lucke, Hans-Joachim (Hrsg.) (1990): *Einführung in die Logistik.* Huss-Verlag, München 1990

Kruse, Jörn (1985): *Ökonomie der Monopolregulierung.* Wirtschaftspolitische Studien 70 aus den Instituten für Europäische Wirtschaftspolitik und für Industrie- und Gewerbepolitik an der Universität Hamburg, hrsg. von Harald Jürgensen und Erhard Kantzenbach, Vandenhoeck & Ruprecht, Göttingen 1985

Kruse, Jörn (Hrsg.) (1996): *Aktuelle Probleme der Wettbewerbs- und Wirtschaftspolitik.* Baden-Baden 1996

Kwasniewski, Klaus (1977): *Strukturwandlungen in der Küstenschiffahrt - Das Beispiel der nordwesteuropäischen Küstenschiffahrt.* Verlag Knut Reim, Hamburg 1977

Laaser, Claus-Friedrich (1991): *Wettbewerb im Verkehrswesen. Chancen für eine Deregulierung in der Bundesrepublik.* Kieler Studien 236, Institut für Weltwirtschaft an der Universität Kiel, hrsg. von Horst Siebert, J.C.B. Mohr (Paul Siebeck), Tübingen 1991

Laeger, Joachim (1995): *Entwicklungsperspektiven der deutschen Fährschiffahrt in der Ostsee unter besonderer Berücksichtigung der Eisenbahnschiffahrt.* Diplomarbeit TU Berlin, Fachbereich Wirtschaftsingenieurwesen, Berlin 1995

Laine, Jouni/Vepsäläinen, Ari (1994): *Economies of speed in sea transportation.* in: International Journal of Physical Distribution & Logistics Management 8/1994, vol. 24, MCB University Press, Bradford 1994, S. 33-41

Laine, Jouni (1993): *Container shipping profits - made in port?* in: *Nordic network in logistics.* Papers presented at the 5th NOFOMA congress at the Turku School of Economics and Business Administration, 10-11 June 1993, Publications from the Turku School of Economics and Business Administration, Series Discussion and Working Papers 5:1994, ed. by Jorma Taina, Turku 1994, S. 249-265

Läpple, Dieter (1990): *Vom Güterverkehr zur logistischen Kette - Neue Anforderungen an Güterverkehrsnetze in einer international arbeitsteiligen Gesellschaft.* in: Mitteilungen der Deutschen Akademie für Städtebau und Landesplanung e.V., 34. Jg., Bd. 1/1990, S. 11-33

Larsson, Evert (1983): *System för närsjöfart - tekniska, ekonomiska och marknadsmässiga aspekter pa närsjöfartens utvecklingsmöjligheter.* Institutionen för Transportteknik, Tekniska Högskolan i Lund, Lund 1983

Laue, Uwe (1998): *Ostseeschiffahrt - Besonderheiten und Entwicklungen.* in: Schiff & Hafen 3/1998, S. 10-13

Lemper, Burkhard (1996): *Die Funktionsfähigkeit des Marktes für Seehafencontainerumschlag in der Nordrange - Eine Analyse auf Basis des Koordinationsmängelkonzeptes.* Institut für Seeverkehrswirtschaft und Logistik Bremen, Book Series No. 24, Herausgeber: Manfred Zachcial, zgl. Dissertation Universität Bremen, Bremen 1996

Levander, Kai (1993): *The potential for fast ships in European freight transport.* in: European Shortsea Shipping, Proceedings from the First European Research Roundtable Conference on Shortsea Shipping 26.-27.11.1992, ed. by Wijnolst W./Peeters C./Lieman, P., London/New York/Hamburg/Hong-Kong 1993, S.22-39

Lieb, Thomas C. (1990): *Wettbewerbliche Perspektiven von Weltcontainerhäfen unter veränderten see- und landseitigen Rahmenbedingungen. Eine systemanalytische Untersuchung - dargestellt am Beispiel der nordwesteuropäischen Häfen.* Europäische Hochschulschriften Reihe 5, Volks- und Betriebswirtschaft, Bd. 1063, Lang-Verlag, Frankfurt/M. u.a.O. 1990, zgl. Dissertation Universität Mannheim 1990

Lieber, Hans/Woda, Armin (1992): *Technologie des Straßentransports.* Verlag Heinrich Vogel, München 1992

Linde, Horst (1986): *Innovationspotentiale in der Seeverkehrstechnik.* in: *See- und Küstenschiffahrt im Umbruch – Entwicklungstendenzen der See- und Küstenschiffahrt.* in: Schriftenreihe der Deutschen Verkehrswissenschaftlichen Gesellschaft B 88, Bergisch-Gladbach 1986

Lochte, Heinrich (1988): *Koordination durch Verkehrsträgerkooperation.* in: *Strategien zur Verbesserung von Verkehrsabläufen.* Beiträge aus dem Institut für Verkehrswissenschaften an der Universität Münster, Heft 114, hrsg. von Hellmuth St. Seidenfus, Vandenhoeck & Ruprecht, Göttingen 1988, S. 7-60

Lombaerde de, P./Verbeke, A. (1989): *Assessing international seaport competition: a tool for strategic decision making.* in: International Journal of Transport Economics 2/June 1989, vol. 16, S. 175-192

Longrée, Helge Michael (1982): *Marktzutrittsschranken und potentielle Konkurrenz unter wettbewerbspolitischem Aspekt.* Dissertation Universität Essen 1982

Lorenzen, Uwe (1987): *Eisenbahnfähren auf der Ostsee - Boom ohne Ende?* Ostseejahrbuch 1987 „Verkehrsmarkt Ostsee", Industrie- und Handelskammer zu Lübeck (Hrsg.), Lübeck 1988, S. 33-45

Lundborg, Göran (1992): *The industries view of operational environment in Europe.* in: *Integrated transport and logistical developments in Europe.* Publications from the Center for Maritime Studies, B 37, ed. by Juhani Vainio, University of Turku, Turku 1992

Lüsch, Jürgen/Baltic Marine Consult (Planungs- und Ingenieurbüro Prof. Dr. Lüsch & Partner), unter Mitwirkung von Prof. Dr. K.-H. Breitzmann (1993): *Entwicklungsrichtungen des Ostseefährverkehrs und die Wettbewerbschancen des Raumes Rostock.* Senat der Hansestadt Rostock, Amt für Hafenwirtschaft und -verwaltung, Rostock 1993

Lüsch, Jürgen (1994a): *Port investments for short- and long-term solutions for roro traffic in the seaports of Lübeck and Rostock.* in: RoRo'94, Svenska Mässan, Gothenburg 26-28.4.1994, conference papers and speakers profiles, session 7, BML Business Meetings Ltd., Rickmansworth 1994

Lüsch, Jürgen (1994b): *Innovationen für die Schnittstelle Hafen im Ostseeverkehr.* Vortrag auf dem Symposium „Die Seehäfen Mecklenburg-Vorpommerns - Verkehrs- und Wirtschaftszentren im Ostseeraum." 27.-28.5.1994 in Rostock, Europäische Akademie Mecklenburg-Vorpommern in Zusammenarbeit mit der Deutschen Verkehrswissenschaftlichen Gesellschaft Mecklenburg-Vorpommern und dem Landesverband der Seehafenbetriebe Mecklenburg-Vorpommern e.V.

Lüsch, Jürgen/Laue, Uwe (1992): *Technische Entwicklung im Ostseefährverkehr - Revolution oder Evolution?* in: *Ostseefährverkehr im Spannungsfeld zwischen internationaler Verkehrsbedeutung und regionaler Wirtschaftsentwicklung.* Schriftenreihe der Deutschen Verkehrswissenschaftlichen Gesellschaft B 152, Bergisch-Gladbach 1992, S. 24-35

Lüsch, Jürgen/Latki, Birger (1999): *Kombiterminals in Ostseehäfen – Stand und Entwicklungserfordernisse.* in: *Die maritime Verkehrswirtschaft Mecklenburg-Vorpommerns und die Entwicklung logistischer Dienstleistungen.* Symposium am 26./27.11.1998 in Rostock-Warnemünde, Beiträge und Informationen aus dem Ostseeinstitut für Marketing, Verkehr und Tourismus an der Universität Rostock, Heft 5, Rostock 1999, S. 165-180

Martin, Rudolf (1997): *Die Zeit der „Platzhirsche" ist schon längst vorbei.* in: Deutsche Verkehrs-Zeitung 113/20.9.1997, Deutscher Verkehrs-Verlag, Hamburg 1997, S. 3

Matear, Sheelagh Maureen (1987): *Marketing of Irish Sea ferry and liner services.* SLC Thesis, Plymouth Polytechnic 1987

Matear, Sheelagh Maureen (1991): *The existence and use of benefit segments in the Irish Sea ferry market.* Thesis, Plymouth Polytechnic, Plymouth 1991

Matthäi, Joachim (1991): *Verkehrswirtschaftlicher Strukturwandel und Spedition - Vom Vermittler zum Operator und Integrator logistischer Ketten.* in: Verkehrswirtschaft Aktuell, Heft 1/1991, 1. Jg., Berichte und Informationen aus Forschung und Lehre, Hochschule für Verkehrswesen „Friedrich List" Dresden, Dresden 1991, S. 9-15

Marx, D. jr. (1953): *International shipping cartels: a study of industrial self-regulation by shipping conferences.* Princeton (NJ)/New York 1953

MDS Transmodal (1994a): *The European container freight market: containers by sea.* Third edition, Chester 1994

MDS Transmodal (1994b): *The European container freight market: containers inland.* Third edition, Chester 1994

Mertel, R. (1993): *Kombinierter Verkehr - Strategischer Baustein für das Leistungsangebot von Speditionen.* in: *Spedition - Glied der Logistikkette.* VDI-Berichte 1050, Tagung 30.9.-1.10.1993 in Osnabrück, VDI-Verlag, Düsseldorf 1993, S. 113-116

Mester, Bernt (1986): *Marktchancen der Binnenschiffahrt im Container-Hinterlandverkehr der Häfen der Hamburg-Antwerpen-Range.* Buchreihe des Instituts für Verkehrswissenschaft an der Universität zu Köln, Nr. 47, hrsg. von Rainer Willeke, Verkehrs-Verlag J. Fischer, Düsseldorf 1986

Michaletz, Tilmann (1994): *Wirtschaftliche Transportketten mit modularen Containern. Logistisches Konzept zur intermodalen Umverteilung des Güterverkehrsaufkommens.* Schriftenreihe der Bundesvereinigung Logistik, Bd. 33, hrsg. von Helmut Baumgarten und Gösta B. Ihde, Huss-Verlag, München 1994

Milchert, T. (1970): *Färjetrafiken mellan Sverige och utlandet.* KTH Kungliga Tekniska Högskolan, Stockholm 1970

Miotke-Dziegiel, Joanna/Zurek, Janusz (1996): *Polish ferry lines on the Baltic Sea: past, present and future.* in: Rostocker Beiträge zur Verkehrswissenschaft und Logistik, Heft 5, „Marktwirtschaftliche Transformation und Strukturveränderungen im Seeverkehr der Ostseeländer.", Universität Rostock, Rostock 1996, S. 91-106

Monning, W. (1993): *Make-or-buy logistischer Dienstleistungen.* in: *Spedition - Glied der Logistikkette.* VDI-Berichte 1050, Tagung 30.9.-1.10.1993 in Osnabrück, VDI-Verlag, Düsseldorf 1993, S. 117-127

Monopolies and Mergers Commission (1989): *Cross Channel car ferries - a report on the existence or possible existence of a monopoly situation in the relation to the supply in the United Kingdom of cross-Channel car ferries services and on a proposal to enter into agreements for the joint or co-ordinated supply of such services.* Her Majesty`s Stationery Office, London 1989

Munsberg, Hendrik (1992): *Methodische Grundlagen einer Konstruktion von Ideal- und Hilfsindikatoren für das Koordinationsmängelkonzept.* Volkswirtschaftliche Diskussionsbeiträge der Universität Münster Nr. 150, Münster 1992

Munsberg, Hendrik (1994): *Der Verlauf von Markträumungsprozessen in den Branchen des verarbeitenden Gewerbes der Bundesrepublik Deutschland: eine Analyse von Differenzmengen- und Preis-Indikatoren für das Koordinationsmängelkonzept.* Europäische Hochschulschriften, Reihe 5, Volks- und Betriebswirtschaft, Bd. 1478, Lang-Verlag, Frankfurt/M. u.a.O. 1994, zgl. Dissertation Universität Münster 1993

Muttilainen, Harri (Ed.) (1991): *Developments in handling of Ro-Ro cargo.* ICHCA 1991, Helsinki 1991

Näreskog, Johan/Sjöbris, Anders/Rydbergh, Torbjörn (1997): *Future short sea cargo ferry systems.* KFB Report 1997:17, Swedish Transport & Communications Research Board, Royal Institute of Technology, MariTerm AB, Göteborg 1997

Naumann, Jan-Peter (1999a): *DFDS/DanTransport will nordische Flagge hochhalten.* in: Deutsche Verkehrs-Zeitung 66/3.6.1999, 53. Jg., Deutscher Verkehrs-Verlag, Hamburg 1999, S. 15

Naumann, Jan-Peter (1999b): *DSV Samson festigt seine Marktposition in Skandinavien.* in: Deutsche Verkehrs-Zeitung 74/22.6.1999, 53. Jg., Deutscher Verkehrs-Verlag, Hamburg 1999, S. 10

Neumann, Carl Wolfgang (1982): *Historische Entwicklung und Stand der Wettbewerbstheorie. Kritische Bestandsaufnahme zum Disput zwischen „funktionsfähigen Wettbewerb" und „neuklassischem/freien Wettbewerb" um ein angemessenes Wettbewerbskonzept, einschließlich der dogmenhistorischen Wurzeln.* Schriften zum Wirtschafts-, Arbeits- und Sozialrecht, Bd. 19, Athenäum-Verlag, Königsstein/Taunus 1982

Nordisk Ministerrad (1987): *Utrikes färjelinjer och godstransporter - utvecklingen i Norge, Sverige och Finland.* Nord 1987:58

Obenaus, Hans/Zaleski, Jerzy (1979): *Geographie des Seeverkehrs - Grundlagen.* Transpress-Verlag, Berlin 1979

Ocean Shipping Consultants (1991): *European containerisation to 2000.* Chertsey/Surrey (UK) 1991

Ocean Shipping Consultants (1995): *The world ferry market: prospects to 2005.* Chertsey/Surrey (UK) 1995

Oehne, Frank (1987): *Ansätze zur Bestimmung von `Marktbeherrschung und Missbrauch` in der Linienschiffahrt (Zur Anwendung der Artikel 85 und 86 des EG-Vertrages).* Institut für Seeverkehrswirtschaft und Logistik Bremen, Bremen 1987

Oertzen, Arndt-Heinrich von (1992): *Die Entwicklung der Fährverkehre auf der südlichen Ostsee in den 90er Jahren.* in: Schiff & Hafen/Seewirtschaft 2/1992, 44. Jg., Seehafen-Verlag, Hamburg 1992, S. 10-12

Ojala, Lauri (1991): *Strategic management of port operations. A theoretical review of the concepts of strategic management with some practical applications to main general cargo ports in Finland.* Turun yliopiston merenkulkualan koulutuskeskuksen julkaisuja A 8, Turku 1991

Ojala, Lauri (1992): *Logistics developments and spatial change in European freight transport - a Nordic perspective.* Nordisk Samhällsgeografisk Tidning no. 15, Augusti 1992

Ojala, Lauri (1993a): *Shipping in Finland, Sweden and Norway - a transaction cost analysis.* in: Baltic Sea - Mare Nostrum. Symposium report, 30.11.-1-12. 1992, Sweden-Finland, M/S Kalypso, Publications from the Center for Maritime Studies, University of Turku, A 11, Turku 1993, S. 55-79

Ojala, Lauri (1993b): *Infrastructure, Logistics and Competitiveness*. in: Taina, Jorma (ed.): *Nordic network in logistics*. Papers presented at the 5th NOFOMA congress at the Turku School of Economics and Business Administration, 10-11 June 1993, Publications of the Turku School of Economics and Business Administration, Series Discussion and Working Papers 5:1994, Turku 1994, S. 319-344

Ojala, Lauri (1993c): *Integration of multi-modal cargo flows - a shipping company's option*. in: Fourth International Conference in Eastern/Western Co-operation and Competition in Shipping. Deepsea and Shortsea Shipping in a developing world - point of view of East/Middle/West-European Shipping Companies, Technische Universität Berlin, March 31-April 2, 1993

Ojala, Lauri (1993d): *The Finish liner shipping market*. in: *European Shortsea Shipping*. Proceedings from the First European Roundtable Conference on Shortsea Shipping 26.-27.11.1992, ed by Wijnolst, W./Peeters, C./Lieman, P., London/New York/Hamburg/ Hong-Kong 1993, S. 233-244

Ojala, Lauri (1993e): *Changing Logistical patterns and policies in Northern Europe*. in: The International Journal of Logistics Management, 2/2, S. 42-54 (abgedruckt bei Ojala, Lauri (1994a), S. 191-205

Ojala, Lauri (1994a): *A transaction cost analysis of Finish, Swedish and Norwegian shipping*. in: Maritime Policy & Management 4/1994, vol. 21, Taylor & Francis Ltd, London 1994, S. 273-294

Ojala, Lauri (1994b): *The logistics posture of Finland in the new Europe*. in: *Peripherality and logistics in the new Europe*. 9.3.-10.3.1994, Conference report, Publications from the Center for Maritime Studies, University of Turku, A 14, Turku 1994, S. 116-133

Ojala, Lauri (1995a): *Logistics Management in Finnish Foreign Trade Transport*. Publications of the Turku School of Economics and Business Administration, Series A-3:1995, Turku 1995

Ojala, Lauri (1995b): *Eastern/Western European shipping companies and multimodal transport operations*. in: Maritime Policy & Management 4/1995, vol. 22, Taylor & Francis Ltd., London/Washington 1995, S. 331-344

Olten, Rainer (1998): *Wettbewerbstheorie und Wettbewerbspolitik*. 2. Auflage, München/ Wien 1998

Opatz, Andreas (1994): *Das Hypothesen-Konzept der `Kontestablen Märkte` in Anwendung auf die Container-Linienschiffahrt*. Dissertation Universität Rostock 1994

Ordemann, Frank (1996): *Beurteilung alternativer Hafenanlaufstrategien im Containerverkehr am Beispiel der Hamburg-Antwerben-Range - eine Simulationsmodell-gestützte Untersuchung*. Institut für Seeverkehrswirtschaft und Logistik Bremen, ISL book series no. 23, Bremen 1996, zgl. Dissertation Universität Bremen 1995 o.V. (1982): *De internationella landvägstransporterna - en studie av struktur och förändringsprocesser i Sveriges utrikestransporter pa landväg.* TFD-rapport 1982:4, Stockholm 1982

o.V. (1985): *Konkurrensbegränsande samarbete - färjetrafik.* in: PoK Pris och konkurrens 4/1985, S.19-23

o.V. (1989): *Nordö sätter in större tågfärjor till Travemünde.* in: TH Transport & Hantering 12/1989, Göteborg 1991, S. 9

o.V. (1990a): *NO vill förbjuda SJ att subventionera DanLink och TS-Line.* in: TH Transport & Hantering 9/1990, Göteborg 1990, S. 21-25

o.V. (1990b): *Transportkonzern im Aufbruch.* in: Deutsche Verkehrs-Zeitung 51/28.4.1990, 44. Jg., Deutscher Verkehrs-Verlag, Hamburg 1990, S. 22

o.V. (1990c): *Ny undersökning plus unik hearing hos NO - Så ser tio tunga fraktköpare på konflikten SJ – Sea-Link.* in: TH Transport & Hantering 10/1990, Göteborg 1990, S. 29 ff.

o.V. (1990d): *Bore Line - Yellow ahead with the spirit of enterprise.* in: Hansa 19-20/1990, 127. Jg., Schiffahrts-Verlag Hansa, Hamburg 1990, S. 1269-1270

o.V. (1991): *Förlustdrabbat Road-Link säljs till holländare.* in: TH Transport & Hantering 3/1991, Göteborg 1991

o.V. (1992a): *Utvecklingen av Färjetrafiken pa södra Östersjön fram till ar 2000.* Departement of Management and Economics, Linköping University 1992

o.V. (1992b): *Nordö-Link paßt sich der Marktlage an.* in: Deutsche Verkehrs-Zeitung 26/3.3.1992, 46. Jg., Deutscher Verkehrs-Verlag, Hamburg 1992, S. 22

o.V. (1992c): *Rederi AB Engship - fest in Familienhand.* in: Transportdienst + Wirtschaftskorrespondent 6/1992, S. 37

o.V. (1992d): *Nordö - in 10 Jahren zum Marktführer.* in: Täglicher Hafenbericht 94/6.10.1992, 45. Jg., Seehafen-Verlag, Hamburg 1992, S. 1, 4

o.V. (1993a): *Euroway-Minus zwingt Sea-Link zur Umstukturierung.* in: ITZ Internationale Transportzeitschrift 21/1993, Rittmann-Verlag, Basel 1993, S. 1823

o.V. (1993b): *SCA und Gorthon Lines vertiefen Zusammenarbeit - Langzeitvertrag unterzeichnet.* in: Deutsche Verkehrs-Zeitung 151/21.12.1993, 47. Jg., Deutscher Verkehrs-Verlag, Hamburg, S. 15

o.V. (1994a): *Schiffstausch bei Hamburger Fährreedereien.* in: Täglicher Hafenbericht 10.1. 1994, 47. Jg., Seehafen-Verlag, Hamburg 1994, S. 13-14

o.V. (1994b): *Nya fartyg för nya transport-projekt.* in: Svensk Sjöfarts Tidning 1-2/1994, 90:a årgangen, Göteborg 1994, S. 63, 69 o.V. (1994c): *DFO mit 13,9 % Zuwachs bei der Fracht - Kock: Kurzstrecken gehört die Zukunft auf der Ostsee.* in: Täglicher Hafenbericht 19.4.1994, 47. Jg., Seehafen-Verlag, Hamburg 1994, S. 1, 14

o.V. (1994d): *Neuordnung der Fährverkehre in Nord- und Ostsee.* in: Hansa 4/1994, 131. Jg., Schiffahrts-Verlag Hansa, Hamburg 1994, S. 24-29

o.V. (1994e): *Fast ro-ro - pipedream or reality.* in: Svensk Sjöfarts Tidning 10/1994, 90:a årgangen, Göteborg 1994, S. 4-24

o.V. (1995a): *Svensk sjöfart - näring för framtiden. Betänkande av sjöfartspolitiska utredningen.* Statens offentliga utredningar 1995:112, Kommunikationsdepartement, Norstedts Tryckeri AB, Stockholm 1995

o.V. (1995b): *Färjekatastrofen bröt positiv volymutveckling.* in: Svensk Sjöfarts Tidning 4/1995, 91: a årgangen, Göteborg 1995, S. 37-40

o.V. (1995c): *Skandinavien-Verkehr ist nur noch im Frachtbereich expansiv.* in: Deutsche Verkehrs-Zeitung 16/6.2.1995, 49. Jg., Deutscher Verkehrs-Verlag, Hamburg 1995, S. 12

o.V. (1995d): *Malmö erhält Dienst nach Polen.* in: Deutsche Verkehrs-Zeitung 19/14.2.1995, 49. Jg., Deutscher Verkehrs-Verlag, Hamburg 1995

o.V. (1995e): *Competition intensifies on Polish routes.* in: Cruise & Ferry September/October 1995, A Lloyd's List Manager Publication, Lloyd's of London Press, London 1995, S. 22

o.V. (1995f): *Agenturnetz neu geordnet.* in: Deutsche Verkehrs-Zeitung 152/21.12.1995, 49. Jg., Deutscher Verkehrs-Verlag, Hamburg 1995

o.V. (1996a): *The Transfennica concept.* in: Svensk Sjöfarts Tidning 17/1996, 92:a årgangen, Göteborg 1996, S. 66-67

o.V. (1996b): *North Sea Renaissance.* in: Svensk Sjöfarts Tidning 17/1996, 92:a årgangen, Göteborg 1996, S. 50

o.V. (1996c): *Aufgabenteilung Transpoint/ASG.* in: Deutsche Verkehrs-Zeitung 70/11.6.1996, 50. Jg., Deutscher Verkehrs-Verlag, Hamburg 1996, S. 15

o.V. (1996d): *Verkehrsnetz mit Partnerfirmen.* in: Deutsche Verkehrs-Zeitung 70/11.6.1996, 50. Jg., Deutscher Verkehrs-Verlag, Hamburg 1996, S. 15

o.V. (1996e): *SCA führt neues System ein.* in: Deutsche Verkehrs-Zeitung 70/11.6.1996, 50. Jg., Deutscher Verkehrs-Verlag, Hamburg 1996, S. 12

o.V. (1997a): *Ett dråpslag mot bilspeditörerna: Storm av kritik mot Stena Line efter massiva fraktprishöjningar* in: TH Transport & Hantering 3/1997, Göteborg 1997, S. 42 ff.

o.V. (1997b): *MoDo fick pris för nytt logistiksystem.* in: TH Transport & Hantering 12/1997, Göteborg 1997, S. 34

o.V. (1999a): *Estline ist auf Partnersuche.* in: ITZ Internationale Transport-Zeitschrift 21/1999, Rittmann-Verlag, Basel 1999, S. 71-72

o.V. (1999b): *Det är inga konstigheter med detta - startskottet har gått för Cobelfrets nya linje.* in: TH Transport & Hantering 9/1999, Göteborg 1999, S. 17

o.V. (1999c): *Skogsproduktfartyg för expanderande linjetrafik.* in: Svensk Sjöfarts Tidning 4/1999, 95:a årgangen, Göteborg 1999, S. 37

o.V. (2000): *TT-Line - Fracht wird noch wichtiger.* in: ITZ Internationale Transportzeitschrift 7/2000, Rittmann-Verlag, Basel 2000, S. 14

Panzar, John C./Willig, Robert D. (1981): *Economies of scope.* in: The American Economic Review, vol. 71 (1981), S. 268

Pearson, Roy (1987): *Some doubts on the contestability of liner shipping markets.* in: Maritime Policy & Management 1/1987, vol. 14, Taylor & Francis Ltd, London/Washington 1987, S. 71-78

Peeters, C./Verbeke, A./Declercq, E./Wijnolst, N. (1995): *Analysis of the competitive position of the short sea shipping. Development of policy measures.* Delft marine technology series 10, Delft University Press, Delft 1995

Penrose, E. T. (1959): *The theory of the growth of the firm.* Oxford 1959

Pfohl, Hans-Christian (1990a): *Logistiksysteme - Betriebswirtschaftliche Grundlagen.* Springer-Verlag, Berlin/Heidelberg 1990

Pfohl, Hans-Christian (1990b): *Europäischer Binnenmarkt und seine Auswirkungen auf Logistikstrategien.* in: Pfohl, Hans-Christian (Hrsg.): *Logistikstrategien in Europa.* Schriftenreihe Unternehmensführung und Logistik, Bd. 5, hrsg. vom Institut für Logistik der Deutschen Gesellschaft für Logistik e.V., Dortmund 1990, S. 1-35

Pfohl, Hans-Christian (Hrsg.) (1994): *Management der Logistikkette. Kostensenkung-Leistungssteigerung-Erfolgspotential.* Fachtagung der Deutschen Gesellschaft für Logistik e.V., Schriftenreihe Unternehmensführung und Logistik, Bd. 7, hrsg. vom Institut für Logistik der Deutschen Gesellschaft für Logistik e.V, Erich Schmidt-Verlag, Berlin 1994

Pfohl, Hans-Christian (1996): *Logistiksysteme - Betriebswirtschaftliche Grundlagen.* 5. Auflage, Springer-Verlag, Berlin 1996

Pfohl, Hans-Christian/Linn, Norbert/Kleer, Michael (1988): *Kooperationsbedingungen für Logistikunternehmer und Verlader.* Arbeitspapiere zu Unternehmensführung und Logistik Nr. 7, Darmstadt 1988

Pfohl, Hans-Christian/Freichel, Stephan (1990): *Deregulierung des europäischen Straßenverkehrsmarktes. Auswirkungen auf die Logistikkette mit besonderer Berücksichtigung kleiner und mittlerer Logistikunternehmen in der Bundesrepublik Deutschland.* Teil I und II, Technische Hochschule Darmstadt, Arbeitspapiere zur Logistik Nr. 10 und 11, Darmstadt 1990

Pfohl, Hans-Christian/Buse, Hans-Peter (1997): *Logistik in Unternehmensnetzwerken* in: Logistik-Jahrbuch 1997, Hrsg: Rüdiger Hossner, Verlagsgruppe Handelsblatt GmbH, S. 14-20

Piontek, Jochem (1994): *Internationale Logistik.* Stuttgart/Berlin/Köln 1994

PLANCO Consulting GmbH/COWI Consulting Engineers and Planners AS (1999): *Economic and financial evaluation of a fixed link across the Fehmarn-Belt.* Final Report, on behalf of Trafikministeriet Denmark/Bundesministerium für Verkehr Deutschland, June 1999

Plewe, Dieter (1994): Neue Logistik für deutsche Konzerne. SOKOOP-Verlag, Duisburg 1994

Poist, R. E. (1986): *Evaluation of conceptual approaches to designing business logistics systems.* Transportation Journal Fall 1986

Pollak, Torsten (1999): *Logistik- und Distributionsstrukturen skandinavischer Exporteure von Forstprodukten.* Diplomarbeit Universität Rostock, Wirtschafts- und Sozialwissenschaftliche Fakultät, Rostock 1999

Porter, Michael E. (1980): *Wettbewerbsstrategie.* Deutsche Ausgabe, Frankfurt/M. 1988

Porter, Michael E. (1985): *Competitive advantage.* Free Press, New York 1985

Porter, Michael E. (1986): *Globaler Wettbewerb.* 1986, Deutsche Ausgabe, Wiesbaden 1989

Porter, Michael E. (1990): *The competitive advantage of nations.* Free Press, New York 1990

Porter, M. (1992): *Wettbewerbsvorteile.* Frankfurt 1992 (Original 1985)

Quinet, E. (1993): *Transport between monopoly and competition: supply side and markets.* in: *European Transport Economics.* Edited by Jacob Polak and Arnold Heertje, Blackwell Publishers, Oxford (UK)/Cambridge (USA) 1993, S. 33-51

Raumolin, Jussi (1991): *Prospects for logistics in Europe in the 1990's.* in: Discussion Papers 381, The Research Institute of the Finnish Economy, Helsinki 1991

Raumolin, Jussi (1993): *Transport, logistics, environment and integration in the Baltic Sea area: reflections on the Finish strategy vis-à-vis Europe.* in: *Visions and Strategies in European Integration.* Berlin 1993, S. 175-192

Rehling, Horst/Rehmann, Dietmar (1986): *Überseelogistik eines Seehafens. Der Seehafenspediteur als Architekt multimodaler Transportketten.* in: Zeitschrift für Logistik 9/1986, S. 54 ff.

Rehmann, Dietmar (1982): *Die Kooperation im internationalen Güterverkehr.* in: *Der internationale Güterverkehr in Europa.* Beiträge aus dem Institut für Verkehrswissenschaft an der Universität Münster, Heft 99, hrsg. von Hellmuth St. Seidenfus, Vandenhoeck & Ruprecht, Göttingen 1982

Rehmann, Dietmar (1983): *Perspektiven des mittelständischen Speditionsgewerbes.* in: *Das mittelständische Speditionsgewerbe - Bedeutung und Probleme.* Beiträge aus dem Institut für Verkehrswissenschaft an der Universität Münster, Heft 100, hrsg. von Hellmuth St. Seidenfus, Vandenhoeck & Ruprecht, Göttingen 1983

Rendez, Helmar (1992): *Konzeption integrierter Logistik-Dienstleistungssysteme.* Huss-Verlag, München 1992

Rich, Craig Anthony (1975): *The role of the shipping organisation in the trough transport of freight between the United Kingdom and Europe.* M.Sc.Thesis, Bath University 1975

Rich, Craig Anthony (1976): *Inter-modal transport on the cross-Channel routes.* A paper presented to a joint meeting of the south-west section of the Chartered Institute of Transport and the south-west branch of the National Institute, Plymouth Polytechnic, 15.3.1976

Rich, Craig Anthony (1979): *Ferry and land transport: complementary and competition.* in: *Shipping and ships for the 1990's.* Proceedings of the International Conference *„Supply and demand for water transport."* June 18-19, 1979, editors: Schirach-Szmigiel, C. von/Ryden, I., Stockholm School of Economics 1979, S. 285-299

Rich, Craig Anthony/Matear, Sheelagh Maureen: *Some current aspects of marketing in the near-sea ferry and liner trades with particular reference to the Irish Sea.* in: Maritime Policy & Management 1/1989, vol. 16, Taylor & Francis Ltd., London/Washington 1989, S. 57-67

Robinson, Joan (1933): *The economics of imperfect competition.* London 1933

Robinson, Joan (1969): *The economics of imperfect competition.* 2. Auflage, London 1969

Roos, Birgit (1990): *Die Funktionsfähigkeit des Wettbewerbs auf den Arzneimittelmärkten der Bundesrepublik Deutschland. Eine Analyse auf der Basis des Koordinationsmängelkonzeptes.* Empirische Wirtschaftsforschung, Bd. 18, Lit-Verlag, zgl. Dissertation Universität Münster 1990

Rotthege, Georg (1982): *Die Beurteilung von Kartellen und Genossenschaften durch die Rechtswissenschaft.* Tübingen 1982

Roueche, Leonard R. (1978): *Marginal cost pricing of ferry transportation: a practical application.* Maritime Policy & Management 1/1978, vol. 5, Taylor & Francis Ltd., London/ Washington 1978, S. 19-29

Roueche, Leonard R. (1981): *Ferry operations in Norway, Denmark, Britain and Canada: some comparisons.* Maritime Policy & Management 1/1981, vol. 8, Taylor & Francis Ltd., London/Washington 1981, S. 1-15

Sanmann, Horst (Hrsg.) (1967): *Handbuch der europäischen Seehäfen.* Bd. 1: *Grundfragen der Seeverkehrswirtschaft.* Hamburg 1967

Sanmann Horst (1971): *Seeverkehrsmärkte - Grundlegung einer Ökonomik des Seeverkehrs.* Verkehrswissenschaftliche Studien am Institut für Verkehrswirtschaft der Universität Hamburg, hrsg. von Harald Jürgensen, Vandenhoeck & Ruprecht, Göttingen 1971

Schelzel, Manfred (1968): *Die Teilmarktstruktur des kapitalistischen Seefrachtenmarktes.* Habilitationsschrift Hochschule für Verkehrswesen Dresden, Dresden 1968

Schelzel, Manfred/Jenssen, Bruno/Dora, Helmut (1976): *Ökonomie des Seetransportes. Grundlagen.* 2. Auflage, Berlin 1976

Schengber, Ralf A. (1995): *Marktabgrenzung und Machtmessung: eine Analyse von Methoden und Indikatoren für das Koordinationsmängel-Diagnosekonzept.* Studien zur Dynamik der Wirtschaftsstruktur 3, Bergisch-Gladbach 1995, zgl. Dissertation Universität Münster 1995

Scherer, Frederic M. (1980): *Industrial market structure and economic performance.* Chicago 1980

Schirach-Szmigiel, Christopher von/Wajsman, J. (1977): *Utbuds- och kostnadsstrukturen för färjetrafik.* Institutionen för Trafikplanering, Kungliga Tekniska Högskola, Stockholm 1977

Schirach-Szmigiel, Christopher von (1979): *Liner shipping and general cargo transport.* Stockholm 1979

Schirach-Szmigiel, Christopher von (1973): *Internationell färjetrafik pa Östersjön.* Svensk Geografisk Årsbok 49, Stockholm 1973

Schirach-Szmigiel, Christopher von (1980): *Svensk rederinäring och dess marknader.* Stockholm 1980

Schmidt, Ingo (1965): *Relevanter Markt, Marktbeherrschung und Mißbrauch in § 22 GWB und Art. 86 EWGV.* in: Wirtschaft und Wettbewerb 1965, 15. Jg., S. 453-494

Schmidt, Ingo (1981): *Wettbewerbstheorie und -politik. Eine Einführung.* Fischer-Verlag, Stuttgart 1981

Schmidt, Ingo (1990): *Wettbewerbspolitik und Kartellrecht.* 3. Auflage, Fischer-Verlag, Stuttgart 1990

Schmidt, Ingo/Engelke, H. (1989): *Marktzutrittschranken und potentieller Wettbewerb.* in: Wirtschaftswissenschaftliches Studium 9/1989, 18. Jg., Vahlen und Beck, München und Frankfurt/M. 1989, S. 399-404

Schmidbauer, H. (1974): *Allokation, technischer Fortschritt und Wettbewerbspolitik.* Tübingen 1974

Schmitt, Wilhelm M. (1981): *Die Problematik von Leistung, Kosten und Erlösen in der Containerlinienschiffahrt. Untersuchung der technisch-wirtschaftlichen Bedingungen in der Containerlinienschiffahrt als Grundlage für die Entwicklung einer Kosten- und Erlösrechnung in Containerlinienreedereien.* Europäische Hochschulschriften, Reihe 5, Volks- und Betriebswirtschaft, Bd. 329, Lang-Verlag, Frankfurt/M. u.a.O. 1981

Schneider, Hans Karl (Hrsg.) (1968): *Grundlagen der Wettbewerbspolitik.* Schriften des Vereins für Socialpolitik, Bd. 48, Berlin 1968

Schneider, Erich (1972): *Einführung in die Wirtschaftstheorie.* II. Teil, 13. Auflage, Tübingen 1972

Schönknecht, Rolf (1975): *Grundfragen zur Transporttechnologie im Seeverkehr.* Verlag für Verkehrswesen, Berlin 1975

Schönknecht, Rolf/Lüsch, Jürgen/Biebig, Peter (1981): *Das Buch vom Hafen.* Transpress Verlag, Berlin 1981

Schönknecht, Rolf/Lüsch, Jürgen/Biebig, Peter/Laue, Uwe (1985): *Seeverkehr.* Transpress-Verlag, Berlin 1985

Schönknecht, Rolf/Laue, Uwe (1987/ 1988): *Hochseefrachter der Weltschiffahrt.* Bd. 1 und 2, Transpress-Verlag, Berlin 1987/1988

Schönknecht, Rolf/Laue, Uwe (1990): *Unkonventionelle Schiffe.* Transpress-Verlag, Berlin 1990

Schrewelius, Gunnar (1983): *Measures to make ferry trailer traffic more efficient - comparisons between trailer only/accompanied trailer/barges.* in: RoRo 83, International Conference on Marine Transport using Roll-on/Roll-off methods Göteborg 1983, BML Business Meetings Ltd., Rickmansworth 1983

Schulte-de Groot, Ralf (1992): *Vergleichende Analyse im Agrarsektor: eine Parallelgruppenuntersuchung der Tierproduktmärkte auf der Basis des Koordinationsmängelkonzeptes.* Europäische Hochschulschriften, Reihe 5, Volks- und Betriebswirtschaft, Bd. 1310, Lang-Verlag, Frankfurt/M. u.a.O. 1992, zgl. Dissertation Universität Münster 1991

Schulz-Hanssen, Elke (1965): *Die Verkehrswirtschaft des Seehafens.* Verkehrswirtschaftliche Forschungen, Schriftenreihe des Verkehrswirtschaftlichen Seminars der Universität Hamburg, Bd. 8, Berlin 1965

Seck, Falk von (1998): *Transformation der Seeschiffahrt: Privatisierung und Restrukturierung im Ostseeraum.* Gabler Edition Wissenschaft, Empirische Transformationsforschung, hrsg. von Horst Albach, Deutscher Universitäts-Verlag Wiesbaden 1998, zgl. Dissertation Universität Rostock 1998

Seidenfus, Hellmuth St. (1959): *Verkehrsmärkte - Marktform, Marktbeziehung, Marktverhalten.* Veröffentlichungen der List-Gesellschaft e.V., Reihe B, Studien zur Ökonomik der Gegenwart, Band 14, Basel/Tübingen 1959

Seidenfus, Hellmuth St. (1974): *Die volkswirtschaftliche Bedeutung des Kombinierten Verkehrs.* in: *Generalkonzeption des Kombinierten Verkehrs.* in: Schriftenreihe der Deutschen Verkehrswissenschaftlichen Gesellschaft, Reihe D, Heft 60/61, Bergisch-Gladbach 1974

Shashikumar. N. (1995): *Competition and models of market structure in liner shipping.* in: Transport Reviews 1/1995, vol. 15, S. 3-26

Simon, Ralf-Peter (1993): *Euro-Logistik-Netzwerke: Entwicklung eines wettbewerbsstrategischen Integrationskonzeptes für die Sammelgut-Logistik im europäischen Markt.* Eul-Verlag, Bergisch-Gladbach/Köln 1993, zgl. Dissertation Universität Wuppertal 1992

Sjöbris, Anders/Koch, Michael (1988): *Skogsindustrins systemtransporter.* KFB-Rapport 1988:12, Transport Forsknings Beredningen, MariTerm AB, Stockholm 1988

Sjöbris, Anders (1993): *Innovation in forest products shipping.* Delft Marine Technology Series Nr. 2, October 1993

Sjöbris, Anders/Wijnolst, Nico/Peeters, C. (1995): *Fast self-loading and unloading unit load ship systems for coastal and shortsea shipping potential in North West Europe.* Proceedings from the Second European Research Roundtable Conference On Shortsea Shipping, 2-3 June 1994 Athens, edited by Wijnolst, Nico/Peeters, C., Delft University Press, Lloyd's of London Press Ltd. 1995, S. 433-438

Sjögren, Stefan/Woxenius, Johann (1994): *Kombinerade transporter mellan Sverige och Västeuropa - modeller över rollfördelning mellan aktörer.* in: Taina, Jorma: *Nordic network in logistics.* Papers presented at the 5th NOFOMA congress at the Turku School of Economics and Business Administration, 10-11 June 1993, Publications of the Turku School of Economics and Business Administration, Series Discussion and Working Papers 5:1994, Turku 1994, S. 283-317

Sjöström, Kim (1994): *Finish paper products in transport and related export competitiveness. Empirical study in the impact of product characteristics on logistics, transport costs and distribution.* Working Papers W-110, Helsinki School of Economics and Business Administration, Department of Marketing and Production Management, Helsinki 1994

Sjöström, Kim (1995): *Vehicle design compatibility with product mix.* Publications from the Center for Maritime Studies, University of Turku, A 19, Turku 1995

Sjöström, Pär-Henrik (1989a): *Färjetrafiken pa Östersjön.* in: Svensk Sjöfarts Tidning 45-46/1989, 85: a årgangen, Göteborg 1989, S.56-86

Sjöström, Pär-Henrik (1989b): *Färjesjöfart.* in: Svensk Sjöfarts Tidning 50/1989, 85: a årgangen, Göteborg 1989, S. 51-53

Sjöström, Pär-Henrik (1990): *Färjesjöfart.* in: Svensk Sjöfarts Tidning 50/1990, 86: a årgangen, Göteborg 1990, S. 97-99

Sjöström, Pär-Henrik (1991): *Färjesjöfart.* in: Svensk Sjöfarts Tidning 50/1991, 87: a årgangen, Göteborg 1991, S. 65-67

Sjöström, Pär-Henrik (1992): *Färjesjöfart.* in: Svensk Sjöfarts Tidning 50/1992, 88: a årgangen, Göteborg 1992, S. 79-84

Sjöström, Pär-Henrik (1993): *Färjesjöfart.* in: Svensk Sjöfarts Tidning 50/1993, 89: a årgangen, Göteborg 1993, S. 69-71

Sjöström, Pär-Henrik (1994): *Färjesjöfart.* in: Svensk Sjöfarts Tidning 50/1994, 90: a årgangen, Göteborg 1994, S. 63-69

Sjöström, Pär-Henrik (1995): *Färjesjöfart.* in: Svensk Sjöfarts Tidning 50/1995, 91:a årgangen, Göteborg 1995, S. 60-66

Sjöström, Pär-Henrik (1997): *Färjesjöfart.* in: Svensk Sjöfarts Tidning 50/1997, 93:a årgangen, Göteborg 1997, S. 65-71

Sjöström, Pär-Henrik (1998a): *Efficient sea transport of forestry products.* in: Svensk Sjöfarts Tidning 16/17.4.1998, 94:a årgangen, Göteborg 1998, S. 55-64

Sjöström, Pär-Henrik (1998b): *Efficient sea transport of forestry products.* Svensk Sjöfarts Tidning 16/17.4.1998, Göteborg 1998, S. 4-5

Sjöström, Pär-Henrik (1998c): *Färjesjöfart.* in: Svensk Sjöfarts Tidning 50/1998, 94:a årgangen, Göteborg 1998, S. 60-66

Slack, B. (1985): *Containerisation, inter-port competition and port selection.* in: Maritime Policy & Management 4/1985, vol. 12, Taylor & Francis Ltd., London/Washington 1989, S. 293-303

Sletmo, G.K./Williams, E.W. (1981): *Liner conferences in the container age.* New York 1981

Spalatin, G. (1986): *The transport of railcars and wagons from shore-to-ship and internally on the ship.* in: Ro-Ro`86 Göteborg 1986, Conference Papers, vol. 2, BML Business Meetings Ltd., Rickmansworth (UK) 1986

Specht, Günther (1992): *Distributionsmanagement.* Stuttgart 1992

Spence, A. M. (1981): *Competition, entry and antitrust policy.* in: Salop, S. C. (Hrsg.): *Strategy, predation and antitrust analysis.* Federal Trade Commission, Washington D.C. 1981, S. 45-99

Stackelberg, Friedrich von (1974): *Markttests im Verkehr als Instrument zur Ermittlung und Messung marktstrategischer Verhaltensweisen.* Beiträge aus dem Institut für Verkehrswissenschaften an der Universität Münster, Heft 75, hrsg. von Hellmuth St. Seidenfus, Vandenhoeck & Ruprecht, Göttingen 1974

Stackelberg, Heinrich von (1934): *Marktform und Gleichgewicht.* Wien/Berlin 1934

Stahl, Dirk (1994): *Die Bedeutung des Informationsmanagements in strategischen Unternehmensnetzwerken der Speditions- und Transportbranche.* in *Die Bedeutung von Informations- und Kommunikationstechnologien für den Verkehr.* Beiträge aus dem Institut für Verkehrswissenschaft an der Universität Münster, Heft 133, hrsg. von Hans-Jürgen Ewers, Vandenhoeck & Ruprecht, Göttingen, S. 131-189

Stahl, Dirk (1995a): *Internationale Speditionsnetzwerke - Eine theoretische und empirische Analyse im Lichte der Transaktionskostentheorie.* Beiträge aus dem Institut für Verkehrswissenschaft an der Universität Münster, Heft 135, hrsg. von Hans-Jürgen Ewers, Vandenhoeck & Ruprecht, Göttingen 1995

Stahl, Dirk (1995b): *Die organisatorische Gestaltung internationaler Kooperationen in der Speditionsbranche - Empirische Ergebnisse und Handlungsempfehlungen.* in: 12. Deutscher Logistik-Kongreß, Berichtsband 1995, Band 1, Hrsg.: Bundesvereinigung Logistik (BVL) e.V., Huss-Verlag, München 1995

Standali, Reinhard (1966): *Ursachen für das Entstehen von Marktmacht im Verkehr.* in: *Marktmacht und marktbeherrschende Verhaltensweisen im Verkehr.* Beiträge aus dem Institut für Verkehrswissenschaft an der Universität Münster, Heft 42, hrsg. von Hellmuth St. Seidenfus, Vandenhoeck & Ruprecht, Göttingen 1966

Statens Pris- och Kartellnämnd (1982): *Färjetrafiken i södra Sverige: Pris- och kostnadsutveckling.* in: SPKs utredningsserie 1982:14, Stockholm 1982

Stopford, Martin (1981): *Maritime economics.* London 1981

Stuchtey, Rolf W. (1985): *Containerisation - impact on port.* in: Port Management Textbook 1985, Institut für Seeverkehrswirtschaft und Logistik Bremen, Bremen 1985

Stuchtey, Rolf W. (1990): *The economics of land/sea logistics.* in: Port Management Textbook „General Aspects on Port Management“, vol. 1, Institut für Seeverkehrswirtschaft und Logistik Bremen, Bremen 1991, S. 27-44

Stuchtey, Rolf W. (1991a): *Inland interface: supply and demand factors - general aspects.* in: Port Management Textbook „Intermodal Transport Systems“, vol. 2, Institut für Seeverkehrswirtschaft und Logistik Bremen, Bremen 1991, S. 1-16

Stuchtey, Rolf W. (1991b): *Port competition and marketing.* in: Port Management Textbook „Port Marketing“, vol. 3, Institut für Seeverkehrswirtschaft und Logistik Bremen, Bremen 1991, S. 1-14

Stuchtey, Rolf W. (1995): *Seehäfen: Schnittstellen im* harten Wettbewerb. in: Verkehr 1994, Heft 22, S. 5-6

Stuchtey, Rolf W. (1995): *Im Spannungsfeld von Wettbewerb und Produktivität.* in: Täglicher Hafenbericht 4.9.1995, 48. Jg., Seehafen-Verlag, Hamburg 1995, S. 2

Stuchtey, Rolf W. (1997): *Ostsee-Fährverkehr vor neuen Herausforderungen.* in: Deutsche Verkehrs-Zeitung 10.6.1997, 51. Jg., Deutscher Verkehrs-Verlag Hamburg 1997, S. 10

Stuchtey, Rolf W. (1998): *Strukturveränderungen und Entwicklungstendenzen im Ostsee-Fährverkehr.* in: Reden und Kongreßbeiträge zum 29. Deutschen Seeschiffahrtstag 1998 in Rostock, herausgegeben vom Deutschen Nautischen Verein von 1868 e.V., Hamburg 1998, S. 44-48

Stuchtey, Rolf W./Zachcial, Manfred (1991): *Perspective and trends of the European shortsea-shipping industry.* Institut für Seeverkehrswirtschaft und Logistik Bremen, Bremen 1991

Stuchtey, Rolf W./Tesch, Gernot (1996): *Der Fährverkehr auf der südlichen Ostsee und seine Perspektiven.* in: Beiträge und Informationen aus dem Ostseeinstitut für Marketing, Verkehr und Tourismus an der Universität Rostock, Heft 1: *Seehäfen und Seeschiffahrt Mecklenburg-Vorpommerns in Europäischen Verkehrsnetzen.* hrsg. von Karl-Heinz Breitzmann, zgl. Vortrag auf dem Symposium am 7. und 8.11.1996 in Rostock, Rostock 1997, S. 83-97

Stuchtey, Rolf W./Tesch, Gernot (1997): *Der Fährverkehr als Bestandteil einer logistischen Kette.* in: *Zukunftsperspektiven des Fährverkehrs.* in: Schriftenreihe der Deutschen Verkehrswissenschaftlichen Gesellschaft B 203, Kurs V/97 am 22./23.5.1997 in Papenburg, Bergisch-Gladbach 1997, S. 56-67

Stuchtey, Rolf W./Tesch, Gernot (1998): *New solutions for ferry shipping.* in: Weserlotse Logistik 5/1998, 50. Jg., Verlag W. Wächter GmbH, Bremen 1998, S. 20

Stuchtey, Rolf W./Tesch, Gernot (1999): *Der Fährverkehr als Bestandteil einer logistischen Kette.* in: *Die maritime Verkehrswirtschaft Mecklenburg-Vorpommerns und die Entwicklung logistischer Dienstleistungen.* Symposium am 26./27.11.1998 in Rostock-Warnemünde, Beiträge und Informationen aus dem Ostseeinstitut für Marketing, Verkehr und Tourismus an der Universität Rostock, Heft 5, hrsg. von Karl-Heinz Breitzmann, Rostock 1999, S. 107-120

Sturmey, S. G. (1991): *British shipping and world competition revisisted.* in: Maritime Policy & Management 4/1991, vol. 18, Taylor & Francis Ltd., London/Washington 1991, S. 263-282

Swedish Maritime Administration (2000): *Baltic Maritime Outlook 2000.* Stockholm 2000

Tesch, Gernot (1996): *Die Veränderungen im Ostseefährverkehr seit 1990.* in: *Marktwirtschaftliche Transformation und Strukturveränderungen im Seeverkehr der Ostseeländer.* Rostocker Beiträge zur Verkehrswissenschaft und Logistik, Heft 5, hrsg. von Karl-Heinz Breitzmann, Universität Rostock, Institut für Verkehr und Logistik, Rostock 1996, S. 45-89

Tesch, Gernot (1997): *Der Ostseefährverkehr 1995/1996.* in: *Wirtschaft und Verkehr im Ostseeraum.* Beiträge und Informationen aus dem Ostseeinstitut für Marketing, Verkehr und Tourismus an der Universität Rostock, Heft 2, hrsg. von Karl-Heinz Breitzmann, Rostock 1997, S. 45-70

Tesch, Gernot (1998): *Fährlösung oder feste Querung: von Kontinental- nach Nordeuropa. Ferry or bridge link between Continental and Northern Europe.* in: Hoyer Journal Dezember 1998, hrsg. von Hoyer GmbH Internationale Fachspedition, Hamburg 1998

Tesch, Gernot (1999): *Future trends in Ferry and Ro/Ro-Shipping in the Baltic - Zukünftige Entwicklungsrichtungen des Fähr- und Ro/Ro-Verkehrs auf der Ostsee.* in: Beiträge und Informationen aus dem Ostseeinstitut für Marketing, Verkehr und Tourismus an der Universität Rostock, Heft 6, hrsg. von Karl-Heinz Breitzmann, Rostock 1999, S. 43-75

Thaler, Stefan Ph. (1990a): *Betriebswirtschaftliche Konsequenzen des EG-Binnenmarktes und der EG-Güterverkehrsliberalisierung für Europäische Speditionsunternehmen.* Bd. 22 des Instituts für Betriebswirtschaft, Wirtschaftswissenschaftliches Zentrum der Universität Basel, Haupt-Verlag, Bern/Stuttgart 1990

Thaler, Stefan Ph. (1990b): *Überlebensstrategien europäischer Speditionsunternehmungen.* in: Zeitschrift für Logistik 5/1990, S. 60-64

Tinsley, David (1984): *Short-sea bulk trades - dry cargo shipping within European waters.* Fairplay Publications Ltd., London 1984

Toy, Neal (1995): *The Polish passenger ferry industry in the post-communist era.* Institute of Marine Studies, University of Plymouth 1995

Toy, Neal/Roe, Michael (1997): *The Polish passenger ferry industry in the post-communist era.* in: *Shipping in the Baltic region.* Plymouth studies in contemporary shipping, ed. by Michael Roe, published by Avebury, Aldershot 1997, S. 62-80

Triffin, Robert (1940): *Monopolistic competition and general equilibrium theory.* Cambridge (Mass.) 1940

United Nations (1970a): *Unitisation of cargo.* Report by the secretariat of UNCTAD, United Nations Conference on Trade and Development Geneva, New York 1970

United Nations (1970b): *Coastal shipping, feeder and ferry services.* Department for Economic and Social Affairs, New York 1970

Verhoeff, J. M. (1977): *Seaport competition: an analysis of its nature.* in: International Journal of Transport Economics, vol. IV, S. 271-274

Vieth, R. (1972): *Schiffahrtskonferenzen.* in: *Theorie und Praxis der Kartelle.* Wege der Forschung, Bd. CLXXIV, hrsg. von H.-H. Barnickel, Darmstadt 1972, S. 426-441

Voigt, Fritz (1973): *Verkehr.* Bd. 1, Erste Hälfte: *Die Theorie der Verkehrswirtschaft.* Berlin 1973

Vollrath, Carsten (1997): *„Full-Service"-Logistik.* in: Logistik-Jahrbuch 1997, Hrsg: Rüdiger Hossner, Verlagsgruppe Handelsblatt GmbH, S. 76-79

Wagener, Norbert (1987): *Grundfragen der Gestaltung des Leitungssystems in multimodalen Transportsystemen.* Studie, Turku 1987

Wagener, Norbert (1990): *Preisbildung auf Märkten des multimodalen Transports.* Dissertation Universität Rostock 1990

Wecker, G. (1993): *Intelligente Logistikkonzepte erfordern Umdenken in der Spedition bei Industrie und Handel.* in: *Spedition - Glied der Logistikkette.* VDI-Berichte 1050, Tagung 30.9.-1.10.1993 in Osnabrück, VDI-Verlag, Düsseldorf 1993, S. 19-28

Wegener, Kurt/Lindow, Joachim u.a. (1991): *Fähren der Ostsee.* Transpress-Verlag, Berlin 1991

Weimann, Lorenz Christian (1998): *Markteintrittsbarrieren im europäischen Luftverkehr. Konsequenzen für die Anwendbarkeit der Theorie der Constable Markets.* Giessener Studien zur Transportwirtschaft und Kommunikation, Bd. 14, hrsg. von Gerd Aberle, Deutscher Verkehrs-Verlag, Hamburg 1998, zgl. Dissertation Universität Giessen 1998

Weizsäcker, Carl Christian von (1980a): *Barriers to entry - a theoretical treatment.* Berlin/Heidelberg/New York 1980

Weizsäcker, Carl Christian von (1980b): *A welfare analysis of the barriers to entry.* in: The Bell Journal of Economics 1980, vol. 11, S. 399-419

Wendland, Gerd (1987): *Die Funktionsfähigkeit des Wettbewerbs auf den Mietwohnungsmärkten der Bundesrepublik Deutschland. Eine Untersuchung auf der Basis des Koordinationsmängelkonzeptes, konkretisiert am Beispiel des Regionalmarktes Münster.* Dissertation Universität Münster, Münster 1987

Wieandt, Axel/Wiese, Harald (1993): *Die Theorie der „contestable markets"- ein Leitbild für die Wettbewerbspolitik?* in: ORDO, Jahrbuch für die Ordnung von Wirtschaft und Gesellschaft, Band 44, Stuttgart u.a.O. 1993, S. 185-201

Wichers, Matthias (1988): *Koordination durch Verkehrsträgerkooperation.* in: *Strategien zur Verbesserung von Verkehrsabläufen.* Beiträge aus dem Institut für Verkehrswissenschaften an der Universität Münster, Heft 114, hrsg. von Hellmuth St. Seidenfus, Vandenhoeck & Ruprecht, Göttingen 1988, S. 61-88

Wied-Nebbeling, Susanne (1994): *Markt- und Preistheorie.* Springer-Verlag, Berlin 1994

Wijnolst, N./Peeters, C./Liebman, P. (ed.) (1993): *European Shortsea Shipping.* Proceedings from the First European Research Roundtable Conference on Shortsea Shipping 26.-27.11.1992, Technical University Delft (NL), Lloyds of London Press 1993

Wijnolst, N./van der Hoeven, H. B./Kleijwegt, C. J./Sjöbris, A. (1993): *Innovation in shortsea shipping: self-loading and -unloading ship systems.* Delft Marine Technology Series, Delft University Press, Delft 1993

Wijnolst, Nico/Sjöbris, Anders/Peters, Chris/Verbeke, Alain/Declercq, Eddy/Schmitter, Thierry (1994): *Multimodal Shortsea Transport Coastal Superhighway. Indispensable (and free) Link in the European Transport Network.* Delft Marine Technology Series 6, Delft University Press, Delft 1994

Wijnolst, N./Verbeke, A./Peeters, C./Declercq, E. (1994): *Analysis of the competitive position of the short sea shipping in Europe. Development of policy measures.* Corridor-Study. Delft Marine Technology Series, Delft University Press 1994

Wild, P./Fells, H./Dearing, J. (1994): *The ro-ro market.* Maritime Law & Practice, Lloyd's Business Intelligence Centre, G. P. Wild (International) Ltd., Lloyd's of London Press, Colchester September 1994

Wildemann, H. (1992): *Das Just-in-Time Konzept.* 3. Auflage, St. Gallen 1992

Wildemann, H. (1992): *Distributionslogistik. Leitfaden zur Erzeugung von exzellenten Logistikleistungen am Point of Sales.* 2. Auflage, TCW-Verlag, München 1998

Willeke, Franz Ulrich (1980): *Wettbewerbspolitik.* Tübingen 1980

Willeke, Rainer (1977): *Ruinöse Konkurrenz als verkehrspolitisches Argument.* in: ORDO, Jahrbuch für die Ordnung von Wirtschaft und Gesellschaft, Bd. 28, Gustav Fischer Verlag, Stuttgart/New York 1977, S. 155-170

Willhöft, J. (1984): *Die Auswirkungen der Hafenfazilitäten und Hafenkosten auf die Reedereipolitik.* in: Scheibe, Hans-Jürgen (Hrsg.): *Die Zukunft der europäischen Seehäfen.* Dokumentation des 9. und 10. Transportforums in Bremerhaven, Schriftenreihe der Hochschule Bremerhaven, Wächter-Verlag, Bremen 1984, S. 19-22

Willingale, M. C. (1981): *The port-routing behaviour of short-sea ship operators; theory and practice.* in: Maritime Policy & Management 2/1981, vol. 8, Taylor & Francis Ltd., London/Washington 1981, S. 109-120

Winter, Nils H. (1986): *Utveckling och strategier inom den finländska linjesjöfarten.* Meddelanden fran Ekonomisk-Statsvetenskapliga fakulteten vid Åbo Akademi, Ekonomisk-Geografiska Institutionen, Series A:223, Åbo (Turku) 1986

Winter, Nils H. (1987): *Den Finländska sjöfartens internationaliering - ett mikroperspektiv.* Publications from the Center for Maritime Studies, University of Turku, A 3, Turku 1987

Winter, Nils H. (1996): *Linjesjöfart och befraktning samt färjetrafik.* Proseminarium i Sjöfartsekonomi VT 1996, Åbo Akademi, Åbo (Turku) 1996

Wisniewski, E. (1991): *Polish ferry shipping, characteristic and development conditions.* in: Budownictwo Okretowe i Gospodarka Morska 6/1991

Wojewodka, Czeslaw (1992): *Polens Fährschiffahrt.* in: Mare Balticum 1991, Jahrbuch der Ostseegesellschaft e.V., Hamburg 1992, S. 88-92

Woxenius, Johan (1993): *Enhetslaster - teknik, ekonomi och historia.* Meddelande 58, Chalmers Tekniska Högskola, Institutionen för Transportteknik, Göteborg 1993

Woxenius, Johan (1994a): *System and functional requirements for RoRo cassettes in multimodal transport.* in: RoRo 94, Conference Papers & Speakers` Profiles, Session 5, BML Business Meetings, Rickmansworth 1994

Woxenius, Johan (1994b): *Modelling European combined transport as an industrial system.* Rapport 24, Department of Transportation and Logistics, Chalmers University of Technology, Göteborg 1994

Wright, A. J. (1980): *Shorter sea routes as a result of increasing cargo flows.* in: Maritime Policy & Management 2/1980, vol. 7, Taylor & Francis Ltd., London/Washington 1981, S. 79-84

Zachcial, Manfred (1991a): *Verkehrsströme im Ostseeraum.* in: Schriftenreihe der Deutschen Verkehrswissenschaftlichen Gesellschaft B 141, 3. Kieler Seminar zu Fragen der See- und Küstenschiffahrt, Bergisch-Gladbach 1991, S. 10-29

Zachcial, Manfred (Leiter Autorenkollektiv) (1991b): *Welchen Beitrag kann die Seeschiffahrt zur Bewältigung der Transportaufgaben im EG-Binnenmarktleisten?* Band 4: *Küstenschiffahrtsgutachten.* Institut für Seeverkehrswirtschaft und Logistik Bremen/Technische Universität Berlin/Institut für Weltwirtschaft an der Universität Kiel/PLANCO Consulting GmbH Hamburg, im Auftrage des Bundesministers für Verkehr, Bremen 1991

Zachcial, Manfred (Leiter Autorenkollektiv) (1991c): *Die Rolle der Schiffahrt im Verkehrsraum Gesamtdeutschland/Ostseeraum.* Institut für Seeverkehrswirtschaft und Logistik Bremen, im Auftrage des Bundesministers für Verkehr, Bremen 1991

Zachcial, Manfred (1991d): *Die Rolle des Seeverkehrs in der Bundesverkehrswegeplanung 2000/2010.* in: Schriftenreihe der Deutschen Verkehrswissenschaftlichen Gesellschaft B 138: *Nord-Süd und Ost-West-Transit.* Seminar der DVWG, Kurs 1/91 am 17/18.1.1991 in Rostock, Bergisch-Gladbach 1991

Zachcial, Manfred (1991f): *Transshipments in European sea ports.* in: Third Conference on Shipping Cooperation and Competition in the Common European Home Rostock 12.-14.6.1991, Rostocker Beiträge zur Verkehrswissenschaft und Logistik, herausgegeben vom Rektor der Universität Rostock, Rostock 1991, S. 103-114

Zachcial, Manfred (1992): *Shortsea and feeder transport in the Nordic trades.* in: Baltic Sea - Mare Nostrum, Symposium report, 30.11-1.12.1992 Sweden-Finland, M/S Kalypso, Publications from the Center for Maritime Studies, University of Turku, A 11, Turku 1993, S. 11-18

Zachcial, Manfred (1993): *Assessment of land/sea-feeder traffic flows in Europe.* Proceedings from the First European Research Roundtable Conference on Shortsea Shipping, Delft (NL) 26.-27.11. 1992, ed. by Wijnolst, W./Peeters, C./Lieman, P., London/New York/Hamburg/ Hong-Kong 1993, S. 316-327

Zachcial, Manfred (1998a): *Investitionen ohne Rücksicht auf Rendite.* in: Deutsche Verkehrs-Zeitung 48/23.4.1998, Deutscher Verkehrs-Verlag, Hamburg 1998, S. 3

Zachcial, Manfred (1998b): *Substantial advantages in short sea shipping.* in: Weserlotse Logistik 5 /1998, 50. Jg., Verlag W. Wächter GmbH, Bremen 1998, S. 8-10

Zachcial, Manfred/Hader, Arnulf (1991): *Die Rolle der Fährschiffahrt im Rahmen der Bundesverkehrswegeplanung 2000/2010.* Institut für Seeverkehrswirtschaft und Logistik Bremen, Bremen 1991

Zachcial, Manfred/Kramer, Holger/Lemper, Burkhard (1995): *Transeuropäische Netze und Seehäfen.* in: Schriftenreihe der Deutschen Verkehrswissenschaftlichen Gesellschaft B 186, Bergisch-Gladbach 1995, S. 43-57

Zentrum für Europäische Wirtschaftsforschung (1998): *Innovationsreport: Verkehr und Nachrichtenübermittlung.* ZEW Branchenreport Innovationen, 5. Jg., Nr. 16, September 1998, Mannheim 1998

Anlage 1: Routenführungsalternative 1 (Westverkehre über Travemünde - Ostverkehre über Rostock)

DM	1,30 je km 130 je t Bunker	1,50 je km 150 je t Bunker	1,80 je km 180 je t Bunker	2,00 je km 200 je t Bunker
Landkosten				
400.000 E über Westschiene	208.000.000	240.000.000	288.000.000	320.000.000
200.000 E über Ostschiene	104.000.000	120.000.000	144.000.000	160.000.000
Schiffskosten Westschiene				
Kapitalkosten	65.700.000	65.700.000	65.700.000	65.700.000
Tageskosten	18.545.106	18.545.106	18.545.106	18.545.106
Bunkerkosten	12.099.750	13.961.250	16.753.500	18.615.000
Schiffskosten Ostschiene				
Kapitalkosten	21.900.000	21.900.000	21.900.000	21.900.000
Tageskosten	6.181.702	6.181.702	6.181.702	6.181.702
Bunkerkosten	4.210.000	4.858.515	5.830.200	6.478.000
Lotskosten Westschiene	3.942.000	3.942.000	3.942.000	3.942.000
Lotskosten Ostschiene	1.971.000	1.971.000	1.971.000	1.971.000
Kapitalbindungskosten				
Westschiene	16.374.468	16.374.468	16.374.468	16.374.468
Ostschiene	7.523.404	7.523.404	7.523.404	7.523.404
Equipmentkosten				
Westschiene	250.212.716	250.212.716	250.212.716	250.212.716
Ostschiene	109.787.230	109.787.230	109.787.230	109.787.230
Gesamtkosten	**830.447.376**	**880.957.391**	**956.721.326**	**1.007.230.626**

Annahmen: Travemünde-Trelleborg 125 nm, 6 Schiffe a 2.800 lm, 6 tägliche Abfahrten (Überfahrt 9 + 0,8 h Wartezeit), durchschn. Auslast. 62,12 %; Kapitalkosten je Schiff: 141.000 SEK/Tag^{-1} (Baukosten 100 Mio. DM), Tageskosten: 39.800 SEK, Bunkerverbrauch (IFO 380): 0,17 t/nm^{-1} bei 18 kn; 1 DM = 4,7 SEK; Rostock-Trelleborg 87 nm, 2 Schiffe a 2.800 lm, 3 tägliche Abfahrten (Überfahrt 7 + 1,6 h Wartezeit), durchschn. Auslast. 62,12 %; gleiche Kosten je Schiff; Bunkerverbrauch (IFO 380): 0,17 t/nm^{-1} bei 18 kn; durchschn. Entfernung Westverkehre nach Travemünde 400 km, Ostverkehre 400 km nach Rostock, Durchschnittsgeschwindigkeit 80 km/h^{-1}; Lotskosten 900 DM je An- und Ablauf, Kapitalbindungskosten für die Ladung (18 t-Trailer) 13 SEK/h^{-1}, Kosten für Fahrer, Zugmaschine u. Trailer während der Zeit im Fährsystem (Überfahrtzeit + 20 % der Zeit zwischen den Abfahrten als Wartezeit) 300 SEK/h^{-1}

Anlage 2: Routenführungsalternative 2 (Westverkehre über Travemünde - Ostverkehre über Saßnitz)

DM	1,30 je km 130 je t Bunker	1,50 je km 150 je t Bunker	1,80 je km 180 je t Bunker	2,00 je km 200 je t Bunker
Landkosten				
400.000 E über Westschiene	208.000.000	240.000.000	288.000.000	320.000.000
200.000 E über Ostschiene	123.500.000	142.500.000	171.000.000	190.000.000
Schiffskosten Westschiene				
Kapitalkosten	65.700.000	65.700.000	65.700.000	65.700.000
Tageskosten	18.545.106	18.545.106	18.545.106	18.545.106
Bunkerkosten	12.099.750	13.961.250	16.753.500	18.615.000
Schiffskosten Ostschiene				
Kapitalkosten	20.175.957	20.175.957	20.175.957	20.175.957
Tageskosten	6.181.702	6.181.702	6.181.702	6.181.702
Bunkerkosten	5.001.230	5.770.650	6.924.780	7.694.200
Lotskosten Westschiene	3.942.000	3.942.000	3.942.000	3.942.000
Lotskosten Ostschiene	1.642.500	1.642.500	1.642.500	1.642.500
Kapitalbindungskosten				
Westschiene	16.374.468	16.374.468	16.374.468	16.374.468
Ostschiene	6.029.787	6.029.787	6.029.787	6.029.787
Equipmentkosten				
Westschiene	250.212.716	250.212.716	250.212.716	250.212.716
Ostschiene	63.319.148	63.319.148	63.319.148	63.319.148
Gesamtkosten	**800.724.364**	**854.355.284**	**934.801.664**	**988.432.584**

Annahmen: Travemünde-Trelleborg 125 nm, 6 Schiffe a 2.800 lm, 6 tägliche Abfahrten (Überfahrt 9 + 0,8 h Wartezeit), durchschn. Auslast. 62,12 %; Kapitalkosten je Schiff: 141.000 SEK/Tag^{-1} (Baukosten 100 Mio. DM), Tageskosten: 39.800 SEK, Bunkerverbrauch (IFO 380): 0,17 t/nm^{-1} bei 18 kn; 1 DM = 4,7 SEK; Saßnitz-Trelleborg 62 nm, 2 Schiffe a 2.110 lm, 5 tägliche Abfahrten (Überfahrt 4 + 0,96 h Wartezeit), durchschn. Auslast. 62,12 %; Kapitalkosten je Schiff: 126.900 SEK/Tag^{-1} (Baukosten 90 Mio. DM), Tageskosten: 39.800 SEK, Bunkerverbrauch (IFO 380): 0,17 t/nm^{-1} bei 18 kn; durchschn. Entfernung Westverkehre nach Travemünde 400 km, Ostverkehre 475 km nach Saßnitz, Durchschnittsgeschwindigkeit 80 km/h^{-1}; Lotskosten 900 DM je An- und Ablauf, in Saßnitz keine Lotskosten, Kapitalbindungskosten für die Ladung (18 t-Trailer) 13 SEK/h^{-1}, Kosten für Fahrer, Zugmaschine u. Trailer während der Zeit im Fährsystem (Überfahrtzeit + 20 % der Zeit zwischen den Abfahrten als Wartezeit) 300 SEK/h^{-1}

Anlage 3: Routenführungsalternative 3 (West- und Ostverkehre über Rostock)

DM	1,30 je km 130 je t Bunker	1,50 je km 150 je t Bunker	1,80 je km 180 je t Bunker	2,00 je km 200 je t Bunker
Landkosten				
400.000 E über Westschiene	265.200.000	306.000.000	367.200.000	408.000.000
200.000 E über Ostschiene	104.000.000	120.000.000	144.000.000	160.000.000
Schiffskosten				
Kapitalkosten	65.700.000	65.700.000	65.700.000	65.700.000
Tageskosten	18.545.106	18.545.106	18.545.106	18.545.106
Bunkerkosten	12.632.100	14.575.500	17.490.600	19.434.000
Lotskosten	5.913.000	5.913.000	5.913.000	5.913.000
Kapitalbindungskosten				
Westschiene	15.378.723	15.378.723	15.378.723	15.378.723
Ostschiene	6.931.489	6.931.489	6.931.489	6.931.489
Equipmentkosten	288.382.970	288.382.970	288.382.970	288.382.970
Gesamtkosten	**782.683.388**	**841.426.788**	**929.541.888**	**988.285.288**

Annahmen: Rostock-Trelleborg 87 nm, 6 Schiffe a 2.800 lm, 9 tägliche Abfahrten (Überfahrt 7 + 0,53 h Wartezeit), durchschn. Auslast. 62,12 %; Kapitalkosten je Schiff: 141.000 SEK/Tag^{-1} (Baukosten 100 Mio. DM), Tageskosten: 39.800 SEK, Bunkerverbrauch (IFO 380): 0,17 t/nm^{-1} bei 18 kn; 1 DM = 4,7 SEK, durchschn. Entfernung Westverkehre nach Rostock 510 km, Ostverkehre 400 km, Durchschnittsgeschwindigkeit 80 km/h^{-1}; Lotskosten 900 DM je An- und Ablauf, Kapitalbindungskosten für die Ladung (18 t-Trailer) 13 SEK/h^{-1}, Kosten für Fahrer, Zugmaschine u. Trailer während der Zeit im Fährsystem (Überfahrtzeit + 20 % der Zeit zwischen den Abfahrten als Wartezeit) 300 SEK/h^{-1}

Anlage 4: Routenführungsalternative 4 (West- und Ostverkehre über Saßnitz)

DM	1,30 je km 130 je t Bunker	1,50 je km 150 je t Bunker	1,80 je km 180 je t Bunker	2,00 je km 200 je t Bunker
Landkosten				
400.000 E über Westschiene	327.600.000	378.000.000	453.600.000	504.000.000
200.000 E über Ostschiene	123.500.000	142.500.000	171.000.000	190.000.000
Schiffskosten				
Kapitalkosten	49.275.000	49.275.000	49.275.000	49.275.000
Tageskosten	15.454.255	15.454.255	15.454.255	15.454.255
Bunkerkosten	12.503.075	14.426.625	17.311.950	19.235.500
Lotskosten	4.106.250	4.106.250	4.106.250	4.106.250
Kapitalbindungskosten				
Westschiene	13.575.319	13.575.319	13.575.319	13.575.319
Ostschiene	5.720.000	5.720.000	5.720.000	5.720.000
Equipmentkosten	168.500.000	168.500.000	168.500.000	168.500.000
Gesamtkosten	**720.233.899**	**791.557.449**	**898.542.774**	**969.866.324**

Annahmen: Saßnitz-Trelleborg 62 nm, 5 Schiffe a 2.110 lm, 12,5 tägliche Abfahrten (Überfahrt 4 + 0,4 h Wartezeit), durchschn. Auslast. 59,2 %; Kapitalkosten je Schiff: 126.900 SEK/Tag^{-1} (Baukosten 90 Mio. DM), Tageskosten: 39.800 SEK, Bunkerverbrauch (IFO 380): 0,17 t/nm^{-1} bei 18 kn; 1 DM = 4,7 SEK; durchschn. Entfernung Westverkehre nach Saßnitz 630 km, Ostverkehre 475 km, Durchschnittsgeschwindigkeit 80 km/ h^{-1}; Lotskosten 900 DM je An- und Ablauf nur in Trelleborg, in Saßnitz keine, Kapitalbindungskosten für die Ladung (18 t-Trailer) 13 SEK/h^{-1}, Kosten für Fahrer, Zugmaschine u. Trailer während der Zeit im Fährsystem (Überfahrtzeit + 20 % der Zeit zwischen den Abfahrten als Wartezeit) 300 SEK/h^{-1}

Hans-Rimbert Hemmer / Rainer Wilhelm

Fighting Poverty in Developing Countries

Principles for Economic Policy

Frankfurt/M., Berlin, Bern, Bruxelles, New York, Oxford, Wien, 2000.
XV, 242 pp., 7 fig., 16 tab.
Schriften zur Internationalen Entwicklungs- und Umweltforschung. Herausgegeben vom Zentrum für internationale Entwicklungs- und Umweltforschung der Justus-Liebig-Universität Gießen. Bd. 1
ISBN 3-631-37145-4 · pb. DM 79.–/ € 40.40*
US-ISBN 0-8204-4824-9

Poverty is one of the most depressing facts in the world today. This book is written in order to provide a new perspective to the problem of poverty and to the discussion of anti-poverty policies in developing countries, including aspects of child labour and systemic transition, which are currently at the center of political debate. The intention of the book is to provide a common base for discussion for those professionals in developed, as well as those in developing countries. The authors hope that this book will be of use to those professionally occupied with these problems as well as to those "only" interested in issues of development economics.

Contents: Foundation of an economic analysis of poverty · The economic causes of poverty · Principles of anti-poverty policies · Points of departure and problems in the fight against poverty · Special issues in the fight against poverty

Kolibri 360 GmbH
Ferdinand-Jühlke-Straße 7
99095 Erfurt, Deutschland
produktsicherheit@kolibri360.de

Druck:
CPI Druckdienstleistungen GmbH
im Auftrag der
Kolibri 360 GmbH
Ferdinand-Jühlke-Str. 7
99095 Erfurt